Comportamento Organizacional
A dinâmica do sucesso das organizações

CHIAVENATO

O GEN | Grupo Editorial Nacional – maior plataforma editorial brasileira no segmento científico, técnico e profissional – publica conteúdos nas áreas de ciências sociais aplicadas, exatas, humanas, jurídicas e da saúde, além de prover serviços direcionados à educação continuada e à preparação para concursos.

As editoras que integram o GEN, das mais respeitadas no mercado editorial, construíram catálogos inigualáveis, com obras decisivas para a formação acadêmica e o aperfeiçoamento de várias gerações de profissionais e estudantes, tendo se tornado sinônimo de qualidade e seriedade.

A missão do GEN e dos núcleos de conteúdo que o compõem é prover a melhor informação científica e distribuí-la de maneira flexível e conveniente, a preços justos, gerando benefícios e servindo a autores, docentes, livreiros, funcionários, colaboradores e acionistas.

Nosso comportamento ético incondicional e nossa responsabilidade social e ambiental são reforçados pela natureza educacional de nossa atividade e dão sustentabilidade ao crescimento contínuo e à rentabilidade do grupo.

Idalberto
Chiavenato

Comportamento Organizacional

A dinâmica do sucesso
das organizações

4ª ed.

- O autor deste livro e a editora empenharam seus melhores esforços para assegurar que as informações e os procedimentos apresentados no texto estejam em acordo com os padrões aceitos à época da publicação, *e todos os dados foram atualizados pelo autor até a data de fechamento do livro.* Entretanto, tendo em conta a evolução das ciências, as atualizações legislativas, as mudanças regulamentares governamentais e o constante fluxo de novas informações sobre os temas que constam do livro, recomendamos enfaticamente que os leitores consultem sempre outras fontes fidedignas, de modo a se certificarem de que as informações contidas no texto estão corretas e de que não houve alterações nas recomendações ou na legislação regulamentadora.

- Data de fechamento do livro: 27/01/2021

- O autor e a editora se empenharam para citar adequadamente e dar o devido crédito a todos os detentores de direitos autorais de qualquer material utilizado neste livro, dispondo-se a possíveis acertos posteriores caso, inadvertida e involuntariamente, a identificação de algum deles tenha sido omitida.

- **Atendimento ao cliente: (11) 5080-0751 | faleconosco@grupogen.com.br**

- Direitos exclusivos para a língua portuguesa
  Copyright © 2021, 2025 (3ª impressão) by
  Editora Atlas Ltda.
  Uma editora integrante do GEN | Grupo Editorial Nacional
  Travessa do Ouvidor, 11
  Rio de Janeiro – RJ – 20040-040
  www.grupogen.com.br

- Reservados todos os direitos. É proibida a duplicação ou reprodução deste volume, no todo ou em parte, em quaisquer formas ou por quaisquer meios (eletrônico, mecânico, gravação, fotocópia, distribuição pela Internet ou outros), sem permissão, por escrito, da Editora Atlas Ltda.

- Capa: Bruno Sales

- Editoração eletrônica: LWO Produção Editorial

- Ficha catalográfica

CIP-BRASIL. CATALOGAÇÃO NA PUBLICAÇÃO
SINDICATO NACIONAL DOS EDITORES DE LIVROS, RJ

C458c
4. ed.

Chiavenato, Idalberto, 1936-
Comportamento organizacional : a dinâmica do sucesso das organizações / Idalberto Chiavenato. - 4. ed. [3ª Reimp.] - São Paulo: Atlas, 2025.
 : il.

Inclui bibliografia e índice
ISBN 978-85-97-02494-4

1. Administração de empresas. 2. Comportamento organizacional 3. Cultura organizacional. I. Título.

21-68688	CDD: 658.4063
	CDU: 005.332.3

Meri Gleice Rodrigues de Souza - Bibliotecária - CRB-7/6439

À Rita

*Minha amada amada.
Cada vez mais amada
e reamada numa torrente sem fim.
Como uma pequena homenagem
ao meu ídolo amado.*

Parabéns!

Além da edição mais completa e atualizada do livro *Comportamento Organizacional*, agora você tem acesso à Sala de Aula Virtual do Prof. Idalberto Chiavenato.

Chiavenato Digital é a solução que você precisa para complementar seus estudos.

São diversos objetos educacionais, como vídeos do autor, mapas mentais, estudos de caso e muito mais!

Para acessar, basta seguir o passo a passo descrito na orelha deste livro.

Bons estudos!

uqr.to/hs6d

Confira o vídeo de apresentação da plataforma pelo autor.

Sempre que o ícone aparece, há um conteúdo disponível na Sala de Aula Virtual.

VÍDEOS
Vídeos esclarecedores e complementares aos conteúdos da obra são apresentados pelo autor.

CHIAVENÁRIO
Glossário interativo com as principais terminologias utilizadas pelo autor.

CASOS DE APOIO
Simulações de situações reais ajudam na aplicação prática dos conceitos.

PARA DEBATE
[RECURSO EXCLUSIVO PARA PROFESSORES]
Sugestões de atividades para debate promovem a aprendizagem cooperativa.

PARA REFLEXÃO
Situações e temas controversos são apresentados para promover a reflexão.

EXERCÍCIOS
Ferramentas para estimular a aprendizagem.

SAIBA MAIS
Conteúdos complementares colaboram para aprofundar o conhecimento.

TENDÊNCIAS EM CO
Atualidades e novos paradigmas do Comportamento Organizacional são apresentados.

SOBRE O AUTOR

Idalberto Chiavenato é Doutor e Mestre em Administração pela City University Los Angeles (Califórnia, EUA), especialista em Administração de Empresas pela Escola de Administração de Empresas de São Paulo da Fundação Getulio Vargas (FGV EAESP), graduado em Filosofia e Pedagogia, com especialização em Psicologia Educacional, pela Universidade de São Paulo (USP), e em Direito, pela Universidade Presbiteriana Mackenzie.

Professor honorário de várias universidades do exterior e renomado palestrante ao redor do mundo, foi professor da FGV EAESP. Fundador e presidente do Instituto Chiavenato e membro vitalício da Academia Brasileira de Ciências da Administração. Conselheiro e vice-presidente de Assuntos Acadêmicos do Conselho Regional de Administração de São Paulo (CRA-SP).

Autor de 48 livros nas áreas de Administração, Recursos Humanos, Estratégia Organizacional e Comportamento Organizacional publicados no Brasil e no exterior. Recebeu três títulos de *Doutor Honoris Causa* por universidades latino-americanas e a Comenda de Recursos Humanos pela ABRH-Nacional.

PREFÁCIO

O Comportamento Organizacional (CO) representa uma área multidisciplinar do conhecimento humano extremamente sensível a certas características que existem nas organizações e no ambiente ao seu redor. Ambos estão passando por mudanças incríveis, inesperadas e exponenciais. Por essa razão, é uma disciplina sumamente contingencial e situacional. Além das mudanças e transformações que devem enfrentar, o CO depende fortemente da mentalidade que existe em cada organização.

Depende também da estrutura organizacional adotada como plataforma básica para as decisões e operações. Além disso, também depende das características externas do contexto ambiental, do negócio da organização, dos seus processos internos, do capital intelectual envolvido e de inúmeras outras variáveis importantes. E, principalmente, depende também das características das pessoas que participam em cada organização. O tema é fundamental para quem queira participar direta ou indiretamente de uma organização, qualquer que seja ela – como membro, cliente, fornecedor, dirigente, investidor, consultor, analista ou admirador –, ou seja, como parte interessada (*stakeholder*) –, pois, quem precisa fazer negócios, parcerias, desenvolver relacionamentos ou atividades com organizações precisa conhecê-las bem.

É importante conhecer como são e como funcionam as organizações para entender suas manifestações, características e, consequentemente, seu comportamento e seus sucessos e fracassos. Embora as organizações sejam avaliadas no mundo financeiro dos negócios por meio de alguns indicadores contábeis e quantitativos que tentam explicar seus resultados financeiros e operações mercantis, é necessário conhecer mais profundamente a vida organizacional para ter uma ideia da sua tremenda pujança e potencialidade no mundo moderno. Na verdade, o valor intrínseco de uma organização reside hoje principalmente em seus ativos intangíveis, aqueles ativos que não se vê e nem se toca, mas que constituem a verdadeira riqueza da organização e proporcionam a base fundamental e dinâmica que a leva diretamente ao sucesso.

Esses ativos intangíveis constituem a mola mestra da inovação, competitividade e sustentabilidade das organizações em um mundo dinâmico, mutável, competitivo, globalizado e exponencial. Quase sempre, esses ativos são dependentes do que denominamos capital humano. E o que é capital humano? Apenas um conjunto de talentos? Depende da abordagem. O capital humano é realmente um conjunto de talentos, mas, para que possa ser ativado e produza efeitos, precisa atuar em um contexto organizacional que lhe dê propósito, estrutura, plataforma, retaguarda e impulso. E aí vem o comportamento organizacional. O capital humano precisa trabalhar dentro de um ecossistema organizacional coeso e integrativo, de uma cultura organizacional agradável e envolvente e de um estilo de gestão que lhe dê impulso, propósito, empoderamento e alavancagem. Quando todos esses elementos estão juntos e conjugados – talentos, organização, comportamento e gestão –, temos todas as condições sinérgicas para o desempenho organizacional em termos excepcionais. E é isso que veremos no decorrer deste livro.

Em um mundo de negócios em forte mudança e transformação exponencial, onde a criação de valor e a competitividade como bases fundamentais do sucesso, as organizações de hoje requerem contínua mudança interna, inovação e renovação para poderem permanecer surfando sobre as ondas intranquilas desse oceano de transformações rápidas e sucessivas que é o mundo organizacional. Se o nível de mudança externa for maior do que a mudança interna, isso significa que a organização está se tornando lenta, lerda, obsoleta e ultrapassada. Para se manter na crista das ondas, as organizações precisam utilizar todos os seus meios, recursos e competências em uma atuação holística e integrada. Tudo isso por meio das pessoas: sua inteligência e competências como molas mestras. É por essa razão que algumas organizações vão disparadas na frente, são bem-sucedidas, crescem e se desenvolvem, ajudam a comunidade, são admiradas, enquanto outras seguem atrás tentando copiar ou imitar suas características e as demais ficam paradas sem saber exatamente o que fazer ou para onde ir. E logo vão para o cemitério das lembranças.

A competição ocorre quando outras organizações tentam fazer o que uma organização faz, mas de maneira ainda melhor, flexível e mais ágil. Uma organização cria vantagem competitiva quando faz algo que as concorrentes acham difícil imitar ou copiar. Essa vantagem competitiva pode durar e é sustentável enquanto as concorrentes não conseguem copiar nada daquilo que a organização consegue fazer. E onde reside a vantagem competitiva das organizações modernas? Na tecnologia? Nos recursos financeiros? Nos recursos materiais? Não, embora tudo isso ajude. E muito. Contudo, tecnologia, equipamentos e dinheiro são recursos estáticos e inertes. Podem ser comprados ou alugados por qualquer organização. O segredo da vantagem competitiva está em saber utilizar a inteligência e competência das pessoas que formam as organizações. Esse é o capital humano responsável pela competitividade organizacional. Afinal, o desempenho das organizações depende diretamente do desempenho e talentos das pessoas e equipes que as formam. Uma questão de puro comportamento organizacional.

Este livro se baseia em modernos conceitos, práticas e desempenho organizacional. Além do mais, reúne exemplos, aplicações e modelos que podem ser utilizados em organizações, sem recorrer a adaptações, correções, transposições, decodificações ou interpretações. E com vantagens incríveis. Aliás, a falta de uma literatura mais ampla sobre CO em nossa língua tem sido uma lamentável lacuna que pretendemos preencher com este livro.

Idalberto Chiavenato

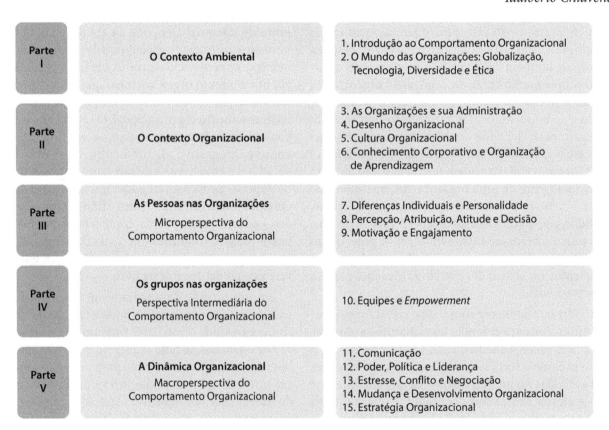

Figura 01 Estrutura do livro.

SUMÁRIO

PARTE I – O CONTEXTO AMBIENTAL, 1

I.1 AMBIENTE, 4
    I.1.1 Ambiente geral ou macroambiente, 4
    I.1.2 Ambiente específico ou ambiente de tarefa, 4
    I.1.3 Seleção ambiental, 6
    I.1.4 Percepção ambiental, 6
    I.1.5 Consonância e dissonância, 6

I.2 ORGANIZAÇÕES COMO SISTEMAS ABERTOS, 7

I.3 A SOCIEDADE DE ORGANIZAÇÕES, 8

I.4 INFLUÊNCIA AMBIENTAL, 9

REFERÊNCIAS, 9

Capítulo 1
INTRODUÇÃO AO COMPORTAMENTO ORGANIZACIONAL, 11

1.1 CONCEITO DE CO, 12

1.2 INTRODUÇÃO AO CO, 13

1.3 CARACTERÍSTICAS DO CO, 14

1.4 OS QUATRO NÍVEIS DO CO, 15

1.5 MODELO DE CO, 16
    1.5.1 Variáveis básicas do CO, 16
    1.5.2 Variáveis comportamentais, 17
    1.5.3 As variáveis intermediárias, 19
    1.5.4 Variáveis resultantes, 19
    1.5.5 Variáveis de resultado final, 20

1.6 NOVOS DESAFIOS DO CO, 21

1.7 UTILIDADES DO CO, 24

RESUMO, 25

QUESTÕES, 25

REFERÊNCIAS, 25

Capítulo 2
O MUNDO DAS ORGANIZAÇÕES: GLOBALIZAÇÃO, TECNOLOGIA, DIVERSIDADE E ÉTICA, 27

2.1 CONCEITO DE ORGANIZAÇÃO, 28
    2.1.1 Sociedade de organizações, 28

2.2 ESTUDO DAS ORGANIZAÇÕES, 29

2.3 DO QUE SÃO FORMADAS AS ORGANIZAÇÕES?, 30

2.4 *STAKEHOLDERS*: OS PARCEIROS DA ORGANIZAÇÃO, 30

2.5 RELAÇÕES DE RECIPROCIDADE, 32
    2.5.1 O que as pessoas esperam da organização, 34
    2.5.2 O que as organizações esperam das pessoas, 35
    2.5.3 Contrato psicológico, 36

2.6 ORGANIZAÇÕES COMO SISTEMAS SOCIAIS, 37

2.7 TECNOLOGIA, 38
    2.7.1 Organizações virtuais, 38
    2.7.2 Organizações ágeis, 39

2.8 DIVERSIDADE E INCLUSÃO, 40

2.9 ÉTICA, 40
    2.9.1 Fatores que influenciam as decisões éticas, 41
    2.9.2 Código de ética, 41

2.10 RESPONSABILIDADE SOCIAL DAS ORGANIZAÇÕES, 42
    2.10.1 Abordagens quanto à responsabilidade social, 43
    2.10.2 Graus de envolvimento organizacional na responsabilidade social, 43

2.11 RESPONSABILIDADES DA SOCIEDADE, 44

RESUMO, 45

QUESTÕES, 45

REFERÊNCIAS, 45

PARTE II – O CONTEXTO ORGANIZACIONAL, 47

Capítulo 3
AS ORGANIZAÇÕES E SUA ADMINISTRAÇÃO, 51

3.1 AS ORGANIZAÇÕES PRECISAM SER ADMINISTRADAS, 52

3.2 TEORIAS ADMINISTRATIVAS, 54

3.3 PRIMEIRA ONDA: ÊNFASE NAS TAREFAS, 54
    3.3.1 Administração Científica, 54

3.4 SEGUNDA ONDA: ÊNFASE NA ESTRUTURA ORGANIZACIONAL, 56
    3.4.1 Teoria Clássica da Administração, 56
    3.4.2 Modelo burocrático, 58
    3.4.3 Teoria Estruturalista da Administração, 61
    3.4.4 Teoria Neoclássica da Administração, 61

3.5 TERCEIRA ONDA: ÊNFASE NAS PESSOAS, 63
    3.5.1 Escola das Relações Humanas, 63
    3.5.2 Teoria Comportamental da Administração, 64

3.6 QUARTA ONDA: ÊNFASE NO AMBIENTE, 66
    3.6.1 Teoria de Sistemas, 66
    3.6.2 Teoria da Contingência, 68

3.7 TEMPOS MODERNOS, 70
    3.7.1 Complexidade, 71
    3.7.2 Teoria do Caos, 71

3.8 A INFINDÁVEL BUSCA DA EFICIÊNCIA E DA EFICÁCIA, 72
    3.8.1 Transformação digital, 72
    3.8.2 Organizações ágeis, 72

RESUMO, 74

QUESTÕES, 74

REFERÊNCIAS, 74

Capítulo 4
DESENHO ORGANIZACIONAL, 77

4.1 CONCEITO DE DESENHO ORGANIZACIONAL, 78
    4.1.1 Ingredientes básicos do desenho organizacional, 78
    4.1.2 Tamanho e ciclo de vida, 79

4.2 DIFERENCIAÇÃO E INTEGRAÇÃO, 79
    4.2.1 Diferenciação, 80
    4.2.2 Integração, 80

4.3 QUAL É O NEGÓCIO DA ORGANIZAÇÃO?, 80

4.4 MISSÃO ORGANIZACIONAL, 81

4.5 VISÃO ORGANIZACIONAL, 82

4.6 OBJETIVOS GLOBAIS, 82

4.7 DIMENSÕES BÁSICAS DO DESENHO ORGANIZACIONAL, 83
    4.7.1 Modelo mecânico e modelo orgânico de organização, 84

4.8 DEPARTAMENTALIZAÇÃO, 86

4.9 MODELOS ORGANIZACIONAIS, 88
    4.9.1 Modelo burocrático, 88
    4.9.2 Estrutura matricial, 89

4.10 NOVOS MODELOS ORGANIZACIONAIS, 90
    4.10.1 Estrutura baseada em equipes, 90
    4.10.2 Estrutura em redes, 91
    4.10.3 A nova lógica das organizações, 93

RESUMO, 94

QUESTÕES, 94

REFERÊNCIAS, 95

Capítulo 5
CULTURA ORGANIZACIONAL, 97

5.1 CONCEITO DE CULTURA, 98
    5.1.1 Dimensões culturais segundo Hofstede, 98
    5.1.2 Dimensões culturais segundo Trompenaars, 99

5.2 CULTURA ORGANIZACIONAL, 100
    5.2.1 Cerimônias e rituais, 101

5.3 CARACTERÍSTICAS DA CULTURA ORGANIZACIONAL, 102

5.4 TIPOS DE CULTURA E PERFIL ORGANIZACIONAL, 102
    5.4.1 Culturas conservadoras e culturas adaptativas, 104
    5.4.2 Culturas tradicionais e culturas participativas, 105
    5.4.3 Características de culturas bem-sucedidas, 106
    5.4.4 Valores culturais, 107
    5.4.5 Valores organizacionais, 109

5.5 SOCIALIZAÇÃO ORGANIZACIONAL, 110

5.6 O ESPÍRITO EMPREENDEDOR E INOVADOR, 111
    5.6.1 Fatores psicológicos, 112
    5.6.2 Fatores sociológicos, 113

RESUMO, 114

QUESTÕES, 114

REFERÊNCIAS, 115

Capítulo 6
CONHECIMENTO CORPORATIVO E ORGANIZAÇÕES DE APRENDIZAGEM, 117

6.1 NATUREZA DO CONHECIMENTO, 118
    6.1.1 Conceito de conhecimento, 118
    6.1.2 Uso e disponibilidade do conhecimento, 121

6.2 CONHECIMENTO ORGANIZACIONAL, 123

6.3 APRENDIZAGEM, 124
    6.3.1 Objetivos de aprendizagem, 125

6.4 PROCESSO DE APRENDIZAGEM, 126
    6.4.1 Condicionamento clássico, 126
    6.4.2 Condicionamento operante, 127
    6.4.3 Aprendizagem por observação, 128
    6.4.4 Aprendizagem emocional, 128
    6.4.5 Aprendizagem em equipes, 129
    6.4.6 Aprendizagem organizacional, 129

6.5 GESTÃO DO CONHECIMENTO CORPORATIVO, 129
    6.5.1 De gestão do conhecimento para a capacitação para o conhecimento, 130

6.6 ORGANIZAÇÕES DE APRENDIZAGEM, 132

6.7 CAPITAL INTELECTUAL, 138

RESUMO, 140

QUESTÕES, 140

REFERÊNCIAS, 141

PARTE III – AS PESSOAS NAS ORGANIZAÇÕES – MICROPERSPECTIVA DO COMPORTAMENTO ORGANIZACIONAL, 145

REFERÊNCIAS, 146

Capítulo 7
DIFERENÇAS INDIVIDUAIS E PERSONALIDADE, 147

7.1 AS PESSOAS E AS ORGANIZAÇÕES, 148

7.2 CARACTERÍSTICAS INDIVIDUAIS, 149

7.3 IMPORTÂNCIA DAS DIFERENÇAS INDIVIDUAIS, 151

7.4 CAPITAL HUMANO, 152

7.5 DIFERENÇAS INDIVIDUAIS EM COMPETÊNCIAS, 153
   7.5.1 Aptidão física, 153
   7.5.2 Aptidão cognitiva, 153

7.6 DIFERENÇAS INDIVIDUAIS EM PERSONALIDADE, 154
   7.6.1 As cinco dimensões da personalidade, 155
   7.6.2 Como utilizar os testes de personalidade, 157

7.7 COMPETÊNCIAS ESSENCIAIS, 158

7.8 BENEFÍCIOS DA DIVERSIDADE E INCLUSÃO, 162

RESUMO, 163

QUESTÕES, 164

REFERÊNCIAS, 164

Capítulo 8
PERCEPÇÃO, ATRIBUIÇÃO, ATITUDE E DECISÃO, 167

8.1 CONCEITUAÇÃO DE PERCEPÇÃO, 168
   8.1.1 Seleção perceptiva, 168

8.2 PROCESSO PERCEPTIVO, 169

8.3 FATORES QUE INFLUENCIAM A PERCEPÇÃO, 170
   8.3.1 Fatores na situação, 170
   8.3.2 Fatores situados no alvo, 170
   8.3.3 Fatores internos, 171

8.4 DISTORÇÕES DA PERCEPÇÃO, 171

8.5 DISSONÂNCIA COGNITIVA, 171

8.6 COGNIÇÃO, 172

8.7 ATRIBUIÇÃO, 174

8.8 PERCEPÇÃO SOCIAL, 175
    8.8.1 Características do percebedor e do percebido, 175
    8.8.2 Estereótipos, 175
    8.8.3 Efeito halo, 175

8.9 PARADIGMAS, 176
    8.9.1 Paradigmas organizacionais, 177

8.10 ATITUDES, 178

8.11 DECISÃO, 179
    8.11.1 Teoria das decisões, 179
    8.11.2 Tipos de decisão organizacional, 180
    8.11.3 Classificação das decisões, 180
    8.11.4 Elementos da decisão, 180
    8.11.5 Processo decisório, 181
    8.11.6 Sistemas de apoio à decisão, 182

RESUMO, 182

QUESTÕES, 183

REFERÊNCIAS, 183

Capítulo 9
MOTIVAÇÃO E ENGAJAMENTO, 185

9.1 CONCEITO DE MOTIVAÇÃO, 186
    9.1.1 Componentes da motivação, 187

9.2 PROCESSO MOTIVACIONAL, 188
    9.2.1 Ciclo motivacional, 188
    9.2.2 Mecanismos individuais de reação, 189
    9.2.3 Variáveis organizacionais, 189

9.3 TEORIAS DE CONTEÚDO SOBRE MOTIVAÇÃO, 190
    9.3.1 Hierarquia de necessidades de Maslow, 191
    9.3.2 Teoria ERC, 192
    9.3.3 Teoria dos dois fatores de Herzberg, 193
    9.3.4 Teoria das necessidades adquiridas de McClelland, 195

9.4 TEORIAS DE PROCESSO DE MOTIVAÇÃO, 196
    9.4.1 Teoria da equidade, 197
    9.4.2 Teoria da definição de objetivos, 198
    9.4.3 Teoria da expectância, 199
    9.4.4 Teoria da expectativa de dinheiro, 201
    9.4.5 Teoria do reforço, 203

9.5 VISÃO INTEGRADA DAS TEORIAS DA MOTIVAÇÃO, 203

9.6 MOTIVAÇÃO E CULTURA, 204

9.7 CLIMA ORGANIZACIONAL, 205

9.8 APLICAÇÃO DAS TEORIAS DA MOTIVAÇÃO, 206

9.9 EFEITO DA GESTÃO DA MOTIVAÇÃO, 207

RESUMO, 208

QUESTÕES, 209

REFERÊNCIAS, 209

PARTE IV – OS GRUPOS NAS ORGANIZAÇÕES – PERSPECTIVA INTERMEDIÁRIA DO COMPORTAMENTO ORGANIZACIONAL, 211

Capítulo 10
EQUIPES E *EMPOWERMENT,* 213

10.1 DIFERENÇAS ENTRE GRUPOS E EQUIPES, 214
   10.1.1 Etapas do desenvolvimento de equipes, 216
   10.1.2 Tipos de equipe, 217
   10.1.3 Níveis de análise do desempenho de equipes, 218
   10.1.4 Como desenvolver e gerenciar equipes eficazes, 219

10.2 *EMPOWERMENT*, 220
   10.2.1 *Continuum* do *empowerment,* 222
   10.2.2 Equipes de alto desempenho, 223

RESUMO, 224

QUESTÕES, 225

REFERÊNCIAS, 225

PARTE V – A DINÂMICA ORGANIZACIONAL – MACROPERSPECTIVA DO COMPORTAMENTO ORGANIZACIONAL, 227

Capítulo 11
COMUNICAÇÃO, 229

11.1 SOCIEDADE DA INFORMAÇÃO, 230

11.2 ERA DIGITAL, 232

11.3 CONCEITUAÇÃO DE COMUNICAÇÃO, 232

11.4 FUNÇÕES DA COMUNICAÇÃO, 233

11.5 PROCESSO DE COMUNICAÇÃO, 234

11.6 COMUNICAÇÃO HUMANA, 237
   11.6.1 Fatores de persuasão da fonte, 238
   11.6.2 Fatores de persuasão da mensagem, 238
   11.6.3 Fatores de persuasão no destino, 238
   11.6.4 Consonância, 238
   11.6.5 Tipos de comunicação interpessoal, 239
   11.6.6 Canais informais de comunicação, 239

11.7 BARREIRAS À COMUNICAÇÃO, 239

11.8 COMUNICAÇÃO ORGANIZACIONAL, 242
    11.8.1 Como melhorar a comunicação organizacional, 243
    11.8.2 Comunicação em equipes, 245
    11.8.3 Acesso e uso da informação na organização, 246
    11.8.4 Reuniões, 247

RESUMO, 248

QUESTÕES, 248

REFERÊNCIAS, 249

Capítulo 12
PODER, POLÍTICA E LIDERANÇA, 251

12.1 CONCEITO DE PODER E DEPENDÊNCIA, 252
    12.1.1 Dependência, 254

12.2 TÁTICAS DE PODER, 254

12.3 GESTÃO OU LIDERANÇA?, 255

12.4 POLÍTICA, 256

12.5 CONCEITO DE LIDERANÇA, 257

12.6 TEORIA DOS TRAÇOS DE PERSONALIDADE, 257

12.7 TEORIAS COMPORTAMENTAIS SOBRE LIDERANÇA, 262
    12.7.1 Pesquisa da Universidade de Iowa, 262
    12.7.2 Pesquisa da Universidade de Michigan, 262
    12.7.3 Pesquisa da Universidade de Ohio State, 263
    12.7.4 Grade Gerencial, 263

12.8 TEORIAS SITUACIONAIS E CONTINGENCIAIS DE LIDERANÇA, 265
    12.8.1 A escolha de padrões de liderança, 265
    12.8.2 Teoria da Contingência em Liderança de Fiedler, 266
    12.8.3 Teoria da Liderança em Passos Gradativos de House, 267
    12.8.4 Teoria Situacional da Liderança de Hersey e Blanchard, 269
    12.8.5 Visão ampliada da liderança, 270

12.9 COMO AMPLIAR O CONTEXTO DA LIDERANÇA, 272
    12.9.1 *Coaching*, 272
    12.9.2 *Mentoring*, 272

RESUMO, 272

QUESTÕES, 273

REFERÊNCIAS, 273

Capítulo 13
ESTRESSE, CONFLITO E NEGOCIAÇÃO, 277

13.1 ESTRESSE, 278
    13.1.1 Conceituação de estresse, 279

13.1.2 Fontes de estresse, 279
13.1.3 Componentes do estresse, 280
13.1.4 Dinâmica do estresse, 281
13.1.5 Causas do estresse, 282
13.1.6 Consequências do estresse, 284
13.1.7 Como reduzir a insatisfação e o estresse, 285
13.1.8 Aconselhamento e *coaching*, 286

13.2 CONFLITO, 287
13.2.1 Conceituação de conflito, 288
13.2.2 Níveis de gravidade do conflito, 288
13.2.3 Condições antecedentes dos conflitos, 289
13.2.4 Processo de conflito, 289
13.2.5 Níveis de abrangência dos conflitos, 291
13.2.6 Conflito intergrupal, 291
13.2.7 Conflito interpessoal, 291
13.2.8 Conflito intraindividual, 292
13.2.9 Efeitos do conflito, 292
13.2.10 Estilos de gestão de conflitos, 293
13.2.11 Técnicas de gestão de conflitos, 294

13.3 NEGOCIAÇÃO, 295
13.3.1 Conceituação de negociação, 296
13.3.2 Abordagens de negociação, 297
13.3.3 Negociação distributiva, 297
13.3.4 Negociação integradora, 298
13.3.5 Habilidades de negociação, 298
13.3.6 Processo de negociação, 299
13.3.7 Negociação coletiva, 299

RESUMO, 300

QUESTÕES, 300

REFERÊNCIAS, 301

Capítulo 14
MUDANÇA E DESENVOLVIMENTO ORGANIZACIONAL, 303

14.1 AS PROFUNDAS MUDANÇAS NO CENÁRIO ORGANIZACIONAL, 304

14.2 CICLO DE VIDA DAS ORGANIZAÇÕES, 306

14.3 O PROCESSO DE MUDANÇA, 307

14.4 MUDANÇA REQUER HABILIDADES HUMANAS, 308

14.5 RENOVAR ORGANIZAÇÕES SIGNIFICA IMPULSIONAR AS PESSOAS, 309

14.6 AGENTES DE MUDANÇA, 311

14.7 RESISTÊNCIA À MUDANÇA, 311

14.8 COMO SUPERAR A RESISTÊNCIA À MUDANÇA, 313

14.9 MUDANÇA ORGANIZACIONAL, 316
14.9.1 Reconhecimento do problema, 316

14.9.2 Identificação das causas: esquemas de diagnóstico, 316
14.9.3 Implementação da mudança, 318
14.9.4 Avaliação da mudança, 318

14.10 PESQUISA-AÇÃO, 318

14.11 O QUE MUDAR?, 319

14.12 DESENVOLVIMENTO ORGANIZACIONAL (DO), 320

14.13 TÉCNICAS DE DO, 321

14.14 A NECESSIDADE DE INOVAÇÃO, 322

14.15 ENCORAJANDO UMA CULTURA DE APRENDIZADO E DE MUDANÇA, 324

14.16 INCENTIVANDO E IMPULSIONANDO ESFORÇOS DE MUDANÇA, 326

RESUMO, 328

QUESTÕES, 328

REFERÊNCIAS, 329

Capítulo 15
ESTRATÉGIA ORGANIZACIONAL, 331

15.1 CONCEITO DE ESTRATÉGIA ORGANIZACIONAL, 332

15.2 NÍVEIS ADMINISTRATIVOS DA ORGANIZAÇÃO, 334
15.2.1 Nível institucional, 334
15.2.2 Nível intermediário, 334
15.2.3 Nível operacional, 335

15.3 GESTÃO ESTRATÉGICA, 335
15.3.1 Objetivos organizacionais, 336
15.3.2 Hierarquia de objetivos, 337
15.3.3 Compatibilidade entre objetivos organizacionais e objetivos individuais, 337

15.4 FORMULAÇÃO DA ESTRATÉGIA ORGANIZACIONAL, 338
15.4.1 Análise e mapeamento ambiental, 339
15.4.2 Análise organizacional, 339
15.4.3 Tipos de estratégia organizacional, 340

15.5 IMPLEMENTAÇÃO DA ESTRATÉGIA ORGANIZACIONAL, 343

15.6 AVALIAÇÃO DA ESTRATÉGIA ORGANIZACIONAL, 344

15.7 DESEMPENHO ORGANIZACIONAL, 344

15.8 *BALANCED SCORECARD (BSC)*, 345

15.9 ORGANIZAÇÕES COMPETITIVAS E ORGANIZAÇÕES SUSTENTÁVEIS, 349

RESUMO, 350

QUESTÕES, 350

REFERÊNCIAS, 351

ÍNDICE ALFABÉTICO, 353

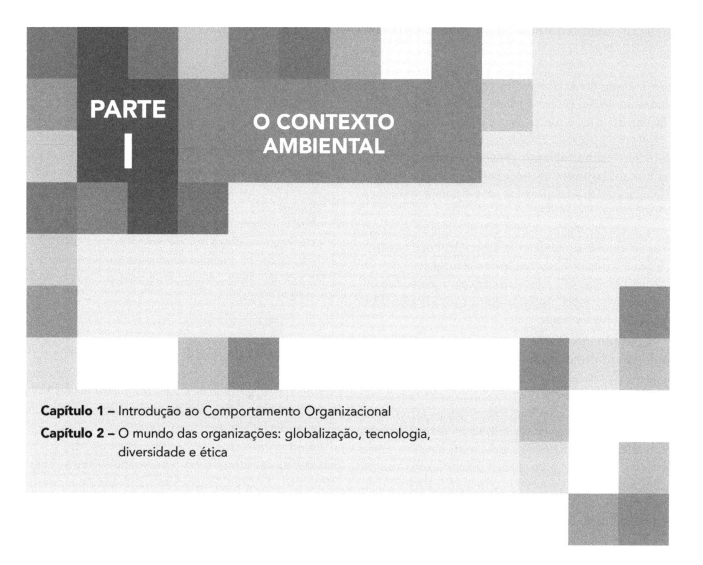

PARTE I — O CONTEXTO AMBIENTAL

Capítulo 1 – Introdução ao Comportamento Organizacional
Capítulo 2 – O mundo das organizações: globalização, tecnologia, diversidade e ética

No admirável mundo em que vivemos, pode-se constatar sem dificuldade que as organizações representam a invenção mais sofisticada e complexa de toda a história da humanidade. Elas constituem a base fundamental da invenção e reinvenção de todas as demais invenções do ser humano. Ficamos encantados com as maravilhas criadas pelo conhecimento humano – máquinas e artefatos como o computador, a nave espacial, o avião a jato, o telefone celular e outras tecnologias avançadas, como a inteligência artificial, o aprendizado de máquinas e a parafernália de robôs inteligentes –, mas nos esquecemos de que todas essas invenções são criadas, projetadas, desenvolvidas e produzidas dentro das organizações. Na verdade, todas as invenções modernas são produtos das organizações. São as organizações que projetam, criam, aperfeiçoam, desenvolvem, produzem, distribuem e entregam tudo o que precisamos para viver e para a melhor qualidade de nossas vidas. Produtos, serviços, facilidades, entretenimento, informação, educação, inovações etc. – tudo isso é continuamente gerado, desenvolvido, produzido e entregue por organizações.

Na verdade, vivemos em uma sociedade de organizações. Tudo ou quase tudo é inventado, projetado, feito e produzido por organizações. Além disso, nascemos em organizações, aprendemos e trabalhamos nelas, dependemos delas, e até morremos nelas. Vivemos a maior parte de nosso tempo e de nossas vidas dentro delas. É incrível a quantidade e a heterogeneidade de organizações: empresas, bancos, financeiras, escolas e universidades, hospitais, lojas e comércio, *shopping centers*, supermercados, postos de gasolina, restaurantes, estacionamentos, organizações não governamentais (ONGs), igrejas, repartições públicas, Forças Armadas, fábricas, hotéis, emissoras de rádio e televisão, além de uma interminável lista de exemplos, como a Organização das Nações Unidas (ONU), a Organização do Tratado do Atlântico Norte (OTAN), o Mercado Comum do Sul (Mercosul) etc. As organizações produzem bens, serviços, energia e comunicação das mais diversas naturezas e características. Produzem divertimento e conveniências, proporcionam informação, geram e distribuem conhecimento, cuidam da saúde e da educação e, acima de tudo, impulsionam a inovação e facilitam o desenvolvimento tecnológico e social. Mais ainda, elas agregam valor e criam riqueza. O desenvolvimento de uma nação se baseia primariamente no desenvolvimento e na atuação de suas organizações. São as organizações que criam o desenvolvimento humano, econômico e social. São elas que tocam a economia de cada país para a frente.

Contudo, não existem duas organizações iguais. Elas são profundamente diferentes entre si. Existem organizações de todos os tamanhos possíveis, desde as micro-organizações – como microempresas ou pequenas e simples empresas individuais – até enormes e complexas organizações multinacionais e globais que estendem a sua influência pelo mundo todo e ultrapassam as fronteiras dos países. Existem organizações compostas de um invejável patrimônio físico e recursos tangíveis, como também existem organizações virtuais que não requerem os tradicionais conceitos de espaço e tempo para funcionar. A diversidade e a heterogeneidade das organizações são uma realidade simplesmente impressionante. Um belo exercício mental seria tentar listar todos os tipos de organização que conhecemos.

SAIBA MAIS

As organizações fazem parte de um mundo maior, que é a sociedade em que vivemos. Elas não existem isoladas ou insuladas nem são autossuficientes. Elas não vivem sozinhas. Na verdade, elas são sistemas que atuam dentro de sistemas maiores e estão inseridas em um meio ambiente constituído de uma enorme variedade de outras organizações. De modo geral, as organizações dependem umas das outras para poderem sobreviver e competir em um complexo mundo de organizações. Elas fornecem insumos e recursos para que outras organizações possam funcionar e trabalhar. Há, portanto, um incrível universo de organizações. O dinâmico intercâmbio entre elas ultrapassa as fronteiras dos países e se projeta em escala global. A interdependência organizacional é cada vez maior graças às alianças estratégicas entre organizações que se relacionam em redes integradas e complexas. Afinal, "a união faz a força" – e isso se aplica principalmente às organizações. No fundo, elas tanto colaboram entre si, quanto a recursos e investimentos, como competem na busca por clientes e mercados. Trata-se de um complicado jogo de interesses no alcance de objetivos, que podem ser comuns ou antagônicos.

O **Comportamento Organizacional** (CO) está voltado para o estudo da dinâmica e do funcionamento das organizações. Seu foco central está em compreender como a organização funciona e como se comporta. Como as organizações são basicamente diferentes entre si, o CO se preocupa em definir as bases e as características principais do seu funcionamento. As organizações são dotadas de recursos materiais e financeiros, mas basicamente constituídas de pessoas que lhes proporcionam conhecimentos, habilidades e competências. Pelo fato de seus recursos serem estáticos e inertes, são as pessoas que lhes dão o impulso, a inteligência e a dinâmica necessários ao seu funcionamento. Em geral, as pessoas são reunidas em grupos de trabalho ou em equipes funcionais ou multifuncionais. Para tanto, as organizações possuem um desenho estrutural – sua organização interna – que serve de plataforma básica para o seu funcionamento. Além disso, cada organização tem a sua própria cultura organizacional, ou seja, um conjunto de crenças, valores e comportamentos que lhe dão a dinâmica necessária para o seu funcionamento. Conhecer o seu ambiente interno é o passo fundamental para o entendimento do comportamento de uma organização. Acontece que as organizações não existem no vácuo. Elas estão inseridas em um ambiente – seu ambiente externo – composto de outras organizações, sociedades, países, continentes, enfim, no mundo dinâmico e globalizado em que vivemos. Esse contexto ambiental não pode ser desprezado no estudo do comportamento das organizações: ele proporciona o entendimento das profundas influências que o mundo ao redor provoca em cada organização.

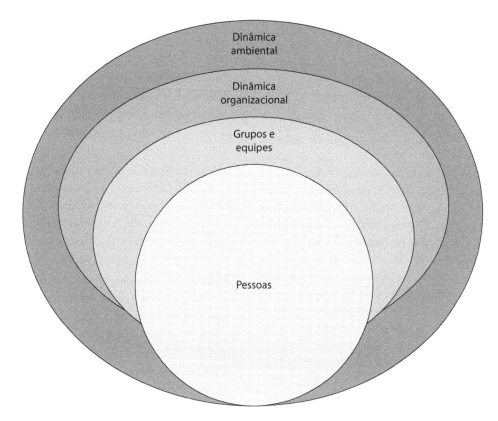

Figura I.1 Alinhamento do livro.

Nessa visão e para efeito didático, o estudo do CO deve levar em conta quatro diferentes estratos, a saber (Figura I.1):

- **Dinâmica ambiental:** envolve o ambiente econômico, social, político, tecnológico, cultural, demográfico e ecológico que circunda cada organização e influencia poderosamente o seu funcionamento.
- **Dinâmica organizacional:** engloba todo o sistema organizacional: de um lado, os aspectos estruturais – desenho organizacional –, e de outro, os aspectos vivenciais e dinâmicos – cultura organizacional.
- **Grupos e equipes:** compostos de pessoas para atividades complexas que exigem o trabalho conjunto.
- **Pessoas:** participantes da organização nas diferentes tarefas e níveis de atividade.

É dentro das organizações que acontece o CO, por meio de uma complexa dinâmica decorrente de uma variedade de forças do ambiente externo, da estratégia adotada pela organização para garantir sua competitividade e sustentabilidade e do grau de sucesso alcançado por ela. O estudo do CO não pode ficar confinado apenas aos aspectos interiores de uma organização, pois, na maioria das vezes, eles são poderosamente influenciados por fatores externos vindos do ambiente em que vive e sobrevive a organização. Alguns autores chegam a enfatizar o chamado determinismo ambiental: o ambiente é o fator determinante das características organizacionais. Para esses autores, as características da organização constituem a variável dependente, e as características ambientais, a variável independente.[1] Mais ainda: a organização somente é bem-sucedida quando consegue se adaptar e se ajustar adequada e rapidamente às demandas ambientais. Além disso, o CO depende fortemente da estratégia adotada pela organização que define como essa busca vantagens competitivas para garantir competitividade e sustentabilidade em um mundo de negócios altamente complexo, dinâmico, mutável e competitivo. E exponencial. Ignorar esses aspectos certamente não proporcionará uma visão ampla e completa do CO. É que a visão interna do CO depende cada vez mais da visão externa que se tem dele. Para explicar o CO, torna-se necessário entender onde a organização vive e tenta sobreviver apesar das mudanças externas. Afinal, as organizações não existem no vácuo, nem estão sozinhas neste mundo.

É este mundo envolvente, complexo, dinâmico, mutável e extremamente diverso, incerto e ambíguo que veremos a seguir. Adiante, quando falarmos de ambiente, iremos nos referir ao meio ambiente externo que envolve a organização. É o *habitat* de cada organização, isto é, o mundo que a rodeia e envolve; o palco no qual as organizações desempenham o seu papel. O CO precisa levar em conta tudo o que envolve externamente uma organização. Sem a inclusão do ambiente, muitos dos aspectos do CO ficam sem explicação adequada.

I.1 AMBIENTE

Para compreender melhor a dinâmica organizacional, é necessário, antes, entender o contexto em que as organizações vivem e se proliferam. Estamos nos referindo ao ambiente. Uma definição simples de ambiente é dizer que ele é tudo aquilo que está fora e ao redor de uma organização. Mas, pelo contrário, olhando de fora para dentro, podemos dizer que o ambiente é o contexto no qual a organização está inserida. Assim, o ambiente é o todo do qual as organizações são parte integrante. O meio ambiente ou contexto ambiental representa todas as forças externas que influenciam as organizações e o seu comportamento. Nesse sentido, o ambiente é algo vasto, imenso, complexo, mutável e desafiador. Com essas características complexas, o ambiente traz incerteza à organização. Essa incerteza não reside no ambiente, mas na percepção das pessoas que dirigem ou que trabalham nas organizações. Dentro de um ponto de vista mais amplo, o ambiente não é somente composto de outras organizações, mas também de um complexo de forças e variáveis interagentes – econômicas, tecnológicas, culturais, legais, políticas e demográficas –, que são fenômenos ambientais formadores de um campo dinâmico de forças que apresentam um efeito sistêmico e resultantes que nem sempre podem ser previstas ou antecipadas. Daí a incerteza ambiental.

I.1.1 Ambiente geral ou macroambiente

O **ambiente geral** ou **macroambiente** é o ambiente maior no qual estão localizadas as demais organizações. Por ser vasto e comum a todas as organizações, o ambiente geral é constituído de inúmeras variáveis, a saber:[2]

- **Variáveis econômicas:** constituem a estrutura e a conjuntura que determinam o desenvolvimento econômico ou a retração econômica e que condicionam fortemente as organizações. A inflação, a balança de pagamentos e a distribuição de renda interna são aspectos econômicos que influenciam as organizações.
- **Variáveis tecnológicas:** a tecnologia – principalmente a Tecnologia da Informação (TI) – provoca profundas influências nas organizações e na sua maneira de se comportar. As organizações precisam se ajustar e se adaptar às inovações tecnológicas que provêm do ambiente geral para não perderem sua competitividade frente às outras organizações.
- **Variáveis sociais:** envolvem como as pessoas se comportam e se relacionam, como vivem e se conectam digitalmente, quais são seus hábitos, costumes e preferências.
- **Variáveis culturais:** a cultura de um povo penetra nas organizações por meio das expectativas e dos modos de pensar, agir e sentir de seus participantes e de seus clientes.
- **Variáveis legais:** decorrentes da legislação vigente que afeta direta ou indiretamente as organizações, auxiliando-as ou impondo-lhes restrições ou limites às suas operações. As leis de caráter comercial, civil, trabalhista, fiscal etc. constituem elementos normativos para a vida das organizações.
- **Variáveis políticas:** decorrentes dos valores, decisões e definições políticas tomadas em nível federal, estadual e municipal que influenciam as organizações e que orientam as próprias condições econômicas e legais.
- **Variáveis demográficas:** decorrentes da taxa de crescimento, população, raça, religião, distribuição geográfica, distribuição por sexo e idade. Determinam as características dos mercados atual e futuro das organizações.
- **Variáveis ecológicas:** decorrentes da natureza física do planeta Terra e de questões relacionadas a clima, poluição etc.

I.1.2 Ambiente específico ou ambiente de tarefa

É o ambiente mais próximo e imediato de uma organização. Cada organização se comporta em um nicho ambiental específico que denominamos **ambiente de tarefa** ou **microambiente**. Cada organização tem o seu próprio ambiente de tarefa que proporciona as entradas e saídas necessárias à sua subsistência e sobrevivência. De um lado, o ambiente de tarefa oferece oportunidades e recursos à organização, mas, por outro lado, impõe-lhe coações, contingências, desafios e ameaças, conforme veremos adiante.

O **ambiente específico** – segmento ambiental mais próximo e imediato de cada organização, também chamado de ambiente de tarefa ou microambiente – é o ambiente de operações da organização, do qual ela extrai suas entradas e deposita suas saídas. É constituído de:[3]

- **Fornecedores de entradas:** provedores de todos os tipos de recurso de que uma organização necessita para trabalhar, como recursos materiais (por meio dos fornecedores de matérias-primas que formam o mercado de fornecedores), recursos financeiros (pelos fornecedores de capital que formam o mercado de capitais), recursos tecnológicos (por meio dos fornecedores de tecnologias) etc. Antigamente, incluíam-se aqui os recursos humanos (por intermédio dos fornecedores de talentos que constituem o mercado de recursos humanos), hoje denominados **parceiros** ou **colaboradores da organização**.

- **Clientes, usuários ou consumidores:** consumidores das saídas da organização. Modernamente, os clientes são os condicionadores do sucesso organizacional, isto é, são aqueles que definem a qualidade e a adequação dos produtos/serviços oferecidos pela organização ao mercado. Se os clientes são conquistados e mantidos, a organização será bem-sucedida; caso contrário, a organização não terá condições de sucesso. Contudo, para chegarem aos clientes e consumidores, as organizações utilizam outras organizações intermediárias, como atacadistas e varejistas, e até *shopping centers*.
- **Concorrentes:** cada organização não está sozinha, nem existe no vácuo, mas disputa com outras organizações concorrentes os mesmos recursos (entradas) e os mesmos tomadores de suas saídas. Daí os concorrentes quanto às entradas de recursos e os concorrentes quanto a clientes e consumidores.
- **Órgãos regulamentadores:** cada organização está sujeita à ação de várias organizações que procuram regular ou fiscalizar suas atividades. São os sindicatos, as associações de classe, os órgãos regulamentadores do governo, os órgãos protetores dos clientes, as ONGs etc.

Muitas organizações, escolas, hospitais e serviços públicos, parecem tratar os clientes, estudantes, pacientes e cidadãos como se eles existissem para a organização, e não o contrário. Além disso, muitos administradores sabem menos sobre o ambiente do que sobre qualquer outro aspecto de sua atividade. O certo é que cada organização lide continuamente com o seu ambiente – principalmente com seu ambiente de tarefa. Enquanto o ambiente geral é comum para todas as organizações, o ambiente de tarefa constitui o cenário imediato de operações de cada organização (Figura I.2). Isso significa que os valores e as necessidades da sociedade devem constituir as prioridades do administrador.

SAIBA MAIS — **Sobre ambiente de tarefa**

Quando uma organização define seu produto ou serviço e quando escolhe o mercado em que pretende colocá-lo, está definindo o seu ambiente de tarefa. É no ambiente de tarefa que a organização estabelece seu domínio ou, pelo menos, procura estabelecê-lo. O domínio depende das relações de poder ou dependência de uma organização quanto aos fornecedores de suas entradas e aos tomadores de suas

Figura I.2 Ambiente geral e ambiente de tarefa.

saídas. A organização tem poder sobre seu ambiente de tarefa quando suas decisões afetam as decisões dos fornecedores de entradas ou dos consumidores de saídas. Já o contrário – dependência da organização em relação ao seu ambiente de tarefa – ocorre quando suas decisões dependem das decisões tomadas por seus fornecedores de entradas ou por seus consumidores de saídas. De modo geral, as organizações procuram aumentar seu poder e reduzir sua dependência quanto ao seu ambiente de tarefa e estabelecer seu domínio sobre esse. Trata-se do papel da estratégia organizacional, discutida no Capítulo 15.

A compreensão das forças e dos componentes ambientais é fundamental para o sucesso organizacional. Todavia, essa compreensão não é objetiva e realística, mas predominantemente subjetiva; ela está sujeita a um processo de seleção e de percepção por parte dos dirigentes de cada organização.

I.1.3 Seleção ambiental

As organizações não são capazes de compreender todas as condições variáveis do ambiente de uma só vez. Para lidar com a complexidade ambiental, as organizações selecionam certos aspectos de seus ambientes e passam a visualizar seu mundo exterior apenas nas partes escolhidas e selecionadas desse enorme conjunto. É a chamada **seleção ambiental**: apenas uma pequena porção de todas as variáveis ambientais participa realmente do conhecimento e da experiência da organização ou dos seus dirigentes. Em vez de considerar o ambiente como feito de coisas – como matérias-primas e matérias-primas transformadas –, as organizações interpretam a sua realidade externa por intermédio da informação. O ambiente significativo para a organização é descrito por meio de informações selecionadas para reduzir a enorme volatilidade, incerteza, complexidade e ambiguidade existente lá fora.[4]

I.1.4 Percepção ambiental

Além disso, as organizações percebem subjetivamente seus ambientes de acordo com suas expectativas, experiências, problemas, convicções e motivações. Cada organização percebe e interpreta de forma própria e peculiar o contexto ambiental. Isso significa que um mesmo ambiente pode ser percebido e interpretado de maneira diferente por duas ou mais organizações. É a chamada **percepção ambiental**, que é uma construção ou um conjunto de informações selecionadas e estruturadas em função da experiência anterior, de intenções e maneiras de pensar dos dirigentes de cada organização. A percepção depende muito daquilo que cada organização considera relevante em seu ambiente. Como o ambiente não é estático, nem fixo, mas extremamente dinâmico e mutável e até exponencial, as organizações são informadas das variações que ocorrem, desde que essas variações sejam suficientemente claras, importantes ou relevantes e que estejam acima de um limiar de sensibilidade capaz de alertá-lhes a atenção. Assim, a percepção ambiental está ligada à captação e ao tratamento da informação externa considerada útil. Todavia, quando falamos em seleção e percepção ambiental, estamos querendo dizer que não são as organizações em si que selecionam e percebem seus ambientes, mas as pessoas que administram as organizações.[5]

I.1.5 Consonância e dissonância

Ao selecionar e perceber seus ambientes, as organizações procuram reduzir a dissonância e manter a consonância a respeito deles. Existe forte necessidade de consonância e coerência na vida das organizações. A **consonância** significa que as presunções da organização a respeito de seu ambiente são confirmadas na prática e no cotidiano. Essa confirmação serve para reforçar ainda mais aquelas presunções ou percepções. Com isso, a organização mantém a coerência em seu comportamento, ou seja, seu comportamento permanece congruente com suas presunções e percepções. Cada informação ambiental recebida é comparada com as deduções anteriores. Se a comparação revela algum desvio, incoerência ou dissonância, a organização tende a restabelecer o equilíbrio desfeito, seja modificando suas crenças anteriores, seja desacreditando na nova informação recebida. Na verdade, as organizações estão frente a um contínuo e infindável processo de redução da dissonância de seus ambientes.[6]

SAIBA MAIS — Seleção, percepção ambiental e consonância

São os aspectos que definem como as organizações, por meio das pessoas, entendem o ambiente de negócios ao seu redor. As pessoas não conseguem ver a totalidade dos eventos externos que acontecem, mas apenas alguns deles que chamam sua atenção, e percebem esses aspectos com subjetividade e os aceitam quando são consonantes com suas expectativas. Assim, os mesmos eventos ambientais são escolhidos, percebidos e aceitos de diferentes maneiras pelas pessoas. As organizações, por sua vez, partem de suposições diferentes a respeito dos mesmos acontecimentos ao seu redor, e as decisões das organizações em relação a eles passam a ser diferentes em relação aos seus pontos de vista.

I.2 ORGANIZAÇÕES COMO SISTEMAS ABERTOS

As organizações funcionam como sistemas abertos. Isso significa que elas estão em um processo contínuo e incessante de trocas e intercâmbios com o ambiente. Em outras palavras, a organização como um sistema aberto é parte de uma sociedade maior e constituída de partes menores. Essa integração entre as partes menores produz um todo que não pode ser compreendido pela simples visualização das várias partes tomadas isoladamente. As organizações são vistas como sistemas dentro de sistemas maiores. Os sistemas abertos são complexos conjuntos de elementos integrados e coesos que se caracterizam pela intensa interação e reciprocidade no sentido de alcançar objetivos (Figura I.3).

Toda organização atua em determinado ambiente, e sua existência e sobrevivência dependem da maneira como ela se relaciona com esse meio. O sistema aberto apresenta fronteiras altamente permeáveis que permitem constante intercâmbio de recursos, energia e informação com seu meio ambiente, do qual recebe os insumos (entradas ou *inputs*) necessários à sua sobrevivência e às suas operações e no qual coloca os resultados de suas operações (saídas ou *outputs*) na forma de produtos ou serviços. Enquanto os sistemas fechados – como máquinas, equipamentos e *hardwares* físicos – se conectam com o ambiente de maneira previsível e mecanística por meio de entradas e saídas perfeitamente conhecidas e que têm comportamento previsível e predeterminado, os sistemas abertos – como todos os seres vivos, as organizações, a economia e a própria sociedade – interagem dinamicamente com o ambiente por meio de uma multiplicidade de entradas e saídas que não são exatamente conhecidas nem obedecem às relações diretas de causa e efeito. Daí o comportamento complexo dos sistemas abertos. Eles não são coisas, mas organismos complexos que se comportam de maneira complexa.

As organizações – como sistemas abertos – apresentam as seguintes características de comportamentos:[7]

- **Importação e exportação**: a organização importa continuamente do ambiente os recursos, os materiais e a energia necessários para abastecer suas operações, e exporta constantemente para o ambiente os produtos ou serviços que produz. De um lado, a organização tem suas entradas oriundas do ambiente, e de outro, tem suas saídas para o ambiente. Esse fluxo de importação-exportação é a característica principal da organização como sistema aberto.

- **Homeostasia**: é a tendência de o sistema aberto permanecer em um equilíbrio dinâmico, mantendo seu *status quo* interno. O sistema aberto precisa manter uma constância no intercâmbio de energia importada e exportada do ambiente para assegurar sua estabilidade e sobrevivência. A homeostasia garante a estabilidade e o estado firme do sistema, apesar de todas as variações que ocorrem no ambiente. Ela enfatiza o processo ou as atividades internas da organização, isto é, a busca por eficiência interna. A homeostasia leva à rotina e à conservação do sistema e garante o equilíbrio dinâmico da organização em um contexto variável.[8]

- **Adaptabilidade**: é a mudança na organização do sistema, na sua interação ou nos padrões requeridos para conseguir um novo e diferente estado de equilíbrio com o ambiente externo, mas por meio da alteração do seu *status quo* interno. A adaptabilidade ocorre graças

Figura I.3 Organização como um sistema aberto em interação com o ambiente.

ao processo de retroação (*feedback*) para manter a organização viável. A retroação permite que a saída de um sistema influencie positiva ou negativamente a sua entrada, no sentido de ajustar o sistema a determinados padrões de funcionamento ou corrigir possíveis desvios. Essa focalização adaptativa e ecológica das organizações traz como consequência o foco nos resultados (saídas ou *outputs*) em vez da ênfase sobre o processo ou as atividades da organização. Trata-se da ênfase sobre a eficácia, e não exclusivamente a ênfase sobre a eficiência do sistema. Ao contrário da homeostasia, a adaptabilidade leva à ruptura, à mudança e à inovação do sistema para que possa se ajustar às demandas mutáveis do ambiente externo.[9]

- **Morfogênese**: é uma decorrência da adaptabilidade do sistema aberto ao seu ambiente. Diferentemente do que ocorre nos sistemas fechados e mecânicos, e mesmo dos sistemas biológicos, o sistema aberto tem a capacidade de modificar a si próprio de maneiras estruturais. Essa é a principal característica identificadora das organizações como sistemas abertos.[10] Enquanto uma máquina não pode mudar suas engrenagens e um animal não pode criar uma perna ou cabeça a mais, a organização pode modificar continuamente a sua constituição e estrutura para melhorar o alcance de seus objetivos.

- **Negentropia ou entropia negativa**: a entropia é um processo pelo qual todas as formas organizadas tendem à exaustão, à desorganização, à desintegração e, por fim, à morte. É a degradação típica dos sistemas fechados que sofrem desgaste, decomposição e depreciação. Para sobreviver, os sistemas abertos se reabastecem de insumos e energia, além de suas necessidades básicas, para manter indefinidamente sua estrutura organizacional por meio da entropia negativa. Com isso, os sistemas abertos evitam a entropia por intermédio da importação de quantidades maiores de energia em relação àquelas que devolvem ao ambiente como produto ou serviço. Parte da entrada de energia em uma organização é investida diretamente para proporcionar a saída organizacional na forma de produto ou serviço. Outra parte da entrada de energia é absorvida e consumida pela própria organização para compensar a perda de energia entre entrada e saída.[11]

- **Sinergia**: é o oposto da entropia. Representa um esforço simultâneo de várias partes ou subsistemas da organização em benefício da mesma função. Assim, a sinergia é um efeito multiplicador das partes, fazendo com que o resultado de uma organização seja diferente da soma de suas partes ou de seus insumos.[12]

A aritmética organizacional é diferente da aritmética tradicional. Assim, 2 + 2 pode ser igual ou maior do que 4. Isso mostra o emergente sistêmico, ou seja, o resultado do todo pode ser maior do que o de suas partes. Quando menor do que 4, temos entropia em virtude das perdas do sistema. Além disso, as características do sistema podem ser completamente diferentes das características de suas partes constituintes. A água, por exemplo, é completamente diferente das características de seus componentes – o oxigênio e o hidrogênio. A floresta é completamente diferente de suas árvores.

Essa é a razão pela qual a perspectiva sistêmica ou holística traz uma nova maneira de ver as coisas. Não somente em termos de abrangência, mas, sobretudo, quanto ao enfoque do todo e das partes, do que está dentro e do que está fora, do total e da especialização das partes, da integração interna e da adaptação externa, da eficiência e da eficácia. A visão global ou gestáltica das organizações privilegia a totalidade e suas partes componentes sem desprezar o que chamamos de emergente sistêmico: as propriedades do todo que não aparecem em nenhuma das partes. Trata-se de ter a visão do bosque, e não de cada árvore; a visão da cidade, e não de cada prédio ou edifício; ou da água, e não do hidrogênio e do oxigênio que a formam. O importante é a visão da organização toda e integrada, e não apenas de cada uma de suas partes.[13]

1.3 A SOCIEDADE DE ORGANIZAÇÕES

As organizações vivem e se comportam em um mundo de organizações, e a sociedade depende do pleno funcionamento dessas organizações. O propósito de qualquer organização é produzir um bem ou serviço que seja útil para a sociedade. As organizações lucrativas produzem e vendem produtos e serviços visando a um retorno financeiro de suas operações. Por outro lado, as organizações não lucrativas produzem serviços visando ao benefício público, como assistência à saúde, educação, sistema judiciário, segurança, manutenção de ruas e estradas. A maioria das organizações não lucrativas à repartição pública, organização municipal, estadual e federal, presídios, abastecimento de água e esgoto etc. Grandes organizações industriais produzem automóveis, alimentos, roupas, produtos eletroeletrônicos, além de siderúrgicas, hidrelétricas, mineradoras. Pequenas organizações ocupam nichos específicos de mercado ainda não explorados pelas grandes organizações. Existem organizações de todos os tipos, tamanhos e características, que nascem, crescem, vivem e morrem, passando por ciclos vitais de crescimento, maturação, expansão, consolidação e declínio, como qualquer organismo vivo. Esse ciclo vital está encurtando cada vez mais, à medida que o mundo ao seu redor está se tornando mais dinâmico, mutável e exponencial. As organizações que não conseguem se adaptar a essas rápidas mudanças e transformações simplesmente se tornam obsoletas e desaparecem, o que aumenta a complexidade do estudo do CO.

I.4 INFLUÊNCIA AMBIENTAL

Em virtude de todos os aspectos que abordamos neste capítulo é que muitos autores preconizam o chamado determinismo ambiental.[14] Para tais autores, o ambiente é uma variável independente, enquanto a organização constitui a variável dependente dele. Em outras palavras, é o ambiente que determina as características das organizações. À medida que o ambiente muda – e ele muda incessantemente –, as organizações devem primariamente se adaptar e se ajustar continuamente às demandas e aos requisitos ambientais para continuarem a ser bem-sucedidas.[15] Esse é o principal desafio das organizações no sentido de evitarem sua rápida obsolescência, velhice e se tornarem ultrapassadas e engolidas pela concorrência. A renovação e a revitalização organizacional passam necessariamente pela adaptabilidade ambiental. O mundo dos negócios muda e as organizações precisam correr na mesma velocidade em que ele corre. Isso significa obrigatoriamente mudar a estratégia organizacional (que veremos no Capítulo 2) para, então, mudar o desenho organizacional e a cultura organizacional. Tudo isso significa mudança, mudança e mais mudança.

SAIBA MAIS — **Sobre darwinismo organizacional**

Os organismos vivos – plantas e animais – vêm se desenvolvendo há milhões de anos em nosso planeta. Algumas espécies surgem e desaparecem em consequência das mudanças ambientais.
Em seu livro *A origem das espécies*, escrito na década de 1850, Charles Darwin assegurava que não são as espécies vivas mais fortes, nem as mais inteligentes, que sobrevivem às constantes mudanças do ambiente em que vivem, mas aquelas que se adaptam **às mudanças** nessa seleção natural das espécies.
O mesmo se aplica atualmente às organizações. Na biologia organizacional, vivemos em um verdadeiro darwinismo organizacional: quanto mais o ambiente muda, mais espécies organizacionais desaparecem, enquanto outras com novas e diferentes feições surgem intempestivamente.

Com esse plano de fundo introdutório, teremos as condições preliminares para entrar em detalhes no estudo desta maravilhosa área do conhecimento que é o CO. Certamente, todos nós estamos mergulhados nele, todos os dias de nossas vidas, sem o percebermos.

A Parte I é constituída de dois capítulos introdutórios, a saber:

1. Introdução ao Comportamento Organizacional.
2. O mundo das organizações: globalização, tecnologia, diversidade e ética.

REFERÊNCIAS

1 EMERY, F. E. The causal texture of organizational environments. *Human Relations*, v. 8, p. 21-32, Feb. 1965. *Vide* também: EMERY, F. E. *A social ecology*. London: Plenum Press, 1972.

2 CHIAVENATO, Idalberto. *Introdução à Teoria Geral da Administração*. 10. ed. São Paulo: Atlas, 2020. p. 513-514.

3 CHIAVENATO, Idalberto. *Introdução à Teoria Geral da Administração*, op. cit., p. 514-516.

4 CHIAVENATO, Idalberto. *Introdução à Teoria Geral da Administração*, op. cit., p. 512-513.

5 CHIAVENATO, Idalberto. *Introdução à Teoria Geral da Administração*, op. cit., p. 513.

6 CHIAVENATO, Idalberto. *Introdução à Teoria Geral da Administração*, op. cit., p. 513.

7 CHIAVENATO, Idalberto. *Introdução à Teoria Geral da Administração*, op. cit., p. 483-484.

8 CHIAVENATO, Idalberto. *Introdução à Teoria Geral da Administração*, op. cit., p. 482-487.

9 CHIAVENATO, Idalberto. *Introdução à Teoria Geral da Administração*, op. cit., p. 770.

10 *Vide*: CHIAVENATO, Idalberto. *Introdução à Teoria Geral da Administração*, op. cit., p. 481; BUCKLEY, Walther. *A sociologia e a moderna teoria dos sistemas*. São Paulo: Cultrix, 1974. p. 92-102.

11 CHIAVENATO, Idalberto. *Introdução à Teoria Geral da Administração*, op. cit., p. 483.

12 CHIAVENATO, Idalberto. *Introdução à Teoria Geral da Administração*, op. cit., p. 490-491.

13 CHIAVENATO, Idalberto. *Introdução à Teoria Geral da Administração*, op. cit., p. 491.

14 SHERMAN, Harvey. *It all depends*: a pragmatic approach to organization. Alabama: University of Alabama Press, 1967. *Vide* também: EMERY, F. E.; TRIST, E. L. The causal texture of organizational environments, *Human Relations*, v. 8, p. 21-32, Febr. 1965.

15 EVAN, William M. Organization set: toward a theory of interorganizational relations. *In*: THOMPSON, James D. (org.). *Approaches to organizational design*. Pittsburgh: The University of Pittsburgh Press, 1966.

1 INTRODUÇÃO AO COMPORTAMENTO ORGANIZACIONAL

OBJETIVOS DE APRENDIZAGEM

Após estudar este capítulo, você deverá estar capacitado para:

- Definir Comportamento Organizacional (CO).
- Sumarizar as principais características do CO.
- Apresentar os três níveis do CO.
- Demonstrar a utilidade do estudo do CO.
- Mostrar os novos desafios e paradigmas do CO.

O QUE VEREMOS ADIANTE

- Conceito de CO.
- Introdução ao CO.
- Características do CO.
- Os quatro níveis do CO.
- Modelo de CO.
- Novos desafios do CO.
- Utilidades do CO.

CASO INTRODUTÓRIO
Consultoria organizacional

Frederico Rodriguez é consultor organizacional. Seus clientes são empresas de grande porte que atuam nos mais variados ramos de negócios. Para ganhar novos clientes, Frederico faz reuniões com dirigentes empresariais, a fim de conquistar novos contratos de prestação de serviços. Para isso, Frederico precisa conhecer profundamente a vida organizacional, seus problemas e suas soluções, com o intuito de conseguir vender o seu peixe. Firmado o contrato de prestação de serviços, o trabalho inicial de Frederico consiste em fazer um diagnóstico prévio dos problemas enfrentados pela empresa-cliente. Para tanto, procura obter dados por meio de entrevistas com seus executivos e funcionários e verificar os relatórios internos. À medida que coleta dados e informações, faz anotações e registros na tentativa de elaborar um quadro geral de referências sobre os problemas e suas possíveis causas. Em seguida, faz reuniões com grupos internos para debater, checar e confirmar suas conclusões. Quando está seguro de que seu diagnóstico está preparado, Frederico planeja as intervenções e soluções necessárias para eliminar ou reduzir o problema que aflige a empresa-cliente. A essa altura, volta a fazer reuniões com a diretoria da empresa, a fim de apresentar seu diagnóstico e o plano de ação terapêutica para resolver o problema da empresa e receber seu aval para dar prosseguimento aos trabalhos. Com o objetivo de conduzir todas essas ações preliminares de consultoria, Frederico precisa reunir profundos conhecimentos sobre o CO. Na sua opinião, quais seriam esses conhecimentos?

Vivemos a maior parte de nossas vidas dentro de organizações ou em contato com elas, seja trabalhando, aprendendo, nos divertindo, comendo, comprando ou usando os produtos ou serviços por elas oferecidos. Por essa razão, é fundamental que se conheça como são as organizações e, principalmente, como elas se comportam. A dinâmica organizacional tem os seus segredos, meandros, macetes e características próprias. É importante conhecer como funcionam as organizações para saber viver nelas e trabalhar nelas, relacionar-se com elas, e, principalmente, dirigi-las adequadamente. Qualquer que seja a atividade escolhida como profissão básica de qualquer pessoa – Administração, Medicina, Engenharia, Direito, Psicologia, Sociologia, Turismo, Serviço Social, Enfermagem –, o CO é imprescindível para seu sucesso profissional. Grande parte dessas profissões será necessariamente realizada dentro de organizações ou por meio delas – em hospitais, clínicas, construções, tribunais, fóruns, companhias aéreas, transportadoras, hotéis, empresas, cadeias de lojas, indústrias, consultorias, financeiras, bancos etc. Daí a importância do conhecimento sobre CO.

Além disso, as organizações não funcionam ao acaso, tampouco são bem-sucedidas aleatoriamente; elas precisam ser administradas. E os executivos que as dirigem ou gerenciam precisam conhecer profundamente sua dinâmica e o fator humano nas organizações que provoca imponderabilidade no seu funcionamento. O sucesso ou o fracasso da maioria dos projetos organizacionais depende do fator humano: é preciso saber lidar com pessoas de diferentes personalidades e saber se relacionar e se comunicar com elas. Isso nada tem a ver com os conhecimentos técnicos e especializados da formação de cada executivo, mas tem tudo a ver com o desenvolvimento de habilidades no relacionamento interpessoal. O conhecimento puramente técnico é capaz de levar até certo ponto, porém, depois disso, as habilidades interpessoais se tornam imprescindíveis. Somente há pouco tempo, as escolas de Administração – que antes limitavam seus currículos quase que exclusivamente a aspectos técnicos da Administração, enfatizando economia, finanças, contabilidade, produção e técnicas quantitativas – passaram a privilegiar a compreensão da dinâmica do comportamento humano no alcance da eficiência e eficácia das organizações. É que as pessoas podem ser o problema ou podem ser a solução dos desafios organizacionais; isso depende da maneira de lidar com elas. Boa parte do CO – senão a maior parte dele – depende do comportamento das pessoas que participam da organização como únicos membros vivos, inteligentes e dotados de competências.

1.1 CONCEITO DE CO

CO refere-se ao estudo de indivíduos e equipes que atuam em organizações as quais, por seu turno, encontram-se em um ambiente dinâmico, mutável e competitivo. Preocupa-se com a influência das pessoas e equipes sobre as organizações e vice-versa, com a influência das organizações sobre as pessoas e equipes. Na realidade, o CO retrata a contínua interação entre as organizações e seus ambientes externo e interno, que se influenciam reciprocamente em uma sequência de ações e reações. Constitui uma importante área de conhecimento para todos que necessitam lidar com organizações – seja para criar novas organizações, empreender, mudar as organizações já existentes, trabalhar em organizações, investir nelas ou, mais importante ainda, dirigi-las e transformá-las em centros de excelência.

No fundo, CO é uma disciplina acadêmica que surgiu como um corpo interdisciplinar de conhecimentos para estudar e retratar o comportamento humano nas organizações. A denominação permaneceu, mas, na verdade, não são as organizações que se comportam, e sim as pessoas, os grupos e as equipes que delas participam e que nelas atuam. Mais certo seria chamá-lo de Comportamento Humano nas Organizações.

> **Várias conceituações de CO**
>
> - Pode ser definido como a compreensão, predição e gestão do comportamento humano nas organizações.[1]
> - É um campo de estudo voltado para prever, explicar, compreender e modificar o comportamento humano no contexto das empresas. O CO enfoca comportamentos observáveis (conversar e trabalhar), lida com ações internas (pensar, perceber e decidir), estuda o comportamento das pessoas (como indivíduos ou membros de unidades sociais maiores) e analisa o comportamento dessas unidades maiores (grupos e organizações).[2]
> - É o estudo dos indivíduos e grupos nas organizações.[3]
> - É o campo de estudos que investiga o impacto que indivíduos, grupos e estrutura organizacional têm sobre o comportamento dentro das organizações, com o propósito de aplicar tais conhecimentos para melhorar a eficácia organizacional.[4]

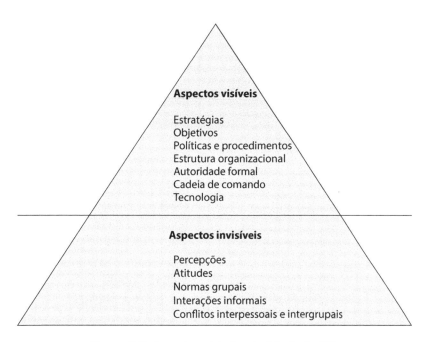

Figura 1.1 Aspectos visíveis e invisíveis do CO.

- É o estudo e a aplicação do conhecimento sobre como as pessoas atuam dentro das organizações. Trata-se de uma ferramenta humana para benefício humano.[5]
- É o comportamento individual e a dinâmica de grupos nas organizações. O estudo do CO é primariamente relacionado com a dinâmica do comportamento psicossocial, interpessoal e organizacional. E as variáveis que afetam o comportamento humano no trabalho são enormemente relevantes no estudo do CO.[6]

Todas essas definições estão corretas, sem dúvida. Mas, na verdade, seria possível definir CO como o campo de estudo que abrange a dinâmica das organizações visualizadas como um todo, envolvidas em um ambiente dinâmico e mutável, e internamente constituídas de pessoas, grupos, equipes e unidades táticas, que buscam alcançar objetivos estratégicos, táticos e operacionais, de curto, médio e longo prazos no sentido de garantir competitividade e sustentabilidade para atender às expectativas dos seus *stakeholders*. É nessa linha que o CO será estudado.

1.2 INTRODUÇÃO AO CO

O CO está relacionado às ações das pessoas no trabalho em organizações ou em interações com essas. É uma área de estudo que trata do comportamento individual de pessoas, envolvendo variados tópicos, como personalidade, atitudes, percepção, aprendizado, motivação e satisfação no trabalho. Além disso, o CO também se relaciona com o comportamento grupal e com equipes, e inclui tópicos como comunicação, normas, papéis, construção de equipes, liderança, negociação e gestão de conflitos. Baseia-se na contribuição das ciências sociais. Todavia, o comportamento de um grupo de pessoas não pode ser compreendido apenas pela soma das ações dos indivíduos agindo sozinhos ou em conjunto. Além disso, o comportamento grupal é diferente do comportamento individual. Daí a necessidade de estudar o comportamento sob ambos os ângulos: individual e grupal.

Um dos desafios para a compreensão do CO é que ele pode ser percebido apenas parcialmente. Existem aspectos superficiais e perceptíveis do CO, como as estratégias adotadas pela organização, a fixação de objetivos globais a serem alcançados, as políticas e procedimentos adotados, a estrutura organizacional, a autoridade formal e a cadeia de comando, e a tecnologia utilizada. Todos esses aspectos superficiais e perceptíveis do CO são facilmente percebidos nas organizações.

Os aspectos visíveis e os aspectos invisíveis do CO estão apresentados na Figura 1.1.

Contudo, existem também aspectos profundos e imperceptíveis do CO, como percepções e atitudes individuais, normas grupais, interações informais e conflitos interpessoais e intergrupais, que são dificilmente percebidos nas organizações, mas que dinamizam e influenciam o comportamento de pessoas e grupos.

VOLTANDO AO CASO INTRODUTÓRIO
Consultoria organizacional

Após relatar seu diagnóstico preliminar e seu plano de ação terapêutica à diretoria da empresa-cliente, Frederico Rodriguez já tem todos os elementos necessários para dar continuidade a seu trabalho. O passo seguinte é desencadear uma série de intervenções na organização para enfrentar o problema então diagnosticado. Porém, Frederico é consultor, e não executor. Como tal, ele apresenta sugestões e modelos e aguarda a decisão do cliente. O papel do consultor organizacional é preparar cabeças e corações para desenvolver e implementar planos de mudança. Quase sempre o trabalho de consultoria organizacional está em mudar, e não em manter situações problemáticas que ocorrem nas empresas e nas organizações. Frederico é um agente de mudança, mas isso requer lidar com aspectos visíveis e superficiais do CO, bem como com seus aspectos invisíveis e profundos. Como fazê-lo?

1.3 CARACTERÍSTICAS DO CO

O CO apresenta características próprias e marcantes. Embora não constitua uma ciência propriamente dita, trata-se de uma área multidisciplinar do conhecimento humano que é vital para a compreensão do funcionamento das organizações. As principais características do CO são:

1. **CO é uma disciplina científica aplicada**: o CO está ligado a questões práticas, no sentido de ajudar pessoas e organizações a alcançar níveis elevados de desempenho nunca antes alcançados. Sua aplicabilidade está em, simultaneamente, buscar aumentar a satisfação das pessoas no trabalho e elevar os padrões de competitividade, sustentabilidade e sucesso da organização.

2. **CO adota uma abordagem contingencial**: o CO procura identificar as diferentes situações organizacionais para que seja possível lidar com elas e extrair o máximo proveito delas. O CO utiliza a abordagem situacional, já que não existe uma única e exclusiva maneira de lidar com as organizações e com as pessoas que nelas trabalham. Tudo depende das circunstâncias e nada é fixo ou imutável.

3. **CO utiliza métodos científicos**: o CO desenvolve e testa empiricamente hipóteses e generalizações sobre a dinâmica do comportamento nas organizações. Os fundamentos do CO se baseiam em uma metodologia científica de pesquisa sistemática.

4. **CO ajuda a lidar com as pessoas nas organizações**: as organizações são entidades vivas e com um incrível dinamismo. Mais do que isso, são entidades sociais, pois são constituídas de pessoas. O objetivo básico do CO é ajudar as pessoas e as organizações a se entenderem cada vez melhor. O CO é fundamental para os administradores que dirigem organizações ou unidades delas, da mesma forma que é indispensável para toda e qualquer pessoa que pretenda ser bem-sucedida em sua atividade com as organizações, dentro ou fora delas.

5. **CO recebe contribuições de várias ciências comportamentais**:
    a. **Ciências políticas**: como conceitos sobre poder, conflito, política organizacional etc.
    b. **Antropologia**: como conceitos sobre cultura organizacional, análise cultural, valores e atitudes etc.
    c. **Psicologia**: como conceitos sobre diferenças individuais, personalidade, sensação, percepção, motivação, aprendizagem etc.
    d. **Psicologia social**: como conceitos sobre grupo, dinâmica de grupo, interação, liderança, comunicação, atitudes, tomada de decisão grupal etc.
    e. **Sociologia**: como *status*, prestígio, poder e conflito etc.
    f. **Sociologia organizacional**: como teoria organizacional, dinâmica organizacional etc.

    Na verdade, o CO é uma área interdisciplinar que utiliza conceitos oferecidos por várias ciências sociais para serem aplicados a indivíduos, grupos ou equipes e organizações.

6. **CO está intimamente relacionado com vários campos de estudo**: como a Teoria das Organizações (TO), o Desenvolvimento Organizacional (DO) e a Gestão de Pessoas ou de Recursos Humanos (RH). Em comparação com essas disciplinas, o CO tende a ser teoricamente orientado para o nível micro de análise na medida em que utiliza as abordagens teóricas das ciências comportamentais para focalizar, principalmente, os comportamentos individual e grupal nas organizações.[7] No nível macro, o CO recebe enorme contribuição da Administração, principalmente no que tange à estratégia organizacional e à administração das organizações.

Nesse sentido, o CO pode ser definido como a compreensão, predição e gestão do comportamento humano nas organizações.[8]

O CO se confunde com a Administração? Absolutamente não. O CO aborda o lado humano da Administração, não a totalidade dessa. A Administração envolve estratégias, táticas, planos, operações, estruturas, processos, sistemas, plataformas, metas e objetivos organizacionais etc. Para isso, o profissional de Administração precisa conhecer o CO em profundidade para ser bem-sucedido em suas atividades. O mesmo ocorre com o profissional de Psicologia ou Sociologia, quando precisa trabalhar com organizações, e, consequentemente, com todos os profissionais ou consultores de qualquer tipo de formação – que trabalham direta ou indiretamente com organizações.

Aumente seus conhecimentos sobre **Administração e CO** na seção *Saiba mais* CO 1.1

No entanto, o CO não se confunde com a Psicologia Organizacional (PO), nem com a Sociologia Organizacional. As Ciências Sociais (Antropologia, Sociologia e, especialmente, Psicologia) fizeram uma contribuição significativa para os fundamentos teóricos e de pesquisa de CO. A estrutura organizacional e os processos administrativos (como processo decisório e comunicação) assumem um papel importante em CO, mas secundário em PO. Será que o velho vinho (PO) foi colocado em uma garrafa nova com um selo diferente (CO)? Parece que não.[9] É o que será apresentado no decorrer deste livro.

1.4 OS QUATRO NÍVEIS DO CO

O estudo do CO envolve quatro níveis hierárquicos de abordagem, a saber:

1. **Heteroperspectiva do CO**: trata do entorno externo e circundante do sistema organizacional, em suas interações e reciprocidade de transações. Toda organização existe em um ambiente externo constituído de outras organizações e que lhe proporciona entradas e insumos, e no qual deposita suas saídas ou resultados. O ambiente influencia de maneira poderosa tudo o que ocorre dentro das organizações, e tais influências não podem ser desprezadas. Na verdade, o CO funciona em termos de ações e reações em relação ao seu mundo exterior. A adaptabilidade organizacional é imprescindível ao seu sucesso em um mundo de negócios instável, mutável e globalizado.

2. **Macroperspectiva do CO**: trata do comportamento do sistema organizacional como uma totalidade, isto é, da organização como um todo sistêmico. É o que se chama de comportamento macrorganizacional e se refere ao estudo dos comportamentos de organizações inteiras. A abordagem macro do CO se baseia em como a organização está estruturada, sua cultura organizacional e como ela funciona nos aspectos de comunicar, liderar, proporcionar decisões, lidar com estresse e conflito, proporcionar negociação, tipos de poder e política, e coordenar atividades de trabalho.[10]

3. **Perspectiva intermediária do CO**: trata do comportamento de grupos e de equipes na organização. Recebe o nome de comportamento meso-organizacional, pois funciona como ligação entre as outras duas perspectivas de CO. Tem como foco o comportamento das pessoas que trabalham em grupos ou em equipes. A perspectiva intermediária do CO se baseia em pesquisas sobre equipes, *empowerment*, dinâmica grupal e intergrupal. Busca encontrar formas de socialização que incentivam a cooperação entre as pessoas, a melhoria da produtividade em grupo e a identificação das combinações de aptidões entre membros de uma equipe para aumentar o desempenho do grupo.

4. **Microperspectiva do CO**: trata do comportamento do indivíduo ao trabalhar sozinho na organização.[11] Toma o nome de comportamento micro-organizacional. Em função de suas origens, a microperspectiva do CO apresenta uma orientação fortemente psicológica. Tem como foco as diferenças individuais, a personalidade, a percepção e a atribuição, a motivação e a satisfação no trabalho. As pesquisas nessa área têm como objeto os efeitos das aptidões sobre a produtividade das pessoas, o que motiva as pessoas a desempenhar suas tarefas, a satisfação no trabalho e como as pessoas sentem e percebem seu local de trabalho.

VOLTANDO AO CASO INTRODUTÓRIO
Consultoria organizacional

Como consultor organizacional, Frederico Rodriguez precisa trabalhar em três níveis de ação: organizacional, grupal e individual. As soluções dos problemas organizacionais passam pelos três níveis e exigem que todos eles sejam ativados simultaneamente. Frederico precisa trabalhar com conceitos sistêmicos, como comunicação, liderança, tomada de decisão, conflito e negociação, poder e política e, sobretudo, com mudança organizacional.

> Também precisa trabalhar com grupos e equipes para proporcionar dinâmica grupal e intergrupal, e incentivar o *empowerment*. Além disso, não pode esquecer das diferenças individuais e de personalidade, percepção e atribuição das pessoas, motivação e satisfação no trabalho. Essa visão global e holística do CO é a principal preocupação de Frederico. Qual nível de atuação, na sua opinião, é o mais importante? Por quê?

1.5 MODELO DE CO

Para representar seus conceitos, as ciências geralmente utilizam modelos cuja finalidade é facilitar a explicação e a compreensão de determinados fenômenos complexos. O modelo é uma representação simulada de um fenômeno real ou uma forma de abstração da realidade. Serve para representar a realidade de maneira mais simples e inteligível, seja na forma de um organograma da empresa, um fluxograma de atividade, uma planta de um edifício ou uma equação matemática.

O modelo convencional de CO utilizado pela maioria dos autores envolve três níveis de análise: individual, grupal e organizacional, em níveis crescentes de complexidade e cada um deles construído a partir do nível anterior, sobrepondo-se a ele como se fossem blocos de construção dinâmicos e interativos. Preferimos incluir um quarto nível, que, na realidade, influencia poderosamente esses três níveis, que é o ambiente externo no qual a organização está incluída e envolvida. Não se pode estudar a organização como uma entidade independente, solitária e isolada, como se existisse no vácuo, sem abordar o contexto em que está inserida e do qual ela depende para funcionar, extrair seus insumos e oferecer suas saídas. Assim, considera-se o ambiente o quarto nível de estudo do CO, já que ele toma parte ativa e influenciadora da maneira como as organizações funcionam.

Os quatro níveis de atuação do CO – um externo e três internos – estão intimamente inter-relacionados e interagentes, com profundas repercussões entre si e influências recíprocas, como mostrado na Figura 1.2.

1.5.1 Variáveis básicas do CO

Os quatro níveis de análise do CO constituem suas variáveis básicas, a saber:

1. **Variáveis no nível do ambiente**: localizadas no entorno que envolve externamente a organização e que influencia sua dinâmica e suas características fundamentais. À medida que o ambiente muda e se transforma, a organização precisa se adaptar e se ajustar para sobreviver. Como o ambiente é dinâmico e mutável, a organização precisa acompanhar esse dinamismo para garantir sua competitividade e sustentabilidade.

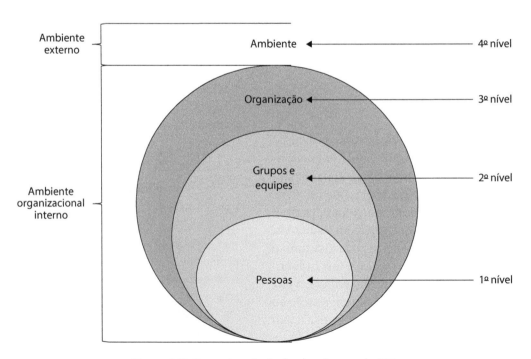

Figura 1.2 Os quatro níveis de abordagem do CO.

2. **Variáveis no nível do sistema organizacional**: localizadas na organização como um todo. A abordagem dessas variáveis deve ser holística, isto é, envolver a totalidade do sistema, como o desenho organizacional, a cultura organizacional, os processos de trabalho etc. Deve-se considerar que o todo é diferente de suas partes constituintes, assim como a água é diferente do hidrogênio e do oxigênio que a formam.
3. **Variáveis no nível do grupo ou da equipe**: localizadas no comportamento coletivo, quando as pessoas trabalham em grupos ou em equipes. O comportamento coletivo é diferente do comportamento individual assumido pelas pessoas que integram o grupo ou a equipe.
4. **Variáveis no nível do indivíduo**: decorrentes das características individuais das pessoas que trabalham na organização, como personalidades, história pessoal, educação, competências, valores e atitudes, sem deixar de lado aspectos como percepção, tomada de decisão individual, aprendizagem e motivação. Ao ingressar na organização, as pessoas possuem características individuais próprias que influenciarão fortemente o CO e serão por ele influenciadas.

Essas variáveis básicas condicionam fortemente o CO, configurando as demais variáveis decorrentes que serão apresentadas a seguir.

1.5.2 Variáveis comportamentais

Em sua interação e reciprocidade, as variáveis básicas do CO provocam consequências ou decorrências na forma de resultados. O modelo de CO envolve também esses resultados esperados que se pretende avaliar ou medir.

As variáveis comportamentais, conforme Figura 1.3, decorrem da atuação das pessoas na organização. As mais importantes e relevantes são:

1. **Desempenho**: significa a maneira pela qual as pessoas exercem suas funções, realizam suas atividades, executam suas tarefas e cumprem suas obrigações. O desempenho individual afeta o desempenho grupal, e esse condiciona o desempenho organizacional. O desempenho excelente das pessoas, dos grupos e das equipes facilita o sucesso da organização, enquanto o desempenho medíocre não agrega valor à organização. O CO é profundamente influenciado pelo desempenho individual, grupal e das equipes de trabalho.
2. **Engajamento das pessoas**: engajamento representa a adesão irrestrita das pessoas à organização, quando elas "vestem a camisa do negócio". Permite reduzir o absenteísmo ou ausentismo, que é a indisponibilidade da força de trabalho, isto é, as ausências ao trabalho por motivos vários. Absenteísmo significa a ausência ou a duração do tempo de trabalho perdido quando as pessoas não comparecem ao trabalho. As faltas ao trabalho podem ser voluntárias (faltas ao trabalho que são decididas pela pessoa) ou involuntárias (faltas em virtude de motivos de força maior que impedem a pessoa de ir trabalhar). O absenteísmo impõe custos elevados às organizações. Pesquisas mostram que o custo anual do absenteísmo ultrapassa os 40 bilhões de dólares em empresas norte-americanas, 12 bilhões em empresas canadenses,[12] enquanto na Alemanha ultrapassa os 60 bilhões de marcos.[13] Outra pesquisa mostra que a falta de um dia de um funcionário de escritório custa, em média, 100 dólares às empresas norte-americanas, em consequência do não trabalho, da não produção, da redução da eficiência e do aumento da carga de trabalho do supervisor.[14] Em geral, absenteísmo significa interrupção do trabalho, perda de produção, enormes prejuízos e até paralização parcial ou total da fábrica ou da empresa por falta de pessoas.[15] Uma organização que tenha cem pessoas e um índice de absenteísmo de 5% pode contar com apenas 95 pessoas no período. Nenhuma organização pode operar normalmente e alcançar seus objetivos se as pessoas não estiverem engajadas, comparecerem com regularidade ao trabalho e fazerem as coisas acontecerem.
3. **Fidelidade**: representa o grau em que pessoas, grupos e equipes são fiéis à organização. A fidelidade à organização favorece a redução da rotatividade. A rotatividade ou *turnover* significa o fluxo constante de saídas (demissões e desligamentos) e entradas (admissões) de pessoas na organização, ou inversamente, a entrada de pessoas para compensar a saída de outras nos quadros da organização. A rotatividade pode ser voluntária (quando a pessoa decide desligar-se da empresa) ou involuntária (quando a empresa decide demitir a pessoa, seja por redução de quadros, seja por desempenho insuficiente). O aumento do *turnover* implica, necessariamente, a elevação de custos de admissão – como recrutamento, seleção e treinamento –, bem como custos de desligamento – como indenizações, antecipação de férias e de 13º salário. Nas empresas norte-americanas, o custo médio de rotatividade por pessoa é de aproximadamente 15 mil dólares.[16] Na medida em que uma pessoa sai da organização, torna-se necessária sua substituição,

que nem sempre é fácil ou imediata. Por essa razão, a rotatividade prejudica a eficiência organizacional e pode sinalizar perda de capital humano para outras organizações. Por outro lado, um índice de rotatividade igual a zero – nenhuma rotatividade – pode significar que a organização não renova seus participantes e se torna rígida e imutável. Deve haver uma certa rotatividade, no sentido de substituir pessoas com desempenho inferior por outras mais competentes e motivadas, renovar-se e trazer ideias novas para a organização.[17] E qual é o índice de rotatividade razoável? Depende de cada organização. Organizações mais conservadoras – como ferrovias, indústrias siderúrgicas e de cimento – podem apresentar baixíssimo *turnover*, enquanto organizações mais expostas às mudanças ambientais – como tecnologia, eletrônica, moda, mídia, propaganda – precisam renovar-se constantemente e requerem uma rotatividade maior. No mundo atual de negócios, certa rotatividade voluntária provocada pelas pessoas permite aumentar a flexibilidade organizacional ou reduzir a necessidade de demissões por parte da organização quando ela precisa desacelerar os negócios.

4. **Satisfação no trabalho**: as organizações bem-sucedidas constroem um excelente lugar para se trabalhar e intrinsecamente gratificante para as pessoas. A satisfação no trabalho tem muito a ver com a qualidade de vida no trabalho, assunto que será abordado mais adiante e que está relacionado com a maneira como a pessoa se sente na organização. O grau de satisfação no trabalho ajuda a atrair e reter talentos, manter o clima organizacional sadio e elevado, motivar as pessoas e conquistar seu comprometimento. Certamente, a satisfação no trabalho não constitui um comportamento em si, mas uma atitude das pessoas frente ao seu trabalho na organização.

5. **Cidadania organizacional**: *cidadania* significa o grau em que uma pessoa dispõe de um conjunto de direitos civis e políticos em uma determinada comunidade política ou social. A cidadania organizacional expressa um comportamento individual que vai além dos cotidianos deveres e exigências requeridos pela organização, o que permite melhorar substancialmente a eficácia organizacional.[18] A cidadania organizacional traz decorrências saudáveis, como fidelidade e comprometimento das pessoas em relação aos objetivos da organização, respeito às regras e aos regulamentos, iniciativa pessoal acima do requerido, desejo de ajudar e de contribuir que vai além dos deveres do trabalho, voluntarismo e excelência no desempenho. Alguns autores apregoam que as organizações que desenvolvem cidadania organizacional apresentam desempenho superior em relação às demais.[19]

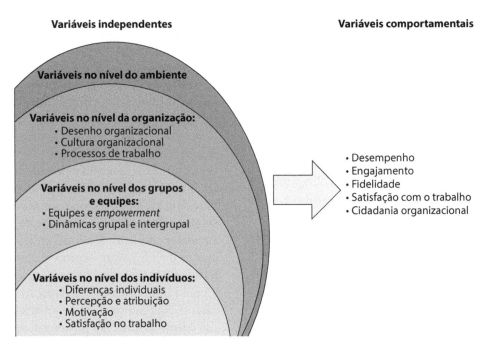

Figura 1.3 Modelo para compreensão das variáveis comportamentais.

1.5.3 As variáveis intermediárias

As variáveis básicas e comportamentais do CO produzem variáveis intermediárias em uma íntima relação sistêmica e não linear. As variáveis intermediárias mais importantes do CO são:

1. **Produtividade**: uma organização é produtiva quando consegue atingir seus objetivos, transformando seus insumos ou entradas em resultados cada vez maiores e com menor custo possível. A produtividade é uma medida de desempenho que inclui a eficiência e a eficácia. A eficiência significa o uso adequado dos recursos disponíveis – ou seja, a ênfase nos meios e nos processos. A eficácia significa o alcance de metas e objetivos previamente definidos – ou seja, a ênfase nos fins e nos resultados. Uma empresa é eficaz quando consegue satisfazer com sucesso as aspirações de seus clientes e é eficiente quando faz isso com baixo custo. Se uma empresa melhora seus métodos e processos, tende a aumentar sua eficiência; se ela ultrapassa suas metas e objetivos, eleva a sua eficácia.

SAIBA MAIS — Sobre a busca da produtividade

Produtividade é a relação entre o que se produz (quantidade de produtos produzidos) e os fatores de produção (recursos) utilizados. Quanto maior a produção em relação aos fatores empregados, maior é a produtividade. Ela tem como foco produzir cada vez mais com cada vez menos fatores. O índice de produtividade no *agrobusiness* brasileiro está avançando em relação ao dos países mais produtivos do mundo, graças às modernas tecnologias utilizadas, não somente na produção e na safra, como também nas características dos produtos em si.

2. **Adaptabilidade, flexibilidade e agilidade**: a adaptabilidade decorre da facilidade em se ajustar a diferentes situações e aprender com facilidade novos conhecimentos, habilidades e competências. A flexibilidade significa a capacidade de alterar comportamentos e modificar atividades em função de novas exigências internas ou externas. Já a agilidade significa a rapidez do processo decisório e a ação dela decorrente. Todas elas refletem a capacidade de manobrabilidade da organização, mesmo em situações novas, diferentes e inesperadas, e decorrem das variáveis dependentes do CO.

3. **Qualidade**: a palavra *qualidade* tem muitos significados. Pode significar a capacidade de atender, a todo o tempo, às necessidades do cliente, seja interno ou externo. Também pode significar a adequação à finalidade ou ao uso; o grau de conformidade com as exigências requeridas; ou, ainda, o grau de adequação a determinado padrão tomado como referência. Qualidade pode estar nos processos internos, no padrão de vida organizacional ou nos produtos e serviços da organização. Ela é mais do que um resultado final, é um estado de espírito. Qualidade é, basicamente, qualitativa, ao contrário da produtividade, que é quantitativa. O importante é que não existe qualidade externa (inserida nos produtos e nos serviços e oferecida ao cliente) sem que haja qualidade interna (modo de vida na organização). Em outros termos, a qualidade externa nunca é maior do que a qualidade interna, mas apenas reflexo dela.

4. **Inovação**: capacidade da organização de criar algo inteiramente novo e diferente. Em um mundo de negócios extremamente dinâmico e mutável, a capacidade de inovação representa um forte diferencial competitivo da organização. Inovar por meio de novos produtos, serviços, métodos e processos significa estar sempre na liderança dos negócios.

5. **Satisfação de todas as partes interessadas no negócio da organização**: capacidade da organização de atender às expectativas e aspirações de todos os seus *stakeholders* – sejam internos, sejam externos –, oferecendo-lhes um atendimento primoroso e confiável. A satisfação de todos os seus públicos estratégicos constitui um importante indicador do sucesso organizacional. Afinal, a organização é criada para servir a todos eles, sejam investidores, proprietários, clientes ou consumidores, atacadistas, varejistas, fornecedores, gestores, colaboradores, comunidades, sociedade como um todo e entidades governamentais. É o que determina o seu sucesso ou fracasso.

1.5.4 Variáveis resultantes

E por que essas variáveis intermediárias são importantes? Porque elas produzem as variáveis resultantes em uma cadeia de valor crescente. As variáveis resultantes mais importantes do CO são:

1. **Alcance de objetivos organizacionais**: o melhor desempenho da força de trabalho, a adaptabilidade e a flexibilidade das pessoas, a inovação constante e a satisfação do cliente certamente são ingredientes que ajudam no alcance dos objetivos organizacionais.

Quando uma organização alcança seus objetivos globais, está transformando-os em realidade. O sucesso organizacional está na maneira como a organização atinge seus objetivos em uma sequência sem-fim.

2. **Valor econômico agregado**: a riqueza criada é incorporada à organização e produz um emergente sistêmico, que é o acréscimo de valor – tanto tangível, na forma de lucro ou aumento do capital financeiro, como intangível, na forma de ativos invisíveis (como o capital intelectual). Agregar valor ou riqueza ao negócio é, certamente, a melhor maneira de uma organização alcançar um valor maior no mercado.

3. **Renovação organizacional**: a constante revitalização da organização por meio de novas práticas e processos, aumento da motivação das pessoas, entusiasmo, participação e mudança organizacional planejada e orientada; e, no meio disso, a inovação. A organização que se renova e revitaliza constantemente nunca fica velha ou ultrapassada.

4. **Crescimento**: a consequência natural de uma organização bem-sucedida. O crescimento resulta do valor econômico agregado, quando esse permite condições para que a organização aumente suas competências e seus recursos, isto é, seu tamanho maior ou maior participação no mercado. O crescimento é o resultado do sucesso organizacional.

A Figura 1.4 sugere uma extensa cadeia de valor. Olhando essa extensa e crescente cadeia de valor do fim para o início, é possível notar que, para que a organização chegue a variáveis resultantes – como alcançar objetivos globais, agregar valor econômico (em termos de lucratividade ou aumento de seus ativos intangíveis), renovar e revitalizar e crescer –, ela precisa garantir variáveis intermediárias, como produtividade, adaptabilidade e flexibilidade, qualidade, inovação e satisfação do cliente. Essas variáveis intermediárias, por sua vez, dependem de variáveis comportamentais, como desempenho, absenteísmo, rotatividade, satisfação no trabalho e grau de cidadania organizacional.

1.5.5 Variáveis de resultado final

Tudo isso é realizado de maneira definida para o alcance de resultados finais. Esses resultados finais é que mostram o grau do sucesso organizacional, a saber:

1. **Qualidade de vida no trabalho**: refere-se às características do trabalho em uma organização voltadas para o bem-estar geral e a saúde das pessoas, no desempenho de suas atividades. A qualidade de vida no trabalho é a responsável pelo sucesso da organização em atrair, reter e desenvolver seus talentos, e, com isso, alcançar resultados incríveis. É ela que define os melhores lugares para trabalhar.

2. **Competitividade**: capacidade da organização de alcançar a missão para a qual foi criada com êxito maior do que outras organizações competidoras. É o grau em que uma organização oferece vantagens competitivas em relação aos seus concorrentes e dispara na frente deles. Reflete a capacidade de atender com sucesso às necessidades e expectativas dos seus *stakeholders*. Em termos financeiros, significa o alcance de uma rentabilidade superior àquela obtida pelas organizações rivais.

3. **Sustentabilidade**: capacidade de permanecer e sustentar ou suportar condições desfavoráveis durante determinado período. É a habilidade de interagir com o mundo, preservando o meio ambiente e a sociedade, para não comprometer os recursos naturais das gerações futuras. Assim, existe a sustentabilidade financeira

Figura 1.4 Variáveis básicas, comportamentais, intermediárias e resultantes do CO.

(organização que garante seu futuro econômico e financeiro), a sustentabilidade social (organização que garante seu futuro na sociedade) e a sustentabilidade ecológica (organização que garante o futuro dos recursos naturais). No fundo, a sustentabilidade é um conceito sistêmico que envolve a responsabilidade financeira, a responsabilidade social e a responsabilidade ambiental da organização.

Assim, qualidade de vida (o melhor lugar para trabalhar), competitividade (ir sempre na frente das outras organizações) e sustentabilidade (garantia de longevidade da organização e do seu entorno) constituem as variáveis de resultado final de uma organização. Isso significa o pleno sucesso e a excelência em seu CO.

A Figura 1.5 apresenta as variáveis relacionadas ao CO.

Daí a importância do CO: ele esclarece o núcleo e a lógica organizacional que permitem alcançar o sucesso das organizações em todos os pontos de vista. E o sucesso organizacional somente acontece quando as variáveis básicas provocam as decorrências e os desdobramentos que foram apresentados, em uma cadeia de valor crescente que leva às variáveis de resultado final. Entender a dinâmica do CO é imprescindível para o sucesso das organizações.

VOLTANDO AO CASO INTRODUTÓRIO
Consultoria organizacional

No fundo, as organizações precisam apresentar resultados globais e holísticos que demonstrem sua saúde organizacional. Como consultor organizacional, Frederico Rodriguez sabe que precisa influenciar positivamente os resultados organizacionais se pretende agregar valor às suas empresas-clientes. Aumento da produtividade, redução do absenteísmo e da rotatividade, melhoria na satisfação com o trabalho e conscientização da cidadania organizacional são resultados globais que Frederico tem sempre em mente em sua atividade profissional. Como medir tais resultados?

1.6 NOVOS DESAFIOS DO CO

O CO está relacionado com a maneira como as organizações se comportam em um ambiente altamente dinâmico, globalizado, mutável e competitivo. E o CO depende da atuação de pessoas, grupos e equipes nas organizações. A cada dia que passa, o CO se defronta com as novas e mutáveis realidades do mundo de negócios, tais como:[20]

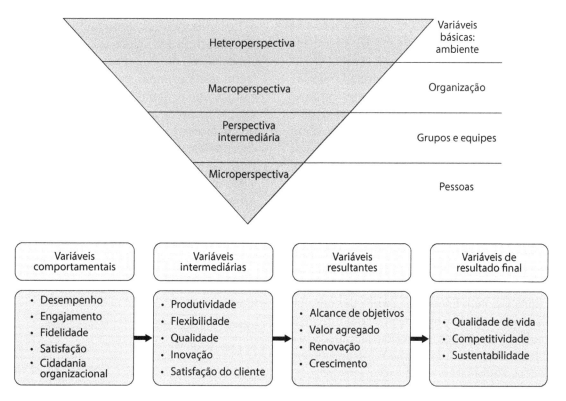

Figura 1.5 Variáveis envolvidas no CO.

1. **O mundo está mudando com uma rapidez incrível**: a aceleração das mudanças é cada vez maior e mais intensa. O mundo se tornou uma verdadeira aldeia global em que as organizações fazem transações independentemente de lugar ou tempo graças à TI. Nesse mundo globalizado, a única constante é a mudança constante. E a mudança está se tornando cada vez mais rápida e profunda, veloz, descontínua e exponencial, trazendo volatilidade, incerteza, complexidade e ambiguidade cada vez maiores.

2. **O ambiente de negócios está mudando exponencialmente**: entramos na Era da Informação e deixando a Era Industrial para trás. Na Era Industrial, predominavam os ativos tangíveis e os bens físicos, como máquinas, equipamentos, instalações, ferramentas e o capital financeiro. Na Era da Informação, estão predominando ativos intangíveis e bens intelectuais. A era do tijolo e do concreto está cedendo lugar para uma nova era de ideias e concepções. O capital intelectual está em alta. Cada vez mais, as organizações estão aumentando seu valor patrimonial por meio de ativos intangíveis e intelectuais. O conhecimento está se tornando a moeda mais importante do terceiro milênio. E, com a rápida entrada na Era Digital, os progressos inacreditáveis nas tecnologias avançadas – como inteligência artificial e inovadora, internet das coisas, sensores, robotização, realidade virtual, impressão em três dimensões –, as mudanças e as transformações organizacionais decorrentes delas estão se tornando exponenciais.

3. **A força de trabalho está mudando**: as pessoas que vivem e trabalham nas organizações estão se caracterizando por aspectos como diversidade e inclusão, novas habilidades e competências, além de diferentes valores sociais. As organizações e seus dirigentes devem estar preparados para lidar com pessoas de diferentes raças e etnias, de diferentes idades e bases culturais, com diferentes perspectivas e preferências de estilo de vida e de valores pessoais diversos. As organizações também precisam estar preparadas para lidar com pessoas cujas habilidades e competências estejam se desenvolvendo continuamente em função de novas tecnologias e padrões de carreira profissional. Em suma, a força de trabalho está se caracterizando por aspectos como diversidade, multiculturalidade, polivalência, mudança e desenvolvimento, e inclusão de robôs inteligentes em seus quadros. Automação, robotização, sensores e *big data*, por sua vez, estão transformando e acelerando as maneiras de produzir com excelência. Na Era Digital, o mundo do trabalho está se reconfigurando com uma nova força de trabalho: pessoas e máquinas inteligentes trabalhando juntas.

4. **As expectativas dos clientes e consumidores estão mudando constantemente**: nos mercados atuais, somente prosperam as organizações capazes de oferecer aos clientes elevada qualidade, melhores serviços, baixos custos e valor agregado. Estamos na Era da Gestão da Qualidade Total, ou seja, a gestão dedicada totalmente a obter o compromisso de todos os seus membros em relação à melhoria contínua e ao atendimento total das necessidades do cliente. Aumentar o valor para o cliente, superar suas expectativas e encantá-lo passaram a ser o grito de guerra das organizações. Contudo, o cliente não está estático e parado no tempo e no espaço. Suas expectativas e necessidades estão sempre mudando e se tornando cada vez mais complexas. As organizações precisam acompanhar ou se antecipar às suas mutáveis expectativas e necessidades. Daí a incessante necessidade de mudança e inovação.

5. **As organizações estão mudando rapidamente**: as organizações estão mudando continuamente no sentido de sobreviver e prosperar em um ambiente de negócios complexo, mutável e exponencial. Nesse sentido, as organizações estão enxugando gorduras, reduzindo tamanho, eliminando níveis hierárquicos, terceirizando atividades não essenciais, formando alianças com outras organizações, criando novas estruturas mais simples e eficazes, tornando-se globais e utilizando tecnologias mais sofisticadas para lidar com as pressões competitivas. Mais do que isso, as organizações não estão apenas se ajustando às novas expectativas dos clientes, mas tentando antecipar-se a elas, criando novas expectativas para os seus produtos e serviços. O Quadro 1.1 apresenta os aspectos que influenciam o tempo e o espaço nas organizações.

Quadro 1.1 Influência do tempo e do espaço nas organizações[21]

Tempo (agilidade)	Espaço (virtualidade)
Instantaneidade	Virtualidade
Urgência nas respostas	Miniaturização
Compressão do tempo	Compressão do tamanho
Tempo menor	Compressão do espaço e portabilidade

(continua)

(continuação)

Tempo (agilidade)	Espaço (virtualidade)
Agilidade e rapidez	Fábrica enxuta
Informação em tempo real	Escritório virtual
Informação *on-line*	Trabalho a distância
Adaptabilidade e ajustamento	Organização em redes e em plataformas
Flexibilidade organizacional	Unidades estratégicas de negócios

6. **Os gestores e dirigentes estão mudando também**: não resta dúvida de que as direções são claras e o futuro está se delineando fortemente. Cada vez mais, os gestores e dirigentes de organizações estão percebendo a necessidade de constantes ajustes e mudanças pessoais e organizacionais para assegurar a competitividade em um contexto carregado de desafios e de incertezas. Parar significa ficar para trás. O próprio termo *gestor* está sendo questionado em consequência de seu caráter tradicional de comando hierárquico e de autocracia. Vários termos estão tentando substituí-lo, como coordenador, líder, *coach*, facilitador, incentivador ou orientador, para mostrar seu novo papel impulsionador e inspirador. A mensagem é clara: o gestor ou dirigente deste novo milênio deve fazer os ajustes comportamentais e atitudinais necessários para poder assegurar seu sucesso profissional nos novos tempos.

7. **O conhecimento humano está se tornando o principal fator de criação de valor e produção de riqueza**: os tradicionais fatores de produção – natureza, capital e trabalho – já esgotaram e exauriram sua contribuição no que tange à eficiência e eficácia de sua utilização. Eles foram excelentes impulsionadores na Era Industrial. Na Era da Informação – e, agora, na Era Digital –, o mundo dos negócios depende cada vez mais da produção de ideias e de conceitos, e os serviços e as informações decorrentes do conhecimento estão se tornando os bens essenciais negociados no mercado. Embora continuemos a vender e a comprar bens materiais, as mercadorias são criadas e produzidas por meio de ideias que provêm dos processos de pesquisa e desenvolvimento e da imaginação, da criação e da inovação. O saber não é um bem econômico no sentido clássico: seu uso não o destrói e sua transferência não representa uma perda para quem o detém. Ao contrário dos bens materiais – sujeitos à depreciação e à decomposição –, quanto mais utilizado e mais repartido e compartilhado, mais o conhecimento se torna mais valioso. O conhecimento leva à sabedoria, e essa leva ao avanço das ideias e da inovação como a principal porta de entrada ao sucesso organizacional.

Além do mais, a natureza do trabalho dentro das organizações está passando por mudanças rápidas e intensas, tais como:[22]

- Os componentes humanos e tecnológicos do trabalho estão se misturando de maneira cada vez mais intensa e pródiga. A tecnologia está se transformando em parte de toda atividade humana, seja para transporte, comunicação, educação, aprendizado, lazer, trabalho etc.
- Os trabalhos estão sendo cada vez menos definidos e programados. A mudança no trabalho, nas tarefas e na maneira de trabalhar proporciona às pessoas cada vez mais liberdade, poder e autonomia.
- Os trabalhadores temporários e o trabalho remoto estão tomando uma proporção cada vez maior da força de trabalho.
- Fornecedores e clientes estão executando parte do trabalho dentro da própria organização e melhorando os padrões de qualidade e quantidade do trabalho.
- As equipes – e não mais indivíduos isolados – estão se constituindo nas unidades básicas de trabalho. O engajamento e o *empowerment* vieram para ficar.
- Os organogramas tradicionais foram para o museu e não mais capturam as redes de influência e de relacionamentos que caracterizam as plataformas físicas ou virtuais do novo local de trabalho.
- As organizações estão se flexibilizando e se tornando cada vez mais virtuais, dinâmicas, integradas e conectadas. São organizações ágeis; as velozes *startups* que o digam.

Todos esses aspectos estão requerendo novas maneiras de lidar com as pessoas e de administrar as organizações.

 VOLTANDO AO CASO INTRODUTÓRIO
Consultoria organizacional

Acontece que o mundo não está parado, nem as organizações são estáticas. É como se se entrasse em um trem em alta velocidade em cada contrato de prestação de consultoria com novos clientes. Frederico Rodriguez sabe que está lidando com organizações que são entidades dinâmicas as quais se movimentam incessantemente, e que precisa entrar na corrida e já correr na mesma velocidade delas. Pior ainda: Frederico não pode se esquecer de que o mundo dos negócios lá fora também está girando cada vez mais depressa. Lidar com coisas e entidades em incessante movimento e crescente mudança é uma das habilidades que Frederico precisa desenvolver para ser bem-sucedido em suas atividades. O que você sugeriria para Frederico?

1.7 UTILIDADES DO CO

Toda organização envolve uma infinidade de interações internas e externas para realizar suas operações, agregar valor e alcançar seus objetivos. Para ser bem-sucedida, a organização precisa lidar com vários parceiros do negócio, como será abordado no próximo capítulo. O campo de estudo do CO ajuda gerentes, dirigentes, consultores, facilitadores e pessoas que trabalham em organizações a lidar com assuntos organizacionais e a melhorar a eficácia das organizações. Um gerente que compreenda CO está mais preparado para conhecer situações de trabalho, a lidar com problemas organizacionais e a ajudar pessoas e grupos a alcançar seus objetivos de maneira mais eficaz. A utilidade do CO consiste em:[23]

- permitir uma maneira de pensar sistemicamente sobre o comportamento de pessoas, grupos e equipes, em um trabalho organizado, coordenado e integrado;
- oferecer um vocabulário de termos e conceitos que compartilhem, discutam e analisem claramente experiências do trabalho organizacional;
- propor um conjunto de técnicas para lidar com oportunidades, problemas e soluções que surgem inesperadamente em situações de trabalho;
- desenvolver estratégias adequadas para melhorar a qualidade de vida no trabalho nas organizações;
- criar condições para tornar as organizações mais eficientes, eficazes e competitivas, de maneira colaborativa e sustentável.

Assim, o conhecimento do CO é fundamental para que possa realmente ajudar a proporcionar mudança e inovação na organização inteira, e não apenas em algumas de suas partes. As organizações precisam mudar na mesma velocidade da mudança ambiental. Sem essa dinâmica, as organizações se tornam rapidamente ultrapassadas, envelhecidas, obsoletas, e perdem sua competitividade e sustentabilidade em um ambiente extremamente mutável e competitivo.

Os graus de abrangência do CO podem ser identificados na Figura 1.6.

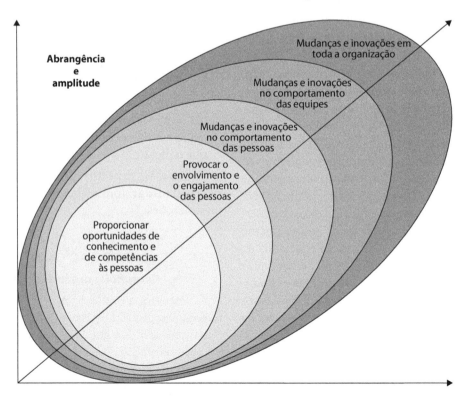

Figura 1.6 Graus de abrangência das atividades do CO.

Sem dúvida, o conhecimento do CO é de importância capital para quem deseja trabalhar em organizações, administrá-las, investir nelas ou simplesmente entrar em contato e interagir com elas. Mais do que isso, é preciso atualizar e reinventar nossas organizações, tratando-as como entidades inteiras, e não como conjuntos de pedaços separados.

Acesse um caso sobre **As melhores empresas para você trabalhar** na seção *Caso de apoio* CO 1.1

RESUMO

As organizações constituem o cenário no qual as pessoas passam a maior parte de suas vidas desempenhando papéis diferentes e adquirindo produtos e serviços diversos. De um lado, as organizações necessitam de pessoas para poderem funcionar e alcançar sucesso, enquanto, de outro lado, as pessoas necessitam das organizações para poderem viver, trabalhar, comprar seus bens e serviços, comer, se divertir etc. O CO refere-se ao estudo de indivíduos e grupos que atuam em organizações e retrata a contínua interação entre pessoas e organizações que se influenciam reciprocamente. Para analisar, fazer investimentos e obter retornos, ou, ainda, para criar novas organizações, mudar as já existentes, trabalhar em organizações ou, mais importante ainda, dirigi-las, o conhecimento do CO é indispensável. O CO caracteriza-se por ser uma disciplina científica aplicada, por adotar uma abordagem contingencial, por utilizar metodologia científica, por ajudar as pessoas a resolver problemas organizacionais e por estar relacionado com Ciências Sociais.

O CO pode ser abordado em três níveis: a macroabordagem, no nível organizacional; a mesoabordagem, no nível grupal; e a microabordagem, no nível individual. Assim, o foco são as variáveis independentes situadas no nível do sistema organizacional, as variáveis no nível grupal e as variáveis no nível do comportamento individual das pessoas. Além disso, tem como foco as variáveis dependentes, como produtividade, absenteísmo, rotatividade, satisfação no trabalho e cidadania organizacional, como resultantes das variáveis independentes apresentadas anteriormente.

Além disso, o CO se defronta com desafios importantes, como o nível de mudança no mundo e no ambiente dos negócios, nas características da força de trabalho que atua nas organizações, nas expectativas dos clientes e consumidores, nas próprias organizações, no comportamento dos dirigentes e gerentes das organizações e, sobretudo, no fato de que o conhecimento está se tornando progressivamente o principal fator de produção. Tudo isso faz com que o estudo do CO seja cada vez mais importante tanto para o sucesso organizacional quanto para o sucesso pessoal daqueles que lidam com organizações.

QUESTÕES

1. Comente a importância das organizações no mundo moderno.
2. Explique a função das organizações.
3. Discuta a reciprocidade entre pessoas e organizações.
4. Conceitue CO.
5. Quais são as finalidades do CO?
6. Explique as principais características do CO.
7. Quais são as principais variáveis independentes do CO no nível organizacional?
8. Quais são as principais variáveis independentes do CO no nível grupal?
9. Quais são as principais variáveis independentes do CO no nível individual?
10. Quais são as principais variáveis dependentes do CO?
11. Explique o significado de produtividade.
12. Explique o significado de absenteísmo.
13. Explique o significado de rotatividade.
14. Explique o significado de satisfação no trabalho.
15. Explique o significado de cidadania organizacional.
16. Quais são os desafios do CO frente a um mundo em contínua mudança?
17. Explique os desafios do CO frente às mudanças no mundo dos negócios.
18. Explique os desafios do CO em consequência das mudanças na força de trabalho.
19. Quais são os desafios do CO em função das mudanças nas organizações?
20. Por que o conhecimento está se tornando o principal fator de produção nas organizações?

REFERÊNCIAS

1 LUTHANS, F. *Organizational behavior*. New York: McGraw-Hill, 2002. p. 23.
2 WAGNER III, J. A.; HOLLENBECK, J. R. *Organizational behavior*: securing competitive advantage. New Jersey: Prentice Hall, 1998. p. 6.
3 SCHERMERHORN JR., J. R.; HUNT, J. G.; OSBORN, R. N. *Basic organizational behavior*. New York: John Wiley & Sons, 1995. p. 2-3.

4. ROBBINS, S. P. *Organizational behavior*: concepts, controversies, applications. New Jersey: Prentice Hall, 2001. p. G-5.
5. DAVIS, K. *Human behavior at work*: organizational behavior. New York: McGraw-Hill, 1981. p. 3.
6. NELSON, D. L.; QUICK, J. C. *Organizational behavior*. Boston: South-Western/Cengage Learning, 2009. p. 3-4.
7. LUTHANS, F. *Organizational behavior, op. cit.*, p. 23.
8. LUTHANS, F. *Organizational behavior, op. cit.*, p. 23.
9. LUTHANS, F. *Organizational behavior, op. cit.*, p. 24.
10. WAGNER III, J. A.; HOLLENBECK, J. R. *Organizational behavior*: securing competitive advantage, *op. cit.*, p. 6.
11. Adaptado de: WAGNER III, J. A.; HOLLENBECK, J. R. *Organizational behavior*: securing competitive advantage, *op. cit.*, p. 6.
12. RODDES, S. R.; STEERS, R. M. *Managing employee absenteeism*. Reading: Addison-Wesley, 1990.
13. SCHMIDT, J. Sick german workers get corporate medicine, *International Herald Tribune*, September 28-29 1996, p. 1.
14. MERCER, M. Turnover: reducing the costs, *Personnel*, December 1988, p. 36-42.
15. Para uma avaliação completa dos custos diretos e indiretos do absenteísmo, veja: CHIAVENATO, I. *Recursos humanos*: o capital humano das organizações. 11. ed. São Paulo: Atlas, 2020.
16. Conforme o artigo: You Often Loose the Ones You Love, *Industry Week*, November 21, 1988, p. 5.
17. DALTON, R.; TODOR, W. D. Functional turnover: an empirical assessment, *Journal of Applied Psychology*, December 1981, p. 716-721.
18. ORGAN, S. W. You often lose the ones you love, *Industry Week*, November 12 1988, p. 5.
19. PDSAKOFF, P. M.; AHEARNE, M.; MACKENZIE, S. B. Organizational citizenship behavior and the quantity and quality of work group performance, *Journal of Applied Psychology*, April 1997, p. 262-270.
20. SCHERMERHORN Jr., J. R.; HUNT, J. G.; OSBORN, Richard N. *Basic Organizational Behavior*. New York: John Wiley & Sons, 1995. p. 2-3.
21. CHIAVENATO, I. *Introdução à Teoria Geral da Administração*. 10. ed. São Paulo: Atlas, 2020.
22. ILGEN, D. R.; PULASKOS, E. D. (eds.). *The changing nature of performance*: implications for staffing, motivation, and development. San Francisco: Jossey-Bass, 1999.
23. LORSCH, J. W. (ed.). *Handbook of organizational behavior*. New Jersey: Prentice-Hall, 1987.

O MUNDO DAS ORGANIZAÇÕES: GLOBALIZAÇÃO, TECNOLOGIA, DIVERSIDADE E ÉTICA

OBJETIVOS DE APRENDIZAGEM

Após estudar este capítulo, você deverá estar capacitado para:

- Definir organizações e suas características básicas.
- Descrever a sociedade de organizações.
- Explicar as organizações como sistemas abertos em uma sociedade globalizada.
- Apresentar os parceiros da organização e seu papel no sucesso organizacional.
- Mostrar a influência da globalização, da tecnologia, da diversidade e da ética nas organizações.
- Explicar a responsabilidade social das organizações.
- Apresentar os principais fatores que moldarão as organizações no futuro.

O QUE VEREMOS ADIANTE

- Conceito de organização.
- Estudo das organizações.
- Do que são formadas as organizações?
- *Stakeholders*: os parceiros da organização.
- Relações de reciprocidade.
- Organizações como sistemas sociais.
- Tecnologia.
- Diversidade e inclusão.
- Ética.
- Responsabilidade social das organizações.
- Responsabilidades da sociedade.

CASO INTRODUTÓRIO
Alpha Center

Pedro Almeida é um cidadão comum. E como todo cidadão comum, Pedro vive e convive dentro de organizações. Trabalha há anos na Alpha Center Ltda. em tempo integral como gerente de vendas e é responsável pelos contatos da empresa com todos os seus clientes espalhados pela América Latina. Diariamente, almoça no Viva's, um conhecido restaurante, com seus colegas. No fim da jornada, Pedro sai de carro da sua empresa, passa pela farmácia Remédio & Cia. para comprar sua medicação para estresse, abastece seu carro na GasOil, passa pelo Banco Internacional para retirar dinheiro no caixa eletrônico, apanha sua mulher em casa, juntos pegam a rodovia marginal – onde paga o pedágio para a empresa concessionária – e vão juntos ao *shopping center*, onde estaciona seu carro no Parking Center, para passear, jantar no restaurante Supremus e assistir a um filme no Cinemar. Depois disso, voltam para seu apartamento, passando novamente pela rodovia marginal, onde outra vez paga o pedágio e deixa seu carro no estacionamento do condomínio. A jornada de Pedro mostra a sua estreita dependência com várias organizações sem que ele tenha plena consciência disso. Em cada organização, Pedro desempenha um papel e um relacionamento diferentes. Tente explicar isso.

O estudo do Comportamento Organizacional (CO) começa obrigatoriamente com o estudo das organizações. É onde o CO acontece. Esse é o ponto de partida e o núcleo de nosso tema. Afinal, o CO é uma característica específica das organizações: ele somente existe nas organizações. Como as organizações são extremamente variadas e diversificadas, o estudo do CO precisa abordar uma multiplicidade de conceitos que serão desenvolvidos ao longo deste livro. A dinâmica organizacional – isto é, como as organizações trabalham e funcionam em seu íntimo e em todos os seus níveis e como garantem competitividade e sustentabilidade no mundo em que operam – constitui uma maravilhosa e intrincada síntese sistêmica de vários e complexos aspectos que serão apresentados adiante.

2.1 CONCEITO DE ORGANIZAÇÃO

Uma organização é um conjunto de pessoas que atuam em uma criteriosa divisão de trabalho para alcançar um propósito comum.[1] As organizações são instrumentos sociais por meio dos quais muitas pessoas combinam seus esforços e trabalham juntas para atingir propósitos que isoladamente jamais poderiam fazê-lo. No fundo, as organizações são um sistema cooperativo racional e aberto. As pessoas se dispõem a cooperar entre si de maneira racional e intencional para alcançar objetivos e proporcionar resultados que individualmente não teriam nenhuma condição de realizar. Assim, colaboram e competem umas com as outras. Essa lógica permite que os esforços individuais e coletivos – internos e externos – sejam conjugados e integrados para produzir resultados ampliados e expandidos. Daí a importância do papel das pessoas, dos grupos e das equipes no comportamento das organizações.

Várias conceituações de organização

- Unidade social (ou agrupamento humano) intencionalmente construída e reconstruída, a fim de atingir objetivos específicos. Estão incluídas nesse conceito corporações, Forças Armadas, escolas, hospitais, igrejas e prisões; excluem-se tribos, classes, grupos étnicos, grupos de amigos e famílias.[2]
- Caracterizada por um conjunto de relações sociais estáveis e deliberadamente criada com a explícita intenção de alcançar objetivos ou propósitos. Assim, a organização é uma unidade social dentro da qual as pessoas alcançam relações estáveis (não necessariamente face a face) entre si, no sentido de facilitar o alcance de um conjunto de objetivos ou metas.[3]
- Sistema cooperativo que tem por base a racionalidade. A organização é um sistema social baseado na cooperação entre as pessoas e existe quando ocorrem, conjuntamente, três condições: interação entre duas ou mais pessoas; desejo e disposição de cooperação; e finalidade de alcançar um objetivo comum. As organizações são criadas para obter o esforço simultâneo de várias pessoas e alcançar objetivos que essas, isoladamente, jamais teriam condições de alcançar.[4]
- Unidade social conscientemente coordenada, composta de duas ou mais pessoas, que funciona de maneira relativamente contínua, com o intuito de atingir um objetivo comum.[5]

As organizações não existem no vácuo, tampouco estão sozinhas neste mundo. Elas não são totalmente autônomas e independentes. Pelo contrário, as organizações habitam um mundo de organizações em uma sociedade de organizações que se caracteriza por uma intensa variedade de interação, interdependência, reciprocidade, competição e colaboração entre organizações de todos os tipos e tamanhos. A Tecnologia da Informação (TI) e a globalização se incumbiram de complicar ainda mais o cenário mundial no qual as organizações se ajudam e concorrem entre si.

2.1.1 Sociedade de organizações

Vivemos em uma sociedade composta de organizações de todos os tipos, características, propósitos, tamanhos e naturezas próprias e específicas. É incrível a sua diversidade. Cada organização é única e singular.[6]

As organizações invadem e permeiam tanto a sociedade quanto a vida particular de cada pessoa. A todo momento, estamos em contato com organizações, sejam físicas ou virtuais. Se não participamos delas como membros – seja no trabalho, na escola, na vida social e cívica, no esporte ou na igreja –, somos afetados como clientes, pacientes, consumidores, usuários, contribuintes, torcedores ou cidadãos. Nossas experiências nas organizações podem ser boas ou más. Algumas vezes, as organizações podem parecer adequadas ou ajustadas às nossas necessidades e, outras vezes, nosso contato com elas pode provocar irritação e frustração. No entanto, são imprescindíveis para a qualidade de nossas vidas e o nosso sucesso pessoal.

Aumente seus conhecimentos sobre **Atividade coletiva, colaborativa e cooperativa** na seção *Saiba mais* CO 2.1

As organizações dependem das atividades e dos esforços coletivos de muitas pessoas que colaboram em conjunto para o sucesso organizacional. Nesse sentido, as pessoas são os chamados recursos humanos das organizações – os indivíduos, os grupos e as equipes que desempenham atividades e fazem contribuições que tornam a organização capaz de servir a um propósito particular. Contudo, para que as pessoas possam produzir resultados e proporcionar sucesso e prosperidade às organizações, também requerem recursos físicos e materiais – como tecnologias, matérias-primas, equipamentos físicos, instalações e dinheiro –, que são operados e processados por meio do trabalho das pessoas. Todos esses recursos – humanos e não humanos – são indispensáveis para a produção de bens ou serviços e, consequentemente, para o sucesso organizacional.

A primeira justificativa para a proliferação de organizações é que certas metas e objetivos somente podem ser alcançados mediante a ação convergente e sistemática de grupos ou equipes de pessoas. Qualquer que seja a atividade ou meta – obtenção de lucro, educação, religião, saúde, esporte, entretenimento, eleição de um candidato ou construção de uma estrada –, as organizações se caracterizam por um comportamento voltado para determinada meta ou para um ou mais objetivos. As organizações perseguem metas e objetivos que somente podem ser alcançados de modo mais eficiente e eficaz pela ação conjunta de indivíduos. As organizações são instrumentos vitais para a sociedade. Suas realizações nos campos da indústria, da educação, da saúde e do entretenimento resultaram em enormes aumentos do padrão de vida da sociedade.

A segunda justificativa é que as organizações são muito mais do que meros instrumentos para a produção de bens e serviços; elas também criam o ambiente em que a maioria das pessoas vive, trabalha, se alimenta, compra, passeia, se diverte e educa. Nesse sentido, elas têm grande influência sobre o comportamento humano. A compreensão do comportamento das pessoas – isoladamente ou em equipes – nas organizações é o objeto básico do CO.[7]

Assim, as organizações constituem o fenômeno fundamental em que ocorre o CO. O estudo do CO deve começar com as organizações, pois essas representam o contexto no qual ele se desenrola. As organizações funcionam como sistemas abertos, ou seja, em contínua interação com seu ambiente externo e com o qual faz trocas e intercâmbios. Como sistemas abertos, as organizações não são sistemas determinísticos do tipo linear de cadeias de causa e efeito. Pelo contrário, as organizações são sistemas probabilísticos cujo comportamento não pode ser explicado apenas por aspectos separados ou por relações causais simples e diretas. A complexidade organizacional não pode ser explicada por fluxos de eventos ou de blocos de construção, mas por uma visão sistêmica e holística, que será apresentada adiante.

Além disso, as organizações não são estáticas nem inertes. Elas têm vida própria. Nascem, crescem, vivem e até morrem. Na verdade, as organizações não são simplesmente prédios ou conjuntos de salas e de maquinários. A infraestrutura física – como edifícios, máquinas, equipamentos e instalações – serve apenas para que a organização tenha uma plataforma para funcionar, ou seja, para transformar insumos – como recursos, materiais, energia e informação – em resultados – como produtos ou serviços. No entanto, essa atividade operacional e cotidiana não constitui a essência das organizações. Elas são muito mais do que isso. Na realidade, as organizações são organismos vivos e inteligentes que se ajustam e se adaptam contínua e incessantemente ao contexto ambiental em que vivem. Todavia, não são as organizações que são inteligentes e criativas, mas as pessoas que nelas trabalham e cooperam entre si.

Aumente seus conhecimentos sobre **Inovação** na seção *Saiba mais* CO 2.2

2.2 ESTUDO DAS ORGANIZAÇÕES

Uma organização é uma coleção de pessoas trabalhando juntas em uma divisão de trabalho para alcançar um propósito comum. As organizações são instrumentos sociais por meio dos quais muitas pessoas combinam seus esforços e trabalham juntas para alcançar objetivos que sozinhas jamais conseguiriam alcançar.[8] É essa integração de esforços conjugados e coordenados que permite a construção de edifícios, a produção de automóveis, a prestação de serviços, o atendimento hospitalar, a comercialização de bens e serviços e um infinito número de produtos e atividades especializadas.[9] As organizações constituem a invenção mais complexa, maravilhosa e sofisticada que o ser humano criou em sua história.

As organizações se baseiam na cooperação e na colaboração das pessoas. Elas surgiram em função das limitações individuais das pessoas. Juntando esforços coletivos, as pessoas conseguem ultrapassar suas limitações individuais e alcançar resultados que sozinhas jamais poderiam alcançar. Assim, o fundamento das organizações é a colaboração e a cooperação das pessoas envolvidas coletivamente no sentido de alcançar objetivos comuns. E o resultado desse esforço coletivo não é uma simples soma, mas a multiplicação dos esforços individuais. Isso significa sinergia, o excedente sistêmico que produz resultados alavancados e maiores do que a sua soma. Por isso, o instrumento de controle das organizações deixou de ser comando hierárquico e regras burocráticas para chegar ao compromisso pessoal e à responsabilidade solidária por meio do trabalho em equipe. Isso provocou uma verdadeira alavancagem de resultados.

VOLTANDO AO CASO INTRODUTÓRIO
Alpha Center

Embora trabalhando na Alpha Center, Pedro Almeida participa direta ou indiretamente de várias outras organizações, das quais depende para trabalhar e ganhar seu salário, viver, comer, divertir-se, locomover-se etc. Em cada organização, Pedro assume um papel diferente e específico, tem uma vinculação diferente e busca alcançar objetivos diferentes. Pedro acostumou-se inconscientemente a avaliar as organizações com quem mantém contatos e relacionamentos. Como cliente, Pedro troca algumas organizações por outras mais eficientes e eficazes, segundo seus pontos de vista. Além disso, Pedro avalia os produtos e serviços oferecidos pelas organizações e faz escolhas, ou seja, toma decisões sobre continuar a comprá-los ou trocar por outros mais adequados às suas expectativas. Como você poderia explicar esses aspectos?

2.3 DO QUE SÃO FORMADAS AS ORGANIZAÇÕES?

As organizações necessitam de recursos e competências para funcionar. Elas funcionam como sistemas abertos que apresentam uma incrível reiteração de ciclos: importam recursos (na forma de insumos, materiais, energia e informação), processam tais recursos (ao longo de seus processos produtivos) e exportam recursos (na forma de produtos, serviços ou informação). Elas funcionam como ciclos repetitivos de eventos de importação, processamento e exportação.

As organizações são entidades sociais inventadas e reinventadas para alcançar objetivos comuns. É possível dizer que as organizações são formadas por prédios, instalações, equipamentos, tecnologias, sistemas, processos de trabalho, recursos como capital e matérias-primas etc. Tudo isso é correto. Porém, todos esses elementos constituem a infraestrutura das organizações, ou seja, o arsenal de meios físicos e concretos com que elas contam para poderem funcionar. Na prática, esses elementos físicos e tangíveis são os que mais marcam a presença das organizações tradicionais, mas não são eles que formam as organizações modernas. A essência das organizações está nas pessoas. Sem as pessoas, jamais existiriam as organizações. As pessoas são a alma das organizações, aquilo que lhes dá inteligência, competências, vida e vigor.

Na Figura 2.1, são apresentados os elementos de formação das organizações.

 Aumente seus conhecimentos sobre **As organizações e seus recursos** na seção *Saiba mais* CO 2.3

2.4 *STAKEHOLDERS*: OS PARCEIROS DA ORGANIZAÇÃO

No passado, eram considerados participantes das organizações apenas os acionistas ou proprietários, como donos do negócio. Depois, chegou a vez dos clientes e dos consumidores, porque sem eles o negócio não prosperaria. Mais além, chegou a vez dos fornecedores, pois sem insumos, materiais, máquinas e equipamentos, espaço e energia nada funciona. E chegou a vez dos administradores – diretores e gerentes – e dos colaboradores, que dão vida à organização. Todos eles formam os *stakeholders* da organização, como ilustrado na Figura 2.2.

Verificou-se que toda organização, para poder funcionar e alcançar sucesso em suas operações, precisa da contribuição conjugada e simultânea dessa enorme variedade de *stakeholders*. Todos eles fazem investimentos e aguardam seus retornos. Para tanto, toda organização

Capítulo 2 – O Mundo das Organizações: Globalização, Tecnologia, Diversidade e Ética

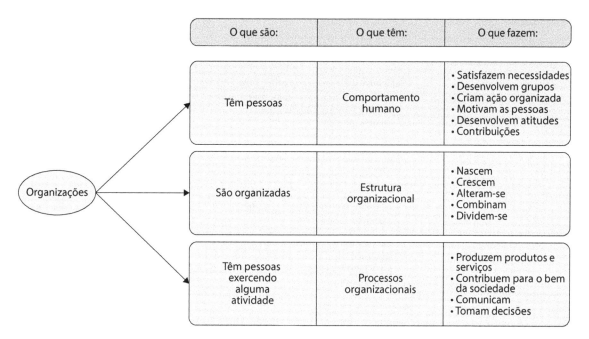

Figura 2.1 Elementos de formação das organizações.

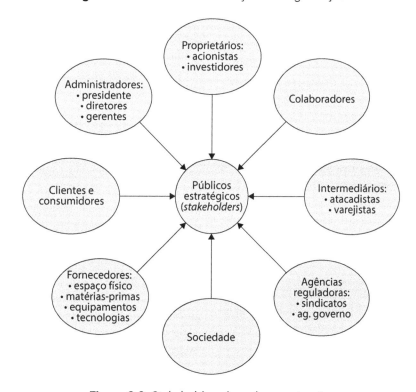

Figura 2.2 *Stakeholders* de cada organização.

precisa proporcionar retornos a todos os *stakeholders*, a fim de recompensar sua contribuição com moeda igual ou maior, como abordaremos adiante.

Alguns participantes podem estar fora da organização, como os acionistas, os fornecedores e os clientes; ou podem estar dentro da organização, como os diretores, os gerentes e os colaboradores. Em algumas circunstâncias, alguns desses parceiros podem assumir um papel dominante e prioritário para o equilíbrio da organização. Porém, todos os parceiros mantêm relações de reciprocidade com a organização: proporcionam contribuições em troca de incentivos, enquanto a organização

Quadro 2.1 *Stakeholders*, seus investimentos e retornos[10]

Stakeholders (grupos de interesse)	Contribuições (investimentos feitos)	Incentivos (retornos esperados)
Gestores e colaboradores	Contribuem com trabalho, esforço, dedicação pessoal, desempenho, conhecimento, habilidades, competências	São motivados por salário, benefícios, prêmios, elogios, reconhecimento, oportunidades, permanência no emprego
Proprietários, acionistas ou investidores	Contribuem com dinheiro na forma de ações, empréstimos, financiamentos, créditos	São motivados por rentabilidade, lucratividade, liquidez, retorno do investimento, dividendos
Fornecedores	Contribuem com materiais, matérias-primas, tecnologias, serviços especializados	São motivados por negócios, preço, condições de pagamento, faturamento, lucratividade, retorno do investimento
Clientes ou consumidores	Contribuem com dinheiro pela aquisição dos produtos e dos serviços oferecidos pela organização e pelo seu consumo ou utilização	São motivados por preço, qualidade, condições de pagamento, satisfação de necessidades, alcance de expectativas

proporciona incentivos a eles em troca de contribuições. Contudo, todos são sumamente importantes. A ausência de algum *stakeholder* pode trazer sérios problemas para a organização. O Quadro 2.1 detalha os investimentos e os retornos dos *stakeholders*.

Entre os *stakeholders* e a organização existe uma forte relação de reciprocidade: a organização espera que eles tragam contribuições e concede-lhes incentivos e recompensas para estimulá-los a aumentar suas contribuições. Do lado inverso, os parceiros proporcionam contribuições e esperam incentivos e retornos em troca. Cada parte faz investimentos na outra com a expectativa de obter retornos mediatos ou imediatos. Cada parte toma decisões sobre a continuidade de seus investimentos na dependência dos retornos alcançados. Se os retornos forem satisfatórios, a decisão final será a de manter e continuar os investimentos.

> **PARA REFLEXÃO**
>
> Você já seu deu conta sobre:
> - onde você trabalha?
> - onde você estuda?
> - onde você compra produtos e serviços de que necessita?
> - onde você paga as suas contas?
> - onde você se diverte?
> - seu clube esportivo ou partido político preferido?
>
> Certamente, você faz todas essas coisas em várias e diferentes organizações.
>
> Vivemos em um mundo de organizações, onde tudo é feito dentro de organizações e todas as interações são feitas por meio de organizações.
>
> Qual definição você daria às organizações?

2.5 RELAÇÕES DE RECIPROCIDADE

Visualizando o lado humano dessa reciprocidade, pessoas e organizações estão envolvidas continuamente em um íntimo e prolongado intercâmbio e inter-relacionamento. É uma espécie de simbiose. As pessoas precisam das organizações para trabalhar, colaborar, participar e ganhar a vida. Por outro lado, as organizações dependem de pessoas para poderem operar e funcionar satisfatoriamente. Cada parte não pode viver ou sobreviver sem a outra. Há uma dependência recíproca entre ambas. Mais do que isso, uma expectativa mútua que realimenta seus relacionamentos e suas interações. Tais relações são apresentadas na Figura 2.3.

Esse processo de reciprocidade é importante para a compreensão dos intercâmbios que ocorrem dentro e fora da organização. Assim, a chamada teoria do equilíbrio organizacional pode ser explicada da seguinte maneira:[11]

- **Incentivos ou alicientes**: "pagamentos" feitos pela organização aos seus parceiros (na forma de salários, benefícios, prêmios, elogios, oportunidades, reconhecimento, dividendos, preço, qualidade, atendimento etc.).

Capítulo 2 – O Mundo das Organizações: Globalização, Tecnologia, Diversidade e Ética

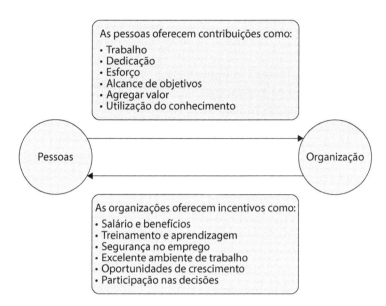

Figura 2.3 Relações de reciprocidade entre pessoas e organização.[12]

- **Contribuições**: "pagamentos" que cada parceiro efetua à organização a que está ligado (na forma de trabalho, dedicação, esforço, habilidades, competências, preço, fidelidade etc.).
- Portanto, a organização é um sistema de comportamentos sociais inter-relacionados de numerosas pessoas e outras organizações que são os parceiros da organização. Cada parceiro recebe incentivos ou recompensas em troca dos quais faz contribuições à organização.
- Todo parceiro somente manterá sua participação na organização enquanto os incentivos ou recompensas que lhe são oferecidos forem iguais ou maiores do que as contribuições que lhe são exigidas.
- As contribuições trazidas pelos parceiros constituem a fonte da qual a organização se supre e se alimenta para proporcionar os incentivos aos parceiros.
- Dessa forma, a organização será "solvente" – e continuará existindo – somente enquanto as contribuições forem suficientes para proporcionar incentivos ou recompensas em quantidade e qualidade suficientes para induzir os parceiros à prestação de contribuições.

De um lado, as organizações estão dispostas a fazer incentivos e alicientes para os seus participantes, desde que esses lhes deem um retorno satisfatório no que diz respeito a contribuições (expectativas das organizações), trabalho, alcance de objetivos e resultados. Por outro lado, as pessoas estão dispostas a fazer contribuições, desde que essas produzam um retorno satisfatório quanto a incentivos e alicientes (expectativas das pessoas), no que diz respeito a contexto de trabalho, salário, benefícios, incentivos, oportunidades e qualidade de vida. Essas relações de intercâmbio entre organizações e pessoas devem ser relativamente equilibradas, o que significa que ambas as partes devem ter algum retorno significativo nesse relacionamento. O chamado equilíbrio organizacional decorre exatamente disso.

O equilíbrio organizacional

Por que algumas organizações são melhores do que outras? Por que algumas delas são bem-sucedidas, enquanto outras vivem eternamente às voltas com problemas e crises? Por que algumas são brilhantes e invejadas, enquanto outras são desprezadas e malvistas? Por que umas crescem, enquanto outras simplesmente murcham e desaparecem do cenário? É difícil explicar todas as razões. As organizações são entidades complexas e diferenciadas entre si. Quanto mais as estudamos, mais temos de estudá-las.

Quanto maior o conhecimento sobre organizações, tanto maior é a percepção da nossa ignorância a respeito delas. Contudo, quanto mais conhecemos as organizações, tanto mais temos condições de lidar de maneira eficiente e eficaz com elas. Em geral, o desafio maior está na sua administração. Por trás das organizações bem-sucedidas está sempre uma administração eficiente e eficaz.

2.5.1 O que as pessoas esperam da organização

As pessoas se sentem impelidas a ingressar em uma organização, aplicar seus talentos e competências, trabalhar, assumir riscos e nela permanecer em função de algumas expectativas. Embora essas expectativas mudem de pessoa para pessoa, apresentam certas semelhanças, conforme a Figura 2.4. Em geral, o que as pessoas buscam em uma organização são características como:

1. **Excelente lugar para trabalhar**: onde as pessoas tenham orgulho e bem-estar físico e psicológico para trabalhar. Principalmente, que as pessoas sintam que são importantes, valiosas e que seu trabalho é imprescindível para o sucesso da organização.
2. **Reconhecimento e recompensas**: salário, benefícios e incentivos que traduzam o reconhecimento pelo bom trabalho. As pessoas esperam ser reconhecidas e recompensadas pelo seu desempenho. Isso serve de reforço positivo para que elas aprimorem cada vez mais o seu desempenho e se sintam satisfeitas com o que estão fazendo.
3. **Oportunidades de crescimento e desenvolvimento**: educação e carreira que assegurem condições para os desenvolvimentos pessoal e profissional. As pessoas precisam sentir que existem condições de progresso dentro da organização e que essas condições estão totalmente à sua disposição, dependendo exclusivamente de seu esforço e dedicação pessoal.
4. **Participação nas decisões**: envolvimento e inclusão das pessoas nas principais decisões da organização. As pessoas precisam participar das decisões a que lhes digam respeito.
5. **Liberdade e autonomia**: responsabilidade pessoal pelo trabalho é indispensável. Isso significa ausência da gerência tradicional e do velho estilo de comando/obediência ou de ordem/submissão, em troca de um novo estilo de liderança/cooperação ou de objetivo/compromisso. Tudo isso recebe o nome de empoderamento (*empowerment*).
6. **Apoio e suporte**: por meio de uma liderança renovadora, *coaching* e que proporcione retaguarda quanto a orientação, aconselhamento, preparação, capacitação, direcionamento e impulso às pessoas.
7. **Empregabilidade e ocupabilidade**: *empregabilidade* significa a capacidade de conquistar e manter um emprego em uma organização. Está relacionada com a manutenção do emprego, e foi uma característica das condições de permanência e estabilidade da Era Industrial. No decorrer da Era da Informação, o emprego se tornou flexível, mutável, parcial

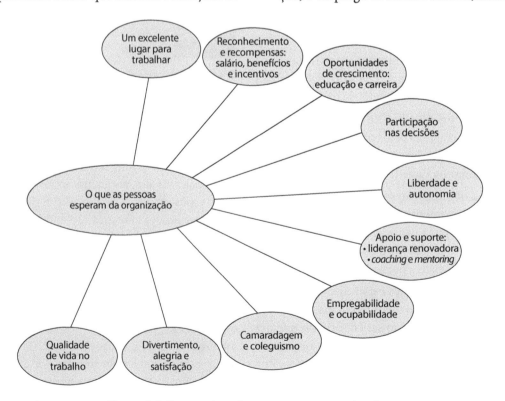

Figura 2.4 Expectativas das pessoas nas organizações.

e até virtual. Daí a necessidade de *ocupabilidade*: a capacidade de manter uma atualização profissional intensiva e constante que assegure flexibilidade, oportunidades de carreira, projetos, tarefas, dentro ou fora da organização. Isso está se tornando mais importante do que simplesmente assegurar a segurança no emprego atual, cujo conceito está sofrendo enorme erosão em consequência das mudanças provocadas pela TI e pela globalização.

8. **Camaradagem e coleguismo**: as pessoas buscam um relacionamento humano íntimo e franco caracterizado pelo respeito mútuo, pela confiança recíproca e pela amizade autêntica.
9. **Divertimento, alegria e satisfação**: traduzidos em um clima organizacional agradável, descontraído e informal de trabalho no qual as pessoas se sentem bem e desejam se engajar, permanecer e colaborar.
10. **Qualidade de vida no trabalho**: traduzida no que diz respeito a satisfação no trabalho, adequação da tarefa, cultura e clima organizacional, espírito de equipe e de coleguismo, salários e benefícios percebidos etc.

> **VOLTANDO AO CASO INTRODUTÓRIO**
> **Alpha Center**
>
> Na empresa onde trabalha – a Alpha Center Ltda. –, Pedro Almeida é gerente de vendas. Pedro é ambicioso e alimenta muitas expectativas em relação ao que espera de sua organização. Ele busca um excelente lugar para trabalhar, reconhecimento e recompensas pelo seu desempenho, oportunidades de crescimento e desenvolvimento, participação nas decisões relacionadas a seu trabalho, liberdade e autonomia para trabalhar, apoio e suporte de seus superiores, empregabilidade e ocupabilidade, camaradagem e coleguismo, divertimento, alegria e satisfação no trabalho. Pedro está interessado em melhorar sua qualidade de vida. Como Pedro poderia alcançar tais expectativas?

2.5.2 O que as organizações esperam das pessoas

O trabalho organizacional depende fundamentalmente de pessoas. Embora as organizações possuam recursos próprios ou não – sejam financeiros, materiais, mercadológicos – e uma infraestrutura tecnológica – máquinas, equipamentos, tecnologia –, elas necessitam de pessoas para utilizar tais recursos e operar a tecnologia, de maneira eficiente e eficaz. Não existem organizações sem pessoas, exatamente pelo fato de os recursos e a tecnologia não serem autossuficientes; eles são inertes e estáticos. Requerem pessoas de vários talentos e competências para utilizá-los e operá-los adequadamente. No fundo, recursos e tecnologia funcionam como ferramentas ou instrumentos de trabalho das pessoas. Daí a necessidade de aumentar gradativamente a capacitação das pessoas para acompanhar o rápido desenvolvimento da tecnologia. Quando uma organização admite pessoas para trabalhar ou colaborar, deposita certas expectativas nelas. Muito embora as expectativas organizacionais mudem de organização para organização, elas apresentam certas similaridades.

Em geral, o que as organizações buscam nas pessoas são aspectos como:

1. **Foco na missão organizacional**: é importante que as pessoas conheçam o papel da organização na sociedade e no ambiente e que possam contribuir para a realização da missão organizacional. Essa contribuição pode ser tanto maior quanto mais a pessoa estiver focada na missão de sua organização. A missão organizacional pode ser divulgada, discutida, questionada, repensada, mas ela precisa sempre estar na cabeça e no coração das pessoas.
2. **Foco na visão de futuro**: é importante que as pessoas conheçam os objetivos organizacionais e a visão organizacional desejada a fim de que possam contribuir para o futuro da organização. Quando as pessoas conhecem perfeitamente o que a organização pretende ser em um futuro próximo ou remoto, podem ajudá-la a alcançar as metas e os objetivos definidos. A contribuição das pessoas se torna mais eficaz à medida que elas conhecem os objetivos futuros da organização – e, melhor ainda, que participem de sua formulação.
3. **Foco no cliente e nos *stakeholders***: todo cliente é fundamental para a organização. No entanto, quem trata o cliente são as pessoas que atuam na periferia organizacional e que transacionam ou se relacionam diretamente com ele. Quando as pessoas estão focadas no cliente, podem melhor servir aos interesses e contribuir para a satisfação dele. É exatamente o mesmo para os demais públicos estratégicos do negócio da organização. Perder alguns dos clientes seria um péssimo resultado para o negócio, pois este depende de todos os seus públicos estratégicos.

4. **Foco em metas e resultados**: não basta apenas trabalhar por trabalhar; é preciso alcançar metas e resultados por meio do trabalho. Em vez de focar os meios, tornou-se mais importante ter os fins como foco: o valor criado por meio do trabalho. As pessoas estão melhorando seu desempenho para alcançar metas e resultados desejados. O caminho é importante, porém o mais importante é onde se pretende chegar.
5. **Foco em melhoria e desenvolvimento contínuos**: isso significa um senso de inconformismo com o *status quo*, ou seja, uma atitude crítica quanto ao presente e uma preocupação constante de melhorar e melhorar sempre rumo à perfeição. Em outras palavras, as organizações estão precisando de pessoas preocupadas em melhorar e desenvolver métodos e processos, produtos e serviços, agregar valor e criar riqueza. Todas as pessoas deveriam estar constantemente preocupadas em tornar a organização mais eficaz, em tornar o cliente mais satisfeito e em se tornarem mais valiosas a cada dia que passa – e isso faz parte da aprendizagem ao longo da vida.
6. **Foco no trabalho coletivo, participativo e em equipe**: no lugar do trabalho individual, separado e isolado. Atualmente, é mais importante juntar do que separar as pessoas. O trabalho em equipe – com participação e envolvimento – tem um efeito multiplicador de talentos e competências: a sinergia. Por essa razão, o trabalho conjunto e solidário está em alta nas organizações, seja como células de produção, equipes multifuncionais, equipes de alto desempenho, equipes autogerenciadas, forças-tarefa, grupos de envolvimento etc.
7. **Comprometimento e dedicação**: embora a tradicional e velha fidelidade do empregado à empresa empregadora esteja indo para o museu, face às mudanças no conceito de emprego – como emprego parcial, emprego de meio período, trabalho remoto, *home office*, trabalho compartilhado, cooperativas de trabalho etc. –, as organizações esperam compromisso e dedicação das pessoas que nelas trabalham, apesar da temporariedade e da localidade do trabalho. Cada pessoa está sendo entendida como uma fornecedora de talentos e competências para a organização, e não mais um funcionário burocrata, como antigamente.
8. **Talento, habilidades e competências**: cada pessoa contribui com talento, habilidades e competências pessoais para a organização. Essa é a razão fundamental pela qual a organização aceita pessoas para nela trabalhar.
9. **Aprendizado e crescimento profissional**: a capacidade de aprender e de crescer profissionalmente é indispensável para que as pessoas mantenham sua empregabilidade e ocupabilidade a longo prazo em um mundo de negócios em constante mudança e transformação. Isso significa mudar continuamente o perfil profissional para adaptar-se às mudanças que ocorrem no ambiente de negócios. Isso depende de aprendizado constante e ininterrupto.
10. **Ética e responsabilidade**: as pessoas precisam ter uma conduta dentro de um código de ética e de responsabilidade solidária. No fundo, as organizações precisam de pessoas que façam mais do que os seus deveres usuais e apresentem desempenho que vá além das expectativas, mas dentro de padrões éticos e responsáveis.

Esses aspectos são apresentados na Figura 2.5.

2.5.3 Contrato psicológico

As expectativas mútuas – da organização e das pessoas – geram as condições para a definição do que denominamos **contrato psicológico**. Não se trata de um contrato formal, legal ou convencional, mas de um conjunto de expectativas – quase sempre pouco definidas ou esclarecidas, mas importantes – que, se não atendidas por qualquer das partes envolvidas, pode prejudicar o relacionamento entre organização e pessoas. Esse relacionamento é regido por um contrato psicológico. Embora nem sempre haja um acordo formal ou algo claramente dito e acordado, o contrato psicológico é um entendimento tácito entre indivíduo e organização, no sentido de que uma vasta gama de direitos, privilégios e obrigações consagrados pelo uso serão respeitados e observados pelas partes envolvidas. O contrato psicológico é uma espécie de acordo ou expectativa íntima que as pessoas mantêm consigo e com os outros. No fundo, cada pessoa representa seus próprios contratos, que regem tanto suas relações interpessoais quanto o relacionamento que mantém consigo mesma (relações intrapessoais).

Uma fonte comum de dificuldades nos relacionamentos interpessoais é a falta de acordos explícitos e claros. As pessoas nem sempre dizem aberta e explicitamente o que querem e do que precisam. A interação entre ambas as partes – pessoas e organizações – depende de como as expectativas mútuas estão sendo alcançadas e satisfeitas. O contrato psicológico funciona como uma norma de reciprocidade entre as partes envolvidas.

Capítulo 2 – O Mundo das Organizações: Globalização, Tecnologia, Diversidade e Ética

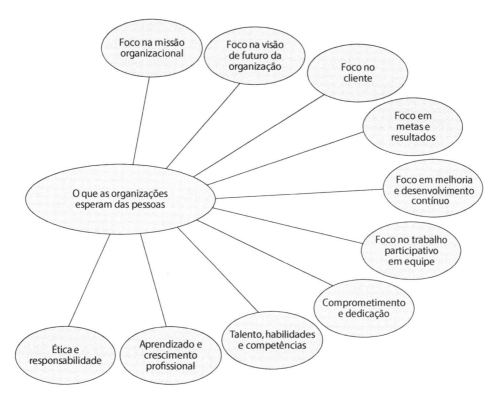

Figura 2.5 Expectativas das organizações em relação às pessoas.

PARA REFLEXÃO

Decisões pessoais que provocam expectativas

Quando decidimos namorar alguém, comprar algo ou quando decidimos começar a trabalhar em uma organização, criamos em nossas mentes uma expectativa íntima e mal formulada a respeito do que desejamos alcançar com essas decisões que tomamos. Daí o contrato psicológico: uma expectativa que guardamos e esperamos alcançar em função daquilo que oferecemos. É algo como uma relação psicológica de crédito e débito, de ativo ou passivo contábil. Esse contrato, muitas vezes subconsciente, vago ou obscuro, é que nos leva a ponderar sobre qual será o quantitativo e o qualitativo de nosso comportamento individual em relação a algum compromisso. É o contrato psicológico.

 VOLTANDO AO CASO INTRODUTÓRIO
Alpha Center

A Alpha Center Ltda. – empresa em que Pedro Almeida trabalha – é uma organização exigente. A direção da empresa tem muitas expectativas a respeito do trabalho de seus membros. Ela requer foco na missão organizacional, na visão de futuro e em metas e resultados a serem alcançados. Além disso, impõe que cada membro esteja focado em sua própria melhoria e desenvolvimento contínuos, no trabalho participativo em equipes, no comprometimento e na dedicação ao trabalho, na contribuição com talento, habilidades e competências, no aprendizado e no crescimento profissional, além de ética e responsabilidade. A organização está interessada em obter o máximo de seu pessoal nesses aspectos. Como a Alpha Center poderia alcançar e superar tais expectativas?

2.6 ORGANIZAÇÕES COMO SISTEMAS SOCIAIS

As organizações são sistemas sociais, isto é, sistemas compostos de pessoas em contínua e incessante interação. Tudo o mais significa infraestrutura ou plataforma de trabalho, como prédios, instalações, máquinas ou equipamentos. Na verdade, as organizações representam a coordenação de diferentes atividades de contribuintes individuais com a finalidade precípua de efetuar transações planejadas com o ambiente.[13] As contribuições de cada pessoa à organização variam em função não somente das suas diferenças individuais, conhecimentos e competências, mas também dos sistemas utilizados pela organização.

SAIBA MAIS — **O caráter abstrato e intangível da organização**

Uma organização não é necessariamente um prédio que se vê ou um local físico no qual as pessoas trabalham. Na verdade, edifícios ou instalações constituem a plataforma, a infraestrutura física e material em que as pessoas se juntam para o trabalho, onde estão as mesas, as máquinas e os equipamentos. Apenas isso. A organização pode mudar a cada instante para outro local, sem qualquer alteração.

No entanto, a atividade humana é imprescindível, pois dinamiza a organização e lhe dá consistência. Sem a atividade humana organizada não há organização. Edifícios, instalações, máquinas, tecnologia e equipamentos nada fazem sem o concurso e a participação das pessoas. Por essa razão, as organizações são entidades sociais, e não simplesmente entidades físicas.

VOLTANDO AO CASO INTRODUTÓRIO
Alpha Center

Pedro Almeida sabe que cada organização atua em um mundo de negócios globalizado e envolvido por fatores econômicos, tecnológicos, sociais, culturais, legais, políticos e demográficos. Sabe também que cada organização tem seus fornecedores, clientes, concorrentes e órgãos reguladores dos quais depende para realizar seus negócios. Ao avaliar sua organização – Alpha Center Ltda. –, como Pedro poderia caracterizar seu ambiente geral e específico para propor providências quanto à expansão e ao sucesso da companhia?

2.7 TECNOLOGIA

A tecnologia – e principalmente a TI, ou seja, a convergência entre computador, televisão e telecomunicações – já revolucionou o mundo dos negócios e a vida nas organizações. A internet mudou não apenas a maneira pela qual os clientes, os fornecedores e as companhias estão interagindo, mas também a maneira pela qual as organizações estão trabalhando interna e externamente. A tecnologia afeta profundamente a base de competição entre as organizações, bem como a vida das pessoas.

Aumente seus conhecimentos sobre *Startups* na seção *Saiba mais* CO 2.4

2.7.1 Organizações virtuais

Um dos múltiplos desdobramentos da TI foi o aparecimento de organizações virtuais. Uma organização virtual existe em um espaço que não é limitado pelas estruturas físicas que definem uma organização convencional.[14] Elas se afiguram como um constructo mental de um "sistema imaginário" que atravessa e ultrapassa as fronteiras tradicionais definidas por bens físicos. Em outras palavras, não possuem os aspectos físicos e materiais típicos das organizações convencionais, nem existência física. São empreendimentos que utilizam a imaginação, a TI, alianças e outras redes para organizar e sustentar uma atividade que transcende fronteiras.[15] Essa virtualidade envolve um salto mental que conduz a uma forma fluida e que vai além da atividade coletiva. Warner e Witzel salientam que "nas organizações virtuais, as realidades físicas sólidas do tijolo e da argamassa, de escritórios e fábricas, de colaboradores e clientes que se encontram cara a cara, são, até certo ponto, dissolvidas e substituídas por formas virtuais. Os tijolos sólidos se tornam redes virtuais. Em vez de organizações que nos encerram e nos envolvem, somos parte de uma organização que é fluida, flexível, em grande parte invisível, que passa a existir com um simples esforço mental de nossa parte. No espaço virtual, damos menos ênfase aos nossos cinco sentidos físicos e muito mais à nossa imaginação e ao conhecimento interior".[16]

Warner e Witzel ainda mostram os aspectos comuns nas organizações virtuais:[17]

1. **Ausência de estrutura física**: as organizações virtuais têm presença física menos intensa que as convencionais, menos bens tangíveis, como prédios de escritórios e almoxarifados, e as que têm estão geograficamente dispersas. Estão estruturadas em formatos virtuais com programas de computador assumindo o lugar da estrutura física e existem somente no ciberespaço.

2. **Baseadas na tecnologia de comunicações**: apresentam um papel essencial na existência da organização virtual; é a sua parte vital. Usam redes de comunicação com o suporte da internet e de outros sistemas em vez de estruturas físicas. Contudo, a tecnologia é apenas um recurso, e não a organização em si.
3. **Mobilidade no trabalho**: o uso das redes de comunicações permite que equipes e departamentos não precisem trabalhar juntos ou ter contato físico entre si.
4. **Formas híbridas**: como elas envolvem colaboração entre indivíduos ou empresas, costumam ser chamadas de híbridas, ou seja, redes ou consórcios trabalhando juntos em uma estrutura livre para atingir um objetivo comum. Essas formas híbridas podem ser temporárias – como consórcios – ou de prazo mais longo – como cadeias virtuais de abastecimento.
5. **Sem fronteiras**: têm uma abrangência que permite envolver produtores e trazer os clientes para o processo produtivo por meio do conceito de marketing de relacionamento.
6. **Flexíveis**: são capazes de juntar elementos dispersos rapidamente para alcançar um objetivo empresarial para, depois, desmontá-los. As organizações virtuais são responsivas e dependem das pessoas envolvidas e dispostas a trabalhar com flexibilidade.

Uma pesquisa entre executivos de topo revelou sete tendências nas organizações, em geral por causa da influência da internet:[18]

1. **A internet está forçando as organizações a transformarem a si mesmas**: o conceito de redes eletrônicas de clientes, fornecedores e parceiros está se tornando uma realidade e revitalizando as organizações.
2. **Novos canais estão permitindo o acesso direto a mercados e marcas**: isso provoca a desintermediação dos tradicionais canais de distribuição. Ao trabalhar diretamente com os clientes, as organizações estão evitando os usuais distribuidores ou intermediários, formando relações de *clusters* com os usuários finais, melhorando serviços e reduzindo custos.
3. **A balança do poder está pendendo para o lado do cliente**: com o acesso ilimitado à informação na internet, os clientes tornam-se mais exigentes e poderosos do que os clientes tradicionais, pois têm informações nas mãos.
4. **A competição está mudando**: as organizações impulsionadas por novas tecnologias estão explorando a internet para se tornarem mais inovadoras e eficientes, e avançando na frente dos concorrentes.
5. **A marcha dos negócios está mudando drasticamente**: horizontes de planejamento, necessidades de informação e expectativas de clientes e de fornecedores estão refletindo a urgência e o imediatismo da internet. Em consequência do ambiente turbulento, o tempo é fortemente comprimido. Afinal, tempo é dinheiro. E a agilidade e a prontidão estão no meio disso tudo.
6. **A internet está empurrando as organizações para além de suas fronteiras tradicionais**: a tradicional separação entre fornecedores, manufaturas e clientes está desaparecendo com a expansão das plataformas e *extranets*, nas quais as organizações cooperam entre si para ter acesso aos planos e processos operacionais internos umas das outras. A colaboração organizacional está em alta.
7. **O conhecimento se tornou o principal ativo organizacional e a maior fonte de vantagem competitiva**: os ativos físicos perderam espaço para os ativos intangíveis, que se tornaram responsáveis pelo capital intelectual das empresas.

Aumente seus conhecimentos sobre **A poderosa influência da Tecnologia da Informação (TI)** na seção *Saiba mais* CO 2.5

2.7.2 Organizações ágeis

Desde que surgiu a metodologia ágil no final da década de 1990, a partir do modo barato, pequeno e automático de construir *softwares*, essa agilidade passou a permitir uma metodologia rápida e adaptativa.[19] Isso possibilita um contato direto e eficiente entre todo o time de desenvolvimento com o cliente, que faz retornos frequentes e incrementais ao longo do desenvolvimento do produto. Esse processo ágil é guiado e ativado pelo rápido retorno do cliente para atualizar o que está sendo feito pelo time. Assim, os planos têm validade curta e são constantemente atualizados. O processo se adapta às necessidades do cliente graças à competência, à colaboração, à autonomia e à auto-organização do time ágil. Para lidar com as constantes mudanças dos requisitos, em vez do esquema tradicional – com planejamento, implementação, teste e implantação conhecido como desenvolvimento em cascata ou *waterfall* –, a metodologia ágil trabalha com ciclos curtos de desenvolvimento, de maneira que o produto é apresentado ao cliente à medida que é construído. Com essa estreita conexão com o cliente e constantes reavaliação e refinamento ao mesmo tempo que ele e o time ganham conhecimento sobre o que está sendo desenvolvido, as mudanças são feitas de maneira ordenada, aumentando o valor e a utilidade do produto final.

Aumente seus conhecimentos sobre **Scrum e kanban** na seção *Saiba mais* CO 2.6

2.8 DIVERSIDADE E INCLUSÃO

A diversidade está relacionada com as diferenças individuais entre as pessoas e com a aceitação e a adoção de diferentes características das pessoas. A diversidade diz respeito ao grau de diferenças humanas básicas em determinada população ou organização. É a existência de uma variedade de pessoas de diferentes características que constitui a força de trabalho de uma organização. Significa que as pessoas que trabalham nas organizações são atualmente caracterizadas não apenas por diferenças individuais, como aptidões físicas e cognitivas ou por diferentes traços de personalidade, mas, principalmente, por diversas características demográficas e culturais. A força de trabalho das organizações em todo o mundo está incluindo uma variedade de gêneros, idades, classes sociais, minorias e imigrantes para se tornar cada vez mais inclusiva. Essa inclusão está obrigando as organizações a repensar e a mudar suas políticas internas.[20] Além disso, a crescente globalização das organizações faz com que as organizações expandam gradativamente suas operações para outros países, o que aumenta a diversidade cultural das pessoas que nelas trabalham. Assim, as organizações estão enfrentando um ambiente interno multiétnico e multipolarizado. Dessa maneira, a diversidade nas organizações está se tornando uma fonte de vantagem competitiva: uma força de trabalho diversificada é mais criativa e inovadora, tem mais ideias e diferentes abordagens. O desafio está em alcançar uma margem competitiva com as diferentes pessoas que trabalham nas organizações.[21]

A diversidade e a inclusão realçam as diferenças individuais e se contrapõem à homogeneidade, que procura tratar as pessoas como se fossem todas iguais, padronizadas e despersonalizadas.[22]

2.9 ÉTICA

Ética é o conjunto de princípios morais ou valores que definem o que é certo ou errado para uma pessoa ou grupo, ou, ainda, para uma organização. O comportamento ético acontece quando os membros aceitam e seguem tais princípios e valores. Ao mesmo tempo, a organização encoraja seus membros a se comportar eticamente de tal maneira que sirvam de exemplo para as demais organizações. Em contrapartida, o comportamento antiético ocorre quando as pessoas violam tais princípios aceitos como corretos e adequados à atividade organizacional. Sob um aspecto genérico, a ética é uma preocupação com o bom comportamento: uma obrigação de considerar não somente o próprio bem-estar pessoal, mas também o das outras pessoas. Isso lembra a velha regra dourada: não faça aos outros aquilo que você não deseja que os outros lhe façam.

No mundo dos negócios, a ética influencia o processo corporativo de tomada de decisões para determinar quais são os valores que afetam os vários grupos de parceiros e estabelecer como os dirigentes podem usar tais valores no dia a dia da administração da organização. Assim, a ética nas organizações constitui um elemento catalisador de ações socialmente responsáveis da organização por meio de seus parceiros e dirigentes. Dirigentes éticos alcançam sucesso a partir de práticas administrativas caracterizadas por equidade e justiça. Sem serem éticas, as organizações não podem ser competitivas, seja em nível nacional, seja em nível internacional. Afinal, ética e competitividade são inseparáveis. Nenhuma sociedade pode competir a longo prazo ou com sucesso com pessoas que procuram enganar as outras; que tentam se aproveitar das outras; requerendo-se que todas as ações sejam confirmadas em cartório porque não se acredita nas outras pessoas; com cada pequena disputa acabando em litígio nos tribunais; e com poucos esclarecimentos da legislação regulatória, fazendo com que os negócios dificilmente sejam honestos. Além disso, a utilização de práticas éticas não está necessariamente ligada à lucratividade financeira. No entanto, é inevitável o conflito entre práticas éticas e a ênfase no lucro.

Todo sistema de competição presume valores subjacentes de confiança, colaboração, reconhecimento e justiça. O importante é que a utilização de práticas éticas nos negócios melhora a saúde organizacional em três aspectos:

1. **Aumenta a produtividade**: os colaboradores de uma organização são os parceiros afetados pelas práticas administrativas. Quando a administração enfatiza a ética em suas ações frente aos seus parceiros, os funcionários são afetados direta e positivamente. Quando uma organização faz um esforço especial para assegurar saúde e bem-estar dos funcionários ou define programas para ajudar os funcionários em problemas financeiros ou legais, tais programas constituem uma fonte de produtividade aumentada.
2. **Melhora as práticas administrativas**: práticas administrativas éticas melhoram a saúde organizacional, afetando positivamente os parceiros externos, como fornecedores ou clientes. Uma imagem pública positiva pode atrair consumidores que visualizam a imagem da organização como favorável ou desejável. A Johnson & Johnson, fabricante de produtos para bebês, guarda cuidadosamente sua imagem pública como uma companhia que põe a saúde e o bem-estar do consumidor acima dos lucros.
3. **Minimiza a regulamentação feita pelas agências governamentais**: quando as organizações são confiáveis quanto à ação ética, a sociedade deixa de pressionar por um reforço nas exigências legais ou por uma legislação que regule mais intensamente os negócios.

Acesse conteúdo sobre **Princípios éticos** na seção *Tendências em CO 2.1*

2.9.1 Fatores que influenciam as decisões éticas

A ética influencia todas as decisões dentro da organização. Todavia, nem todos os parceiros tratam as decisões da mesma forma ética. Existem três fatores que influenciam as decisões éticas em uma organização: a intensidade ética da decisão, o desenvolvimento moral e os princípios usados para resolver o problema. Vejamos cada um desses fatores.

1. **Intensidade ética**: grau de preocupação que as pessoas têm a respeito de algum assunto ético. Cada decisão está sujeita a uma intensidade ética. A intensidade ética é intensa quando as decisões são amplas, certas, com consequências imediatas e quando estão física ou psicologicamente próximas aos que são afetados por elas. Muitas das decisões corporativas são encaradas mais como decisões éticas do que como decisões econômicas, pois se preocupam em fazer as coisas certas.

2. **Desenvolvimento moral**: as decisões éticas dependem do nível de desenvolvimento moral alcançado pela organização ou pessoa.
3. **Definição de princípios éticos**: muitas organizações definem princípios éticos para guiar e orientar o comportamento de seus parceiros. Tais princípios constituem os balizamentos do comportamento ético e norteiam toda a conduta organizacional.

Esses três fatores que influenciam as decisões éticas – a intensidade ética da decisão, o desenvolvimento moral e a definição de princípios éticos para lidar com os negócios e os problemas – são indispensáveis para a compreensão da conduta ética das organizações.

Aumente seus conhecimentos sobre **Governança corporativa** na seção *Saiba mais CO 2.7*

2.9.2 Código de ética

Muitas organizações têm o seu código de ética para orientar e guiar o comportamento de seus parceiros. O código de ética atua como uma declaração formal que funciona como guia para tomar decisões e agir dentro de uma organização. Todavia, duas coisas devem acontecer para que o código de ética encoraje decisões e comportamentos éticos das pessoas. Primeiramente, as companhias devem comunicar o seu código de ética a todos os seus parceiros, isto é, às pessoas dentro e fora da organização. Em segundo lugar, as companhias devem cobrar continuamente comportamentos éticos de seus parceiros, seja por meio do respeito aos seus valores básicos, seja por práticas específicas de negócios.

As organizações bem-sucedidas definem seus valores e estão continuamente preocupadas em treinar seu pessoal para que todos possam tomar decisões éticas. Os principais objetivos do treinamento em ética organizacional são:

1. **Desenvolver a atenção das pessoas quanto à ética**: isto é, ajudar as pessoas a reconhecer quais são os assuntos éticos e, assim, evitar a racionalização de comportamento não ético. O Citicorp, por exemplo, criou um jogo chamado "O trabalho ético", no qual os jogadores ganham ou perdem pontos, dependendo de suas respostas a questões legais, regulatórias e relacionadas a políticas e julgamentos.

2. **Alcançar credibilidade com as pessoas**: em vez de ensinar conceitos, muitas organizações criam situações do mundo real para ensinar comportamentos.
3. **Ensinar às pessoas um modelo ético de tomada de decisões**: ou seja, um modelo simples que ajuda as pessoas a pensar sobre as consequências de suas escolhas.

Aumente seus conhecimentos sobre **O *ranking* de corrupção da Transparency** na seção *Saiba mais* CO 2.8

2.10 RESPONSABILIDADE SOCIAL DAS ORGANIZAÇÕES

Até pouco tempo atrás, as organizações estavam orientadas exclusivamente para seus próprios negócios. Gradativamente, essa orientação deixou de ser interna para se externalizar em direção ao ambiente de negócios. A atenção dada à área de responsabilidade social pelas organizações aumentou significativamente nos últimos anos e certamente deverá aumentar ainda mais no futuro.

A **responsabilidade social** significa o grau de obrigações que uma organização assume por meio de ações que protejam e melhorem o bem-estar da sociedade à medida que procura atingir seus próprios interesses. A responsabilidade social representa a obrigação da organização em adotar políticas e assumir decisões e ações que beneficiem a sociedade. Em outras palavras, representa a obrigação gerencial de tomar ações que protegem e melhoram o bem-estar da sociedade como um todo e os interesses organizacionais especificamente. Os dirigentes de uma organização devem buscar alcançar simultaneamente objetivos organizacionais e objetivos societários. Uma organização socialmente responsável é aquela que desempenha as seguintes obrigações:[23]

- Incorpora objetivos sociais em seus processos de planejamento.
- Aplica normas comparativas de outras organizações em seus programas sociais.
- Apresenta relatórios aos membros organizacionais e aos parceiros sobre os progressos na sua responsabilidade social.
- Experimenta diferentes abordagens para medir seu desempenho social.
- Procura medir os custos dos programas sociais e o retorno dos investimentos em programas sociais.

Davis[24] oferece um modelo de responsabilidade social corporativa a partir de cinco proposições – por que e como as organizações devem aderir à obrigação de tomar ações que protejam e melhorem o bem-estar da sociedade e da organização –, a saber:[25]

1. **A responsabilidade social emerge do poder social**. Toda organização tem significativa influência ou poder sobre a sociedade, e essa deve exigir condições que resultam do exercício desse poder.
2. **As organizações devem operar em um sistema aberto de duas vias**. Isso deve se dar com recepção aberta de insumos da sociedade e expedição aberta de suas operações para o público. As organizações devem ser ouvidas pelos representantes da sociedade quanto ao que devem manter ou melhorar em relação ao bem-estar geral. Por outro lado, a sociedade deve ouvir os relatórios das organizações quanto ao atendimento das responsabilidades sociais. As comunicações entre representantes das organizações e da sociedade devem ser abertas e honestas.
3. **Os custos e benefícios sociais de uma atividade, produto ou serviço devem ser calculados e considerados nas decisões prévias sobre eles**. A viabilidade técnica e a lucratividade econômica não são os únicos fatores que devem pesar nas decisões sobre as organizações. Essas devem considerar também as consequências de curto ou longo prazo sobre todas as atividades de negócios.
4. **Os custos sociais relacionados a cada atividade, produto ou serviço devem ser repassados ao consumidor**. Os negócios não devem ser financiados somente pela organização. O custo de manter atividades socialmente desejáveis dentro dos negócios deve ser transferido para o consumidor por meio de preços mais elevados dos bens ou serviços relacionados com as atividades socialmente desejáveis.
5. **Como cidadãs, as organizações de negócios devem ser envolvidas na responsabilidade em certos problemas sociais que estão fora de suas áreas normais de operação**. Toda organização que possui a *expertise* de resolver um problema social com o qual não está diretamente associada deve ser suficientemente responsável para ajudar a sociedade a resolvê-lo.

Os principais argumentos para o desempenho de atividades de responsabilidade social são:[26]

- O interesse maior dos negócios é promover e melhorar as comunidades em que a organização faz negócios.

- As ações sociais e as ações éticas podem ser lucrativas.
- A responsabilidade social melhora a imagem pública da organização.
- A responsabilidade social aumenta a viabilidade dos negócios. Os negócios existem porque proporcionam benefícios sociais.
- É necessário evitar ou se antecipar a regulação governamental ou intervenções externas para sanar a omissão das organizações.
- As leis não podem ser definidas para todas as circunstâncias. As organizações devem assumir a responsabilidade de manter uma sociedade ordeira, justa e legal.
- As normas socioculturais exigem responsabilidade social.
- A responsabilidade social é do interesse de todos os parceiros da organização, e não de apenas alguns deles.
- A sociedade deve oferecer às organizações a oportunidade de resolver problemas sociais que o governo não tem condições de resolver.
- Como as organizações são dotadas de recursos financeiros e humanos, elas são as instituições mais adequadas para resolver problemas sociais.
- Prevenir certos problemas é melhor do que ter de curá-los posteriormente. Muitas organizações se antecipam a certos problemas antes que eles se tornem maiores.

2.10.1 Abordagens quanto à responsabilidade social

Toda organização produz alguma repercussão ou influência em seu ambiente. Essa repercussão pode ser positiva – quando a organização beneficia o ambiente por meio de suas decisões e ações – ou negativa – quando a organização traz problemas ou prejuízos ao ambiente.

Acesse conteúdo sobre **Obrigações sociais** na seção *Tendências em CO 2.2*

2.10.2 Graus de envolvimento organizacional na responsabilidade social

A segunda posição que é favorável ao envolvimento organizacional em atividades e obras sociais apresenta três diferentes graus de envolvimento (Figura 2.6):[27]

1. **Abordagem da obrigação social e legal**: supõe que as principais metas de uma organização são de natureza econômica e focadas na otimização dos lucros e do patrimônio líquido dos acionistas. Portanto, a organização deve apenas satisfazer as obrigações mínimas impostas pela lei, sem assumir nenhum esforço adicional voluntário. As decisões organizacionais são tomadas com base apenas em ganhos econômicos projetados.

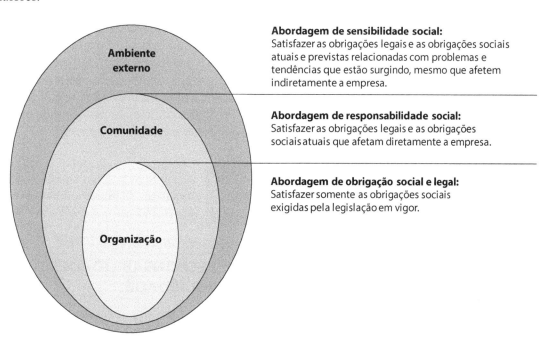

Figura 2.6 Níveis de sensibilidade social das organizações.

2. **Abordagem da responsabilidade social**: supõe que a organização não tem apenas metas econômicas, mas também certas responsabilidades sociais. As decisões organizacionais são tomadas com base não apenas nos ganhos econômicos projetados e na conformidade legal, mas também no critério do benefício social. Alguns recursos organizacionais são usados para projetos de bem-estar social, sem trazer dano econômico para a organização. Existe a preocupação em otimizar os lucros e o patrimônio líquido dos acionistas, e também com programas de ação social e envolvimento social. São organizações que desejam uma imagem de politicamente corretas, com grande esforço na área de relações públicas. Em geral, são organizações que praticam uma adaptação reativa, pois agem para providenciar uma solução a problemas já existentes.
3. **Abordagem da sensibilidade social**: supõe que a organização não tem apenas metas econômicas e sociais, mas também precisa se antecipar aos problemas sociais do futuro e agir agora em resposta a esses futuros problemas. Essa é a abordagem que mais exige das organizações, pois impõe que essas devem se antecipar aos problemas sociais, lidando com eles antes de se tornarem evidentes e críticos. Impõe também a utilização de recursos organizacionais agora, o que cria um impacto negativo na otimização de lucros no presente. Essa abordagem é típica de cidadania corporativa e representa um papel proativo na sociedade, isto é, fazer uso do poder que lhe é dado para melhorá-la. Os programas educativos sobre drogas financiados por organizações nas escolas públicas são um exemplo. O ganho futuro significa uma força de trabalho saudável, mesmo que no momento a organização não tenha nenhum problema relacionado a drogas no local de trabalho. Organizações com sensibilidade social procuram o envolvimento da comunidade e encorajam seus membros a fazerem o mesmo por meio de esforços de conscientização social, especialmente em áreas emergenciais. Os programas comunitários com base no voluntariado espontâneo dos funcionários em áreas carentes são um exemplo a ser imitado.[28]

Os níveis de sensibilização social provocam, nas organizações, certos comportamentos voltados para atividades e obras sociais. Em função desses níveis, cada organização define uma filosofia de responsabilização social que produz categorias de responsabilidades sociais que podem ser de simples reação às carências e necessidades da comunidade, à acomodação, à adoção de mecanismos de defesa ou ao comportamento proativo e antecipatório.

A verdade é que a responsabilidade social está deixando de se limitar aos velhos conceitos de proteção passiva e paternalista ou de fiel cumprimento de regras legais para avançar na direção da proteção ativa e da promoção humana, em função de um sistema definido e explicitado de valores éticos. Existem algumas razões para isso:[29]

- Afirmação do conceito de cidadania.
- Condições atuais de distribuição da riqueza gerada.
- Forte ampliação das aspirações sociais.
- Fragilização orçamentária do governo e a consequente convergência das esferas pública e privada para a adoção de ações de interesse social.
- Postura socialmente responsável como atributo estratégico para a sobrevivência, o crescimento e a perpetuação das empresas.
- Busca por referenciais éticos, como pontos de sustentação de políticas, processos e ações.

Por outro lado, a responsabilidade social das organizações deve ser enfatizada, cobrada e avaliada na organização. Além dos balanços contábeis convencionais, levantam-se balanços de alcance externo, como o social e o ambiental. Assim, relações transparentes com a sociedade, responsabilidade diante de gerações futuras, autorregulação da conduta, compreensão das dimensões sociais dos atos econômicos (produção, geração de renda, consumo e acumulação), seleção de agentes e de parceiros inseridos em cadeias produtivas e gerenciamento dos impactos internos e externos de suas atividades são alguns dos novos atributos a que as empresas devem corresponder. Atributos como esses não são modismos e deverão resistir indefinidamente ao tempo.[30]

Aumente seus conhecimentos sobre **Avaliação da responsabilidade social das organizações** na seção *Saiba mais* CO 2.9

2.11 RESPONSABILIDADES DA SOCIEDADE

Se, de um lado, as organizações têm responsabilidades para com a sociedade, a recíproca é verdadeira: a sociedade também possui responsabilidades em relação às organizações:[31]

1. **Estabelecer regras claras e consistentes**: essa é uma das regras fundamentais que a sociedade deve definir por intermédio do seu governo. Toda organização requer certo grau de regulação, isto é, um conjunto de regras para operar, porém as regras não podem ser vagas, imprecisas ou ambíguas; elas devem ser claras.
2. **Tornar as regras tecnicamente viáveis**: as organizações não podem fazer o impossível. Os padrões devem ser possíveis de serem atendidos.
3. **Assegurar que as regras sejam economicamente viáveis**: a sociedade não pode impor uma regra que ninguém possa cumprir. Se o custo da regulação governamental ultrapassa o viável, as organizações certamente mudarão para outro lugar em que as regras sejam viáveis.
4. **Tornar as regras prospectivas e não retroativas**: a retribuição referente ao passado não tem sentido para os negócios. Os padrões de taxação devem ser previamente definidos em relação ao futuro, e não ao passado.
5. **Tornar as regras orientadas para alcance de objetivos, não para prescrição de procedimentos**: a maneira apropriada de um governo ou nação definir como as organizações devem operar é estabelecer metas e objetivos, e não ter como foco o modo de fazer ou executar seus negócios.

Acesse um caso sobre **Como Nike e Reebok lidam com os direitos humanos em todo o mundo** na seção *Caso de apoio* CO 2.1

RESUMO

O mundo das organizações se caracteriza por aspectos como globalização, tecnologia, diversidade e ética. As organizações são unidades sociais (ou agrupamentos humanos) intencionalmente construídas e reconstruídas, a fim de atingir objetivos específicos. Elas nascem, crescem, vivem e morrem. Contudo, as organizações dependem das atividades e dos esforços coletivos de muitas pessoas que colaboram para o seu sucesso. No fundo, as organizações são sistemas de colaboração e cooperação humana. O CO existe em função das organizações; é um produto intrínseco a elas.

As organizações constituem a alavanca do desenvolvimento econômico e social. São elas que produzem bens ou serviços e impulsionam a inovação e o progresso dos países. O desenvolvimento de um país depende do grau de desenvolvimento de suas organizações.

As organizações são formadas por uma integração de diferentes recursos. Elas são dotadas de recursos materiais e recursos financeiros, que correspondem aos seus ativos tangíveis e constituem a base da contabilidade tradicional. No entanto, elas são dotadas também de recursos humanos – esse era o nome dado às pessoas que trabalham nas organizações. Na Era da Informação, as pessoas constituem parceiros da organização; elas não são mais "propriedade" da organização, mas colaboradores internos ou externos que contribuem para o sucesso organizacional.

QUESTÕES

1. Comente a globalização como o fundamento do mundo dos negócios.
2. Comente a tecnologia como a plataforma do mundo dos negócios.
3. Comente a diversidade como a base no mundo dos negócios.
4. Comente a ética organizacional.
5. Conceitue organização.
6. Explique o estudo da organização.
7. Do que são formadas as organizações?
8. Explique os parceiros da organização e seu papel no sucesso organizacional.
9. Explique a organização como um sistema aberto.
10. Explique as características principais da organização como um sistema aberto.
11. Explique a organização como um sistema social.
12. O que significa sociedade de organizações?
13. Como as decisões éticas afetam a organização?
14. Quais são os fatores que afetam as decisões éticas? Explique-os.
15. O que significa código de ética?
16. Explique a responsabilidade social.
17. Quais os graus de envolvimento organizacional na responsabilidade social?
18. Explique as responsabilidades da sociedade.

REFERÊNCIAS

1. SCHERMERHORN, J. R., HUNT, J. G.; OSBORN, R. N. *Basic organizational behavior*. New York: John Wiley & Sons, 1995. p. 6.
2. PARSONS, T. *Structure and process in modern society*. Glencoe: The Free Press, 1960. p. 17.
3. STINCHCOMBE, A. L. Social Structure and Organizations. In: MARCH, J. G. (ed.). *Handbook of organizations*. Chicago: Rand McNally College Publ., 1965. p. 142.

4. BARNARD, C. I. *As funções do executivo.* São Paulo: 1971.
5. ROBBINS, S. P. *Comportamento organizacional.* São Paulo: Prentice Hall, 2002. p. 2.
6. PRESTHUS, R. *The organizational society.* New York: Alfred A. Knopf, 1962.
7. GIBSON, J. L.; IVANCEVICH, J. M.; DONNELLY JR., J. H. *Organizações:* comportamento, estrutura, processos. São Paulo: Atlas, 1981. p. 24.
8. BARNARD, C. I. *As funções do executivo, op. cit.*
9. JONES, M. O., MOORE, M. D.; SNYDER, R. C. *Inside organizations.* New York: Sage Publ., 1988.
10. CHIAVENATO, I. *Gerenciando com as pessoas:* transformando o executivo em um excelente gestor de pessoas. Barueri: Manole, 2015. p. 62.
11. MARCH, J. G.; SIMON, H. A. *Teoria das organizações.* Rio de Janeiro: Fundação Getúlio Vargas, 1967. p. 104.
12. Adaptado de: CHIAVENATO, I. *Recursos humanos:* o capital humano das organizações. 11. ed. São Paulo: Atlas, 2020. p. 73.
13. LAWRENCE, P. R.; LORSCH, J. W. *O desenvolvimento das organizações:* diagnóstico e ação. São Paulo: Edgard Blücher, 1972. p. 3.
14. CHILD, John. *Organização:* princípios e prática contemporâneos. São Paulo: Saraiva, 2012. p. 289.
15. WARNER, M.; WITZEL, M. *Managing in virtual organizations.* London: Thompson, 2004. Cap. 1.
16. WARNER, M.; WITZEL, M. *Managing in virtual organizations, op. cit.*
17. WARNER, M.; WITZEL, Morgen. *Managing in virtual organizations, op. cit.,* Cap. 1.
18. CALLAHAN, C. V.; PASTERNACK, B. A. Corporate strategy in the digital age, *Strategy and Business,* Issue 15, 2nd Quarter 1999. p. 2-6.
19. Extraído de: RIES, E. *A startup enxuta:* como os empreendedores atuais utilizam a inovação contínua para criar empresas extremamente bem-sucedidas. São Paulo: Texto Editores, 2011. p. 124-127.
20. JOHNSON, W. The coming labor shortage, *Journal of Labor Research,* n. 13, p. 5-10, 1992.
21. LICHT, R. A diversidade no ambiente de trabalho, *T&D: Treinamento e Desenvolvimento,* Edição 56, Julho 1997. p. 32-34.
22. CHIAVENATO, I. *Administração nos novos tempos.* 4. ed. São Paulo: Atlas, 2020. p. 84.
23. LIPSON, Harry A. Do corporate executives plan for social responsability?, *Business and Society Review,* Winter 1974-75. p. 80-81.
24. DAVIS, K.; BLOMSTROM, R. L. *Business and society:* environment and responsibility. New York: McGraw-Hill, 1975.
25. DAVIS, K. Five propositions for social responsibility, *Business Horizons,* June 1975, p. 19-24.
26. CERTO, S. C. *Modern management:* diversity, quality, ethics, and the global environment. Nedham Heights: Allyn & Bacon, 1994. p. 58.
27. DAVIS, K.; BLOMSTROM, R. L. *Business and society, op. cit.*
28. Veja os *sites:* www.voluntarios.com.br; www.amigosdaescola.com.br; www.gife.org.br; www.aacd.org.br; www.fcc-brasil.org.br; https://thehungersite.greatergood.com/clicktogive/ths/home; www.cliquealimentos.com.br. Acesso em: 29 out. 2020.
29. SOARES, R. C. *Empresariedade e ética:* o exercício da cidadania corporativa. São Paulo: Atlas, 2002. p. 248-249.
30. SOARES, R. C. *Empresariedade e ética, op. cit.,* p. 250.
31. MCAFEE, J. How society can help business, *Newsweek,* July 3, 1978. p. 15.

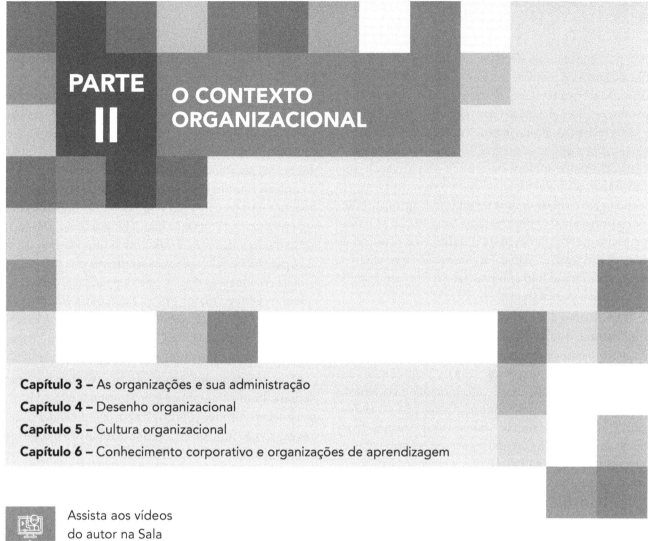

PARTE II — O CONTEXTO ORGANIZACIONAL

Capítulo 3 – As organizações e sua administração
Capítulo 4 – Desenho organizacional
Capítulo 5 – Cultura organizacional
Capítulo 6 – Conhecimento corporativo e organizações de aprendizagem

 Assista aos vídeos do autor na Sala de Aula Virtual

Enquanto o contexto ambiental – que vimos na Parte I – envolve o mundo dos negócios como o cenário global, o universo em que as organizações vicejam, colaboram e concorrem, a Parte II trata especificamente do contexto organizacional: o que ocorre dentro de cada organização individualmente. O contexto organizacional representa o interior no qual as coisas acontecem em cada organização.

Sem dúvida, as organizações representam a invenção mais sofisticada e complexa de toda a história da humanidade. Elas constituem a base da invenção de todas as invenções. Ficamos encantados com as maravilhas criadas pelo conhecimento humano – como o computador, a nave espacial, o avião a jato, o *smartphone*, a inteligência artificial e outras tecnologias avançadas –, mas nos esquecemos de que todas essas invenções são criadas e desenvolvidas dentro das organizações. Na verdade, todas as invenções modernas são produtos das organizações. São as organizações que projetam, criam, aperfeiçoam, desenvolvem, produzem, distribuem e entregam tudo o que precisamos para viver. Produtos, serviços, facilidades, entretenimento, informação, inovações – tudo isso é continuamente gerado e desenvolvido por organizações.

Na verdade, vivemos em uma sociedade de organizações, na qual quase tudo é inventado, projetado, feito e produzido por organizações. Nascemos em organizações, aprendemos nelas, trabalhamos nelas e até morremos nelas. Vivemos a maior parte de nosso tempo e de nossas vidas dentro delas. É incrível a quantidade e a heterogeneidade de organizações: empresas, bancos, financeiras, escolas e universidades, hospitais, lojas e comércio, *shopping centers*, supermercados, postos de gasolina, restaurantes, estacionamentos, organizações não governamentais (ONGs), igrejas, repartições públicas, Forças Armadas, fábricas, rádio e televisão, além de uma interminável lista de exemplos. As organizações produzem bens e serviços das mais diversas naturezas e características. Produzem divertimento e conveniências, proporcionam informação, geram e distribuem conhecimento, cuidam da saúde e da educação, impulsionam a inovação, e facilitam o desenvolvimento tecnológico e social. Acima de tudo, elas agregam valor e criam riqueza. O progresso de uma nação se baseia primariamente no desenvolvimento e na atuação de suas organizações. São as organizações que criam o desenvolvimento humano e social e tocam a economia de cada país para a frente.

Não existem duas organizações iguais. Elas são profundamente diferentes entre si. Existem organizações de todos os tamanhos possíveis, desde as micro-organizações – como microempresas ou pequenas e simples empresas individuais – até enormes e complexas organizações multinacionais e globais que estendem sua influência pelo mundo todo e ultrapassam as fronteiras dos países. Existem organizações compostas de um invejável patrimônio físico e recursos tangíveis, como também existem organizações virtuais que não requerem os tradicionais conceitos de espaço e tempo para funcionar.

As organizações fazem parte de um mundo maior. Elas não existem isoladas ou insuladas, nem são autossuficientes. Elas não vivem sozinhas. Na verdade, são sistemas que atuam dentro de sistemas e estão inseridas em um meio ambiente constituído por outras organizações. De modo geral, as organizações dependem umas das outras para poderem sobreviver e competir em um complexo mundo de organizações. Elas fornecem os insumos e os recursos para que as outras organizações possam funcionar e trabalhar. Há, portanto, um universo de organizações. O dinâmico intercâmbio entre as organizações ultrapassa as fronteiras dos países e se projeta em escala global. A interdependência organizacional é cada vez maior graças às alianças estratégicas entre as organizações que se relacionam em redes integradas e complexas. Afinal, a "união faz a força". E isso se aplica principalmente às organizações.

O Comportamento Organizacional (CO) está voltado para o estudo da dinâmica e do funcionamento das organizações. Seu foco central está em compreender como a organização funciona e como se comporta. Pelo fato de as organizações serem profundamente diferentes entre si, o CO se preocupa em definir as bases e características principais de seu funcionamento. As organizações se caracterizam por um desenho estrutural, ou seja, cada

Figura II.1 Estrutura do livro.

organização tem uma estrutura organizacional que serve de plataforma básica para o seu funcionamento. Além disso, cada organização tem a sua própria cultura organizacional, ou seja, um conjunto de crenças, valores e comportamentos que lhe dão a dinâmica necessária para o seu funcionamento. Conhecer o ambiente externo é o passo fundamental para o entendimento do comportamento de uma organização. Além do conhecimento do contexto ambiental, torna-se necessário conhecer também o contexto organizacional: o desenho organizacional e a cultura organizacional. Assim, o contexto ambiental e o contexto organizacional são os passos preliminares para a compreensão do comportamento de uma organização.

Conhecer as organizações é fundamental para as nossas vidas, pois passamos a maior parte dessas em organizações.

A Parte II é constituída de quatro capítulos que representam o contexto organizacional ao estudo do CO:

3. As organizações e sua administração.
4. Desenho organizacional.
5. Cultura organizacional.
6. Conhecimento corporativo e organizações de aprendizagem.

Com esse plano de fundo, teremos as condições preliminares para entrar em detalhes no estudo do CO.

AS ORGANIZAÇÕES E SUA ADMINISTRAÇÃO

OBJETIVOS DE APRENDIZAGEM

Após estudar este capítulo, você deverá estar capacitado para:

- Apresentar os desafios e as mudanças de paradigmas que as organizações estão enfrentando.
- Mostrar a ênfase nas tarefas que predominou nos primeiros passos da Teoria Administrativa.
- Expor a ênfase na estrutura organizacional e seus efeitos na Teoria Administrativa.
- Demonstrar a ênfase nas pessoas e seus efeitos na Teoria Administrativa.
- Apresentar a ênfase no ambiente e seus efeitos na Teoria Administrativa.

CASO INTRODUTÓRIO
Plug-On

Pedro Menendez é o Diretor-presidente da Plug-On, uma empresa *high tech* que produz e vende produtos eletrônicos para uso em informática. Menendez está no cargo há apenas seis meses e seu principal desafio é, simultaneamente, lançar produtos novos no mercado e ajustar sua empresa de maneira contínua às novas demandas do ambiente de negócios. Para tanto, Menendez precisa ser criativo e inovador, sem desprezar os aspectos cotidianos das operações da sua empresa que precisam ter eficiência e eficácia em alto grau. Menendez sabe que seu negócio se caracteriza pela globalização, pela mudança e pela competitividade. Como Menendez poderia consegui-lo?

O QUE VEREMOS ADIANTE

- As organizações precisam ser administradas.
- Teorias administrativas.
- Primeira onda: ênfase nas tarefas.
- Segunda onda: ênfase na estrutura organizacional.
- Terceira onda: ênfase nas pessoas.
- Quarta onda: ênfase no ambiente.
- Tempos modernos.
- A infindável busca da eficiência e da eficácia.

Vimos que as organizações vivem em um complexo e dinâmico mundo de negócios, que se caracteriza por globalização, competitividade, dinamismo, mudanças e transformações de caráter exponencial. Para poderem competir e sobreviver nesse ambiente mutável, caótico, incerto e ambíguo, as organizações precisam continuamente criar valor, inovar, lançar novos produtos e serviços, desenvolver novas tecnologias, abrir novas fronteiras e mercados, aprimorar processos e métodos de trabalho, eliminar custos e incrementar resultados. Para tanto, precisam juntar flexibilidade e agilidade para se adaptarem rapidamente a tantas mudanças e transformações.

Contudo, as organizações não funcionam por si mesmas, tampouco alcançam sucesso por acaso. Elas precisam ser administradas para poderem funcionar adequadamente, atingir seus objetivos da melhor maneira possível e cumprir sua missão. Pelo fato de as organizações serem conjuntos de pessoas que trabalham em equipe para utilizar e aplicar recursos organizacionais – como capital financeiro, tecnologia, máquinas e equipamentos, matérias-primas, conhecimento – e alcançar propósitos comuns – como cumprir uma missão, atingir uma visão, servir ao mercado, satisfazer aos seus parceiros, como clientes, acionistas, empregados, fornecedores –, elas, necessariamente, precisam ser administradas. A Administração permite proporcionar sentido, direção e coordenação nesse trabalho conjunto e levar a organização exatamente aonde ela precisa chegar. Enquanto as organizações são estudadas pela Teoria da Organização (TO), a Administração das Organizações é estudada pela Teoria Geral da Administração (TGA). Cada Teoria Administrativa tem sua própria abordagem e tem como foco a Administração sob uma perspectiva particular, oferecendo modelos e práticas,[1] conforme será apresentado adiante.

3.1 AS ORGANIZAÇÕES PRECISAM SER ADMINISTRADAS

Todas as organizações são guiadas por uma estratégia organizacional – que será abordada no Capítulo 15 –, a qual define seu presente e futuro de forma clara e objetiva ou vaga e imprecisa, conforme sua missão e visão de futuro. Cada organização é única e singular. Existem organizações de todos os tipos, características, propósitos, tamanhos e naturezas.[2]

Aumente seus conhecimentos sobre **As organizações e a administração** na seção *Saiba mais* CO 3.1

A Administração das Organizações requer um profundo conhecimento do Comportamento Organizacional (CO). Sem esse conhecimento, a Administração pode se tornar fria, desumana, mecânica, rígida, ineficiente e ineficaz. O CO é uma área do conhecimento humano relativamente recente e que proporciona condições para o conhecimento e o entendimento da dinâmica organizacional – e isso é fundamental para sua adequada administração.

As organizações precisam ser bem compreendidas para que possam ser administradas e posicionadas em seu contexto de negócios. Existem dois aspectos básicos que precisam ser considerados:[3]

1. **A organização é um ser vivo**: ela nasce, cresce e morre, dependendo da maneira como é administrada e impulsionada. É preciso dar maior atenção para o desenvolvimento da organização e de seus participantes. Esse é um aspecto que não pode ficar à mercê dos acontecimentos ou ao sabor dos ventos. A organização precisa investir fortemente em seu próprio desenvolvimento, e boa parte desse desenvolvimento é decorrência do desenvolvimento das pessoas que delas participam.

2. **As decisões tomadas por esse ser vivo são resultado de um contínuo e incessante processo de aprendizado.** A aprendizagem é o mecanismo vital que proporciona saúde e longevidade à organização. A organização e todos os seus participantes precisam aprender a aprender cada vez mais, e cada vez mais depressa. A aprendizagem depende muito do estado de espírito que se cria dentro da organização: deve haver uma motivação para aprender continuamente. Isso precisa ser enfatizado e incentivado constantemente pela cúpula da organização.

Como seres vivos, as organizações nascem, crescem e morrem. Contudo, por que tantas organizações morrem tão prematuramente? Poucas delas ganham a longevidade. Arie de Geus fez uma pesquisa para verificar por que algumas organizações duram mais do que outras. Quais as razões? De Geus aponta quatro fatores principais em comum para a longevidade organizacional:[4]

1. **Organizações longevas são sensíveis ao seu ambiente**: sejam construídas com base no conhecimento – como em inovações tecnológicas que agregam valor à vida dos clientes – ou em recursos naturais – como

fabricantes de papel, celulose, siderúrgicas, automóveis, produtos químicos, mineração etc. –, as organizações longevas permanecem em harmonia com o mundo à sua volta e reagem de maneira oportuna às condições da sociedade que as cerca. Elas possuem uma capacidade inata de antecipar a necessidade de mudar e de explorar as crises no sentido de transformá-las em novos negócios. Elas estão plugadas no seu ambiente e vivem basicamente em função dele.

2. **Organizações longevas são coesas e dotadas de um forte senso de identidade**: qualquer que seja seu grau de diversificação, seus funcionários (incluindo os fornecedores) sentem que todos são parte de uma só entidade. Elas se veem como uma frota de navios independentes, porém sendo o todo da frota mais forte que a soma de suas partes. Essa sensação de fazer parte de uma comunidade e de ser capaz de se identificar com suas ações e realizações é que permite uma forte vinculação emocional e psicológica dos funcionários com a empresa, o que é essencial para sua sobrevivência em meio à mudança. A coesão e a integração se fazem graças a promoções internas sistematicamente atribuídas às pessoas da casa em decorrência do recrutamento interno. Cada nova geração de gerentes e funcionários representa um novo elo da longa corrente. A prioridade máxima e principal preocupação da Administração é a saúde da instituição como um todo. São organizações nas quais vale a pena trabalhar e investir de maneira maciça.

3. **Organizações longevas são tolerantes**: evitam qualquer controle centralizado sobre o comportamento das pessoas e não coíbem tentativas de diversificar ou modificar a empresa. São tolerantes com as atividades que se desenvolvem à margem dos negócios, como experiências, atividades paralelas, novos ensaios e excentricidades dentro dos limites de uma organização coesa. São organizações que estão sempre ampliando suas possibilidades e abrindo novos horizontes para o futuro. A criatividade e a inovação estão na base disso tudo.

4. **Organizações longevas são conservadoras nas finanças**: são frugais e não arriscam gratuitamente seu capital. O fato de ter dinheiro na mão lhes dá maior flexibilidade e independência de ação, permitindo buscar opções que os concorrentes não são capazes de obter em função de seus compromissos programados. Essa autonomia financeira lhes dá segurança, liberdade e estabilidade.

De Geus argumenta que a capacidade de proporcionar retorno de investimento aos acionistas parece não ter nada a ver com a longevidade organizacional. A rentabilidade de uma empresa é um sintoma de saúde corporativa, mas não é um indicador ou um determinante da saúde corporativa. É claro que a Administração precisa ter todos os dados contábeis à mão, mas esses números, embora exatos, apenas descrevem o passado e não asseguram o futuro. A longevidade também não parece estar relacionada com o patrimônio material, com o setor de atividades ou linha de produtos, nem com o país de origem da organização. A expectativa de vida empresarial ocorre em qualquer país e nos mais variados setores – da manufatura e varejo até serviços financeiros, agricultura ou energia –, desde que os quatro fatores anteriormente citados estejam presentes.

Aumente seus conhecimentos sobre **Empresas vivas** na seção *Saiba mais* CO 3.2

Dentro dessa visão, a Administração das Organizações é fundamental para a sobrevivência e o sucesso da organização em um mundo caracterizado por mudanças aceleradas e incrível competitividade. A Administração – tal qual a conhecemos hoje – é um produto típico do século 20. As várias teorias e práticas administrativas que serão apresentadas a seguir constituem os figurinos utilizados em determinados períodos do século passado para responder às necessidades e pressões típicas de cada época. São as abordagens preconizadas para resolver problemas e desafios organizacionais específicos que foram surgindo com o passar do tempo. Nesse sentido, embora sejam enfoques de diferentes períodos, não se pode dizer que são teorias ultrapassadas ou obsoletas. Todas elas têm sua aplicação nos dias de hoje e, provavelmente, nos dias de amanhã. O importante é saber como, quando e por que utilizá-las.

SAIBA MAIS — **Sobre as empresas mais admiradas do mundo**

Anualmente, a revista *Fortune*, em parceria com o Hay Group, entrevista cerca de 10 mil executivos, dirigentes de empresas a analistas de mercado, com base em oito atributos básicos de reputação, para eleger as empresas mais admiradas do mundo. Os oito atributos de reputação são:

1. Responsabilidade social da empresa.
2. Valor dos investimentos realizados a longo prazo.
3. Talentos humanos.
4. Qualidade dos produtos e serviços.
5. Inovação.
6. Uso dos ativos corporativos.
7. Solidez financeira.
8. Qualidade da administração da empresa.

VOLTANDO AO CASO INTRODUTÓRIO
Plug-On

Pedro Menendez sabe que não basta apenas pensar no lucro imediato; deve-se pensar também na continuidade da companhia, em um contexto extremamente mutável de negócios, e, principalmente, na preparação contínua e intensiva de seus colaboradores – nome pelos quais seus empregados são chamados –, pois é graças a eles que a companhia pode crescer, progredir, mudar e inovar. Pedro acha que as pessoas não são recursos humanos, mas parceiros e colaboradores do negócio. No entanto, Menendez precisa de ideias, de conceitos, de experiências alheias para poder aprender e ajudar sua empresa a trilhar pelo sucesso. Como conseguir obtê-los e aprendê-los com a rapidez necessária para não "perder o bonde"?

3.2 TEORIAS ADMINISTRATIVAS

As teorias e práticas administrativas que levaram ao CO atual começaram a surgir a partir do final do século 19 e em todo o decorrer do século 20, quando surgiram as grandes organizações, e sua crescente complexidade trouxe complicações e desafios inesperados.[5]

Tudo começou com a Revolução Industrial, que substituiu a Era da Agricultura pela Era Industrial no período entre o final do século 18 e todo o decorrer do século 19.

A aplicação da máquina a vapor nas pequenas oficinas da época criou novas formas de produção em massa que provocaram o surgimento das fábricas e das indústrias e tornaram rapidamente obsoletos os antigos métodos gerenciais da época. A maquinaria impulsionada pela energia do vapor proporcionou uma base de produção cada vez mais possante, com maior quantidade, melhor qualidade e menores custos, o que abriu caminho para a expansão de mercados graças aos preços mais baixos e à popularização dos produtos. Em decorrência disso, as antigas oficinas se transformaram gradativamente em fábricas que passaram a concentrar grandes contingentes de trabalhadores. Aos poucos, surgiu a Engenharia Industrial como resposta inicial à necessidade de inventar, desenvolver e melhorar o maquinário. Não demorou muito para que ela se voltasse para a melhoria dos métodos de trabalho, seleção e treinamento dos trabalhadores.

No início do século 20, alguns engenheiros passaram a se concentrar no desenvolvimento de teorias gerais da Administração.

3.3 PRIMEIRA ONDA: ÊNFASE NAS TAREFAS

As primeiras teorias a respeito das organizações assumiram, inicialmente, a forma de princípios de Administração destinados a indicar aos gerentes como administrar as empresas tendo por base as tarefas a serem executadas. Assim, surgiram as primeiras ideias sobre como administrar as organizações industriais a partir da racionalização do trabalho dos operários no chão da fábrica.

3.3.1 Administração Científica

A chamada Administração Científica é a pioneira nesse campo. Seu fundador, o engenheiro norte-americano Frederick Winslow Taylor (1856-1915), preocupou-se com a eliminação do desperdício e com o aumento da eficiência por meio da diferenciação entre os gerentes – que devem pensar e definir o método de trabalho – e os trabalhadores – que devem executar o método de trabalho definido pelo gerente, bem como a sistematização do trabalho de ambos. Taylor pretendia substituir a improvisação e o empirismo pela ciência para criar uma administração científica. Deu enorme impulso à Engenharia Industrial. Adam Smith[6] foi seu inspirador; e Henry Ford,[7] o empresário que revolucionou os processos industriais da sua época. Toda ênfase era colocada na tarefa, que era fragmentada de modo que cada operário pudesse executar um conjunto de movimentos repetitivos e cadenciados por meio de um método de trabalho, a fim de assegurar a padronização e garantir o máximo de eficiência nas operações. Era uma visão de baixo para cima com base na expectativa de que a máxima eficiência de todos os operários certamente conduziria a uma máxima eficiência da empresa. O estudo de tempos e movimentos, bem como o método de trabalho, passaram a ser os principais instrumentos de organização racional do trabalho nas empresas em busca da eficiência. Taylor fez uma espécie de reengenharia de métodos em sua época e se baseou em uma espécie de *benchmarking* interno entre os operários ao escolher o método mais adequado para cada tarefa.

A preocupação fundamental era a melhor maneira de executar as tarefas – o chamado *the best way*. Os princípios da Administração Científica, segundo Taylor, são:[8]

1. **Racionalizar as tarefas**, isto é, utilizar o método científico para determinar a melhor maneira de executar cada tarefa. O gerente deve projetar o método de trabalho para aumentar a eficiência em sua execução.
2. **Selecionar as pessoas** mais adequadas para a execução das tarefas. O gerente deve combinar as habilidades de cada operário com as demandas de cada trabalho.
3. **Treinar as pessoas** para executar o trabalho de acordo com o método estabelecido. O gerente deve ensinar cada operário no uso de métodos padronizados projetados para seu trabalho.
4. **Monitorar o desempenho do trabalho** para garantir que aquilo que foi planejado foi realmente executado.

A responsabilidade pela organização do trabalho é exclusiva dos gerentes. Estes devem pensar e planejar, enquanto os trabalhadores devem apenas executar as tarefas de acordo com os métodos definidos pelos gerentes. Competem aos gerentes a distribuição das tarefas entre os operários e a eliminação de interrupções, para mantê-los em um nível elevado de produção, protegendo-os das interferências indesejáveis no desempenho de seu trabalho. Daí a ênfase nas tarefas. As ideias de Taylor provocaram, em sua época, profundo impacto na administração no mundo todo, uma verdadeira revolução nas empresas, reduzindo drasticamente desperdícios e alcançando níveis elevados de eficiência nas fábricas.

As contribuições da Administração Científica ao CO são detalhadas no Quadro 3.1.

 SAIBA MAIS **Sobre a organização racional do trabalho**

Taylor teve inúmeros seguidores. O casal Frank Gilbreth (1868-1924) e Lílian Gilbreth (1878-1972) também se dedicou à busca da melhor maneira de executar um trabalho.[9] Seu foco estava no estudo de tempos e movimentos, uma metodologia em que cada trabalho é reduzido aos seus movimentos mais elementares e devidamente cronometrado para medir a eficiência do operário. Henry Gantt (1861-1919) desenvolveu um plano salarial de tarefa e gratificação que proporcionava o pagamento de um abono sobre o salário normal aos operários que completassem o trabalho no prazo estipulado.[10] Era a Engenharia Industrial aplicada ao trabalho humano. Na época, vigorava o conceito de *homo economicus*: a ideia de que as pessoas trabalham exclusivamente para ganhar recompensas salariais. A única maneira viável de incentivar as pessoas era por meio do salário. Uma terceira contribuição à Administração Científica foi a de Harrington Emerson (1853-1931), que aplicou uma lista de 12 princípios de Administração, envolvendo recomendações para a definição de objetivos claros, orientação aos operários, gestão com justiça e lisura, unificação de procedimentos, redução do desperdício e premiação aos trabalhadores eficientes.[11]

Quadro 3.1 Contribuições da Administração Científica ao CO

▪ Seleção científica do pessoal	▪ Engenharia Industrial
▪ Treinamento	▪ Eficiência
▪ Estudo de tempos e movimentos	▪ Racionalização do trabalho
▪ Método de trabalho – *the best way*	▪ Princípios de Administração
▪ Salário por produção e incentivos salariais	▪ Especialização do operário
▪ Condições físicas e ambientais de trabalho	▪ Linha de montagem industrial
▪ Planejamento e controle da produção	▪ Estudo da fadiga humana
▪ Conceito de *homo economicus*	▪ Recompensas salariais

A Administração Científica foi o primeiro passo para a formação da atual Teoria Administrativa e tem todos os defeitos de uma abordagem pioneira. Ela começou pequena e de baixo para cima – dos operários para os supervisores –, do particular para o geral – do trabalho individual de cada operário – e dentro de uma visão internalizada para dentro da fábrica. Sem dúvida, uma visão paroquial e detalhista da atividade organizacional. No entanto, foi o começo. A partir daí, a Teoria Administrativa começou a disparar continuamente até chegar aos conceitos atuais e modernos.

Aumente seus conhecimentos sobre **O apóstolo da produção em massa** na seção *Saiba mais* CO 3.3

3.4 SEGUNDA ONDA: ÊNFASE NA ESTRUTURA ORGANIZACIONAL

Enquanto a Administração Científica de Taylor se concentrava nas tarefas e na redução dos custos das atividades produtivas, na Europa, um grupo desenvolvia princípios de Administração relacionados à estruturação das organizações, a chamada Teoria Clássica da Administração. Enquanto a abordagem norte-americana se baseava no trabalho individual de cada operário, a abordagem europeia se baseada na organização como uma totalidade. A primeira tinha como foco o nível operacional – no qual as tarefas são executadas – e de baixo para cima, enquanto a segunda tinha como foco a empresa em seu conjunto – e de cima para baixo. A segunda onda – ênfase na estrutura organizacional – é constituída de quatro movimentos separados, a saber: Teoria Clássica, Modelo Burocrático, Teoria Estruturalista e Teoria Neoclássica.

3.4.1 Teoria Clássica da Administração

O engenheiro francês Henri Fayol (1841-1925) buscava na mesma época a divisão do trabalho organizacional, não na base inferior da organização, como o fazia Taylor, mas em seu topo. A empresa deveria ser dividida em seis funções básicas: produção, finanças, contabilidade, vendas, pessoal e segurança.

Para Fayol, administrar é prever, organizar, comandar, coordenar e controlar. Isso envolve, respectivamente, a previsão das atividades futuras, a organização dos recursos da empresa para permitir a implementação dos planos, a coordenação e o comando da mão de obra na direção dessa implementação, e controle pela comparação entre os objetivos planejados e os resultados obtidos.[12] Fayol adotava princípios gerais e universais de Administração e enfatizava que todas as organizações deveriam ser organizadas de uma única e melhor maneira para alcançar eficiência. Seus 14 princípios gerais de Administração estão apresentados no Quadro 3.2.

Fayol apregoava a adoção de princípios gerais de Administração, por meio dos quais os gerentes tomassem suas decisões sobre como alcançar a máxima eficiência possível. Seguidores de Fayol, como Gulick e Urwick,[13] elaboraram seus princípios gerais e universais de Administração para a homogeneização das tarefas, abrindo o caminho da departamentalização na estrutura organizacional. A partir daí, a maior parte das grandes empresas passou a ser segmentada de maneira funcional, em departamentos de manufatura, vendas, finanças etc. A grande virada aconteceu na General Motors, em 1921, quando o novo presidente, Alfred Sloan Jr.,[14] contrariando os princípios clássicos, impôs um programa de descentralização da empresa e de profissionalização de seus executivos. A ideia de Sloan era descentralizar operações e centralizar controles. Em poucos anos, Sloan tornou a GM a maior empresa do mundo.

Na esteira do trabalho de Fayol, o norte-americano James Mooney (1884-1957) criou também seus próprios princípios de Administração:[15]

1. **Princípio da coordenação**: para destacar a importância de se organizar as tarefas e a função de uma empresa em uma totalidade coordenada. Coordenação é a ordenação sistemática do esforço do grupo para garantir unidade de ação na realização de uma missão comum.

2. **Princípio escalar**: para identificar a importância das cadeias escalares ou hierárquicas de superiores e subordinados como meio para integrar o trabalho de diferentes funcionários.

3. **Princípio funcional**: para acentuar a importância de divisões funcionais, como produção, finanças, contabilidade e comercialização. Como o trabalho em cada área funcional é diferente e, ao mesmo tempo, articulado ao trabalho de outras áreas, o sucesso da empresa requer coordenação e laços hierárquicos entre suas diferentes áreas funcionais.

O Quadro 3.3 mostra as contribuições da Teoria Clássica ao CO.

A Teoria Clássica da Administração foi o segundo passo para a formação da Teoria Administrativa atual. Ela se caracteriza pelo aspecto prescritivo e normativo – ênfase em princípios e em regras para administrar – e pelo modelo de sistema fechado – a empresa é visualizada apenas internamente, sem nenhuma preocupação com seu contexto externo.

Quadro 3.2 Os 14 princípios de Fayol[16]

Princípio	Descrição
1. Divisão do trabalho	O trabalho de uma empresa deve ser dividido em tarefas especializadas e simplificadas. A combinação entre exigências da tarefa e habilidades e aptidões dos trabalhadores melhora a produtividade. O gerenciamento do trabalho deve ser separado de sua execução.
2. Autoridade	A autoridade é o direito de dar ordens, e a responsabilidade é aceitar as consequências do uso da autoridade. Autoridade e responsabilidade devem ser equilibradas entre si.
3. Disciplina	Disciplina é a realização de uma tarefa com obediência e dedicação. Somente pode ser obtida quando gerentes e subordinados concordam a respeito das tarefas específicas que ambos executarão.
4. Unidade de comando	Cada pessoa deve receber ordens de apenas um superior hierárquico.
5. Unidade de direção	Cada grupo de atividades dirigido para o mesmo objetivo deve ter apenas um gerente e um plano.
6. Interesse geral	O interesse dos indivíduos e os da organização devem ser tratados com igual respeito. Não se pode permitir que um suplante o outro.
7. Remuneração	O pagamento recebido pelos funcionários deve ser justo e satisfatório, tanto para eles quanto para a empresa. O pagamento deve ser proporcional ao desempenho pessoal.
8. Centralização	Significa o grau de retenção de autoridade pelos gerentes. Deve ser utilizada quando os gerentes precisam de maior controle.
9. Cadeia escalar	Refere-se à linha hierárquica que se estende do gerente mais alto até o subordinado mais inferior hierarquicamente. A linha de autoridade acompanha essa cadeia e é a rota mais adequada para as comunicações.
10. Ordem	Tudo em seu devido lugar. A ordem deve ser incutida para reduzir o desperdício de materiais e de esforços.
11. Equidade	Significa a aplicação de regras, no sentido de obter conformidade, respeito e justiça. A equidade deve ser garantida pela Administração, pois aumenta a lealdade, a devoção e a satisfação dos trabalhadores.
12. Estabilidade	Os trabalhadores corretamente selecionados devem ter tempo suficiente para aprender e se adaptar aos seus cargos. A falta de estabilidade no cargo pode prejudicar o desempenho da organização.
13. Iniciativa	As pessoas devem ter a oportunidade de pensar por si mesmas, pois isso melhora a circulação das ideias e das informações.
14. Espírito de equipe	Os gerentes devem harmonizar os interesses das pessoas e incutir a vontade de trabalhar em conjunto para alcançar objetivos comuns.

Quadro 3.3 Contribuições da Teoria Clássica ao CO

■ Conceito de organização e administração	■ Estrutura organizacional linear
■ Conceito de funções da empresa	■ Eficiência organizacional
■ Princípios Gerais de Administração	■ Coordenação
■ Departamentalização e segmentação	■ Centralização das decisões
■ Hierarquia	■ Responsabilidade
■ Autoridade	■ Conceito de linha e *staff*

3.4.2 Modelo burocrático

Com o mundo em gradativa mudança, as organizações bem-sucedidas passaram a apresentar um crescimento de tal envergadura que os princípios clássicos já não conseguiam acompanhar. A divulgação dos escritos de Max Weber (1863-1920)[17] em língua inglesa, em meados da década de 1940, trouxe como consequência imediata um movimento que culminou com o aparecimento da Teoria da Burocracia como uma resposta teórica ao problema das organizações grandes e complexas. Weber descreveu minuciosamente o modelo burocrático de organização que, na sua época, estava se consolidando fortemente no mundo todo. Weber mostrava as principais características das grandes corporações. Dava-lhes o nome de burocracia: o governo do funcionário.

Aumente seus conhecimentos sobre **A burocracia** na seção *Saiba mais* CO 3.4

Weber notou que, a partir de certo tamanho e complexidade, as grandes organizações governamentais e multinacionais passaram a adotar a estrutura burocrática como forma de organização interna, que passou a predominar ao longo de todo o século.[18] O modelo burocrático tem como foco tanto a diferenciação – divisão do trabalho e especialização das tarefas – quanto a integração – por meio da hierarquia de autoridade e da utilização de regras e regulamentos escritos – necessárias para uma organização funcionar adequadamente.

À medida que as organizações crescem, fatalmente passam a adotar o modelo burocrático, na falta de outra alternativa melhor para integrar seus recursos, efetivar suas operações e ordenar seu funcionamento. Embora a burocracia tenha sérias limitações e restrições em consequência de sua rigidez e inflexibilidade, ela ainda constitui, segundo muitos autores,[19] a forma menos ruim de organizar os grandes negócios.

Para Weber, as principais características do modelo burocrático são as seguintes:[20]

1. **Divisão do trabalho**: a tarefa organizacional é dividida e fragmentada em cargos especializados.
2. **Hierarquia**: as relações de autoridade e responsabilidade são claramente definidas. Prevalece o princípio da unidade de comando, isto é, cada chefe tem total autoridade sobre seus subordinados.
3. **Regras e regulamentos**: a organização define critérios e regras para o comportamento das pessoas em suas tarefas.
4. **Formalização das comunicações**: todas as comunicações devem ser feitas por escrito e devidamente documentadas.
5. **Competência técnica**: as pessoas são selecionadas e promovidas de acordo com seu mérito profissional, seja por meio dos testes e dos concursos de seleção, seja por meio da avaliação de seu desempenho.
6. **Procedimentos técnicos**: a organização se baseia em cargos, e não em pessoas. Os cargos são desempenhados por meio de rotinas e procedimentos técnicos previamente estabelecidos.

Percebeu-se, posteriormente, que essas seis características podiam ser encontradas em maior ou menor grau nas organizações complexas, determinando diferentes graus de burocratização.[21]

Essas características são denominadas **dimensões da burocracia**. Com essas dimensões, o modelo burocrático procura impor a ordem, a disciplina e a padronização para lidar com seus membros individuais – que trazem imprevistos e desvios pelas suas diferenças individuais – e conseguir a previsibilidade do comportamento da organização. Essas dimensões se assentam na racionalidade do modelo, que é o alcance da máxima eficiência possível. Como mostra a Figura 3.1, a ausência ou escassez das dimensões traz desordem e confusão, desperdício e caos, enquanto o excesso das dimensões conduz à rigidez e ao mecanicismo do comportamento organizacional.

Todavia, a burocracia está sujeita a certas anomalias de comportamento que comprometem a eficiência da organização. São as chamadas disfunções da burocracia. A necessidade de controlar as pessoas e o funcionamento da organização pode provocar tanto as consequências previstas por Weber – as dimensões da burocracia – quanto consequências não previstas – as disfunções da burocracia. As disfunções são distorções doentias ou anomalias de comportamento que conduzem à ineficiência tão comum em muitas empresas burocratizadas: os meios transformam-se em fins, os participantes enfatizam cada uma das dimensões e se esquecem dos resultados e, principalmente, do objetivo maior da organização, que é o cliente que está fora dela.[22]

O modelo burocrático de Weber é descrito na Figura 3.2.

As disfunções da burocracia são as seguintes:[23]

1. **Exagerado apego aos regulamentos**: as normas da organização – como horário ou ponto, assiduidade, tempo de casa – passam a adquirir um valor próprio e importante, independentemente dos objetivos da

Figura 3.1 Graus de burocratização das organizações.[24]

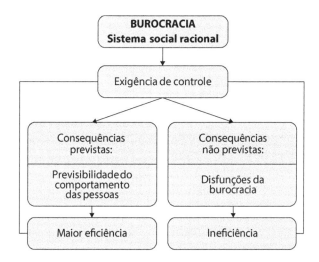

Figura 3.2 Modelo burocrático de Weber.[25]

organização, e passam a substituí-los de maneira gradativa. Passam de meios a fins, e o funcionário adquire viseiras e vive em função delas.

2. **Excesso de formalismo**: tudo na burocracia deve ser formalizado por escrito. As regras, as decisões e as ações devem ser registradas e documentadas por escrito. Nada é aceito verbalmente; daí o caráter formal da burocracia. As comunicações feitas constantemente são substituídas por formulários e rotinas para preenchê-los adequadamente. Por isso a necessidade de órgãos, como organização e métodos, para criar documentos e formulários padronizados, e para rotinizar seu preenchimento.

3. **Excesso de papelório**: talvez seja a disfunção mais conhecida da burocracia. Como todas as ações e os procedimentos são feitos para proporcionar comprovação e documentação que envolvem vários participantes, surge a duplicação de documentos, as cópias para terceiros e o excesso de papelório.

4. **Resistência às mudanças**: como tudo dentro da burocracia é rotinizado, padronizado, previsto com antecipação, o funcionário se acostuma a uma total previsibilidade e repetição daquilo que faz, o que passa a lhe proporcionar uma total segurança a respeito de seu futuro na burocracia. Torna-se um simples

executor das rotinas e dos procedimentos, e não precisa pensar de maneira própria e pessoal. Assim, quando surge alguma possibilidade de mudança dentro da organização, certamente essa mudança passa a ser interpretada pelo funcionário como algo que ele desconhece e, portanto, algo que pode trazer perigo à sua estabilidade e segurança. Com isso, a mudança passa a ser indesejável, e, na medida do possível, o funcionário passa a resistir a qualquer tipo de mudança que se queira implantar na organização.

5. **Despersonalização do relacionamento humano**: uma das características da organização burocrática é que ela se baseia em cargos. Os cargos são permanentes e seus ocupantes se revezam neles com o tempo. A burocracia enfatiza os cargos, e não as pessoas que os ocupam. As relações dentro da burocracia não são entre pessoas, mas entre ocupantes de cargos. Os funcionários conhecem os colegas não pelos seus nomes pessoais, mas pelos títulos dos cargos que ocupam – daí a despersonalização gradativa do relacionamento entre os funcionários da burocracia.

6. **Categorização do relacionamento**: a burocracia se assenta em uma rígida hierarquização da autoridade. Quem toma decisões em qualquer situação será aquele que possui a mais elevada categoria hierárquica, independentemente do seu conhecimento sobre o assunto. Quem decide é o que ocupa o posto hierárquico mais alto, mesmo que nada saiba a respeito do problema a ser resolvido. Como as decisões burocráticas são rotineiras, são documentadas com a assinatura dos tomadores de decisão nos documentos e formulários.

7. **Superconformidade às rotinas e aos procedimentos**: a burocracia baseia-se em rotinas e procedimentos, como meio de garantir que as pessoas façam exatamente aquilo que delas se espera. A burocracia exige devoção estrita às normas e aos procedimentos, o que os transforma em coisas absolutas e sagradas para o funcionário. Daí a rigidez do comportamento do burocrata: o funcionário passa a fazer o estritamente contido nas normas, nas regras, nos regulamentos, nas rotinas e nos procedimentos impostos pela organização. Esta perde sua flexibilidade, pois o funcionário restringe-se ao desempenho mínimo. Perde sua iniciativa, sua criatividade e sua inovação.

8. **Exibição de sinais de autoridade**: como a burocracia enfatiza a hierarquia de autoridade, torna-se necessário um sistema capaz de indicar e sinalizar, aos olhos de todos, aqueles que detêm o poder. Daí surge a tendência à utilização intensiva de símbolos e sinais de *status* para demonstrar a posição hierárquica dos funcionários. O tamanho da sala ou da mesa, o carpete, o banheiro, o local do refeitório, o estacionamento, os benefícios mais refinados são sinais indicadores que identificam os principais chefes da organização.

9. **Dificuldades com clientes**: o burocrata está completamente voltado para dentro da organização, para suas normas e regulamentos, para suas rotinas e procedimentos, para seu superior hierárquico – que é seu único cliente e que avalia seu desempenho. Sua atuação interiorizada para a organização geralmente o leva a criar conflitos com clientes da organização. Todos os clientes são atendidos de forma padronizada e impessoal, de acordo com os regulamentos e rotinas internos, fazendo com que o público se irrite com a pouca atenção e descaso em relação a seus problemas e necessidades particulares e pessoais.

Com essas disfunções, a eficiência "vai para o espaço". A organização torna-se demorada, lenta, preguiçosa, rotineira, desarticulada, retrógrada, e assim por diante.

Como nas teorias anteriores, predominava na Teoria da Burocracia a lógica do sistema fechado: cada empresa constituía o universo absoluto e total da Teoria Administrativa e sua dinâmica estava intimamente relacionada com as relações determinísticas de causa e efeito. Era ainda a chamada "teoria da máquina", que predominava nos figurinos administrativos. Como nas teorias anteriores, o modelo estava desenhado para dentro e para sempre, para a permanência e para a estabilidade, sonho que o mundo iria jogar por terra nas décadas seguintes.

No Quadro 3.4, são elencadas as contribuições da Teoria da Burocracia ao CO.

Quadro 3.4 Contribuições da Teoria da Burocracia ao CO

▪ Tipos de sociedade	▪ Dilemas da burocracia
▪ Tipos de autoridade	▪ Disfunções da burocracia
▪ Características do modelo burocrático	▪ Graus de burocratização
▪ Racionalidade burocrática	▪ Abordagem descritiva e explicativa
▪ Autoridade burocrática	▪ Hierarquia administrativa

3.4.3 Teoria Estruturalista da Administração

Por volta da década de 1950, a Teoria Estruturalista – baseada na sociologia organizacional – começou a agitar os meios acadêmicos e empresariais e a questionar o modelo racional de organização – o modelo burocrático –, e, pela primeira vez, a olhar para fora e transpor as fronteiras da organização. Percebeu-se que vivíamos em uma sociedade de organizações e que existia uma interdependência da organização com as demais que constituem seu ambiente externo. Os horizontes da Teoria Administrativa começaram a se ampliar e a se projetar para fora da organização. Deixava-se de lado o catecismo prescritivo e normativo e se partia para uma visão explicativa e descritiva das organizações e de sua administração, com um cunho marcadamente crítico. Pela primeira vez, havia uma tendência integradora de juntar teorias aparentemente contraditórias – como a Teoria Clássica e a Escola das Relações Humanas e seus respectivos conceitos – para uma abordagem mais ampla.[26]

As contribuições da Teoria Estruturalista ao CO são apresentadas no Quadro 3.5.

Quadro 3.5 Contribuições da Teoria Estruturalista ao CO

■ Conceito de sociedade de organizações	■ Modelo racional de organização
■ Análise organizacional mais ampla	■ Modelo natural de organização
■ Recompensas materiais e sociais	■ Níveis organizacionais
■ Conceito de homem organizacional	■ Diversidade organizacional
■ Tipologias de organizações	■ Objetivos organizacionais
■ Interdependência organizacional	■ Conjunto organizacional
■ Conflitos organizacionais	■ Sátiras à organização burocrática

3.4.4 Teoria Neoclássica da Administração

Até aqui, a Teoria Administrativa ensinava as regras e os princípios universais sobre como lidar com a certeza e com a previsibilidade. A grande mudança começou a aparecer a partir da década de 1950, quando surgiu a Teoria Neoclássica da Administração, uma reafirmação dos princípios clássicos devidamente atualizados e redimensionados para sua época, mas sem ser exageradamente prescritiva e normativa. É também denominada Escola do Processo Administrativo, pelo fato de conceituar a Administração das organizações como um processo cíclico e contínuo que comporta quatro funções administrativas:

1. **Planejamento**: fase do processo administrativo que estabelece os objetivos a serem alcançados e identifica as ações necessárias para atingi-los. O estabelecimento de objetivos é feito de maneira integrada e denominada **visão de futuro da organização**.
2. **Organização**: fase do processo administrativo que define a divisão do trabalho organizacional a ser feito, por meio de tarefas de órgãos ou cargos (diferenciação), e que cuida da coordenação (integração) dos esforços para garantir o alcance do propósito desejado.
3. **Direção**: fase do processo administrativo que coordena e converge os esforços de todas as pessoas para garantir que elas desempenhem suas tarefas para alcançar os objetivos organizacionais com sucesso. Alguns autores tratam essa função como liderança na organização.
4. **Controle**: fase do processo administrativo que monitora o desempenho, comparando os resultados com os objetivos propostos e assumindo ações corretivas, quando necessárias.

Assim, em todos os níveis da organização – seja na presidência, na direção, na gerência ou na supervisão –, o trabalho do administrador consiste em planejar, organizar, dirigir e controlar os recursos no sentido de alcançar objetivos e resultados para a organização, conforme mostra a Figura 3.3. Na verdade, o administrador alcança tais objetivos e resultados não pelo seu trabalho individual, mas por meio do trabalho conjugado e coordenado das pessoas que trabalham sob sua direção.

Cada organização é considerada simultaneamente sob os pontos de vista da eficiência e da eficácia. Eficiência é uma medida de utilização dos recursos disponíveis; é uma relação entre custos e benefícios, entre entradas e saídas. A eficiência preocupa-se com os meios, com os métodos e os procedimentos mais indicados que precisam ser devidamente planejados e organizados, a fim de assegurar a otimização da utilização dos recursos disponíveis.

Já a eficácia é uma medida de alcance de resultados. Mede o sucesso da organização no atingimento de seus objetivos. Em termos econômicos, a eficácia de uma organização se refere à sua capacidade de satisfazer uma necessidade da sociedade por meio do fornecimento de seus produtos (bens ou serviços). A eficácia está voltada para o alcance dos objetivos visados. À medida que o

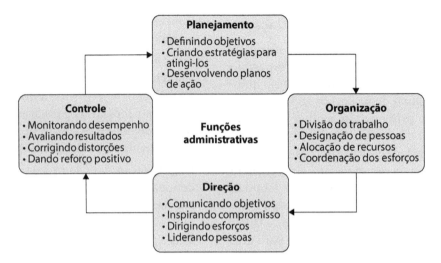

Figura 3.3 As quatro funções administrativas.[27]

administrador se preocupa em fazer corretamente as coisas, ele estará se voltando para a eficiência – melhor utilização dos recursos disponíveis. Porém, quando ele se preocupa em alcançar objetivos, estará se voltando para a eficácia.

No Quadro 3.6, são apresentadas as diferenças entre eficiência e eficácia.

Quadro 3.6 Diferenças entre eficiência e eficácia

Eficiência	Eficácia
Ênfase nos meios	Ênfase nos resultados
Fazer corretamente as coisas	Fazer as coisas certas
Resolver problemas	Alcançar objetivos
Salvaguardar recursos	Otimizar a utilização dos recursos
Cumprir tarefas e obrigações	Obter resultados
Treinar sempre os subordinados	Subordinados que atingem metas
Manter as máquinas em funcionamento	Produzir com as máquinas
Jogar futebol com arte	Ganhar a partida
Rezar com fervor	Alcançar o céu

Embora paradoxal, essa dupla orientação simultânea – eficiência e eficácia – constitui fator de sucesso para as organizações, do ponto de vista neoclássico, conforme mostrado no Quadro 3.7.

Quadro 3.7 Contribuições da Teoria Neoclássica ao CO

■ Princípios gerais de Administração	■ Amplitude administrativa
■ Abordagem eclética da organização	■ Centralização × descentralização
■ Administração como técnica social	■ Funções do administrador
■ Balanço entre eficiência e eficácia	■ Processo administrativo
■ Divisão do trabalho organizacional	■ Autoridade e poder
■ Especialização	■ Tipos de organização
■ Hierarquia	■ Tipos de departamentalização
■ Administração por Objetivos (APO)	

A Teoria Neoclássica trouxe também a chamada Administração por Objetivos (APO).[28] A ideia era enfatizar não os meios ou métodos, mas os objetivos a serem alcançados pela organização. A APO significou uma revolução dentro das empresas: a ênfase nos fins e nos objetivos, e não mais nos meios e nos métodos de trabalho.

 VOLTANDO AO CASO INTRODUTÓRIO
Plug-On

Ao estudar a Teoria da Administração em seus primórdios, Pedro Menendez aprendeu sobre eficiência e eficácia, produtividade, eliminação de desperdícios, estrutura organizacional, departamentalização e outros conceitos importantes relacionados a tarefa e estrutura. Tudo isso pode ajudá-lo a organizar melhor a Plug-On e obter resultados melhores com os recursos atualmente disponíveis. Porém, Menendez acredita que todos esses conceitos apenas tornam melhor a empresa naquilo que ela já tem. Para ele, há um mecanicismo típico de sistemas fechados em todos esses conceitos. O que você acha?

3.5 TERCEIRA ONDA: ÊNFASE NAS PESSOAS

A ênfase nas pessoas veio mudar radicalmente a Teoria Administrativa. Os seguidores da Administração Científica e da Teoria Clássica não se preocuparam em testar suas ideias por meio de pesquisas científicas, nem se preocuparam com as pessoas e suas diferenças individuais. Essa omissão foi corrigida na década de 1920, quando alguns pesquisadores começaram a utilizar métodos científicos para avaliar a teoria na prática e o papel dos grupos sociais na eficiência das organizações.

3.5.1 Escola das Relações Humanas

A pesquisa de Hawthorne começou em 1924 na fábrica da Western Electric, em Hawthorne, nas proximidades de Chicago, Illinois. Foi uma das primeiras tentativas de utilizar técnicas científicas para examinar o comportamento humano no trabalho.[29] A pesquisa foi desenvolvida em três etapas e avaliou os efeitos de várias condições físicas e práticas gerenciais sobre a eficiência no local de trabalho. O Quadro 3.8 dá uma ideia geral das três etapas da experiência de Hawthorne.

Apesar das evidentes debilidades nos métodos e nas técnicas adotados, a experiência de Hawthorne mostrou que mudanças no pagamento de incentivos salariais, nas tarefas executadas, nos períodos de descanso e no horário de trabalho provocavam melhorias de produtividade que foram inicialmente atribuídas aos efeitos do fator humano.[30] Além disso, os estudos de Hawthorne levantaram dúvidas a respeito do enfoque da eficiência e dos princípios de Administração até então utilizados. Mais do que isso, a experiência provocou o surgimento da chamada **abordagem das relações humanas**, desviando a atenção do método de trabalho para o aumento da satisfação das pessoas no aumento da eficiência organizacional.[31] A Escola das Relações Humanas inaugurou a preocupação com os grupos informais e com assuntos relacionados a comunicação e motivação das pessoas. Suas principais conclusões são:[32]

- O trabalho é uma atividade tipicamente grupal e social.
- O operário não reage como indivíduo isolado, mas como membro de um grupo social.
- A tarefa básica da Administração é formar uma elite capaz de compreender e de comunicar, com chefes democráticos, persuasivos e simpáticos a todo o pessoal.
- O ser humano é motivado pela necessidade de estar junto, de ser reconhecido, de receber adequada comunicação. Daí o conceito de *homo* social em contraposição ao conceito de *homo economicus*, então vigente.
- A civilização industrializada traz como consequência a desintegração dos grupos primários da sociedade, como a família, os grupos informais e a religião.
- Os métodos organizacionais da época convergiam para a eficiência, e não para a cooperação humana – e muito menos para objetivos humanos –, o que promovia o conflito social na sociedade industrial. Daí a incompatibilidade entre os objetivos organizacionais da empresa e os objetivos individuais dos empregados.

Quadro 3.8 Resultados da experiência de Hawthorne

Experiência	Mudanças efetuadas	Resultados alcançados
1. Estudo de iluminação	Condições de iluminação do local de trabalho.	Aumento da produtividade em quase todos os níveis de luminosidade.
2. 1º teste de montagem de relês	Simplificação do trabalho, horário de trabalho mais curto, pausas para descanso, supervisão amistosa, pagamento de incentivos salariais.	Aumento da produtividade em 30%.
2º teste de montagem de relês	Novo pagamento de incentivos, horário de trabalho mais curto, mais pausas para descanso, supervisão mais amistosa.	Aumento da produtividade em 12% e novo aumento da produtividade em 15%.
3. Programa de entrevistas	Entrevistas com todos os funcionários para conhecer suas expectativas.	Descoberta da presença de normas informais de produtividade.

As contribuições da Teoria das Relações Humanas ao CO são resumidas no Quadro 3.9.

Quadro 3.9 Contribuições da Teoria das Relações Humanas ao CO

■ Comportamento social das pessoas	■ Importância do conteúdo do cargo
■ Grupos informais	■ Comunicação humana
■ Relações humanas no trabalho	■ Organização informal
■ Dinâmica de grupo	■ Processo de mudança
■ Primeiros estudos sobre motivação	■ Moral e clima organizacional
■ Primeiros estudos sobre liderança	■ Administração participativa

Contudo, a Teoria das Relações Humanas – embora mais democrática e participativa – ainda permanecia basicamente prescritiva e normativa, e, até certo ponto, parcialista e tendenciosa: como liderar e motivar as pessoas para alcançar os objetivos organizacionais.

3.5.2 Teoria Comportamental da Administração

Com o descrédito do movimento de relações humanas, em virtude de seu caráter eminentemente manipulativo, os psicólogos organizacionais passaram a adotar uma abordagem mais ampla e liberal com a chamada Teoria do Comportamento Administrativo. Era o *behaviorismo* dentro da Administração. Dentro de uma visão explicativa e descritiva, passaram a se preocupar com a organização e seus diferentes participantes e a desenvolver modelos de motivação, de liderança, de comunicação, de raciocínio e tomada de decisão à escolha do administrador, para que ele pudesse adequá-los às diferentes situações possíveis em que se encontrasse. A tônica principal passou a ser a busca da flexibilidade organizacional e a redução do conflito entre os objetivos organizacionais e os objetivos individuais dos participantes.[33]

A Teoria Comportamental é uma decorrência da Escola das Relações Humanas. Surgiu por volta da década de 1950 com a teoria das decisões,[34] mostrando que a organização é um sistema de decisões: as pessoas estão constantemente tomando decisões a respeito de sua participação e permanência na organização.

Mais adiante, Douglas McGregor (1906-1964)[35] despertou a atenção para o forte contraste filosófico entre a abordagem tradicional – da Administração Científica e dos princípios da Administração – e a abordagem das relações humanas. Empregou o termo *Teoria X*, para descrever as principais premissas sobre a natureza humana da abordagem tradicional, e o termo *Teoria Y*, para a abordagem das relações humanas.

A comparação entre premissas da Teoria X e da Teoria Y estão destacadas no Quadro 3.10.

Dentro dessas premissas, a tarefa dos gerentes se torna completamente diferente, como mostrado no Quadro 3.11.

Não tardou para que surgissem novas proposições sobre a motivação humana.

Maslow e Herzberg – que serão estudados adiante, no Capítulo 9 – desenvolveram teorias sobre motivação no trabalho. Aos poucos, a Teoria Comportamental mudou totalmente a configuração da Teoria Administrativa. Em vez de estrutura organizacional, departamentalização, métodos e processos, o enfoque passou para aspectos humanos e sociais, como liderança, comunicação, motivação, grupos e equipes, cultura e clima organizacional.

As contribuições da Teoria Comportamental ao CO são apresentadas no Quadro 3.12.

Recentemente, embalado por esses novos conceitos, surgiu o movimento do Desenvolvimento Organizacional (DO), no sentido de criar e desenvolver modelos de mudança organizacional planejada para possibilitar a rápida adequação das empresas às dinâmicas demandas do mundo moderno.[36] O DO surgiu repentinamente graças ao trabalho de consultores organizacionais preocupados em definir modelos para alicerçar seus trabalhos de consultoria com base na abordagem comportamental.

VOLTANDO AO CASO INTRODUTÓRIO
Plug-On

Pedro Menendez percebeu que aspectos estruturais são importantes para sua empresa, a fim de garantir-lhe a plataforma básica para suas operações cotidianas. Contudo, como Diretor-presidente da Plug-On, Menendez sabe que precisa dar uma força às pessoas. Sabe que seu estilo de administração – bem como o de seus principais executivos – é fundamental para conduzir as pessoas para o caminho do sucesso de sua empresa. Tudo é uma questão de comportamento. Significa criar condições para a colaboração e a cooperação irrestritas das pessoas que trabalham consigo. Como fazê-lo?

Quadro 3.10 Premissas da Teoria X e da Teoria Y[37]

Teoria X	Teoria Y
1. As pessoas normais têm aversão inerente ao trabalho e o evitarão sempre que isso for possível.	1. Despender esforço físico e mental no trabalho é tão natural quanto o lazer e o repouso. As pessoas médias não são inerentemente avessas ao trabalho.
2. Por detestar o trabalho, a maioria das pessoas precisa ser coagida, controlada, dirigida ou ameaçada de punição para que se empenhe no alcance dos objetivos organizacionais.	2. O controle externo e a ameaça de punição são os únicos meios de dirigir o esforço para os objetivos organizacionais. As pessoas praticarão o autocontrole e o autocomando a serviço de objetivos com os quais se sentem envolvidas.
3. As pessoas médias preferem ser mandadas, desejam evitar a responsabilidade, possuem relativamente pouca ambição e, sobretudo, querem segurança e estabilidade.	3. A dedicação a objetivos é uma função das recompensas mais significativas – como a satisfação do ego e das necessidades de autorrealização – e pode ser resultado direto do esforço dirigido a objetivos organizacionais.
	4. A fuga à responsabilidade, a falta de ambição e a ênfase na segurança não são características humanas inerentes. A maioria das pessoas aprende a buscar e a aceitar a responsabilidade.
	5. Imaginação, inventividade, criatividade e capacidade para usar essas qualidades na solução dos problemas organizacionais são distribuídas entre as pessoas.

Quadro 3.11 Tarefa dos gerentes na Teoria X e na Teoria Y[38]

Teoria X	Teoria Y
1. Os gerentes são responsáveis pela organização dos elementos do empreendimento produtivo – como pessoal, dinheiro, matéria-prima, equipamento – unicamente no interesse da eficiência econômica.	1. Os gerentes são responsáveis pela organização dos elementos do empreendimento produtivo – como pessoal, dinheiro, matéria-prima, equipamento – no interesse dos fins econômicos.
2. A função do gerente é motivar os trabalhadores, direcionar seus esforços, controlar suas ações e modificar seu comportamento para atender às necessidades da organização.	2. Pelo fato de as pessoas serem motivadas pelo desempenho, possuírem potencial para o desenvolvimento, poderem assumir responsabilidades e estarem dispostas a trabalhar para alcançar metas organizacionais, os gerentes são responsáveis por capacitá-las a reconhecer e a desenvolver essas capacidades básicas.
3. Sem tal intervenção ativa dos gerentes, as pessoas ficariam passivas e resistentes às necessidades organizacionais. Os trabalhadores devem ser persuadidos, castigados, recompensados para o bem da empresa.	3. A tarefa essencial da Administração é organizar condições organizacionais e métodos de operação, de forma que trabalhar para realizar objetivos organizacionais também seja a melhor maneira de as pessoas alcançarem suas próprias metas.

Quadro 3.12 Contribuições da Teoria Comportamental ao CO

▪ Motivação	▪ Conceito de homem administrativo
▪ Estilos de administração	▪ Tipos de participante
▪ Sistemas de administração	▪ Conflitos organizacionais
▪ Conceito de organização	▪ Ênfase nas pessoas
▪ Processo decisório	▪ Grupos e equipes
▪ Comportamento organizacional	▪ Análise organizacional por meio do comportamento
▪ Administração participativa	▪ Desenvolvimento Organizacional (DO)
▪ Abordagem descritiva e explicativa	

3.6 QUARTA ONDA: ÊNFASE NO AMBIENTE

A ênfase no ambiente surgiu com a abordagem dos sistemas abertos nos anos de 1960. A organização é um sistema – um conjunto integrado de elementos inter-relacionados para alcançar determinados objetivos – em constante interação com seu ambiente externo. A partir daí, passou-se a considerar o ambiente externo – tudo o que envolve externamente uma organização – em contraposição ao ambiente interno – mais propriamente denominado **cultura organizacional**, que será discutido mais adiante. O passo fundamental para isso foi a inclusão da Teoria de Sistemas e o posterior surgimento da Teoria da Contingência na Teoria Administrativa.[39]

As primeiras noções a respeito do ambiente surgiram com Emery e Trist,[40] que desenvolveram a ideia de que o ambiente que circunda a organização é a origem dos recursos necessários e, ao mesmo tempo, o destino dos produtos acabados. Mais do que isso, o ambiente é fonte de oportunidades, bem como de ameaças e restrições. Dentro dessa concepção, a sobrevivência organizacional depende da percepção do ambiente externo e do ajustamento às suas demandas. Assim, conhecer o ambiente e suas demandas permite melhorar essa percepção e ajustamento. Cada organização responde de modo diferente às diferentes condições ambientais existentes. Essa ideia constitui a base dos principais modelos de comportamento macro-organizacional e sistêmico que serão apresentados a seguir.

O ambiente pode ser simples, quando composto de poucas partes constituintes, como fornecedores, clientes e concorrentes. É o caso de um posto de gasolina que atua em um contexto simples e fácil de conhecer. Solicita matéria-prima de um único distribuidor de combustível, comercializa quase que exclusivamente com clientes que querem comprar gasolina ou lubrificantes para seus carros e precisa estar atento às atividades competitivas de outros postos da redondeza. Contudo, o ambiente pode ser vasto e complexo. É o caso de fabricantes de automóveis – como Volkswagen, General Motors ou Ford – que incluem um enorme número de fornecedores, muitos tipos de clientes e inúmeros concorrentes nacionais e estrangeiros. Quando o ambiente é complexo, as organizações têm dificuldade em compreendê-lo e interpretá-lo adequadamente.[41]

3.6.1 Teoria de Sistemas

Pouco antes, nas décadas de 1950 e 1960, o biólogo Ludwig von Bertalanffy lançava as bases de uma Teoria Geral de Sistemas (TGS) para nortear a interação e o desenvolvimento ordenado das ciências.[42] Era a busca do globalismo no campo científico. Não tardou para que a TGS logo chegasse à Administração. O aporte da Teoria de Sistemas trouxe uma verdadeira revolução na Administração, deslocando a visão internalizada para uma visão mais ampla e abrangente. O ponto focal de estudo mudou radicalmente. De repente, a Teoria Administrativa tornou-se extrovertida no estudo das organizações. As fronteiras da organização foram ultrapassadas e o ambiente externo passou a ser considerado o condicionante básico do formato e do comportamento organizacional. Inverteu-se a vertente do estudo organizacional: em vez de estudar as organizações no seu interior, preferiu-se estudar as organizações de fora para dentro, isto é, partindo do ambiente para dentro delas; do elemento maior e condicionador rumo ao elemento menor e condicionado; da variável independente para a variável dependente. Afinal, o ambiente é constituído de outras organizações.

No Quadro 3.13, é apresentada a revolução da abordagem sistêmica.

Quadro 3.13 Revolução da abordagem sistêmica[43]

Abordagem tradicional	Abordagem sistêmica
Reducionismo: divisão do trabalho organizacional.	**Expansionismo:** visão global e holística.
Mecanicismo: relação linear de causa e efeito.	**Teleologia:** o sistema como entidade global e funcional, em busca de objetivos e finalidades.

Um **sistema** é um conjunto de elementos dinamicamente relacionados, formando uma atividade para atingir um objetivo, operando sobre dados/energia/matéria para fornecer informações/energia/matéria.[44] Os elementos constituem as partes ou órgãos que compõem o sistema e são denominados **subsistemas**. Os sistemas podem ser físicos ou concretos (*hardware*), ou podem ser abstratos e conceituais (*software*). Podem ser fechados (ou mecânicos e com relações conhecidas com o meio externo) ou abertos (em contínua interação com o ambiente que escapa da compreensão). Além disso, o sistema pode ser representado por modelos. **Modelo** é uma representação simplificada de um sistema ou de parte da realidade.

A principal contribuição da abordagem sistêmica ao CO é o conceito de organização como um sistema aberto em constante interação com seu ambiente, conforme apresentado na Figura 3.4.

Sociólogos e psicólogos do Instituto de Relações Humanas de Tavistock passaram a conceber a organização como um sistema sociotécnico que interage continuamente com o ambiente ao seu redor.[45] Toda organização é formada por dois subsistemas:

Capítulo 3 – As Organizações e sua Administração

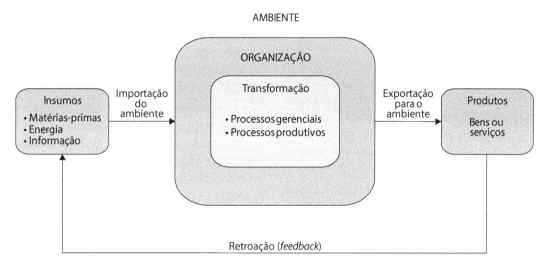

Figura 3.4 Organizações como sistemas abertos.

1. **Subsistema técnico**, que compreende as tarefas a serem desempenhadas, as instalações físicas, os equipamentos e os instrumentos utilizados, as exigências da tarefa, as utilidades e técnicas operacionais, o ambiente físico e a maneira como está disposto, bem como a duração da operação das tarefas. O subsistema técnico envolve a tecnologia, o território e o tempo. É o responsável pela eficiência potencial da organização.

2. **Subsistema social**, que compreende as pessoas, suas características físicas e psicológicas, as relações sociais entre as pessoas encarregadas da execução da tarefa, bem como as exigências de sua organização tanto formal quanto informal, na situação de trabalho. O subsistema social transforma a eficiência potencial em eficiência real.

Acima de ambos, o sistema administrativo cuida da gestão de toda a organização, e os três subsistemas se inter-relacionam e interagem entre si de maneira dinâmica, como mostra a Figura 3.5.

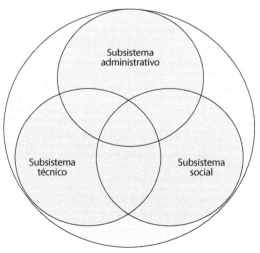

Figura 3.5 Sistema sociotécnico.

Aumente seus conhecimentos sobre **As organizações como sistemas sociais** na seção *Saiba mais* CO 3.5

A Teoria de Sistemas mostrou claramente o brutal confronto entre abordagens de sistema fechado – como a Teoria Clássica e o Modelo Burocrático – em contraposição com as abordagens de sistema aberto – como a Teoria da Contingência. De um lado, enfoques rígidos e mecanísticos, e, de outro lado, enfoques flexíveis e adaptáveis às circunstâncias ambientais.

A Teoria de Sistemas abriu as portas para novas abordagens em Administração e para uma visão mais ampla e abrangente das organizações.

As contribuições da Teoria de Sistemas ao CO são mostradas no Quadro 3.14.

Quadro 3.14 Contribuições da Teoria de Sistemas ao CO

■ Organização como sistema aberto	■ Processo Decisorial
■ Conceito de modelo organizacional	■ Pesquisa Operacional (PO)
■ Conceito de entrada, saída e processo	■ Tipos e parâmetros de sistemas
■ Conceito de caixa negra	■ Abordagem sociotécnica
■ Conceito de informação e retroação	■ Análise sistêmica das organizações
■ Conceito de homeostasia	■ Conceito de homem funcional
■ Introdução da automação e informática	■ Nova abordagem organizacional
■ Abordagem explicativa e descritiva	■ Conceito de ambiente

3.6.2 Teoria da Contingência

Em 1961, Burns e Stalker, dois sociólogos industriais ingleses, pesquisaram 20 indústrias para verificar a relação entre as práticas administrativas e o ambiente externo que as envolve.[46] Ficaram impressionados com os diferentes métodos e procedimentos administrativos encontrados e classificaram as indústrias pesquisadas em dois tipos: **organizações mecanísticas** e **organizações orgânicas**.

Concluíram que as organizações mecanísticas são apropriadas a condições ambientais estáveis e permanentes, enquanto as organizações orgânicas são mais adequadas a condições ambientais de mudança e inovação. Observe o Quadro 3.15.

Mais adiante, na década de 1970, Lawrence e Lorsch publicaram os resultados de sua pesquisa sobre o ambiente de organizações, provocando o surgimento da Teoria da Contingência.[47] Concluíram que as empresas utilizam dois mecanismos básicos de funcionamento: a diferenciação e a integração administrativas. A **diferenciação administrativa** refere-se à divisão da organização em subsistemas ou departamentos, cada qual desempenhando uma tarefa especializada em um contexto ambiental também especializado. Cada subsistema ou departamento tende a reagir unicamente àquela parte do ambiente que é relevante para sua tarefa especializada. À medida que os ambientes específicos diferirem quanto às demandas que fazem à organização, aparecerão diferenciações na estrutura e na abordagem utilizada pelos departamentos. Do ambiente geral emergem, assim, ambientes específicos, a cada qual correspondendo um subsistema ou departamento da organização.

A **integração administrativa** refere-se ao processo oposto, isto é, ao processo gerado por pressões vindas do ambiente geral da organização, no sentido de alcançar unidade de esforços e coordenação entre os vários subsistemas ou departamentos.

Assim, ambos os estados – diferenciação e integração – são opostos e antagônicos: quanto mais diferenciada é uma organização, mais difícil é a solução de pontos de vista conflitantes dos subsistemas ou departamentos e a obtenção de colaboração e integração efetiva. À medida que as organizações crescem de tamanho, diferenciam-se em partes, e o funcionamento dessas partes separadas tem de ser integrado para que o sistema inteiro seja viável. Contudo, as organizações que mais se aproximam das características de diferenciação e integração que são requeridas pelo ambiente serão as mais sujeitas ao sucesso do que aquelas que se afastam muito delas.[48] Portanto, para se entender uma organização, deve-se antes de tudo compreender o ambiente que a circunda e envolve.

A Figura 3.6 apresenta a percepção ambiental e a percepção da incerteza ambiental.

 **SAIBA MAIS** — **Sobre abordagem contingencial**

A abordagem contingencial é, basicamente, abrangente e integrativa, no sentido de manter o foco interno nas tarefas, nas pessoas e na estrutura organizacional. Ela passou também a incluir o foco no crescimento e na sobrevivência das organizações em um meio ambiente

Quadro 3.15 Características dos sistemas mecânicos e orgânicos[49]

Características	Sistemas mecânicos	Sistemas orgânicos
Estrutura organizacional	Burocrática, rígida, definitiva e permanente.	Flexível, adaptativa, mutável e transitória.
Autoridade	Baseada na hierarquia e no comando.	Baseada no conhecimento e na consulta recíproca.
Desenho de cargos	Definitivo e permanente. Cargos estáveis com ocupantes especialistas.	Provisório e mutável. Cargos são redefinidos constantemente com ocupantes polivalentes.
Processo decisório	Centralizado na cúpula da organização.	Descentralizado na base da organização.
Comunicações	Verticais e formais.	Horizontais e laterais.
Confiabilidade em	Regras e regulamentos formalizados por escrito e impostos pela organização.	Pessoas empreendedoras. As comunicações são informais e intensas.
Princípios predominantes	Típicos da Teoria Clássica.	Típicos da Teoria das Relações Humanas.
Ambiente favorável	Estável, imutável e permanente.	Instável, mutável e dinâmico.

Figura 3.6 Percepção ambiental e percepção da incerteza ambiental.[50]

crescentemente mutável. Além do mais, a Teoria da Contingência incumbiu-se da adaptação ambiental da Teoria Administrativa: tudo é relativo, tudo é contingente, nada é absoluto, e não existe uma única e exclusiva melhor maneira de administrar ou de organizar. Tudo depende das condições do contexto ambiental no qual as empresas vivem e operam. E as empresas – como sistemas abertos – são dependentes do meio ambiente, tanto para suas entradas quanto para suas saídas. As empresas bem-sucedidas são aquelas que aprendem a se adaptar às demandas ambientais, sabendo explorar as oportunidades e se esquivando das ameaças que provêm do ambiente que as circunda. As empresas que não aprendem a se adaptar a ele tendem a desaparecer, como se houvesse uma seleção natural das espécies organizacionais. Sabemos atualmente que a Teoria Evolucionista está sendo confrontada com a descoberta de drásticas e repentinas mudanças nas espécies como reação adaptativa ao meio ambiente. A evolução foi muito mais radical e descontínua do que pregava a doutrina darwiniana.

Contudo, voltando às organizações, sabemos também que o ambiente que as rodeia é vasto, difuso, complexo e imenso. Em decorrência disso, a percepção que dele têm as empresas é limitada, parcial e subjetiva. As empresas não conseguem apreender o ambiente em sua totalidade e em sua complexidade. Elas não têm condições para absorver todas as informações que provêm do ambiente. Seus órgãos sensoriais e seus mecanismos perceptivos são insuficientes para tal demanda. Ainda existe uma forte miopia por parte das empresas ao visualizar seu campo de ação e de manobra, bem como o mundo que existe ao seu redor. Os horizontes das empresas ainda são muito curtos e estreitos.

No Quadro 3.16, são resumidas as contribuições da Teoria da Contingência ao CO.

Quadro 3.16 Contribuições da Teoria da Contingência ao CO

Relatividade na Administração	Novos arranjos organizacionais
Conceito de organização	Desenho organizacional flexível
Sistemas mecânicos e orgânicos	Estrutura matricial
Conceito de ambiente	Organização por equipes
Tipologias de ambiente	Abordagens em redes
Ênfase na tecnologia	Conceito de homem complexo
Tipologias de tecnologia	Modelos contingenciais de motivação
Análise ambiental	Modelos contingenciais de liderança
Níveis organizacionais	Abordagem descritiva e explicativa
Mudança organizacional	Adaptabilidade ambiental

A Teoria da Contingência marca o mais recente estágio da Teoria Administrativa, que nos conduz a uma administração ampliada e sem fronteiras no tempo e no espaço. Ou seja, a uma visão voltada para o futuro e para o ambiente ao redor.

Uma visão geral sobre as principais teorias administrativas é apresentada no Quadro 3.17.

>
> **VOLTANDO AO CASO INTRODUTÓRIO**
> **Plug-On**
>
> Como Diretor-presidente da Plug-On, Pedro Menendez, no entanto, percebe que não pode ficar intraorientado e focado apenas nos aspectos interiores de sua empresa. Eles são importantes, mas não tão decisivos para o sucesso organizacional. É preciso olhar mais longe e para fora, a fim de poder compreender o ambiente de negócios de sua organização e aproveitar as oportunidades que surgem. O mais importante não é o que ocorre dentro de sua empresa, mas o relacionamento de sua empresa com o contexto ambiental mais amplo. O que você acha disso?

3.7 TEMPOS MODERNOS

Com o advento da Era da Informação, uma nova onda de mudanças passou a se sobrepor às características da Era Industrial. As mudanças e as transformações se tornam gradativamente mais rápidas, intensas e descontínuas. A descontinuidade significa que as mudanças não são mais lineares ou sequenciais, nem seguem uma relação entre causa e efeito, mas são totalmente diversas e alcançam patamares completamente diferentes do passado. A projeção do passado ou extrapolação do presente não funciona, uma vez que as mudanças não guardam nenhuma similaridade com o que se foi. Assim, a economia saudável é aquela que rompe o equilíbrio por meio da inovação tecnológica. Em vez de tentar otimizar o que já existe, a atitude produtiva é a de inovar por meio daquilo que Joseph Schumpeter chama de destruição criativa; destruir para criar algo inteiramente novo. Os ciclos em que o mundo viveu no passado foram todos determinados por atividades econômicas diferentes – como agricultura, indústria e, agora, informação.

Quadro 3.17 Principais teorias administrativas e seus enfoques[51]

Ênfase	Teorias administrativas	Principais abordagens
Nas tarefas	Administração Científica	Organização racional do trabalho
Na estrutura organizacional	Teoria Clássica	Organização formal Princípios Gerais da Administração
	Teoria da Burocracia	Organização formal burocrática Racionalidade organizacional
	Teoria Estruturalista	Múltipla abordagem: organização formal e informal Análise intra e extraorganizacional
	Teoria Neoclássica	Centralização × descentralização Funções do administrador Administração por Objetivos (APO)
Nas pessoas	Teoria das Relações Humanas	Organização informal Dinâmica de grupo Motivação, liderança e comunicação
	Teoria Comportamental	Teoria das decisões Estilos de administração Mudança organizacional planejada
No ambiente	Teoria de Sistemas	Conceito de sistema aberto
	Teoria da Contingência	Análise ambiental Relatividade na Administração

A Era da Informação trouxe mudança crescentemente veloz e profunda. A influência da Tecnologia da Informação (TI) – o casamento do computador com a televisão e as telecomunicações –, que invade a vida das organizações e das pessoas, está provocando profundas transformações. Além do mais, há soluções emergentes, como:

1. **Melhoria contínua**: técnica de mudança organizacional suave e contínua centrada nas atividades em grupo das pessoas. Visa à qualidade dos produtos e serviços dentro de programas a longo prazo que privilegiam a melhoria gradual e passo a passo por meio da intensiva colaboração e participação das pessoas. Trata-se de uma abordagem incremental e participativa para obter excelência na qualidade dos produtos e serviços a partir das pessoas.[52]
2. **Qualidade total**: enquanto a melhoria contínua é aplicável no nível operacional, a qualidade total estende o conceito de qualidade para toda a organização, abrangendo todos os níveis organizacionais, desde o pessoal de escritório e do chão da fábrica até a cúpula, em um envolvimento total. Como a melhoria contínua, a qualidade total é uma técnica incremental para se obter excelência em qualidade dos produtos e dos processos. O objetivo é fazer acréscimos de valor continuamente.[53]
3. **Reengenharia**: foi uma reação ao colossal abismo existente entre as mudanças ambientais velozes e intensas e a total inabilidade das organizações em ajustar-se a essas mudanças. A reengenharia significa fazer uma nova e diferente engenharia da estrutura organizacional. Representa uma total reconstrução, e não simplesmente uma reforma total ou parcial da empresa. A reengenharia se baseia nos processos empresariais horizontais que cruzam as diversas fronteiras departamentais para chegar até o cliente. Ela se fundamenta em quatro pilares: é fundamental, radical, drástica e tem como foco processos, e não funções ou tarefas.[54]
4. *Benchmarking*: é um processo contínuo de avaliar produtos, serviços e práticas dos concorrentes mais fortes e daquelas empresas que são reconhecidas como líderes empresariais.[55] Isso permite comparações de processos e práticas administrativas entre empresas para identificar o melhor do melhor e, com isso, alcançar um nível de superioridade ou vantagem competitiva.[56]
5. **Equipes de alto desempenho**: equipes caracterizadas pela elevada participação das pessoas e pela busca de respostas rápidas e inovadoras às mudanças no ambiente de negócios e que permitam atender às crescentes demandas dos clientes.[57] As organizações estão migrando rapidamente para o trabalho em equipe. Nunca se falou tanto em equipes como agora. Porém, não basta criar e desenvolver equipes; é necessário alçá-las a um desempenho excelente. Mais adiante, este assunto será novamente discutido.

3.7.1 Complexidade

A **complexidade** constitui uma nova visão das ciências. A Teoria da Complexidade é a parte da ciência que trata do emergente, da Física Quântica, da Biologia, da Inteligência Artificial e como os organismos vivos aprendem e se adaptam. A complexidade mostra que a ciência abandona o determinismo e aceita o indeterminismo e a incerteza inerentes ao homem e às suas sociedades, e que abandona também o ideal de objetividade como a única forma válida de conhecimento, assumindo, assim, a subjetividade, que é a marca maior da condição humana. A complexidade significa a impossibilidade de se chegar a qualquer conhecimento completo e que não pode trazer certeza sobre o que é incerto.[58] Somente na Era Digital, a Administração e o CO passaram a incorporar definitivamente tais conceitos.

3.7.2 Teoria do Caos

Caos é uma palavra tradicionalmente associada a desordem. Todavia, na ciência moderna, *caos* significa uma ordem mascarada de aleatoriedade. O que parece caótico é, na verdade, o produto subliminar, no qual pequenas perturbações podem causar grandes efeitos em virtude da não linearidade do universo. O estado de equilíbrio, o determinismo e a causalidade linear são casos muito singulares e raros em um universo primordialmente evolutivo, onde tudo é fluxo, transformação e mudança. Tudo na natureza muda e evolui continuamente. Nada no universo é passivo ou estável. No fundo, não existem mudanças no universo: o que existe é a mudança.

SAIBA MAIS

Para a Teoria do Caos, a desordem, a instabilidade e o acaso no campo científico constituem a norma, a regra, a lei. A influência dessas ideias no campo das organizações e de sua administração é marcante. Afinal, estamos ainda buscando a ordem e a certeza em um mundo carregado de incertezas e instabilidade. Os modelos de gestão baseados na velha visão de equilíbrio e ordem estão caducos. A ciência mostra que o sistema vivo é, para si, o centro do universo, e sua finalidade é a produção de sua identidade. O sistema vivo procura interagir com o ambiente externo sempre de acordo com uma lógica que prioriza a afirmação de sua identidade, ainda que para isso deva estar permanentemente atualizando-a.[59] Esse conceito de auto-organização é fundamental. A organização é, portanto, ativa, e tanto provê e armazena energia quanto a consome. Ela produz entropia – a degradação do sistema e de si própria – ao mesmo tempo em que produz negentropia – a regeneração do sistema e de si própria pelo aumento de absorção de insumos. Mais ainda: a organização é simultaneamente organização no sentido estrito – um processo permanente de reorganização daquilo que tende sempre a se desorganizar – e auto-organização – processo permanente de reorganização de si mesma.[60] E o mundo em que vivemos foi sempre assim desde sua origem.

Reflita sobre **Afinal, o que é uma organização eficaz, excelente e bem-sucedida?** na seção *Para reflexão* CO 3.1

3.8 A INFINDÁVEL BUSCA DA EFICIÊNCIA E DA EFICÁCIA

As organizações precisam ser consideradas sob o ponto de vista da eficiência e da eficácia, simultaneamente. Acontece que ambos os conceitos não andam de mãos dadas na maior parte das organizações.

A eficiência é uma medida da utilização dos recursos disponíveis. Na prática, é uma relação entre entradas (insumos) e saídas (resultados) ou, em outros termos, uma relação entre custos e benefícios. A eficiência está focada na melhor maneira (*the best way*) pela qual as coisas devem ser feitas ou executadas (métodos ou procedimentos), a fim de que os recursos – pessoas, máquinas, equipamentos, matérias-primas – sejam aplicados da forma mais racional possível. A eficiência preocupa-se com os meios, com os métodos e os procedimentos mais indicados que precisam ser devidamente planejados e organizados, a fim de assegurar a otimização da utilização dos recursos disponíveis. A eficiência não se preocupa com os fins, mas simplesmente com os meios.

A eficácia é uma medida do alcance dos resultados. A eficácia de uma organização refere-se à sua capacidade de satisfazer uma necessidade da sociedade por meio da oferta de produtos – sejam bens, sejam serviços.

3.8.1 Transformação digital

Uma ampla quantidade de novas tecnologias avançadas vem sendo gradativamente interconectada, produzindo efeitos exponenciais em seu conjunto, principalmente na área industrial, a ponto de receber a denominação de 4ª Revolução Industrial. Assim, automação, robotização, *big data*, algoritmos, sensores, computação em nuvem, Inteligência Artificial, *blockchain*, internet das coisas, impressão em 3D, *chatbots* produzem um intenso e extenso contexto de mudanças e transformações que está conduzindo celeremente a cidades interconectadas e inteligentes, fábricas automatizadas, carros e trens autônomos, energias não convencionais, em direção a inovadoras soluções para os problemas do mundo em que vivemos. E as organizações estão contidas nesse cenário exponencial pela frente.

3.8.2 Organizações ágeis

A visão do mundo organizacional passou por mudanças radicais e profundas. Com a Revolução Digital, os paradigmas se transformaram radicalmente, em virtude do(a):

- ambiente em rápida evolução;
- introdução constante e acelerada de avançadas tecnologias disruptivas;
- aceleração da digitalização e democratização da informação;
- nova guerra pelo talento humano;
- concepção de organizações como organismos vivos e altamente dinâmicos;
- concepção de que flexibilidade e agilidade rimam com a estabilidade;
- organização ágil como o novo paradigma organizacional dominante.

Na Era Digital, plena de mudanças e transformações exponenciais, as organizações precisam rapidamente adaptar-se a elas para poderem sobreviver e continuar competindo valorosamente. Quando as pressões externas batem à porta, as organizações precisam alcançar simultaneamente o foco no consumidor, de menor tempo de colocação no mercado, maior crescimento da receita, menores custos e uma força de trabalho mais ativa e engajada. Assim, as organizações precisam buscar agilidade no desempenho de todas as suas áreas de atividade e alcançar cinco marcas das organizações ágeis, tal como no Quadro 3.18.[61]

Isso representa uma profunda mudança de mentalidade de todas as pessoas na organização, a saber:[62]

1. Quanto à estratégia: uma estrela do norte incorporada em toda a organização.

De: "Em um ambiente de escassez, conseguimos obter valor de concorrentes, clientes e fornecedores para os nossos acionistas."

Para: "Reconhecendo a abundância de oportunidades e recursos disponíveis para nós, obtemos sucesso ao cocriar valor com e para todos os nossos *stakeholders*."

2. Quanto à estrutura: como rede de equipes altamente capacitadas.

De: "As pessoas precisam ser direcionadas e gerenciadas, caso contrário, não saberão o que fazer – e apenas cuidarão de si mesmas. Haverá o caos."

Para: "Quando for dada responsabilidade e autoridade claras, as pessoas serão altamente engajadas, cuidarão umas das outras, descobrirão soluções engenhosas e fornecerão resultados excepcionais."

3. Quanto aos processos: ciclos rápidos de decisão e de aprendizado.

De: "Para obter o resultado certo, os indivíduos mais experientes e seniores devem definir para onde estamos indo, os planos detalhados necessários para chegar lá e como minimizar os riscos ao longo do caminho."

Para: "Vivemos em um ambiente em constante evolução e não podemos saber exatamente o que o futuro reserva. A melhor maneira de minimizar os riscos e obter sucesso é abraçar a incerteza e ser mais rápida e produtiva ao tentar coisas novas."

4. Pessoas: um modelo dinâmico de pessoas que inflama a paixão.

De: "Para alcançar os resultados desejados, os líderes precisam controlar e direcionar o trabalho, especificando constantemente as tarefas e orientando o trabalho dos funcionários."

Para: "Líderes eficazes capacitam os funcionários a assumir a propriedade total, confiantes de que levarão a organização a cumprir seu objetivo e sua visão."

5. Tecnologia: tecnologia capacitadora de próxima geração.

De: "A tecnologia é um recurso de suporte que fornece serviços, plataformas ou ferramentas específicas para o resto da organização, conforme definido por prioridades, recursos e orçamento."

Para: "A tecnologia é perfeitamente integrada e essencial para todos os aspectos da organização como um meio de liberar valor e permitir reações rápidas às necessidades dos negócios e das partes interessadas."

Quadro 3.18 Cinco marcas registradas das organizações ágeis[63]

	Marca registrada	Práticas organizacionais ágeis
Estratégia	Estrela do norte incorporada em toda a organização	Propósito e visão compartilhados Percepção e ponderação de oportunidades Alocação flexível de recursos Orientação acionável de estratégias
Estrutura	Rede de equipes empoderadas	Estrutura *flat* e clara Governança de mão na massa Comunidades de prática robustas Parcerias em um ecossistema ativo Ambiente aberto físico ou virtual Células responsáveis focadas no propósito
Processos	Ciclos de decisão e de aprendizagem rápidos	Interação e experimentação rápidas Meios estandardizados de trabalho Orientação para o desempenho Transparência na informação Aprendizagem contínua Tomada de decisão orientada para a ação
Pessoas	Modelo dinâmico que instila paixão nas pessoas	Comunidade coesiva Liderança compartilhada e servente Impulso empreendedor Mobilidade de papéis
Tecnologia	Habilitação de tecnologias de última geração	Sistemas e ferramentas baseados em uma arquitetura de tecnologias Desenvolvimento e práticas de entrega em tecnologias de última geração

O ambiente atual está pressionando fortemente as organizações a se tornarem ágeis e, com isso, está emergindo uma nova forma organizacional que exibe as cinco marcas que permitem às organizações equilibrarem estabilidade – como uma base fundamental segura e firme – e dinamismo, prosperando em uma era de oportunidades sem precedentes.

 Acesse um caso sobre **A privatização da Usiminas** na seção *Caso de apoio* CO 3.1

RESUMO

As organizações vivem em um contexto de negócios caracterizado pela globalização, pela mudança e pela competitividade. Nesse ambiente incerto e instável, elas precisam ser administradas para poderem funcionar bem e atingir seus objetivos. Isso requer um profundo conhecimento de CO. A Administração constitui um produto típico do século 20 e passou por várias ondas sucessivas. A primeira onda foi a ênfase nas tarefas marcada pela escola da Administração Científica de Taylor e seguidores, inaugurando a Teoria Administrativa. A segunda onda foi a ênfase na estrutura organizacional, que teve quatro desdobramentos: a Teoria Clássica da Administração, com Fayol e seguidores; o Modelo Burocrático descrito por Max Weber; a Teoria Estruturalista, que tentou integrar as diferentes abordagens; e a Teoria Neoclássica, que desenvolveu a ideia do processo administrativo – planejar, organizar, dirigir e controlar. A terceira onda foi a ênfase nas pessoas iniciada com a Escola das Relações Humanas e, posteriormente, com a Teoria Comportamental. A quarta onda foi a ênfase no ambiente incrementada pela Teoria de Sistemas e realçada pela Teoria da Contingência. Com o advento da Era da Informação, a Teoria Administrativa está buscando soluções emergentes, como a melhoria contínua, a qualidade total, a reengenharia, o *benchmarking* e as equipes de alto desempenho. A influência da Teoria da Complexidade e da Teoria do Caos tem sido forte. Muita novidade vem surgindo por aí, na infindável busca pela eficiência e pela eficácia organizacional.

QUESTÕES

1. Explique as organizações como seres vivos.
2. Comente a necessidade de administrar as organizações.
3. Explique as principais contribuições da Administração Científica ao CO.
4. Comente a organização racional do trabalho.
5. Explique o conceito de *homo economicus*.
6. Explique as principais contribuições da Teoria Clássica ao CO.
7. Explique as principais contribuições da Teoria da Burocracia ao CO.
8. Comente as características da burocracia enquanto organização.
9. Comente as disfunções da burocracia e seus efeitos na organização.
10. Explique as principais contribuições da Teoria Estruturalista ao CO.
11. Comente a abordagem mais ampla dos estruturalistas.
12. Explique as principais contribuições da Teoria Neoclássica ao CO.
13. Comente a chamada APO.
14. Explique as principais contribuições da Teoria das Relações Humanas ao CO.
15. Comente o conceito de *homo* social.
16. Explique as principais contribuições da Teoria Comportamental ao CO.
17. Explique o movimento do DO.
18. Comente os conceitos de sistema e de sistema aberto.
19. Explique as principais contribuições da Teoria de Sistemas ao CO.
20. Comente o conceito de ambiente e os tipos de ambiente.
21. Explique as principais contribuições da Teoria da Contingência ao CO.

REFERÊNCIAS

1. *Vide*: CHIAVENATO, I. *Teoria Geral da Administração*. 7. ed. Barueri: Manole, 2014. v. 1 e 2; CHIAVENATO, I. *Introdução à Teoria Geral da Administração*. 10. ed. São Paulo: Atlas, 2020.
2. GIBSON, J. L.; IVANCEVICH, J. M.; DONNELLY JR., J. H. *Organizações*: comportamento, estrutura, processos. São Paulo: Atlas, 1981. p. 25.
3. GEUS, A. de. *A empresa viva*: como as organizações podem aprender a prosperar e se perpetuar. Rio de Janeiro: Campus, 1998. p. 105-106.
4. GEUS, A. de. *A empresa viva, op. cit.*, p. xix-xxi.
5. Para maiores esclarecimentos, veja um dos seguintes livros em gradativos níveis de profundidade sobre o assunto:

   CHIAVENATO, I. *Teoria Geral da Administração, op. cit.*, v. 1 e 2.

CHIAVENATO, I. *Introdução à Teoria Geral da Administração* – edição compacta. 5. ed. São Paulo: Atlas, 2020.

6   SMITH, A. *An inquiry into the nature of the wealth of nations*. London: A. Strahan & T. Cadell, 1776.

7   FORD, H. *My life and work*. New York: Bentham, 1923.

8   TAYLOR, F. W. *The principles of scientific management*. New York: Harper & Bros., 1911. *Vide*: TAYLOR, F. W. *Princípios de administração científica*. São Paulo: Atlas, 1970.

9   GILBRETH, F. *Motion study*. New York: D. Van Nostrand, 1912.

10 GANT, H. L. *Organizing for work*. New York: The Engineering Magazine, 1912.

11 EMERSON, Harrington. *The twelve principles of efficiency*. New York: The Engineering Magazine, 1912.

12 FAYOL, H. *Administration industrialle et generalle*, 1916. *Vide* tradução brasileira: FAYOL, H. *Administração industrial e geral*. São Paulo: Atlas, 1950.

13 GULICK, L.; URWICK, L. *Papers on the science of administration*. Columbia University Press: Institute of Public Administration, 1937.

14 SLOAN Jr., A. *My Years with general motors*. New York: Sidgwick & Jackson, 1965. *Vide*: DLOAN Jr., A. *Minha vida na General Motors*. Rio de Janeiro: Record, 1963.

15 MOONEY, J. D. *Principles of organization*. New York: Harper & Bros., 1931.

16 FAYOL, H. *Administração industrial e geral, op. cit.*

17 WEBER, M. *Theory of social and economic organization*. New York: Oxford University, 1947.

18 WEBER, M. Os três aspectos da autoridade legítima. *In*: ETIONI, A. *Organizações complexas*. São Paulo: Atlas, 1965. p. 18.

19 PERROW, Charles. *Complex organizations*: a critical essay. Glenview: Scott, Foresman & CO., 1972. p. 7.

20 CHIAVENATO, I. *Introdução à Teoria Geral da Administração, op. cit.*, p. 98-101.

21 HALL, R. H. The concept of bureaucracy: an empirical assessment, *American Journal of Sociology*, July 1962, r. 60, p. 32-40.

22 MERTON, R. K. Estrutura burocrática e personalidade. *In*: ETZIONI, Amitai. *Organizações complexas, op. cit.*, p. 53.

23 CHIAVENATO, I. *Introdução à Teoria Geral da Administração, op. cit.*, p. 103-105.

24 CHIAVENATO, I. *Os novos paradigmas*: como as mudanças estão mexendo com as empresas. Barueri: Manole, 2009.

25 CHIAVENATO, I. *Introdução à Teoria Geral da Administração, op. cit.*, p. 106.

26 CHIAVENATO, I. *Introdução à Teoria Geral da Administração, op. cit.*, p. 109.

27 CHIAVENATO, I. *Introdução à Teoria Geral da Administração, op. cit.*, p. 137-147.

28 CHIAVENATO, I. *Introdução à Teoria Geral da Administração, op. cit.*, p. 162-166.

29 CAREY, A. The Hawthorne studies: a radical criticism, *American Sociological Review*, n. 33, p. 403-416, 1967.

30 FRANKE, R. H.; KAUL, J. D. The Hawthorne experiments: first statistical interpretation, *American Sociological Review*, n. 43, p. 623-643, 1978.

31 COCH, L.; FRENCH Jr., J. R. P. Overcoming resistante to change, *Human Relations*, n. 1, p. 512-533, 1948.

32 CHIAVENATO, I. *Introdução à Teoria Geral da Administração, op. cit.*, p. 71.

33 CHIAVENATO, I. *Introdução à Teoria Geral da Administração, op. cit.*, p. 171-214.

34 SIMON, Herbert A. *O comportamento administrativo*. Rio de Janeiro: Fundação Getulio Vargas, 1965.

35 McGREGOR, D. *O lado humano da empresa*. São Paulo: Martins Fontes, 1985.

36 CHIAVENATO, I. *Introdução à Teoria Geral da Administração, op. cit.*, p. 193-214.

37 McGREGOR, D. *O lado humano da empresa, op. cit.*, p. 23.

38 McGREGOR, D. *O lado humano da empresa, op. cit.*, p. 88-89.

39 CHIAVENATO, I. *Introdução à Teoria Geral da Administração, op. cit.*, p. 221-236; 283-314.

40 EMERY, F. E.; TRIST, E. L. The causal texture of organizational environments, *Human Relations*, n. 18, p. 21-32, 1965.

41 WAGNER III, J. A.; HOLLENBECK, J. R. *Organizational behavior*: securing competitive advantage. Upper Saddle River: Prentice Hall, 1998. p. 349.

42 BERRTALANFFY, L. von. The theory of open systems in physics and biology, *Science*, v. III, p. 23-29, 1950; BERTALANFFY, L. von. General systems theory: a new approach to unity of science, *Human Biology*, December 1951.

43 CHIAVENATO, I. *Introdução à Teoria Geral da Administração, op. cit.*, p. 217-218.

44 CHIAVENATO, I. *Introdução à Teoria Geral da Administração, op. cit.*, p. 260.

45 *Vide*: RICE, A. K. *The enterprise and its environment*. London: Tavistock Publ., 1963.

EMERY, F. E.; TRSIT, E. L. Sociotechnical systems. *In*: CHURCHMAN, C. W.; VERHUST, M. (ed.). *Management sciences*: models and techniques, New York: Pergamon Press, 1960.

46 BURNS, T.; STALKER, G. M. The management of innovation. London: Tavistock Publ., 1961

47 LAWRENCE, P. R.; LORSCH, J. W. *As empresas e o ambiente*: diferenciação e integração administrativas. São Paulo: Edgard Blucher, 1972.

48 LAWRENCE, P. R.; LORSCH, J. W. *As empresas e o ambiente, op. cit.*, p. 24.

49 CHIAVENATO, I. *Introdução à Teoria Geral da Administração*, op. cit., p. 195.

50 Adaptado de: DUNCAN, R. B. Characteristics of perceived environments and perceived environmental uncertainty, *Administrative Science Quarterly*, n. 17, p. 313-327, 1972.

51 CHIAVENATO, I. *Introdução à Teoria Geral da Administração*, op. cit., p. 20-21.

52 *Vide*: MIRSHAWKA, V. *A implantação da qualidade e da produtividade pelo método do Dr. Deming*. São Paulo: Makron Books, 1991.

CROSBY, P. *Qualidade*: falando sério. São Paulo: Makron Books, 1991.

WALON, M. *The Deming Management Method*. New York: Dodd-Meade & Co., 1986.

53 *Vide*: OAKLAND, J. S. *Gerenciamento da qualidade total – TQM*. São Paulo: Nobel, 1994.

FEIGENBAUM, A. V. *Total quality control*: engineering and management. New York: McGraw-Hill, 1991.

THOMAS, P. R.; GALLACE, L. J.; MARTIN, K. R. *Quality alone is not enough*. New York: AMA – American Management Association, 1992.

54 *Vide*: CHIAVENATO, I. *Os novos paradigmas*: como as mudanças estão mexendo com as empresas. São Paulo: Atlas, 2000.

CHIAVENATO, I. *Manual de reengenharia*: um guia para reinventar sua empresa com a ajuda das pessoas. São Paulo: Makron Books, 1995.

HAMMER, M.; CHAMPY, J. *Reengenharia*: revolucionando a empresa. Rio de Janeiro: Campus, 1994.

MORRIS, D.; BRANDON, J. *Reengenharia*: reestruturando a sua empresa. São Paulo: Makron Books, 1994.

55 *Vide*: CHIAVENATO, I. *Os novos paradigmas*: como as mudanças estão mexendo com as empresas, op. cit., 2000.

CHIAVENATO, I. *Manual de reengenharia*: um guia para reinventar sua empresa com a ajuda das pessoas. , op. cit., 1995.

HAMMER, M.; CHAMPY, J. *Reengenharia*: revolucionando a empresa. Rio de Janeiro: Campus, 1994.

MORRIS, D.; BRANDON, J. *Reengenharia*: reestruturando a sua empresa. São Paulo: Makron Books, 1994.

56 *Vide*: SPENDOLINI, M. *Benchmarking*. São Paulo: Makron Books, 1994.

CAMP, R. *Benchmarking*: o caminho da qualidade total. São Paulo: Pioneira, 1993.

57 CHIAVENATO, I. *Introdução à Teoria Geral da Administração*, op. cit., p. 337.

58 BAUER, R. *Gestão da mudança*: caos e complexidade nas organizações. São Paulo: Atlas, 1999. p. 233.

59 CHIAVENATO, I. *Introdução à Teoria Geral da Administração*, op. cit., p. 320-321.

60 CHIAVENATO, I. *Introdução à Teoria Geral da Administração*, op. cit., p. 321.

61 AGHINA, W. et al. The five trademarks of agile organizations, *McKinsey & Company*, Relatório jan. 2018. *Vide*: https://www.mckinsey.com/business-functions/organization/our-insights/the-five-trademarks-of-agile-organizations. Acesso em: 04 nov. 2020.

62 Extraído de: AGHINA, W. et al. The five trademarks of agile organizations, *op. cit.*

63 Extraído de: AGHINA, W. et al. The five trademarks of agile organizations, *op. cit.*

DESENHO ORGANIZACIONAL

OBJETIVOS DE APRENDIZAGEM

Após estudar este capítulo, você deverá estar capacitado para:

- Apresentar o conceito de desenho organizacional e sua importância no sucesso da organização.
- Descrever os ingredientes básicos do desenho organizacional.
- Explicar o tamanho e o ciclo de vida das organizações e sua influência no desenho organizacional.
- Esclarecer a influência da diferenciação e da integração no desenho organizacional.
- Explanar qual é o negócio da organização.
- Apresentar os conceitos de missão, visão e objetivos organizacionais.
- Relatar as dimensões básicas do desenho organizacional.
- Examinar os vários tipos de departamentalização e tipos de estrutura organizacional e suas características principais.

CASO INTRODUTÓRIO

A reorganização da DataCentrum

Paulo Saravia é um consultor organizacional experiente. Recentemente, foi chamado pela diretoria da DataCentrum para assessorar na mudança estrutural da organização. A ideia era alterar o desenho organizacional, a fim de tornar a empresa mais competitiva em um mercado extremamente dinâmico. O primeiro trabalho de Paulo foi colher informações a respeito dos problemas atuais da empresa relacionados à estrutura, como estratégia, tecnologias utilizadas, recursos disponíveis, produtos e serviços oferecidos, mercados abrangidos, concorrentes etc. Paulo queria ter uma visão global da DataCentrum, suas dificuldades e suas oportunidades. O que você faria no lugar de Paulo?

O QUE VEREMOS ADIANTE

- Conceito de desenho organizacional.
- Diferenciação e integração.
- Qual é o negócio da organização?
- Missão organizacional.
- Visão organizacional.
- Objetivos globais.
- Dimensões básicas do desenho organizacional.
- Departamentalização.
- Modelos organizacionais.

Para poderem funcionar adequadamente, as organizações necessitam de uma estrutura que proporcione um arcabouço para conter e integrar todos os órgãos, pessoas, tarefas, relações, recursos etc. Tal estrutura funciona como um esqueleto ou plataforma de base e representa o esquema que permite a integração e a coordenação de todos os elementos vitais para o funcionamento da organização. O conjunto desses componentes – órgãos, equipes, cargos, departamentos, hierarquias, relacionamentos etc. – recebe o nome de estrutura organizacional. A **estrutura organizacional** é a maneira como as atividades da organização são divididas, organizadas, integradas e coordenadas. O desenho organizacional reflete essa estrutura organizacional, ou seja, a formatação dos elementos componentes da organização. Ela constitui a maneira pela qual a organização molda seus componentes para realizar sua atividade e alcançar objetivos organizacionais. Cada organização tem seu desenho organizacional e sua maneira de integrar e alocar recursos para operar com eficiência e eficácia.

4.1 CONCEITO DE DESENHO ORGANIZACIONAL

Desenho organizacional é o processo de continuamente construir, ajustar e reajustar a estrutura organizacional para alcançar os objetivos previamente estabelecidos. Em geral, a estrutura organizacional apresenta dupla dependência: depende externamente do ambiente que a envolve e internamente da estratégia e dos talentos, das competências e da tecnologia utilizada pela organização.

Várias conceituações de desenho organizacional

- Representa a definição da estrutura organizacional mais adequada ao ambiente, estratégia, tecnologia, pessoas, atividades e tamanho da organização. O desenho organizacional é o processo de escolher e implementar estruturas organizacionais capazes de organizar e articular os recursos e servir à missão e aos objetivos globais. O propósito principal do desenho organizacional é colocar a estrutura a serviço do ambiente, da estratégia, da tecnologia e das pessoas da organização. A estrutura organizacional deve ser desenhada para buscar a adequação de todas essas múltiplas circunstâncias que envolvem uma organização.[1]

- Processo de diagnosticar a situação enfrentada por uma organização, selecionar e montar a estrutura de organização mais apropriada àquela situação.[2]
- Significa o arranjo e o processo de arranjar as características estruturais da organização para atingir ou aumentar a eficiência e a eficácia organizacional.[3]
- Maneira pela qual as organizações são compostas de pessoas e grupos de pessoas, a fim de alcançar algum propósito repartido por meio de uma divisão do trabalho integrada por processos de decisão baseados em informação continuamente através do tempo.[4]
- Refere-se ao planejamento e à alocação de pessoas e atividades em uma organização.[5]

 Aumente seus conhecimentos sobre **O desenho organizacional** na seção *Saiba mais* CO 4.1

4.1.1 Ingredientes básicos do desenho organizacional

O desenho organizacional deve considerar como ingredientes básicos as seguintes contingências:[6]

1. **Fatores de contexto**: missão da organização, sua visão de futuro, estratégia organizacional adotada, ambiente (macro e microambiente) que envolve a organização, tecnologias utilizadas e parceiros envolvidos direta ou indiretamente na tarefa organizacional.
2. **Dimensões anatômicas da organização**: tamanho, configuração estrutural, dispersão geográfica das unidades e os tipos de combinação entre as unidades.
3. **Feições operacionais**: autoridade, processos, tarefas e atividades cotidianas, bem como controles.
4. **Consequências comportamentais**: desempenho, satisfação, rotatividade, conflito, ansiedade e padrões informais de relacionamento no trabalho.

Como a configuração dessas contingências varia de uma organização para outra, conclui-se que não existe uma única e melhor maneira de definir o desenho organizacional.[7]

O desenho da organização constitui uma das prioridades da administração e deve constituir uma plataforma que atenda simultaneamente a três aspectos importantes, a saber:[8]

1. **Como estrutura básica**: contribuir para a implementação bem-sucedida de planos na alocação de pessoas e recursos para as tarefas que devem ser executadas e proporcionar mecanismos para sua integração. A estrutura básica assume a forma de descrições de cargos, organogramas, constituição de equipes e de conselhos etc.
2. **Mecanismos de operação**: indicar aos parceiros internos da organização o que deles é esperado, por meio de procedimentos de trabalho, padrões de desempenho, sistemas de avaliação do desempenho, sistemas de remuneração e recompensas, programações e sistemas de comunicação.
3. **Mecanismos de decisão**: permitir provisões para auxiliar o processo de tomada de decisão e seus requisitos no processamento da informação. Esses mecanismos incluem arranjos para obter informações do ambiente externo, procedimentos para cruzar, avaliar e tornar disponíveis informações para os tomadores de decisão, bem como de gestão do conhecimento.

4.1.2 Tamanho e ciclo de vida

O desenho organizacional é afetado pelo tamanho da organização. O tamanho organizacional representa o volume de pessoas, competências, recursos, arquitetura e operações de uma organização. Quanto ao tamanho, as organizações podem ser classificadas em grandes, médias, pequenas e micro-organizações. O aumento do tamanho é, quase sempre, decorrência do sucesso da organização. O tamanho é medido pelo número de funcionários e pelas competências e recursos da organização, e depende da evolução da organização. A evolução ou ciclo de vida das organizações representa os diferentes estágios de crescimento da organização ao longo do tempo. Apesar das evidentes variações, à medida que as organizações crescem, seguem um padrão evolucionário similar ao da Figura 4.1.

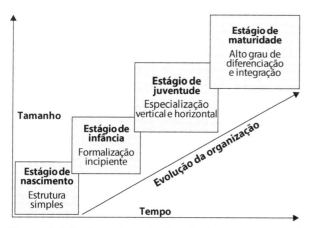

Figura 4.1 Estágios do ciclo de vida das organizações.[9]

Assim, os principais estágios do ciclo de vida das organizações são:[10]
1. **Estágio do nascimento**: quando a organização é criada ou fundada por um empreendedor. A estrutura é extremamente simples.
2. **Estágio da infância**: quando a organização começa a crescer rapidamente. A estrutura começa a se expandir e as responsabilidades são distribuídas entre as pessoas. As especializações vertical e horizontal aumentam.
3. **Estágio da juventude**: quando a organização se torna maior em consequência do sucesso. A organização se torna gradativamente mais complexa e sua estrutura fica mais fortalecida. Surgem vários níveis administrativos na cadeia de comando (maior especialização vertical) e o fundador passa a ter dificuldades em manter o controle total do negócio.
4. **Estágio da maturidade**: quando a organização se estabiliza em certo tamanho, geralmente adotando uma estrutura mecanística. As tendências burocráticas para a estabilidade e a permanência podem levá-la ao declínio se não forem encontrados meios adequados. Um dos meios de enfrentar o gigantismo é reduzir o tamanho da organização e o número de empregados (*downsizing*). Essa resposta é utilizada quando a administração de topo é desafiada a rapidamente diminuir custos e aumentar a produtividade.[11] Outra alternativa é enfrentar as desvantagens do tamanho por meio da alocação em pequenas unidades para operar com considerável autonomia dentro do esquema organizacional global. Estruturas simultâneas que combinam desenhos mecanísticos e orgânicos são utilizadas para atender às necessidades opostas de eficiência (manutenção do *status quo*) e inovação contínua (mudança).[12] Esse conceito de apertar-soltar, de *stop-and-go*, mantém a estrutura convencional e encoraja equipes multifuncionais ao longo dela. Outra maneira de criar eixos criativos é a utilização do espírito empreendedor para incrementar a iniciativa das pessoas e das subunidades na organização.[13]

4.2 DIFERENCIAÇÃO E INTEGRAÇÃO

O desenho organizacional obedece a dois processos básicos e oponentes entre si, requerendo um equilíbrio no seu balanço dinâmico: a **diferenciação** e a **integração**.[14] Quanto maior a organização, maior a necessidade desse equilíbrio.

4.2.1 Diferenciação

A diferenciação refere-se aos processos de decidir como dividir o trabalho em uma organização. Representa a especialização de órgãos ou de pessoas. A diferenciação pode ser horizontal, vertical ou espacial:

1. **Diferenciação horizontal**: refere-se ao grau de diferenciação entre as diversas subunidades organizacionais e se baseia na especialização do conhecimento, na educação ou no treinamento das pessoas. Quanto maior a diferenciação horizontal, maior o número de departamentos especializados no mesmo nível da organização. A diferenciação horizontal provoca o aparecimento de estruturas baixas e horizontalizadas.
2. **Diferenciação vertical**: refere-se à diferença entre autoridade e responsabilidade na hierarquia organizacional. Quanto maior a diferenciação vertical, maior o número de níveis hierárquicos. A diferenciação vertical provoca o aparecimento de estruturas altas e verticalizadas.
3. **Diferenciação espacial**: refere-se à dispersão geográfica da organização, por meio de órgãos e unidades dispersos geograficamente e complica o desenho organizacional pelo afastamento dos órgãos entre si.

4.2.2 Integração

Por outro lado, a integração refere-se aos processos de coordenar as diferentes partes da organização para alcançar unidade entre pessoas e grupos. A integração procura alcançar um estado de equilíbrio dinâmico entre os vários elementos de uma organização que precisam ser integrados e balanceados para que um não entre em conflito com os demais. A integração também pode ser vertical ou horizontal:

1. **Integração vertical**: refere-se aos mecanismos de coordenação decorrentes do uso da hierarquia: autoridade hierárquica, planos e programas de ação, e regras e procedimentos.
2. **Integração horizontal**: refere-se aos mecanismos de coordenação entre órgãos do mesmo nível hierárquico (departamentalização): papéis de ligação, posições integradoras, forças-tarefa e equipes.

Enquanto a diferenciação procura adequar a estrutura às diferentes e várias demandas do ambiente externo, a integração procura juntar a estrutura para manter coesão e unidade, a fim de que a organização possa funcionar como uma totalidade. Uma especializa e separa, enquanto a outra articula o conjunto. Quanto maior a diferenciação, maior a necessidade de integração e vice-versa.

A Figura 4.2 mostra um comparativo entre diferenciação e integração.

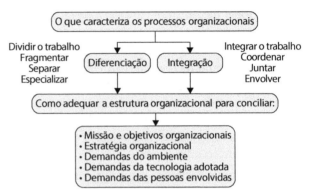

Figura 4.2 Diferenciação e integração.

> **VOLTANDO AO CASO INTRODUTÓRIO**
> **A reorganização da DataCentrum**
>
> Reunidos todos os dados para iniciar seu trabalho na DataCentrum, o consultor organizacional Paulo Saravia passou a se debruçar no desenho organizacional adotado atualmente pela empresa-cliente. Sua preocupação se baseava nos aspectos de diferenciação e integração atualmente adotados. Como você poderia ajudar Saravia em sua análise organizacional?

4.3 QUAL É O NEGÓCIO DA ORGANIZAÇÃO?

O primeiro passo para se conhecer uma organização é a definição do seu negócio: aquilo que ela faz e para quem ela faz. Três questões são essenciais:

1. Qual é o negócio da organização?
2. Quem é seu cliente?
3. O que o cliente valoriza?

A tendência natural é que a resposta fique restrita ao produto ou serviço da organização. Na verdade, essa é uma abordagem míope e imediatista. O fundador da Avon salienta que, na fábrica, a empresa produz cosméticos, mas nas lojas vende esperança. As organizações estão ampliando seu foco no negócio com conceitos estratégicos e ampliados. O Quadro 4.1 dá uma ideia disso.

Quadro 4.1 Nova abordagem do negócio da organização[15]

Empresa	Abordagem míope (produto ou serviço)	Abordagem estratégica (significado para o cliente)
Produtoras de Hollywood	Filmes	Entretenimento e cultura
Revlon e Avon	Cosméticos	Beleza
Xerox	Copiadoras	Automação de escritórios
Honda	Motos/automóveis	Soluções de transporte
Monsanto	Química	Bem-estar
Mercedes-Benz	Veículos	Soluções de transporte
Kopenhagen	Chocolates	Presentes
Abril	Livros e revistas	Informação, cultura e entretenimento
Petrobras	Petróleo e combustíveis	Energia

O desenho organizacional precisa ser compatível com o negócio da organização.

Por menor que seja, toda organização tem seu formato organizacional e sua estrutura de interligações e de relacionamentos internos e externos.

4.4 MISSÃO ORGANIZACIONAL

O desenho organizacional é um meio pelo qual uma organização se estrutura para desenvolver seu negócio e suas atividades e alcançar seus objetivos. Para compreender o desenho organizacional, torna-se necessário conhecer, primeiramente, o papel que a organização assume no mercado: sua missão, visão de futuro, valores, objetivos organizacionais e fatores críticos de sucesso. No fundo, o desenho organizacional é um instrumento para cumprir a missão e a visão, e alcançar os objetivos estratégicos da organização. São três aspectos que definem como a organização deve ser desenhada.

Aumente seus conhecimentos sobre **Missão** na seção *Saiba mais* CO 4.2

Quando a missão é definida e escrita, permite comunicar aos parceiros a razão da existência da organização e funciona como um lembrete periódico às pessoas a respeito do significado de seu trabalho. Isso permite que as pessoas saibam exatamente como contribuir para o alcance da missão da organização.

A definição de missão permite esclarecer:[16]

- qual é o propósito fundamental do negócio;
- quais são o papel e a contribuição da organização à sociedade;
- quais necessidades básicas do consumidor o negócio deve atender;
- quem é o consumidor e quais os setores-alvo do mercado a ser servido;
- quais competências a organização pretende construir ou desenvolver;
- quais compromissos, valores e crenças alicerçam o negócio.

A missão deve traduzir a filosofia da organização, que é geralmente formulada por seus fundadores ou criadores por meio de seus comportamentos e ações. Essa filosofia envolve os valores e crenças centrais que representam os princípios básicos da organização e que balizam sua conduta ética, sua responsabilidade social e suas respostas às necessidades do ambiente.

A missão precisa ser cultivada com todo carinho pelos dirigentes da organização e deve ser difundida intensamente entre todos os membros para que haja conscientização e comprometimento pessoal em relação ao seu alcance. Esse caráter missionário transforma todas as organizações em verdadeiras prestadoras de serviços ao cliente – mesmo as organizações produtoras de bens, como é o caso da IBM. O cultivo da missão faz com que todos os membros da organização procurem não apenas servir ao cliente, mas, acima de tudo, ultrapassar suas expectativas e encantá-lo. No fundo, todos os membros – e não apenas alguns deles – trabalham juntos para a sustentação da missão da organização.

Alguns exemplos de definição de missão organizacional são mostrados no Quadro 4.2.

Quadro 4.2 Exemplos de definição de missão organizacional[17]

Editora Abril: a Abril está empenhada em contribuir para a difusão de informação, cultura e entretenimento, para o progresso da educação, a melhoria da qualidade de vida, o desenvolvimento da livre-iniciativa e o fortalecimento das instituições democráticas do país.

General Motors: fornecer produtos e serviços de tal qualidade que nossos clientes sintam que receberam mais pelo que pagaram, nossos empregados e parceiros de negócio se beneficiem de nosso êxito e os nossos acionistas tenham maior retorno do seu investimento.

(continua)

(continuação)

Fundação Roberto Marinho: contribuir para o desenvolvimento social por meio de ações educacionais, culturais e de apoio às atividades comunitárias, conduzidas pela criação de modelos ou de programas sistêmicos de caráter permanente.
Rede Globo de Televisão: contribuir para o progresso cultural, político, econômico e social do povo brasileiro, por meio da educação, da informação e do entretenimento.
Instituto Juran: nossa missão é prover nossos clientes com os conceitos e métodos, e guiá-los para que alcancem condição de líder em qualidade. Nosso objetivo é sermos reconhecidos pelo mundo inteiro como principal fonte de educação, treinamento e consultoria em gerenciamento da qualidade.
McDonald's: servir alimento de qualidade, com rapidez e simpatia, num ambiente limpo e agradável.
Usinas Siderúrgicas de Minas Gerais (Usiminas): exploração da indústria, do comércio e da importação e exportação de produtos siderúrgicos e de suas matérias-primas, execução e elaboração de projetos e pesquisas, mineração, transporte, construção civil, a partir de estrutura metálicas, e prestação de serviços de qualquer natureza.
Sistema Senai: prestar serviços às comunidades industrial, governamental, educacional e outras, nas áreas de preparação de recursos humanos, em diferentes níveis, assistência técnica/tecnológica, garantia e certificação de qualidade, geração e difusão de tecnologias e disseminação de informações, contribuindo para o fortalecimento da indústria e o desenvolvimento socioeconômico do país.

4.5 VISÃO ORGANIZACIONAL

A **visão** representa a imagem que a organização tem a respeito de si mesma e de seu futuro; é o esforço de ver a si própria no espaço e no tempo. A visão está geralmente mais voltada para aquilo que a organização pretende ser do que para aquilo que ela realmente é. Dentro dessa perspectiva, as organizações colocam a visão como o projeto do que elas gostariam de ser dentro de certo prazo e o caminho futuro que pretende adotar para chegar lá. O termo *visão* é, em geral, utilizado para descrever um claro sentido do futuro e a compreensão das ações necessárias para torná-lo rapidamente um sucesso. A visão representa o destino que se pretende transformar em realidade.

Assim, a visão pretende estabelecer uma identidade comum quanto aos propósitos da organização, a fim de orientar o comportamento dos membros quanto ao futuro que ela deseja construir. A falta de uma visão dos negócios é profundamente prejudicial, pois desorienta a organização e seus membros quanto às suas prioridades em um ambiente altamente mutável e fortemente competitivo. A visão somente é possível quando todos dentro da organização – e não apenas alguns membros dela – trabalham em conjunto e em consonância para que isso ocorra efetivamente. Como dizia Joel Arthur Barker: "Visão sem ação não passa de um sonho. Ação sem visão é só um passatempo. Visão com ação pode mudar o mundo".

Aumente seus conhecimentos sobre **Organizações visionárias** na seção *Saiba mais* CO 4.3

4.6 OBJETIVOS GLOBAIS

Os objetivos são conceitos comuns em nossa sociedade. Um **objetivo** é um estado futuro desejado que se tenta tornar realidade.[18] Na prática, os objetivos são resultados específicos que se pretende alcançar dentro de certo período de tempo. Enquanto a missão define qual é o negócio da organização e a visão proporciona uma imagem do que a organização quer ser, os objetivos estabelecem os resultados concretos que se deseja alcançar dentro de um prazo específico.

Conforme visto anteriormente, os objetivos organizacionais nem sempre são congruentes com os objetivos individuais dos que trabalham na organização. Quando as pessoas ingressam na organização, estão perseguindo seus próprios objetivos individuais – ocupar um cargo, ganhar salário, receber benefícios sociais, conquistar *status* dentro da organização. Porém, as organizações exigem que cada pessoa contribua para a realização dos seus objetivos – produtividade, lucratividade, redução de custos, qualidade e competitividade. Assim, surge o dilema para a pessoa: para onde seguir? Rumo aos próprios objetivos ou rumo aos objetivos da organização? Quase sempre a realização dos objetivos de uma parte é conseguida às custas da realização da outra. Quando prevalece a estratégia do ganhar-perder, uma parte sempre leva vantagem sobre a outra. O importante é definir uma estratégia do tipo ganhar-ganhar em ambas as partes. Em outras palavras, o alcance de um objetivo organizacional deve proporcionar benefícios às pessoas para que elas também alcancem seus próprios objetivos.

VOLTANDO AO CASO INTRODUTÓRIO

A reorganização da DataCentrum

Paulo Saravia não poderia deixar de verificar outros aspectos fundamentais da DataCentrum: missão, visão de futuro e objetivos organizacionais para poder analisar o desenho organizacional da empresa.

Como você poderia ajudá-lo nesse aspecto?

SAIBA MAIS — **Objetivos da Xerox Corporation**[19]

Os objetivos definidos pela Xerox Corporation, em ordem de prioridade, são os seguintes:

1. Satisfação do cliente.
2. Satisfação dos empregados.
3. Desempenho financeiro.
4. Participação no mercado.

Esses objetivos devem ser alcançados dentro dos seguintes princípios básicos:
- É o cliente e somente o cliente quem irá determinar, em última análise, se vencemos ou fracassamos como empresa.
- Reconhecer a gestão do meio ambiente como uma das prioridades da empresa e como fator determinante do desenvolvimento sustentável, estabelecer políticas, programas e procedimentos para conduzir suas atividades de modo ambientalmente seguro.
- Desenvolver e fornecer produtos e serviços que não produzem impacto indevido sobre o meio ambiente e que sejam seguros em sua utilização prevista.
- Ao lado de seu relacionamento com a comunidade, a empresa deverá cuidar de um bom relacionamento com o governo, alinhar-se a projetos de interesse nacional, como parte de seu exercício de cidadania corporativa.

4.7 DIMENSÕES BÁSICAS DO DESENHO ORGANIZACIONAL

O desenho organizacional define como a organização deverá operar e como seus recursos e competências serão distribuídos e aplicados. Seus requisitos básicos tradicionais são:[20]

1. **Como estrutura básica**: divisão de trabalho e diferenciação:
   - Define como serão organizadas e distribuídas as tarefas básicas da organização.
   - Hierarquia e departamentalização: as divisões vertical e horizontal das ações.
   - Representação dos órgãos e das unidades que compõem a organização.
2. **Como mecanismo de operação**: regras e regulamentos:
   - Por meio de manuais, rotinas e procedimentos.
   - Define os aspectos dinâmicos da organização, fluxos e processos.
3. **Como mecanismo de tomada de decisão**: hierarquia de autoridade:
   - Define a distribuição do poder e a hierarquia de autoridade.
4. **Como mecanismo de coordenação**: integração organizacional:
   - Define como a organização deve integrar diferentes níveis e áreas em função da divisão da atividade organizacional.

A formatação organizacional está intimamente relacionada à maneira como a organização se ajusta e reajusta às condições ambientais e às suas manobras estratégicas,[21] e também à maneira como processa internamente a informação.[22]

O desenho organizacional depende de certas dimensões que lhe proporcionam o arranjo interno adequado: formalização, centralização, hierarquia de autoridade, amplitude de controle (ou amplitude de comando), especialização e departamentalização, conforme a Figura 4.3. Os graus adotados em cada uma dessas dimensões definem a configuração do desenho organizacional.

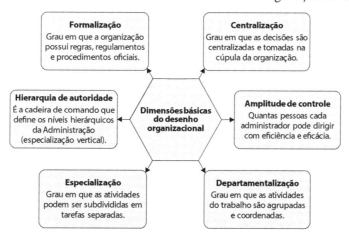

Figura 4.3 Dimensões básicas do tradicional desenho organizacional.

Em função dessas dimensões, podemos distinguir o modelo mecânico e o modelo orgânico de desenho organizacional.

A Figura 4.4 apresenta a relação entre os elementos básicos do desenho organizacional.

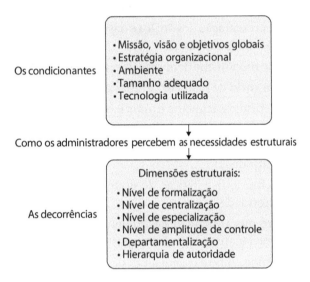

Figura 4.4 Relação entre os elementos básicos do desenho organizacional.

 SAIBA MAIS — **Agilidade**

De repente, o mundo dos negócios mudou drasticamente com a chegada da Era Digital e da 4ª Revolução Industrial. A rápida transformação digital foi impulsionada pela necessidade de as organizações oferecerem melhores experiências aos consumidores, atenderem às expectativas das novas gerações e permanecerem competitivas ou até sobreviverem em um mundo em transformação exponencial. Mudar do alinhamento físico para o **on-line** foi o desafio inicial. E novos modelos de desenho organizacional surgiram para que as organizações pudessem, pelo menos, acompanhar de longe as imprevistas mudanças exponenciais pela frente. Tornou-se obrigatório tomar decisões rápidas e fazer as coisas de maneira urgente e eficiente e com mais flexibilidade e agilidade, com uma metodologia de produtividade inovadora, por meio de um conceito de liderança e gestão que está mudando a maneira como vivemos. O *scrum* **já está presente em todas as organizações de tecnologia do mundo e está se espalhando para todos os demais domínios**, provocando enorme elevação da produtividade e prosperidade graças a um sistema de profunda responsabilidade, forte interação das equipes, design inovador, rápida e intensa iteração e liderança de ponta.[23] O *scrum* está mostrando como as organizações podem ficar à frente da curva.

4.7.1 Modelo mecânico e modelo orgânico de organização

Em função do teor das dimensões básicas do desenho organizacional, é possível encontrar o modelo mecânico e o modelo orgânico de organização. Ambos os modelos constituem extremos dentro de um *continuum* de variações.

Quando as dimensões básicas do desenho organizacional estão muito acentuadas, resultam no modelo mecânico de organização. É o modelo tradicional no qual existem fortes esquemas de formalização, centralização, hierarquia de autoridade, especialização e padronização dos procedimentos. A departamentalização faz com que haja verdadeiros feudos fechados na organização. O modelo tradicional apresenta uma conformação piramidal na hierarquia, baseia-se em departamentos e em cargos e é basicamente rígido e inflexível. Apresenta todas as características do modelo burocrático descrito anteriormente. Esse modelo é típico da Era Industrial e predominou durante quase toda a extensão do século passado.

Por outro lado, quando as dimensões básicas são levemente dispostas, resultam no modelo orgânico de organização. É o modelo que as organizações estão adotando para flexibilizar e agilizar o comportamento organizacional e libertá-lo das amarras burocráticas. Nesse modelo, há pouca formalização, centralização, hierarquia, especialização, complexidade e estandardização. Apresenta uma conformação circular, baseia-se em equipes provisórias e multifuncionais, e é extremamente flexível e mutável. Esse modelo foi adequado aos tempos de mudança e competitividade da Era da Informação.

Na Figura 4.5, é mostrada uma comparação entre o modelo mecanístico e o modelo orgânico, enquanto no Quadro 4.3, são exibidas as características desses tipos de modelo.

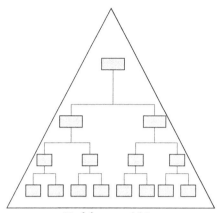
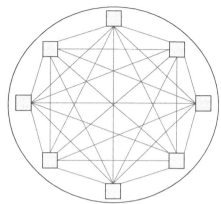

Modelo mecanicista:
- Centralização das decisões
- Hierarquia de autoridade e cadeia de comando
- Divisão do trabalho e especialização
- Departamentalização
- Alta formalização nas comunicações
- Formato piramidal

Modelo orgânico:
- Descentralização das decisões
- Equalização de poder
- Integração e coordenação
- Equipes multifuncionais de trabalho
- Baixa formalização nas comunicações
- Formato circular

Figura 4.5 Comparação entre o modelo mecanístico e o modelo orgânico.

Quadro 4.3 Características das organizações mecanísticas e das organizações orgânicas

Organizações mecanísticas	Organizações orgânicas
Estrutura organizacional hierarquizada, piramidal, verticalizada e complexa.	Estrutura organizacional achatada, horizontalizada e simples.
Departamentos funcionais e especializados.	Equipes autônomas e autossuficientes.
Órgãos definitivos e permanentes.	Equipes transitórias e efêmeras.
Cadeia de comando rígida.	Cadeia de relacionamentos flexível.
Comunicações verticais e formais.	Comunicações em redes e informais.
Cultura organizacional conservadora, baseada em tradições, regras e procedimentos.	Cultura organizacional inovadora, baseada em ideias novas, criatividade e inovação.
Adoção contínua de soluções rotineiras e padronizadas.	Adoção contínua de novas soluções criativas e diferenciadas.
Ênfase nos esquemas preestabelecidos de organização e métodos.	Ênfase no conhecimento e na intuição das pessoas.

 Aumente seus conhecimentos sobre **Comparação entre o modelo mecanístico e o modelo orgânico** na seção *Saiba mais* CO 4.4

Dentro desse panorama, existem duas abordagens distintas sobre o desenho organizacional: a abordagem tradicional e a abordagem sistêmica.

Na abordagem tradicional, o foco do desenho organizacional está no controle hierárquico e no fluxo de trabalho vertical. A natureza da organização enfatiza a administração centralizada na cúpula, a supervisão pessoal e direta e as relações verticais entre chefe × subordinado. Essa abordagem focaliza o chefe e não considera clientes, fornecedores, nem os fluxos horizontais dos processos da organização.

A abordagem sistêmica tem como foco a visão de processos e, consequentemente, a adaptação à mudança e o fluxo de trabalho em processos horizontais. A natureza da organização enfatiza o cliente, os processos decisórios descentralizados e as relações horizontais.

A comparação entre abordagem tradicional e abordagem sistêmica é apresentada na Figura 4.6.

Enquanto a abordagem tradicional se baseia na divisão do trabalho e na especialização, a abordagem sistêmica se baseia na visão holística da organização, tomando por fundamento os processos principais que levam seus produtos e serviços até o consumidor. É o

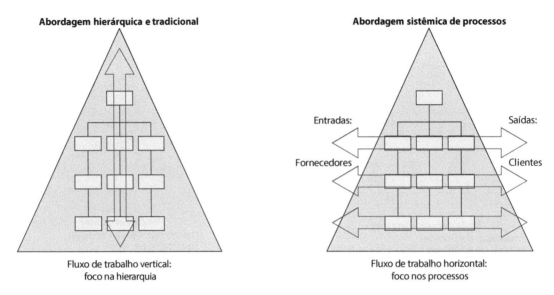

Figura 4.6 Abordagem tradicional e abordagem sistêmica das organizações.

mesmo que tomar o organograma e deitá-lo de lado para que o fluxo do trabalho ultrapasse as fronteiras departamentais e chegue o mais rápido possível às mãos do cliente. As diferenças entre ambas as abordagens estão elencadas no Quadro 4.4.

Quadro 4.4 Diferenças entre a abordagem tradicional e a abordagem sistêmica

	Abordagem tradicional	Abordagem sistêmica
Foco	No chefe	No cliente
Relações primárias	Cadeia de comando	Fornecedor – cliente
Orientação	Hierárquica	Processual
Processo decisório	Centrado na gerência	Descentralizado para todos
Estilo gerencial	Autoritário e autocrático	Participativo e democrático

4.8 DEPARTAMENTALIZAÇÃO

À medida que as organizações crescem e aumentam seu tamanho, também aumenta a complexidade do trabalho organizacional em face do maior número de tarefas e de integrantes. Essa complexidade se revela na especialização vertical – maior número de níveis hierárquicos – e na especialização horizontal – maior número de departamentos para melhor coordenar as tarefas e pessoas. Essa especialização horizontal recebe o nome de **departamentalização**: o agrupamento de tarefas e pessoas de acordo com alguns critérios, a saber:[24]

1. **Departamentalização funcional**: departamentalização por funções, ou seja, que agrupa especialistas em funções similares na organização. Em geral, as principais funções encontradas nas organizações são: departamento de Finanças, Produção, Marketing e Recursos Humanos (RH). Essas funções podem ser desdobradas em seções. No caso de Finanças, em Tesouraria, Contas a Receber e Contas a Pagar. No caso de Marketing, em Pesquisa de Mercado, Vendas e Propaganda. No caso de RH, Recrutamento e Seleção, Treinamento, Remuneração etc. As funções podem receber denominações diferentes de acordo com a natureza da organização. Uma universidade departamentalizada por funções pode ter departamentos de Medicina, Farmácia, Veterinária ou Administração, Ciências Contábeis e Econômicas ou, ainda, Psicologia, Sociologia, Antropologia. Um hospital pode ter unidades de pronto-socorro, atendimento ao cliente, cirurgia, hospitalização, unidade de terapia intensiva (UTI) etc. Um clube de futebol pode ter departamentos para cuidar dos atletas, vendas de ingressos, de praça de desportos etc. A departamentalização funcional tem a vantagem de agrupar especialistas em cada função, a fim de obter maior eficiência deles por meio da economia de escala. Ela reúne pessoas com habilidades e competências comuns em uma mesma unidade organizacional.

2. **Departamentalização por produtos ou por serviços**: agrupamento de tarefas e pessoas de acordo com cada produto ou serviço. Cada produto ou linha de produtos agrupa todos os profissionais que lidam com ele. Com isso, a responsabilidade pelo desempe-

nho do produto ou do serviço fica totalmente a cargo de cada unidade. Uma indústria química pode ter departamentos de tintas, adubos, produtos químicos etc. Uma empresa de serviços de Contabilidade pode ter departamentos de Consultoria Contábil, Auditoria, Tributação, e cada unidade oferece um serviço específico sob a batuta de um executivo.

3. **Departamentalização geográfica**: agrupamento de tarefas e pessoas com base na área geográfica ou territorial servida pela organização. É muito comum na área de vendas – departamentos regionais do sul, norte, leste ou oeste – na área de serviços – agências bancárias que cobrem bairros de grandes cidades – e na área de produção – fábrica de São Paulo, fábrica do Rio de Janeiro, fábrica de Recife. Cada departamento serve uma área geográfica relevante para a organização.

4. **Departamentalização por processos**: agrupamento de tarefas e pessoas ao longo do fluxo do processo produtivo. Cada departamento se especializa em cada fase do processo produtivo, reunindo habilidades e competências diferentes à medida que o processo flui. Uma empresa de alumínio pode ter departamentos de fundição, prensagem, modelagem, acabamento, embalagem e expedição. Uma tecelagem pode ter departamentos de preparação da matéria-prima, lavagem, cardagem, tinturaria e acabamento, respeitando a sequência do fluxo do processo de produção. As escolas adotam esse tipo de departamentalização ao colocarem os alunos no 1º, 2º ou 3º anos de cada curso.

5. **Departamentalização por clientes**: agrupamento de tarefas e pessoas com foco em tipos específicos de clientes ou consumidores que a organização pretende servir. Muitas lojas têm um departamento masculino, feminino ou infantil, de acordo com os tipos de cliente que deseja servir. Algumas organizações têm departamentos específicos para grandes, médias e pequenas empresas. A ideia é que cada tipo de cliente apresenta características e necessidades específicas que devem ser adequadamente atendidas por especialistas em cada ramo.

Tais critérios são esquematizados na Figura 4.7.

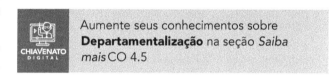

Aumente seus conhecimentos sobre **Departamentalização** na seção *Saiba mais* CO 4.5

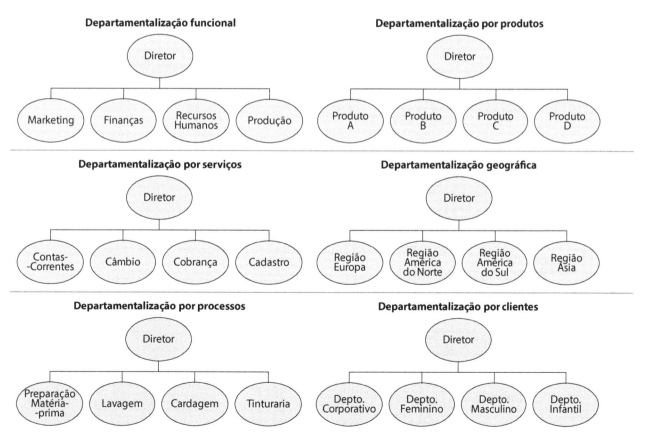

Figura 4.7 Exemplos de departamentalização.

Além do mais, quando se modela a estrutura de uma organização, deve-se tomar cuidado com dois aspectos: o modo de agregar equipes e a coordenação de atividades interdependentes, além do desafio maior – um mundo de negócios em transformações exponenciais. O modo de agregar grupos ou equipes pode se basear em similaridades funcionais em virtude da especialização das pessoas. Essa alternativa reúne grupos ou equipes de pessoas com base em similaridades funcionais. Assim, as pessoas são reunidas em grupos de especialistas para aproveitar suas características relativamente iguais. Outra alternativa é a formação de grupos ou equipes com base em similaridades do fluxo de trabalho.

> **VOLTANDO AO CASO INTRODUTÓRIO**
> **A reorganização da DataCentrum**
>
> Paulo Saravia chegou à conclusão de que o atual desenho organizacional da DataCentrum é tradicional e departamentalizado funcionalmente. Em outros termos, um desenho intraorientado para as funções internas da organização e contraindicado para ambientes mutáveis e dinâmicos como a empresa enfrenta. Certamente, Paulo deverá indicar um desenho orgânico dentro de uma abordagem sistêmica. Mas qual seria a departamentalização mais adequada? Como você poderia ajudá-lo?

Um comparativo entre a departamentalização funcional e departamentalização divisional é apresentado na Figura 4.8.

4.9 MODELOS ORGANIZACIONAIS

A estrutura organizacional define como as tarefas são formalmente distribuídas, agrupadas e coordenadas. Existe uma variedade de formatos organizacionais adotados em função do ambiente, da tecnologia, do tamanho organizacional e, principalmente, da estratégia adotada pela organização. As dimensões básicas do desenho organizacional são ajustadas e realinhadas para resultar na estrutura organizacional mais adequada para satisfazer a todos os condicionantes.

Muitas organizações se desdobram em pequenas unidades para que cada uma delas adote a estrutura simples. A Asea Brown Boveri (ABB) é um exemplo de macro-organização que descentralizou todas as suas operações em milhares de pequenas unidades estratégicas de negócios – cada qual com menos de 50 pessoas – com pouquíssimos níveis hierárquicos para poder se manter global em um mercado altamente mutável e competitivo e de alta tecnologia.

4.9.1 Modelo burocrático

Como visto anteriormente, a burocracia está fundamentada na padronização e em tarefas operacionais rotineiras realizadas por meio da especialização, regras e regulamentos formalizados, tarefas em departamentos

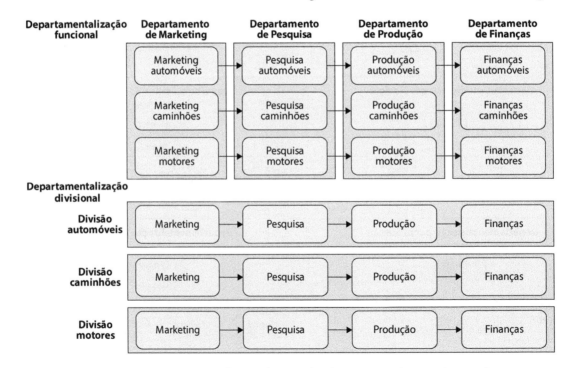

Figura 4.8 Departamentalização funcional × departamentalização divisional.

funcionais, autoridade e processo decisório centralizados na cúpula em uma cadeia de comando.[25] O modelo burocrático se caracteriza por:[26]

- **Racionalidade**: em relação ao alcance dos objetivos da organização.
- **Cargos delimitados**: com foco nas tarefas e nos deveres dos ocupantes.
- **Decisões centralizadas na cúpula**: cada participante é um executor de tarefas e depende de decisões da hierarquia.
- **Univocidade de interpretação**: garantida por regulamentos escritos. A informação é fornecida apenas a quem deve recebê-la.
- **Uniformidade de rotinas e procedimentos**: por meio da padronização e de rotinas definidas por escrito.
- **Continuidade da organização**: as pessoas ingressam e saem da organização, pois o importante é o cargo, e não a pessoa que o ocupa.
- **Constância**: as tarefas são programadas e executadas rotineiramente.
- **Confiabilidade**: o negócio é conduzido por regras escritas. As decisões são previsíveis e o processo decisório é tomado na cúpula.

Contudo, o modelo burocrático apresenta sérias limitações, a saber:[27]

- A especialização cria separação e conflitos entre as unidades, pois cada área cria limites e barreiras e se fecha como um feudo em suas funções.
- Rigidez e inflexibilidade impedem mudanças necessárias em um mundo em constante transformação.
- Falta de adaptabilidade, mudança e inovação.
- Disfunções, como consequências não desejadas e anomalias, que levam à ineficiência no funcionamento, por ignorar o componente humano.

Em suma, o modelo burocrático não consegue condições de se adaptar à Era Digital.

4.9.2 Estrutura matricial

A estrutura matricial, também denominada matriz ou organização em grade, apresenta uma estrutura híbrida ou mista que combina duas formas de departamentalização – departamentalização funcional com departamentalização por produtos – na mesma estrutura organizacional. Assim, cria uma dupla linha de autoridade, como se fosse uma tabela de duas entradas. Com isso, o princípio da unidade de comando vai para o espaço e é criada uma delicada balança de duplo poder que caracteriza a matriz. Cada pessoa passa a ter uma dupla subordinação: aos gerentes funcionais e aos gerentes de produto, simultaneamente. Isso produz consequências positivas, pois cada pessoa recebe orientação de um líder funcional (seja da área de Marketing, Finanças, Produção, RH) e de um líder orientado para o produto ou serviço. Essa dupla orientação permite a cada pessoa receber uma visão ampliada de seu trabalho e de seus objetivos, mas conduz a uma duplicidade de comando que pode provocar confusão e conflitos.

Na Figura 4.9, são mostrados organogramas de estrutura simples e estrutura matricial.

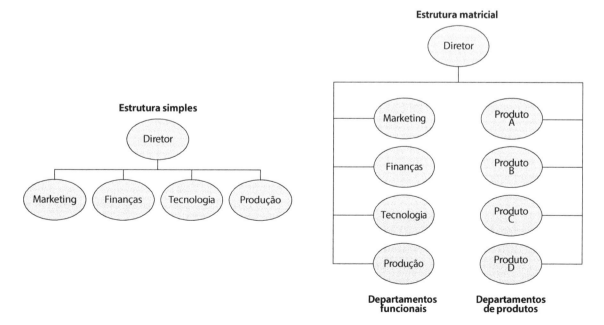

Figura 4.9 Organogramas de estrutura simples e estrutura matricial.

Quadro 4.5 Estrutura matricial de uma universidade

	Graduação	Mestrado	Doutorado	Pesquisa	Educação corporativa
Administração geral					
Finanças					
Marketing					
Produção					
Comportamento organizacional					

A estrutura matricial é encontrada em organizações complexas, tais como laboratórios de pesquisa e desenvolvimento, empresas aeroespaciais, agências de propaganda, empresas de consultoria, organizações de entretenimento, universidades, hospitais, empresas de tecnologia de ponta, nas quais as funções precisam também ser sincronizadas com os produtos ou serviços oferecidos pela organização, além da hierarquia.[28] A estrutura matricial de uma universidade é detalhada no Quadro 4.5.

A organização matricial apresenta aspectos altamente positivos, como:[29]

- O desenho matricial reúne as vantagens da organização funcional – que tem como foco funções especializadas e agrupa especialistas – e as vantagens da organização por produto – que facilita a coordenação de interdependências, ao mesmo tempo em que neutraliza as fraquezas e as desvantagens de cada um dos tipos de organização. A estrutura funcional enfatiza a especialização, mas não enfatiza o negócio; e a estrutura de produto enfatiza o negócio, mas não enfatiza a especialização de funções.
- Facilita a coordenação de várias tarefas complexas e interdependentes, ao mesmo tempo em que permite especialização e maior agilidade nas decisões.
- Integra diferentes especialistas, melhora a comunicação e aumenta a flexibilidade da organização para a mudança e a inovação.
- Permite alocar especialistas em diferentes produtos ou serviços, em vez de mantê-los restritos a um único departamento funcional ou de produto. Os talentos são utilizados em vários produtos/serviços e não são monopolizados em um único departamento.
- Por fim, o modelo matricial oferece economias de escala com uma utilização mais eficiente das competências e recursos disponíveis da organização.

Os pontos fracos da organização matricial são:

- A estrutura matricial rompe com o conceito de unidade de comando. Os funcionários passam a ter dois superiores: o gerente do departamento funcional e o gerente do departamento de produto. Isso significa uma dupla cadeia de comando.
- Com isso, a estrutura matricial provoca confusão quanto à autoridade, possíveis conflitos pelo poder e estresse nas pessoas.[30] É que, quando se abre mão do conceito de unidade de comando, crescem a ambiguidade e o potencial de conflito.
- Não fica claro quem se reporta a quem.

4.10 NOVOS MODELOS ORGANIZACIONAIS

As organizações estão constantemente desenvolvendo novas opções estruturais para competirem de maneira mais eficaz e ágil. Três modelos de estrutura estão sendo altamente cogitados: a estrutura de equipe, a organização virtual e a organização sem fronteiras.

4.10.1 Estrutura baseada em equipes

Uma das recentes tendências tem sido o esforço das organizações em implementar os conceitos de equipe na prática. A cadeia vertical de comando sempre constituiu um poderoso meio de controle – seja das pessoas, seja das funções, seja dos processos –, mas seu ponto frágil é jogar a responsabilidade para a cúpula e isentar a base da organização de qualquer compromisso. As equipes estão se tornando uma forma bastante comum de organizar as atividades do trabalho. As organizações estão utilizando equipes como seu principal meio de atuação e coordenação.[31] Esta é a característica da estrutura de equipes: ao coordenar e integrar, ela desmonta as antigas barreiras departamentais e descentraliza o processo decisório nas equipes,[32] tornando-as tanto generalistas quanto especialistas.[33]

Em geral, a estrutura de equipe pode envolver toda a organização empresarial por meio de centros de lucro autônomos ou de unidades de negócios dirigidas por equipes. É comum encontrar equipes autogerenciadas cuidando de unidades estratégicas de negócios com total autonomia e liberdade. E os líderes das diversas equipes também formam uma equipe: a equipe dos líderes de equipes.

Nas grandes organizações ainda baseadas no modelo burocrático, a estrutura de equipes aumenta a eficiência, proporcionando flexibilidade e agilidade.[34] A maior parte das organizações de tecnologia de ponta utiliza equipes autogerenciadas, como Motorola, Saturn e Xerox. Outras estruturam suas atividades e projetos de pesquisa e desenvolvimento em torno de equipes, como Fuji, HP e Boeing. Nessas empresas, a equipe é transitória e dura enquanto perdurar o projeto ou missão para que foi criada.

Um exemplo de estrutura baseada em equipes é exibido na Figura 4.10.

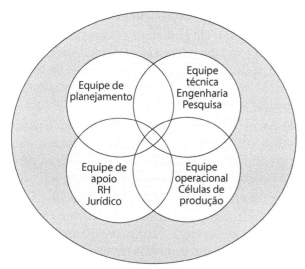

Figura 4.10 Exemplo de estrutura baseada em equipes.

Os membros de uma equipe podem também ser integrantes de outras equipes. O importante é que os membros participem eventual ou simultaneamente de mais de uma equipe de trabalho. Em alguns casos, existe uma hierarquia de equipes, e o trabalho sempre é coletivo e altamente interconectado.

Os pontos fortes da estrutura de equipes são:[35]

- Eliminação das barreiras departamentais e aumento do compromisso entre as pessoas, pela maior proximidade entre elas.
- Maior flexibilidade da estrutura organizacional e menor tempo de reação aos requisitos do cliente e às mudanças ambientais, pois as decisões da equipe são mais rápidas, por dispensar aprovação hierárquica.

- Participação de todas as pessoas em virtude do total envolvimento em projetos globais em vez de tarefas estreitas, isoladas e monótonas. As tarefas e os contatos pessoais são enriquecidos e ampliados.
- Menores custos administrativos, pois a criação de equipes derruba a hierarquia, requerendo poucos gestores para sua supervisão e controle.

Contudo, os pontos frágeis da estrutura em equipe são:

- Maior tempo despendido para a coordenação por meio de reuniões.
- Pode provocar descentralização exagerada e não planejada. Nem sempre os membros da equipe tomam decisões de acordo com os objetivos organizacionais ou departamentais. Por falta de noção corporativa tendem a tomar decisões que são boas para a equipe, mas que podem ser inadequadas para a organização como um todo.

4.10.2 Estrutura em redes

A estrutura em redes – também denominada organização modular ou organização virtual – é uma organização relativamente pequena, apesar do enorme volume de operações que pode alavancar e que permite terceirizar a maior parte de suas funções de negócios. Sua estrutura é totalmente descentralizada, concentrada em seu *core business* – sua atividade miolo, básica e essencial, enquanto transfere a terceiros tudo o que não é essencial ao seu negócio.

 **SAIBA MAIS** — **Estrutura em redes**

Empresas como Nike, Reebok, Dell Computer e Coca-Cola utilizam a estrutura em rede para terceirizar totalmente a manufatura de seus produtos. Elas não possuem fábricas próprias e seus produtos são produzidos por outras empresas. O raciocínio é: alugar em vez de investir e comprar instalações e equipamentos, enquanto outras empresas podem fazer melhor e mais barato. Em outras palavras, faturar sem precisar ter fábricas próprias permite obter a máxima flexibilidade com o mínimo de capital próprio. São organizações, em geral, virtuais baseadas em uma rede de relacionamentos para contratar prestação de serviços de manufatura, distribuição, marketing e propaganda de quem o faça melhor e mais barato. Empresas do ramo cinematográfico que

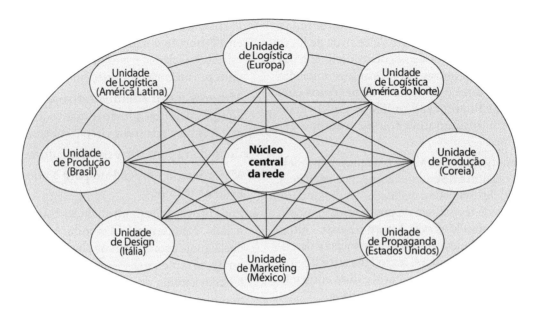

Figura 4.11 Exemplo de estrutura de redes.

antes utilizavam enormes estúdios e empregavam milhares de pessoas em tempo integral – como câmeras, editores, diretores, atores e cenógrafos – partiram definitivamente para a estrutura em rede: um diversificado conjunto de pessoas e empresas que se juntam apenas para realizar um projeto.[36] Terminado o projeto, o grupo se desfaz para que as pessoas se integrem em novas e diferentes equipes de projetos.

Na Figura 4.11, é apresentado um exemplo de estrutura de redes.

As vantagens da estrutura de rede são:

- **Flexibilidade da força de trabalho**: cada projeto deve contar com as pessoas que tenham as competências necessárias e específicas para completar o projeto. O formato em rede permite que cada projeto possa contar com os talentos especificamente adequados àquele filme, sem ter de escolher entre os funcionários estáveis do estúdio.
- **Custos administrativos baixos**: isso reduz fortemente o *overhead* burocrático, já que não existe uma organização fixa a ser mantida.
- **Adequação a cada projeto**: a estrutura em rede elimina riscos a longo prazo, pois cada equipe é montada para um projeto definido e, depois, é extinta.[37]
- **Permite competitividade em escala global**: há o aproveitamento das melhores vantagens localizadas no mundo todo e, assim, alcançam-se qualidade e preço em seus produtos e serviços.

Contudo, os pontos frágeis da estrutura em rede são:[38]

- **Falta de controle global**: os gestores não têm todas as operações dentro de sua empresa e dependem de contratos, coordenação, negociação e mensagens eletrônicas com outras empresas para tocar todos os processos em conjunto.
- **Maior incerteza e potencial de falhas**: se uma empresa subcontratada deixa de cumprir o contrato, o negócio pode ser prejudicado. A incerteza é maior porque não existe controle direto sobre todas as operações.
- **A lealdade dos parceiros é enfraquecida**: as pessoas sentem que podem ser substituídas por outros contratos de serviços. A cultura organizacional torna-se frágil. Com produtos e mercados mutáveis, a organização pode mudar os funcionários para poder adquirir o composto adequado de novas habilidades humanas.

VOLTANDO AO CASO INTRODUTÓRIO

A reorganização da DataCentrum

Paulo Saravia passou a considerar melhor a questão do desenho organizacional da DataCentrum. Não seria melhor abandonar o esquema de departamentalização e tentar uma abordagem mais atual, como a organização por equipes ou em redes? O que você faria no lugar de Saravia? Quais as providências para implantar a solução?

4.10.3 A nova lógica das organizações

Os desafios do mundo globalizado e a velocidade implacável da mudança estão conduzindo a um sentido de emergência quanto ao ajustamento e à adaptabilidade das organizações como condição para que sobrevivam no novo ambiente de negócios.[39] As tendências organizacionais no mundo moderno se caracterizam por:[40]

1. **Cadeias de comando mais curtas**: a velha cadeia escalar de comando está na corda bamba. A tendência atual é enxugar níveis hierárquicos na busca por organizações não hierárquicas, enxutas e flexíveis.

2. **Menos unidade de comando**: o tradicional princípio de que cada pessoa pode somente reportar-se a um único superior está sendo questionado. A ascendência vertical (subordinação ao chefe) está sendo substituída pelo relacionamento horizontal (em direção ao cliente, interno ou externo). A ênfase horizontal no processo está ocupando o lugar da tradicional hierarquia vertical.

3. **Amplitude de controle mais ampla**: as organizações estão partindo para amplitudes administrativas mais amplas que reduzem a supervisão direta e facilitam a delegação de responsabilidade e autonomia às pessoas.

4. **Mais participação e *empowerment***: a participação é o processo de transferir responsabilidades e decisões às pessoas. Os gestores estão delegando mais meios para fortalecer as pessoas em todos os níveis para que elas possam tomar todas as decisões que afetam diretamente o seu trabalho. Com o *empowerment*, proporciona-se maior responsabilidade e autonomia às pessoas para que possam trabalhar mais livremente e com um mínimo de supervisão e controle.

5. **Ênfase nas equipes de trabalho**: os antigos departamentos e divisões estão cedendo lugar a equipes de trabalho definitivas ou transitórias. Essa aparente "desorganização" do trabalho significa uma orientação rumo à flexibilidade, agilidade, mudança e inovação. Coisas que a Era Digital está requerendo.

6. **A organização como um sistema de unidades de negócio interdependentes**: cada vez mais as organizações estão se estruturando sobre unidades autônomas e autossuficientes de negócios, cada qual atuando como um centro de lucro específico, com metas e resultados a alcançar. Para tanto, torna-se necessário um sistema de informação que proporcione a integração do todo organizacional, incluindo a tecnologia.

7. **Infoestrutura**: a nova arquitetura organizacional está intimamente interligada por meio da tecnologia da informação (TI). A infoestrutura permite uma organização integrada sem necessariamente estar concentrada em um único local. As pessoas podem trabalhar em qualquer lugar e em qualquer tempo. Ela dispensa também a antiga hierarquia porque os níveis gerenciais não são mais necessários, uma vez que a informação está instantaneamente disponível no formato eletrônico e é oferecida para toda a organização para tomada de decisões e ações competitivas. Cada equipe ou unidade de negócio funciona como um cliente ou fornecedor (servidor) ligado em rede, trabalhando em uma estrutura molecular, ágil e flexível.

8. **Abrandamento dos controles sobre as pessoas**: as organizações estão mais preocupadas com os fins (alcance de objetivos, resultados ou metas), e não com o comportamento variado das pessoas. Isso significa que os antigos controles externos (regras, regulamentos, procedimentos, horários de trabalho etc.) estão sendo substituídos por conceitos (valores organizacionais, missão da organização, foco no cliente) que permitem orientar (e não fiscalizar ou bitolar) o comportamento das pessoas.

9. **Foco no negócio e no essencial**: é o foco no *core business* e consequente eliminação do acessório, supérfluo ou acidental. Programas de enxugamento e terceirização são realizados para eliminar as aparas e reorientar a organização para aquilo para o qual ela realmente foi criada: seu negócio e seu cliente.

10. **Consolidação da economia do conhecimento**: a economia do conhecimento significa a presença maior do trabalho mental e cerebral, na qual predomina a criatividade e a inovação na busca de soluções inovadoras, produtos e serviços novos, processos modernos para agregar valor à organização e oferecer soluções criativas às necessidades do cliente. Significa que as pessoas deixam de ser fornecedoras de mão de obra para serem fornecedoras de conhecimento e de competências, e capazes de agregar valor ao negócio, ao cliente e à organização.

As organizações foram aos poucos se transformando de uma estrutura vertical para uma estrutura cada vez mais horizontal. Stalk e Black[41] mostram na Figura 4.12 os caminhos e as etapas dessa transformação.

Aumente seus conhecimentos sobre **Metodologias ágeis** na seção *Saiba mais* CO 4.6

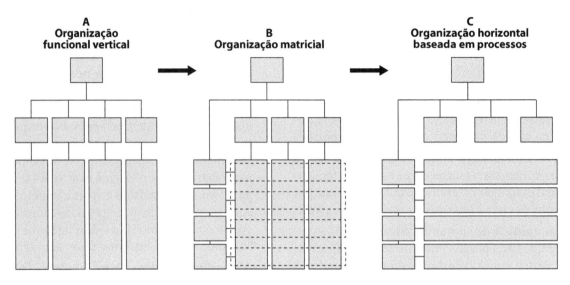

Figura 4.12 Evolução da estrutura vertical para horizontal.

 Acesse um caso sobre **Colgate-Palmolive: organizando para ser global e agir localmente** na seção *Caso de apoio* CO 4.1

RESUMO

Para poderem funcionar de maneira adequada, as organizações necessitam de uma estrutura organizacional que sirva de plataforma para conter e integrar todos os seus órgãos, pessoas, tarefas, relações, recursos etc. O desenho ou formatação organizacional constitui a maneira pela qual são moldados os componentes que a organização utiliza para realizar sua tarefa e alcançar seus objetivos. O desenho precisa atender a três aspectos: proporcionar uma estrutura básica, os mecanismos de operação e os mecanismos de decisão. O tamanho organizacional depende da evolução ou ciclo de vida da organização, que envolve quatro estágios: nascimento, infância, juventude e maturidade. O desenho obedece a dois processos básicos e oponentes: diferenciação e integração. Além disso, é definido pela missão organizacional, pela visão de futuro e pelos objetivos globais o que se pretende alcançar. As dimensões básicas do desenho – formalização, centralização, especialização, amplitude de controle, departamentalização e hierarquia – servem para moldar o desenho, que pode ser mecânico ou tradicional, em um extremo; e orgânico ou flexível, em outro. Além disso, o desenho define o tipo de departamentalização a ser adotado – como por funções, por produtos/serviços, por localização geográfica, por processos ou por clientela. Por fim, os modelos organizacionais – como a estrutura simples, a burocracia, a estrutura matricial –, bem como os novos modelos organizacionais mais recentes – estrutura de equipe, estrutura em rede –, mostram a nova lógica das organizações com foco na simplificação, na flexibilidade e no poder concedido às pessoas.

QUESTÕES

1. O que significa estrutura organizacional? Comente.
2. O que significa desenho organizacional? Comente.
3. Quais os ingredientes básicos do desenho organizacional?
4. Explique o desenho organizacional como plataforma ou estrutura e mecanismos de operação e decisão.
5. Explique o tamanho e os estágios do ciclo de vida organizacional.
6. O que significa diferenciação? E integração?
7. Como se define o negócio da organização?
8. Conceitue e explique a missão organizacional.
9. Conceitue e explique a visão organizacional.
10. Conceitue e explique os objetivos globais.
11. Quais as dimensões básicas do desenho organizacional?
12. Compare o modelo mecânico e o modelo orgânico de organização.
13. O que significa abordagem sistêmica da organização?

14. Conceitue e explique a departamentalização.
15. Explique a departamentalização funcional ou por funções.
16. Explique a departamentalização por produtos ou serviços.
17. Explique a departamentalização geográfica.
18. Explique a departamentalização por processos.
19. Explique a departamentalização por clientes.
20. Compare a departamentalização funcional e a departamentalização divisional.
21. O que significa estrutura simples como modelo organizacional?
22. O que significa burocracia como modelo organizacional? Quais são seus pontos fortes e pontos fracos?
23. O que significa estrutura matricial? Quais são seus pontos fortes e pontos fracos?
24. O que significa estrutura de equipe como novo modelo organizacional? Quais são seus pontos fortes e pontos fracos?
25. O que significa estrutura em rede? Quais são seus pontos fortes e pontos fracos?
26. Quais as tendências organizacionais no mundo moderno? Explique-as.
27. O que você entende por infoestrutura?
28. O que você entende por *scrum*?
29. E por flexibilidade organizacional e agilidade?
30. Explique as organizações ágeis.

REFERÊNCIAS

1 CHIAVENATO, I. *Administração nos novos tempos*. 4. ed. São Paulo: Atlas, 2020. p. 189.
2 WAGNER III, J. A.; HOLLENBECK, J. R. *Comportamento organizacional* – criando vantagem competitiva. São Paulo: Saraiva, 2000. p. 465.
3 KILMANN. R. H.; PONDY, L. R.; SLEVIN, D. P. Directions of research on organization design. *In*: KILMANN, R. H.; PONDY, L. R.; SLEVIN, D. P. *The management organization design, research and methodology*. New York: North Holland, 1976. p. 1.
4 GALBRAITH, J. R. *Organization design*. Reading: Addison-Wesley Publishing Co., 1977. p. 5.
5 DAVIS, M. R.; WECKLER, D. A. *A practical guide to organization design*. New York: Crisp Publ., 1996. p. 148.
6 CHILD, J. Organizational design and performance: contingency theory and beyond, *Organization and Administrative Sciences*, v. 8, 1977. p. 169.
7 PORTER, L. W.; LAWLER III, E. E.; HACKMAN, J. R. *Behavior in organizations*. New York: McGraw-Hill, 1975. p. 223.
8 CHILD, J. *Organizations*: a guide to problems and practice. London: Harper & Row Publishers, 1977. p. 8-9.
9 CHIAVENATO, I. *Administração nos novos tempos, op. cit.*, p. 200.
10 KIMBERLY, J. R.; MILES, R. H. et al. *The organizational life cycle*. San Francisco: Jossey-Bass, 1980.
11 TOMASKO, R. *Downsizing*: reformulando e redimensionando sua empresa para o futuro. São Paulo: Makron Books, 1992.
12 DUMAINE, B. The bureaucracy busters, *Fortune*, June 17, p. 35-50, 1991.
13 PINCHOT III, G. *Intrapreneuring*: por que você não precisa deixar a empresa para tornar-se um empreendedor. São Paulo: Harbra, 1989.
14 LAWRENCE, P. R.; LORSCH, J. W. *As empresas e o ambiente*: diferenciação e integração administrativas. São Paulo: Edgard Blucher, 1972.
15 Extraído de: PAGNONCELLI, D.; VASCONCELLOS FILHO, P. *Sucesso empresarial planejado*. Rio de Janeiro: Qualitymark, 1992. p. 77-83.
16 CHIAVENATO, I. *Administração nos novos tempos, op. cit.*, p. 126.
17 PAGNONCELLI, D.; VASCONCELLOS FILHO, P. *Sucesso empresarial planejado, op. cit.*, p. 110-135.
18 ACKOFF, R. L. On the use of models in corporate planning. *Strategic Management Journal*, n. 2, 1981. p. 353-359.
19 MOURA, J. A. Marcondes de. *Os frutos da qualidade* – a experiência da Xerox do Brasil, *op. cit.*
20 CHIAVENATO, I. *Introdução à Teoria Geral da Administração*. 10. ed. São Paulo: Atlas, 2020.
21 CHILD, J. Strategic choice in the analysis of action, structure, organization and environment: retrospect and prospect, *Organizational Studies*, v. 18, n. 1, p. 43-76, 1997.
22 GALBRAITH, J. R. *Designing complex organizations*, Reading: Addison-Wesley, 1973. p. 4.
23 SUTHERLAND, J.; SUTHERLAND, J. J. *Scrum*: the art of doing twice the work in half the time, 2010.
24 CHIAVENATO, I. *Introdução à Teoria Geral da Administração, op. cit.*, p. 154-160.
25 ROBBINS, S. P. *Comportamento organizacional*. São Paulo: Prentice Hall, 2002. p. 411.
26 CHIAVENATO, I. *Introdução à Teoria Geral da Administração, op. cit.*, p. 99-102.
27 CHIAVENATO, I. *Introdução à Teoria Geral da Administração, op. cit.*, p. 103-105.
28 KNIGHT, K. Matrix organization: a review, *Journal of Management Studies*, p. 111-130, May 1976.
29 CHIAVENATO, I. *Introdução à Teoria Geral da Administração, op. cit.*, p. 301-302.

30 DAVIS, S. M.; LAWRENCE, P. R. Problems of matrix organization, *Harvard Business Review*, p. 131-142., May-June 1978.

31 MOHRMAN, S. M.; COHEN, S. G.; LAWRENCE, P. R. *Designing team-based organizations*. San Francisco: Jossey-Bass, 1995.

32 MASLOW, E.; WILSON, P. Or. *The breakdown of hierarchy*. Oxford: Butterworth-Heinemann, 1997.

33 KAETER, M. The age of the specialized generalist, *Training*, December 1993, p. 48-53.

34 NADLER, D. A.; TUSHMAN, M. L. Competing by design. Oxford: Oxford University Press, 1997.

35 CHIAVENATO, I. *Introdução à Teoria Geral da Administração*, op. cit., p. 302-303.

36 BATES, J. Making movies and moving on, *Los Angeles Times*, January 19, 1998. p. A1.

37 ROBBINS, S. P. *Comportamento organizacional*, op. cit., p. 414.

38 CHIAVENATO, I. *Introdução à Teoria Geral da Administração*, op. cit., p. 304.

39 MILES, R. E.; SNOW, C. C. The new network firm: a spherical structure built on human investment philosophy, *Organizational Dynamics*, p. 5-18, spring 1995.

40 GROTH, L. *Future organizational Design*. New York: John Wiley & Sons, 1999.

41 STALK JR., G.; BLACK, J. E. The myth of the horizontal organization, *Canadian Business Review*, winter 1994, p. 26-31.

5. CULTURA ORGANIZACIONAL

OBJETIVOS DE APRENDIZAGEM

Após estudar este capítulo, você deverá estar capacitado para:

- Apresentar uma visão geral da cultura em diferentes países e suas variadas dimensões culturais.
- Descrever a cultura organizacional e suas características básicas.
- Discutir as características das culturas organizacionais conservadoras e as culturas adaptativas e flexíveis.
- Explicar as razões do sucesso de certas culturas organizacionais.
- Discutir os valores organizacionais.
- Explanar a socialização organizacional.
- Examinar as características do espírito empreendedor.

 CASO INTRODUTÓRIO

O dilema da Standard Inn

Alfredo Suarez ingressou na Standard Inn, uma grande empresa hoteleira, como diretor financeiro. Seu sucesso na área de finanças proporcionou duas vitórias: permitiu que sua empresa adquirisse gradativamente várias redes hoteleiras e tornou-o o novo presidente da organização. Alfredo nada conhece de Comportamento Organizacional (CO) e teve um aprendizado na prática do cotidiano. O desafio maior que enfrenta na condução do negócio é a diferença cultural entre as organizações adquiridas pela Standard Inn. Enquanto esta é uma empresa dinâmica e empreendedora, que assume riscos e segue uma estratégia ofensiva e expansiva, as empresas adquiridas – agora em processo de fusão com a nova empresa proprietária – se caracterizam por uma cultura tradicionalista, paternalista, autocrática e impositiva. Quase sempre há um choque cultural. Qual o melhor caminho para Suarez?

O QUE VEREMOS ADIANTE

- Conceito de cultura.
- Cultura organizacional.
- Características da cultura organizacional.
- Tipos de cultura.
- Espírito empreendedor e inovador.

Cada organização é única. Cada organização tem suas características próprias e específicas, seu estilo de vida e de comportamento, sua mentalidade, sua presença, sua personalidade e seu DNA. Além disso, cada organização apresenta características que nem sempre são físicas, tangíveis ou concretas, visíveis ou mensuráveis. Muitos dos fenômenos que ocorrem nela são decorrentes de sua cultura. O estudo da cultura organizacional é indispensável para quem pretende conhecer a organização e as peculiaridades de seu comportamento. Na verdade, a cultura organizacional constitui parte integrante do DNA da organização, aquilo que mais a define e interpreta.

5.1 CONCEITO DE CULTURA

Sob um ponto de vista mais amplo, cada sociedade ou nação tem uma cultura própria que influencia comportamentos das pessoas e das organizações. A cultura de uma sociedade compreende valores compartilhados, hábitos, usos e costumes, códigos de conduta, tradições e objetivos que são aprendidos das gerações mais velhas, impostos pelos membros atuais da sociedade e passados sucessivamente para as novas gerações. De acordo com Émile Durkheim, o pioneiro da Sociologia, as gerações mais velhas tentam adaptar as gerações mais novas aos seus padrões culturais, enquanto estas resistem e reagem, provocando mudanças e transformações gradativas. Esse compartilhamento de atitudes comuns, códigos de conduta e expectativas passam a guiar e controlar de maneira subconsciente certas normas de comportamento.[1] Desde o nascimento, cada pessoa gradualmente internaliza e acumula os efeitos da cultura por meio do processo de educação e socialização. A cultura tem sua base de vida fundamentada em comunicação compartilhada, padrões, códigos de conduta e expectativas.[2] Essas influências resultam de variáveis que impactam a cultura, como fatores econômicos, políticos e legais.[3] As variáveis nacionais e socioculturais também afetam o contexto para o desenvolvimento e a perpetuação das variáveis culturais. As variáveis culturais, por sua vez, determinam as atitudes básicas em relação a trabalho, tempo, materialismo, individualismo e mudanças.[4] Tais atitudes afetam a motivação e as expectativas das pessoas quanto ao trabalho e às relações grupais, e estas afetam os resultados que se pode esperar de cada pessoa. Além disso, a cultura influencia e condiciona de maneira poderosa as interações entre as pessoas e o processo de comunicação entre elas, como será abordado adiante.

A Figura 5.1 apresenta as variáveis ambientais que influenciam o CO.

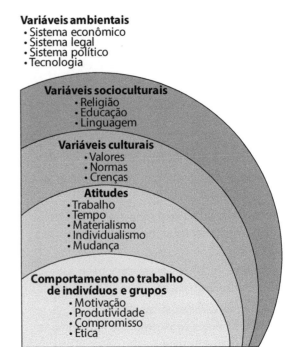

Figura 5.1 Variáveis ambientais que afetam o CO.[5]

5.1.1 Dimensões culturais segundo Hofstede

Para avaliar as dimensões culturais de 50 países, Hofstede desenvolveu uma pesquisa com mais de 116 mil pessoas.[6] A ideia era verificar como os valores básicos de cada país influenciavam o CO. Hofstede considerou cinco dimensões:[7]

1. **Distância do poder**: orientação quanto à autoridade e à hierarquia.

2. **Aversão à incerteza**: desejo de estabilidade e segurança.

3. **Individualismo × coletivismo**: quanto à predominância da iniciativa, da autonomia e da independência individual ou do coletivismo e do senso de pertencer.

4. **Masculinidade × feminilidade**: quanto a assertividade, materialismo, desempenho, independência e falta de preocupação com os outros ou com relacionamentos, afetividade e preocupação com os outros.

5. **Orientação para longo prazo ou curto prazo**: imediatismo ou visão de futuro.[8]

A pesquisa de Hofstede abriu uma brecha para outras pesquisas sobre cultura.[9]

5.1.2 Dimensões culturais segundo Trompenaars

Trompenaars[10] coordenou uma pesquisa similar em alguns países e identificou cinco dimensões culturais que afetam suas organizações, a saber:[11]

1. **Universalismo × particularismo**: o universalismo se assenta em regras, sistemas legais e contratos, e ocorre quando a crença sobre ideias e práticas é aplicada em qualquer lugar sem modificações, enquanto o particularismo se assenta em relações, sistemas pessoais, confiança nas pessoas, deveres aos amigos e à família, e ocorre quando a crença é de que são as circunstâncias que ditam como as ideias e as práticas podem ser aplicadas. Culturas universalistas enfatizam regras formais e estritas (como lidar com negócios, contratos, regras e regulamentos) e são por elas guiadas, enquanto culturas particularistas têm como foco relações pessoais e maior confiança em pessoas do que em regras formais e contratos legais.

2. **Individualismo × coletivismo**: o individualismo tem como foco as pessoas enquanto indivíduos, ao passo que o coletivismo tem como foco as pessoas enquanto membros de grupos sociais. Culturas individualistas respondem melhor à individualidade na remuneração por desempenho, na tomada de decisão individual e nos desenhos de trabalho. Nas culturas coletivistas, é mais apropriado falar em planos de recompensa do tipo *gainsharing*, solução grupal de problemas, tomada de decisão consensual e desenho de equipes autônomas de trabalho.

3. **Neutralidade × afetividade**: refere-se à orientação emocional nas relações sociais. A neutralidade ocorre quando contatos físicos são reservados apenas aos amigos e familiares e as emoções não são expressas abertamente, nem afetam a atividade. A afetividade ocorre quando os contatos físicos são mais abertos e livres, com forte expressividade e linguagem corporal. Em uma cultura afetiva, as emoções são expressas aberta e naturalmente.

4. **Relacionamento específico × difuso**: refere-se ao envolvimento das pessoas em seus relacionamentos. No relacionamento específico, as pessoas têm um espaço público privado que compartilham somente com poucos amigos e familiares, evitam que outros entrem em seu espaço e não misturam sua vida privada com o trabalho, pois são fechadas e introvertidas. Já no relacionamento difuso, as pessoas são diretas, abertas, confrontadoras, extrovertidas, separando o trabalho da vida privada. O espaço público é vasto e as pessoas respeitam os títulos de outra pessoa, bem como idade e conexões, e tornam-se impacientes quando pessoas de uma cultura específica são indiretas ou evasivas.

5. **Realização pessoal × atribuição**: refere-se à legitimação de poder e *status*. Em uma cultura de realização pessoal, as pessoas têm seus *status* baseados em suas próprias competências e façanhas e em como desempenham suas funções. Além disso, dão elevado *status* a empreendedores bem-sucedidos. Na cultura de atribuição, o *status* é designado com base no que cada pessoa é, de acordo com seu *status* fundamentado em idade, sexo, escolaridade ou conexões sociais, recebendo o respeito dos outros em função de sua idade ou tempo de casa na empresa.

As pesquisas de Hofstede e de Trompenaars sugerem que a cultura de cada país varia quanto às dimensões culturais pesquisadas; assim, influenciam poderosamente a cultura de suas organizações e, consequentemente, o CO.[12] As organizações multinacionais que possuem filiais em vários países utilizam as indicações dessas pesquisas para poderem adequar aspectos culturais de suas redes aos diversos países em que estão situadas e alcançar eficácia em suas operações ao redor do mundo.[13]

Ao deixar de lado o contexto sociocultural e transcultural de países ou regiões diferentes, Smircich notou que, no interior de cada organização, também existem diferentes focos e visões a respeito da cultura, a saber:[14]

1. **Cultura corporativa**: funciona como um mecanismo regulatório e adaptativo que permite a articulação dos indivíduos na organização, vista como um organismo adaptativo que funciona por meio de processos de trocas com o ambiente externo.

2. **Cognição organizacional**: toda organização é um sistema de conhecimento, e a noção que dela têm as pessoas repousa sobre uma rede de significados subjetivos que os membros partilham em vários graus e que funcionam de maneira regular.

3. **Simbolismo organizacional**: a cultura é um sistema de símbolos compartilhados, e a ação simbólica precisa ser interpretada, lida ou decifrada, a fim de ser entendida. Assim, as organizações são padrões de discursos simbólicos, como a linguagem, que permite o compartilhamento de significados.

4. **Processos inconscientes**: a cultura é uma projeção da infraestrutura universal e inconsciente da mente por meio de formas e práticas organizacionais que são manifestações de processos inconscientes.

Para Smircich, a cultura organizacional se assemelha a um código de muitas cores, como um verdadeiro arco-íris. Cada uma das visões anteriores privilegia uma abordagem da cultura organizacional e todas elas podem conviver numa mesma organização.

5.2 CULTURA ORGANIZACIONAL

Da mesma forma que cada país tem sua própria cultura, as organizações também se caracterizam por culturas organizacionais próprias e específicas. Cada organização tem a sua cultura organizacional ou cultura corporativa. Para se conhecer uma organização, o primeiro passo é conhecer sua cultura. Fazer parte de uma organização é assimilar sua cultura. Viver em uma organização, trabalhar nela, atuar em suas atividades, desenvolver carreira nela é participar intimamente de sua cultura organizacional. O modo como as pessoas interagem em uma organização, as atitudes predominantes, as pressuposições subjacentes, as aspirações e os assuntos relevantes nas interações entre os membros fazem parte da cultura da organização.

Várias conceituações de cultura organizacional

- Representa as normas informais e não escritas que orientam o comportamento dos membros de uma organização no dia a dia e que direcionam suas ações para a realização dos objetivos organizacionais.[15]
- Conjunto de hábitos e crenças estabelecido por meio de normas, valores, atitudes e expectativas compartilhados por todos os membros da organização. A cultura espelha a mentalidade que predomina em uma organização.[16]
- Padrão de aspectos básicos compartilhados – inventados, descobertos ou desenvolvidos por um determinado grupo que aprende a enfrentar seus problemas de adaptação externa e integração interna – que funciona bem a ponto de ser considerado válido e desejável para ser transmitido aos novos membros como a maneira correta de perceber, pensar e sentir em relação àqueles problemas.[17]
- Modo costumeiro ou tradicional de pensar e fazer as coisas, que são compartilhadas em grande extensão por todos os membros da organização e as quais os novos membros devem aprender e respeitar para serem aceitos no serviço da organização.[18]
- Maneira pela qual as coisas são feitas por aqui.

A cultura organizacional não é algo que se possa tocar ou enxergar. Ela não é percebida ou observada em si mesma, mas por meio dos seus efeitos e das suas consequências. Nesse sentido, ela lembra um *iceberg*. Na parte superior, acima do nível da água, estão os aspectos visíveis e superficiais que são observados nas organizações e que são decorrências da sua cultura. Quase sempre são as decorrências físicas e concretas da cultura, como o tipo de edifício, as cores utilizadas, os espaços, o tipo de salas e mesas, os métodos e procedimentos de trabalho, as tecnologias utilizadas, os títulos e as descrições de cargos e políticas de gestão de pessoas. Na parte submersa, estão os aspectos invisíveis e profundos, cuja observação ou percepção se torna mais difícil. Aqui estão as cerimônias tradicionais ou não, os símbolos, os significados, os heróis, as tradições, as histórias, os valores, *modus vivendi* etc.[19] Nessa parte estão as decorrências e os aspectos psicológicos e sociológicos da cultura, como mostra a Figura 5.2.

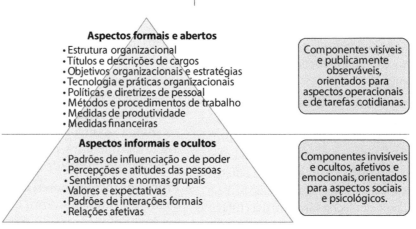

Figura 5.2 *Iceberg* da cultura organizacional.[20]

A comparação com um *iceberg* tem uma razão simples: a cultura organizacional apresenta várias camadas com diferentes níveis de profundidade e arraigamento. Para se conhecer a cultura de uma organização, torna-se necessário visualizá-la em todos os seus níveis. A Figura 5.3 é autoexplicativa e proporciona uma clara compreensão das diversas camadas da cultura organizacional.

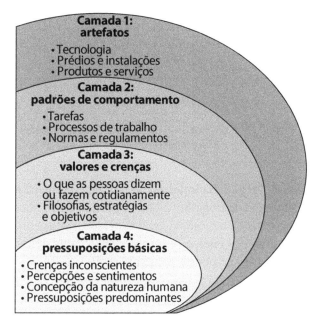

Figura 5.3 Diversas camadas da cultura organizacional.[21]

Quanto mais profunda for a camada, maior a dificuldade de entendê-la e de mudar ou transformar a cultura. A primeira camada – a mais superficial, dos artefatos que caracterizam fisicamente a organização – é a mais fácil de mudar, pois é constituída de aspectos físicos e concretos, por instalações, móveis e coisas que podem ser mudados sem maiores problemas. À medida que se aprofunda nas outras camadas, a dificuldade de mudar se torna cada vez maior. Na camada mais profunda – a das pressuposições básicas – a mudança cultural é mais difícil, problemática e demorada. É o que será abordado no Capítulo 14, dedicado à mudança e ao desenvolvimento organizacional.

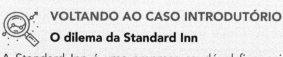

VOLTANDO AO CASO INTRODUTÓRIO
O dilema da Standard Inn

A Standard Inn é uma empresa saudável financeiramente. A cada fusão de uma nova rede hoteleira adquirida pela empresa, Alfredo Suarez fica encarregado de integrar imediatamente seu sistema financeiro à empresa-mãe. Todavia, Alfredo sabe que apenas integração contábil e financeira não é suficiente para que a nova rede agregada seja totalmente integrada no conjunto. Alfredo sabe que se torna necessário que a cultura organizacional da empresa adquirida esteja sintonizada com a cultura corporativa da Standard Inn. Contudo, como é um especialista em finanças, Alfredo não sabe exatamente o que fazer. Como você poderia ajudá-lo?

5.2.1 Cerimônias e rituais

A cultura pode ser compreendida em parte, por meio do exame do comportamento dos membros de uma organização, isto é, como o comportamento humano reflete os valores organizacionais. Na verdade, as organizações procuram modelar o comportamento de seus membros e buscam meios para que os indivíduos aprendam pela observação do comportamento dos outros, no sentido de padronizar seus comportamentos. Contudo, isso bloqueia a imaginação e a criatividade das pessoas, bem como qualquer esforço de inovação. A cultura pode ser utilizada como uma importante ferramenta de liderança, pois os líderes podem esclarecer o que é importante para a atividade das pessoas.

Assim, as organizações utilizam uma variedade de atividades repetitivas e em determinadas ocasiões para oferecer oportunidades de reconhecer e recompensar pessoas cujo comportamento é congruente e aderente aos valores organizacionais. Trata-se de reforçar continuamente a cultura organizacional. São os chamados rituais ou cerimônias, que remetem mensagens às pessoas e enaltecem aquelas que exibem os valores da organização ou seus heróis que alcançam determinadas vitórias no alcance dos objetivos organizacionais.[22]

No Quadro 5.1, são enumerados os ritos comuns em organizações.

Quadro 5.1 Ritos comuns em organizações[23]

Ritos	Significado	Exemplo
Ritos de passagem	Demonstrar a mudança de *status* das pessoas	Almoço de aposentadoria
Ritos de fortalecimento	Reforçar a realização das pessoas	Prêmios ou certificados de vencedores de campanhas internas
Ritos de renovação	Enfatizar a mudança na organização e o compromisso com a aprendizagem na organização	Abertura de um centro de treinamento Início de uma universidade corporativa
Ritos de integração	Unir grupos ou equipes diversos e renovar o compromisso com a organização	Festival de fim de ano Piquenique anual
Ritos de redução de conflitos	Lidar com conflitos e desentendimentos que surgem naturalmente na organização	Negociação de contratos sindicais Ouvidoria interna
Ritos de degradação	Punir visivelmente pessoas que falham em aderir aos valores e às normas da organização	Demissão pública por conduta antiética Crítica pelo não alcance de objetivos

5.3 CARACTERÍSTICAS DA CULTURA ORGANIZACIONAL

A cultura organizacional reflete a maneira na qual cada organização aprendeu a lidar com seu ambiente. É uma complexa mistura de pressuposições, crenças, comportamentos, histórias, mitos, metáforas e outras ideias que, tomadas juntas, representam o modo particular de uma organização funcionar e trabalhar.

A cultura organizacional apresenta seis características principais:[24]

1. **Regularidades nos comportamentos observados**: as interações entre os participantes se caracterizam por uma linguagem comum, com terminologias próprias e rituais relacionados a condutas e deferências que se mantêm ao longo do tempo.
2. **Normas**: padrões de comportamento que incluem guias sobre a maneira de fazer as coisas. As pessoas seguem essas normas.
3. **Valores dominantes**: são os principais valores que a organização advoga e espera que seus participantes compartilhem, como qualidade do produto, espírito de equipe, foco na inovação, baixo absenteísmo e alta eficiência.
4. **Filosofia**: são políticas que afirmam as crenças sobre como os funcionários ou clientes devem ser tratados.
5. **Regras**: são guias estabelecidos e relacionados com o comportamento na organização. Os novos membros devem aprender essas regras para serem aceitos no grupo.
6. **Clima organizacional**: é o sentimento transmitido pelo local de trabalho, como os participantes interagem entre si, o modo no qual as pessoas tratam umas às outras, os clientes e fornecedores, e que define o calor humano dentro da organização.

Cada uma dessas características se apresenta em vários graus e controvérsias. Para facilitar a compreensão das características culturais de cada organização, é possível salientar dois tipos extremos dentro de um *continuum* de gradações: o estilo tradicional e autocrático e o estilo participativo e democrático de cultura. Entre esses extremos, há uma continuidade e variedade de estilos intermediários, que serão apresentados a seguir.

5.4 TIPOS DE CULTURA E PERFIL ORGANIZACIONAL

Já foi explanado que a administração das organizações é um processo relativo e contingencial para a qual não existem normas e princípios universais. Assim, a administração nunca é igual em todas as organizações e pode assumir feições diferentes dependendo das condições internas e externas da organização. Em função de suas pesquisas, Rensis Likert[25] definiu quatro perfis organizacionais tomando por base variáveis como processo decisório, sistema de comunicações, relacionamento interpessoal e sistema de recompensas e punições. Em cada um dos perfis organizacionais, essas quatro variáveis se apresentam com diferentes características, conforme apresentadas no Quadro 5.2.

Quadro 5.2 Sistemas administrativos de Likert[26]

Variáveis principais	Autoritário coercitivo	Autoritário benevolente	Consultivo	Participativo
Processo decisório	Centralizado na cúpula	Centralizado com pequena delegação de rotinas	Consulta que permite delegação e participação	Descentralizado A cúpula define políticas e controla resultados
Sistema de comunicações	Muito precário Só verticais e descendentes carregando ordens	Precário As descendentes prevalecem sobre as ascendentes	Fluxo vertical (descendente e ascendente) e horizontal	Eficiente e básico para o sucesso da empresa
Relações interpessoais	São vedadas e consideradas prejudiciais à empresa	São toleradas, mas a organização informal ainda é uma ameaça	Certa confiança nas pessoas e nas relações entre elas	Trabalho em equipe com formação de grupos
Sistemas de recompensas e punições	Punições e ações disciplinares Obediência cega	Menor arbitrariedade Recompensas salariais e raras sociais	Recompensas materiais e sociais Raras punições	Participação e envolvimento Recompensas sociais

1. **Sistema 1 – autoritário coercitivo**: sistema administrativo autocrático, forte, coercitivo e altamente arbitrário, que controla rigidamente tudo o que ocorre dentro da organização. É o sistema mais duro e fechado. É encontrado em indústrias que utilizam mão de obra intensiva e tecnologia rudimentar, como construção civil ou na área de produção.

2. **Sistema 2 – autoritário benevolente**: sistema administrativo autoritário que constitui uma variação atenuada do sistema 1. Trata-se de um sistema mais condescendente e menos rígido que o anterior. É encontrado em empresas industriais que utilizam tecnologia mais apurada e mão de obra mais especializada.

3. **Sistema 3 – consultivo**: sistema que pende mais para o lado participativo do que para o lado autocrático e impositivo. Representa um abrandamento da arbitrariedade organizacional. É encontrado em empresas de serviços (bancos e financeiras) e em áreas administrativas de empresas industriais mais avançadas.

4. **Sistema 4 – participativo**: sistema administrativo democrático e aberto. É encontrado em empresas de propaganda e de consultoria, ou que utilizam tecnologia sofisticada e pessoal extremamente especializado e capacitado.

Likert notou que os dois sistemas mais primitivos utilizam apenas a forma individual de gestão: o modelo de interação pessoa a pessoa, isto é, a vinculação direta e exclusiva entre superior e subordinado. Os sistemas 3 e 4 utilizam o modelo de organização grupal. No sistema 4, a organização coletiva se superpõe: cada grupo de trabalho vincula-se ao restante da empresa por membros de outros grupos: os elos de vinculação superposta que são verdadeiros elos entre diferentes grupos de trabalho que proporcionam uma dinâmica totalmente nova no sistema, como na Figura 5.4.

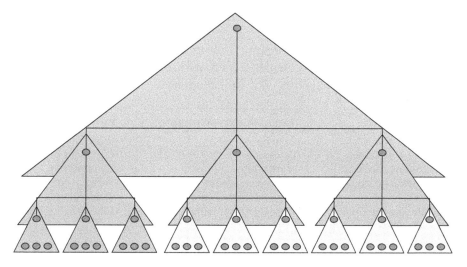

Figura 5.4 A forma de organização em grupos superpostos.[27]

SAIBA MAIS

Além da composição de grupos de trabalho e dos elos de vinculação superposta, o sistema 4 adota também princípios de relações de apoio. A administração adota metas de elevado desempenho para si própria e para todos os parceiros e oferece os meios adequados para atingi-las. Essas metas de eficiência e de produtividade são alcançadas de maneira que satisfaçam também aos objetivos individuais dos parceiros. Além de construir questionários para detectar as características da organização e conhecer qual é seu perfil organizacional, Likert também se preocupou em avaliar o comportamento humano na organização.

Existem variáveis causais – como o estilo de administração, as estratégias organizacionais, a estrutura organizacional, a tecnologia utilizada – que provocam estímulos que influenciam as pessoas. Os itens de comportamento – como competências individuais, atitudes, lealdade, comunicações, interação, tomada de decisões – são as variáveis intervenientes. Assim, as variáveis causais provocam estímulos que atuam nas pessoas (variáveis intervenientes) e provocam respostas, que são as variáveis de resultados.

As variáveis intervenientes dependem, em grande parte, das variáveis causais e têm forte influência nas variáveis de resultado final. O erro comum em calcular a eficiência da organização apenas em termos de produtividade ou de produção física como variáveis de resultado deixa de lado as variáveis intervenientes.

A avaliação do comportamento humano nas organizações conforme as variáveis causais, intervenientes e resultantes é apresentada na Figura 5.5.

5.4.1 Culturas conservadoras e culturas adaptativas

Algumas organizações se caracterizam pela adoção e preservação de culturas conservadoras, nas quais predomina a manutenção de ideias, valores, costumes e tradições que permanecem arraigados e não mudam ao longo do tempo. O perigo é que o mundo muda; o ambiente, também; e essas organizações se mantêm totalmente inalteradas, como se nada houvesse mudado em seu contexto. São organizações com culturas conservadoras e tradicionalistas, basicamente não adaptativas e que se caracterizam por sua rigidez e conservantismo. Outras organizações se caracterizam pela constante revisão e atualização de suas culturas adaptativas. O perigo, por outro lado, é que essas organizações mudam constantemente suas ideias, valores e costumes, e podem perder suas características próprias que as definem como instituições sociais. São organizações com culturas adaptativas que se caracterizam por sua maleabilidade e flexibilidade. Apesar da necessidade de mudança, algum grau de estabilidade torna-se o requisito para o sucesso da organização a longo prazo.[28] De um lado, está a necessidade de mudança e de adaptação para garantir a atualização e a modernização e, de outro lado, a necessidade de estabilidade para garantir a identidade da organização. Na verdade, a sobrevivência e o crescimento de uma organização existem à medida que tanto a estabilidade quanto a adaptabilidade e a mudança são possíveis.[29] Isso significa que uma organização pouco estável e altamente mutável tem tanta probabilidade de desaparecer do mapa quanto uma organização pouco adaptativa, rígida e imutável. Toda organização precisa ter alguma dose de estabilidade como complemento ou suplemento à mudança.[30] Mudança após mudança sem estabilidade alguma resulta quase sempre em caos e tensão entre os membros da organização.[31] O desafio está em manter um equilíbrio saudável entre estabilidade e mudança.

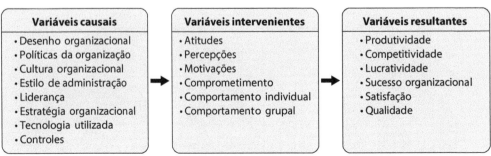

Figura 5.5 Avaliação do comportamento humano nas organizações.[32]

Quadro 5.3 Diferenças de cultura organizacional

Estilo tradicional	Estilo participativo
Autocrático	Participativo
Hierárquico e verticalizado	Igualitário e horizontalizado
Impositivo	Colaborativo
Formal	Informal
Centralizado	Descentralizado
Trabalho isolado e individualizado	Trabalho em equipes autônomas
Analítico e cauteloso	Intuitivo e ousado
Conservador e avesso a riscos	Inovador e disposto a riscos
Orientado para custos e controles	Orientado para serviços e qualidade
Remuneração e promoção pelo tempo de casa	Remuneração por desempenho e resultados alcançados

5.4.2 Culturas tradicionais e culturas participativas

As organizações que adotam culturas tradicionais e conservadoras se caracterizam por aspectos que lembram o modelo burocrático descrito no capítulo anterior. Elas adotam o chamado estilo tradicional e autocrático. Por outro lado, as organizações que adotam culturas flexíveis e adaptáveis se caracterizam por aspectos que lembram o modelo adhocrático. Elas adotam o chamado estilo participativo. O Quadro 5.3 mostra as principais características de cada um desses estilos culturais.

Cada um desses estilos extremos de cultura organizacional apresenta aspectos organizacionais típicos, conforme a Figura 5.6.

Além do mais, cada um dos estilos extremos de cultura apresenta decorrências claras, como apresentado na Figura 5.7.

 Acesse conteúdo sobre **Cultura organizacional** na seção *Tendências em CO* 5.1

Figura 5.6 Perfil de características da cultura organizacional.

Figura 5.7 Decorrências do estilo tradicional e do estilo participativo.

5.4.3 Características de culturas bem-sucedidas

A cultura apresenta um forte e crescente impacto no desempenho e nos resultados das organizações. Kotter e Heskett[33] fizeram uma pesquisa para localizar os fatores determinantes das culturas organizacionais que conduzem uma organização para o sucesso. Verificaram que as organizações bem-sucedidas adotam culturas não somente flexíveis, mas, sobretudo, sensitivas para acomodar as diferenças sociais e culturais de seus parceiros, principalmente quando elas atuam em termos globais e competitivos, espalhando-se por diversas partes do mundo. Por outro lado, também as pessoas tornam-se igualmente flexíveis e sensitivas pelo fato de participarem de várias organizações simultaneamente, a fim de trabalhar, lecionar, assessorar, consultar, comprar, alugar, comer, vestir, viajar etc. As pessoas precisam se integrar às diferentes culturas organizacionais para serem igualmente bem-sucedidas.[34]

Algumas organizações são conhecidas por seus excelentes produtos e serviços que trazem sua marca indelével. Outras são conhecidas por suas instalações físicas portentosas. No entanto, o que marca realmente uma organização é sua própria personalidade, seu modo de viver e comportar, sua mentalidade, seu cerne.[35] Estamos falando de cultura organizacional. Algumas organizações ostentam uma forte cultura corporativa que as torna conhecidas no mundo todo, como a Hewlett Packard, a 3M, a IBM, a General Motors, cada qual com sua própria identidade.[36]

Para caracterizar as culturas bem-sucedidas, Fitz-Enz assinala oito práticas utilizadas por organizações excepcionais:[37]

1. **Fixação de valor balanceado**: as organizações excepcionais alcançam simultaneamente vários objetivos balanceados para atender aos seus vários *stakeholders*. Com isso, atendem a uma ampla gama de interesses.

2. **Compromisso com uma estratégia básica e essencial**: as organizações excepcionais desenvolvem uma estratégia bem definida e convergem todos os seus esforços, a fim de que seja implementada adequadamente.

3. **Intensa ligação da estratégia com seu sistema cultural**: as organizações excepcionais apresentam uma cultura corporativa forte e bem delineada.

4. **Comunicação massiva em duas mãos**: as organizações excepcionais têm sistemas de comunicação atuantes e extraordinariamente bem desenvolvidos. A comunicação serve de conexão entre as pessoas.
5. **Parceria com *stakeholders***: as organizações excepcionais tratam seus parceiros de maneira coesa e integrada. O negócio é juntar, e não separar.
6. **Colaboração funcional**: as organizações excepcionais se assentam em mecanismos de colaboração e cooperação que aumentam sua sinergia e amplificam seus resultados.
7. **Inovação e risco**: as organizações excepcionais têm como foco a inovação e a criatividade. Mudar e mudar sempre, e não de vez em quando, para se manterem sempre na primeira fila.
8. **Essas organizações nunca estão satisfeitas**: as organizações estão sempre tentando melhorar e se aperfeiçoar, e nunca se mostram satisfeitas com os resultados já alcançados.

interpretações, a fim de avaliar se um comportamento é apropriado ou não para determinadas situações. Os valores são os elementos construtores da integridade e da responsabilidade que definem o que as pessoas e as organizações são. Eles devem ser abertos e publicamente expressados, repetidos e reafirmados. A continuidade dos valores culturais precisa fazer parte integral de uma organização, no sentido de apontar rumos e definir comportamentos. Essa continuidade somente pode ser alcançada quando todo o time administrativo realça valores e objetivos, que são os elementos essenciais para o sucesso organizacional no longo prazo. A liderança deve ter como foco os corações e as mentes das pessoas que trabalham na organização. Isso requer não somente uma base de pessoas alinhadas com os executivos que dirigem a organização, mas também o alinhamento de fornecedores, intermediários, provedores de serviços e outros parceiros do negócio.

 Acesse conteúdo sobre **A culpa não é da cultura organizacional** na seção *Tendências em CO* 5.2

5.4.4 Valores culturais

Nas ciências econômicas, o valor tem uma interpretação eminentemente material e quase sempre financeira. Não é o que ocorre com os valores culturais. A axiologia (do grego, *axios* = valor + *logos* = estudo, tratado) é o ramo da Filosofia que estuda valores. Etimologicamente, a axiologia significa teoria do valor, estudo do valor ou ciência do valor.[38] Valores culturais são essencialmente importantes dentro das organizações. Nesse sentido, para Kluckhorn, "valor é uma concepção desejável explícita e implícita, característica de um indivíduo ou grupo e que influencia a seleção dos modos, meios e fins de ação".[39] Assim, "o valor é algo significativo, importante para um indivíduo ou grupo social".[40] Os valores podem ser implícitos ou explícitos, distintivos de um indivíduo ou característicos de um grupo ou equipe. Ou da organização.

Em nossa definição, o valor é uma concepção daquilo que é altamente desejável e de impacto elevado. Valores são as crenças e atitudes básicas que ajudam a determinar o comportamento individual. Os valores variam entre as pessoas e organizações e podem assumir diferentes

 SAIBA MAIS — **Os valores fundamentais da Copesul**

A Copesul defende os seguintes valores fundamentais:
- Ética e responsabilidade.
- Preservação do meio ambiente.
- Preservação da imagem da empresa.
- Respeito.
- Preferência aos efeitos de longo prazo sobre os de curto prazo.
- Comprometimento.
- Preservação do patrimônio.
- Atualização tecnológica.
- Desenvolvimento.
- Trabalho em times.
- Abertura para participação.
- Transparência.
- Criatividade e capacidade de aprender.
- Disposição para mudanças.
- Espírito empreendedor.
- Saúde.
- Segurança no trabalho.
- Confiança em si e nos outros.
- Orientação para o cliente.
- Ser um fornecedor confiável.

Existem três níveis de valores:[41]

1. **No primeiro nível**: o mais superficial; há o reconhecimento de que algo é importante ou valioso para a organização, como a honestidade.
2. **No segundo nível**: existe uma percepção de que os valores são necessários e se promovem o diálogo e a discussão a respeito deles.
3. **No terceiro nível**: existe uma intensa atuação na base dos valores, que são transformados em aspectos inseparáveis e integrais daquilo que a organização é.

Os valores são comunicados em todos os níveis de interação humana: psicológico, interpessoal, sociológico, cultural, político, econômico e organizacional. Na prática, os valores são comunicados nas organizações por meio de aspectos positivos ou negativos:[42]

- Tudo aquilo que a organização recompensa.
- Tudo aquilo que a organização pune.
- Tudo o que as pessoas dizem, quando negam responsabilidade pelo que foi malfeito.
- Tudo o que as pessoas não dizem, quando se quedam em silêncio sobre problemas que não contam.
- Tudo o que as pessoas fazem, quando ficam angustiadas com críticas.
- Tudo o que as pessoas não fazem, quando não discutem problemas importantes.
- Congruência ou hipocrisia, quando as pessoas fazem de maneira diferente do que dizem fazer.

Os valores podem ser instrumentais – quando refletem meios a seguir – ou terminais – quando refletem fins ou objetivos. Podem ser concretos – como uma família, a bandeira, o Papa, a estrela de Davi, a Constituição ou a missão da organização – ou abstratos – como liberdade, justiça e fé.

Alguns exemplos de valores instrumentais e terminais são elencados no Quadro 5.4.

Quadro 5.4 Exemplos de valores instrumentais e terminais[43]

Valores instrumentais	Valores terminais
Ambição	Vida confortável
Capacidade	Senso de autorrealização
Coragem	Mundo de paz
Perdão	Mundo de beleza
Alegria	Equidade

(continua)

(continuação)

Valores instrumentais	Valores terminais
Honestidade	Segurança da família
Imaginação	Liberdade
Independência	Felicidade
Intelectualidade	Harmonia interna
Lógica	Amor maduro
Amor	Segurança nacional
Obediência	Prazer
Responsabilidade	Salvação
Autocontrole	Reconhecimento social
Empreendedorismo	Amizades legítimas
Mentalidade aberta	Sabedoria

Nem sempre os valores estão explicitamente definidos e estabelecidos. Quando não são claros, eles podem trazer conflitos, dilemas ou contradições. Um exemplo é a complementariedade entre individualidade e espírito de equipe: qual é o mais importante para a organização? Todos os valores envolvem escolhas, e cada escolha contém um elemento subjetivo. Um valor significa algo que se deseja ou necessita. Ele é determinado por sua importância para atender a certas necessidades em um dado momento. Por outro lado, um valor é uma atribuição de significado ou sentido a coisas que podem parecer comuns ou ordinárias. Assim, os valores organizacionais podem ser abertos ou fechados, positivos ou negativos, relativos ou absolutos, condicionais ou incondicionais, individuais ou sociais, impostos ou aceitos voluntariamente.

Aumente seus conhecimentos sobre **Relatividade, subjetividade e desenvolvimento de valores** na seção *Saiba mais* CO 5.1

A cultura organizacional determina a capacidade de a organização interagir e colaborar com seus parceiros. Atributos como excelência, foco social, flexibilidade, orgulho e reconhecimento, abertura a ideias novas e espírito de equipe mostram padrões positivos de comportamento que rechaçam abordagens ultrapassadas como burocracia, injustiça, arrogância, o sabedor de tudo e a arregimentação sob padrões negativos de comportamento.

5.4.5 Valores organizacionais

Para uma organização, valores como reputação, credibilidade, imagem, ética nos negócios, transparência, responsabilidade social, preservação ambiental, por exemplo, são importantíssimos, pois prestam uma valiosa ajuda positiva na consecução de seus negócios.

Pascal e Athos[44] oferecem o modelo 7 S como um guia para a mudança organizacional com fundamento em valores e capaz de construir consenso quanto à futura direção da organização, a fim de focalizar ações e iniciativas baseadas em valores compartilhados. O modelo tem por base central os valores compartilhados dentro de um verdadeiro espírito de equipe. A Figura 5.8 proporciona uma ideia do modelo 7 S.

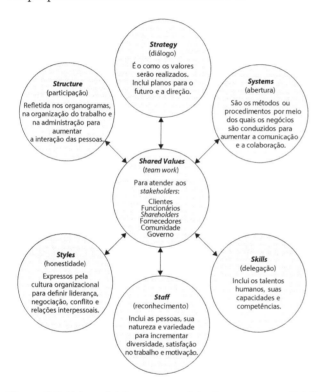

Figura 5.8 Valores básicos e o modelo de organização 7 S.[45]

A identificação dos valores compartilhados constitui o começo de todo o processo de mudança que redefine cada um dos sete elementos apresentados anteriormente. Muitas organizações iniciam o processo de mudança formulando uma nova estratégia, rearranjando estruturas ou ajustando sistemas. No entanto, o importante mesmo é considerar as variáveis culturais (espírito de equipe, estilo, habilidades e reconhecimento) nesse processo.

No fundo, os elementos culturais que apoiam ou obstruem a mudança organizacional estão relacionados com os seguintes aspectos:

- **Poder e visão**: até que ponto os valores organizacionais dão força e autonomia às pessoas a serem autodirigidas na solução de problemas e mudanças nas organizações? Até que ponto eles são claros e como impulsionam a visão das pessoas para o futuro?
- **Identidade e relacionamento**: até que ponto os valores organizacionais impulsionam o espírito de equipe e os relacionamentos entre as pessoas? As pessoas devem identificar-se com suas equipes, departamentos, profissões ou a organização como um todo?
- **Comunicação, negociação e conflito**: até que ponto os valores organizacionais conflitam com as oportunidades de aprendizado que proporcionam? Quais são os comportamentos que as pessoas devem adotar quando se defrontam com conflitos? Como as comunicações devem ser feitas aberta e colaborativamente?
- **Aprendizagem e avaliação**: até que ponto os valores organizacionais valorizam o aprendizado, a honestidade, a amizade com os colegas, a retroação orientada para o aprendizado e a avaliação do desempenho?

Os valores culturais precisam ser continuamente transmitidos e compartilhados por vários meios: integração de novos parceiros, treinamento e desenvolvimento de pessoas, reuniões cotidianas, comunicações intensivas e todos os mecanismos possíveis e imagináveis de consolidar e divulgar tais valores para torná-los parte integrante da cultura organizacional. Esses meios são chamados de socialização organizacional.

Utilizando flexibilidade × estabilidade e foco interno × foco externo, McDonald e Gandz[46] apontam quatro tipos de cultura corporativa, cada qual com base nos valores dominantes. A Figura 5.9 dá uma ideia disso:

Figura 5.9 Quatro culturas corporativas segundo McDonald e Gantz.[47]

Acesse conteúdo sobre **Lições da neurociência** na seção *Tendências em* CO 5.3

Aumente seus conhecimentos sobre **Cultura ágil** na seção *Saiba mais* CO 5.2

VOLTANDO AO CASO INTRODUTÓRIO
O dilema da Standard Inn

Alfredo Suarez sabe que a cultura organizacional da Standard Inn é aberta, participativa e democrática. É, no fundo, uma cultura inovadora e adaptativa. Contudo, as empresas por ela adquiridas são geralmente pequenas organizações tradicionais com culturas extremamente autocráticas e impositivas. Há uma completa discrepância com a cultura desejada pela sua organização. Alfredo não tem ideia de como trabalhar, no sentido de integrar os funcionários dessas empresas à cultura organizacional da Standard Inn. Como você poderia ajudá-lo?

5.5 SOCIALIZAÇÃO ORGANIZACIONAL

À medida que novos membros ingressam ou são admitidos na organização, são integrados aos seus papéis por meio da socialização organizacional. Esta significa uma interação entre o sistema social e os novos membros que nele ingressam. A socialização impõe, até certo ponto, alguma perda da individualidade do novo membro. Ela constitui um conjunto de processos pelos quais o novo membro aprende o sistema de valores, normas e padrões de comportamento requeridos pela organização para se ajustar adequadamente a ela. Essa aprendizagem específica constitui o preço de ser membro da organização.[48]

Em geral, os valores, as normas e os padrões de comportamento que precisam ser aprendidos por meio da socialização organizacional são:[49]

- Missão, visão, valores e objetivos básicos da organização.
- Meios preferidos por intermédio dos quais os objetivos serão alcançados.
- Responsabilidades básicas de cada membro no papel que lhe está sendo dado na organização. O papel representa um conjunto de atividades e comportamentos solicitados de um indivíduo que ocupa determinada posição em uma organização. No fundo, a organização pode ser considerada um sistema de papéis.
- Padrões de comportamento requeridos para o desempenho eficaz do papel.
- Conjunto de regras ou princípios que asseguram a manutenção da identidade e da integridade da organização.

O grau em que o novo membro deve aprender esses valores, normas e padrões de comportamento depende do grau de socialização exigido pela organização. Algumas vezes, a socialização organizacional exige uma fase destrutiva ou descongeladora dos valores e dos padrões de comportamento previamente aprendidos pelo novo membro em outras organizações. Outras vezes, o processo de socialização envolve apenas a reafirmação de algumas normas por meio de vários canais de comunicação existentes na organização ao longo do tempo e de instruções diretas obtidas dos supervisores e instrutores.

Quando uma cultura organizacional é criada e começa a se desenvolver, a organização utiliza várias práticas que ajudam a solidificar a aceitação dos valores fundamentais e assegurar que a cultura se mantenha por si própria. Em outros termos, as organizações utilizam uma variedade de meios de socialização, tais como:[50]

1. **Seleção dos novos entrantes**: o primeiro passo para a socialização organizacional é a seleção dos candidatos a parceiros da organização.[51] Utilizando procedimentos padronizados e localizando traços específicos para o desempenho eficaz, os selecionadores entrevistam candidatos para verificar sua adequação à cultura organizacional.

2. **Integração no trabalho**: o segundo passo para a socialização ocorre após a admissão do novo parceiro. Os novos membros são submetidos a uma série orquestrada de diferentes experiências cujo propósito é seu ajustamento às normas e aos valores da organização. É o que se chama de programa de integração ou de indução. Muitas organizações dão mais trabalho aos novatos do que o normal para experimentar suas habilidades individuais e sua capacidade de adaptação. Esse choque cultural procura ensinar a importância da cultura e tornar as pessoas mais vulneráveis, bem como engajá-las com os colegas para intensificar a coesão grupal.[52]

3. **Treinamento no cargo**: o terceiro passo visa à adaptação ao cargo e reforçar as habilidades e competências do novo parceiro, incluindo o ajustamento cultural, enfatizando aspectos importantes da cultura.

4. *Feedback* **do desempenho e recompensas**: o quarto passo para a socialização consiste de uma meticulosa mensuração dos resultados operacionais para re-

compensar o desempenho individual ou grupal. São sistemas compreensivos e consistentes que têm como foco os aspectos do negócio e os valores corporativos que são cruciais para o sucesso da organização.

5. **Aderência aos valores organizacionais**: o quinto passo é a cuidadosa aderência das pessoas aos valores mais importantes da organização. A identificação dos valores ajuda as pessoas a tentar conciliar sacrifícios pessoais para manter sua participação na organização, aprender a aceitar os valores e a confiar que a organização os valoriza e premia.

6. **Reforço de histórias e folclore organizacional**: o passo seguinte é o reforço do folclore organizacional, para validar e incentivar a cultura organizacional e a maneira de fazer as coisas. O folclore ajuda a explicar por que a organização faz as coisas de uma maneira particular e peculiar.

7. **Reconhecimento e promoção**: o passo final é o reconhecimento e a promoçao de pessoas que fazem bem suas tarefas e que podem servir como modelos para os iniciantes na organização, apontando-as como vencedoras, a fim de encorajar os outros a seguir o seu exemplo.

A socialização organizacional – o ajustamento das pessoas à cultura da organização – depende de fatores individuais, intergrupais e organizacionais que estão assinalados na Figura 5.10.

Com a socialização dos novos entrantes, a organização garante seu aculturamento e engajamento em seus quadros, seu ajustamento à missão, visão de futuro e valores organizacionais.

Acesse um caso sobre **Transformando valores em valor: o credo da J&J europeia** na seção *Caso de apoio* CO 5.1

 VOLTANDO AO CASO INTRODUTÓRIO
O dilema da Standard Inn

Uma das ideias de Alfredo Suarez é contratar um consultor organizacional para estender a cultura organizacional da Standard Inn às empresas por ela adquiridas. Trata-se de mudar atitudes e comportamentos para que o cliente fique mais satisfeito, os serviços sejam constante e gradativamente melhorados, os custos operacionais sejam baixos, e os processos das empresas adquiridas sejam rápidos e eficientes. Isso significa uma completa mudança de mentalidade. Como você poderia ajudar Alfredo?

5.6 O ESPÍRITO EMPREENDEDOR E INOVADOR

A cultura organizacional de algumas organizações está incentivando o espírito empreendedor e inovador em seus membros. As organizações estão à procura de pessoas capazes de conduzi-las, de resolver seus problemas, de gerar novas ideias e caminhos, de criar novos produtos e serviços, de buscar novos meios de satisfazer o cliente e, sobretudo, de empreender e torná-las competitivas frente aos concorrentes. Em outras palavras, as organizações estão procurando pessoas com espírito

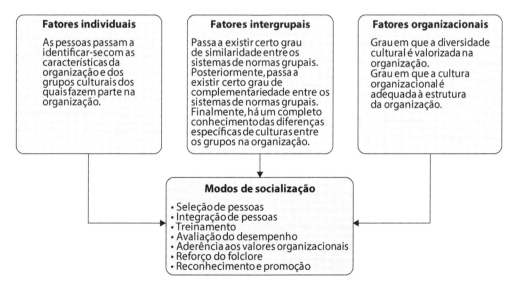

Figura 5.10 Fatores que afetam o modo de socialização organizacional.[53]

empreendedor, criativo e inovador. A principal característica do espírito empreendedor é a habilidade de assumir os fatores de produção – humanos, materiais, financeiros, mercadológicos e administrativos – e utilizá-los para produzir novos produtos ou serviços cada vez melhores. O empreendedor é aquele que enxerga oportunidades onde as outras pessoas nada veem ou percebem e assume a responsabilidade pelos riscos envolvidos ao criar ou participar de um negócio. Alguns empreendedores usam a informação disponível a todos para criar algo inteiramente novo, graças à sua imaginação e intuição. E a inovação decorrente costuma ser tão simples que provoca admiração.

SAIBA MAIS — Exemplos de empreendedores

Um dos mais famosos empreendedores, Henry Ford, não inventou nem o automóvel, nem a divisão do trabalho, mas conseguiu aplicar a divisão do trabalho na produção de carros de uma nova maneira, por meio da linha de montagem.

Akio Morita, presidente da Sony, o gigante japonês de produtos eletrônicos de consumo, percebeu que os produtos já existentes na companhia poderiam ser adaptados e conjugados para criar um novo e criativo produto, o *walkman* pessoal, que foi um enorme sucesso de vendas.

Geralmente, o empreendedor percebe uma necessidade, imagina e cria uma ideia sobre como atendê-la, vê alternativas pela frente, cria um produto e, então, reúne e coordena pessoas, materiais e capital necessários para oferecer ao mercado. Ele cria um empreendimento como um meio para oferecer algo novo para os clientes, funcionários e outros parceiros.[54]

O empreendedor é um fenômeno que surge para iniciar mudanças no processo de produção, então desaparece até reaparecer novamente e iniciar outra mudança.[55] Drucker afirma que o empreendedor está relacionado com a mudança e sempre responde a ela e a explora como uma verdadeira oportunidade.[56] Schumpeter popularizou o termo *empreendedor*. Para ele, o processo global da economia depende das pessoas que o fazem acontecer – os empreendedores.[57] O gestor precisa saber desenvolver seu espírito empreendedor e de inovação para conduzir sua organização rumo à competitividade. Pelo fato de contribuir mais intensamente para a sociedade, vários pesquisadores têm analisado habilidades, atitudes e características dos empreendedores, bem como as condições em que eles surgem e se desenvolvem. Os principais fatores que explicam o espírito empreendedor são fatores psicológicos e sociológicos:[58]

5.6.1 Fatores psicológicos

Uma das primeiras abordagens a respeito do espírito empreendedor foi desenvolvida por McClelland.[59] O autor verificou que o empreendedor está voltado para a satisfação de necessidades pessoais de autorrealização. Pessoas com alto grau de necessidade de autorrealização são mais inclinadas a assumir riscos, desde que razoáveis, e que tais riscos promovam algum retorno interessante. McClelland verificou que certas sociedades tendem a produzir uma porcentagem maior de pessoas com alto nível dessa necessidade do que outras. O sistema educacional está por trás disso. Outros pesquisadores verificaram a presença de certos motivos e objetivos, por exemplo, poder, prestígio, segurança, autoestima e serviços para a sociedade como elementos impulsionadores do espírito empreendedor.[60] Begley e Boyd identificaram cinco dimensões do espírito empreendedor:[61]

1. **Necessidade de autorrealização**: os empreendedores apresentam alto nível de necessidade de autorrealização, que os leva a atingir o máximo de suas potencialidades individuais. O empreendedor nunca está satisfeito com o que alcançou, quer sempre realizar mais.

2. *Locus* **de controle**: os empreendedores – e não os eventos ou a sorte – é que controlam suas próprias vidas, pulam em suas próprias cordas, com total independência das outras pessoas.

3. **Tolerância para riscos**: os empreendedores toleram riscos calculados e moderados, desde que tragam retornos para seus esforços. Coragem e enfrentamento são suas características.

4. **Tolerância para a ambiguidade**: muitas decisões precisam ser tomadas a partir de informação incompleta, duvidosa ou obscura. Os empreendedores se defrontam com a ambiguidade com maior facilidade, desde que consigam fazer as coisas certas na primeira vez.

5. **Comportamento do tipo A**: refere-se ao impulso pessoal de fazer mais em menor tempo e apesar das objeções das outras pessoas. Fundadores de empresas

e administradores de pequenos negócios tendem a possuir maior grau de comportamento do tipo A do que os executivos vinculados a outros tipos de negócio. O empreendedor busca maneiras diferentes de fazer a mesma coisa, ainda que enfrente a oposição e a crítica dos outros.

Outro ângulo a respeito da diferença entre empreendedor e administrador é que o primeiro tende a valorizar o autorrespeito, a liberdade, o senso de realização e um estilo de vida excitante. O segundo tende a valorizar amizades verdadeiras, riqueza, salvação e prazer.[62] O empreendedor busca algo diferente em sua vida e necessita de autoconfiança, impulso, otimismo e coragem para deslanchar e operar um negócio, sem necessidade da segurança do contracheque no final de cada mês. O empreendedor é capaz de se lançar a uma nova aventura porque não pode ignorar seus sonhos, sua visão e está propenso a assumir riscos para obter ganhos financeiros.

5.6.2 Fatores sociológicos

Certos fatores sociológicos podem explicar o aparecimento e o desenvolvimento do espírito empreendedor. Algumas minorias sociais – sejam raciais ou religiosas –, muitas vezes, enfrentam dificuldades na adaptação a certas culturas diferentes, com decorrentes frustrações, o que as leva a buscar ambientes capazes de atender às suas necessidades específicas. Quase sempre, isso conduz ao espírito empreendedor na busca de situações que ofereçam oportunidades para satisfazer suas necessidades. O fato é que os empreendedores inventam organizações, buscam novos padrões de relações com diferentes características e reagem mais rapidamente às situações apresentadas por seus oponentes ou concorrentes. O espírito de mudança e a coragem de enfrentar o perigo os levam a assumir posições totalmente contrárias ao espírito de manutenção, permanência e preservação do *status quo*. Contudo, existe um aspecto extremamente importante a ser lembrado. O papel do empreendedor é, quase sempre, individual, solitário e competitivo. Ele costuma lutar sozinho e o faz independente ou contrariamente às demais pessoas. Ocorre que, modernamente, as organizações estão privilegiando muito o espírito de equipe e a cooperação interna, em vez do individualismo e da competição interna. É o espírito de equipe e a cooperação que proporcionam a sinergia necessária ao sistema. E o papel do empreendedor é trazer mudança e inovação, assumir responsabilidades e riscos. Assim, esse papel dentro das organizações precisa ser devidamente ajustado a essas novas demandas de trabalho em equipe e cooperação. Trata-se de "domar a fera". Aliando-se o espírito empreendedor ao espírito de equipe e integração, obtém-se o quadro necessário para conduzir as organizações rumo à competitividade.[63] E as organizações precisam criar suportes organizacionais e eliminar barreiras tradicionais.

Os fatores que ajudam ou impedem o espírito empreendedor são exibidos na Figura 5.11.

Figura 5.11 Fatores que ajudam ou impedem o espírito empreendedor.[64]

Assim, o espírito empreendedor é uma semente que só pode florescer em um contexto adequado e propício. Esse contexto chama-se cultura organizacional, dotada de abertura, clima e impulso à iniciativa e criatividade das pessoas.

RESUMO

A compreensão da cultura organizacional é fundamental para o CO. De modo geral, a cultura de uma sociedade compreende os valores compartilhados, hábitos, usos e costumes, códigos de conduta e tradições que são aprendidos das gerações mais velhas, impostos pelos membros atuais da sociedade e passados sucessivamente para as novas gerações. Ao avaliar as dimensões culturais de vários países, Hofstede e Trompenaars verificaram separadamente que elas influenciam a cultura de suas organizações. A cultura organizacional envolve normas informais e não escritas que orientam o comportamento dos membros de uma organização no seu cotidiano e direcionam suas ações para a realização dos objetivos organizacionais. A cultura não é percebida ou observada em si mesma, mas por meio dos seus efeitos e consequências. Ela apresenta várias camadas, que vão desde os artefatos visíveis, padrões de comportamento, valores e crenças, até o nível mais profundo, que são as pressuposições básicas.

Cada organização tem a sua própria cultura, cujas características são: regularidades nos comportamentos, normas, valores dominantes, filosofia, regras e clima organizacional. Likert definiu quatro perfis organizacionais com base em quatro variáveis – processo decisório, sistema de comunicações, relacionamento interpessoal e sistema de recompensas – para detectar as características de cada organização. Além disso, existem culturas conservadoras e adaptativas, culturas tradicionais e culturas participativas. A identificação dos valores culturais compartilhados constitui o início de todo o processo de mudança organizacional. Por outro lado, a medida que novos membros ingressam na organização, eles precisam ser integrados e engajados em seus papéis por uma variedade de meios de socialização organizacional. A cultura organizacional de algumas organizações está incentivando o espírito empreendedor: aquele que enxerga oportunidades onde as outras pessoas nada veem ou percebem, que assume responsabilidades e se torna ágil ao combinar velocidade e adaptabilidade com estabilidade e eficiência.

QUESTÕES

1. Quais variáveis ambientais afetam o CO?
2. Conceitue cultura, de modo geral.
3. Quais são as dimensões culturais para Hofstede? Comente.
4. Quais são as dimensões culturais para Trompenaars? Comente.
5. Como você situaria o Brasil nas dimensões de ambos os autores?
6. Conceitue cultura organizacional.
7. Explique o *iceberg* da cultura organizacional.
8. Quais são as camadas da cultura organizacional? Explique.
9. Explique as seis características básicas da cultura organizacional.
10. Explique os quatro perfis organizacionais de Likert e suas características.
11. O que significa elos de vinculação superposta?
12. Comente as variáveis causais, intervenientes e de resultado no CO.
13. Explique as características das culturas tradicionais e participativas.
14. Explique os estilos tradicional e participativo de cultura organizacional.
15. Quais são as características das culturas bem-sucedidas?
16. Quais são as oito práticas utilizadas pelas organizações excelentes?
17. Explique os valores culturais e sua importância.
18. Explique a socialização organizacional.
19. Quais são os meios com os quais se faz a socialização organizacional?
20. Explique o espírito empreendedor e sua necessidade nas organizações.
21. Comente os fatores psicológicos e sociológicos que ajudam ou impedem o espírito empreendedor.

REFERÊNCIAS

1. HALL, E. T. *The silent language*. Greenwich: Fawcett, 1959.
2. DRESSLER, D.; CARNS, D. *Sociology, The study of human interaction*. New York: Knopf, 1969. p. 56-57.
3. KROEBER, A. L.; KLUCKHORN, C. Culture: a critical review of concepts and definitions, *Peabody Museum Paper*, v. 47, n. 1, Cambridge, Harvard University Press, 1952. p. 181.
4. HOFSTEDE, G. *Culture's consequences*: international differences in work-related values. Beverly Hills: Sage Publications, 1980. p. 25.
5. Baseado em: DERESKY, H. *International management*: managing across borders and cultures. Upper Saddler River: Prentice Hall, 2000. p. 106.
6. HOFSTEDE, G. *Cultures and organizations*: software of the mind. London: McGraw-Hill, 1991.
7. HOFSTEDE, G.; BOND, M. H. The Confucius connection: from cultural roots to economic growth, *Organizational Dynamics*, Spring 1988, p. 5-21.
8. HOFSTEDE, G.; BOND, M. H. op. cit.
9. HOFSTEDE, G. The cultural relativity of organizational practices and theories, *Journal of International Business Studies*, Fall 1983. p. 82-83.
10. TROMPENAARS, F. *Riding the waves of culture*. London: Nicholas Brealey, 1993.
11. LUTHANS, F. *Organizational behavior*. New York: McGraw-Hill Higher Education, 2002. p. 58.
12. HALL, E. T.; HALL, M. R. *Understanding cultural differences*. Yarmouth: Intercultural Press, 1990. p. 4.
13. HOECKLIN, I. *Managing cultural diferences*. Wockingham: Addison-Wesley, 1995.
14. SMIRCICH, L. Concepts of culture and organizational analysis, *Administrative Science Quarterly*, v. 28, n. 3, p. 339-358, Sept. 1983.
15. CHIAVENATO, I. *Administração nos novos tempos*. 4. ed. São Paulo: Atlas, 2020. p. 80.
16. CHIAVENATO, I. *Administração nos novos tempos*, op. cit., p. 80-81.
17. SCHEIN, E. *Organizational culture and leadership*. San Francisco: Jossey-Bass, 1992.
18. JACQUES, E. *The changing culture of a factory*. London: Tavistock Publications, 1951.
19. *Vide*: SCHEIN, Edgar H. Organizational culture and leadership, *Jossey-Bass Business & Management Series*, San Francisco, Jossey-Bass, 2016.
    HOUSE, Robert J. et al. (eds.). *Culture, leadership, and organizations*: the globe study of 62 societies. Beverly Hills: Sage Publications, 2004.
    HOFSTEDE, G.; HOSTEDE. G. J.; MINKOV, M. *Cultures and organizations*: software of the mind. New York: McGraw-Hill Education, 2010.
    CAMERON, K. S.; QUINN, R. E. *Diagnosing and changing organizational culture*: competing values framework. San Francisco: Jossey-Bass, 2011.
    CAVANAUGH, A. *Contagious culture*: show up, set the tone, and intentionally create an organization that thrives, New York: McGraw-Hill Education, 2015.
    EDMONDS, S. C. *The culture engine*: a framework for driving results, inspiring your employees, and transforming your workplace. New York: Wiley, 2014.
20. CHIAVENATO, I. *Administração nos novos tempos*, op. cit., p. 81.
21. Adaptado de: HUNT, J. *Leadership*: a new synthesis. Thousand Oaks: Sage Publications, 1991. p. 221.
22. BEYER, J. M.; TRICE, H. M. How an organization's rites reveal its culture, *Organizational Dynamics*, n. 16, p. 5-24, 1987.
23. Adaptado de: TRICE, H. M.; BEYER, J. M. Studying organizational cultures through rites and ceremonials, *Academy of Management Reviee*, n. 9, 1984, p. 653-669.
24. LUTHANS, F. *Organizational behavior*, op. cit., p. 123.
25. LIKERT, R. *Novos padrões de administração*. São Paulo: Pioneira, 1971.
26. LIKERT, R. *Administração de conflitos*: novas abordagens. São Paulo: McGraw-Hill, 1980.
27. LIKERT, R. *Novos padrões de administração*, op. cit., p. 130.
28. NOOTEBOOM, B. Paradox, identity, and change in management, *Human Systems Management*, n. 8, p. 291-300, 1989.
29. CHIAVENATO, I. *Administração nos novos tempos*, op. cit., p. 85-86.
30. CERTO, S. C. *Modern management*: diversity, quality, ethics, and the global environment. Boston: Allyn & Bacon, 1994. p. 293.
31. FARHHAM, A. Who beats stress best – and how, *Fortune*, October 7, 1991, p. 71-86.
32. LIKERT, R. *Novos padrões em administração*, op. cit.
33. KOTTER, J. B.; HESKETT, J. L. *Corporate culture and performance*. New York: Free Press, 1991. p. 89.
34. PFEFFER, J. *The human equation*. Boston: Harvard Business School Press, 1998.
35. TAPSCOTT, D.; CASTON, A. *Paradigm shift*. New York: McGraw-Hill, 1993.
36. TUSHMAN, M. L.; O'REILLY III, C. A. *Winning through innovation*. Boston: Harvard Business School Press, 1997.
37. FITZ-ENZ, J. *The eight practices of exceptional companies*: how great organizations make the most of their human assets. New York, AMA, 1997.
38. As definições mais comuns da axiologia são: ciência dos valores; ramo da filosofia que estuda os valores; e padrão dominante de valores em determinada sociedade.
39. KLUCKHORN. C. *Introdução à antropologia*. São Paulo, Cultrix, 1970.

40 VIANA, N. *Os valores na sociedade moderna*. Brasília: Thesaurus, 2007.

41 CLOKE, K.; GOLDSMITH, J. *The end of management and the rise of organizational democracy*. San Francisco: Jossey-Bass, 2002. p. 111.

42 CLOKE, K.; GOLDSMITH, J. *The end of management and the rise of organizational democracy, op. cit.*, p. 115-116.

43 Extraído de: RIEKE, R. D.; SILLARS, M. O. *Argumentation and critical decision making*. New York: Addison-Wesley Longman, 2001. p. 199.

44 PASCAL, R.; ATHOS, T. *The art of japanese management*: applications for american executives. New York: Warner Books, 1982.

45 PASCAL, R.; ATHOS, T. *The art of japanese management*: applications for american executives, *op. cit.*

46 McDONALD, P.; GANTZ, J. Getting value from shared values, *Organizational Dynamics* v. 21, n. 3, p. 64-76, Winter 1992.

47 McDONALD, P.; GANTZ, J. Getting value from shared values, *op. cit.*, p. 70.

48 CHIAVENATO, I. *Recursos humanos* – o capital humano das organizações. 11. ed. São Paulo: Atlas, 2020. p. 184-185.

49 SCHEIN, Edgar H. Organizational socialization and the profession of management. *In*: TOSI, Henry L.; HAMNER, W. Clay (eds.). *Organizational behavior and management*: a contingency approach, Chicago, St. Clair, 1977. p. 125.

50 LUTHANS, F. *Organizational behavior, op. cit.*, p. 128-131.

51 PASCALE, R. The paradox of corporate culture: reconciling ourselves do socialization, *California Management Review*, Winter 1985, p. 29-38.

52 LUTHANS, F. *Organizational behavior, op. cit.*, p. 129.

53 Adaptado de: COX, T.; FINLEY-NICKELSON, J. Models of acculturation for intra-organizational cultural diversity, *Canadian Journal of Administrative Sciences*, n. 8, v. 2, June 1991. p. 92.

54 CHIAVENATO, I. *Administração nos novos tempos, op. cit.*, p. 90-91.

55 WILKEN, P. H. *Entrepreneurship*: a comparative and historical study. Norwood: Ablex Publishing, 1979. p. 60.

56 DRUCKER, P. F. *Innovation and entrepreneurship*. New York: Harper & Row, 1986. p. 27-28.

57 SCHUMPETER, J. A. *Capitalism, socialism and democracy*. New York: Harper & Row, 1975. p. 84.

58 CHIAVENATO, I. *Empreendedorismo*: dando asas ao espírito empreendedor. Barueri: Manole, 2014.

59 McCLELLAND, D. *The acquieving society*. Princeton: D. Van Nostrand, 1962.

60 WILKEN, P. H. *Entrepreneurship*: a comparative and historical study, *op. cit.*, p. 20.

61 BEGLEY, T.; BOYD, D. P. Relationship of the jenkins activity survey to type a behavior among business executives, *Journal of Vocational Behavior*, n. 27, p. 316-328, 1987.

62 FAGENSON, E. Personal value systems of men and women entrepreneurs versus managers, *Journal of Business Venturing*, n. 8, 1993. p. 422.

63 CHIAVENATO, I. *Administração nos novos tempos, op. cit.*, p. 90-91.

64 CHIAVENATO, I. *Administração nos novos tempos, op. cit.*, p. 92.

CONHECIMENTO CORPORATIVO E ORGANIZAÇÕES DE APRENDIZAGEM

OBJETIVOS DE APRENDIZAGEM

Após estudar este capítulo, você deverá estar capacitado para:

- Apresentar uma visão geral do conhecimento enquanto o recurso produtivo mais importante e como se tornou uma vantagem competitiva para as organizações.
- Explicar o conhecimento organizacional.
- Conceituar aprendizagem e vários meios de aprendizagem individual, grupal e organizacional.
- Mostrar o processo de aprendizagem.
- Apresentar as organizações de aprendizagem e suas características.
- Caracterizar o capital intelectual e seus ativos intangíveis.

CASO INTRODUTÓRIO
Universidade Corporativa da Alpha S/A

A Alpha S/A é uma empresa de porte médio que atravessa um período de crise existencial. Além das dificuldades em competir com as empresas concorrentes, a Alpha tem apresentado sinais de estagnação e apatia interna. João Bustamante, o presidente da companhia, quer transformá-la em uma organização inovadora e baseada no conhecimento. No entanto, isso é uma grande novidade entre seus funcionários, acostumados a uma atividade quase que rotineira. O primeiro passo de Bustamante foi localizar pessoas e criar uma equipe interna com a qual pudesse contar para o novo empreendimento. Na sua opinião, quais características deveriam possuir essas pessoas para compor tal equipe?

O QUE VEREMOS ADIANTE

- Natureza do conhecimento.
- Conhecimento organizacional.
- Aprendizagem.
- Processo de aprendizagem.
- Gestão do conhecimento corporativo.
- Organizações de aprendizagem.
- Capital intelectual.

Desde o lançamento do primeiro foguete espacial, na década de 1960, a humanidade começou a ingressar em uma nova era, a da Sociedade da Informação, na qual o principal recurso estratégico é o conhecimento. O conhecimento passou a ser a vantagem competitiva mais importante no mundo organizacional. Atualmente, apenas a informação pura e simples já não mais garante um diferencial competitivo. Torna-se necessário, para assegurar uma posição competitiva no presente e no futuro, que a organização aprenda a transformar as informações em conhecimento e utilizá-lo adequadamente para criar novos produtos, diversificar mercados, encantar clientes e satisfazer os vários *stakeholders*. O conhecimento acumulado e aplicado pela organização constitui seu principal fator de produção na sociedade moderna, aquele que integra e alavanca todos os demais.[1] O capital intelectual está ocupando o lugar dos tradicionais fatores de produção – como natureza, mão de obra e capital financeiro. Nos dias atuais, a competitividade organizacional é determinada pelas ideias, pelas experiências, pelas descobertas e pelo conhecimento que consegue gerar, difundir e transformar em resultados incríveis.[2] O desafio agora é desenvolver estratégias para resgatar o conhecimento adquirido ao longo do tempo e aplicá-lo de maneira rentável em novas soluções e iniciativas. Porém, a questão é saber como identificar e disseminar o conhecimento gerado dentro da organização, promovendo a transformação de material intelectual bruto gerado pelos parceiros da organização em capital intelectual capaz de incrementar o valor da organização. Quando não é administrado adequadamente, esse ativo intelectual acaba se perdendo nos meandros das mentes das pessoas, em relatórios, memorandos e bases de dados.[3] E como achá-lo se ele é invisível e intangível?

As organizações modernas estão exigindo novos valores, novos parâmetros e novas práticas administrativas. Na base delas estão as pessoas: o maior ativo das organizações.[4] Em um mundo novo e diferente, em que os tradicionais fatores de produção – natureza, capital e trabalho como mão de obra – já exauriram quase todas as suas possibilidades em virtude das novas tecnologias e dos modernos processos de trabalho, o segredo do sucesso organizacional está fundamentalmente nas pessoas. Sem pessoas não existem organizações. As pessoas são o principal repositório do conhecimento e das vantagens competitivas das organizações. O conhecimento está assumindo, agora, o papel de principal fator de produção na Era da Informação, e boa parte do conhecimento corporativo ainda está perdida na cabeça das pessoas.[5] Será que somente algumas organizações se deram conta disso?

6.1 NATUREZA DO CONHECIMENTO

A vontade de dominar o conhecimento vem desde os primórdios da longa trajetória na história do ser humano. Adão e Eva foram expulsos do Paraíso pela atração fatal pela aquisição do conhecimento (*da'at tov vará*) configurado em uma árvore no Jardim do Éden. Em seus diálogos, Platão já buscava compreender a natureza do conhecimento (*epistome*). A fé hindu colocava o conhecimento (*jnana*) como um dos três caminhos de acesso à divindade. Nos últimos 600 anos, foi a existência de uma sociedade aberta e com foco no trabalho e no conhecimento que explica o fato de muitos países terem se tornado muito mais desenvolvidos, ricos e bem-sucedidos em comparação com outros, a partir de suas dimensões ou seu poder militar ou econômico.[6]

Atualmente, o conhecimento constitui a base estruturante do desempenho das organizações, sociedades e nações. Fala-se hoje em sociedade do conhecimento, economia baseada em conhecimento, redes de conhecimento, trabalhadores do conhecimento (ou analistas simbólicos) para designar a constatação de que a gestão adequada do conhecimento é o fator condicionante da capacidade das organizações para lidar com o ambiente em acelerada mudança, disruptura e crescente complexidade. Aprimorar tal competência está se tornando vital para que organizações e nações possam acelerar o ritmo de seu desenvolvimento.

Aumente seus conhecimentos sobre **A diferença entre dados, informação e conhecimento** na seção *Saiba mais* CO 6.1

6.1.1 Conceito de conhecimento

Conhecimento é o conjunto de informações que são adquiridas, compreendidas e retidas por uma pessoa e que pode ser transmitido a outras pessoas ou ser utilizado de maneira produtiva ou criativa. Nas organizações, o conhecimento decorre da participação no trabalho, das interações humanas que nelas acontecem e é desenvolvido por meio do processo de aprendizagem. Ele pode também ser visualizado como informações associadas à experiência, à intuição e aos valores organizacionais. Assim, o conhecimento constitui um recurso que pode ser gerido no sentido de ser aprendido, disseminado e aplicado por todos os membros da organização como instrumento ou ferramenta de trabalho incorporado à competitividade e à sustentabilidade organizacional. Todo conhecimento é aprendido pelas pessoas para se tornar conhecimento organizacional.

Nonaka e Takeuchi definem dois tipos de conhecimento:[7]

1. **Conhecimento tácito (do latim *tacitus* = não expresso por palavras)**: também conhecido como conhecimento inconsciente, é aquele que está na cabeça das pessoas e é derivado de suas experiências e vivências pessoais. Pode ser transmitido de forma vaga e não estruturada por meio de conversação, e-mails ou "mão na massa". O conhecimento tácito representa o conhecimento do que sabemos, mas que não pode ser verbalizado ou escrito em palavras.[8] É o conhecimento mais corrente dentro da organização e está relacionado à cultura organizacional. Sempre conhecemos mais do que podemos dizer e sempre dizemos mais do que podemos escrever.[9] E o mais profundo: o custo de compartilhar o conhecimento tácito é elevado, porque repousa na comunicação direta face a ace. Além disso, sua transferência é pouco eficiente.

2. **Conhecimento explícito (do latim *explicitus* = formal, explicado, declarado)**: é o conhecimento exposto em documentos, manuais, livros ou programas de treinamento que são estruturados e documentados. O conhecimento explícito representa a acumulação de políticas, procedimentos e processos de negócio que formam a base das operações da organização. O custo de compartilhar o conhecimento explícito por meios eletrônicos e meios gráficos é baixo, enquanto o custo de capturar o conhecimento tácito e transformá-lo em conhecimento explícito é muito elevado. Em muitas organizações, o conhecimento explícito tem vida curta, pois a informação torna-se rapidamente obsoleta à medida que o ambiente de negócios muda.

No Quadro 6.1, são descritos esses dois tipos de conhecimento.

Quadro 6.1 Os dois tipos de conhecimento[10]

Conhecimento tácito (subjetivo)	Conhecimento explícito (objetivo)
■ Conhecimento vindo da experiência (corpo)	■ Conhecimento vindo da racionalidade (mente)
■ Conhecimento simultâneo (aqui e agora)	■ Conhecimento sequencial (lá e então)
■ Conhecimento análogo (prática)	■ Conhecimento digital (teoria)
■ É subjetivo e inerente às habilidades da pessoa	■ É formal, regrado e fácil de ser comunicado

(continua)

(continuação)

Conhecimento tácito (subjetivo)	Conhecimento explícito (objetivo)
■ É vago e não estruturado	■ É claro, estruturado e pode ser documentado
■ Não é facilmente explicável	■ Pode ser explicado e ensinado a outros

Enquanto os ocidentais tendem a enfatizar o conhecimento explícito, os japoneses tendem a enfatizar o conhecimento tácito. Todavia, ambos – conhecimento tácito e conhecimento explícito – não são entidades totalmente separadas, mas mutuamente complementares. Interagem entre si e realizam trocas nas atividades criativas das pessoas. A essa interação, Nonaka e Takeuchi dão o nome de **conversão do conhecimento**. Essa conversão é um processo social entre pessoas – e não é confinada dentro de um indivíduo – para sua contínua expansão.[11]

A proporção entre conhecimento tácito e conhecimento explícito dentro de uma organização define a balança entre inovação nos negócios e produtividade. Se uma organização possui todo o seu conhecimento dentro de uma forma explícita, cada pessoa faz seu trabalho de acordo com regras escritas, e a organização não é inovadora e sua força de trabalho pode encontrar dificuldade em adaptar-se às mudanças no ambiente de negócios. Se uma organização tem todo o seu conhecimento de forma tácita, a organização é mais inovadora, mas não é muito produtiva porque é difícil à sua força de trabalho acessar o conhecimento corporativo durante as operações cotidianas. Todavia, as organizações precisam determinar quanto de conhecimento tácito deve ser sistematicamente convertido em conhecimento explícito para balancear as necessidades de criar uma força de trabalho ao mesmo tempo produtiva e inovadora.

Assim, o conhecimento é criado por meio da interação entre o conhecimento tácito e o conhecimento explícito. Daí decorrem quatro modos de conversão do conheciment, a saber:[12]

■ **Socialização**: do conhecimento tácito para o conhecimento tácito. Trata-se de um processo de compartilhamento de experiências e, a partir daí, da criação do conhecimento tácito, como modelos mentais ou habilidades técnicas compartilhadas. Um aprendiz pode adquirir conhecimento tácito diretamente de outros, sem usar a linguagem, mas por meio da observação, da imitação e da prática. O segredo para sua obtenção

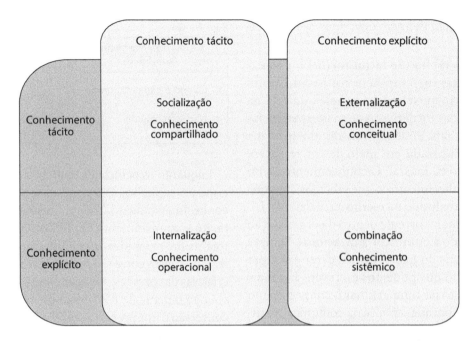

Figura 6.1 Conteúdo do conhecimento criado pelos quatro modos.[13]

é a experiência. A socialização também ocorre quando há interações e diálogos com os clientes.

- **Externalização**: do conhecimento tácito para o conhecimento explícito. É a articulação do conhecimento tácito em conceitos explícitos, na forma de metáforas, analogias, conceitos, hipóteses ou modelos. A escrita é uma forma de converter o conhecimento tácito em conhecimento articulável. A externalização é um processo de criação de conceitos novos e explícitos e é provocada pelo diálogo ou pela reflexão coletiva.
- **Combinação**: do conhecimento explícito para o conhecimento explícito. Trata-se de um processo de sistematização de conceitos em um sistema de conhecimento, envolvendo uma combinação de conjuntos diferentes de conhecimento explícito. As pessoas trocam e combinam conhecimentos por meios como documentos, reuniões, conversas ao telefone ou redes de comunicação computadorizadas. A reconfiguração das informações existentes por meio da classificação, do acréscimo, da combinação e da categorização do conhecimento explícito (como o realizado em bancos de dados de computadores) pode conduzir a novos conhecimentos. A educação e o treinamento formal nas escolas assumem essa forma. O ensino em um curso de pós-graduação em administração é outro exemplo.
- **Internalização**: do conhecimento explícito para o conhecimento tácito. É o processo de incorporação do conhecimento explícito no conhecimento tácito. Quando são internalizadas nas bases do conhecimento tácito das pessoas sob a forma de modelos mentais ou *know-how* técnico compartilhado, as experiências, por meio da socialização, da externalização e da combinação, tornam-se ativos valiosos. No entanto, para viabilizar a criação do conhecimento organizacional, o conhecimento tácito acumulado precisa ser socializado com os outros membros da organização, iniciando, assim, uma nova espiral de criação do conhecimento.

O conteúdo do conhecimento criado por cada modo de conversão é diferente, conforme mostra a Figura 6.1.

Sveiby mostra que o conhecimento apresenta quatro características:[14]

1. **O conhecimento é tácito**: o conhecimento é algo pessoal, isto é, formado dentro de um contexto social e individual. Não é de propriedade de uma organização ou coletividade. Contudo, o conhecimento não é privado ou subjetivo. Embora pessoal, ele é construído de forma social. O conhecimento transmitido socialmente se confunde com a experiência que o indivíduo tem da realidade. As experiências novas são sempre assimiladas por meio dos conceitos que um indivíduo possui.[15]

2. **O conhecimento é orientado para a ação**: o ser humano está sempre gerando novos conhecimentos por meio da análise das impressões sensoriais que recebe (e quanto mais sentidos ele utiliza no processo, melhor) e perdendo os antigos. Essa qualidade dinâmica do conhecimento é refletida em verbos como "aprender", "esquecer", "lembrar" e "compreender". Para explicar como adquirimos e geramos novos

conhecimentos aplicando às nossas percepções sensoriais as capacidades e os fatos que já possuímos, Polanyi – o criador da teoria do conhecimento tácito – usa o termo *processo de saber*. Inspirado pela psicologia gestáltica, Polanyi vê o processo de saber como um processo de reunião de pistas fragmentadas, por intermédio de percepções sensoriais e a partir de lembranças e agrupamentos destas em categorias.[16] Isso significa que conferimos sentido à realidade categorizando-a em teorias, métodos, sentimentos, valores e habilidades, que podemos utilizar de forma tradicionalmente válida. Para ele, o verbo "saber" e o substantivo "conhecimento" são sinônimos.

3. **O conhecimento é sustentado por regras**: com o passar do tempo, criamos em nosso cérebro inúmeros padrões que agem como regras inconscientes de procedimento para lidar com todo tipo de situação concebível. Essas regras nos poupam muita energia e nos permitem agir com rapidez e eficácia, sem termos de parar para pensar no que estamos fazendo. Além disso, essas regras de procedimentos desempenham um papel vital na aquisição e no aperfeiçoamento de habilidades. Quando praticamos uma atividade, testamos essas regras e procuramos aprimorá-las. As regras também estão atreladas ao resultado das ações. O conhecimento das regras funciona também como um conhecimento tácito, isto é, como um tipo de ferramenta. Uma regra é um padrão para a correção. Além do mais, as regras agem como filtros para novos conhecimentos. Quando estamos tacitamente envolvidos em um processo de saber, agimos de forma inconsciente, não refletimos e tomamos as coisas por certo. Sempre restam vestígios daquilo que um dia soubemos, pois o ser humano nunca esquece tudo. A maior dificuldade não está em persuadir as pessoas a aceitar coisas novas, mas em persuadi-las a abandonar as antigas, dizia John Maynard Keynes.

4. **O conhecimento está em constante mutação**: o conhecimento não é estático, mas é continuamente construído e reconstruído na mente das pessoas.

Essa é a dificuldade maior ao se lidar com o conhecimento. Ele é tácito, orientado para a ação, baseado em regras, individual e está em constante mutação. Como a palavra *conhecimento* apresenta tantas conotações, seu uso normalmente não é muito prático. Daí muitos autores estarem preferindo trabalhar com o conceito de *competência*. A competência de uma pessoa consiste em cinco elementos mutuamente dependentes:[17]

1. **Conhecimento explícito**: envolve conhecimento dos fatos e é adquirido principalmente pela informação, quase sempre pela educação formal.

2. **Habilidade**: é a arte de saber fazer algo utilizando o conhecimento e envolve proficiência prática – física ou mental –, que é adquirida pela prática ou pelo treinamento. Inclui o conhecimento de regras de procedimento e habilidades de comunicação.

3. **Experiência**: é adquirida principalmente pelo uso e pela reflexão sobre erros e sucessos passados. É construída ao longo do tempo.

4. **Julgamentos de valor**: são percepções do que o indivíduo acredita (certas ou erradas). Agem como filtros conscientes e inconscientes para o processo de saber de cada indivíduo.

5. **Redes sociais**: constituem uma trama formada pelas relações do indivíduo com outras pessoas dentro de um ambiente e uma cultura transmitidos pela tradição.

A competência depende do ambiente em que a pessoa se encontra. Se uma pessoa se muda para um novo ambiente, geralmente perde competência. Daí o termo *competência* – usado por Sveiby tanto como sinônimo de "saber" quanto de "conhecimento" – ser uma noção mais abrangente do que a conotação popular de conhecimento a qual tende a se limitar à habilidade prática. Todavia, a competência aqui é uma conquista individual, e este conceito é diferente do uso genérico do termo adotado em teoria e estratégia organizacionais.[18]

6.1.2 Uso e disponibilidade do conhecimento

Pode-se classificar a utilização do conhecimento em dois tipos: o conhecimento *just-in-case* e o conhecimento *just-in-time*.

1. **Conhecimento *just-in-case***: é o conhecimento que as pessoas necessitam antes de fazer seu trabalho. Quando uma companhia admite um novo empregado, este recebe um treinamento básico sobre os processos de trabalho e as experiências passadas que o habilitam a desempenhar o cargo. No passado, as companhias gastavam semanas e meses treinando os novos funcionários. Isso já se foi. Enquanto o conhecimento *just-in-case* tem papel crítico na preparação das pessoas para uma nova tarefa, ele absorve recursos corporativos que podem se tornar obsoletos antes de serem utilizados.

2. **Conhecimento *just-in-time***: é o conhecimento que as pessoas necessitam quando estão executando seu trabalho. Atualmente, o volume de informação é tão

grande que ninguém pode ser treinado para reter todo o conhecimento requerido. Oferecer conhecimento *just-in-time* no momento da necessidade é o que se pretende por meio de investimentos na tecnologia da informação no mundo corporativo. Isso capacita a rápida distribuição do conhecimento *just-in-time* e as organizações podem ter processos sólidos para encurtar o tempo requerido para converter conhecimento tácito em conhecimento explícito.

A diferenciação entre o conhecimento *just-in-time* e o conhecimento *just-in-case* é apresentado na Figura 6.2.

Para Habermas,[19] existem três níveis de conhecimento, a saber:

1. **Conhecimento emancipatório**: é o conhecimento de si mesmo, pessoal, subjetivo, que é adquirido por meio da autorreflexão crítica ao longo do desenvolvimento de cada pessoa. Leva ao poder pessoal. Por meio dele, livramo-nos das restrições de assuntos que são assimilados sem crítica prévia e nos tornamos mais aptos a desafiar a influência externa da mídia e da propaganda ou de nossos líderes e políticos. O conhecimento emancipatório tem como foco o desenvolvimento íntimo da pessoa no sentido de aprender cada vez mais para se tornar atuante e independente no seu meio social.

2. **Conhecimento comunicativo**: é o conhecimento interpessoal e interpretativo da sociedade, da cultura e das relações humanas geradas por meio da linguagem e do consenso. É eminentemente limitado pelo grupo social e pela cultura que envolve o indivíduo. É utilizado para compreender os outros e as normas, bem como sistemas sociais nos quais vivemos. Leva-nos a desenvolver sistemas educacionais, criar governos, construir programas de assistência social, trabalhar por direitos humanos e por justiça e compreender nossa história. Tem como foco ciências sociais, artes, humanidades, leis e educação.

3. **Conhecimento instrumental**: é o conhecimento concreto e objetivo, do tipo causa e efeito derivado das metodologias empíricas e científicas. Consiste em princípios invariantes e em leis. É utilizado para controlar e manipular o ambiente. Leva-nos a construir casas, avançar a tecnologia, desenhar equipamentos e buscar meios para aumentar a produção de bens e serviços. Típico de ciências como engenharia, agricultura, comércio, negócios e tecnologia.

Em geral, os três tipos de conhecimento são apresentados em domínios discretos, com limites claros e definidos.

Na verdade, o grau de conhecimento que as pessoas agregam ao negócio faz a diferença no sucesso organizacional. Quanto menor o grau de conhecimento agregado – como no caso de operários braçais que trabalham exclusivamente com o esforço muscular – mais mecanístico será o desenho organizacional. Quanto maior o grau de conhecimento agregado – como no caso dos gênios do conhecimento que trabalham em organizações do conhecimento, como Microsoft ou

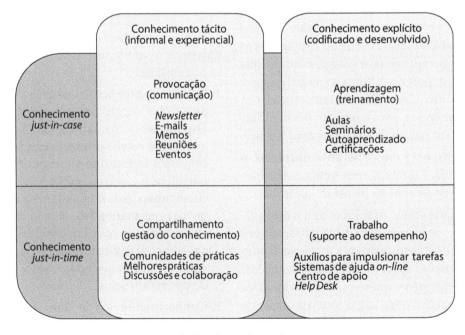

Figura 6.2 Tipologia de conhecimento.

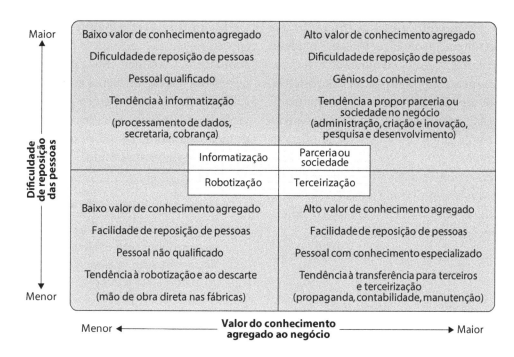

Figura 6.3 Influência do conhecimento no contexto organizacional.[20]

Apple, por exemplo – mais orgânico será o desenho resultante. É o trabalho cerebral que importa, a inteligência a serviço da tarefa, o estoque de conhecimento útil ao sucesso da organização. A Figura 6.3 dá uma ideia do grau em que o conhecimento humano influencia poderosamente a organização.

 Aumente seus conhecimentos sobre **Mindset** na seção *Saiba mais* CO 6.2

Assim, o conhecimento constitui uma capacidade de pensar e agir. A capacidade que uma pessoa tem de agir continuamente é criada por um processo de saber. Trata-se de uma capacidade contextual. O conhecimento não pode ser destacado de seu contexto. A noção de conhecimento subentende também uma finalidade teleológica. Provavelmente, o processo humano de saber tenha sido criado pela natureza para nos ajudar a sobreviver em um ambiente quase sempre hostil e mutável,[21] para nos ajudar na incessante luta pela vida.

 VOLTANDO AO CASO INTRODUTÓRIO
Universidade Corporativa da Alpha S/A

Para dar mais impacto, João Bustamante assumiu o posto de presidente da Universidade Corporativa da Alpha S/A. Passou a reunir-se diariamente com a equipe responsável pela sua criação, a fim de dividir o trabalho e incentivar a tarefa de cada um dos seus componentes. Haveria um diretor de produtos – para mapear o conhecimento a ser reunido, criado e consolidado –, um diretor técnico – para montar a base tecnológica (TI) para sua divulgação – e um diretor pedagógico – para definir a metodologia e a programação de ensino. Como você poderia ajudar Bustamante a definir o conteúdo de cada um desses cargos?

6.2 CONHECIMENTO ORGANIZACIONAL

O conhecimento organizacional – ou conhecimento corporativo – está assumindo importância cada vez maior no Comportamento Organizacional (CO), na estratégia organizacional e na Administração.[22] Na verdade, a organização não pode criar conhecimento por si mesma, sem a iniciativa dos indivíduos e da interação que ocorre dentro das equipes. O conhecimento pode ser amplificado ou cristalizado no nível de equipes, por meio de discussões, compartilhamento de experiência e observação.[23]

Para Nonaka e Takeuchi, a criação do conhecimento organizacional é uma interação contínua e dinâmica entre o conhecimento tácito e o conhecimento explícito, formando uma espiral do conhecimento, que depende de quatro aspectos. Primeiro, o modo de socialização começa desenvolvendo um campo de interação que facilita o compartilhamento de experiências e modelos mentais dos membros. Segundo, o modo de externalização é provocado pelo diálogo ou pela reflexão coletiva, nos quais o uso de uma metáfora ou analogia significativa ajuda as pessoas a articularem o conhecimento tácito que, de outra forma, é difícil de ser comunicado. Terceiro, o modo de combinação é provocado pela colocação do conhecimento recém-criado e do conhecimento já existente em uma rede que permite transformar-se em um novo produto, serviço ou sistema. Quarto, o "aprender fazendo" provoca a internalização.[24]

A espiral do conhecimento é apresentada na Figura 6.4.

Figura 6.4 Espiral do conhecimento.[25]

A aquisição e o desenvolvimento do conhecimento estão intimamente relacionados com a aprendizagem.

6.3 APRENDIZAGEM

Todo conhecimento é aprendido. Sem aprendizagem não há conhecimento. A aprendizagem é a maneira pela qual as pessoas adquirem conhecimentos, habilidades, julgamentos e atitudes. Em suma, é a maneira pela qual enfrentamos a realidade que nos cerca e nos adaptamos a ela, sempre absorvendo algo a respeito dela. É, no fundo, uma forma de adaptação progressiva ao mundo que nos envolve. Aprendizagem refere-se à aquisição de capacidades, conhecimentos, habilidades, atitudes e competências ao longo da vida do ser humano. Cada abordagem da Psicologia trata a aprendizagem de maneira diversa. Os comportamentalistas se apegam às relações entre os comportamentos e suas consequências. As teorias cognitivas procuram entender e prognosticar o funcionamento da mente humana. A aprendizagem social tenta criar um mapa mental da situação e aproveitá-lo para alavancar a aprendizagem por imitação.

Os gestores se preocupam em criar protocolos de aprendizagem que incluam os princípios de todas essas abordagens. O treinamento e desenvolvimento (T&D) de pessoas nas organizações constitui uma amostra da aplicação desses vários princípios de aprendizagem. Na verdade, cada pessoa aprende por uma ampla variedade de meios, de acordo com as necessidades do momento e do conteúdo a ser aprendido.

Diversas conceituações de aprendizagem

- Produto, resultado da interação contínua do organismo com o mundo físico e social. Nessa interação, realiza-se a passagem do inato para o aprendido. Denomina-se aprendizagem a aquisição de novas formas de comportamento que se entrelaçam e combinam com comportamentos inatos que vão surgindo à medida que o organismo amadurece. A aprendizagem conduz a mudanças permanentes na conduta humana.[26]

- Toda mudança relativamente permanente no comportamento e que se produz como consequência de uma experiência.[27]

- Uma mudança ou alteração de comportamento em função de novos conhecimentos, habilidades ou destrezas incorporados no sentido de melhorá-lo.[28]

- Refere-se a mudanças relativamente duradouras no comportamento ou a novos conhecimentos resultantes da experiência.[29]

 Aumente seus conhecimentos sobre **Aprendizagem** na seção *Saiba mais* CO 6.3

No fundo, a aprendizagem é uma solução evolutiva à insuficiência para a existência humana do sistema de respostas inatas. Para os organismos vivos superiores, por sua reduzida capacidade de reprodução e suas necessidades importantes (como alimentos e oxigênio) em um ambiente em mudança acelerada, a mera adaptação filogenética – sistema de comportamento inato – é insuficiente, pois a forte limitação das mutações genéticas faria com que todos os indivíduos sucumbissem antes mesmo de conseguir desenvolver condutas inatas de acordo com a novas e diferentes situações.[30] Charles

Darwin que o diga. O comportamento aprendido e adquirido é alavancado para sobreviver aos desafios das mudanças externas. Nesse contexto, uma nova conduta é aprendida quando:

- **Provocada:** isto é, reforçada na filogênese. É o comportamento inato.
- **Aprendida:** isto é, reforçada na ontogênese. É o comportamento aprendido ou produto do processo permanente de adaptação do sujeito ao meio que o rodeia e que está em constante mudança, especialmente o ambiente social.

Graças à aprendizagem, o ser humano pode adaptar-se às contínuas e intensas modificações do ambiente e da realidade em que vive. O aprendizado engloba mudanças de comportamento tão diferentes, como a resposta diferenciada a um estímulo, a aquisição de novas habilidades, a alteração da maneira de perceber algo, o conhecimento de fatos, atitudes frente a determinadas situações etc., como mostra a Figura 6.5. Ele frequentemente ocorre sem que o indivíduo o procure de forma deliberada e mesmo sem estar consciente disso. A luta pela vida e pela sobrevivência requer constantes ajustes e adaptações no comportamento humano.

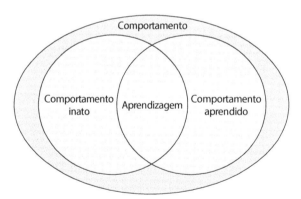

Figura 6.5 O comportamento inato e o comportamento aprendido.

Além do mais, a aprendizagem nunca é observada diretamente. Ela é uma inferência derivada da observação de uma mudança ou de uma série delas na conduta das pessoas, ou, ainda, uma resposta específica que surge mais frequentemente ou mais rapidamente quando se apresenta determinado estímulo. Por essa razão, a aprendizagem provoca um aumento da probabilidade de que uma resposta específica apareça sempre que se apresente determinado estímulo. As mudanças de conduta que permitem medir a aprendizagem recebem o nome de **execução**. A execução constitui a manifestação visível do processo de mudança que se produz no interior do organismo, que constitui a aprendizagem. Todavia, boa parte da aprendizagem ocorre sem que haja alguma conduta observável, pois somente se manifesta quando se apresenta uma oportunidade de utilizá-la. É o que chamamos de aprendizagem latente.[31]

6.3.1 Objetivos de aprendizagem

A aprendizagem ocorre em diferentes maneiras ou modalidades. As taxonomias (do grego *taxis* = ordenação + *nomos* = sistemas, normas) mostram diferentes dimensões de um fenômeno de maneira simples e comparativa e que facilita extremamente a compreensão de suas variadas formas. Bloom definiu uma taxonomia de objetivos educacionais em uma hierarquia na década de 1950. Sua classificação definiu as possibilidades de aprendizagem em três domínios com vários níveis de profundidade de aprendizado, a saber:

- **Cognitivo:** envolve a aprendizagem intelectual.
- **Afetivo:** envolve aspectos emocionais, de sensibilização e gradação de valores.
- **Psicomotor:** envolve habilidades de execução de tarefas que englobam o aparato muscular.

Apenas o primeiro domínio foi implementado em sua totalidade. A taxonomia de Bloom está arranjada em ordem ascendente para representar os vários níveis cognitivos e as estratégias instrucionais em cada nível, a fim de avançar em níveis cada vez mais complexos de aprendizagem. Bloom sugere as atividades adequadas para cada nível, como na Figura 6.6.[32]

VOLTANDO AO CASO INTRODUTÓRIO
Universidade Corporativa da Alpha S/A

Ao mesmo tempo em que desenhava a Universidade Corporativa, João Bustamante se preocupou em criar o contexto adequado para que ela funcionasse na Alpha S/A. Na sua opinião, tornava-se necessário mudar a cultura organizacional da empresa para facilitar os esforços de ensino e incrementar o aprendizado para impulsionar a empresa. Como você poderia ajudar Bustamante nessa empreitada?

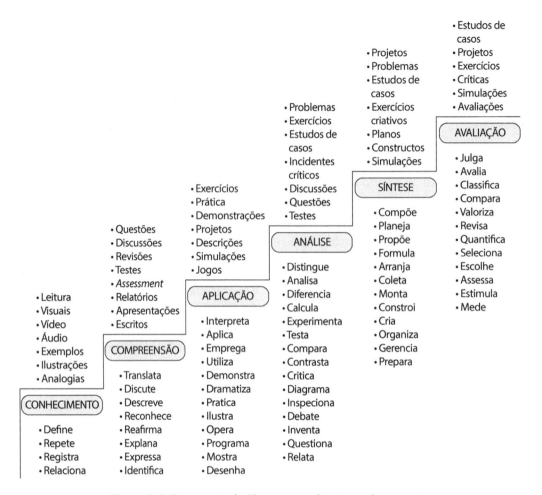

Figura 6.6 Taxonomia de Bloom para objetivos educacionais.

Posteriormente, a taxonomia de Bloom foi revista para envolver a dimensão cognitiva, tal como na Figura 6.7, na qual cada objetivo de aprendizagem corresponde a combinações de processos cognitivos e de dimensões de conhecimento.[33]

Nas organizações, a aprendizagem pode ocorrer de diversas formas. Os gestores estão sempre interessados em como ensinar seus subordinados a aprender a se comportar para alcançar adequadamente os objetivos organizacionais. Quando se trata de modelar pessoas guiando sua aprendizagem a passos graduais, na realidade, está se modelando o comportamento humano e desenvolvendo o CO.

6.4 PROCESSO DE APRENDIZAGEM

O processo de aprendizagem é explicado por meio de várias abordagens, como condicionamento clássico, condicionamento operante e aprendizagem por observação. Vejamos cada uma delas.

6.4.1 Condicionamento clássico

O fisiologista russo Ivan Pavlov foi o primeiro a pesquisar a aprendizagem por reflexo condicionado e é considerado o pai da Psicologia Aplicada. Pavlov percebeu que, ao colocar alimentos na boca de um cão em laboratório juntamente com um toque de campainha, o animal começava a segregar um fluxo de saliva procedente de determinadas glândulas. Após várias repetições diárias, o cão condicionou o som da campainha (estímulo neutro) ao alimento (estímulo incondicionado) e passou a salivar somente ao toque da campainha ou na presença da pessoa que lhe dava a comida. Pavlov desenvolveu um método experimental para estudar a aquisição de novas conexões do tipo estímulo-resposta. A salivação do cachorro diante da comida é uma resposta incondicionada, enquanto a salivação após ouvir a campainha é uma resposta condicionada. O estímulo neutro criado, no início, pelo som da campainha converteu-se em estímulo condicionado, como um sinal de que o estímulo incondicionado (comida) está prestes a aparecer. O

Capítulo 6 – Conhecimento Corporativo e Organizações de Aprendizagem

Dimensão dos processos cognitivos

Dimensão do conhecimento	Rememorar – Relembrar conhecimento relevante na memória de longo prazo	Compreender – Construir significado de mensagens instrucionais orais, escritas ou gráficas	Aplicar – Conduzir ou usar um procedimento em uma dada situação	Analisar – Juntar partes do material e definir como elas se interrelacionam em uma estrutura global	Avaliar – Estabelecer julgamentos baseados em critérios ou padrões	Criar – Compor os elementos para formar um todo coerente ou reorganizar em um novo padrão de estrutura
Metacognitiva – Conhecimento ou cognição em geral	Identificar – Estratégias para reter informação	Predizer – Respostas de uma situação	Utilizar – Técnicas que melhorem a eficiência	Demonstrar – Tendências ou inclinações	Refletir – Sobre o seu próprio progresso pessoal	Criar – Um portfólio de assuntos importantes
Procedural – Como fazer algo, métodos e critérios para usar habilidades, algoritmos, técnicas e métodos	Lembrar – Como desempenhar uma atividade	Esclarecer – Instruções a serem dadas	Conduzir – Testes de montagem ou qualidade	Integrar – Adequação a regras ou procedimentos	Julgar – A eficiência de várias técnicas	Desenhar – Um novo fluxo de trabalho
Conceitual – Interrelações entre elementos básicos em uma estrutura que os habilita a funcionar juntos	Reconhecer – Sintomas de um problema	Classificar – Assuntos por ordem de complexidade	Providenciar – Assessoria para terceiros	Diferenciar – Elevada ou baixa qualidade	Determinar – A relevância de resultados alcançados	Montar – Um conjunto de conceitos
Factual – Elementos básicos a conhecer para inteirar em uma disciplina ou resolver um problema	Listar – Aspectos primários ou secundários	Sumarizar – Itens de um capítulo de livro	Responder – A questões frequentemente perguntadas	Selecionar – O mais importante de uma lista de exigências	Checar – A consistência de várias fontes	Gerar – Uma lista de atividades diárias

Figura 6.7 Taxonomia de Bloom revisada.[34]

condicionamento clássico constitui a formação (ou reforço) de uma associação entre um estímulo neutro e um reflexo. O reforço representa o fortalecimento de uma associação entre o estímulo neutro ou condicionado e uma resposta condicionada, como resultado da união entre um estímulo incondicionado ao condicionado. O reforço aumenta a probabilidade de ocorrência de determinada resposta.

 Aumente seus conhecimentos sobre **As várias abordagens do processo de aprendizagem** na seção *Saiba mais* CO 6.4

6.4.2 Condicionamento operante

Edward Thorndike descobriu e B. F. Skinner e outros desenvolveram estudos sobre o condicionamento operante, também denominado aprendizagem por tentativa e erro. Trata-se também de uma aprendizagem por associação. O pesquisador coloca um rato faminto em uma jaula de teste, na qual existe uma alavanca em um dos lados. Quando o rato nota que recebe pontualmente comida quando pressiona a alavanca, a pressão seguinte sobre ela vai aumentando acima da média. Enquanto o condicionamento clássico é uma formação de uma relação de previsão entre dois estímulos – o condicionado e o incondicionado –, o condicionamento operante é a formação de uma relação de previsão entre uma resposta e um estímulo. Enquanto o condicionamento clássico modifica as propriedades de respostas reflexas a determinados estímulos, o condicionamento operante modifica a frequência de condutas – denominadas operantes – que ocorrem, seja de forma espontânea ou sem que haja estímulos identificáveis.[35] As condutas operantes são emitidas e não induzidas, e quando as condutas ocasionam mudanças favoráveis no ambiente – quando são recompensadas ou levam à supressão do estímulo nocivo –, o animal tende a repeti-las. Em geral, as condutas que são recompensadas tendem a se repetir, enquanto as condutas que têm consequências adversas – mesmo que não sejam necessariamente dolorosas – não se repetem. Os psicólogos experimentais denominaram esse princípio simples de Lei do Efeito para mostrar que ele domina grande parte da conduta.

6.4.3 Aprendizagem por observação

A aprendizagem por observação – ou por imitação, por moldagem ou aprendizagem social – é mais complexa que os condicionamentos anteriores. Ela é adquirida por meio da análise da conduta de outro sujeito. Tanto os animais quanto os seres humanos tendem a imitar comportamentos alheios. As respostas imitativas podem ser observadas desde a mais tenra idade, seja no aprendizado do vocabulário básico, no aprendizado da leitura e escrita, no aprendizado do papel de pais de família etc. Se não houvesse imitação, ninguém teria aprendido tudo o que sabe. É importante na aprendizagem social ou por imitação o que ocorre posteriormente com a pessoa que imita e molda seu comportamento. Quando o observador vê outras pessoas recebendo algum tipo de prêmio ou recompensa por suas ações ou que essas produzem uma satisfação, é bastante provável que se comporte da mesma forma em outras oportunidades. Daí a importância da influenciação. Foi explicitado anteriormente que o CO reflete a profunda e intensa interação que ocorre entre o ambiente organizacional – o ambiente interno que existe dentro da organização – e os participantes da organização. O CO é uma característica inerente ao comportamento das pessoas na organização. De um lado, a organização influencia seus membros, afetando seus comportamentos, cognições e atitudes. Em contrapartida, as pessoas influenciam as organizações onde atuam, afetando sua administração, estrutura e cultura organizacional. Essa influenciação recíproca dinamiza, energiza e provoca mudanças no CO, e essa reciprocidade existe em todas as organizações. Essa ideia é apresentada na Figura 6.8.

6.4.4 Aprendizagem emocional

As emoções constituem parte integrante da natureza humana. Aprendizagem na emotividade ajuda a incrementar a inteligência emocional. A aprendizagem emocional não consiste apenas em deixar os sentimentos fluírem, mas em aprender a compreendê-los e

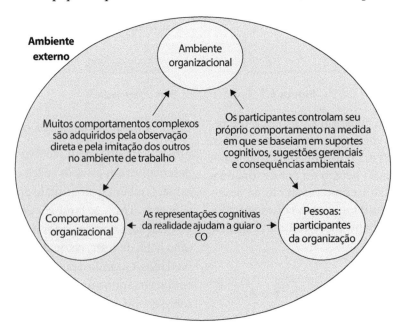

Figura 6.8 Abordagem de aprendizagem social no CO.[36]

melhorá-los.³⁷ A inteligência emocional está ligada ao conhecimento das emoções próprias e alheias, em sua magnitude e suas causas. A habilidade emocional significa saber dirigir adequadamente as emoções e, a partir do seu conhecimento, ganhar maturidade emocional. Isso permite conduzir as próprias emoções de maneira que melhore o desenvolvimento pessoal e a qualidade de vida. A aprendizagem emocional permite saber como, onde e quando expressar os sentimentos e como eles afetam aos outros. Além disso, ajuda as pessoas a serem responsáveis pelos efeitos de seus sentimentos e facilita o sentimento de comunidade e de empatia. Essa aprendizagem ajuda a entender as emoções e a sermos conscientes da importância dessa sensibilidade, permitindo que as habilidades racionais trabalhem em conjunto com as emocionais, melhorando a capacidade de relacionamento humano e interpessoal.

6.4.5 Aprendizagem em equipes

Embora se utilize o termo *criação de conhecimento organizacional*, a organização não pode criar conhecimento em si sem a iniciativa dos indivíduos e das interações sociais que ocorrem nos grupos ou em equipes.³⁸ A aprendizagem em equipes nasce disso e será abordada no Capítulo 10, dedicado a equipes e ao *empowerment*.

Acesse conteúdo sobre **Reaprendizagem** na seção *Tendências em* CO 6.1

6.4.6 Aprendizagem organizacional

Na verdade, não é a organização que aprende. As organizações aprendem somente por intermédio de indivíduos, que por meio dela aprendem. O aprendizado individual não garante o aprendizado organizacional, porém, sem ele, o aprendizado organizacional não acontece.³⁹ A aprendizagem organizacional é a capacidade de gerar novas ideias nas pessoas e que é alavancada pela capacidade de generalizá-las por toda a organização.⁴⁰ É a maneira pela qual as organizações criam, constroem, mantêm, melhoram, organizam e sintetizam o conhecimento e a rotina em torno de suas atividades e cultura, a fim de utilizar as habilidades e competências de sua força de trabalho de modo cada vez mais eficiente, seja por meio de universidades corporativas ou do trabalho, com colegas ou atividades de treinamento intensivo. Nos dias de hoje, as pessoas precisam aprender sempre e ao longo de toda a vida.

Aumente seus conhecimentos sobre **Os sete princípios de aprendizagem** na seção *Saiba mais* CO 6.5

VOLTANDO AO CASO INTRODUTÓRIO
Universidade Corporativa da Alpha S/A

Bustamante estava interessado em um aprendizado social dentro da Alpha S/A. A Universidade Corporativa deveria ser uma agência de aprendizagem organizacional para gerir o conhecimento corporativo e, com ele, produzir resultados inovadores para ultrapassar a concorrência na criação e no desenvolvimento de produtos e serviços. Quais as sugestões que você daria a Bustamante nesse sentido?

6.5 GESTÃO DO CONHECIMENTO CORPORATIVO

Na verdade, o conhecimento em si não pode ser diretamente gerido, pois ele está na cabeça das pessoas. E gerir conhecimento é bem diferente de gerir dados e informação.⁴¹ Contudo, o conhecimento criado, organizado e utilizado pelas pessoas na organização não pode ficar à mercê do acaso. Ele precisa ser adequadamente administrado. De modo geral, existem duas condutas ou teorias a respeito da gestão do conhecimento. Ambas estão relacionadas a duas categorias profissionais diferentes: uma considera a gestão do conhecimento gestão da informação, enquanto a outra, gestão de pessoas.⁴²

1. **Como gestão da informação,** os profissionais têm forte experiência nas ciências da computação ou na teoria de sistemas. Para eles, o conhecimento consiste de objetos que podem ser identificados e processados nos sistemas de informação. Esse conceito é relativamente novo. Atualmente, esse grupo de profissionais vem crescendo muito e tem ligações estreitas com as novas soluções da TI. As grandes empresas de consultoria organizacional trabalham dentro dessa categoria e a gestão do conhecimento se baseia em complexos *softwares*, da mesma maneira que os *softwares* de *Consumer Relationship Management* (CRM), *Supply Chain Management* (SCM) ou *Enterprise Resource Management* (ERM). A ênfase é totalmente colocada na tecnologia, que serve de plataforma para todo o processo. Essa é a forma de gestão do conhecimento que mais vem sendo desenvolvida

pela maioria das empresas de consultoria. Apoia-se na TI e se fundamenta em depósitos de dados em que é possível encontrar novos conhecimentos por meio de minas de dados (*data mining* = localização de relações não evidentes entre variáveis). O problema é que os dados armazenados não constituem todo o conhecimento da organização. Será que tais dados podem ser utilizados e geridos no sentido de habilitar a organização a tomar decisões estratégicas adequadas? Parece que não. Há algo mais na cabeça das pessoas que formam a organização e que precisa ser levado em conta.

2. **Como gestão de pessoas**, os profissionais da segunda categoria atuam no campo da Administração, Psicologia, Sociologia, Filosofia ou Teoria Organizacional. Para eles, o conhecimento equivale aos processos que consistem em capacidades humanas dinâmicas e complexas, competências individuais e comportamentos que estão mudando constantemente. Influenciar a aprendizagem é uma questão de lidar com pessoas em uma organização. Essa visão da gestão do conhecimento não é nova, e seus adeptos não vêm crescendo tão rapidamente. O desafio está em construir sistemas de informação que permitam às pessoas da organização compartilhar tanto as informações quanto as experiências pessoais e grupais e que as ajudem a fazer isso. Nesses sistemas, as pessoas e suas necessidades vêm primeiro e antes da tecnologia, que passa a ser simplesmente uma ferramenta de trabalho para as pessoas. A retaguarda que fornece às pessoas o arsenal de dados e informações para que o processo decisório seja democrático, participativo e, principalmente, eficiente e eficaz. O Quadro 6.2 compara o desafio dos sistemas que apoiam os processos e os sistemas que apoiam as competências das pessoas.

Quadro 6.2 Dois sistemas de gestão do conhecimento[43]

Sistemas que apoiam processos (ênfase na tecnologia)	Sistemas que apoiam as competências (ênfase nas pessoas)
■ Processos transacionais	■ Redes de comunicação
■ Logísticas integradas	■ Redes de aprendizagem no trabalho
■ Fluxos de trabalho	■ Redes conectando as pessoas
■ Intercâmbio de dados eletrônicos (EDI)	■ Estruturas para intercâmbio da experiência
■ Redes de informação	■ Comunidades de aprendizado

A gestão do conhecimento representa um dos pontos críticos da adaptação, sobrevivência e competitividade organizacional face às mudanças crescentemente rápidas e descontínuas que ocorrem no contexto ambiental. A enorme variedade de fontes conjuntas de conhecimento requer o uso das modernas tecnologias para a melhoria no desempenho dos negócios. Para as organizações de hoje, as regras do jogo continuam mudando e os tradicionais sistemas baseados em regras têm pouca relevância, o que limita o valor das melhores práticas de intercâmbio. No fundo, a gestão do conhecimento incorpora uma multiplicidade de processos organizacionais e requer uma combinação sinérgica da capacidade de processar dados e informações com a capacidade inovadora das pessoas.

6.5.1 De gestão do conhecimento para a capacitação para o conhecimento

Mais recentemente, percebeu-se que a gestão do conhecimento implica processos quase sempre incontroláveis e que talvez sejam sufocados por uma gestão tradicional. A gestão do conhecimento ainda sofre com barreiras individuais à criação do conhecimento (crenças pessoais, processos de assimilação e acomodação), bem como barreiras organizacionais (como linguagem, memória organizacional, histórias e mitos da empresa, procedimentos e antigos paradigmas da organização).[44] Para ultrapassar tais limitações da gestão do conhecimento, passou-se a dar mais ênfase ao processo de capacitação para o conhecimento: o conjunto geral de atividades organizacionais que afetam de maneira positiva e impulsionam a criação do conhecimento e a utilização do conhecimento como meio para alcançar a vantagem competitiva.

Os cinco capacitadores que facilitam a criação de conhecimento são:[45]

1. **Instilar a visão do conhecimento para mapear:**
    a. o mundo em que as pessoas vivem;
    b. o mundo em que elas devem viver;
    c. o conhecimento que elas devem criar e buscar.
2. **Gerenciar as conversas entre as pessoas**, para estimular ativamente a participação e as regras de etiqueta, bem como fomentar a linguagem inovadora por meio de cinco princípios: compartilhamento do conhecimento tácito, criação de conceitos, justificação de conceitos, construção de protótipos e nivelação do conhecimento.

3. **Capacitar e mobilizar os ativistas do conhecimento**, que devem ser os catalisadores da criação de conhecimento, coordenadores das iniciativas de criação de conhecimento e mercadores de antevisões.
4. **Criar o contexto adequado para a criação do conhecimento**, como desenho organizacional, cultura organizacional e espaço para o conhecimento compartilhado.
5. **Globalizar o conhecimento local** com a difusão do conhecimento em toda a organização, saber transformá-lo no tempo e no espaço por meio das oportunidades ou necessidades de negócios. Para tanto, torna-se necessário romper ou permeabilizar as fronteiras internas – barreiras verticais, horizontais e externas – da organização.

Em resumo, não basta apenas gerir o conhecimento corporativo; é preciso ampliar a capacidade de aprendizagem, espraiá-la entre todas as pessoas envolvidas no trabalho organizacional e, sobretudo, fazer o conhecimento produzir resultados positivos. Torná-lo produtivo e rentável. Isso significa fazer com que o conhecimento crie e agregue continuamente valor às pessoas, às equipes e às organizações, e ao cliente, na ponta final. Ou melhor, a todos os públicos estratégicos do negócio da organização (*stakeholders*): acionistas, investidores, clientes e intermediários (atacadistas e varejistas), fornecedores, agências reguladoras, sociedade e a própria nação.

As duas abordagens – ênfase na tecnologia e ênfase nas pessoas – deverão ser intensamente utilizadas. A instalação de uma plataforma de dados e informações é fundamental como suporte e apoio, para envolver intimamente quem possui conhecimento com quem precisa dele, e vice-versa. O trabalho em equipe deve constituir a etapa crítica na geração, difusão, desenvolvimento, adaptação e aplicação rentável do conhecimento. As lideranças de lideranças devem incentivar, comunicar, motivar e orientar as pessoas para que isso realmente aconteça. No entanto, é preciso mais, muito mais: ajudar as pessoas a aprender a aprender e a reaprender continuamente. Ou seja, aprendizagem no decorrer da vida toda.

A Figura 6.9 esquematiza a gestão integrada entre conhecimento e aprendizagem, enquanto a Figura 6.10 apresenta o modelo de desenho do sistema de conhecimento.

VOLTANDO AO CASO INTRODUTÓRIO
Universidade Corporativa da Alpha S/A

As ideias de João Bustamante são o fruto de uma visão futurista extremamente avançada para os padrões conservadores da empresa. A ideia do presidente da Alpha S/A é que a Universidade Cor-

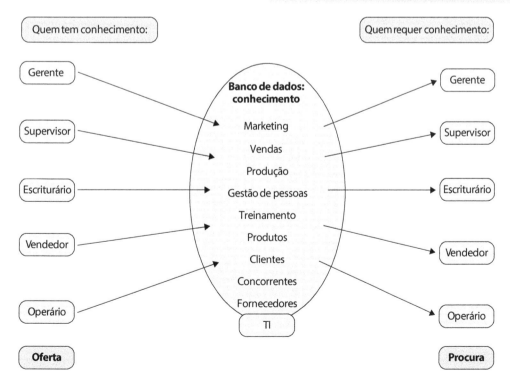

Figura 6.9 Gestão integrada entre conhecimento e aprendizagem.

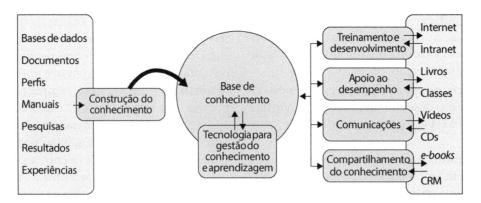

Figura 6.10 Modelo de desenho do sistema de conhecimento.[46]

porativa não seja um simples local físico, mas um estado de espírito dentro da organização. Isso significa uma mudança cultural a partir da valorização do conhecimento e de suas aplicações. Para tanto, Bustamante precisa identificar competências necessárias a organização, talentos, valores organizacionais etc. Quais as ideias que você poderia apresentar a Bustamante para ajudá-lo a criar uma cultura de conhecimento na empresa?

 Aumente seus conhecimentos sobre **A organização deve funcionar como uma orquestra** na seção *Saiba mais* CO 6.6

6.6 ORGANIZAÇÕES DE APRENDIZAGEM

Para enfrentar o mundo de negócios em constante mudança e ebulição, a organização precisa desenvolver a capacidade de migrar e mudar, de criar e alavancar novas habilidades e atitudes, de inovar incessantemente. Mudanças contínuas e drásticas no mundo exterior – que refletem o turbulento meio ambiente de negócios da atualidade – exigem uma contínua gestão de mudança dentro da empresa, ou seja, mudanças fundamentais e constantes nas estruturas internas da empresa, nos comportamentos dos seus membros, nos processos internos, nos sistemas e nas tecnologias utilizados, nos produtos e serviços. Em suma, apenas o treinamento periódico das pessoas é insuficiente: cada empresa precisa desenvolver a capacidade das pessoas de aprender continuamente e ao longo de suas vidas para poderem acompanhar as incessantes e exponenciais mudanças no mundo em que vivemos. Assim, surge o aprendizado organizacional por meio do aprendizado individual e em equipe. As organizações que aprendem são organizações aptas a criar, adquirir e transferir conhecimentos, bem como modificar seu comportamento para refletir esses novos conhecimentos.[47] Como salienta Senge: toda organização está sempre expandindo sua capacidade de criar o futuro por meio da criação do conhecimento organizacional.[48]

 SAIBA MAIS

A aceleração exponencial do incrível avanço tecnológico despertou um novo contexto que vem revolucionando a maneira como vivemos, nos comportamos, comunicamos, compramos e até trabalhamos. O conhecimento se multiplica em uma velocidade vertiginosa, enquanto o tempo médio de vida das organizações está sendo reduzido drasticamente. Décadas atrás, as melhores e maiores empresas norte-americanas da revista *Fortune* viviam, em média, 60 anos. A maior parte delas simplesmente desapareceu. Agora, a média do seu ciclo de vida baixou para 15 anos e está encurtando aceleradamente. Isso requer uma transformação não somente das pessoas, mas, principalmente, das organizações. Essas certamente viverão mais tempo se conseguirem meios de adaptá-las de maneira rápida e ágil aos novos tempos. Quem não entender rapidamente o que os *stakeholders* querem ou precisam ficará de fora do jogo. Para tanto, as organizações precisam aprender a aprender e aprender mais rapidamente; muito mais e rapidamente, para poderem surfar nessas ondas de mudança e forte disrupção. Em um mundo exponencial, o importante hoje é alcançar resultados escaláveis. Isso pode parecer impossível, mas existem organizações que estão conseguindo graças a flexibilidade, agilidade, tecnologia, experimentação, tolerância a erros,

> estruturas enxutas, e foco em talentos e na jornada dos *stakeholders* internos e externos. As empresas morrem por fazerem sempre a mesma coisa, embora bem feita, por muito tempo. É preciso estar sensível às transformações do mercado que podem representar uma oportunidade ímpar ao negócio de se inventar e reinventar.[49]

A organização que aprende desenvolve uma capacidade contínua de adaptação a mudanças rápidas e ágeis. Todas as organizações aprendem conscientemente ou não. Esse é o requisito fundamental para sua existência e sustentabilidade em um ambiente volátil, incerto, complexo e ambíguo. Algumas organizações fazem isso melhor do que outras. Assim, a organização de aprendizagem é aquela que está continuamente desenvolvendo e mudando a forma de se manter competitiva no futuro.[50] Isso requer uma visão comum e uma estratégia que esteja na cabeça de todas as pessoas, em termos tangíveis e compreensíveis para todas elas. São as pessoas que transformam as visões e as estratégias em ações específicas e bem-sucedidas. E esse processo sempre requer uma mudança comportamental e o desenvolvimento gradativo de competências individuais ao longo do tempo.

No Quadro 6.3, são explicitadas as cinco disciplinas de uma organização que aprende.

Em sua essência, o ato de aprender é a capacidade de gerir a mudança mediante a mudança em si mesmo. Isso vale tanto para as pessoas quanto para as organizações. Jean Piaget, o pioneiro da aprendizagem, chama essa forma de mudança de **aprendizado pela adaptação**.[51] A essência do aprendizado é mudar a própria estrutura interna para permanecer em harmonia com o ambiente que se modifica a cada instante. Isso conduz a um imperativo para o sucesso organizacional: a empresa bem-sucedida é aquela que pode efetivamente aprender e mudar. Dentro dessa definição, as pessoas tornam-se fundamentais para o sucesso das empresas. Na Figura 6.11, são mostradas bases da organização de aprendizagem.

Quadro 6.3 As cinco disciplinas de uma organização que aprende[52]

Domínio pessoal	É uma disciplina de aspiração. Consiste em aprender a gerar e manter uma tensão criativa para que as pessoas tenham uma visão pessoal (o que desejam alcançar) e sua realidade atual (o que estão fazendo). Isso aumenta a capacidade de fazer melhores escolhas e alcançar melhor os resultados escolhidos.
Modelos mentais	É uma disciplina de reflexão e questionamento. Os modelos mentais condicionam nossas percepções. As pessoas precisam ajustar suas imagens internas do mundo para melhorar suas decisões e ações.
Visão compartilhada	É uma disciplina coletiva que visa estabelecer objetivos comuns. As pessoas devem ter um senso de compromisso em grupo ou organização. Além disso, precisam criar imagens do futuro que pretendem criar.
Aprendizado em equipe	É uma disciplina de interação grupal para aprendizagem em grupo. A aprendizagem é feita de equipes e utiliza técnicas como dialogo e discussão para desenvolver o pensamento coletivo, a fim de alcançar objetivos comuns de desenvolver inteligência e capacidade maiores do que a soma dos talentos individuais.
Raciocínio sistêmico	É uma disciplina de aprendizagem que busca a visão da globalidade. A atividade organizacional é sistêmica, interligada por relações que ligam ações interdependentes. As pessoas precisam ter uma visão global do sistema e de suas partes para poderem mudar sistemas em sua totalidade, e não apenas detalhes deles.

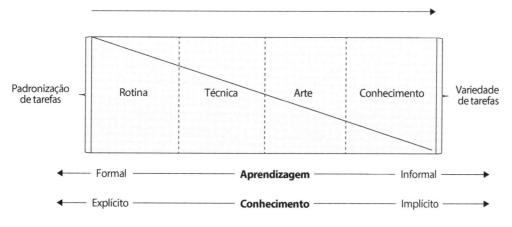

Figura 6.11 Bases da organização de aprendizagem.

A organização de aprendizagem é um conceito recente na teoria administrativa e pode ser conceituada como "uma organização habilitada para criar, adquirir e transferir o conhecimento e modificar o seu comportamento, a fim de refletir o conhecimento e os *insights* novos".[53] Na verdade, a organização que aprende é uma metáfora, cujas raízes estão na visão e na busca de uma estratégia para promover o autodesenvolvimento individual dentro de uma organização em contínua autotransformação.[54]

Em outras palavras, uma organização de aprendizagem melhora sua capacidade de reagir ágil e prontamente às mudanças em sua situação interna e externa, adaptar-se a elas e capitalizá-las. A palavra *aprendizagem* quer dizer "foco no conhecimento e nas competências". Isso significa que, na organização de aprendizagem, são as pessoas que aprendem individual e socialmente. Embora a aprendizagem individual seja importante como base para a aprendizagem coletiva, tem um grande valor a longo prazo para a organização. O que é aprendido deve também estar acessível a outras pessoas na organização e, preferivelmente, ficar vinculado a ela de maneira mais duradoura.[55] Se a aprendizagem individual aumenta o capital humano, sua fácil transferibilidade e acessibilidade organizacional aumentam o capital estrutural. Esses dois conceitos fundamentais para o capital intelectual – capital humano e capital estrutural – precisam trabalhar juntos para que cada um deles proporcione valor agregado ao outro, em termos sinérgicos.

As características de uma organização que aprende são apresentadas no Quadro 6.4.

Quadro 6.4 Características de uma organização que aprende[56]

1. Existe uma visão compartilhada com a qual todos os membros concordam.
2. As pessoas descartam suas velhas maneiras de pensar e as rotinas padronizadas que usam para resolver problemas ou executar seus trabalhos.
3. Os membros pensam em todos os processos, atividades, funções e interações organizacionais com o ambiente como parte de um sistema de inter-relações.
4. As pessoas comunicam-se abertamente umas com as outras – por meio de fronteiras verticais e horizontais –, sem medo de crítica ou de castigo.
5. As pessoas sublimam seus interesses pessoais e seus interesses departamentais fragmentados para trabalharem juntas com o objetivo de alcançar a visão partilhada da organização.

Argyris e Schön, os pioneiros na aprendizagem organizacional, lembram que a maioria das organizações se empenha no que foi chamado de aprendizado de círculo simples:[57] quando são detectados erros, o processo de correção ocorre em melhorias nas rotinas passadas e em políticas atuais. Em comparação, as organizações que aprendem utilizam o aprendizado de círculo duplo (*doble looping feedback*): quando um erro é detectado, é corrigido por meio da modificação dos objetivos, das políticas e das rotinas padronizadas da organização. O aprendizado de círculo duplo muda totalmente – e não parcialmente – as pressuposições e as normas profundamente enraizadas dentro da organização. Desse modo, ele fornece oportunidades para soluções radicalmente diferentes para problemas e proporciona saltos drásticos em melhorias.

Da mesma forma, ao se referir às organizações de aprendizagem, Senge faz uma distinção entre a aprendizagem adaptativa e a aprendizagem generativa.[58] A aprendizagem adaptativa é o primeiro estágio de adaptação às mudanças ambientais da organização de aprendizagem. A aprendizagem generativa envolve criatividade e inovação, além da adaptação à mudança e da antecipação à mudança. O processo generativo conduz a uma total reformulação das experiências de uma organização e aprendizagem decorrente do processo.[59]

Assim, as três características principais da organização de aprendizagem, mostradas na Figura 6.12, são:[60]

1. **A tensão criativa**: a organização de aprendizagem cria uma tensão criativa que serve como catalisador ou necessidade motivacional para aprender. A tensão criativa é um estado de angústia que decorre da discrepância entre a visão da organização (a realidade desejada) e a realidade percebida. Essa tensão indica que a organização de aprendizagem está continuamente questionando e desafiando o *status quo*. É uma espécie de inconformismo com a situação atual aliado a um sentimento de urgência em mudar e melhorar as coisas. Há dois meios para resolver a tensão criativa: o primeiro é diminuir o *gap* percebido (ou as expectativas) quando há incapacidade das pessoas em resolver sua tensão emocional, que normalmente está associada à tensão criativa; o segundo é resolver a tensão criativa por meio de persistência, paciência, forte compromisso e esforço em caminhar até chegar ao resultado esperado. O segundo caminho levaria ao aprendizado individual e ao domínio pessoal.

2. **O sistema de pensamento da organização**: deve haver uma visão compartilhada por todos os membros em toda a organização, bem como a abertura para novas ideias e para o ambiente externo que pode fornecer conhecimentos. Abertura e comunicação são vitais para permitir que haja consonância entre as pessoas.

3. **A cultura organizacional facilitadora**: a cultura da organização assume uma importância vital no processo de aprendizado. Vai muito além de mecanismos isolados como sugestões, equipes, *empowerment*, empatia etc. A empatia é refletida na preocupação genuína em facilitar e incentivar a mudança, tendo como reforço o sistema de recompensas da organização. Deve haver uma mentalidade que apoie, facilite e incentive o aprendizado na organização.

Figura 6.12 Características das organizações de aprendizagem.[61]

As organizações de aprendizagem proporcionam enormes vantagens em relação às organizações tradicionais. As paredes funcionais e divisionais são barreiras internas que inibem a cooperação, o compartilhamento de recursos e o debate interno que promovem o pensamento para adiante, o aprendizado de novas competências gerenciais e a adoção de comportamentos de assunção de riscos. Nos dias atuais, é muito importante contar com uma equipe gerencial rejuvenescida, que cultive uma nova cultura que enfatiza o compartilhamento do conhecimento, comunicações abertas, o espírito de equipe e a ampla difusão de novas ideias em toda a organização.[62]

Uma comparação entre a organização tradicional e a organização de aprendizagem é apresentada no Quadro 6.5.

A organização de aprendizagem requer as seguintes práticas e mecanismos:[63]

1. Captar o que está acontecendo no ambiente de negócios, seja por meio de contatos dos empregados com os clientes, da tecnologia nova, dos fornecedores, dos acionistas e dos futuros candidatos a emprego. Utilizar a rede de relacionamentos da organização como um meio de buscar informação e conhecimento.

2. Proporcionar meios e recursos para que as pessoas que recebem essas informações possam relacioná-las com o que as demais pessoas estão observando e analisá-las de acordo com o conhecimento prévio da organização. Criar condições para que toda informação e conhecimento sejam úteis para o trabalho das pessoas e possam ser transformados em ações eficazes e produzam resultados.

Quadro 6.5 Comparação entre organização tradicional e organização de aprendizagem[64]

Função	Organizações tradicionais	Organizações de aprendizagem
Determinação da direção geral	A visão é proporcionada pela cúpula da empresa.	A visão é compartilhada e emerge de muitos lugares, mas a cúpula é responsável por assegurar que essa visão exista e seja alcançada.
Formulação e implementação de ideias	A cúpula decide o que deve ser feito e o restante da empresa trabalha com essas ideias.	A formulação e a implementação de ideias ocorrem em todos os níveis da organização.
Natureza do pensamento organizacional	Cada pessoa é responsável pelas atividades de seu cargo e o foco está no desenvolvimento de suas competências individuais.	As pessoas conhecem suas atividades e como elas se inter-relacionam com as demais dentro da organização.
Resolução de conflitos	Os conflitos são resolvidos pelo uso do poder e da influência hierárquica.	Os conflitos são resolvidos por meio da aprendizagem colaborativa e da integração dos pontos de vista das pessoas da organização.
Liderança e motivação	O papel do líder é definir a visão organizacional, providenciar recompensas e punições adequadas e manter o controle das atividades das pessoas.	O papel do líder é constituir uma visão compartilhada, empoderar as pessoas, inspirar compromisso e encorajar decisões eficazes na empresa.

3. Documentar as informações e as análises para torná-las disponíveis para todas as pessoas da organização e para sua utilização subsequente. Disponibilizar toda informação e conhecimento através de meios adequados para localização e utilização intensiva em todos os níveis da organização.
4. Aumentar o nível de aprendizagem da organização e medir continuamente o índice de aprendizagem, a fim de assegurar que foram obtidos ganhos de fato. Fazer com que o conhecimento seja continuamente incorporado por meio da aprendizagem ao comportamento das pessoas e avaliar o grau em que isso está sendo alcançado, no sentido de aumentar o volume e a intensidade do fenômeno.

A aprendizagem tem lugar em diferentes níveis em uma organização, por meio de indivíduos, equipes, unidades, redes internas, bem como de redes de clientes, fornecedores e outros grupos, conforme a Figura 6.13. A organização de aprendizagem oferece um ambiente social de aprendizado no qual as pessoas aprendem à medida que trabalham com outras no alcance de objetivos. Na verdade, a organização de aprendizagem é um sistema complexo. As relações entre indivíduos e organização dentro desse sistema têm impacto direto sobre o como e o que a organização aprende. Assim, muitas organizações transformam-se continuamente em novos ambientes por meio de mudanças em sua infraestrutura.[65]

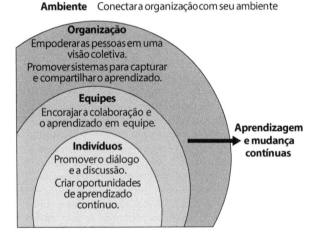

Figura 6.13 Modelo de organização de aprendizagem.[66]

Características do conhecimento que agregam valor à organização:[67]

- **Transferibilidade**: capacidade de transferir conhecimento não apenas entre empresas, mas principalmente dentro dela.
- **Capacidade de agregação**: capacidade de o conhecimento transferido ser agregado pelo recebedor e adicionado aos conhecimentos preexistentes.
- **Apropriabilidade**: habilidade que o proprietário de um recurso tem de receber um retorno igual ao valor criado.
- **Especialização na aquisição do conhecimento**: quando o cérebro humano possui uma limitada capacidade de adquirir, armazenar e processar o conhecimento, tornam-se necessárias pessoas especializadas na aquisição, no armazenamento e no processamento em alguma área do conhecimento, para que ele seja adquirido e gerido.
- **Importância para a produção**: quando o insumo essencial à produção de algo e a principal fonte de valor são o conhecimento, ele deve agregar valor ao processo produtivo.

Começando com o aprendizado no nível individual, a infraestrutura cria contínuas oportunidades de aprendizado graças aos resultados do trabalho de cada pessoa. No nível individual, o diálogo e a discussão devem ser promovidos. Deve haver uma cultura de questionamento e experimentação dentro da organização. O nível de equipe encoraja a colaboração. Nesse nível, o foco não é necessariamente o espírito de equipe, mas o aprendizado como tal. O nível central é o nível organizacional, que se enriquece à medida que o aprendizado é capturado em políticas, procedimentos, linhas mestras e estratégias. O nível final é o ambiente externo. Nesse nível, a organização deve aprender com seus clientes, fornecedores e concorrentes que estão além de suas fronteiras. O foco principal de uma organização de aprendizagem é a transformação. A infraestrutura deve ser criada para assegurar conhecimento que é capturado e compartilhado. Todas as pessoas devem aprender a pensar sistematicamente sobre o impacto de suas decisões. O aprendizado passa a ser parte do trabalho cotidiano. A participação é fundamental. A pré-condição para a criação de uma organização de aprendizagem é a avaliação das competências atuais. A partir daí, a organização, então, decide quais estratégias deve formular e implementar. Como consequência, com a criação de uma organização de aprendizagem, realiza-se um crescente aumento do capital intelectual.

Para criar uma organização que aprende, as empresas passam a depender mais e mais de estilos democráticos e participativos de liderança. Muito mais do que isso, se é que se deseja impulsionar e fazer crescer as pessoas, e, assim, agregar qualidade, serviço, inovação, flexibili-

Capítulo 6 – Conhecimento Corporativo e Organizações de Aprendizagem

Quadro 6.6 Diferenças entre o treinamento tradicional e o ambiente de organização de aprendizagem[68]

Ambiente tradicional de treinamento	Ambiente de organização de aprendizagem
Aprendizado impulsionado pelo instrutor	Aprendizado autodirigido
Abordagem programada e prescritiva	Abordagem de autosserviço
Transmissão baseada em classe	Modos diversos de transmissão
Programas como o principal curso	Competências como o principal curso
Presença como determinante da capacidade	Demonstração de competências como determinante da capacidade
Oferecido de uma só maneira para todos	Apenas alvos entre a capacidade atual e a capacidade requerida
Baseado em análise genérica de necessidades de treinamento	Baseado em avaliação individual da competência

Quadro 6.7 Tipos de aprendizagem no local de trabalho[69]

Injetando aprendizagem no trabalho	Extraindo aprendizagem do trabalho
Cursos e programas são desenhados para adicionar aprendizagem ao fluxo de trabalho	Ferramentas e técnicas são usadas para extrair aprendizagem das experiências do trabalho
Objetivo: melhorar a aprendizagem	Objetivo: melhorar o desempenho
Fluxo: a aprendizagem deve melhorar o trabalho	Fluxo: o trabalho melhora a aprendizagem e a aprendizagem melhora o trabalho
Medição: por meio de métricas de aprendizagem	Medição: por meio de métricas de desempenho
Resultados esperados: em atividades adicionais e na maior carga de trabalho	Resultados esperados: em mudanças apenas nas atividades

dade, agilidade e velocidade de maneira crescentemente crítica. As organizações de aprendizagem se destacam pelo que sabem e pela forma como conseguem utilizar esse conhecimento.

No Quadro 6.6, são enumeradas as diferenças entre o treinamento tradicional e o ambiente de organização de aprendizagem; e, no Quadro 6.7, os tipos de aprendizagem no local de trabalho.

Acesse conteúdo sobre **A ênfase das organizações que aprendem** na seção *Tendências em CO 6.2*

Na verdade, todas as práticas e os mecanismos abordados anteriormente se referem à gestão do conhecimento na organização. Davenport[70] define conhecimento como informação combinada com experiência, contexto, interpretação e reflexão. Por sua vez, a gestão do conhecimento é um processo sistemático com o propósito de compilar e controlar recursos e as capacidades dos talentos, assim como uma companhia controla seus inventários, suas matérias-primas e o estoque de outros recursos físicos. Trata-se aqui de uma "reengenharia pós-moderna", na qual a tecnologia desempenha um papel importante na qualidade da aprendizagem organizacional e na melhoria dos processos.[71]

Acesse conteúdo sobre **A nova figura do CKO** na seção *Tendências em CO 6.3*

As organizações que eram eficientes no século passado estão se transformando hoje em organizações de aprendizagem. Como elas não têm cérebros, precisam dispor de sistemas cognitivos e memórias artificiais, bem como de processos padronizados para gerir o conhecimento que nelas transita. Hurst[72] mostra algumas diferenças encontradas entre esses dois modelos sucessivos de organização, conforme a Figura 6.14.

Figura 6.14 Os dois modelos de organização.

SAIBA MAIS — *Clusters*

Porter[73] chamou a atenção para ambiente de aprendizado e cooperação em microrregiões. Saxenian[74] mostra o desenvolvimento do Vale do Silício a partir de redes e fluxos informais de colaboração e conhecimento entre empresas, universidades e governos; os *keiretsus* japoneses e os métodos de produção *just-in-time* da Toyota, que se espalharam pelo mundo por meio de um elevadíssimo grau de cooperação e troca de conhecimento entre empresas da cadeia produtiva; e também as associações de pequenas e médias empresas europeias que se tornam coproprietárias de cooperativas que as ajudam em atividades comuns de marketing, distribuição e entrada em novos mercados e tecnologias –[75] são empresas pertencentes a *clusters* que trabalham de maneira sinérgica com interesses comuns em redes (*networking*).

São formas simbióticas tradicionais que, com a internet e as modernas tecnologias que rompem barreiras geográficas, constituem meios que permitem às empresas competir em alguns mercados e colaborar em outros por meio do conhecimento que possuem. É o aprendizado com o ambiente e a colaboração com o conhecimento.

VOLTANDO AO CASO INTRODUTÓRIO
Universidade Corporativa da Alpha S/A

A ideia de Bustamante é criar uma sensação de emergência dentro da Alpha S/A para incrementar a criatividade e a inovação na empresa. Para isso, ele precisa não só mudar o desenho organizacional e a cultura organizacional, mas também praticar ações eficazes e que marquem definitivamente a passagem para uma nova era dentro da empresa. Bustamante pensou em fazer reuniões diárias com seus principais gerentes, cafés da manhã com grupos de funcionários, criação de um sistema de informação mais intenso com todos os parceiros da organização e envolver-se diretamente com a mudança organizacional. Se você estivesse lá, como poderia ajudar Bustamante?

6.7 CAPITAL INTELECTUAL

No passado, as organizações bem-sucedidas eram aquelas que incorporavam o capital financeiro – traduzido em edifícios, fábricas, máquinas, equipamentos, investimentos financeiros – e o faziam crescer e expandir. Na Era Industrial, o retrato do sucesso organizacional era representado pelo tamanho da organização e de suas instalações físicas, pelo seu patrimônio contábil e, sobretudo, pela riqueza financeira. As organizações procuravam acumular ativos tangíveis, físicos e concretos como base de seu sucesso e de sua força e poder no mercado. O crescente tamanho físico da organização era o melhor sinal de prosperidade e riqueza. A acumulação de recursos – financeiros e materiais – era um dos objetivos organizacionais mais importantes. Isso já se foi. Hoje, tamanho não é mais documento. As organizações bem-sucedidas são extremamente ágeis e inovadoras e, por essa razão, independentemente do seu porte ou tamanho, quebram as pernas das organizações mais lerdas e morosas. Existem organizações pequenas que alcançam sucesso exponencial e proporcionam retornos maiores do que organizações maiores. Qual a razão? Simples. Ela se chama inovação: é a capacidade de uma organização produzir produtos e serviços criativos e inovadores que transformam os demais produtos e serviços em coisas obsoletas e ultrapassadas. É a capacidade de uma organização de se antecipar às demais organizações e conquistar clientes e consumidores antes delas, oferecendo ou criando satisfações para suas expectativas.

Na Era da Informação, o capital financeiro deixou de ser o recurso mais importante da organização. Outros ativos intangíveis e invisíveis assumiram rapidamente seu lugar, relegando-o a um plano secundário. Estamos nos referindo ao capital intelectual. O capital intelectual de uma organização é constituído de ativos intangíveis, como:[76]

1. **Capital interno**: envolve a estrutura interna da organização, conceitos, modelos e sistemas administrativos e de computação. A estrutura interna e as pessoas constituem juntas o que geralmente chamamos de organização. Além disso, a cultura ou o espírito organizacional também é parte integrante dessa estrutura interna.

2. **Capital externo**: envolve a estrutura externa da organização, ou seja, as relações com clientes e fornecedores, bem como marcas, marcas registradas, patentes e a reputação ou imagem da empresa. O valor desses ativos é determinado pelo grau de satisfatoriedade com que a empresa soluciona os problemas de seus clientes.

3. **Capital humano:** é o capital de gente, de talentos e de competências. A competência de uma pessoa envolve a capacidade de agir em diversas situações, tanto para criar ativos tangíveis quanto intangíveis. Não basta ter pessoas. Torna-se necessário uma plataforma que sirva de base e um clima que impulsione as pessoas e utilize os talentos existentes. Assim, o capital humano é basicamente constituído de talentos e competências das pessoas. Sua plena utilização requer uma estrutura organizacional adequada e uma cultura democrática e impulsionadora.

A Figura 6.15 apresenta os desdobramentos do capital intelectual.

Para poder incrementar seu capital intelectual, as organizações estão se transformando em verdadeiras organizações do conhecimento ou agências de conhecimento e de aprendizado. Qual é o motivo? Simples: transformar e converter a informação em conhecimento, utilizando suas próprias competências, e tornar o conhecimento rentável por meio de sua conversão em novos produtos, novos serviços, novos processos internos, novas soluções e, principalmente, em criatividade e

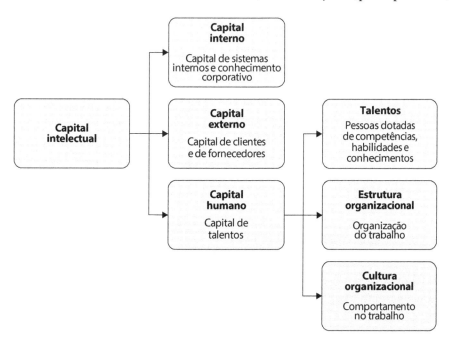

Figura 6.15 Desdobramentos do capital intelectual.[77]

inovação. O ambiente em que as pessoas irão trabalhar no futuro já foi descrito exaustivamente por muitos autores. Alguns lhe dão o nome de terceira onda,[78] sociedade da informação,[79] sociedade do conhecimento[80] ou era pós-capitalista.[81] Será possivelmente a era virtual[82] ou a era do conhecimento,[83] caracterizada pela máquina inteligente[84] e pela irracionalidade.[85] De qualquer forma, o conhecimento já constitui, hoje, o recurso produtivo mais importante das organizações, e a tendência é que se torne cada vez mais importante para o sucesso organizacional, até chegarmos à Era Digital, à 4ª Revolução Industrial e à Indústria 4.0. Com as novas tecnologias exponenciais, criação, aquisição, desenvolvimento, memorização e disseminação do conhecimento serão rápida e eficazmente desenvolvidos, bem como sua codificação, simplificação e imitação.[86]

Acesse um caso sobre **Como a empresa A se divide para multiplicar valor** na seção *Caso de apoio* CO 6.1

RESUMO

As organizações modernas estão exigindo novos valores, novos parâmetros e novas práticas administrativas. Na base destes, estão as pessoas: o mais valioso ativo. Atualmente, o conhecimento constitui a base estrutural do desempenho de sociedades e de organizações. O conhecimento possui quatro características: é tácito, orientado para a ação, sustentado por regras e está em constante mutação. Daí muitos autores utilizarem o conceito de competência baseada em conhecimento explícito, habilidade, experiência, julgamentos de valor e rede social. Existem dois tipos de conhecimento: tácito (subjetivo) e explícito (objetivo). A criação do conhecimento é feita por meio da interação entre ambos; daí decorrem quatro modos de conversão do conhecimento: socialização (do conhecimento tácito para o conhecimento tácito), externalização (do conhecimento tácito para o conhecimento explícito), combinação (do conhecimento explícito para o conhecimento explícito) e internalização (do conhecimento explícito para o conhecimento tácito).

O uso do conhecimento pode ser *just-in-case* ou *just-in-time*. Para Habermas, existem três níveis de conhecimento: emancipatório, comunicativo e instrumental. No fundo, o conhecimento representa uma capacidade de agir. O conhecimento organizacional – ou conhecimento corporativo – constitui uma interação dinâmica e contínua entre o conhecimento tácito e o conhecimento explícito, formando uma espiral do conhecimento. Na base do conhecimento, está a aprendizagem, que significa aquisição de capacidades, conhecimentos, habilidades, atitudes e competências ao longo da vida de cada pessoa. A modelagem do comportamento pode ser feita por vários meios de aprendizagem: reforço contínuo, reforço intermitente, programa de razões variáveis, programa de razões fixas, programa de intervalo variável e programa de intervalo fixo. O processo de aprendizagem pode envolver o condicionamento clássico, o condicionamento operante, a aprendizagem por observação (ou por imitação ou aprendizagem social), a aprendizagem emocional, a aprendizagem por equipes e a aprendizagem organizacional.

A gestão do conhecimento corporativo pode ser feita por meio de sistemas que apoiam processos (ênfase na tecnologia), sistemas que apoiam competências (ênfase nas pessoas) ou a utilização de ambos. Na verdade, as organizações estão caminhando da gestão do conhecimento para a capacitação para o conhecimento. As organizações de aprendizagem são aquelas que desenvolvem uma capacidade contínua de adaptação e mudança. Algumas fazem isso melhor do que outras. O importante é que tenham as cinco disciplinas básicas: domínio pessoal, modelos mentais, visão compartilhada, aprendizado em equipe e raciocínio sistêmico. Para tanto, é necessário que disponham de três características: presença de tensão criativa, sistema de pensamento da organização e uma cultura organizacional facilitadora. Nesse sentido, as organizações de aprendizagem são totalmente diferentes das organizações tradicionais. A aprendizagem tem lugar em diferentes níveis na organização, indo desde os indivíduos e equipes até o todo organizacional. A participação é fundamental. Graças ao conhecimento e à aprendizagem, as organizações desenvolvem seu capital intelectual, que é constituído de capital interno, capital externo e capital humano. Por essas razões, o conhecimento está se tornando o recurso produtivo mais importante das organizações modernas.

QUESTÕES

1. Explique os tradicionais fatores de produção e o capital intelectual.
2. Explique os vários significados do termo *conhecimento*.
3. Discorra sobre as quatro características do conhecimento.

4. Explique os cinco elementos da competência de uma pessoa.
5. Quais as diferenças entre dados, informação e conhecimento?
6. Explique o conhecimento implícito e o conhecimento explícito.
7. Explique os quatro modos de conversão do conhecimento.
8. Explique o conhecimento *just-in-time* e o conhecimento *just-in-case*.
9. Quais os três níveis do conhecimento para Habermas? Explique-os.
10. Explique o processo de criação do conhecimento organizacional.
11. Defina aprendizagem.
12. Quais são os meios de aprendizagem?
13. Como é o condicionamento clássico?
14. Como é o condicionamento operante?
15. Como é a aprendizagem por observação?
16. O que é aprendizagem emocional?
17. O que é aprendizagem por equipes?
18. O que é aprendizagem organizacional?
19. Explique a gestão do conhecimento corporativo.
20. O que são sistemas apoiados nas pessoas e em suas competências?
21. O que são sistemas apoiados na tecnologia e nos processos?
22. Quais são as cinco disciplinas de uma organização que aprende?
23. Explique a migração da gestão do conhecimento para a capacitação para o conhecimento.
24. Explique as diferenças entre o aprendizado de círculo simples e o aprendizado de círculo duplo.
25. Quais as diferenças entre aprendizagem adaptativa e aprendizagem generativa?
26. Quais são as características de uma organização que aprende?
27. Mostre as diferenças entre uma organização tradicional e uma organização de aprendizagem.
28. Quais as práticas e os mecanismos necessários para uma organização de aprendizagem?
29. Quais as diferenças entre um ambiente tradicional de treinamento e um ambiente de organização de aprendizagem?
30. Quais os ativos intangíveis que compõem o capital intelectual? Explique-os.
31. Explique os desdobramentos do capital intelectual.

REFERÊNCIAS

1. TISSEN, R.; ANDRIESSEN, D.; DEPREZ, F. L. *The knowledge dividend*: creating high-performance companies through value-based knowledge management. London: Financial Times/Prentice-Hall, 2000.
2. BROWN, J. S.; DUGUID, P. *The social life of information*. Boston: Harvard Business School Press, 2000.
3. WELLSPRINGS, D. *Wellsprings of knowledge*. Boston: Harvard Business School Press, 1998.
4. TAPSCOTT, D.; KIWEY, A.; TICOLL, D. *Blueprint to the digital economy*. New York: McGraw-Hill, 1998.
5. WELLS, S. *Choosing the future*. New York: Butterworth-Heinemann, 1998.
6. LANDES, D. S. *The wealth and poverty of nations*: why some are rich and some are poor. New York: W. W. Norton & Company, 1998.
7. NONAKA, I.; TAKEUCHI, H. *Criação de conhecimento na empresa*: como as empresas japonesas geram a dinâmica da inovação. Rio de Janeiro: Campus, 1997. p. 61-82.
8. POLANYI, M. The tacit dimension. In: PRUSAK, Laurence (ed.). *Knowledge in organizations*. Newton: Butterworth-Heinemann, 1997.
9. POLANYI, M. The tacit dimension, *op. cit.* utiliza a seguinte frase para definir o que vem a ser o conhecimento tácito: "we can know more than we can tell". Mais recentemente, LEONARD-BARTON, D.; SENSIPER, S. The role of tacit knowledge in croup innovation, *Califórnia Management Review*, v. 40, n. 3, p. 114, Spring 1998, agregam à definição de Polanyi a seguinte frase: "we often know more than we realize".
10. NONAKA, I.; TAKEUCHI, H. *Criação de conhecimento na empresa*, *op. cit.*, p. 67.
11. NONAKA, I.; TAKEUCHI H. *Criação de conhecimento na empresa*, *op. cit.*, p. 67.
12. NONAKA, I.; TAKEUCHI, H. *Criação de conhecimento na empresa*, *op. cit.*, p. 68.
13. NONAKA, I.; TAKEUCHI, H. *Criação de conhecimento na empresa*, *op. cit.*, p. 81.
14. SVEIBY, K. E. *A nova riqueza das organizações*: gerenciando e avaliando patrimônios de conhecimento. Rio de Janeiro: Campus, 1988. p. 35-46.
15. POLANYI, M. *Personal knowledge*: toward a post-critical phisolophy. London: Routledge & Kegan Paul, 1958.
16. POLANYI, M. *Personal knowledge*: toward a post-critical phisolophy, *op. cit.*

17. SBEIBY, K. E. *A nova riqueza das organizações*: gerenciando e avaliando patrimônios de conhecimento, *op. cit.*, p. 42-46.

18. Os teóricos das organizações definem competência como uma característica organizacional, como o elo entre conhecimento e estratégia, a capacidade (o poder) que uma organização tem de agir em relação a outras organizações. Philip Selznick define competência organizacional como competência distintiva. De maneira semelhante, Porter utiliza o termo *vantagem competitiva*. Hamel e Prahalad se baseiam na mesma tradição ao chamar de competências básicas as habilidades técnicas e gerenciais que permitem a sobrevivência de uma organização.
    Vide: SELZNICK, P. *Leadership in administration*: a sociological interpretation. New York: Harper & Row, 1957.
    PORTER, M. E. *Vantagem competitiva*. Rio de Janeiro: Campus, 1986.
    HAMEL, G.; PRAHALAD, C. K. The core competence of corporation, *Harvard Business Review*, v. 68, Boston, p. 79-91, May-June 1990.

19. HABERMAS, J. *Knowledge and human interests*. Boston: Beacon Press, 1971.

20. CHIAVENATO, I. *Administração nos novos tempos*. 4. ed. São Paulo: Atlas, 2020. p. 197 (baseado em uma conversa telefônica entre o autor e Eraldo de Freitas Montenegro).

21. SVEIBY, K. E. *A nova riqueza das nações*: gerenciando e avaliando patrimônios de conhecimento, *op. cit.*, p. 44.

22. SVEIBY, K. E. *A nova riqueza das organizações*: gerenciando e avaliando patrimônios de conhecimento, *op. cit.*

23. NONAKA, I.; TAKEUCHI, H. *Criação de conhecimento na empresa*, *op. cit.*, p. 13-14.

24. NONAKA, I.; TAKEUCHI, H. *Criação de conhecimento na empresa*, *op. cit.*, p. 79-80.

25. NONAKA, I.; TAKEUCHI, H. *Criação de conhecimento na empresa*, *op. cit.*, p. 80.

26. SOTO, E. *Comportamento organizacional*: o impacto das emoções. São Paulo: Thomson Editores, 2002. p. 92-93.

27. MATURANA, H. *El sentido de lo humano*. Santiago: Edições Dólmen, 1997.

28. CHIAVENATO, I. *Introdução à Teoria Geral da Administração*. 10. ed. São Paulo: Atlas, 2020. p. 344.

29. WEITEN, W. *Introdução à psicologia*: temas e variações. São Paulo: Pioneira/Thomson, 2002. p. 520.

30. SOTO, E. *Comportamento organizacional*: o impacto das emoções. São Paulo: Thomson Editores, 2001. p. 92-93.

31. CORDELLA, J. *Descubrir la psicología*. Barcelona: Folio, 1994.

32. BLOOM, B. S. *et al. Taxonomia de objetivos educacionais*. Porto Alegre: Globo, 1976.
    BLOOM, B. S. *et al. Taxonomia de objetivos educacionais*. Porto Alegre: Globo, v. 1 e 2, 1978.
    Vide também: KRATHWOHL, D. R. A revision of Bloom's Taxonomy: an overview, *Theory into practice*, v. 41, p. 212, 2002.
    BLOOM, B. S. (ed.). *Taxonomy of educational objectives*: the classification of educational goals. New York: David McKay Co., 1956. p. 201-207.

33. ANDERSON, L. W. *et al. A taxonomy for learning, teaching, and assessing*: a revision of bloom's taxonomy of educational objectives. Boston: Addison Wesley Longman, 2001.

34. Adaptado de: MABEY, C.; SALAMAN, G. *Strategic human resources management*. London: Blackwell, 1995.
    Vide também: https://www.celt.iastate.edu/wp-content/uploads/2015/09/RevisedBloomsHandout-1.pdf. Acesso em: 14 dez. 2020.

35. KANDEL, E.; SCHWARTZ, J.; JESSELL, T. *Neurociência y conducta*. México: Prentice May, 1997.

36. LUTHANS, F. *Organizational behavior*. New York: McGraw-Hill, 2002. p. 27.

37. STEINER, C. *La educación emocional*. Madrid: J. Vergara, 1997.

38. NONAKA, I.; TAKEUCHI, H. *Criação de conhecimento na empresa*, *op. cit.*, p. 81.

39. SENGE, P. M. *The fifth discipline*: the art and the learning organization. New York: Currency Doubleday, 1990. p. 3 e 139.

40. KIM, D. H. The link between individual and organizational learning, *Sloan Management Review*, v. 3, p. 65-78, May-June 1993.

41. TERRA, J. C. C. *Gestão do conhecimento*: o grande desafio empresarial. Rio de Janeiro: Elsevier, 2005. p. 2.

42. SVEIBY, K. E. *The new organizational wealth*. San Francisco: Berrett Koehler, 1997.

43. Adaptado de: MANVILLE, B.; FOOTE, N. Harvest your knowledge, *Datamation*, July 1996.

44. KROGH, G. V.; ICHIJO, K.; NONAKA, I. *Facilitando a criação de conhecimento* – reinventando a empresa com o poder da inovação contínua. Rio de Janeiro: Campus, 2001. p. 29-49.

45. KROGH, G. V.; ICHIJO, K.; NONAKA, I. *Facilitando a criação de conhecimento*: reinventando a empresa com o poder da inovação contínua, *op. cit.*, p. 127-290.

46. Baseado em: JAMES, Z.; CLOSE, Richard. White paper: the promise of eLearning and the practice of knowledge system design, *Leading Knowledge Systems*, August 2000. p. 10.

47. GARVIN, D. Building a learning organization, *Harvard Business Press*, July-Aug 1993.

48. SENGE, P. M. *The fifth discipline*: the art and practice of learning organization. New York: Currency Doubleday, 1990.

49. MAGALDI, S.; SALIBI NETO, J. *Gestão do amanhã*: tudo o que você precisa saber sobre gestão, inovação e liderança para vencer na 4ª Revolução Industrial. São Paulo: Gente, 2018.

50. SENGE, P. M. *The fifth discipline*: the art and practice of the learning organization. New York: Doubleday, 1991.

51. PIAGET, Jean. *The psychology of intelligence*. London: Routledge & Kegan Paul, 1986. p. 8-10.

52 SENGE, P. M. *The fifth discipline, op. cit.*

53 OLVE, N.; ROY, J.; WETTER, M. *Condutores da performance*: um guia prático para o uso do Balanced Scorecard. Rio de Janeiro: Qualitymark, 2001. p. 268.

54 STARKEY, K. *Como as organizações aprendem*: relatos do sucesso das grandes empresas. São Paulo: Futura, 1997.

55 KIM, D. H. The link between individual and organizational learning, *Sloan Management Review*, p. 37, Fall 1993.

56 SENGE, P. M. *The fifth discipline*: the art and practice of the learning organization, *op. cit.*

57 ARGYRIS. C.; SCHÖN, D.A. *Organizational learning*. Reading: Addison-Wesley, 1978.

58 SENGE, P. M. *The fifth discipline*: the art and practice of the learning organization, *op. cit.*

59 FORD, C. M.; OGILVIE, D. T. The role of creative action in organizational learning and change, *Journal of Organizational Change Management*, v. 9, n. 1, p. 54-62, 1996.

60 LUTHANS, F.; RUBACH, M. J.; MARSNIK, P. Going beyond total quality: the characteristics, techniques, and measures of learning organizations, *The International Journal of Organizational Analysis*, p. 27-32, January 1995.

61 LUTHANS, F.; RUBACH, M. J.; MARSNIK, P. Going beyond total quality, *op. cit.*, p. 27-32.

62 LEI, D.; SLOCUM, J. W.; PITSS, R. A. Designing organizations for competitive advantage: the power of learning and unlearning, *Organizational Dynamics*, p. 25, Winter 1999.

63 Adaptado de: SENGE, P. M. Transforming the practice of management, *Human Resource Development Quarterly*, p. 9, Spring 1993.

64 OLVE, N.; ROY, J.; WETTER, M. *Condutores da performance, op. cit.*, p. 268-269.

65 Adaptado de: PHILIPPS, J. J. *HRD trends worldwide*: shared solutions to compete in a global economy. Houston: Gulf Publ., 1999. p. 246-247.

66 Adaptado de: WATKINS, K. W.; MARSICK, V. J.; PHILIPS, J. J. (eds.). In: *Action*: creating the learning organization. Alexandria: American Society for Training and Development, 1996. p. 5.

67 GRANT, R. M. Prospering in dynamically-competitive environments: organizational capability as knowledge integration, *Organization Science*, v. 7, n. 4, p. 375-387, 1996.

68 Adaptado de: GREENWOOD, T.; WASSON, A.; GILES, R. The learning organization: concepts, processes, and questions, *Performance & Instruction*, p. 8, April 1993.

69 JENNINGS, C. Extracting learning from work, *Training Industry Quarterly*, v. 6, Issue 2, p. 9, Spring 2013.

70 DAVENPORT, T. et al. Succesfull knowledge management projects, *Sloan Management Review*, v. 39, n. 2, p. 43-57, 1998.

71 MANVILLE, B.; FOOTE, N. Harvest your knowledge, *Datamation, op. cit.*

72 Adaptado de: HURST, D. K. *Crisis and renewal*: meeting the challenge of organizational change. Boston: Harvard Business School Press, 1995.

73 PORTER, M. *A vantagem competitiva das nações, op. cit.*

Vide também: PORTER, M. Clusters and the new economics of competition, *Harvard Business Review*, Nov-Dec 1998.

74 SAXENIAN, A. L. *Regional advantage*: culture and competition in Silicon Valley and Route. Cambridge: Harvard University Press, 1996.

75 TERRA, J. C. C. *Gestão do conhecimento*: o grande desafio empresarial, *op. cit.*, p. 233.

76 SVEIBY, K. E. *A nova riqueza das organizações*: gerenciando e avaliando patrimônios de conhecimento, *op. cit.*

77 CHIAVENATO, I. *Coaching e mentoring*: construção de talentos. Barueri: Manole, 2014.

78 TOFFLER, A. *The third wave*. New York: Morrow, 1980.

79 MASUDA, Y. *The information society as post-industrial society*. Tokio: Institute for the Information Society, 1980.

80 MASUDA, Y. *The information society as post-industrial society, op. cit.*

NAISBITT, J. *Megatendências*: as dez grandes transformações ocorrendo na sociedade moderna. São Paulo: Abril/Círculo do Livro, 1982.

81 DRUCKER, P. *Sociedade pós-capitalista*. São Paulo: Pioneira, 1993.

82 RHEINGOLD, H. *The virtual community*: homesteading on the electronic frontier. Reading: Addison-Wesley, 1993.

83 SAVAGE, C. *Fifth generation management*: co-creating through virtual enterprising. Dynamic teaming, and knowledge networkin. Boston: Butterworth-Heinemann, 1996.

84 ZUBOFF, S. *In the age of the smart machine*: the future of work and power. New York: Basic Books, 1988.

85 HANDY, C. B. *The age of unreason*. Boston: Harvard Business School Press, 1989.

86 KOGUT, B.; ZANDER, U. What do firms do?, *Organization Science*, v. 7-5, 1996.

PARTE III
AS PESSOAS NAS ORGANIZAÇÕES – MICROPERSPECTIVA DO COMPORTAMENTO ORGANIZACIONAL

Capítulo 7 – Diferenças individuais e personalidade
Capítulo 8 – Percepção, atribuição, atitude e decisão
Capítulo 9 – Motivação e engajamento

Assista aos vídeos do autor na Sala de Aula Virtual

Embora algumas organizações sejam conhecidas por seus edifícios, instalações, marcas, símbolos ou logotipos, na verdade, não são esses elementos físicos e materiais que lhes dão personalidade, identidade ou características próprias. Uma organização não é somente um conjunto de aparatos físicos e tangíveis ou simples envoltórios, como prédios, fábricas ou instalações. Essas coisas são inertes e estáticas; não têm vida própria, sofrem depreciação com o uso e podem ser compradas ou vendidas a qualquer momento. São apenas lugares em que as pessoas trabalham. Na verdade, o que faz uma organização existir e vibrar são as pessoas que nela atuam. Elas são a fonte de energia que a move, a inteligência que a nutre, o talento que a dinamiza e as competências e habilidades que criam valor e a levam ao sucesso. As pessoas constituem o combustível que impulsiona a organização, o sangue que corre em suas veias. Sem as pessoas, jamais haveriam as organizações.

Em sua essência, toda organização é um sistema social composto de pessoas. Não existem organizações sem pessoas e ainda não inventamos nenhuma organização que possa funcionar sem a participação direta ou indireta de pessoas. Um grupo de máquinas não consegue tornar-se uma organização. Em virtude de suas limitações físicas e psicológicas, as pessoas se juntam em organizações para alcançar objetivos que sozinhas jamais teriam condições de atingir. As organizações funcionam como instrumentos sociais que coordenam e alavancam o esforço humano organizado e não podem prescindir do indivíduo. Cada indivíduo é um participante valiosíssimo e um poderoso contribuinte para o sucesso organizacional.

Cada pessoa traz ideias, experiências, visões, expectativas e sonhos para dentro da organização. Cada pessoa aporta capacidades, habilidades e competências. Acima de tudo, cada indivíduo traz o conhecimento e o talento para a organização. No fundo, a organização é um repositório dinâmico de conhecimentos e experiências pessoais e grupais que é continuamente transformado em desempenho, no sentido de alcançar objetivos comuns e oferecer resultados graças à atividade conjunta das pessoas.

Por outro lado, as pessoas participam direta ou indiretamente de várias e diferentes organizações: trabalham em organizações, praticam religião em outras, divertem-se em outras, são afiliadas a organizações esportivas, políticas ou societárias, atuam em organizações comunitárias etc. Assim, o espaço social não é somente povoado por indivíduos, mas por relações sociais entre eles: como agentes individuais, as pessoas são portadoras desses relacionamentos. Um agente individual pode ser, ao mesmo tempo, um trabalhador assalariado e pertencente a uma classe social, do gênero masculino ou feminino, de cor branca ou negra, de origem sul-americana ou italiana, jovem ou adulto, católico ou protestante, paulista ou romano, metalúrgico ou economista, sujeito economicamente ativo ou passivo. Contudo, também é um telespectador, amante da música, contribuinte da Receita Federal, fiel da igreja do bairro, torcedor de um clube de futebol, motorista amador, correntista de um banco, cliente de supermercado, simpatizante de um partido político, entre tantas outras situações.[1] Cada pessoa tem múltiplas facetas, vários papéis sociais e uma infinidade de participações em organizações variadas.

Figura III.1 As pessoas no comportamento organizacional.

A Parte III é dedicada inteiramente ao estudo das pessoas no comportamento das organizações – em uma microperspectiva do CO – e envolve os seguintes capítulos:

7. Diferenças individuais e personalidade.

8. Percepção, atribuição, atitude e decisão.

9. Motivação e engajamento.

REFERÊNCIAS

1 SOUR, R. H. *Poder, cultura e ética nas organizações*. Rio de Janeiro: Campus, 1998. p. 113.

DIFERENÇAS INDIVIDUAIS E PERSONALIDADE

OBJETIVOS DE APRENDIZAGEM

Após estudar este capítulo, você deverá estar capacitado para:

- Apresentar uma visão geral das diferenças individuais quanto a aptidões e personalidade.
- Discutir a perspectiva individual no Comportamento Organizacional (CO).
- Sumarizar a importância do capital humano.
- Explicar as vantagens da diversidade humana nas organizações.
- Sumarizar as diferenças individuais em termos de aptidões.
- Explanar as diferenças individuais em termos de personalidade.
- Relatar a importância das competências individuais.
- Mostrar os benefícios da diversidade para as organizações.

CASO INTRODUTÓRIO

As diferenças internas na Corporex

Roberto Gonzalez assumiu recentemente a presidência da Corporex, uma tradicional empresa industrial dedicada inteiramente à produção e à comercialização de baterias para carros. Sua experiência profissional demonstra uma carreira bem-sucedida em várias organizações de grande porte. Na medida em que foi conhecendo a Corporex, Gonzalez constatou que a companhia era constituída de vários feudos totalmente separados entre si. Havia a fábrica localizada em uma cidade do interior, a área comercial localizada em um bairro elegante e a matriz situada no centro da cidade. Era como se houvesse três empresas diferentes entre si, cada qual com sua cultura própria. Quais as sugestões que você daria para Roberto Gonzalez administrar tantas diferenças internas?

O QUE VEREMOS ADIANTE

- As pessoas e as organizações.
- Características individuais.
- Importância das diferenças individuais.
- Capital humano.
- Diferenças individuais em competências.
- Diferenças individuais em personalidade.
- Competências essenciais.
- Benefícios da diversidade e inclusão.

As organizações não existem sem as pessoas. Ainda que tenham todos os seus recursos organizacionais – como máquinas, equipamentos, instalações, tecnologias avançadas –, as organizações se baseiam em pessoas para poderem operar e funcionar adequadamente em um mutável e dinâmico ambiente carregado de oportunidades e ameaças. Na verdade, as pessoas são o começo, o meio e o fim das organizações. São elas que fundam e iniciam as organizações; são elas que tocam e impulsionam as organizações; e também são elas que levam as organizações ao sucesso ou à bancarrota, dependendo de sua atuação.

O comportamento individual das pessoas é um aspecto importante nas organizações. Ele se caracteriza por diferenças individuais, de atitudes e de personalidade. As pessoas têm muitas coisas em comum – como linguagem, comunicação, motivação –, mas também têm muitas coisas diferentes – como maneiras de pensar, agir e sentir, capacidades e competências. Apesar de pertencerem ao mesmo gênero humano, as pessoas são profundamente diferentes entre si. Assim como como não existem duas organizações iguais ou similares, também não existem duas pessoas iguais ou similares. As diferenças individuais são provavelmente a principal característica do ser humano. Afinal, cada pessoa é um universo no qual o mundo todo gira ao seu redor. Não é assim que nos sentimos?

7.1 AS PESSOAS E AS ORGANIZAÇÕES

Ao longo de todo o desenvolvimento histórico das organizações, as pessoas foram conceituadas sob diferentes ângulos e perspectivas. A adoção de conceitos sobre a natureza das pessoas tinha por finalidade justificar a maneira pela qual as organizações procuravam tratar as pessoas e seus problemas e necessidades. Para isso, a Teoria Administrativa sempre se fundamentou em determinadas premissas a respeito da natureza humana, conforme o Quadro 7.1.[1]

Certamente, todas essas presunções e perspectivas são demasiadamente parcialistas e incompletas. Algumas são distorcidas e levianas, e até generalistas e extremamente simplificadoras. Elas constituíram as bases conceituais por meio das quais as pessoas foram tratadas dentro das organizações ao longo do século passado. Foram essas pressuposições que fundamentaram a maneira pela qual as pessoas foram consideradas no contexto organizacional. Quase sempre a partir de premissas que rotulavam as pessoas de maneira genérica e padronizada – tratando-as como *commodities*, recursos humanos – para justificar meios de controle que pudessem garantir a dinâmica organizacional em função dos desafios e das perspectivas de cada época. Tudo isso se foi, e agora as organizações mais avançadas estão tentando privilegiar e enfatizar as diferenças individuais entre as pessoas. Diversidade e inclusão nas organizações trazem como consequência o tratamento individualizado e personalizado das pessoas para aproveitar todas as suas características, habilidades, atitudes e competências.

Desde os seus primórdios, as organizações basearam suas políticas e diretrizes em certas concepções sobre a natureza das pessoas. Felizmente, essas concepções passaram por mudanças e alterações ao longo do tempo – seja em função da poderosa influência da teoria administrativa, seja em função das necessidades imediatas e mediatas das organizações, seja ainda em decorrência do desenvolvimento das ciências humanas. O certo é que, ainda hoje, as organizações estão aprendendo a lidar com as pessoas de maneira cada vez mais humana e participativa.

Quadro 7.1 Diferentes presunções a respeito da natureza humana[2]

Conceito de pessoas	Teoria da Administração	Características básicas
Homo economicus	Administração Científica	As pessoas são motivadas exclusivamente por motivos salariais e econômicos.
Homo social	Teoria das Relações Humanas	As pessoas são motivadas por necessidades sociais e de estar junto com outras pessoas.
Homem organizacional	Teoria Estruturalista	As pessoas são participantes de organizações e exercem diferentes papéis em diferentes organizações.
Homem administrativo	Teoria Comportamental	As pessoas são processadoras de informações e tomadoras de decisões.
Homem complexo	Teoria da Contingência	As pessoas são sistemas complexos de valores, percepções, características pessoais e necessidades, operando no sentido de manter seu equilíbrio interno diante das demandas feitas pelas forças externas do ambiente.

Capítulo 7 – Diferenças Individuais e Personalidade

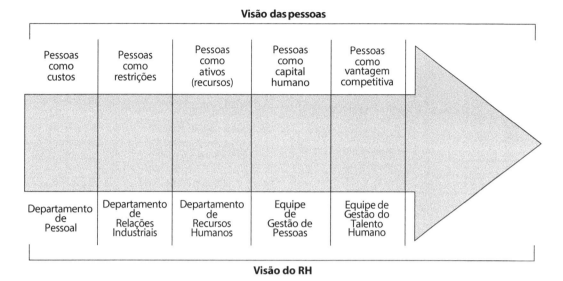

Figura 7.1 Desdobramentos da área de RH.

A Figura 7.1 mostra como a visão da gestão humana de Recursos Humanos (RH) dependeu de uma visão das pessoas dentro da organização. Se elas representam custos e despesas, o órgão de gestão humana simplesmente as trata dentro do aspecto legal e contábil. Se representam entraves e conflitos, então o órgão de gestão humana as trata dentro do esquema de relações industriais, ou seja, dentro da ultrapassada visão de conflito entre capital e trabalho. Se constituem meros ativos organizacionais – dentro de um alinhamento com os demais recursos da organização, como capital financeiro, instalações, tecnologia –, serão tratadas como recursos humanos da organização e administradas como elementos passivos, como os demais recursos organizacionais. Contudo, se as pessoas representam capital humano, elas passam a ser tratadas como parceiras da organização e provedoras de conhecimento, habilidades e competências. Neste último caso, passam a sujeitos ativos – e não mais passivos – da administração, pois elas abastecem a organização de insumos que a fazem direcionadas ao sucesso.

> **VOLTANDO AO CASO INTRODUTÓRIO**
> **As diferenças internas na Corporex**
> Roberto Gonzalez notou que o pessoal da fábrica trabalhava dentro de um esquema tradicional e autocrático. As chefias eram rígidas, a disciplina era férrea e imperava o velho estilo comando × obediência. Era uma organização fechada, impositiva e na qual as pessoas eram consideradas mão de obra servil. Notou também que o pessoal da matriz tinha certa abertura no relacionamento humano com as chefias e uma organização informal aceita com certa cautela. As comunicações eram verticais, conduzindo ordens de cima para baixo e informações sobre o serviço de baixo para cima. Na área comercial, as coisas eram completamente diferentes. As instalações eram bastante modernas e vistosas, as pessoas elegantes e bem trajadas, e as relações com as chefias amistosas e receptivas. Não era isso que Gonzalez esperava. Na verdade, ele queria diversidade – mas nas características das pessoas, e não nos tratamentos dados às pessoas. Que sugestões você poderia dar a Gonzalez?

7.2 CARACTERÍSTICAS INDIVIDUAIS

A psicologia aborda o comportamento humano de várias maneiras. O CO se baseia em algumas dessas maneiras, pois é orientado para o desempenho e vê a maioria dos comportamentos no trabalho como resultado de um processo consciente de pensamento interno ao indivíduo. Na verdade, o comportamento individual nas organizações depende não somente das características individuais das pessoas, mas também das características da organização que o envolve e influencia poderosamente. A Figura 7.2 dá uma visão genérica disso.

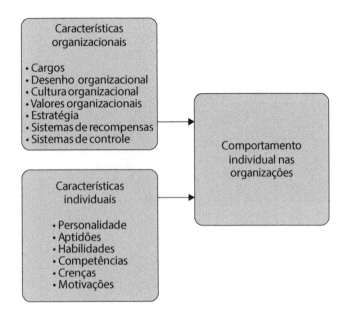

Figura 7.2 Modelo para compreender o comportamento individual das pessoas nas organizações.

Os princípios básicos do comportamento individual como decorrência das características individuais e organizacionais são os seguintes:[3]

- **Pessoas diferem no aspecto comportamental**: podem levantar peso, correr em uma velocidade, reagir com certa rapidez, pensar em profundidade, falar várias línguas. Elas diferem em suas capacidades, atitudes e competências. E também em suas capacidades e destrezas manuais e intelectuais.[4] Para melhor compreendê-las, a capacidade humana pode ser descrita por meio de um *continuum*. Em uma extremidade dele, existem comportamentos difíceis de influenciar via treinamento e experiência (como o tempo de reação); e, na outra ponta, os comportamentos relativamente abertos a mudanças e não restritos a fatores genéticos ou psicológicos (como rapidez de leitura e aprendizagem). Existem testes psicológicos que oferecem medidas válidas de capacidade comportamental e que podem prever o desempenho no trabalho, e a inteligência artificial permite mapear e captar dados comportamentais que permitem conhecer as pessoas mais profunda e dinamicamente. As diferenças entre aptidão e habilidade são descritas no Quadro 7.2.

- **Pessoas têm diferentes necessidades e tentam satisfazê-las**: o comportamento humano é motivado por uma variedade de necessidades, como veremos no Capítulo 9 – Motivação e engajamento. A evidência sugere que várias necessidades simultaneamente influenciam e impulsionam o comportamento de cada indivíduo em sua atividade na organização.

- **Pessoas pensam no futuro e escolhem como se comportar**: as necessidades de cada pessoa são satisfeitas por meio do seu comportamento. Nas diferentes situações, as pessoas se comportam de maneiras potencialmente possíveis de satisfazerem suas necessidades. A Teoria da Expectativa – que será abordada no Capítulo 9, dedicado à motivação – explica que as pessoas optam por aqueles comportamentos que acreditam que as levarão a resultados (recompensas, reconhecimento etc.), que lhes são atrativos (que atendem às suas necessidades específicas). Assim, as pessoas se comportam de determinada maneira para obter aquilo que desejam. Cada indivíduo toma decisões racionais baseadas em sua percepção da situação.

Quadro 7.2 Diferenças entre aptidão e habilidade[5]

Aptidão	Habilidade
Predisposição natural para determinada atividade ou tarefa.	Capacidade adquirida para realizar determinada atividade ou tarefa.
Existe sem exercício prévio, sem treino ou aprendizado.	Surge depois do treinamento ou do aprendizado.
É avaliada por meio de comparações.	É avaliada pelo rendimento no trabalho.
Permite prognosticar o futuro do candidato no cargo.	Permite diagnosticar o presente: refere-se à capacidade atual do indivíduo.
Transforma-se em habilidade por meio do exercício ou treinamento.	É o resultado da aptidão depois de exercitada ou treinada.
É a predisposição geral ou específica para o aperfeiçoamento no trabalho.	É o resultado da aptidão depois de exercitada ou treinada.
Possibilita o encaminhamento futuro para determinado cargo.	Possibilita a colocação imediata em determinado cargo.
É estado latente e potencial de comportamento.	É estado atual e real de comportamento.

- **Pessoas percebem seu ambiente em função de suas necessidades e experiências passadas**: a Teoria da Expectância assume que as pessoas se comportam de acordo com suas percepções da realidade. São essas percepções que as levam a acreditarem no que podem fazer e alcançar com seus comportamentos. A percepção do ambiente é um processo ativo pelo qual as pessoas tentam dar sentido ao mundo que as circunda. Esse processo pode fazer com que a realidade seja percebida de maneira distorcida. É por essa razão que aquilo que muitas organizações fazem para motivar comportamentos frequentemente produz comportamentos negativos e antiprodutivos de seus membros.
- **Pessoas reagem emocional e afetivamente**: raramente as pessoas são neutras em relação às coisas que elas percebem ou experimentam. Pelo contrário, elas tendem a avaliar se gostam ou não da maioria das coisas que experimentam. Tal resposta avaliativa influencia seus comportamentos futuros, porque ela define a importância e a atratividade de ações e resultados. A satisfação das pessoas com relação a aspectos específicos do ambiente – como salário, tarefa a executar, oportunidades de promoção, benefícios, relações pessoais, segurança no emprego, estilo de liderança do superior – tem sempre um componente afetivo. De forma mais ampla, tudo isso interfere na satisfação no trabalho.
- **Comportamentos e atitudes são causados por múltiplos fatores**: já foi visto que o comportamento é uma função da pessoa em interação com o ambiente em que ela se encontra. Como o comportamento é determinado simultaneamente por vários fatores – como os anteriormente assinalados –, torna-se difícil definir as condições que conduzem ao desempenho individual eficaz. As organizações podem influenciar o comportamento individual por dois meios:
  - **Mudando um ou mais de seus determinantes principais**: nenhum deles é fácil de mudar, mas todos são passíveis de mudança. As necessidades e certas habilidades são difíceis de influenciar porque são limitadas por características psicológicas do indivíduo e por experiências passadas e externas ao trabalho, que estão fora da influência da organização. Contudo, expectativas e certas habilidades aprendidas estão abertas à influência, pois emanam do ambiente de trabalho.
  - **Restringindo as opções comportamentais disponíveis aos indivíduos**: as organizações precisam prestar maior atenção ao ambiente de trabalho que criam para ver se ele não bloqueia comportamentos desejáveis dos seus membros. Se a organização pretende maior relacionamento social, ela precisa derrubar paredes e divisórias.

7.3 IMPORTÂNCIA DAS DIFERENÇAS INDIVIDUAIS

Se todas as pessoas fossem iguais, a tarefa da Administração seria extremamente simples e fácil. As organizações poderiam ser padronizadas com extrema facilidade. Como é impossível varrer do mapa a diversidade e a diferenciação entre as pessoas, as organizações que desejam alcançar sucesso precisam tentar capitalizar todas as diferenças individuais de seus parceiros de modo a aproveitar essa riqueza de variedade e, com isso, aumentar sua competitividade.

A diversidade – como visto anteriormente – é uma nova constante nas organizações. Ela se assenta nas diferenças individuais entre as pessoas. E ela precisa ser bem administrada. Para tanto, duas falácias precisam ser evitadas. A primeira é a falácia da imagem do espelho. É a velha crença de que todas as pessoas são basicamente semelhantes. A frase "todas elas se parecem comigo" define bem essa crença. Isso facilita a compreensão do mundo. Se um gerente acredita que todas as pessoas compartilham de suas habilidades, interesses, crenças e valores, ele toma isso como referência na tarefa de organizar as pessoas e incentivá-las a buscar um objetivo comum, esquecendo-se de que elas são diferentes. A segunda falácia é o uso de estereótipos preconceituosos sobre as pessoas com base em sexo ou grupos raciais, étnicos ou etários. Cada pessoa é uma pessoa e cada grupo é um grupo. O gerente que não se atentar para essas diferenças vai certamente prejudicar sua organização, seus parceiros e sua própria carreira.

 Aumente seus conhecimentos sobre **Inteligência emocional** na seção *Saiba mais* CO 7.1

VOLTANDO AO CASO INTRODUTÓRIO

As diferenças internas na Corporex

O primeiro passo de Roberto Gonzalez foi tentar aproximar os feudos entre si. Iniciou um programa de reuniões conjuntas para comunicar mudanças dentro da empresa, principalmente no que se refere à cultura organizacional. Gonzalez queria dar uma identidade única e própria à empresa, qualquer que fosse a área envolvida. O segundo passo foi a definição de missão, visão e valores organizacionais para tentar dar uma ideia única para todos os gerentes e chefes das diferentes áreas. O terceiro passo foi reforçar essas definições por meio de reuniões com os funcionários na presença dos respectivos gerentes e chefes. Gonzalez queria que todos ouvissem os novos propósitos da organização. Quais as sugestões que você daria a Gonzalez?

7.4 CAPITAL HUMANO

As pessoas constituem hoje um patrimônio invejável das organizações. O mais importante ativo e passivo. Isso é novo? Parece que sim. O fato é que durante os séculos em que perdurou a Era Industrial, o mundo dos negócios era movido por recursos naturais como o carvão e o petróleo. Para obter o controle de tais recursos, inúmeras guerras foram travadas. No século 21, o combustível que move a nova Era da Informação é o conhecimento que reside nos talentos humanos. E as organizações estão começando a travar uma nova e diferente guerra para garantir o controle desse valioso recurso. Tal como ocorria com os recursos naturais, os recursos humanos de hoje estão espalhados ao redor de todo o planeta. A nova guerra que está sendo travada é pela busca e retenção de talentos em qualquer lugar ou país em que estejam. Existem talentos que podem ser obtidos a preços promocionais. Muitos doutores em certos lugares do mundo – como Índia, Taiwan, Cingapura, China, Coreia do Sul e América do Sul – trabalham por salários baixíssimos. Esse tesouro está oculto e disperso em regiões distantes. Talento de alta competência e baixo custo está sendo procurado pelas organizações. A única barreira à integração desses talentos está nas diferenças culturais entre povos, o que proporciona diferentes personalidades e estilos de trabalho.[6] A capacidade de superar esse tipo de diferenças individuais é uma habilidade crucial ao gerente de hoje. A Era da Informação está gerando uma enorme virada na economia mundial. As organizações que querem ser competitivas precisam procurar por toda parte talentos com a melhor capacitação, pois, no mundo de hoje, não há lugar para provincianismo.[7]

Os aspectos que formam o capital humano são mostrados na Figura 7.3.

Aumente seus conhecimentos sobre **E o que é capital humano?** na seção *Saiba mais* CO 7.2

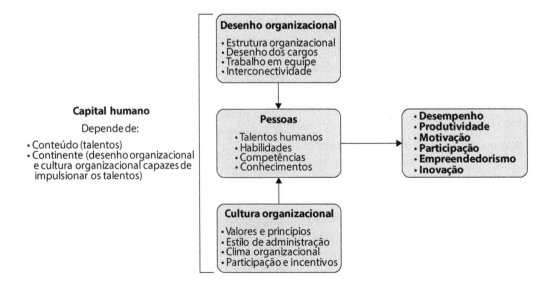

Figura 7.3 Do que é formado o capital humano?

Para fazer do capital humano um ativo que produz resultados e retornos significativos, torna-se necessário aplicá-lo em um contexto organizacional extremamente favorável. Isso tem muito a ver com organização e mentalidade.

Acesse conteúdo sobre **O quebra-cabeças corporativo** na seção *Tendências em CO 7.1*

7.5 DIFERENÇAS INDIVIDUAIS EM COMPETÊNCIAS

Algumas pessoas são dotadas de habilidades e competências e são bem-sucedidas em sua vida pessoal e profissional. Outras apresentam deficiências e têm dificuldades com relação ao seu trabalho na organização. Na verdade, as pessoas diferem profundamente entre si. As diferenças individuais ocorrem graças a diversos fatores, entre os quais as aptidões e a personalidade. Aptidão é uma predisposição inata e natural para determinadas atividades ou tarefas. Representam uma predisposição ou potencialidade de cada pessoa em aprender determinadas habilidades ou comportamentos. Assim, a aptidão é uma habilidade em estado latente ou potencial e que pode ser desenvolvida ou não por meio de exercício ou prática.

7.5.1 Aptidão física

As aptidões podem ser classificadas em físicas e cognitivas. As aptidões físicas estão relacionadas com a capacidade física das pessoas. As primeiras pesquisas sobre esse tipo de aptidão são relativamente recentes.[8] A aptidão física é composta de três dimensões principais:[9]

1. **Força muscular**: capacidade para exercer pressão muscular contra objetos, como puxá-los, empurrá-los, levantá-los, carregá-los ou baixá-los. Envolve também exercer força muscular em investidas rápidas (energia muscular) e exercer força muscular contínua no tempo, com resistência à fadiga (resistência muscular).
2. **Resistência cardiovascular**: capacidade para manter atividade física que resulte em aumento da pulsação por um período prolongado.
3. **Qualidade do movimento**: capacidade para flexionar e estender os membros do corpo para trabalhar em posições incômodas ou contorcidas. Envolve também a capacidade de manter o corpo numa posição estável e resistir a forças que provoquem perda de estabilidade (equilíbrio), e a capacidade de movimento sequencial dos dedos, dos braços, das pernas ou do corpo para resultar em ação qualificada (coordenação).

As organizações utilizam testes de aptidão física para selecionar seus funcionários para trabalhos como os de construção, cujas funções exigem força física e agilidade. Esses testes permitem prever não só o desempenho no cargo, mas também o risco de ferimentos associados a ele.

7.5.2 Aptidão cognitiva

Além das aptidões físicas, as pessoas se diferenciam pelas aptidões mentais ou intelectuais. Quase sempre as pessoas utilizam mais de uma aptidão mental. As aptidões mentais não são unidimensionais. Elas apresentam várias facetas. Entretanto, isso não impede que haja relações positivas entre desempenho no trabalho e resultados nas provas de capacidade mental. Alguns especialistas utilizam o termo *aptidão cognitiva geral* em lugar de *inteligência*, por ser mais preciso e suscitar menos controvérsia sobre o papel dos fatores genéricos na aptidão mental. O termo *inteligência* é comumente utilizado de maneira vaga, dando-lhe elevado valor social, o que dificulta a discussão de aspectos como idade, sexo e diferenças raciais. Spearman tomou por base a análise fatorial para desenvolver uma teoria bifatorial da organização mental, em que haveria um fator geral G que entraria com maior ou menor grau em todas as atividades mentais, ao lado de fatores específicos S responsáveis por atividades de caráter restrito. Para ele, qualquer atividade mental envolveria o fator geral e o fator específico correspondente. A teoria de Spearman tem grande aceitação nos países europeus. Há muitos testes baseados nessa teoria, como as matrizes progressivas de Raven, o D-48 (dominós) e a INV (inteligência não verbal) de Weil.

A aptidão cognitiva apresenta basicamente quatro dimensões:[10]

1. **Compreensão verbal**: capacidade de compreender e utilizar efetivamente as linguagens escrita e falada.
2. **Habilidade quantitativa**: capacidade de resolver todos os tipos de problemas com rapidez e precisão, inclusive adição, subtração, multiplicação e divisão, bem como de aplicar regras matemáticas.
3. **Capacidade de raciocínio**: capacidade de pensar indutiva e dedutivamente a fim de criar soluções para problemas novos. No cerne de um problema de raciocínio, está a necessidade de inventar uma solução ou captar um princípio, e não a de fazer cálculos.

4. Visualização espacial: capacidade de detectar com precisão a disposição espacial dos objetos com relação ao próprio corpo. Reflete a capacidade de imaginar como um objeto pareceria se sua posição no espaço fosse alterada. A visualização espacial está relacionada com o sucesso nas carreiras de engenharia, ciências físicas e artes.

Aumente seus conhecimentos sobre **A teoria fatorial das aptidões** na seção *Saiba mais* CO 7.3

Como a organização mental é complexa e dinâmica, cada autor tem espaço para definir suas categorias ou dimensões. Na verdade, existem várias abordagens a respeito das aptidões mentais.

Reflita sobre **A análise fatorial de Guilford** na seção *Para reflexão* CO 7.1

Os testes psicológicos apresentam duas importantes características, a saber:[11]

1. **Validade**: capacidade do teste de prognosticar adequadamente a variável que se pretende medir. Um teste de aptidão é válido quando é capaz de prognosticar o desempenho futuro da pessoa naquele aspecto específico medido pelo teste.
2. **Precisão**: capacidade do teste de apresentar resultados semelhantes em várias aplicações na mesma pessoa. Um teste é preciso quando – aplicado várias vezes em uma mesma pessoa – apresenta o menor desvio-padrão ao redor da média dos vários resultados obtidos. Um teste apresenta pouca precisão quando os vários resultados obtidos em uma mesma pessoa são diferentes e dispersos.

O ideal está em fazer com que todo instrumental utilizado no processo de mensurar características humanas apresente características de validade e de precisão.

7.6 DIFERENÇAS INDIVIDUAIS EM PERSONALIDADE

As aptidões significam aquilo que as pessoas podem fazer bem. Personalidade representa o que a pessoa é. Toda organização requer pessoas que tenham condições de fazer coisas, como também de assumirem atitudes e comportamentos desejáveis. São as pessoas que entram em contato com clientes e fornecedores lá fora ou que interagem com as demais no contexto interno do trabalho e que estão na linha de frente na criação de valor e de vantagens competitivas para o negócio. Para tanto, escolhem com muito rigor talentos para ajudá-las a alcançar seus objetivos estratégicos e oferecer resultados ao mercado.

A personalidade é um *constructo* hipotético e complexo que pode ser definido de muitas formas diferentes. A personalidade significa uma tendência consistente a comportar-se de determinada maneira em diferentes situações. Embora nenhuma pessoa apresente consistência absoluta, essa qualidade de consistência em diferentes situações é essencial ao conceito de personalidade. Outro aspecto importante da personalidade é a peculiaridade. Cada pessoa age de determinada forma em situações semelhantes. Em outras palavras, cada pessoa tem suas peculiaridades, isto é, possui seu próprio conjunto diferenciado de traços de personalidade. Assim, o conceito de personalidade é usado para explicar a estabilidade no comportamento de uma pessoa ao longo do tempo e em diferentes situações (consistência), bem como as diferenças de comportamento entre as pessoas ao reagir à mesma situação (peculiaridade). Em resumo, a personalidade refere-se à constelação singular de traços de comportamento consistentes de um indivíduo.[12]

SAIBA MAIS — **Sobre traços de personalidade**

Os traços de personalidade são geralmente descritos em linguagem cotidiana, como agressividade, sociabilidade e impulsividade. Isso significa simultaneamente uma vantagem e uma desvantagem. É vantagem porque a maioria das pessoas pode perceber imediatamente diferenças individuais nessas qualidades e entender como essas variações poderiam afetar positiva ou negativamente certas situações. É desvantagem porque os termos utilizados na linguagem cotidiana não são muito precisos, o que pode gerar dificuldade no entendimento, na comunicação e na utilização de informações obtidas a partir de avaliações científicas da personalidade.[13]
Um traço de personalidade é uma tendência duradoura a comportar-se de determinada forma em uma diversidade de situações.[14] Certos

> adjetivos, como *honesto, digno de confiança, temperamental, impulsivo, desconfiado, ansioso, dominador* e *amigável*, descrevem aspectos ou traços de personalidade. Em geral, tem-se utilizado uma enorme quantidade desses termos para descrever a personalidade das pessoas.

O estudo dos traços de personalidade ganhou força com os trabalhos de Eysenck,[15] que começou com uma sugestão de taxonomia em 1947 e migrou para um modelo biológico em 1990. As três dimensões fundamentais para Eysenck são: introversão-extroversão, neuroticismo-estabilidade e socialização-psicoticismo. Essas dimensões passaram a ser a base fundamental para as inúmeras taxonomias que surgiram posteriormente e que variam de três a sete dimensões básicas.[16]

Gordon Allport[17] encontrou mais de 4.500 traços de personalidade. Raymond Cattell[18] utilizou procedimentos estatísticos para reduzir a lista de Allport a apenas 16 dimensões básicas da personalidade, na suposição de que a personalidade possa ser descrita por meio da mensuração desses 16 traços. A partir daí, vários autores passaram a reunir traços em fatores ou dimensões de personalidade.

7.6.1 As cinco dimensões da personalidade

Como há uma infinidade de traços de personalidade apresentados na literatura científica, surge a necessidade de algum tipo de classificação para melhor entender os traços em si e em suas inter-relações. A maior parte das abordagens de personalidade supõe que há alguns traços mais básicos do que outros. Há uma vasta literatura sobre a estrutura dos traços de personalidade. A maior parte, sobretudo a que se aplica ao CO, está focada em cinco grandes dimensões da personalidade:[19]

1. **Extroversão**: sociável, gregário (vive em grupo), decidido, assertivo, falante, expressivo.
2. **Ajustamento emocional**: emocionalmente estável e equilibrado, seguro, feliz, satisfeito, tranquilo e não deprimido.
3. **Afabilidade (simpatia)**: cordial, confiante, de boa índole, tolerante, colaborador e cooperador, complacente.
4. **Senso de responsabilidade**: responsável, digno de confiança, organizado, perseverante, autodisciplinado, íntegro, empreendedor.
5. **Abertura e interesse**: curioso, imaginativo, criativo, sensível, flexível, aberto, brincalhão.

Muitas organizações utilizam intensivamente programas de mensuração da personalidade, seja na seleção de candidatos, seja na avaliação e na promoção de seus talentos. E utilizam esses programas como peneiras ou filtros para contratação inicial.

Enquanto as "cinco grandes dimensões" emergiram recentemente da pesquisa básica como significativamente relacionadas com o desempenho no trabalho, a tipologia Myers-Briggs,[20] baseada na teoria de Carl Jung, tem sido intensamente utilizada em aconselhamento de carreira, construção de equipes, gestão de conflitos e análise de estilos gerenciais.[21] Jung havia diferenciado as pessoas em extrovertidas e introvertidas e em dois processos mentais básicos – percepção e julgamento. Posteriormente, dividiu a percepção em sensação e intuição e o julgamento em pensamento e sentimento. Jung define quatro dimensões ou traços de personalidade para avaliar cada pessoa. Posteriormente, Katharine Briggs e Isabel Briggs-Myers desenvolveram um teste de personalidade – com cem itens para medir as preferências nos quatro pares de traços – denominado Indicador de Tipos Myers-Briggs. A Figura 7.4 dá uma ideia dessa abordagem.

Contudo, apesar de sua enorme aceitação, o uso de medições de personalidade, seja por meio de testes, seja por meio ou de inventários, tem sofrido várias críticas, a saber:

- Senso de responsabilidade é a única dimensão da personalidade que apresenta alguma validade como indicador de sucesso para várias categorias de trabalhos.[22] Trata-se de um indicador válido de desempenho no trabalho, tanto para comportamentos aceitáveis[23] quanto para comportamentos inaceitáveis.[24]
- A extroversão é relevante para alguns tipos de trabalhos, como vendas e posições gerenciais, mas o nível de previsibilidade é baixo[25] e contingente em relação a outros fatores, como o grau de liberdade inerente ao trabalho.[26]
- Embora se encontrem no mercado mensurações confiáveis de cada uma das dimensões de personalidade, o nível de evidência de sua validade e suas possibilidades de generalização ainda são baixos.[27]
- O baixo nível de validade nos critérios de mensuração da personalidade é mais evidente quando se comparam suas medidas com os testes de aptidão cognitiva ou física necessários ao desempenho de determinado trabalho.

Em resumo, a validade dos testes de personalidade não se compara com a dos testes de aptidão, como mostra a Figura 7.5.

156 Comportamento Organizacional | CHIAVENATO

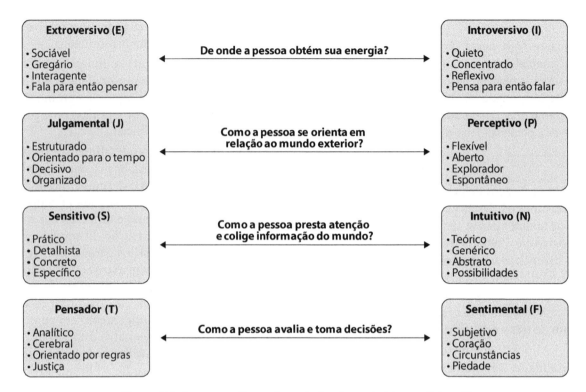

Figura 7.4 As quatro dimensões e indicadores de Meyers-Briggs.[28]

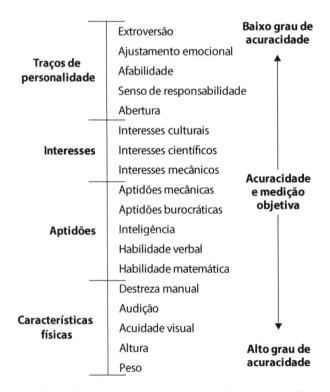

Figura 7.5 Características das medidas humanas.[29]

PARA REFLEXÃO

As cinco dimensões da personalidade para McCrae e Costa[30]

Cada autor agrupa traços de personalidade de maneira própria e ligeiramente diferente. McCrae e Costa afirmam que se pode descrever adequadamente a personalidade por meio da mensuração de cinco grandes traços. Para tanto, chegaram a um modelo mais simples: o modelo de personalidade dos cinco fatores, a saber:

1. **Neuroticismo**: ansioso, inseguro, sentimento de culpa, tímido.
2. **Extroversão**: conversador, sociável, animado, afetuoso.
3. **Abertura à experiência**: ousado, inconformista, imaginativo, interesses amplos.
4. **Aprazibilidade**: solidário, sensível, confiante, cooperativo.
5. **Consciência**: ético, confiável, produtivo, determinado.

Analise até que ponto essa abordagem está congruente com as cinco grandes dimensões da personalidade, vistas anteriormente.

7.6.2 Como utilizar os testes de personalidade

Para se sobrepor à baixa validade dos testes de personalidade, as organizações têm se concentrado nas cinco grandes dimensões anteriormente descritas. Elas estão relacionadas com alguns aspectos que influenciam o desempenho das pessoas nos cargos, como na Figura 7.6.

A própria natureza dos traços de personalidade fornece algumas pistas a respeito de sua influência no desempenho dos trabalhos. Alguns traços, como extroversão e afabilidade, estão relacionados com habilidades específicas exigidas por algumas tarefas organizacionais – como falar com pessoas ou em público ou entrar em contato com clientes. Algumas seguradoras perceberam que, para vender seguros de vida, o corretor precisa ter elevada dose de habilidade interpessoal e capacidade para lidar com a rejeição. Os mais extrovertidos geram aumento de vendas e produzem enorme ganho de produtividade em comparação com o baixo custo do teste utilizado na seleção. Isso traz uma vantagem competitiva em relação às demais empresas do setor que não utilizam nenhuma seleção na dimensão de extroversão.

SAIBA MAIS

Dimensões como senso de responsabilidade e ajustamento emocional são importantes porque afetam a motivação para o trabalho e superam-se continuamente. Como o desempenho depende tanto de motivação quanto de aptidão, o valor preditivo dos traços de personalidade que afetam a motivação – como é o caso do senso de responsabilidade e da estabilidade emocional – poderia ser aumentado pela realização de testes para esses traços, mas depois que o candidato tiver sido selecionado satisfatoriamente por um teste de aptidão. A pessoa pode ter um

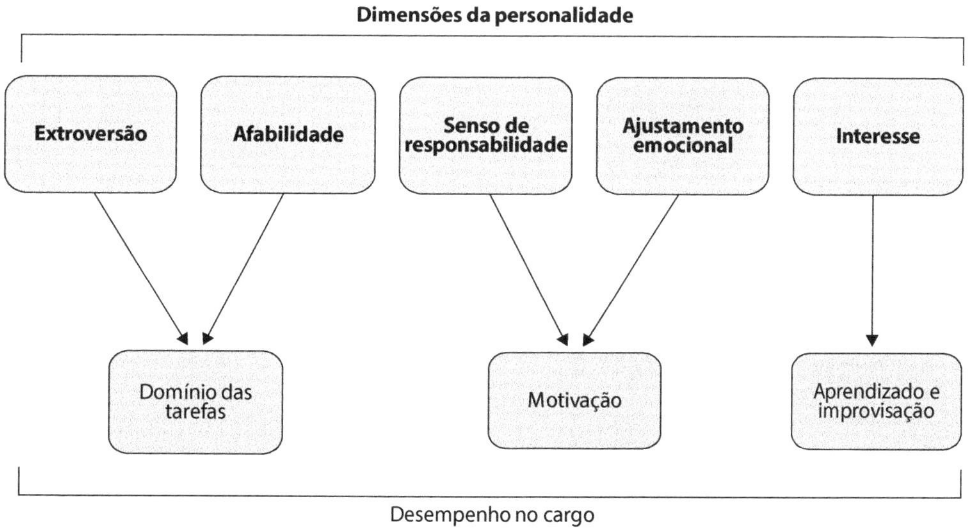

Figura 7.6 Dimensões da personalidade e sua provável influência no desempenho dos trabalhos.[31]

enorme senso de responsabilidade, mas, se lhe faltar aptidão, nem toda motivação do mundo será suficiente para que tenha um desempenho desejável. Em outras palavras, na ausência da aptidão, o senso de responsabilidade não constitui muita vantagem.

O interesse facilita o aprendizado sobre o cargo. Os níveis de desempenho no cargo são função da motivação e da capacitação da pessoa para o cargo. Quando essas são elevadas, o desempenho também será elevado. A capacitação para o cargo é função do conhecimento geral e das aptidões específicas para o cargo. Estas dependem de aptidões físicas e mentais, bem como de certos traços de personalidade, como extroversão e afabilidade. O conhecimento geral do cargo é resultado da aptidão cognitiva geral e de traços de personalidade (como o interesse) que promovem a improvisação e o aprendizado no cargo.

Em função dessas coordenadas, alguns autores sugerem um modelo sobre como as diferenças individuais afetam o desempenho do cargo – descrito na Figura 7.7.

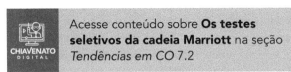

Acesse conteúdo sobre **Os testes seletivos da cadeia Marriott** na seção *Tendências em CO 7.2*

7.7 COMPETÊNCIAS ESSENCIAIS

Em um mundo caracterizado por forte competição, as organizações estão cada vez mais interessadas em localizar e distinguir suas competências básicas (*core competences*). Esse conceito surgiu em 1990 com um artigo escrito na *Harvard Business Review* para se referir àquelas competências estratégicas, únicas e distintivas de uma organização que a tornam melhor do que os concorrentes e que as conduz a uma posição de liderança em seu setor.[32] A competência essencial pode ser um conhecimento técnico ou uma tecnologia específica que permite oferecer um valor único para os clientes e que distingue a organização das demais. A competência da Sony em miniaturização e a da Honda na criação de motores para carros são exemplos clássicos. O argumento é que o sucesso organizacional depende da identificação e do desenvolvimento das competências que serão necessárias à organização.[33]

Assim, do ponto de vista de uma organização, competência essencial é um conjunto complexo de comportamentos e habilidades, e não uma única habilidade isolada. O importante é a integração de várias competências essenciais.[34] As competências essenciais são decorrentes da aprendizagem coletiva na organização, especialmente como coordenar diversas habilidades de produção, integrar várias correntes de tecnologia, avançar com novos processos e inovar. Basicamente, as

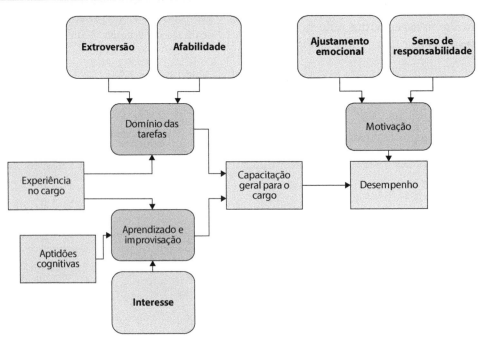

Figura 7.7 Influência das diferenças individuais no desempenho do cargo.[35]

competências essenciais são a comunicação, o envolvimento e um profundo comprometimento das pessoas para trabalhar em função do alcance dos objetivos organizacionais. Para que uma competência seja considerada essencial à organização, ela precisa atender a três condições simultâneas:[36]

1. **Valor percebido pelos clientes**: toda competência essencial deve proporcionar condições à organização de agregar valor de forma diferenciada e consistente aos seus clientes.
2. **Diferenciação entre concorrentes**: toda competência essencial deve diferenciar e distanciar a organização de seus concorrentes. Precisa ser algo percebido pelo mercado como específico da marca, do produto ou da própria organização.
3. **Capacidade de expansão**: toda competência essencial deve favorecer o futuro crescimento da organização. Não basta que ela sirva de base para os produtos e serviços atuais. É necessário que ela possa sustentar a inovação e novos produtos e serviços.

Cada organização precisa definir e localizar suas competências essenciais para conquistar uma vantagem competitiva. A vantagem competitiva é constituída de todos os fatores que a fazem diferenciar seus produtos e serviços dos seus concorrentes e ampliar sua posição no mercado. Muitas organizações definem hierarquias e blocos de competências para desenvolvê-las em todos os níveis, a fim de melhorar seu desempenho global. Trata-se de definir as competências organizacionais, bem como as competências grupais (equipes) e individuais.

Na Figura 7.8, é apresentado um modelo de auditoria de competências.

Em resumo, a competência organizacional é um conjunto integrado de competências coletivas, tendo as competências individuais na base. E o que são competências individuais? As competências individuais dependem do conhecimento e das habilidades críticas necessárias para trabalhar eficazmente e envolvidas pelo julgamento e pela tomada de decisão a respeito de cada situação, tudo isso aliado à atitude da pessoa frente à situação enfrentada. O conhecimento – como já visto – depende do saber e do aprender continuamente. O conhecimento somente se difunde quando são utilizados processos de aprendizagem pelos quais as pessoas desenvolvem novas habilidades de ação eficaz. A habilidade está relacionada com o fazer coisas ou aplicar o conhecimento. Uma habilidade é a capacidade de realizar uma tarefa ou um conjunto de tarefas, utilizando o conhecimento aprendido em conformidade com determinados padrões exigidos pela organização ou pela sociedade. A habilidade envolve conhecimentos teóricos e aptidões pessoais e se relaciona com a aplicação prática desses conhecimentos e aptidões. A partir do conhecimento e das habilidades chegamos ao julgamento, ou seja, à maneira como a pessoa percebe cada situação com que se defronta e toma decisões sobre quando e como enfrentá-la. E a atitude é o tipo de comportamento utilizado pela pessoa para alcançar seu objetivo pretendido. Não há um delimitador exato para separar cada um deles. A Figura 7.9 ilustra o conceito de competência.

O papel das lideranças na organização é fundamental para incentivar e desenvolver competências que sejam estratégicas para as pessoas e para a organização. As competências dependem do aprendizado. Elas não são inatas.

A construção de competências organizacionais deve iniciar com o encorajamento das pessoas quanto a conhecimento, habilidades e capacidades, e a criação de uma cultura de aprendizado, com as seguintes ações:[37]

- Seleção de candidatos com alto potencial de aprendizado. Isso requer educação prévia e experiência relacionada com as melhores práticas organizacionais.
- Promover rodízios de cargos na área de atividade para que as pessoas possam aprender e executar diferentes tarefas.
- Admitir e promover pessoas com elevada capacidade de aprendizado.
- Substituir pessoas que não aprendem.
- Ajudar a elaborar programas de treinamento e desenvolvimento para incentivar o aprendizado.
- Utilizar lembretes para aprender com experiências errôneas. Quais são os campos minados? O que evitar?
- Utilizar lembretes para aprender com experiências bem-sucedidas. Quais as lições aprendidas? Qual o resultado diferente do que se conseguiu? Qual o caminho do sucesso?

Todas essas ações ajudam as pessoas a melhorar sua capacidade de aprendizagem e a desenvolver suas competências. Alguns exemplos de competências pessoais relacionadas ao desempenho na organização são apresentados no Quadro 7.3.

Figura 7.8 Modelo de auditoria de competências.[38]

Figura 7.9 Conceito de competência.[39]

Quadro 7.3 Exemplos de competências pessoais relacionadas com o desempenho na organização[40]

Visão estratégica	Compreensão da missão, da visão, dos objetivos, da estratégia e da cultura da organização. Ligação entre intervenções no desempenho humano para alcançar os objetivos.
Habilidades de liderança	Saber como liderar ou influenciar os outros positivamente para alcançar os resultados desejados do trabalho.
Habilidade de relacionamento	Trabalhar eficazmente com os outros para alcançar objetivos comuns e exercer influência interpessoal.
Habilidades tecnológicas	Saber utilizar diferentes tipos de *software* e *hardware*, compreender os sistemas de suporte e aplicá-los adequadamente.
Habilidades de solução de problemas	Deletar *gaps* de desempenho e ajudar as outras pessoas a descobrir meios de reduzir *gaps* de desempenho atuais e futuros.
Pensamento sistêmico	Identificar entradas, processos e saídas de um subsistema, sistema ou suprassistema e aplicar informação para melhorar o desempenho humano.
Compreensão do desempenho	Saber distinguir entre atividades e resultados, reconhecer implicações, retornos e consequências.
Compreensão do negócio	Demonstrar atenção quanto às funções do negócio e como as decisões podem afetar resultados financeiros e não financeiros do negócio.
Habilidades de negociação	Saber organizar, preparar, supervisionar e avaliar o trabalho desempenhado pelas pessoas, pelos funcionários temporários e pelos agentes terceirizados.
Habilidades de defrontamento	Saber lidar com a ambiguidade e a incerteza e com o estresse resultante da mudança e dos múltiplos significados ou possibilidades.
Habilidades de consultoria	Compreender os resultados que os parceiros desejam de um processo e saber como alcançar com eficiência e eficácia tais resultados.

Em resumo, o papel das pessoas nas organizações está passando por mudanças incríveis graças ao foco nas competências. A Figura 7.10 dá uma ideia dessas mudanças.

Se o papel das pessoas nas organizações está passando por mudanças, também o papel dos gerentes e dos administradores está se transformando com igual intensidade, como mostra a Figura 7.11.

Daí a gestão por competências: um programa sistematizado e desenvolvido no sentido de definir perfis profissionais que proporcionem maior produtividade e adequação ao negócio, identificando os pontos de excelência e os pontos de carência, suprir lacunas e agregar conhecimento, tendo por base certos critérios objetivamente mensuráveis. Na verdade, a gestão por competência procura substituir o tradicional levantamento de necessidades de treinamento por uma visão das necessidades do negócio e como as pessoas poderão aportar valor à organização. Isso representa uma colossal mudança na abordagem: a visão do presente ou do passado pela visão do futuro. As novas competências exigidas pelas organizações nos novos ambientes de negócios são as seguintes:[41]

- **Aprender a aprender**: as pessoas devem contribuir construtivamente em tudo e, para tanto, devem ter condições de aprender continuamente. O importante é que aprendam a aprender. Isso significa forçosamente desaprender coisas antigas e sem proveito para a organização a fim de aprender coisas novas e necessárias. Em outros termos, flexibilidade, apreensão e inovação.
- **Comunicação e colaboração**: antes, o bom desempenho significava executar um conjunto de tarefas repetitivas e isoladas, e a qualificação de cada pessoa

O funcionário de ontem	O funcionário de hoje
• Obedece cegamente às ordens do chefe. • Está preocupado com o horário rígido de trabalho. • Obedece cegamente as normas e procedimentos internos. • Executa eficientemente suas tarefas e cumpre fielmente os deveres do cargo. • Segue estritamente os métodos impostos pela organização. • Mantém a rotina burocrática e não assume outras responsabilidades. • Faz o seu trabalho sem se preocupar com o trabalho dos outros. • Não assume responsabilidades além dos limites das suas.	• Segue a orientação do líder. • Está preocupado com as metas e os resultados a alcançar. • Focaliza o cliente interno ou externo e procura servi-lo da melhor maneira. • Procura continuamente agregar valor ao produto, ao cliente e à empresa. • Tem liberdade para definir seu horário e seus métodos de trabalho. • Tem espírito empreendedor e assume novas responsabilidades e riscos. • Procura criar e inovar para melhorar métodos e processos de trabalho. • Está voltado para a melhoria contínua do seu trabalho e do seu produto.

Figura 7.10 Novas exigências aos talentos na organização.

O gerente de ontem	O gerente de hoje
• Centralizador das decisões. • Monopolizador do pensamento. • Comandante, chefe e autocrata. • Espera obediência dos subordinados. • Preocupação única com a produção. • Ênfase na eficiência. • Preocupação com a rotina. • Manutenção do *status quo*. • Montado no poder da posição. • Focalização no produto/serviço. • Incentiva a individualidade. • Visão internalizada do departamento. • Focalização no controle de qualidade. • Freia a participação das pessoas. • Encoraja a competição individual. • Divide o trabalho entre as pessoas.	• Descentralizador das decisões. • Delega a solução às pessoas. • Orientador, líder e motivador. • Incentiva ideias dos subordinados. • Preocupação com as pessoas. • Ênfase na eficácia. • Preocupação com a inovação. • Incremento da criatividade. • Montado no poder do conhecimento. • Focalização na qualidade. • Desenvolve equipes coesas. • Visão externalizada para a empresa. • Focalização na melhoria contínua. • Incentiva a participação das pessoas. • Desenvolve o espírito de equipe. • Junta o trabalho das pessoas.

Figura 7.11 O gestor de ontem e o gestor de hoje.

era restrita a cada tarefa em particular. Hoje, com a adoção de equipes, a eficiência do indivíduo está cada vez mais vinculada às suas habilidades de comunicação e colaboração com os outros. Em outros termos, o trabalho solitário e individual cede lugar ao trabalho solidário e grupal.

- **Raciocínio criativo e resolução de problemas**: no passado, a administração paternalista assumia a responsabilidade de solucionar problemas para aumentar a produtividade das pessoas. Hoje, espera-se que as pessoas descubram por si mesmas como melhorar e agilizar seu próprio trabalho. Para tanto, elas precisam analisar situações, pensar criativamente e solucionar problemas, fazer perguntas e esclarecer o que não compreendem para poderem sugerir melhorias de maneira constante e contínua.

- **Conhecimento tecnológico**: no passado, conhecer tecnologia significava saber como operar máquinas para fazer o trabalho ou lidar com computadores para processar textos ou análises financeiras. Hoje, a ênfase está em usar o equipamento de informação para conectar-se com os membros da equipe ao redor do mundo, além de realizar tarefas, comunicar-se com pessoas em todo o mundo, compartilhando ideias e melhorias nos processos de trabalho. O conhecimento tecnológico está a serviço da equipe e não do indivíduo isolado.

- **Conhecimento de negócios globais**: antigamente, a visão das pessoas era restrita ao local de trabalho. Hoje, predomina a necessidade de pessoas treinadas em um conjunto de habilidades que levem em conta o ambiente competitivo global, mutável e volátil dos negócios da organização. A globalização está ampliando as fronteiras do conhecimento das pessoas.

- **Desenvolvimento da liderança**: o novo imperativo é a identificação e o desenvolvimento de pessoas capazes de conduzir a organização para o novo século. Em vez de programas externos de educação para executivos, as organizações estão elaborando programas personalizados de aprendizagem que assegurem a capacitação das pessoas em termos de espírito empreendedor e de liderança. Na verdade, as organizações bem-sucedidas são constituídas de lideranças de lideranças.

- **Autogerenciamento da carreira**: como as qualificações necessárias evoluem incessantemente, as pessoas precisam assumir o compromisso de assegurar que possuem as qualificações, o conhecimento e as competências exigidas tanto na atividade atual, quanto nas futuras atividades. Muitas universidades corporativas dispõem de centros virtuais de desenvolvimento de carreira para ajudar as pessoas a identificar as técnicas que precisam aprender.

Como atrair, reter e utilizar talentos

Atrair, reter e utilizar talentos é feito por uma variedade de meios:

- Excelência do processo seletivo.
- Cargos e tarefas adequados às pessoas e às suas potencialidades.
- Avaliação do seu desempenho e retroação constantes.
- Treinamento e desenvolvimento contínuos.
- Acesso à informação e ao conhecimento.
- Adequada remuneração e benefícios.
- Participação nas decisões e nos resultados.
- Cultura participativa e democrática.
- *Empowerment* de equipes coesas e integradas.
- *Assessment, coaching* e liderança eficazes.
- Reconhecimento de oportunidades de crescimento.
- Motivação para o trabalho e para os resultados.
- Liberdade e autonomia no trabalho.
- Exposição e visibilidade das pessoas.

Contudo, atrair, reter e utilizar talentos não é mais suficiente. É necessário também saber recompensar, desenvolver e monitorar sua atuação. Somente assim as organizações conseguem – por meio de seus talentos – alcançar resultados incomparáveis. Essa é a mensagem em nosso livro sobre como lidar com pessoas.[42]

7.8 BENEFÍCIOS DA DIVERSIDADE E INCLUSÃO

As diferenças individuais conduzem necessariamente à diversidade humana nas organizações. Hoje, em vez de tentar padronizar e homogeneizar o comportamento das pessoas, as organizações estão fazendo exatamente o contrário: incentivando a diferenciação, aproveitando a variabilidade humana e produzindo melhores resultados a partir disso.

Os benefícios que a diversidade pode trazer para a organização são inúmeros:[43]

- Maior probabilidade de obter soluções originais, criativas e inovadoras.
- Criação de uma imagem de postura ética ao se declarar e lutar contra preconceitos e discriminações internas e externas.
- Maior probabilidade de obter fidelidade e lealdade dos parceiros.
- Maior probabilidade de que os parceiros se disponham a se empenhar pela organização.
- Maior probabilidade de que os parceiros desenvolvam iniciativa, autonomia e responsabilidade.
- Possibilidade de fomentar um clima de trabalho que estimule o crescimento das pessoas.
- Contribuição decisiva para que a organização atue como um agente de mudança genuinamente social.

A diversidade realça as diferenças individuais e se contrapõe à homogeneidade, que procura tratar as pessoas como se elas fossem padronizadas e despersonalizadas.[44] As principais razões para o aumento da diversidade nas organizações são apresentadas na Figura 7.12.

Contudo, a diversidade depende da inclusão. Ou seja, agregando diversidade na organização, buscando diversificar os talentos e promover a variabilidade humana. A inclusão e a diversidade promovem talentos altamente diferenciados, cuja heterogeneidade conduz a troca de ideias e pontos de vista diferentes que leva à imaginação, à criatividade e à inovação na organização.

Aumente seus conhecimentos sobre **Pondo as pessoas em primeiro lugar para alcançar o sucesso organizacional** na seção *Saiba mais* CO 7.4

Acesse um caso sobre **Bosch: o modelo de competências** na seção *Caso de apoio* CO 7.1

RESUMO

As organizações não existem sem as pessoas. O comportamento individual é um aspecto fundamental no CO. As presunções e as perspectivas sobre a natureza das pessoas marcaram indelevelmente a maneira como elas foram tratadas pelas organizações. A própria área de Gestão de Pessoas passou por enormes transformações nos últimos tempos devido a uma nova visão das pessoas nas organizações. O fato é que as pessoas – embora pertencentes ao mesmo gênero humano – são profundamente diferentes entre si. Elas diferem em capacidade comportamental, têm necessidades diferentes e tentam satisfazê-las, pensam no futuro, escolhem

Figura 7.12 Principais razões para o aumento da diversidade nas organizações.

como se comportar, percebem o ambiente em função de suas necessidades e experiências passadas, reagem afetivamente e seus comportamentos e atitudes são causados por múltiplos fatores. A diversidade é uma nova constante nas organizações, e o capital humano constitui um patrimônio invejável das organizações. Ele é constituído de talentos que são integrados em um desenho organizacional e alavancados por uma cultura organizacional. As pessoas diferem entre si em aptidões, sejam físicas, sejam cognitivas. Elas diferem também em traços de personalidade. As competências essenciais da organização dependem das competências individuais de seus membros. Os benefícios da diversidade para a organização podem ser resumidos em uma frase: a diversidade proporciona diferentes e variadas competências à organização.

QUESTÕES

1. Comente as diversas presunções a respeito da natureza humana ao longo da Teoria Administrativa.
2. Comente a visão das pessoas como condicionante para as práticas de RH.
3. Discuta o comportamento individual nas organizações como decorrência das características organizacionais e das características individuais das pessoas.
4. Explique como as pessoas diferem em capacidade comportamental.
5. Explique como as pessoas têm necessidades diferentes e tentam satisfazê-las.
6. Explique como as pessoas pensam no futuro e escolhem como se comportar.
7. Explique como as pessoas percebem seu ambiente em função de suas necessidades e experiências passadas.
8. Explique como as pessoas reagem afetivamente.
9. Explique como os comportamentos e atitudes são causados por múltiplos fatores.
10. Comente a importância das diferenças individuais.
11. Defina capital humano e como ele é formado.
12. Explique as diferenças individuais em aptidões.
13. Comente a aptidão física e suas dimensões principais.
14. Comente a aptidão cognitiva e suas quatro dimensões.
15. Explique as características necessárias a um teste psicométrico.
16. Explique as diferenças individuais em personalidade.
17. Comente as cinco dimensões da personalidade.
18. Explique as dimensões e os indicadores de Meyers-Briggs.
19. Apresente as críticas feitas às medições de personalidade.
20. Explique como utilizar os testes de personalidade.
21. O que são competências essenciais às organizações?
22. Quais as condições para que uma competência seja essencial a uma organização?
23. Explique a cadeia conhecimento-habilidade-competência.
24. Como se deve construir competências em uma organização?
25. Explique as novas exigências aos parceiros da organização.
26. Quais são as novas competências exigidas pelas organizações?
27. Explique os benefícios da diversidade para as organizações.

REFERÊNCIAS

1 CHIAVENATO, I. *Introdução à Teoria Geral da Administração*. 10. ed. São Paulo: Atlas, 2020.
2 CHIAVENATO, I. *Introdução à Teoria Geral da Administração*, op. cit., vide capítulos sobre: Administração Científica, Teoria Clássica, Teoria das Relações Humanas, Teoria Neoclássica, Teoria da Burocracia, Teoria Estruturalista, Teoria Comportamental e Teoria da Contingência.
3 NADLER, D. A.; HACKMAN, J. R.; LAWLER III, E. E. *Comportamento organizacional*. Rio de Janeiro: Campus, 1983. p. 41-47.
4 GOTTFREDSON, L. S. Why G matters: the complexity of everyday life. *Intelligence*, v. 24, p. 79-132, 1997.
5 CHIAVENATO, I. *Recursos humanos*: o capital humano das organizações. 11. ed. São Paulo: Atlas, 2020. p. 176.
6 HORN, R. Give me your huddled… high tech Ph.D's: are high skilled foreigners displacing U.S. workers? *Business Week*, p. 161-162, Nov. 6, 1995.
7 GREENGARD, R. S. Gain the edge in the knowledge race. *Personnel Journal*, p. 52-56, Aug. 1996.
8 FLEISHMAN, E. A. *The structure and measurement of physical fitness*. Englewood Cliffs, NJ: Prentice Hall, 1964.
9 HOGAN, J. Structure of physical performance in occupational tasks. *Journal of Applied Psychology*, v. 76, p. 495-507, 1991.
10 NUNNALLY, J. C. *Psychometric theory*. New York: McGraw-Hill, 1978. p. 59-61.
11 CHIAVENATO, I. *Recursos humanos*, op. cit., p. 177.

12. WEITEN, Wayne. *Introdução à psicologia*: temas e variações. São Paulo: Pioneira/Thomson, 2002. p. 347.
13. WAGNER III, J. A.; HOLLENBECK, J. R. *Comportamento organizacional*: criando vantagem competitiva. São Paulo: Saraiva, 2000. p. 41.
14. WEITEN, W. *Introdução à psicologia*: temas e variações, *op. cit.*, p. 347.
15. *Vide*: EYSENCK, H. J. *The biological basis of personality*. Springfield: Charles C. Thomas, 1967; EYSENCK, H. J.; EYSENCK, M. W. *Personality and individual differences*: a natural science approach. New York: Plenum, 1985; EYSENCK, H. J. Personality and experimental psychology: the unification of psychology and the possibility of a paradigm. *Journal of Personality and Social Psychology*, v. 73, p. 1224-1237, 1997; NYBORG, H. (ed.). *The scientific study of human nature*: tribute to Hans Eysenck at eighty. Oxford: Elsevier/Pergamon, 1997.
16. *Vide*: BRODY, N. *Personality*: in search of individuality. New York: Academic Press, 1988; BRODY, N.; EHRLICHMAN, H. *Personality psychology*: the science of individuality. Upper Saddle River, NJ: Prentice Hall, 1997.

    COOK, M. Levels of personality. London: Cassell, 1993; DERLEGA, V.; WINSTEAD, B. A.; JONES, W. H. *Personality*: contemporary theory and research. Chicago: Nelson Hall, 1999. MATTHEWS, G.; DEARY, I. J. *Personality traits*. New York: Cambridge University Press, 1998.
17. ALLPORT, G. W. *Personality*: a psychological interpretation. New York: Holt, 1937. *Vide também*: ALLPORT, G. W. *Pattern and growth in personality*. New York: Holt, Rinehart & Winston, 1961.
18. *Vide*: CATTELL, R. B. *Personality*: a systematic, theoretical and factual study. New York: McGraw-Hill, 1950; CATTELL, R. B. *The scientific analysis of personality*. Chicago: Aldine, 1966.
19. BARRICK, M. R.; MOUNT, M. K. The big five personality dimensions and job performance: a meta-analysis. *Personnel Psychology*, v. 44, p. 1-26, 1991. *Vide também*: EYSENCK, H. J. Dimensions of personality: 16: 5 or 3? Criteria for a taxonomic paradigm. *Personality and Individual Differences*, 12, p. 773-790, 1991; GOLDBERG, L. R. The development of markers for the big-five factor structure. *Psychological Assessment*, v. 4, p. 26-42, 1992. GOLDBERG, L. R. The structure of phenotypic personality traits. *American Psychologist*, v. 48, p. 26-34, 1993. JOHN, O. P. the "big five" factor taxonomy: dimensions of personality in the natural language and in questionnaires. *In*: PERVIN, L. A. (ed.). *Handbook of personality*: theory and research. New York: Guilford, 1990.
20. GARDNER, W. L.; MARTINKO, M. J. Using the Myers-Briggs type indicator to study managers: a literature review and research agenda. *Journal of Management*, v. 22, p. 45-83, 1996.
21. NELSON, D. L.; QUICK, James Campbell. *Organizational behavior*. Cincinnati: South-Western, 2000. p. 88-92.
22. MCHENRY, J. J.; HOUGH, L. M.; HANSON, M. A.; ASHWORTH, S. Project as results: the relationship between predictor and criterion domains. *Personnel Psychology*, v. 43, p. 335-355, 1990.
23. BERNARDIN, H. J.; COOKE, D. K. Validity of an honesty test in predicting theft among convenience store employees. *Academy of Management Journal*, v. 36, p. 1097-1108, 1993.
24. COLLINS, J. M.; SCHMIDT, F. L. Personality, integrity, and white-collar crime: a construct validity study. *Personnel Psychology*, v. 46, p. 295-311, 1993.
25. TETT, R. P.; JACKSON, D. N.; ROTHSTEIN, M. Personality measures as predictors of job performance: a meta-analytic review. *Personnel Psychology*, v. 44, p. 703-742, 1991.
26. BRARRICK, M. B.; MOUNT, M. K. Autonomy as a moderator of the relationships between the big five personality dimensions and job performance. *Journal of Applied Psychology*, v. 78, p. 111-118, 1993.
27. LANDY, F. J. *The psychology of work behavior*. New York: Free Press, 1985. p. 186.
28. CARLSON, J. G. Recent assessment of the Myers-Briggs type indicator. *Journal of Personality Assessment*, v. 49, p. 356-365, 1985.
29. Adaptado de: DOOHER, M. J.; MARTING, E. (ed.). *Selection of management personnel*. New York: American Management Association, 1957. p. 432.
30. McCRAE, R. R.; COSTA JR., P. T. *Personality in adulthood*. New York: Guilford Press, 1990. *Vide também*: McCRAE, R. R.; COSTA JR., P. T. Validation of the five-factor model of personality across instruments and observers. *Journal of Personality and Social Psychology*, v. 52, p. 81-90, 1987.
31. WAGNER III, J. A.; HOLLENBECK, J. R. *Comportamento organizacional*, *op. cit.*, p. 44.
32. PRAHALAD, C. K.; HAMEL, Gary. The core competence of the organization. *Harvard Business Review*, p. 79-91, May-June 1990.
33. PRAHALAD, C. K.; HAMEL, G. *Competing for the future*. Harvard Business Press, 1994; PRAHALAD, C. K.; HAMEL, G. *Competindo para o futuro*. Rio de Janeiro: Campus, 1995.
34. PRAHALAD, C. K.; HAMEL, G. *Competindo para o futuro*, *op. cit.*, p. 233-234.
35. Adaptado de: WAGNER III, J. A.; HOLLENBECK, J. R. *Comportamento organizacional*, *op. cit.*, p. 46.
36. PRAHALAD, C. K.; HAMEL, G. The core competence of the organization, *op. cit.*, p. 79-91.
37. ASHKENAS, R.; ULRICH, D.; JICK, T.; KERR, S. *The boundaryless organization*, *op. cit.*, p. 174.
38. Adaptado de: ASHKENAS, R.; ULRICH, D.; JICK, T.; KERR, S. *The boundaryless organization*: breaking the chains of organizational structure. San Francisco: Jossey-Bass, 2002. p. 170.
39. CHIAVENATO, I. *Introdução à Teoria Geral da Administração*, *op. cit.*, p. 4.
40. Adaptado de: PHILLIPS, J. J. *HRD trends worldwide*: shared solutions to compete in a global economy. Houston, Texas: Gulf, 1999. p. 61-63.
41. MEISTER, J. C. *Educação corporativa*: a gestão do capital intelectual através das universidades corporativas. São Paulo: Makron Books, 1999.
42. CHIAVENATO, I. *Gestão de pessoas*: o novo papel da gestão do talento humano. 5. ed. São Paulo: Atlas, 2020.
43. LICHT, R. A diversidade no ambiente de trabalho. *T&D: Treinamento e Desenvolvimento*, edição 56, p. 32-34, jul. 1997.
44. CHIAVENATO, I. *Administração nos novos tempos*. 4. ed. São Paulo: Atlas, 2020. p. 84.

PERCEPÇÃO, ATRIBUIÇÃO, ATITUDE E DECISÃO

OBJETIVOS DE APRENDIZAGEM

Após estudar este capítulo, você deverá estar capacitado para:

- Apresentar como as pessoas percebem e interpretam o mundo ao seu redor.
- Mostrar o processo perceptivo das pessoas.
- Indicar os fatores que influenciam a percepção humana.
- Apresentar as características da atribuição.
- Esclarecer os paradigmas e as atitudes das pessoas.
- Mostrar o processo decisório e suas características.

O QUE VEREMOS ADIANTE

- Conceituação de percepção.
- Processo perceptivo.
- Fatores que influenciam a percepção.
- Distorções da percepção.
- Dissonância cognitiva.
- Cognição.
- Atribuição.
- Percepção social.
- Paradigmas.
- Atitudes.
- Decisão.

CASO INTRODUTÓRIO
A experiência de João Carlos Silva

João Carlos Silva é um empreendedor nato. Nasceu de uma família pobre e tornou-se motorista de táxi. Com o passar do tempo, acumulou algumas economias, obteve um empréstimo bancário e comprou uma franquia da CableCar. Isso lhe daria uma forte retaguarda de marca e experiência no ramo. Juntou-se a alguns colegas de profissão que possuíam seus próprios carros e logo conseguiu amealhar uma frota de 15 táxis, cujos proprietários pagavam uma taxa semanal por serviços administrativos de João Carlos. Sua percepção do negócio era de que deveria prestar o melhor serviço ao cliente. Essa seria a filosofia básica do trabalho de João Carlos. Para tanto, os motoristas deveriam cultivar sua clientela pessoal. Fidelizar o cliente era o brado de guerra. O que você sugeriria a João Carlos a respeito?

As pessoas relacionam-se com o mundo exterior por meio dos órgãos sensoriais – visão, audição, olfato, tato e gustação. Esses órgãos recebem uma multiplicidade de estímulos externos – sensação – e transmitem impulsos nervosos ao cérebro, que organiza e interpreta todo dado ou informação recebida, proporcionando o que conhecemos como percepção. A percepção representa um processo de captação de informações do exterior que são organizadas de maneira significativa em nosso cérebro para tomar consciência do mundo à nossa volta. Por essa razão, a percepção modifica continuamente as nossas cabeças e o nosso comportamento na medida em que vivemos e recebemos informações. E a percepção é algo pessoal e individual, ou seja, cada pessoa percebe o mundo à sua maneira.

A vida é um contínuo e incessante processo de absorção de sensações, percepções e, consequentemente, de informações que proporcionam o nosso manancial de conhecimento. Se o conhecimento representa o processo de captação de informação, a percepção constitui a janela por onde a informação ingressa e penetra no organismo humano. Além do mais, como o ambiente externo é complexo, dinâmico e mutável, os fenômenos que ocorrem na realidade organizacional não são completamente claros, definidos e objetivos. Eles podem ser percebidos de maneiras diferentes pelas diferentes pessoas. Assim, as características do objeto em análise e as características da pessoa que o analisa influem profundamente nos aspectos da percepção. Muitas vezes, as percepções são distorcidas devido a estereótipos – como o efeito do halo, que veremos adiante –, conduzindo a descrições errôneas. O problema é agravado pelo fato de que aquilo que percebemos no mundo está limitado ao nosso equipamento sensorial e às nossas hipóteses com relação ao mundo, que determinam o que esperamos alcançar. O desenvolvimento da capacidade maior de percepção é importante para não somente recordar melhor as coisas vivenciadas, como também compreender e assimilar melhor e mais objetivamente a realidade que nos circunda.

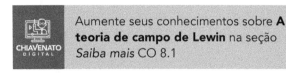

Aumente seus conhecimentos sobre **A teoria de campo de Lewin** na seção *Saiba mais* CO 8.1

8.1 CONCEITUAÇÃO DE PERCEPÇÃO

A vida nas organizações depende da maneira pela qual as pessoas percebem seu entorno mediato imediato, e tomam tomam suas decisões e assumem comportamentos. A percepção (do latim *per capiere* = obtido por captura ou por captação) é um processo ativo por meio do qual as pessoas organizam e interpretam suas impressões sensoriais para dar significado ao ambiente que as rodeia. Trata-se de perceber a realidade e organizá-la em interpretações ou visões a seu respeito. Cada pessoa tem a sua própria interpretação ou visão a respeito do mundo onde vive.

> **Diversas conceituações de percepção**
>
> - Processo pelo qual os indivíduos organizam e interpretam suas impressões sensoriais visando dar significado ao seu ambiente.[1]
> - Processo pelo qual os indivíduos selecionam, organizam, armazenam e recuperam informações.[2]
> - Processo ativo pelo qual as pessoas tentam dar sentido ao mundo que as cerca. Esse processo faz com que as pessoas notem de forma seletiva as diferentes partes do ambiente, analisem o que veem à luz de suas experiências passadas e avaliem o que estão experimentando em função de suas necessidades e valores. Como as necessidades e experiências passadas das pessoas variam muito, as suas percepções do ambiente também irão variar.[3]

8.1.1 Seleção perceptiva

As pessoas estão constantemente submetidas a numerosos e variados estímulos vindos de si mesmas e do seu ambiente. Tanto batimentos cardíacos e respiração quanto barulhos, sons e movimentos externos, são estímulos que afetam os órgãos dos sentidos. Muitas vezes, tais estímulos estão abaixo do limiar de sensibilidade da pessoa em um processo chamado de percepção subliminar. Outros afetam e impactam devido à sua intensidade. Contudo, apesar dessa intensa e constante estimulação interna e externa, as pessoas apenas percebem somente alguns desses estímulos por meio de um processo denominado *seleção perceptiva*. Essa seletividade perceptiva provém de fatores externos, cuja influência ambiental depende dos seguintes aspectos:[4]

- **Intensidade**: a força de um estímulo externo chama mais a atenção das pessoas.
- **Tamanho**: quanto maior o objeto, mais ele é percebido.

- **Contraste**: quanto mais algo sobressai em uma situação, mais recebe atenção.
- **Repetição**: estímulos externos repetidos chamam mais a atenção.
- **Movimento**: as pessoas dão mais atenção às coisas que se movimentam.
- **Novidade e familiaridade**: um objeto novo e diferente chama mais a atenção.

E nossas vidas são influenciadas por essas percepções internas e externas.

8.2 PROCESSO PERCEPTIVO

As pessoas se comportam de acordo com as suas percepções do mundo que as rodeia. As percepções são verdadeiros radares que levam as pessoas a acreditarem que podem se comportar e alcançar seus objetivos. A percepção ocorre por meio dos sentidos. Recebemos e representamos a informação por meio de receptores especializados – os órgãos dos sentidos – que comunicam as impressões óticas (visão), acústicas (audição), olfativas (olfato), gustativas (gosto) e do tato (sistema cenestésico). Esses receptores transmitem os estímulos externos ao cérebro, que, pelo processo de generalização, distorção e seleção, filtra esses sinais elétricos e os transforma em uma representação interna. O que a pessoa não sente por meio de seus órgãos perceptivos não recebe nenhuma informação exterior e, portanto, nada percebe.

SAIBA MAIS

A sensação provinda dos órgãos dos nossos sentidos produz a percepção. Na verdade, o cérebro recebe um conjunto de sinais elétricos traduzidos pelo nosso código interno de representações, que se encarrega de dar significado à realidade que percebemos. O cérebro realiza esse processo por meio de programas de interpretação.
Assim, a representação interna da experiência que temos de um evento não é exatamente o evento em si, mas uma reelaboração interna e personalizada dele.
O que percebemos não é resultado somente do órgão sensorial, mas uma combinação do que chega a ele (por meio da visão, da audição, do olfato etc.) e a informação que envia às nossas crenças prévias, com as quais o cérebro interpreta a informação no córtex correspondente (visão, audição, olfato etc.). Temos, portanto, duas formas de representar o mundo. A primeira é a representação que fazemos por intermédio de nossos cinco sentidos. É o que vemos, ouvimos e sentimos do mundo exterior. É a experiência externa. A outra forma é a que representamos internamente, sem a necessidade de nos encontrarmos no mundo físico. É a representação interna. Isso significa que podemos representar mentalmente o que alguma vez experimentamos como também podemos criar representações em nossa mente reciclando dados de maneira diferente. Conhecemos o mundo por meio de nossas próprias interpretações.
Acreditamos que vivemos mergulhados no mundo que nos rodeia, acreditamos sentir os objetos e os eventos com precisão e pretendemos viver em tempo real e ordinário, quando, na verdade, tudo isso nada é mais do que uma ilusão perceptiva.

Em função disso, podemos ampliar a percepção de nossa realidade a partir de dois aspectos:[5]

1. Reconhecer que experimentamos essa realidade a partir de nós mesmos, e que ela não existe independentemente de nossa interpretação. Temos de aceitar que a nossa visão do mundo não é exatamente o mundo. É aquilo que percebemos.
2. Reconhecer que conhecemos a realidade por meio de nossa própria experiência, porque o que está fora não existe para nós até que o experimentemos. É impossível ter experiência de alguma coisa antes de percebê-la e experimentá-la.

Quanto maior a riqueza de informação percebida, maiores as possibilidades de seu posterior registro e processamento. Assim, a percepção potencializa a inteligência e aumenta o conhecimento. A percepção tem muito a ver com o aumento do grau de inteligência.[6] Aumentar a capacidade de percepção permite captar com maior quantidade e qualidade a informação da realidade externa que nos rodeia. Na verdade, o que interpretamos como real não é a realidade em si, mas uma representação mental dessa realidade. Isso se deve a três causas:[7]

1. Nem toda informação é captada. Os órgãos sensoriais são limitados e registram somente um pequeno espectro dos dados realmente disponíveis na realidade externa. Há uma espécie de seleção perceptiva do ambiente.
2. Quando a pessoa percebe, os dados obtidos do ambiente são processados por meio de suas velhas programações determinadas pela sua história pessoal e pela sua personalidade, e que atuam como filtros que recriam e modelam a informação por meio de um programa de interpretação que tem como saída (*output*) a percepção que a pessoa tem a respeito da realidade.
3. A pessoa não capta a informação em si, mas somente sua representação por meio de símbolos culturais. Um sistema de representação que as pessoas utilizam para interpretar a realidade é a linguagem, mediante a qual comunicam (a si mesmas) essa realidade. Piaget afirma que as pessoas estruturam o pensamento como forma de linguagem, embora isso não tenha sido ainda demonstrado. As pessoas como observadores do mundo o conhecem por meio da linguagem, e o que captam da realidade não são seus objetos em si, mas o conceito desses objetos.

Em resumo, o que as pessoas captam da realidade, o que experimentam dela, não é ela em si, mas seu conceito, que está limitado, de um lado, pelas influências internas (emoções, experiências anteriores) e, por outro lado, pelas influências externas (sociais, culturais).

> **VOLTANDO AO CASO INTRODUTÓRIO**
> **A experiência de João Carlos Silva**
>
> O negócio de João Carlos Silva prosperou. Para aumentar a satisfação dos clientes, sua equipe de motoristas passou a tratá-los como reis. Cada motorista comprou um telefone celular para atender diretamente aos seus clientes e passou a distribuir cartões com seus números pessoais. A ideia de atrair e manter clientes começou a dar certo, e João Carlos percebia que estava no caminho certo. Como você poderia ajudar João Carlos?

8.3 FATORES QUE INFLUENCIAM A PERCEPÇÃO

As pessoas percebem seu ambiente externo em função de suas necessidades e experiências passadas. Como o ambiente é vasto, complexo, mutável, dinâmico e ambíguo, as pessoas não têm condições de percebê-lo em sua integridade. Assim, nem tudo o que ocorre no ambiente é percebido pela pessoa. Apenas alguns dos eventos ou fatos que ocorrem continuamente no ambiente são percebidos pela pessoa pela seletividade perceptiva. Quando uma pessoa dirige o carro, ela presta atenção a alguns aspectos do tráfego – semáforos, pessoas andando pela rua, outros carros que disputam o mesmo caminho – e deixa de lado outros aspectos que não lhe importam e que nem sequer são percebidos – como edifícios, a pista contrária, outros carros que seguem em sua frente, a temperatura externa etc. Ela percebe apenas o que lhe é útil ou importante em cada situação.

E mesmo quando uma pessoa, objeto ou situação é notado, não há nenhuma garantia de que ele será percebido de forma realista e objetiva. O significado que uma pessoa, objeto ou situação tem para a percepção de determinada pessoa é influenciado pelas suas necessidades ou objetivos. E objetos ou situações são frequentemente distorcidos para se tornarem mais congruentes e consistentes com a percepção da pessoa.

Assim, a percepção é profundamente influenciada por fatores externos ou internos ao indivíduo. Existem fatores na situação, no alvo e fatores internos ao indivíduo, como apresentado nas próximas subseções e na Figura 8.1.

8.3.1 Fatores na situação

São os fatores localizados no contexto dentro do qual objetos, pessoas ou situações são percebidos. A situação pode envolver cenários diferentes. Uma pessoa vestida de paletó e gravata seria percebida como normal em um escritório, como esquisita em um bar e totalmente fora de esquadro em uma praia no litoral. A situação afeta a percepção. O cenário geral em que se passam eventos ou situações pode levar a percepções diferentes por parte das pessoas.

8.3.2 Fatores situados no alvo

São fatores localizados no alvo que está sendo observado. Pessoas barulhentas chamam mais a atenção do que pessoas quietas. Também movimentos, sons, tamanho e outros atributos de um alvo influenciam a forma como ele é percebido. Os atributos mais importantes dos fatores da situação são:

- **Intensidade:** quanto mais forte for o estímulo, maior será a probabilidade de ser percebido.
- **Tamanho:** quanto maior for o estímulo, maior será a probabilidade de ser percebido.
- **Mudança:** quanto mais mutável for o estímulo, maior será a probabilidade de ser percebido.

- **Contraste**: quanto mais contrastante for o estímulo, maior será a probabilidade de ser percebido.
- **Repetição**: quanto mais repetitivo e frequente for o estímulo, maior será a probabilidade de ser percebido.

8.3.3 Fatores internos

São fatores localizados no observador que tenta explicar o que está percebendo. Sua interpretação é influenciada pelas suas características individuais, como motivação, atitudes, interesses, experiências passadas e expectativas. Alguns dos principais fatores internos são:

- **Atenção**: é um importante fator na percepção, pois põe foco em uma pequena porção dos fenômenos que nos interessam. São muitos os estímulos sensoriais que estão presentes durante o estado de vigília e que concorrem para captar a atenção, mas as pessoas não reagem da mesma maneira a todos eles. Em certos momentos, selecionam alguns estímulos, enquanto os demais permanecem em segundo plano.
- **Motivos ou aspectos motivacionais**: influenciam a percepção. Se a pessoa tem fome, por exemplo, os estímulos associados com esse motivo se tornarão o foco central da sua percepção. Com maior probabilidade, ela prestará mais atenção aos restaurantes da cidade. Os motivos tornam a percepção seletiva. O ser humano costuma estar disposto à realização e à captação de determinadas coisas e acontecimentos, e isso influencia seu processo de percepção da realidade.
- **Interesses e valores**: as pessoas tendem a focalizar aqueles aspectos do mundo que a rodeia e que se relacionam com seus interesses e valores pessoais.

Figura 8.1 Fatores internos e externos que influenciam a percepção seletiva.

8.4 DISTORÇÕES DA PERCEPÇÃO

Quase sempre o que uma pessoa percebe pode ser fundamentalmente diferente da realidade objetiva. Como o comportamento das pessoas está baseado na sua percepção da realidade – e não na realidade em si –, torna-se necessário conhecer quais são os fatores que podem distorcê-la. Afinal, a realidade tal como é percebida é fundamental para definir o comportamento das pessoas. As principais distorções da percepção são as seguintes:

- **Percepção seletiva**: as pessoas interpretam seletivamente o que veem e percebem a partir de seus interesses, antecedentes, experiências e atitudes.
- **Efeito halo**: é o caráter generalizador da percepção. A impressão geral de uma pessoa é obtida a partir de uma só característica dela. É a maneira pela qual as pessoas tendem a visualizar as outras de acordo com generalizações: todas as pessoas são honestas, todas as pessoas acreditam em milagres etc.
- **Projeção**: é a atribuição das características próprias a uma outra pessoa. Se uma pessoa possui certas características próprias de personalidade, ela tenderá a ver tais características nas outras pessoas.
- **Estereótipo**: é um juízo formulado a respeito das pessoas segundo o critério da percepção própria do grupo ou categoria ao qual essa pessoa pertence, como raça, credo, nacionalidade, idade, sexo, afiliação política etc.
- **Efeito de contraste**: é a avaliação das características de uma pessoa afetada pela comparação com outra pessoa que se qualifica de forma mais alta ou mais baixa com essas mesmas características. "Fulano é melhor ou pior do que beltrano ou mais ou menos capacitado do que ele".

Assim, quase sempre a percepção passa por filtros pessoais que condicionam e distorcem as informações que captamos por meio de nossos sentidos. A percepção leva à cognição, isto é, ao conhecimento da pessoa.

8.5 DISSONÂNCIA COGNITIVA

Nem sempre a cognição é exatamente igual à realidade. Festinger desenvolveu uma teoria a respeito da dissonância cognitiva baseando-se na premissa de que toda pessoa se esforça para estabelecer um estado de consonância ou consistência com ela mesma e com o ambiente que a rodeia. Se uma pessoa tem cognições sobre si mesma e sobre seu ambiente que são inconsistentes entre si – isto é, se uma cognição implica o oposto da outra –, então ocorre um estado de dissonância cognitiva. A dissonância cognitiva é uma das principais fontes de inconsistência no comportamento. As pessoas não toleram a inconsistência e, quando ela ocorre – por exemplo, quando uma pessoa acredita em uma coisa e, no entanto, age contrariamente a essa crença –, as pessoas estão motivadas a reduzir o conflito. A esse conflito ou inconsistência Festinger dá o nome de dissonância cognitiva.[8] O elemento cognitivo é uma espécie de crença, conhecimento ou opinião que a pessoa tem de si mesma ou do meio externo. Os elementos cognitivos podem estar relacionados de três maneiras:

1. **Relação dissonante**: quando a pessoa acredita que fumar é nocivo, por exemplo, mas continua fumando. São duas cognições contraditórias, isto é, dissonantes: a consciência do perigo e a permanência do hábito. A pessoa se comporta de maneira tal que não aceita intimamente seu comportamento.
2. **Relação consonante**: quando acredita que fumar é nocivo e, então, deixa de fumar. São duas cognições consonantes entre si. A pessoa se comporta da maneira como aceita e valoriza seu comportamento.
3. **Relação irrelevante**: quando a pessoa considera o fumo nocivo à saúde e gosta de passear pela manhã. São dois elementos em uma relação irrelevante, isto é, que nada têm entre si. O comportamento nada tem a ver com as convicções pessoais.

Quando ocorre uma relação dissonante, a pessoa experimenta uma tensão, e para escapar do conflito íntimo, procura adotar uma das três alternativas:

1. Pode tentar reduzir a dissonância mudando suas próprias convicções pessoais para melhor sintonizá-las ou adequá-las com a realidade externa. A pessoa muda seu comportamento para reduzir a dissonância em relação à realidade externa.
2. Pode tentar reduzir a dissonância mudando a realidade externa para adaptá-la às suas cognições pessoais. A pessoa mantém as suas convicções e tenta mudar o mundo ao redor – ou pelo menos sua percepção do mundo – para adequá-lo a elas.
3. Se não pode alterar suas próprias convicções pessoais, nem a realidade externa, então a pessoa passa a tentar conviver com o conflito íntimo da relação dissonante ou inconsistente. Se não dá para mudar suas convicções, nem a realidade externa, o jeito é conviver com o conflito íntimo.

A cognição permite um quadro de referências para cada pessoa situar-se no mundo que a rodeia e entendê-lo adequadamente. A dissonância cognitiva decorre geralmente de situações que envolvem algum processo de decisão da pessoa e o conflito resultante de cognições que não batem ou não concordam entre si. No fundo, a dissonância cognitiva existe quando cognições relacionadas são incoerentes, ou seja, quando se contradizem mutuamente. Ela significa um estado de coisas motivador. Exatamente como a fome impele uma pessoa a comer, a dissonância impele uma pessoa a modificar suas opiniões ou seu comportamento.

VOLTANDO AO CASO INTRODUTÓRIO
A experiência de João Carlos Silva
Para intensificar seu negócio, João Carlos decidiu, após consultar sua equipe, oferecer cupons de desconto para os clientes mais frequentes para aumentar sua fidelização. Mas seus cálculos não bateram com a realidade. Algo estava errado. Ele e sua equipe de motoristas começaram a perder dinheiro. E isso provocou profunda insatisfação. Como reverter a situação?

8.6 COGNIÇÃO

Cognição (do latim *cognitione* = aquisição de conhecimento ou compreensão por meio da percepção) é o ato ou processo de conhecer ou compreender o mundo pela percepção e significa a maneira pela qual a pessoa percebe e interpreta a si própria ou seu meio ambiente. Nesse sentido, constitui o filtro pessoal por meio do qual a pessoa vê a si mesma e sente e percebe o mundo que existe ao seu redor. É a tomada de conhecimento que define a crença e a opinião pessoal a respeito de si própria ou da realidade externa. A cognição é extremamente complexa e envolve atenção, percepção, memória, raciocínio, juízo, imaginação, pensamento e linguagem, que fazem parte do desenvolvimento intelectual da pessoa.

No fundo, cognição é mais do que aquisição de conhecimento, pois representa a melhor maneira do ser humano de se adaptar ao ambiente em que vive. Além disso, a cognição funciona também como um mecanismo que capta o externo para compor o interno, ou, em outros termos, é a maneira como o cérebro humano percebe, aprende, recorda e registra toda informação que capta por meio dos cinco sentidos. Ela começa captando informação pelos sentidos e, a seguir, vem a percepção como um processo de conhecimento que tem como base a informação provinda do ambiente externo e do que já está registrado na memória.

Capítulo 8 – Percepção, Atribuição, Atitude e Decisão

O modelo de processamento da sensação e da percepção é mostrado na Figura 8.2.

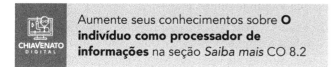

Aumente seus conhecimentos sobre **O indivíduo como processador de informações** na seção *Saiba mais* CO 8.2

Essa é a nossa vida até o fim de nossos dias. Nosso organismo é capaz de sentir sensações e disparar percepções que, por sua vez, criam cognições a respeito de tudo aquilo que percebemos. É assim que aprendemos e nos desenvolvemos continuamente ao longo de nossas vidas. Um fabuloso sistema de radar e rastreamento que baliza, orienta e impulsiona o nosso comportamento, como apresentado na Figura 8.3.

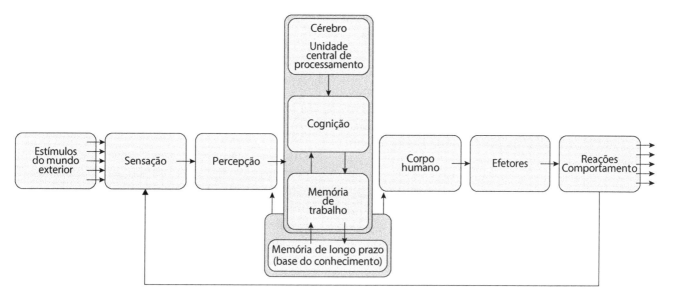

Figura 8.2 Modelo de processamento da sensação e da percepção.[9]

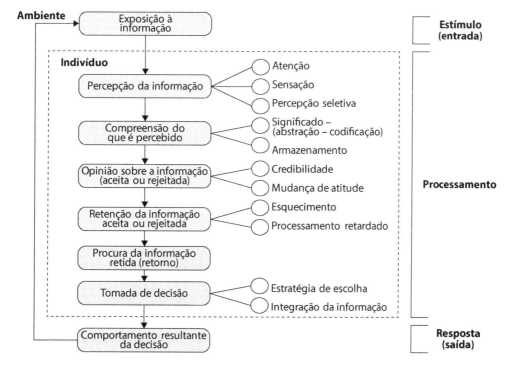

Figura 8.3 O indivíduo como um sistema processador de informações.[10]

8.7 ATRIBUIÇÃO

As pessoas vivem contínua e incessantemente ganhando percepções a respeito do mundo que as rodeia. Mas as percepções realmente objetivas e realistas são muito raras. Enquanto as percepções sobre objetos inanimados como prédios, máquinas, carros, artefatos, coisas – que não têm crenças, motivações ou intenções e estão alinhados às leis da natureza – podem sofrer algumas distorções, as percepções a respeito de pessoas sempre passam por inferências e modificações. E quase sempre as percepções são subjetivas, principalmente quando se trata de pessoas.

Ao observarmos as pessoas, quase sempre tentamos entender o motivo de seu comportamento. Por essa razão, as percepções sobre pessoas sofrem de inexatidão, subjetividade e distorções, uma vez que são fortemente influenciadas pelas suposições que fazemos a respeito do estado de espírito que atribuímos a elas ou por preconceitos a respeito de raça, religião, sexo, idade, nível social etc. Apesar do fato de que tais prejuízos são humanos e normais, eles podem ter consequências sérias quando administradores e outros membros da organização decidem e agem com base neles.

 Aumente seus conhecimentos sobre **Atribuições** na seção *Saiba mais* CO 8.3

Diversas conceituações de atribuição

- Refere-se, simplesmente, a como a pessoa explica a causa do comportamento de outros ou de si própria.[11]
- Processo cognitivo pelo qual a pessoa busca conclusões sobre fatos que influenciam, ou fazem sentido, sobre o comportamento alheio.[12]
- A predisposição favorável ou desfavorável relativa a pessoas, objetos ou situações. Geralmente, envolve crenças, sentimentos ou afetos.

A atribuição pode ter três componentes, a saber:[13]

1. **Crenças**: é o componente cognitivo que envolve aceitação e convicção íntima na validade de uma ideia, proposição ou conceito. Pode ser fundamentada em uma combinação de fé, razão ou experiência própria. É aquilo em que a pessoa acredita e o fato de ela crer na verdade ou na possibilidade de alguma coisa. Trata-se de um componente multidimensional, pois se relaciona com os diferentes aspectos da situação que o indivíduo percebe.

2. **Afetos**: é o componente sentimental que envolve uma relação de cuidado ou carinho com alguém íntimo ou querido. Na verdade, é um estado psicológico que permite à pessoa demonstrar seus sentimentos e suas emoções a outra pessoa, objeto ou situação. Trata-se de um componente unidimensional, pois se relaciona com a maneira pela qual o indivíduo sente ou vivencia a situação como um todo.

3. **Tendência à ação**: é o componente comportamental que envolve a tendência a agir de forma consistente frente a uma pessoa, objeto ou situação.

A atribuição depende de três aspectos fundamentais:[14]

1. **Diferenciação**: se a pessoa apresenta ou não comportamentos diferentes em situações diferentes. O comportamento diferenciado e distintivo representa uma reação diferente em distintas oportunidades, enquanto o comportamento usual representa uma reação constante e repetida em quaisquer situações. Assim, o aluno que chega atrasado é tido como sempre folgado ou indisciplinado? O observador poderá atribuir-lhe uma desculpa interna – se seu comportamento de atrasar é comum – ou externa – se ele é sempre pontual.

2. **Consenso**: se várias pessoas mostram a mesma reação a um fato similar, ocorre comportamento de consenso. Se todos os alunos utilizam o mesmo transporte urbano e chegam também atrasados, o aluno atrasado receberá uma atribuição externa. Se todos chegam na hora certa, o consenso será baixo, e espera-se que o aluno receba uma atribuição interna.

3. **Coerência**: o observador procura consistência e coerência nas ações das outras pessoas. Se o aluno que chega atrasado costuma ser pontual, tenderá a receber uma atribuição externa. Porém, se for consistentemente impontual, receberá certamente uma atribuição interna.

A atribuição é o processo pelo qual as pessoas buscam uma explicação aceitável para o comportamento de outras pessoas. A teoria da atribuição cuida do estudo dos erros e vieses que provocam distorções quando se observa o comportamento das pessoas.[15]

A partir da atribuição vem a intenção: o comportamento do indivíduo é movido por intenções e depende de vários graus de motivação. Intenção é um plano de ação e pode predizer com razoável grau o comportamento de uma pessoa. A atribuição conduz à intenção ou propósito que leva as pessoas a se comportarem. Em outras palavras, quando se percebe uma pessoa, segue-se uma atribuição a ela que resulta em uma busca da sua intenção no seu comportamento.

8.8 PERCEPÇÃO SOCIAL

Os aspectos sociais da percepção têm um papel importante no Comportamento Organizacional (CO). A percepção social está diretamente relacionada ao modo como um indivíduo percebe as outras pessoas, ou melhor, como ele conhece as pessoas. E isso depende das características do percebedor e do percebido.

8.8.1 Características do percebedor e do percebido

O perfil da pessoa que percebe ou é percebida define as características da percepção social. Existem quatro aspectos que influenciam como uma pessoa percebe a situação ambiental:[16]

1. Conhecer a si mesmo facilita conhecer melhor os outros.
2. As próprias características afetam as características que vemos nos outros.
3. A pessoa que aceita a si própria percebe mais favoravelmente os aspectos dos outros.
4. A acuracidade em perceber os outros não é uma habilidade simples.

E também existem certas características da pessoa percebida que influenciam poderosamente a percepção da percebedora, a saber:[17]

- O *status* da pessoa percebida influencia a percepção de outra pessoa.
- A categorização do *status* ou papel da pessoa percebida simplifica a percepção de outra pessoa.
- Os traços visíveis da pessoa percebida influenciam a percepção de outra.

8.8.2 Estereótipos

A palavra *estereótipo* (do grego *stereos* + *typos* = impressão sólida) designa a tendência de perceber outra pessoa – e aqui falamos de percepção social – como pertencendo a determinada classe ou categoria. O termo é derivado do tipógrafo, que coloca uma placa de metal para fazer um tipo composto para imprimir, e pode ser aplicado de maneira favorável ou desfavorável. Quase sempre reflete crenças compartilhadas

para definir, delimitar e discriminar pessoas ou grupos na sociedade. Nesse sentido, provoca uma imagem preconcebida ou preconceituosa de uma pessoa, coisa ou situação sem qualquer fundamento. Daí decorre o preconceito – é a visão ou ideia preconcebida que se faz de uma pessoa ou algo antes de conhecer – e/ou a discriminação – a exclusão de uma pessoa ou algo devido a ideias preconcebidas.

Os estereótipos são generalizações, pressupostos ou categorizações que influenciam poderosamente a percepção social nas organizações. Podem se referir a diretores, gestores, funcionários, operários, pessoas jovens ou idosas, minorias, mulheres, raças, religiões, clientes ou fornecedores, assim como os mais diversos especialistas, como tendo algo em comum. Muitas vezes, os estereótipos carregam um consenso geral a respeito dos traços de personalidade dessas categorias – discrepando da realidade e ignorando a variabilidade das pessoas entre seus membros, como é o caso do machismo, da xenofobia e da homofobia –, provocando sentimentos positivos ou negativos.

8.8.3 Efeito halo

Na percepção social, o efeito halo ou *halo error* (*halo*, do inglês = auréola) é muito similar ao estereótipo. Enquanto no estereótipo a pessoa é percebida de acordo com uma simples categoria, no efeito halo a pessoa é percebida na base de um único traço. Ocorre geralmente na avaliação de desempenho, quando o avaliador faz um erro constante ao julgar todo o desempenho tendo por base um único traço de desempenho. Assim, o efeito halo representa a possibilidade de que a avaliação de um item possa interferir no julgamento dos demais fatores de avaliação e contaminar o resultado geral. Trata-se de um erro constante de julgamento e apreciação, uma propensão ou tendência cognitiva.

SAIBA MAIS — **Sobre efeito halo**

O psicólogo Edward Thorndike[18] descreveu, em 1920, a possibilidade de que a avaliação de determinado item possa interferir no julgamento sobre outros itens, contaminando o resultado geral. Ao analisar os processos de avaliação do desempenho, notou uma interferência causada devido à simpatia ou antipatia que o avaliador tem pela pessoa que está sendo avaliada. Assim, designou o efeito halo: a simpatia ou antipatia que o avaliador tem pela pessoa contamina a sua avaliação a respeito dela. Isso leva à tendência de associar características positivas (honesto, leal, simpático) ou negativas (desonesto, desleal, antipático).

8.9 PARADIGMAS

Os fatores externos fazem um jogo importante com os fatores internos no processo de percepção e atribuição. É o caso dos paradigmas. Os paradigmas estão estreitamente relacionados com a percepção e a atribuição. A vida das pessoas e as organizações são regradas e delimitadas por certos paradigmas. O termo *paradigma* (do grego *paradeigma* = modelo, padrão ou exemplo) foi introduzido na filosofia da ciência por Thomas Kuhn.[19] Atualmente, o termo é utilizado para significar um amplo modelo, um *framework* ou maneira de pensar, ou, ainda, um esquema mental para compreender a realidade.[20] Um paradigma é um conjunto de regras que definem fronteiras entre o que é certo e o que é errado, entre o que é verdadeiro e o que é falso, entre o que se deve fazer e o que não se deve fazer. No fundo, um paradigma estabelece um corredor de pensamento no qual esse fica bitolado ao que existe dentro das faixas e dos limites permitidos. Ele funciona como um modelo ou como um padrão que define o comportamento das pessoas.[21] Um paradigma simplesmente estabelece as regras (escritas ou não escritas), define os limites e mostra como se comportar dentro dos limites para ser bem-sucedido.[22] Assim, um paradigma influencia poderosamente as pessoas quanto ao seu comportamento, suas atitudes e suas percepções.

Para Barker, os paradigmas apresentam seis características básicas:[23]

1. **Os paradigmas são comuns em toda atividade estruturada**: constituem as regras íntimas que dirigem o comportamento das pessoas. Essas, inconscientemente e sem perceber, são levadas por seus paradigmas.

2. **Os paradigmas são úteis e funcionam como verdadeiros filtros**: eles focalizam as informações mais importantes e selecionam o que as pessoas deverão perceber a respeito do mundo que as rodeia. Nesse sentido, os paradigmas estabelecem o que é e o que não é importante ou relevante para a pessoa.

3. **Os paradigmas podem tornar-se doenças terminais da certeza**: eles podem tornar-se a única maneira de fazer algo, ou de pensar sobre algo, paralisando as pessoas e impedindo que elas visualizem outras e novas formas potencialmente melhores de fazer a mesma coisa. Nesse sentido, os paradigmas bitolam as pessoas e as mantêm amarradas a velhos hábitos ou maneiras de pensar e agir.

4. **Os novos paradigmas são geralmente criados por pessoas estranhas**: os criadores de paradigmas são geralmente pessoas estranhas no ninho. As pessoas envolvidas com um paradigma corrente pouco provavelmente saberão criar um paradigma totalmente novo. O máximo que uma pessoa criativa, nessas condições, tentará fazer é melhorar o processo, fazendo algumas pequenas alterações nele, mas raramente inventará algo novo, porque sua visão está dominada e envolvida pelo velho paradigma. As novas ideias quase sempre vêm de pessoas que não estão fortemente envolvidas com os velhos paradigmas.

5. **Os novos paradigmas exigem visão futurística para sua adesão**: quando as pessoas estão envolvidas com velhos paradigmas, apresentam forte tendência de mantê-los indefinidamente, a não ser que eles não funcionem na vida cotidiana. Um paradigma novo geralmente parece estranho às pessoas e, em seu estágio inicial, não oferece dados suficientes para que as pessoas se decidam racionalmente se é melhor ou pior do que o anterior. A adesão a novos paradigmas envolve certos riscos e exige visão, coragem e fé, além de uma visão abstrata que poucas pessoas conseguem ter.

6. **As pessoas têm o poder de mudar seus paradigmas**: os paradigmas são aprendidos, adquiridos e incorporados por meio da experiência. Como não são geneticamente transmitidos, eles podem ser mudados, aprendidos e transmitidos às outras pessoas. Porém, a mudança de paradigmas não é fácil para muitas pessoas, que se sentem presas à segurança e à estabilidade dos paradigmas atuais e temem ou relutam em alterar seus comportamentos pela aquisição de outros padrões diferentes.

7. **Os paradigmas não são estáticos**: eles são reforçados continuamente pelos sucessos da organização. Isso faz com que eles se transformem no arquivo das condutas a se pôr em prática diante de diferentes circunstâncias. Em outras palavras, em face de um sinal ou situação, esse é interpretado pelo paradigma respectivo, e este indica a conduta que é conveniente implementar. A realidade passa a ser interpretada por meio do paradigma, que define o que fazer diante dela.

 Aumente seus conhecimentos sobre **Os invariantes** na seção *Saiba mais* CO 8.4

Da mesma forma como ocorrem com as pessoas, as organizações também desenvolvem e mantêm seus paradigmas por meio das pessoas que nelas trabalham. Na verdade, não são as organizações em si que possuem paradigmas, mas as pessoas que nelas tomam as decisões principais e mantêm o poder.[24] Assim, as organizações funcionam por intermédio de paradigmas que definem sua cultura organizacional. A mudança na cultura organizacional é quase sempre uma mudança de paradigmas.[25]

O impacto da globalização, da tecnologia da informação, da Era Digital, da diversidade, da ética, entre outros aspectos que serão abordados nos próximos capítulos, está trazendo novas regras com diferentes fronteiras, requerendo novos e diferentes comportamentos dentro das organizações para que elas possam ser bem-sucedidas. Uma nova mentalidade.

Os novos paradigmas estão proliferando em todas as ciências fundamentais, desde os princípios mecanicistas e determinísticos de Descartes (na Filosofia) e de Newton (na Física) até a Teoria da Relatividade e a Física Quântica de Einstein. A controvérsia e a reestruturação substancial de toda a comunidade científica estão ocorrendo sob condições de grande incerteza.[26] Luthans[27] lembra que o chamado "efeito paradigma" faz com que aqueles que adotam determinado paradigma existente não consigam ver ou perceber as mudanças que estão ocorrendo ao seu redor. Esse efeito explica por que existe considerável resistência à mudança e por que é difícil mover da velha economia para a nova.

8.9.1 Paradigmas organizacionais

Os paradigmas definem as condições especiais e exclusivas em que cada organização funciona. Eles determinam a própria personalidade da organização, as características de suas filosofias, de sua cultura organizacional, de seus produtos e serviços e a maneira como as pessoas se comportam nelas. Assim, mudar a cultura e a estrutura da empresa significa necessariamente mudar paradigmas ultrapassados. Mudar produtos e serviços impõe a revisão de certos paradigmas. Mudar processos organizacionais ou mudar a missão e o negócio da organização também são providências que se refletem diretamente nos paradigmas atuais. Se pretende-se mudar realmente a organização, o ponto de partida é rever e reavaliar seus principais paradigmas.

No Quadro 8.1, são elencados os velhos e os novos paradigmas.

Quadro 8.1 Os velhos e os novos paradigmas[28]

Organizações tradicionais	Organizações autogerenciadas
Contexto de autointeresse	Contexto de valores, ética e integridade
Feudos departamentais	Integração estratégica
Dependência	Interdependência
Poder hierárquico	*Empowerment* de equipes
Obediência	Questionamento
Processos competitivos	Processos colaborativos
Liderança nomeada pela cúpula	Liderança escolhida pelas bases
Orientação para o controle	Orientação para o aprendizado
Organizações rígidas e reativas	Organizações ágeis e proativas
Gerentes pensam; empregados fazem	Empregados pensam e fazem
Resistência à mudança	Dedicação à melhoria contínua
Comunicação secreta e velada	Comunicação aberta e honesta
Motivação para o lucro	Motivação para a criatividade
Culpa dos outros	Resolução de problemas
Papéis e responsabilidades fixos	Papéis e responsabilidades mutáveis e dinâmicos
Evitação de conflito	Engajamento no conflito
Avaliação do desempenho de cima para baixo	Avaliação 360 graus
Foco na disciplina	Foco na melhoria e no aperfeiçoamento
Admissão pelo gerente do departamento	Admissão pelas equipes
Decisões unilaterais	Decisões consensuais
Expectativas cobertas e veladas	Expectativas negociadas

Nos novos paradigmas, a unidade fundamental da estrutura não é o indivíduo isolado, mas a equipe colaborativa e autogerenciada. O foco primário não está nas habilidades pessoais, mas nas relações entre indivíduos associados no apoio a um propósito comum. Nessa nova abordagem das organizações, torna-se necessário o abandono dos aspectos relacionados com estruturas hierárquicas que gerenciam pessoas isoladamente – que atuam de maneiras descoordenadas e sem considerar os interesses grupais –, a rejeição da ideia de que as pessoas concorrem adversariamente e que têm de ser recompensadas na base de habilidades e comportamentos individualizados. Pelo contrário, os novos paradigmas encorajam a formação de equipes colaborativas, autogerenciadas e democráticas, que recebem o nome de redes ou teias. Elas passam a ser informais, interativas, com relacionamentos cooperativos e processo decisório democrático e participativo.

VOLTANDO AO CASO INTRODUTÓRIO
A experiência de João Carlos Silva

João Carlos queria decifrar o enigma e buscar a causa do problema: seria um erro no cálculo otimista ou retração do mercado? Atribuição interna ou externa? João Carlos precisava tomar decisões a fim de reverter a difícil situação financeira. O que fazer?

8.10 ATITUDES

Atitude significa a tendência ou a predisposição de uma pessoa em função da sua percepção ou julgamento a respeito de determinadas pessoas, objetos ou situações, assumidos como agradáveis ou desagradáveis, desejáveis ou indesejáveis, atrativos ou rejeitativos. A atitude é uma predisposição interna, estável e duradoura, que leva a pessoa a se comportar ou reagir de determinada maneira em relação a outras pessoas, objetos ou situações específicas.

As atitudes são determinantes do comportamento, pois estão relacionadas com a percepção, a personalidade, a aprendizagem e a motivação. Atitude é um processo cognitivo e significa um estado mental de prontidão organizado pela experiência pessoal e que exerce influência sobre a resposta da pessoa frente a pessoas, objetos e situações. E o mais importante: a atitude empreendedora e acionadora constitui uma importante competência do gestor.

As atitudes podem ser desdobradas em três componentes:

1. **Componente emocional ou afetivo**: envolve os sentimentos e os afetos do indivíduo a respeito de pessoas, objetos ou situações. Além disso, podem ser positivos ou negativos. Em muitas atividades na organização, as pessoas são levadas a oferecer sua contribuição física ou mental. Em muitos serviços, como nos contatos com clientes, consumidores ou pacientes, os funcionários são orientados para sorrir sempre. É o chamado trabalho emocional, tão importante quanto o trabalho físico ou mental.

2. **Componente informacional ou ideacional**: consiste de crenças e informações que a pessoa tem a respeito de pessoas, objetos ou situações. Não importa se a informação seja correta ou empírica. Um gerente pode acreditar que uma ou duas semanas de treinamento é necessário para que um subordinado desempenhe determinado trabalho.

3. **Componente comportamental**: consiste das tendências de resposta que a pessoa manifesta em relação a determinada pessoa, objeto ou situação. É o caso do gerente que determina duas semanas de treinamento para o subordinado.

Dos três componentes anteriores, somente o comportamental é diretamente observável. Os sentimentos (componente emocional) e as crenças (componente informacional) não podem ser vistos, mas apenas inferidos.

As atitudes podem ter sua origem em três diferentes aspectos:

1. **Culturais**: as pessoas tendem a assumir atitudes que prevalecem em sua cultura.

2. **Familiares**: as atitudes são adquiridas dentro da estrutura familiar e passam através das gerações.

3. **Pessoais**: as atitudes são resultados da experiência de cada pessoa.

As atitudes das pessoas mudam quando mudam os fatores que as originam.

Assim, três aspectos são de vital importância nas atitudes:[29]

1. As atitudes definem predisposições para com determinados aspectos do mundo. As pessoas têm atitudes positivas ou negativas em relação ao seu trabalho, à sua organização, aos colegas, à remuneração e a outros fatores organizacionais.

2. As atitudes proporcionam a base emocional das relações interpessoais e da identificação da pessoa com as outras.

3. As atitudes estão organizadas e estão próximas ao núcleo da personalidade, estando, contudo, sujeitas à mudança.

Para medir o grau e a intensidade das atitudes ou opiniões, em 1927, Louis Leon Thurstone (1887-1955) criou a primeira escala de atitudes para medir fatores importantes, como a família, educação, saúde, política etc.[30] A partir daí, surgiram vários tipos de escalas aplicáveis, individual ou coletivamente.

As atitudes constituem parte intrínseca da personalidade de cada pessoa. Existem algumas teorias que tentam explicar a formação e a mudança de atitudes. Rosenberg afirma que as pessoas procuram certa coerência entre suas crenças e seus sentimentos com relação a pessoas, objetos ou situações. Para ele, a modificação das atitudes depende das mudanças dessas crenças ou sentimentos.[31] Além disso, as pessoas apresentam atitudes estruturadas compostas de vários traços afetivos e cognitivos. O inter-relacionamento desses traços faz com que a mudança em um deles provoque mudanças no outro. Se tais componentes são inconsistentes ou excedem o chamado nível de tolerância da pessoa, surge a instabilidade. Essa instabilidade pode ser corrigida pela desativação da mensagem destinada a influenciar as atitudes, ou pela fragmentação das atitudes, ou, ainda, pela aceitação da incoerência de modo que surjam novas atitudes. Para Rosenberg, o conhecimento, a afetividade e o comportamento são determinantes das atitudes, e estas, por sua vez, determinam a afetividade, o conhecimento e o comportamento. O conhecimento significa o processo consciente de aquisição do saber e refere-se aos processos de reflexão das pessoas, com ênfase na racionalidade e na lógica. A afetividade diz respeito ao sentimento de gostar ou não gostar. O inter-relacionamento desses fatores está representado na Figura 8.4.

O fato de que traços afetivos e cognitivos são determinantes das atitudes e das mudanças de atitudes das pessoas faz com que os administradores tenham de demonstrar que os aspectos positivos da contribuição individual para a organização – na forma de desempenho e dedicação – superam os aspectos negativos. A eficiência pode ser alcançada quando se cria nas pessoas atitudes favoráveis para com a organização e o trabalho.

A tarefa de mudar atitudes depende de dois fatores gerais: a confiança no mensageiro e a confiança no valor da mensagem.[32] Se as pessoas não confiam no seu gerente, não aceitarão a mensagem e nem mudarão de atitude. Também, se a mensagem não for convincente, não haverá mudança de atitude. Quanto maior o prestígio do comunicador, maior a probabilidade de mudança de atitude.[33]

As atitudes têm o poder de influenciar poderosamente as decisões das pessoas.

8.11 DECISÃO

As organizações são bem ou malsucedidas em decorrência das decisões que seus membros – principalmente seus administradores – tomam em relação ao seu presente e ao seu futuro. Boa parte das decisões é tomada no cotidiano da organização de maneira rotineira e padronizada e de acordo com princípios e experiência passada. Contudo, a maioria das decisões é tomada de maneira incerta e arriscada, sem qualquer garantia de sucesso, principalmente quando tomadas em um mundo de negócios volátil, incerto, complexo e ambíguo. São decisões assumidas em meio a situações vagas e imprecisas, em um contexto em constante mudança e transformação, com base em informações superficiais e pontos de vista conflitantes.

8.11.1 Teoria das decisões

Simon[34] utilizou a teoria das decisões como base para explicar o comportamento humano nas organizações. Para ele, cada pessoa participa racional e conscientemente da organização, escolhendo e tomando decisões individuais a respeito de alternativas mais ou menos racionais de comportamento. Assim, a organização está permeada de decisões que antecedem as ações. Para ele, a organização é um complexo sistema de decisões. Nas teorias anteriores, foi dada muita importância às ações e nenhuma às decisões que as provocaram. Assim, não

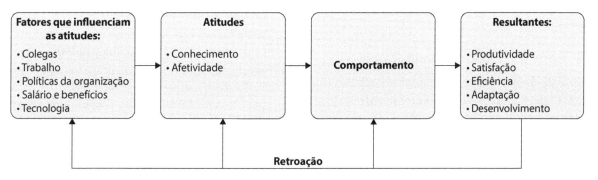

Figura 8.4 Desenvolvimento e mudança de atitudes nas pessoas.[35]

são somente os gestores que tomam decisões. Todas as pessoas em uma organização – em todas as áreas de atividades, em todos os níveis hierárquicos e em todas as situações – estão continuamente tomando decisões relacionadas ou não com seu trabalho.

> **Diversas conceituações de decisão**
>
> - O processo pelo qual as informações percebidas são utilizadas para avaliar e escolher entre vários cursos de ação.[36]
> - A escolha feita entre duas ou mais alternativas.[37]
> - Escolher entre algumas alternativas de cursos de ação.[38]
> - **Tomada de decisão organizacional** é formalmente definida como o processo de identificação e solução de problemas.[39]
> - **Tomada de decisão** é o processo cognitivo pelo qual se escolhe um plano de ação entre vários outros (baseados em variados cenários, ambientes, análises e fatores) para uma situação ou problema. Todo processo decisório produz uma escolha final. E a saída pode ser uma ação ou uma opinião de escolha.[40]

Toda organização é um sistema de decisões em que cada pessoa participa consciente e racionalmente, escolhendo e decidindo entre alternativas mais ou menos racionais que se apresentam pela frente, de acordo com sua personalidade, suas motivações, suas atitudes e suas percepções. Os processos de percepção das situações e o raciocínio são básicos para a explicação do comportamento humano. O que uma pessoa sente e percebe influencia aquilo que vê e interpreta, assim como o que vê e interpreta influencia o que aprecia e deseja. Em resumo, as pessoas são processadoras de informação e tomadoras de decisão.

8.11.2 Tipos de decisão organizacional

A tomada de decisão organizacional ocorre em dois estágios. O primeiro estágio é o de identificação do problema e trata de monitorar a informação sobre as condições ambientais (externas) e organizacionais (internas) para determinar se o desempenho é satisfatório ou não e para diagnosticar a causa das possíveis falhas. O segundo estágio é o de solução do problema e se dá quando os caminhos alternativos de ação são considerados para que a alternativa mais indicada seja selecionada e implementada.[41] Muitas organizações utilizam sofisticados sistemas de Tecnologia da Informação (TI) para ajudar a monitorar o ambiente e as condições internas a fim de detectar problemas e rapidamente desenvolver alternativas de solução.

8.11.3 Classificação das decisões

As decisões organizacionais variam em complexidade e podem ser classificadas em dois grupos:[42]

1. **Decisões programadas**: são decisões repetitivas, cotidianas e bem definidas, com procedimentos já estabelecidos para resolver o problema. São decisões estruturadas porque os critérios de desempenho são claros, as informações são adequadas e as alternativas são facilmente especificadas, além de existir uma relativa certeza de que a alternativa escolhida será bem-sucedida. Exemplos: critérios de seleção de pessoal, de fixação de preços de produtos e serviços, de definição de custos de produção, de orçamentos de serviços.

2. **Decisões não programadas**: são decisões esporádicas para as quais não existem procedimentos definidos para resolver o problema. Ocorre quando a organização não percebeu antes determinado problema e não sabe exatamente como reagir a ele. Não existem critérios claros, as alternativas são imprecisas e há incerteza se a solução proposta solucionará o problema. Exemplos: planejamento estratégico, redução de custos operacionais, reação à concorrência.

8.11.4 Elementos da decisão

A decisão é um processo de análise e escolha, entre várias alternativas disponíveis, do curso de ação que a pessoa deverá seguir. Toda decisão envolve seis elementos, a saber:[43]

1. **Tomador de decisão**: é a pessoa que faz uma escolha ou opção entre várias alternativas de ação. É o agente que está frente a alguma situação.
2. **Objetivos**: são os objetivos que o tomador de decisão pretende alcançar com suas ações.
3. **Preferências**: são os critérios que o tomador de decisão usa para fazer sua escolha pessoal.
4. **Estratégia**: é o curso de ação que o tomador de decisão escolhe para melhor atingir seus objetivos. O curso de ação é o caminho escolhido, e depende dos recursos de que pode dispor e da maneira como percebe a situação.
5. **Situação**: são os aspectos do ambiente que envolve o tomador de decisão, muitos deles fora do seu controle, conhecimento ou compreensão e que afetam sua escolha.

6. Resultado: é a consequência ou resultante de dada estratégia.

Assim, todo tomador de decisão está inserido em uma situação (contexto que o envolve), pretende alcançar objetivos, tem preferências pessoais e segue estratégias (cursos de ação para alcançar resultados). Cada agente define a situação por meio de um complexo de processos afetivos e cognitivos, de acordo com sua personalidade, motivação e atitudes. Os processos de percepção e raciocínio são básicos para a explicação do comportamento nas organizações.[44]

O importante é que o processo decisório se assenta na racionalidade, ou seja, na adequação aos objetivos que se pretende alcançar. Assim, as decisões são adequadas ou não em relação aos objetivos pretendidos.

A situação apresenta-se ao agente racional, que a interpreta de acordo com o conhecimento que tem:[45]

- Dos eventos futuros ou das probabilidades com que eles têm de ocorrer.
- Das consequências dessas alternativas.
- Das alternativas de ação possíveis ou disponíveis.
- Das regras ou princípios por meio dos quais ele estabeleceu a sua ordem de preferência para as consequências ou alternativas.

8.11.5 Processo decisório

O processo decisório é complexo e depende tanto das características individuais do tomador de decisões quanto da situação em que está envolvido e da maneira como percebe a situação. A rigor, o processo decisório se desenvolve em sete etapas, a saber:

1. Percepção da situação que envolve algum problema.
2. Análise e definição do problema.
3. Definição dos objetivos.
4. Procura de alternativas de solução ou de cursos de ação.
5. Avaliação e comparação dessas alternativas.
6. Escolha (seleção) da alternativa mais adequada (satisfatória) ao alcance dos objetivos.
7. Implementação da alternativa escolhida.

Cada uma dessas etapas influencia as demais e todo o processo decisório. Muitas vezes, nem sempre essas etapas são seguidas à risca. Se a pressão for muito forte para uma solução imediata, algumas etapas podem ser abreviadas ou suprimidas. Quando não há pressão, algumas delas podem ser ampliadas ou estendidas no tempo.[46] O processo de tomada de decisão não programada é mostrado na Figura 8.5.[47]

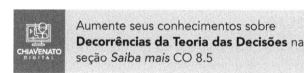
Aumente seus conhecimentos sobre **Decorrências da Teoria das Decisões** na seção *Saiba mais* CO 8.5

Aumente seus conhecimentos sobre **Os cinco estilos de decisão** na seção *Saiba mais* CO 8.6

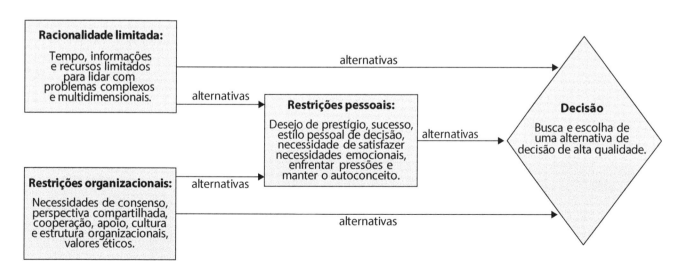

Figura 8.5 Restrições e alternativas na tomada de decisão não programada.

VOLTANDO AO CASO INTRODUTÓRIO
A experiência de João Carlos Silva

Para reduzir custos, João Carlos tomou uma atitude e decidiu cortar seus serviços de apoio para os motoristas proprietários que se integraram ao seu sistema posteriormente. Em consequência, esses taxistas se tornaram autônomos ou se juntaram à concorrência. Em função da estratégia de criar laços de fidelidade com os clientes, muitos desses motoristas que saíram levaram consigo seus clientes. Com isso, João Carlos passou a enfrentar uma competição cada vez maior e com sua frota reduzida. Como você poderia ajudar João Carlos a reverter suas decisões para melhor?

8.11.6 Sistemas de apoio à decisão

Para melhor fundamentar as decisões de seus membros, as organizações criam sistemas de apoio à decisão (SAD). Esses correspondem a uma classe de sistemas de informação, ou simplesmente sistemas baseados em conhecimento, e constituem modelos genéricos de suporte à tomada de decisão que são capazes de envolver e integrar um grande número de variáveis para permitir um posicionamento adequado frente a determinada questão. Como a decisão é uma escolha entre alternativas existentes, o sistema de apoio constitui uma ferramenta auxiliar nessa escolha, podendo gerar estimativas quanto às várias alternativas a serem escolhidas e comparando as possíveis escolhas pela frente. Na prática, o SAD é um sistema computacional que auxilia o processo de tomada de decisão e funciona como um sistema de informação interativo, flexível e adaptável, desenvolvido especialmente para apoiar a solução de um problema gerencial não estruturado no sentido de oferecer a melhor decisão entre outras. Para tanto, utiliza um banco de dados, proporciona uma interface amigável e permite ao tomador de decisão ter sua própria percepção e *insight* de modo mais abrangente. O SAD permite conciliar recursos intelectuais da pessoa com a capacidade do computador para melhorar a qualidade da decisão. É um sistema computacional que apoia os gerentes tomadores de decisão de modo interativo quando enfrentam problemas semiestruturados e complexos pela frente.

Em suma, essa é a nossa vida até o fim de nossos dias neste mundo. Nosso organismo é capaz de disparar sensações e percepções que, por sua vez, criam cognições consonantes ou dissonantes, atribuições, atitudes e decisões, por meio das quais aprendemos e nos desenvolvemos continuamente ao longo do tempo. Um fabuloso sistema de radar e rastreamento capaz de balizar e orientar nosso comportamento individual, dentro ou fora de organizações, como mostrado na Figura 8.6. Compreender esse maravilhoso e incrível sistema cognitivo constitui uma feliz oportunidade para melhorar cada vez mais o mundo organizacional onde ele se desenrola.

Acesse um caso sobre **Enciclopédia Britânica** na seção *Caso de apoio* CO 8.1

RESUMO

As pessoas relacionam-se com o mundo exterior por meio dos órgãos sensoriais e se comportam de acordo com suas percepções do mundo ao seu redor. As percepções ocorrem por meio dos cinco sentidos. Quanto maior a riqueza de informação percebida, maiores as possibilidades de seu registro e processamento. Existem fatores na situação, fatores no alvo e fatores internos que influem nas percepções. Todavia, a percepção é muito subjetiva e sofre distorções, como a percepção seletiva, o efeito halo, a projeção, o estereótipo e

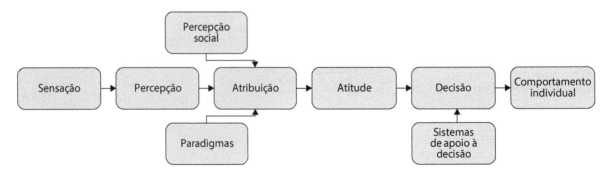

Figura 8.6 Caminhos que levam ao comportamento individual.

o efeito de contraste. Também a dissonância cognitiva decorre de situações que envolvem algum processo de decisão da pessoa e o conflito entre cognições que não concordam entre si. A atribuição representa a explicação ou justificação do comportamento de outras pessoas. Ela decorre da diferenciação, do consenso ou da coerência. Os paradigmas estão relacionados com a percepção e a atribuição. Trata-se de um conjunto de regras que definem um corredor de pensamento que bitola o comportamento das pessoas. Os paradigmas são comuns em toda a atividade estruturada, são úteis, funcionam como filtros e podem tornar-se a única maneira de fazer algo. As atitudes são um estado mental de prontidão que é organizado pela experiência e que influencia a resposta da pessoa aos objetos, às situações e a outras pessoas. Por fim, a decisão é o processo pelo qual as informações recebidas são utilizadas para avaliar e escolher entre vários cursos de ação. Existem decisões programadas e não programadas. Toda decisão envolve seis elementos: tomador de decisão, objetivos, preferências, estratégia, situação e resultado. As decisões são imperfeitas e seguem uma racionalidade limitada. O processo decisório envolve sete etapas: percepção da situação, análise e definição do problema, definição dos objetivos, procura de alternativas de solução, avaliação e comparação dessas alternativas, escolha e implementação da alternativa escolhida.

QUESTÕES

1. Comente a vida como um incessante processo de conhecimento do mundo.
2. Explique a teoria de campo de Lewin.
3. Conceitue percepção.
4. O que é cognição?
5. Explique o indivíduo como um processador de informações.
6. Comente o processo perceptivo.
7. Explique por que o que interpretamos como real não é a realidade, mas uma representação da realidade.
8. Quais os fatores que influem sobre a percepção? Explique-os.
9. Comente os fatores externos.
10. Comente os fatores situados no alvo.
11. Comente os fatores internos.
12. Explique as principais distorções da percepção.
13. O que é um estereótipo?
14. Conceitue e explique a dissonância cognitiva.
15. Explique as relações dissonante, consonante e irrelevante.
16. Conceitue atribuição.
17. Explique a diferenciação, o consenso e a coerência na atribuição.
18. O que são paradigmas? Como funcionam?
19. Explique os novos paradigmas que estão proliferando em todas as ciências.
20. Conceitue atitudes.
21. Conceitue decisão e problema.
22. Explique por que as organizações são entendidas como sistemas de decisão.
23. Explique as decisões programadas e as decisões não programadas.
24. Comente a teoria da decisão e os elementos que compõem uma decisão.
25. Por que se fala em racionalidade e em racionalidade limitada na teoria das decisões?
26. Explique a relatividade das decisões.
27. Como as organizações podem tomar decisões pelas pessoas?
28. Explique o processo decisório.
29. Comente os cinco estilos de decisão.

REFERÊNCIAS

1 LEWIN, K. *Principles of topological psychology*. New York: McGraw-Hill, 1936.
2 SOTO, E. *Comportamento organizacional*: o impacto das emoções. São Paulo: Thomson, 2002. p. 65.
3 WAGNER III, J. A.; HOLLENBECK, J. R. *Comportamento organizacional*: criando vantagem competitiva. São Paulo: Saraiva, 1999. p. 58.
4 LUTHANS, F. *Organizational behavior*. New York: McGraw-Hill/Irwin, 2002. p. 188-190.
5 SOTO, E. *Comportamento organizacional*: o impacto das emoções, *op. cit.*, p. 81-82.
6 SOTO, E. *Comportamento organizacional*: o impacto das emoções, *op. cit.*, p. 73.
7 EHRENBERG, M.; EHRENBERG, O. *Como desarrollar una máxima capacidad cerebral*. México: Edaf, 1986.
8 FESTINGER, L. *A theory of cognitive dissonance*. Stanford: Stanford University Press, 1957.
9 Adaptado de: STREITZ, A. *Subjektive Wissenrepräsentationen als Determinanten Kognitiven Prozesse*. Berlin: Sankt Augustin, 1987. p. 49.
10 LINDSAY, P. H.; NORMAN, D. A. *Human information processing*: an introduction to psychology. New York: Academic Press, 1972.

11. LUTHANS, F. *Organizational behavior, op. cit.*, p. 197.
12. MCCABE, D. L.; DUTTON, J. E. Making sense of the environment: the role of perceived effectiveness. *Human Relations*, p. 623-643, May 1993.
13. FISHBEIN, M.; AJZEN, G. Attitudes toward objects as predictor of a single and multiple behavioral criteria. *Psychological Review*, 81, p. 59-74, 1974. Vide também: FISHBEIN, M.; AJZEN, G. Belief, attitude, intention and behavior: an introduction to theory research. Reading: Addison-Wesley, 1975.
14. KELLEY, H. H. Attribution in social interaction. *In*: JONES, E. *et al.* (eds.). *Attribution*: perceiving the causes of behavior. Morristown: General Learning Press, 1972.
15. ROSS, L. The intuitive psychologist and his shortcomings. *In*: BERKOWITZ, L. (ed.). *Advances in experimental social psychology*. Orlando, Fl: Academic Press, 1977. v. 10, p. 174-220.
16. ZALKIND, S. S.; COSTELLO, T. W. Perception: some recent research and implications for administration. *Administrative Science Quarterly*, p. 227-229, Sept. 1962.
17. ZALKIND, S. S.; COSTELLO, T. W. Perception: some recent research and implications for administration, *op. cit.*, p. 230.
18. THORNDIKE, E. L. A constant error in psychological ratings. *Journal of Applied Psychology*, v. 4, n. 1, p. 25-29, 1925.
19. THORNDIKE, E. L. A constant error in psychological ratings, *op. cit.*, p. 25-29.
20. TAPSCOTT, D.; CASTON, A. *Paradigm shift*: the promise of information technology. New York: McGraw-Hill, 1993. p. xii.
21. CHIAVENATO, I. *Os novos paradigmas*: como as mudanças estão mexendo com as empresas. São Paulo: Atlas, 1998. p. 21-22.
22. BARKER, J. A. *Future edge*. New York: Morrow, 1992. p. 32.
23. BARKER, J. A. *Future edge, op. cit.*, p. 33.
24. CHIAVENATO, I. *Os novos paradigmas*: como as mudanças estão mexendo com as empresas, *op. cit.*, p. 23.
25. MARQUES, A. C. F. *Deterioração organizacional*: como detectar e resolver problemas de deterioração e obsolescência organizacional. São Paulo: Makron Books, 1994. p. 173-174.
26. CLARK, Norman. Similarities and differences between scientific and technological paradigms. *Futures*, p. 28, Feb. 1987.
27. LUTHANS, Fred. *Organizational behavior, op. cit.*, p. 13.
28. CLOKE, K.; GOLDSMITH, J. *The end of management*: and the rise of organizational democracy. San Francisco, Ca: Jossey-Bass, 2002. p. 137.
29. GIBSON, J. L.; IVANCEVICH, J. M.; DONNELLY JR., J. H. *Organizações*: comportamento, estrutura, processos. São Paulo: Atlas, 1981. p. 110-111.
30. THURSTONE, L. L. Psychophysical analysis. *The American Journal of Psychology*, v. 100, n. 3-4, p. 587-609, 1927. Vide também: THURSTONE, L. L. A law of comparative judgement. *Psychological Review*, v. 34, n. 4, p. 278-286, 1927; THURSTONE, L. L. *The measurement of values*. Chicago: The University of Chicago Press, 1974.
31. ROSENBERG, M. J. A structural theory of attitudes. *Public Opinion Quarterly*, p. 319-340, Summer 1960.
32. FREEDMAN, J. L. J.; CARLSMITH, M.; SEARS, D. O. *Social psychology*. Englewood Cliffs: Prentice Hall, 1974. p. 271.
33. KELMAN, H. C. Process of opinion change. *Public Opinion Quarterly*, p. 57-78, Spring 1961.
34. SIMON, H. A. *O comportamento administrativo*. Rio de Janeiro: Fundação Getulio Vargas, 1965.
35. ROSENBERG, M. J. A structural theory of attitudes, *op. cit.*, p. 335.
36. WAGNER III, J. A.; HOLLENBECK, J. R. *Comportamento organizacional, op. cit.*, p. 58.
37. ROBBINS, S. P. *Comportamento organizacional*. São Paulo: Prentice Hall, 2002. p. 127.
38. SIMON, H. A. *O comportamento administrativo, op. cit.*
39. DAFT, R. L. *Organizações*: teoria e projetos. São Paulo: Thomson/Pioneira, 2002. p. 372.
40. SHIMIZU, T. *Decisão nas organizações*. São Paulo: Atlas, 2006.
41. DAFT, R. L. *Organizações*: teoria e projetos, *op. cit.*, p. 372.
42. CHIAVENATO, I. *Introdução à Teoria Geral da Administração*. 10. ed. São Paulo: Atlas, 2020.
43. TERSINE, R. J. Organization decision theory – a synthesis. *In*: TERRY, G. R. (ed.). *Management*: selected readings. Homewood: Richard D. Irwin, 1973. p. 139.
44. MARCH, J. G.; SIMON, H. A. *Teoria das organizações*. Rio de Janeiro: Fundação Getulio Vargas, 1966.
45. CHIAVENATO, I. *Teoria Geral da Administração*. Rio de Janeiro: Elsevier Campus, 2014. v. II.
46. ALTIER, W. J. *The thinking manager's toolbox*: effective processes for problem solving and decision making. Cambridge: Oxford University Press, 1999.
47. Adaptado de: JANIS, I. L. *Crucial decisions*. New York: Free Press, 1989.

MOTIVAÇÃO E ENGAJAMENTO

OBJETIVOS DE APRENDIZAGEM

Após estudar este capítulo, você deverá estar capacitado para:

- Mostrar a importância da motivação no Comportamento Organizacional (CO).
- Apresentar um modelo de processo motivacional.
- Discutir as teorias de motivação relacionadas com o conteúdo.
- Discutir as teorias de motivação relacionadas com o processo motivacional.
- Apresentar uma visão integrada das diversas teorias da motivação.
- Mostrar a dependência da motivação em relação à cultura.
- Indicar a aplicação dos conceitos de motivação na prática organizacional.

CASO INTRODUTÓRIO
Isabel Valera

Isabel Valera é Vice-Presidente de Pesquisa e Desenvolvimento da Qualivida, uma empresa farmacêutica de alta tecnologia famosa pela sua inovação e constante lançamento de novos produtos. Cerca de 50% do faturamento da empresa provém de novos produtos. A divisão de Isabel é composta de médicos e farmacêuticos pesquisadores que passam o tempo todo no laboratório criando e desenvolvendo produtos. O trabalho de Isabel é coordenar essa prodigiosa equipe, incentivar, motivar e acelerar o seu trabalho. É desse trabalho de criação e inovação que depende o futuro da organização.

O QUE VEREMOS ADIANTE

- Conceito de motivação.
- Processo motivacional.
- Teorias de conteúdo sobre motivação.
- Teorias de processo de motivação.
- Visão integrada das teorias da motivação.
- Motivação e cultura.
- Clima organizacional.
- Aplicação das teorias da motivação.
- Efeito da gestão da motivação.

Qual a organização que não quer ter em seus quadros talentos altamente motivados e entusiasmados com seu trabalho? Talentos engajados, determinados e capazes de dar o máximo de si mesmos para alcançar o sucesso da organização? Talentos capazes de trabalhar em conjunto e dispostos a ultrapassar elevados padrões de excelência no seu desempenho? Talentos que trabalhem com paixão e orgulho para alcançar elevada produtividade e oferecer resultados incríveis? É exatamente isso que toda organização gostaria de ter. O problema é que nem todas o conseguem. O fato é que motivar pessoas a atingir elevados padrões de desempenho organizacional é, hoje, uma questão de sobrevivência das organizações, em um mundo de negócios altamente mutável, dinâmico e extremamente competitivo. A competitividade organizacional depende basicamente da cooperação e colaboração internas. E esse é um desafio enorme!

Na verdade, cada organização tem o desempenho que merece. É ele que conduz ao alcance dos objetivos globais e ao sucesso no mundo dos negócios. Competitividade e sustentabilidade dependem desse desempenho. Acontece que ele depende da junção adequada de vários fatores críticos: estratégia, tecnologia, desenho e cultura organizacional e do talento humano. Principalmente do talento humano. Sem os talentos, as organizações nada conseguem fazer. Eles são o dínamo que impulsiona as organizações. A inteligência que modela o negócio. Porém, é necessário que esse talento humano possua os conhecimentos, habilidades, julgamentos, atitudes e competências necessários. Para poder proporcionar resultados, o talento humano precisa estar envolvido em um ambiente de trabalho baseado em um desenho organizacional favorável e em uma cultura organizacional participativa e democrática. E, de lambuja, requer líderes capazes de incentivar a motivação dos talentos. O desempenho individual – que é a base de sustentação que conduz ao desempenho organizacional – depende fortemente de talentos motivados, entusiasmados e dinâmicos. Sem dúvida, o desempenho individual é moldado e condicionado por vários fatores simultâneos, como capacidade e competência dos talentos, liderança e *coaching* recebidos, comunicação intensa, orientação, dedicação e esforço despendido. Entretanto, é a motivação a mola mestra do comportamento das pessoas.

Um dos maiores desafios das organizações é motivar as pessoas; fazê-las empoderadas, decididas, confiantes e comprometidas intimamente a alcançar os objetivos propostos; energizá-las e estimulá-las o suficiente para que sejam bem-sucedidas por meio do seu trabalho. O conhecimento da motivação humana é indispensável para que o administrador saiba como realmente contar com a colaboração irrestrita das pessoas.

Este capítulo será totalmente dedicado à motivação humana no trabalho organizacional. São várias as razões pelas quais as pessoas têm desempenhos diferentes. A diversidade gera vários padrões de comportamento que, quase sempre, estão relacionados a necessidades e metas. Muitas variáveis têm sido utilizadas para explicar as diferenças individuais de desempenho entre as pessoas, como habilidades e competências, recompensas intrínsecas e extrínsecas, níveis de aspiração etc. Entretanto, a motivação ocupa, quase sempre, o primeiro lugar entre tais fatores.

9.1 CONCEITO DE MOTIVAÇÃO

Motivação (do latim *movere* = mover) é o conceito mais associado com a perspectiva microscópica do CO. Significa impulsionar e dinamizar as pessoas. Contudo, os pontos de vista sobre motivação não são unânimes. Cada autor tem o seu próprio ponto de vista a respeito dela. Apesar da sua enorme importância, é difícil definir a motivação em poucas palavras, e não existe consenso absoluto sobre o assunto. Mais difícil ainda é aplicar seus conceitos no cotidiano das organizações.

Motivação é um termo utilizado com vários significados de maneira pouco correta, como: necessidade, impulso, desejo, vontade, meta, objetivo, motivo ou incentivo. Alguns autores se concentram em alguns fatores que incitam e dirigem as atividades das pessoas.[1] Outros enfatizam metas ou objetivos a serem alcançados.[2] Outros ainda afirmam que a motivação se relaciona com a maneira pela qual o comportamento começa, recebe energia, mantém-se, é dirigido, interrompe, e com o tipo de reação subjetiva que ocorre no organismo quando tudo isso acontece.[3] Na verdade, cada autor privilegia alguns aspectos particulares para fundamentar suas ideias a respeito. Em suma, as conclusões iniciais sobre motivação podem ser assim resumidas:[4]

- Várias teorias tentam interpretar de maneira diferente e enfatizar certos aspectos da motivação.
- O conceito de motivação está intimamente relacionado com o comportamento e o desempenho das pessoas.
- A motivação das pessoas certamente envolve metas e objetivos.
- Existem diferenças fisiológicas, psicológicas e ambientais das pessoas que são fatores importantes na explicação da motivação.

A motivação é um processo psicológico fundamental no comportamento individual. Juntamente com a percepção, a atribuição, a cognição, as atitudes e a aprendizagem, a motivação sobressai como um importante processo na compreensão do comportamento humano. Ela interage com e atua em conjunto com outros processos mediadores entre o ser humano e o ambiente. Da mesma forma como acontece com os processos cognitivos, a motivação não é visualizável em si, mas apenas observada por meio do comportamento das pessoas. A motivação é um *constructo* utilizado para ajudar a compreender o comportamento humano.

Diversos conceitos de motivação

- É um processo que começa com uma deficiência fisiológica ou psicológica ou uma necessidade que ativa um comportamento ou com um impulso orientado para um objetivo ou incentivo. A chave para compreender o processo de motivação reside no significado e no relacionamento entre necessidades, impulsos e incentivos.[5]
- Tem a ver com:
  - a direção do comportamento;
  - a força da resposta (isto é, do reforço), uma vez escolhido o curso de ação por parte da pessoa;
  - a persistência do comportamento ou a ação de determinada maneira.[6]
- É a pressão interna surgida de uma necessidade, também interna, que, excitando (via eletroquímica) as estruturas nervosas, origina um estado energizador que impulsiona o organismo à atividade, iniciando, guiando e mantendo a conduta até que alguma meta (objetivo, incentivo) seja conseguida ou a resposta seja bloqueada.[7]
- É o processo responsável pela intensidade, pela direção e pela persistência dos esforços de uma pessoa para o alcance de determinada meta.[8]

9.1.1 Componentes da motivação

Uma das definições do boxe anterior diz que a motivação é um processo que depende de três aspectos dos esforços de uma pessoa para alcançar determinado objetivo:

1. **Direção do esforço**: significa onde focar o comportamento. O esforço deve ser direcionado para o alcance de um objetivo que define a direção. O objetivo pode ser organizacional (definido pela organização) ou individual (desejado pela pessoa).
2. **Intensidade do esforço**: representa o esforço que a pessoa aplica na direção definida. Nem sempre a intensidade do esforço leva em conta sua qualidade, ou seja, a coerência do esforço em relação ao que se pretende alcançar, isto é, o objetivo desejado.
3. **Persistência do esforço**: significa quanto tempo a pessoa consegue manter seu esforço. Uma pessoa motivada tende a persistir no comportamento até que seu objetivo seja plenamente alcançado.

Essas colocações contradizem a opinião de muitos executivos que costumam rotular seus subordinados como desmotivados ou preguiçosos. Pode até parecer que eles estejam sempre preguiçosos ou desmotivados, mas isso nada tem a ver com a motivação. Motivação não é um traço de personalidade. Ela é o resultado da interação da pessoa com a situação que a envolve. As pessoas diferem quanto ao seu impulso motivacional básico, e o mesmo indivíduo pode ter diferentes níveis de motivação que variam ao longo do tempo. A pessoa pode estar mais motivada em um momento e menos em outra ocasião. A conclusão é que o nível de motivação varia entre as pessoas e numa mesma pessoa ao longo do tempo. Além das diferenças individuais, existem as variações no mesmo indivíduo em função do momento e da situação.

Em um sentido sistêmico, a motivação consiste da junção de três elementos interagentes e interdependentes, a saber:[9]

1. **Necessidades**: as necessidades são criadas quando surge um desbalanceamento fisiológico ou psicológico. Ela aparece quando as células do corpo são privadas de alimento e água, ou quando a pessoa é privada de seus amigos ou companheiros. As necessidades são variáveis situadas dentro de cada indivíduo e dependem de variáveis culturais. Em suma, uma necessidade significa uma carência interna da pessoa, como fome, insegurança, solidão etc. O organismo se caracteriza por um estado de equilíbrio. Esse equilíbrio é rompido toda vez que surge uma necessidade. A necessidade é um estado interno que, quando não satisfeita, cria tensão e estimula algum impulso no indivíduo, visando à sua redução ou atenuação.

2. **Impulsos**: os impulsos ou motivos (os dois termos são utilizados em comum) são os meios que aliviam necessidades. O impulso gera um comportamento de busca e pesquisa para localizar objetivos ou incentivos que, se atingidos, satisfarão a necessidade e produzirão redução da tensão. Quanto maior a tensão, maior o nível de esforço. Os impulsos fisiológicos e psicológicos são orientados para a ação e proporcionam as condições energizadoras no sentido de alcançar um incentivo. Os impulsos são o coração do processo motivacional. As necessidades de alimento e água são transformadas em fome e sede, e a necessidade de ter amigos torna-se um impulso para a afiliação.

3. **Incentivos**: no final do ciclo motivacional está o incentivo, definido como algo que pode aliviar uma necessidade ou reduzir um impulso. O alcance de um incentivo tende a restaurar a balança fisiológica ou psicológica e pode reduzir ou eliminar o impulso. Comendo alimentos ou bebendo água, ou ainda juntando-se aos amigos, tenderá a restaurar a balança e reduzir os impulsos correspondentes. Nesses exemplos, alimento, água e amigos representam os incentivos. Em geral, os incentivos estão situados fora do indivíduo e variam enormemente conforme a situação.

Essas três dimensões do processo motivacional básico – necessidades, impulsos e incentivos – constituem o ponto de partida para as teorias de motivação. As necessidades servem de impulso para o alcance ou obtenção de incentivos desejados.

VOLTANDO AO CASO INTRODUTÓRIO
Isabel Valera

O trabalho de pesquisa e desenvolvimento de um novo produto pode levar anos para sua conclusão bem-sucedida: o lançamento dele no mercado. Isso requer uma concentração de energia persistente para a meta, quase sempre longínqua, de chegar a um produto novo que tenha sucesso no mercado. Muitas vezes, o lançamento de um novo remédio pode ser o filão vital para a continuidade da organização. Isabel Valera sabe disso. E procura manter sua equipe sempre com alto astral. A base do seu trabalho é motivar pessoas, incentivar esforços, fazer com que a equipe dê um duro danado para encontrar soluções e novos caminhos que permitam descobrir e comercializar novos remédios, antes que os concorrentes o façam.

9.2 PROCESSO MOTIVACIONAL

Os seres humanos são motivados por uma grande variedade de fatores. Uma pessoa pode gostar do seu trabalho porque ele satisfaz suas necessidades sociais e de segurança. Contudo, as necessidades humanas estão sempre mudando. O que motiva alguém hoje pode não motivar amanhã. O conceito de necessidades ou carências é importante para tratar do comportamento humano nas organizações. Para tanto, precisamos conhecer como funciona o processo motivacional.

Para a maioria das teorias, o processo motivacional está dirigido para metas ou necessidades. As metas são resultados procurados pela pessoa e atuam como forças vitais que a atraem. O alcance das metas desejadas conduz a uma redução das necessidades humanas. As metas podem ser positivas – elogios, reconhecimento, interesse pessoal, aumento salarial, promoção – ou negativas – críticas, admoestações, desinteresse pessoal, não promoção. Enquanto as metas positivas têm forte atração, as pessoas tendem a evitar as metas que lhes parecem negativas.

As necessidades são carências ou deficiências que a pessoa experimenta em determinado período de tempo. A necessidade pode ser fisiológica – como necessidade de alimento – ou psicológica – como necessidade de autoestima – ou, ainda, sociológica – como necessidade de interação social. As necessidades são energizadoras ou desencadeadoras das respostas comportamentais. Por essa razão, quando surge uma necessidade, a pessoa se torna mais susceptível aos esforços motivacionais dos líderes ou gerentes.

9.2.1 Ciclo motivacional

O primeiro passo para desenhar um modelo de processo motivacional está em relacionar as variáveis intervenientes em uma sequência, como na Figura 9.1.

O processo motivacional é cíclico e pode ser assim explicado:

- O organismo está tranquilo e em estado de equilíbrio.
- As necessidades e as carências surgem, derrubam o equilíbrio e provocam um estado de tensão e desconforto na pessoa, como no caso da fome.
- Para resolver o estado de tensão e desconforto, a pessoa desencadeia um processo que busca reduzir ou eliminar essa tensão por meio de um comportamento orientado para a satisfação da necessidade (impulso). No caso, a pessoa procura comida.

Capítulo 9 – Motivação e Engajamento   189

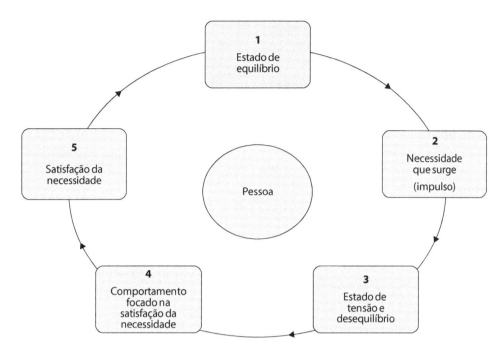

Figura 9.1 Modelo simplificado do ciclo motivacional.

- Se o comportamento da pessoa consegue satisfazer a necessidade, o processo motivacional é bem-sucedido, e o ciclo retorna ao estado anterior de equilíbrio. A satisfação elimina ou reduz a necessidade ou carência. Se a pessoa come, a fome está satisfeita e a pessoa fica tranquila.
- Contudo, se por algum obstáculo, barreira ou impedimento a satisfação não é alcançada, ocorre a frustração, o conflito ou o estresse, e o estado de tensão permanece ou pode até aumentar. Se a pessoa não consegue comer por alguma razão, ela permanece faminta.
- Desencadeiam-se novos ciclos motivacionais e seguem-se outros padrões circulares, indefinidamente. O comportamento individual é uma contínua e incessante sequência de ciclos motivacionais. Necessidades ou motivos surgem a todo instante e provocam os mais diversos ciclos motivacionais no comportamento humano.

9.2.2 Mecanismos individuais de reação

Enquanto a necessidade satisfeita gera um estado de satisfação e consequente bem-estar, a necessidade não satisfeita pode gerar mecanismos individuais de reação ou de defesa, como frustração, conflito e estresse. O bloqueio de certas necessidades pode resultar em um desempenho indesejável devido à frustração. As pessoas enfrentam a frustração e o estresse de várias maneiras.

 Aumente seus conhecimentos sobre **Os mecanismos de reação** na seção *Saiba mais* CO 9.1

O modelo da Figura 9.1 pode ser enriquecido com muitos outros fatores presentes no indivíduo – como objetivos, nível de esforço e competências – para melhor compreender o processo motivacional. O esforço refere-se à energia utilizada pela pessoa para realizar o trabalho. As competências envolvem aptidões da pessoa, como inteligência e destreza. Se a pessoa não tem competências ou capacidade de analisar um problema, certamente não fará muito esforço para resolvê-lo.[10] Tais fatores internos ao indivíduo afetam o processo motivacional.

9.2.3 Variáveis organizacionais

As variáveis organizacionais também influenciam poderosamente o processo motivacional, tais como modelagem das tarefas, composição da equipe, amplitude de controle, estilo de liderança e tecnologia utilizada. São aspectos do contexto de trabalho que devem ser considerados no processo motivacional.

Outra variável importante no processo motivacional é o nível de satisfação da pessoa. A satisfação é decorrente da autorrealização em virtude da experiência provocada por várias atividades e recompensas. O termo *satisfação* é usado para analisar os resultados já experimentados pela pessoa.[11] Assim, a satisfação é uma consequência das recompensas e punições ligadas ao desempenho passado. A pessoa pode ficar satisfeita ou insatisfeita com seu comportamento, com o desempenho alcançado e com as relações de recompensa normalmente existentes. Contudo, motivação e satisfação, embora sejam conceitos intimamente relacionados entre si, não são sinônimos. A motivação se relaciona com o comportamento focado no alcance de metas ou de incentivos. A satisfação é uma decorrência do êxito alcançado nesse processo motivacional.

Combinando os conceitos do modelo simplificado com as variáveis individuais e organizacionais e a satisfação e os conceitos psicológicos decorrentes, é possível desenvolver um modelo integrado de processo motivacional, como na Figura 9.2, que é autoexplicativa.

VOLTANDO AO CASO INTRODUTÓRIO
Isabel Valera

E como Isabel Valera lida com sua equipe? Ela é simultaneamente *hard* – no sentido de manter a disciplina, focalizar esforços em prioridades, obter rendimento imediato e produtividade da equipe no longo prazo, manter o orçamento da sua divisão dentro das despesas planejadas – e *soft* – no sentido de encorajar as pessoas, reconhecer o seu mérito, incentivar a criatividade, desatar nós e derrubar barreiras, fazer de cada pesquisador o centro do universo e, ao mesmo tempo, abrigar a equipe como um todo sob suas asas. Dentro dessas aparentes contradições e paradoxos, desse verdadeiro *push-pull*, Isabel consegue o balanço ideal para o casamento feliz entre ordem e progresso, indivíduos e equipe, sua divisão e a organização inteira, entre manutenção da marca e ruptura na linha dos produtos. Isabel consegue segurar todas essas várias pontas de maneira balanceada e equilibrada.

9.3 TEORIAS DE CONTEÚDO SOBRE MOTIVAÇÃO

Não faltam teorias sobre motivação nem pesquisas sobre o assunto. O fato é que o conceito é complexo. Sabe-se que cada pessoa é atraída por um conjunto de metas. Se a organização pretende prever o comportamento com alguma precisão, é preciso que se conheça algo sobre esse conjunto de metas e sobre o que cada pessoa fará para alcançá-lo à sua maneira. É possível classificar as teorias sobre motivação em três grupos: as teorias de conteúdo (que se relacionam com os fatores internos à pessoa e que ativam, dirigem, sustentam ou paralisam o comportamento, ou seja, as necessidades específicas que motivam as pessoas), as teorias de processo (que descrevem e analisam o processo pelo qual o comportamento é ativado, dirigido, mantido ou paralisado) e as teorias de reforço (que se baseiam nas consequências do comportamento bem ou malsucedido), como mostrado na Figura 9.3.

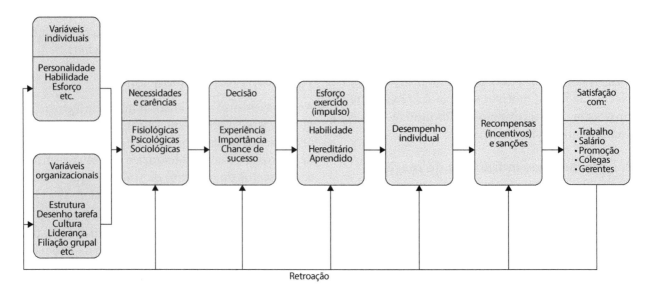

Figura 9.2 Modelo integrado para explicar o processo motivacional.

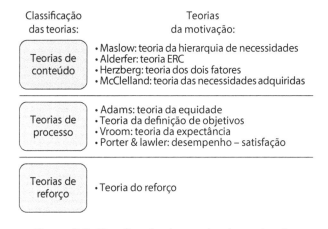

Figura 9.3 Classificação das teorias da motivação.

Vejamos inicialmente as principais teorias baseadas no conteúdo da motivação. Elas partem do princípio de que os motivos do comportamento humano residem no próprio indivíduo. A motivação para agir e se comportar deriva de forças que existem dentro dele. Assim, cada pessoa é uma pessoa.

9.3.1 Hierarquia de necessidades de Maslow

A teoria motivacional de Maslow se baseia na chamada hierarquia de necessidades. O fundamento da sua teoria é que as necessidades podem ser hierarquizadas, ou seja, distribuídas em uma hierarquia de importância e de influenciação no comportamento humano.[12] As necessidades apontadas por Maslow são as seguintes:

- **Necessidades fisiológicas**: são as necessidades de alimentação, bebida, habitação e proteção contra a dor ou o sofrimento. São também denominadas necessidades biológicas e exigem satisfação cíclica e reiterada a fim de garantir a sobrevivência do indivíduo.
- **Necessidades de segurança**: são as necessidades de estar livre de perigos (reais ou imaginários) e de proteção contra ameaças externas ou ambientais. Estão também intimamente relacionadas com a sobrevivência do indivíduo.
- **Necessidades sociais**: são as necessidades de amizade, participação, filiação a grupos, amor e afeto. Estão relacionadas com a vida associativa do indivíduo junto a outras pessoas e com o desejo de dar e receber afeto.
- **Necessidades de estima**: são as necessidades relacionadas com a maneira pela qual a pessoa se vê e autoavalia, como autoestima, autoapreciação e autoconfiança.
- **Necessidades de autorrealização**: são as necessidades mais elevadas do ser humano e que o levam a se realizar maximizando suas aptidões e capacidades potenciais. São as necessidades humanas que se concentram no topo da hierarquia e se traduzem na tentativa de cada pessoa realizar seu próprio potencial e se desenvolver continuamente como criatura humana ao longo da vida.

Em resumo, existem duas classes de necessidades: as necessidades de baixo nível ou primárias – como as necessidades fisiológicas e de segurança –, que são satisfeitas externamente (por meio de remuneração, permanência no emprego, condições de trabalho); e as necessidades de alto nível ou secundárias – como as necessidades sociais, de estima e de autorrealização –, que são satisfeitas internamente (dentro do indivíduo).

A Figura 9.4 mostra o arranjo da hierarquia das necessidades.

Os argumentos da teoria de Maslow são os seguintes:[13]

- As necessidades não satisfeitas influenciam o comportamento, dirigindo-o para metas ou objetivos individuais. Uma necessidade satisfeita não é motivadora de comportamento.
- Cada pessoa nasce com certa bagagem de necessidades fisiológicas, que são as necessidades inatas ou hereditárias. De início, seu comportamento é exclusivamente voltado para a satisfação cíclica dessas necessidades, como fome, sede, sono, atividade, sexo etc.
- A partir de certa idade, a pessoa ingressa em uma longa trajetória de aprendizagem de novos padrões de necessidades. Surgem as necessidades de segurança voltadas para a proteção contra o perigo e contra as ameaças e a privação. As necessidades fisiológicas e de segurança constituem as necessidades primárias do indivíduo, voltadas para sua própria conservação e sobrevivência pessoal.
- À medida que a pessoa passa a controlar suas necessidades primárias, surgem lenta e gradativamente as necessidades secundárias em função da aprendizagem. As necessidades mais elevadas somente surgem à medida que as necessidades primárias são satisfeitas e passam a predominar sobre os níveis mais baixos de necessidades.
- O comportamento do indivíduo passa a ser influenciado por um grande número de necessidades concomitantes que se articulam na hierarquia.

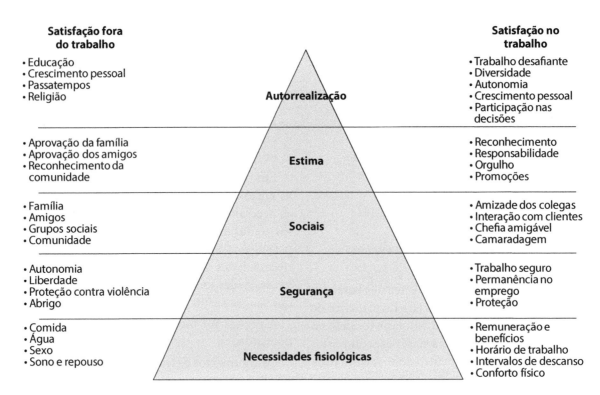

Figura 9.4 Pirâmide das necessidades humanas de Maslow e suas implicações.[14]

- Contudo, à medida que uma necessidade mais baixa não é satisfeita, ela se torna imperativa e passa a predominar provisoriamente no comportamento até que seja parcial ou totalmente satisfeita. A privação de uma necessidade mais baixa faz com que as energias do indivíduo se desviem pela luta pela sua satisfação. As pessoas procuram satisfazer suas necessidades básicas antes de focalizar seu comportamento nas necessidades mais elevadas.
- As necessidades mais baixas requerem um processo motivacional mais rápido (comer, dormir etc.), enquanto as mais elevadas requerem um ciclo extremamente mais longo.
- A teoria de Maslow está construída sobre a premissa de que as pessoas têm necessidade de crescer e desenvolver, pressuposto válido para algumas pessoas, mas não para todas elas.

Observe a hierarquia das necessidades sob outro ângulo na Figura 9.5.

Contudo, a pesquisa disponível é relutante em aceitar a hierarquia de Maslow.[15]

Embora genérica e padronizada, ela representa um valioso modelo de compreensão do comportamento individual no CO devido à sua simplicidade e facilidade de compreensão, como pela sua lógica intuitiva.

9.3.2 Teoria ERC

Alderfer[16] fez uma análise da hierarquia de Maslow para alinhá-la melhor com a pesquisa empírica e a condensou em três necessidades: de existir, relacionar-se e crescer. Daí sua teoria ERC (existência, relacionamento e crescimento):[17]

- **Necessidades de existência**: são as necessidades de bem-estar físico: existência, preservação e sobrevivência. Incluem as necessidades fisiológicas e de segurança de Maslow.
- **Necessidades de relacionamento**: são as necessidades de relações interpessoais. Referem-se ao desejo de interação social com outras pessoas, isto é, à sociabilidade e ao relacionamento social. Incluem as categorias sociais e os componentes externos da necessidade de estima de Maslow.
- **Necessidades de crescimento**: são as necessidades de desenvolvimento do potencial humano e o desejo de crescimento e competência pessoal. Incluem os componentes intrínsecos da necessidade de estima de Maslow, bem como a necessidade de autorrealização.

As principais diferenças entre a abordagem de Maslow e de Alderfer são:[18]

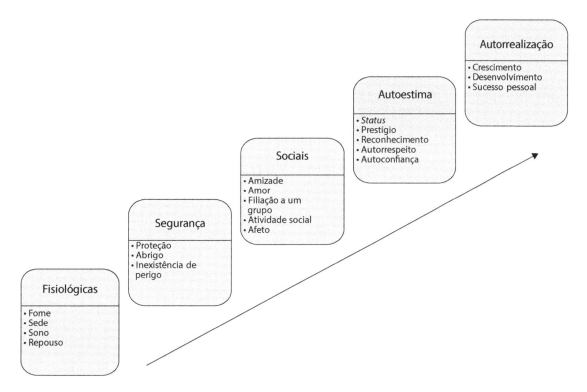

Figura 9.5 Hierarquia das necessidades sob outro ângulo.[19]

- Alderfer substitui as cinco necessidades básicas de Maslow por apenas três: existência, relacionamento e crescimento.
- Mais de uma necessidade pode ser ativada ao mesmo tempo. Uma pessoa pode estar orientada para o crescimento, a existência e o relacionamento ao mesmo tempo e em qualquer sequência, e todas essas necessidades podem estar atuando simultaneamente.
- Se uma necessidade de nível mais alto for reprimida, o desejo de satisfazer outra de nível mais baixo deverá aumentar.
- Enquanto a hierarquia de necessidades de Maslow representa etapas consecutivas, a teoria ERC não representa uma hierarquia rígida na qual uma necessidade inferior deva ser satisfeita antes de focar uma necessidade mais elevada.
- Na teoria ERC, quando a necessidade mais elevada não é satisfeita, aumenta o desejo de satisfazer uma necessidade inferior. Se a pessoa não satisfaz a necessidade de relacionamento, pode ser induzida a ganhar mais dinheiro ou melhorar seu ambiente de trabalho. Daí a dimensão de frustração-regressão: a frustração pode conduzir à regressão a níveis mais baixos e incentivar uma necessidade inferior. Muitas pessoas comem demais quando estão ansiosas ou frustradas em suas necessidades mais elevadas.

9.3.3 Teoria dos dois fatores de Herzberg

Dentro de outra abordagem, para Herzberg, a motivação das pessoas para o trabalho depende de dois fatores intimamente relacionados entre si: fatores higiênicos e fatores motivacionais, conforme a Figura 9.6.[20]

- **Fatores higiênicos**: referem-se às condições que rodeiam a pessoa enquanto trabalha, englobando as condições físicas e ambientais de trabalho, salário e benefícios sociais, políticas da organização, estilo de liderança recebido, clima de relações entre a direção e os empregados, regulamentos internos, oportunidades de crescimento, relacionamento com colegas etc. Correspondem ao contexto do trabalho. Na prática, constituem os fatores tradicionalmente utilizados pelas organizações para obter motivação das pessoas. Contudo, os fatores higiênicos são limitados em sua capacidade de influenciar as pessoas. A expressão *higiene* serve para refletir seu caráter preventivo e profilático e para mostrar que, quando são excelentes, eles apenas evitam a insatisfação, uma vez que sua influência sobre o comportamento não consegue elevar substancial e duradouramente a satisfação das pessoas. No entanto, quando precários, provocam a insatisfação. Por isso são chamados fatores insatisfacientes. Incluem:

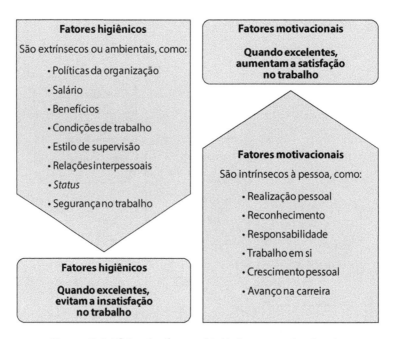

Figura 9.6 Efeito dos fatores higiênicos e motivacionais.

- Salário percebido.
- Benefícios sociais percebidos.
- Condições físicas de trabalho e conforto.
- Relações com o gerente.
- Relações com os colegas e camaradagem.
- Políticas da organização.

■ Os fatores higiênicos estão relacionados com as condições externas ao indivíduo. Estão relacionados com as necessidades primárias da pessoa.

■ **Fatores motivacionais**: referem-se ao conteúdo do cargo, às tarefas e às atividades relacionadas com o cargo em si. Produzem efeito duradouro de satisfação e de aumento de produtividade em níveis de excelência. Quando os fatores motivacionais são ótimos, eles elevam substancialmente a satisfação das pessoas. Quando são precários, provocam ausência de satisfação. Por isso são chamados fatores satisfacientes. Incluem:

- Uso pleno de habilidades pessoais.
- Liberdade de decidir como executar o trabalho.
- Responsabilidade total pelo trabalho.
- Definição de metas e objetivos relacionados com o trabalho.
- Autoavaliação do desempenho.

Os fatores motivacionais estão relacionados com as condições internas do indivíduo que conduzem a sentimentos de satisfação e de autorrealização. Estão relacionados com as necessidades secundárias da pessoa.

Herzberg chegou à conclusão de que os fatores responsáveis pela satisfação profissional são totalmente desligados e distintos dos fatores responsáveis pela insatisfação. Para ele, o oposto de satisfação não é a insatisfação, mas nenhuma satisfação. Da mesma maneira, o oposto de insatisfação não é a satisfação, mas nenhuma insatisfação. Cada um dos dois fatores tem uma dimensão própria, como mostra a Figura 9.7.

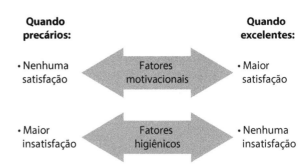

Figura 9.7 Fatores satisfacientes e insatisfacientes como dois contínuos separados.

As abordagens de Maslow e Herzberg, embora diferentes, apresentam alguns pontos de concordância que permitem uma configuração mais rica a respeito da motivação humana para o trabalho, como mostra a Figura 9.8.

Figura 9.8 Comparação entre os modelos de Maslow e Herzberg.[21]

9.3.4 Teoria das necessidades adquiridas de McClelland

É uma teoria também focada no conteúdo que foi desenvolvida por McClelland e sua equipe.[22] De acordo com essa teoria, existem três motivos ou necessidades básicas na dinâmica do comportamento humano: realização, poder e afiliação.

1. **Necessidade de realização (*need for achievement* ou n-Ach)**: é a necessidade de êxito competitivo, de busca da excelência, de se realizar em relação a determinados padrões e de lutar pelo sucesso. Algumas pessoas têm inclinação natural para o sucesso e buscam a realização pessoal mais do que a recompensa pelo sucesso em si. Os grandes realizadores se diferenciam pelo seu desejo de fazer melhor as coisas. Buscam situações em que possam assumir a responsabilidade de encontrar soluções para os problemas. Contudo, não são jogadores e não gostam de ganhar por sorte. Evitam tarefas que sejam fáceis ou difíceis demais.

2. **Necessidade de poder (*need for power* ou nPow)**: é a necessidade de controlar ou influenciar outras pessoas, de fazer com que as pessoas se comportem de maneira que não o fariam naturalmente. Representa o desejo de impactar, de ter influência e de controlar as outras pessoas, de estar no comando. Pessoas com essa necessidade preferem situações competitivas e de *status* e tendem a se preocupar mais com o prestígio e a influência do que com o desempenho eficaz.

3. **Necessidade de afiliação (*need for afilliation* ou nAff)**: é a necessidade de relacionamento humano, de manter relações interpessoais próximas e amigáveis. Representa o desejo de ser amado e aceito pelos outros. As pessoas que possuem essa necessidade buscam amizade, preferem situações de cooperação ao invés de competição e desejam relacionamentos que envolvam compreensão mútua.

Essas três necessidades são aprendidas e adquiridas ao longo da vida como resultado das experiências de cada pessoa. Como as necessidades são aprendidas, o comportamento recompensado tende a repetir-se com mais frequência. Como resultado desse processo de aprendizagem, as pessoas desenvolvem padrões únicos de necessidades que afetam seu comportamento e desempenho.

PARA REFLEXÃO

Qual é o seu nível de realização?

Você tem cinco alvos diante de si e possui apenas uma ficha a ser jogada. Cada um dos alvos fica progressivamente mais distante e mais difícil de acertar. O alvo 1 é facílimo e fica quase ao alcance da mão. Se acertá-lo, você ganhará 2 pontos. O alvo 2 está um pouco mais adiante, e apenas 80% daqueles que tentam podem acertá-lo para ganhar 4 pontos. O alvo 3 paga 8 pontos, e 50% das pessoas conseguem atingi-lo. O alvo 4 paga 16 pontos, mas pouquíssimas pessoas conseguem acertá-lo. O alvo 5 é praticamente impossível de ser atingido e paga 32 pontos. Qual dos alvos você tentaria alcançar? Sua escolha medirá o seu nível que espera realizar. É a medida possível.

Em geral, são aplicados questionários para avaliar as necessidades em cada pessoa,[23] bem como testes de projeção constituídos de figuras que levam a pessoa a escrever uma história baseada em cada figura apresentada.[24]

As pesquisas a respeito da motivação revelam as seguintes conclusões:

- As pessoas com elevada necessidade de realização dão preferência a atividades com muita responsabilidade, retroação e algum grau de risco. Os realizadores se sentem altamente motivados quando essas três características se juntam. Os realizadores são pessoas que alcançam êxito em atividades empresariais ou em tocar seu próprio negócio.[25]
- Todavia, a necessidade de realização não garante um forte desempenho como executivo em grandes organizações. Em geral, o realizador está mais orientado em fazer as coisas pessoalmente do que em influenciar as pessoas a um melhor desempenho.
- Alta necessidade de poder e baixa necessidade de associação, quando juntas, parecem estar relacionadas com o sucesso gerencial.[26]
- As pessoas podem ser treinadas para desenvolver sua necessidade de realização por meio de programas de treinamento que focalizam conquistas, lutas, vitórias e sucessos. Tais programas estimulam o lado realizador, omitindo as demais necessidades.

Por fim, uma comparação entre as quatro teorias de conteúdo da motivação é apresentada na Figura 9.9.

> **VOLTANDO AO CASO INTRODUTÓRIO**
> **Isabel Valera**
> No fundo, Isabel Valera é uma hábil motivadora de pessoas. Seu sucesso como Vice-Presidente de Pesquisa e Desenvolvimento da Qualivida depende fundamentalmente disso. Como ela trabalha? Simples. Devota todo o seu tempo aos subordinados, proporcionando-lhes atenção, consideração, respeito, apoio, orientação, ajuda, *coaching*, incentivo, energia e entusiasmo pelo trabalho. Isabel pretende dar muita importância ao conteúdo da motivação. Ela quer que todos os seus cientistas e pesquisadores sejam os mais importantes do mundo. Como você poderia ajudar Isabel?

9.4 TEORIAS DE PROCESSO DE MOTIVAÇÃO

As teorias de motivação que serão apresentadas a seguir são as chamadas teorias de processo, pois estão focadas na maneira como a motivação funciona no comportamento das pessoas. Elas se referem à dinâmica da motivação.

Teoria da hierarquia de necessidades	Teoria ERC	Teoria dos dois fatores	Teoria das necessidades adquiridas
Autorrealização	Crescimento	Motivacionais	Realização
Estima			Poder
Sociais	Relacionamento		Afiliação
Segurança	Existência	Higiênicos	
Fisiológicas			

Figura 9.9 Comparação entre as quatro teorias de conteúdo da motivação.

9.4.1 Teoria da equidade

É a primeira das teorias de motivação relacionadas com o processo motivacional. Foi desenvolvida por Adams[27] e se baseia na comparação que geralmente as pessoas fazem a respeito de suas contribuições à organização e de suas recompensas recebidas em relação às contribuições e recompensas dos outros. As pessoas fazem comparações entre o seu trabalho – as entradas como esforço, experiência, educação, competência e os resultados obtidos como remuneração, aumentos, reconhecimento – e o das outras pessoas. Elas percebem o que recebem do trabalho – como resultados – em relação ao que dão a ele – como entradas – e comparam essa relação resultados-entradas com a relação dos resultados-entradas de outras pessoas relevantes. Quando essa comparação produz uma percepção de que essas relações são iguais, dizemos que existe um estado de equidade. Quando ocorre a percepção de que essas relações são desiguais, as pessoas experimentam uma tensão negativa que conduz à necessidade de uma ação corretiva no sentido de eliminar quaisquer injustiças. Assim, decorrem três estados possíveis: equidade, inequidade negativa e inequidade positiva, como na Figura 9.10.

Cada pessoa define um estado – de equidade, inequidade positiva ou inequidade negativa – em suas comparações. Tais comparações podem ser com ela própria ou com terceiros e existem quatro referenciais que a pessoa utiliza na comparação:[28]

1. **Próprio-interno**: a experiência da própria pessoa em outra posição na organização.
2. **Próprio-externo**: a experiência da própria pessoa em mesma posição em outra organização.
3. **Outro-interno**: comparação com outra pessoa da mesma organização.
4. **Outro-externo**: comparação com outra pessoa de outra organização.

SAIBA MAIS

As pessoas se comparam com amigos, vizinhos, colegas da mesma organização ou de outras organizações ou com empregos anteriores pelos quais passaram. E escolhem seu referencial conforme o grau de atração ou informações a respeito. Existem quatro variáveis moderadoras na comparação: sexo, tempo de emprego, nível hierárquico na organização e histórico profissional ou educacional.[29] As pesquisas mostram que homens e mulheres preferem se comparar com pessoas do mesmo sexo; as mulheres aceitam receber menos que os homens para trabalhos equivalentes e mostram expectativas mais baixas em relação à remuneração; pessoas em atividades não discriminatórias quanto ao sexo fazem mais comparações mistas do que quando em situações de dominância de um sexo.

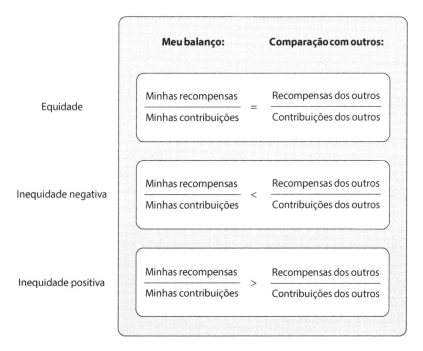

Figura 9.10 Equidade no intercâmbio social.

Frente a uma situação de inequidade, a pessoa pode assumir seis possíveis escolhas:[30]

1. **Modificar suas entradas – contribuições**: e reduzir seu esforço no trabalho.
2. **Modificar seus resultados – recompensas recebidas**: mantendo a quantidade de produção e reduzindo a qualidade do trabalho.
3. **Distorcer sua autoimagem**: percebendo que trabalha mais ou menos do que os outros.
4. **Distorcer a imagem dos outros**: percebendo que o trabalho dos outros não é tão interessante para uma comparação.
5. **Buscar outro ponto de referência**: para obter outra base de equilíbrio, comparando-se com outra pessoa que ganhe mais ou que ganhe menos, procurando meios de fazer a situação parecer melhor.
6. **Abandonar a situação**: deixando o emprego ou saindo da organização.

A remuneração constitui uma importante fonte de equidade ou inequidade, pois:

- Quando a remuneração é por base no tempo (salário mensal):
  - As pessoas super-remuneradas tendem a produzir mais do que as pessoas pagas com equidade e geram maior qualidade ou quantidade de produção para aumentar a entrada na relação de comparação, e assim restabelecer a equidade.
  - As pessoas sub-remuneradas tendem a produzir menos ou com menor qualidade. O esforço diminui e a qualidade e a produtividade também são menores em comparação com pessoas pagas com equidade.
- Quando a remuneração é por base na quantidade de produção:
  - As pessoas super-remuneradas produzem menos do que as pessoas pagas com equidade. O aumento da quantidade aumenta a injustiça. O esforço é mais direcionado para a melhoria da qualidade do que para o aumento da quantidade.
  - As pessoas sub-remuneradas produzem um grande número de unidades de baixa qualidade em comparação com pessoas pagas com equidade. Conseguem equidade trocando a qualidade pela quantidade para aumentar a recompensa com pouco ou nenhum aumento do esforço.

As evidências mostram que as pessoas são mais tolerantes em relação à inequidade positiva, pois as injustiças provocadas pelo superpagamento parecem não afetar o comportamento na maior parte das situações. Além disso, a equidade pode focalizar outras recompensas organizacionais, como cargos de maior *status* e locais mais agradáveis para se trabalhar.

Aumente seus conhecimentos sobre **A teoria da equidade** na seção *Saiba mais* CO 9.2

Uma das lições da teoria da equidade é mostrar que as recompensas, tanto relativas quanto absolutas, afetam profundamente a motivação das pessoas.

9.4.2 Teoria da definição de objetivos

Para Edwin Locke,[31] a intenção de lutar pelo alcance de um objetivo constitui a maior fonte de motivação. O objetivo sinaliza à pessoa o que é que precisa ser feito e quanto esforço ela terá de despender para o seu alcance.[32] Assim surgiu a teoria da definição de objetivos para avaliar o impacto da especificação do objetivo, o desafio e a retroação sobre o desempenho das pessoas.

Locke procura mostrar vários aspectos da definição dos objetivos:[33]

- A importância dos objetivos na motivação das pessoas.
- Como os objetivos bem definidos melhoram o desempenho das pessoas.
- Como os objetivos mais difíceis, quando aceitos, melhoram mais o desempenho do que os objetivos mais fáceis.
- A retroação a respeito do alcance dos objetivos provoca melhor desempenho.

Em outros termos, a teoria da definição dos objetivos se fundamenta nos seguintes pressupostos:

- Objetivos bem definidos e mais difíceis de serem alcançados levam a melhores resultados do que metas genéricas e abrangentes. A especificação do objetivo tem o papel de um estímulo interno. Quando um vendedor define o objetivo de vender 12 carros por mês, ele fará o melhor possível para alcançar a meta determinada.
- Se a pessoa aceita o objetivo e é capacitada, quanto mais difícil ele for, mais elevado o nível de desempenho. O compromisso com um objetivo difícil depende de um alto nível de esforço da pessoa.

- A pessoa trabalha melhor quando recebe retroação quanto ao seu progresso em relação ao objetivo, o que a ajuda a perceber a distância entre o que está fazendo e o que deve fazer para o alcance dele. A retroação constitui um guia para o comportamento. Quando a retroação é autogerenciada – a pessoa consegue por si própria monitorar seu desempenho e progresso – ela é mais poderosa do que a retroação obtida por meio de fonte externa.[34]
- Existem pessoas que preferem trabalhar com objetivos definidos pela chefia. Porém, quando a pessoa participa ativamente da definição de seus próprios objetivos, ela tende a se comprometer mais quanto ao objetivo como meta desejável para atingir.
- A autoeficácia significa a convicção íntima de que a pessoa é capaz de realizar determinada tarefa que lhe foi confiada.[35] Quanto maior a autoeficácia, maior a confiança de que a tarefa será realizada com êxito. Pessoas com baixa autoeficácia tendem a abandonar a tarefa e a desistir dos esforços, enquanto aquelas com elevada autoeficácia tendem a lutar mais arduamente. Estas respondem à retroação negativa com maior determinação.
- A definição individual de objetivos não funciona igualmente para todas as tarefas. O processo funciona melhor quando a tarefa é simples, conhecida e independente. Nas tarefas com elevada interdependência, a definição de objetivos em grupo funciona melhor.

Para a teoria da fixação de objetivos, existem quatro métodos básicos para motivar as pessoas:[36]

- Dinheiro: o dinheiro não deve ser o único motivador, mas aplicado juntamente com os outros três métodos.
- Definição de objetivos.
- Participação: na tomada de decisões e na definição de objetivos.
- Redesenho de cargos e tarefas: para proporcionar maior desafio e responsabilidade das pessoas.

9.4.3 Teoria da expectância

É também denominada teoria da expectativa e parte do pressuposto de que as necessidades humanas podem ser satisfeitas por meio do seu engajamento em certos comportamentos. Em todas as situações, as pessoas se encontram frente a vários comportamentos que são potencialmente possíveis de satisfazer suas necessidades ou objetivos e devem optar por um deles. A explicação sobre como as pessoas escolhem entre um conjunto de comportamentos alternativos é a chamada teoria da expectativa. Ela se baseia na proposição aparentemente simples de que as pessoas optam por aqueles comportamentos que julgam que as levarão a resultados (recompensas, salário, reconhecimento, sucesso) que lhes são atrativos (e atendem às suas necessidades específicas). Baseada nessa proposição, a teoria da expectativa mostra como analisar e predizer os cursos de ação que as pessoas irão tomar quando tiverem oportunidade de realizar escolhas sobre seus comportamentos.

Para Vroom, o seu criador, a teoria da expectativa propõe que as pessoas são motivadas quando acreditam que podem cumprir uma tarefa (resultado intermediário) e obter mais recompensas (resultado final) decorrentes que são maiores do que o esforço feito para o seu alcance. Assim, existem três construtos básicos da teoria da expectância:[37]

1. **Valência**: é o valor ou importância focada em uma recompensa específica. Cada pessoa tem preferências (valências) para determinados resultados finais, o que lembra a teoria de campo de Lewin. Uma valência positiva indica um desejo de alcançar determinado resultado final, enquanto uma valência negativa implica um desejo de fugir de determinado resultado final.

2. **Expectância**: é a crença de que o esforço levará ao desempenho desejado. Existem objetivos intermediários e gradativos (meios) que conduzem a um resultado final (fins). A motivação é um processo que governa escolhas entre comportamentos. A pessoa percebe as consequências de cada alternativa de comportamento como resultados representando uma cadeia de relações entre meios e fins. Quando uma pessoa procura um resultado intermediário – como produtividade elevada – está buscando meios para alcançar um resultado final – como dinheiro, reconhecimento do gerente, aceitação do grupo. Os resultados intermediários apresentam valência em função de sua relação percebida com os resultados finais desejados e não têm valência em si mesmos, mas ganham valência enquanto estiverem relacionados com o desejo da pessoa de atingir resultados finais por meio deles.

3. **Instrumentalidade**: é a crença de que o desempenho está relacionado com as recompensas desejadas. É a relação causal entre resultado intermediário e resultado final. A instrumentalidade apresenta valores que variam de +1,0 a −1,0 – como nos coeficientes de correlação estatística –, dependendo de estar diretamente ligada ao alcance dos resultados finais ou não. Se a pessoa perceber que não há nenhuma relação entre

sua produtividade elevada e a recompensa financeira, a instrumentalidade será zero: de nada adiantará para ela a produtividade elevada para alcançar a recompensa financeira. O desejo da pessoa (valência) de obter uma produtividade elevada para alcançar recompensa financeira é determinada pela soma das instrumentalidades e valências de todos os resultados finais.

A teoria da expectativa pode ser resumida graficamente na Figura 9.11.

Se o resultado final que a pessoa pretende alcançar é o dinheiro ou o reconhecimento do gerente ou a aceitação do grupo, ela precisa alcançar resultados intermediários que a conduzam até esse resultado final. A Figura 9.12 mostra a relação entre expectância e instrumentalidade.

Segundo Vroom, existem três fatores que determinam a motivação para produzir:[38]

1. **Objetivos individuais**: ou seja, a força do desejo de atingir um objetivo. Os objetivos individuais podem incluir dinheiro, aceitação social, reconhecimento etc. Existem combinações de objetivos que uma pessoa pode procurar alcançar simultaneamente.

Figura 9.11 Modelo de expectação.[39]

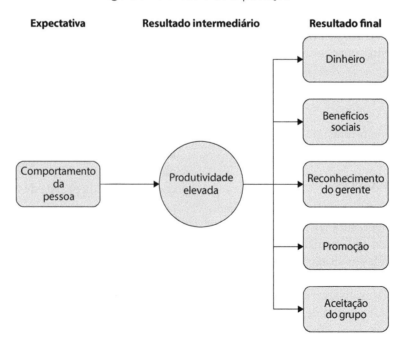

Figura 9.12 Aplicação do modelo de expectação.[40]

2. **Relação percebida entre alcance dos objetivos e alta produtividade**: é a relação que a pessoa percebe entre produtividade e o alcance dos objetivos individuais. Se uma pessoa tem o salário maior como objetivo importante, ela poderá ter uma forte motivação para produzir mais. Porém, se sua necessidade de aceitação social pelos outros membros do grupo é mais importante, poderá produzir abaixo do nível que o grupo consagrou como padrão de produção informal. Produzir mais, nesse caso, poderá significar a rejeição do grupo.
3. **Percepção da capacidade da pessoa de influenciar seu próprio nível de produtividade**: se a pessoa acredita que um enorme esforço despendido tem efeito sobre o resultado, tenderá a se esforçar muito.

Essas três forças impulsionadoras estão indicadas na Figura 9.13.

Uma maneira simplista e reducionista de abordar o desempenho é equacioná-lo como uma função da interação entre capacidade (C) e motivação (M), ou seja, desempenho = f(C × M). Se um desses fatores for inadequado, o desempenho será afetado negativamente. Isso permite explicar por que um atleta de capacidade média, mas esforçado, consegue ultrapassar os resultados de colegas mais capacitados, porém preguiçosos. Além do mais, a equação anterior precisa considerar a oportunidade (O) para o desempenho. Assim, a nova equação passa a ser desempenho = f(C × M × O).[41] Mesmo que a pessoa seja capaz e motivada, ela pode enfrentar obstáculos que limitam seu desempenho.

As condições de aplicabilidade da teoria da expectância são as seguintes:

- Definir objetivos claros quanto aos resultados finais.
- Alinhar o desempenho estreitamente relacionado com recompensas.
- Incentivar as recompensas, que devem ser valorizadas pelas pessoas.
- Criar condições para que as pessoas acreditem na organização.

A organização precisa aumentar conjuntamente a expectância, a instrumentalidade e a valência para criar altos níveis de motivação entre as pessoas por meio da oferta de recompensas pelo trabalho (Figura 9.14). Em outras palavras, a organização precisa criar um esquema de trabalho em que as contribuições possam tanto servir às necessidades da organização quanto agregar recompensas ou retornos desejados pelas pessoas.

9.4.4 Teoria da expectativa de dinheiro

Mais recentemente, Lawler III encontrou fortes evidências de que o dinheiro pode motivar o desempenho e outros tipos de comportamento, tais como o companheirismo e a dedicação à organização.[42] Afinal, o dinheiro tem um valor simbólico, além de seu valor de troca. Apesar do resultado óbvio, Lawler III constatou que o dinheiro tem apresentado pouca potência motivacional em virtude de sua incorreta aplicação pela maior parte das organizações. A relação não consistente entre o dinheiro e o desempenho se deve a várias razões, como:[43]

- O prolongado lapso de tempo entre o desempenho da pessoa e o incentivo salarial decorrente. A fraqueza do incentivo e a demora de tempo para recebê-lo dão a falsa impressão de que os ganhos das pessoas são independentes do seu desempenho. Como o reforço é fraco e demorado no tempo, a relação entre dinheiro e desempenho torna-se frágil.

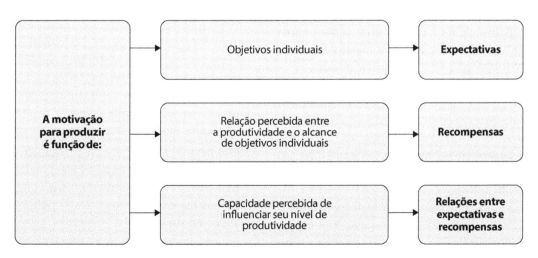

Figura 9.13 Três fatores da motivação para produzir.

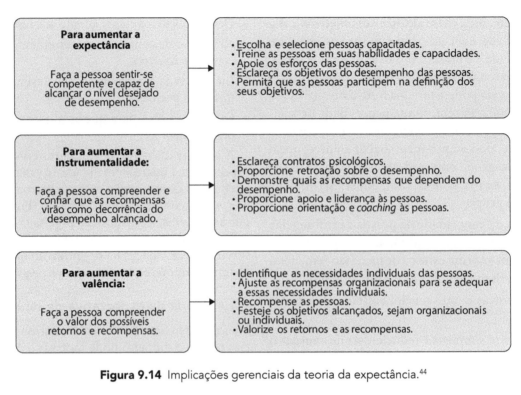

Figura 9.14 Implicações gerenciais da teoria da expectância.[44]

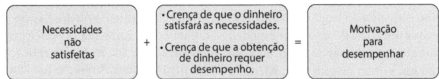

Figura 9.15 Teoria de expectação de dinheiro.

- As avaliações de desempenho não produzem distinções salariais, pois os gerentes e os avaliadores não gostam de se confrontar com pessoas de baixo desempenho e que não estejam preparadas para receber nenhum ou um menor incentivo salarial que os demais colegas que têm bom desempenho. Assim, os salários tendem a ser mantidos pela média e acabam não recompensando o desempenho excelente, e provocando uma relação não consistente entre dinheiro e desempenho. A relação torna-se dissonante.

- A política de remuneração das organizações está geralmente atrelada às políticas governamentais ou a convenções sindicais que são genéricas e abrangentes e que procuram regulamentar os salários indistintamente, a fim de neutralizar o efeito da inflação. Os salários tornam-se planos e não distinguem o bom do mau desempenho.

- Além disso, o preconceito gerado pelas teorias humanistas a respeito do salário em si e das limitações do velho modelo do *homo economicus* difundido pela Administração Científica de Taylor, que elas tanto combateram. Esse preconceito existe até os dias de hoje e parece transformar o dinheiro em algo vil e sórdido, quando, na realidade, é uma das principais razões que levam as pessoas a trabalhar em uma organização.

Lawler encontrou duas bases sólidas para sua teoria:

1. As pessoas desejam dinheiro porque ele lhes permite não somente a satisfação de necessidades fisiológicas e de segurança, mas também lhes dá plenas condições para satisfação das necessidades sociais, de estima e de autorrealização. O dinheiro é um meio, e não um fim em si. Ele pode comprar muitas coisas que satisfazem múltiplas necessidades pessoais.

2. Se as pessoas percebem e creem que seu desempenho é, ao mesmo tempo, possível e necessário para obter mais dinheiro, elas certamente desempenharão da melhor maneira possível. É só estabelecer esse tipo de percepção.

A teoria de expectação de Lawler III pode ser expressa pela equação apresentada na Figura 9.15.

O dinheiro pode ser um poderoso motivador se as pessoas acreditam haver ligação direta ou indireta entre desempenho e consequente aumento da remuneração. Mas essa percepção precisa ser alcançada e confirmada para que as pessoas se esforcem com melhor desempenho em função do resultado financeiro desejado, se esse ocorrer rapidamente ou em tempo real.

9.4.5 Teoria do reforço

A teoria do reforço representa um contraponto à teoria da definição de objetivos. Ambas são discordantes entre si. Enquanto a teoria da definição dos objetivos é uma abordagem cognitiva que alega que o comportamento de uma pessoa é orientado pelos seus propósitos, a teoria do reforço é uma abordagem comportamental que defende que o reforço é que condiciona o comportamento. A teoria do reforço estuda o comportamento provocado pelo ambiente sem abordar os eventos cognitivos internos. O comportamento é uma função de suas consequências. Se a consequência é positiva e favorável, o comportamento é reforçado e incentivado. Assim, o que condiciona o comportamento é o reforço – isto é, a consequência que, após a resposta, aumenta a probabilidade de que aquele comportamento volte a se repetir.

Embora não se preocupe com as condições internas da pessoa, a teoria do reforço oferece meios de análise daquilo que controla o comportamento. Quando abordamos aprendizagem, verificamos como o reforço pode condicionar o comportamento das pessoas. Não se deve omitir a utilidade do reforço como ferramenta motivacional. O reforço tem uma influência muito importante no comportamento.

As premissas básicas dessa teoria estão baseadas na velha lei do efeito de Thorndyke:[45] todo comportamento que proporciona um resultado agradável tende a se repetir, enquanto o comportamento que proporciona um resultado desagradável tende a não se repetir. Com base nessa lei do efeito, Skinner[46] popularizou o conceito de condicionamento operante que, como vimos quando tratamos de aprendizagem, é o processo de aplicar a lei do efeito ao controle do comportamento para manipular suas consequências. O condicionamento operante é uma forma de aprendizagem por reforço. Alguns autores propõem a modificação do comportamento organizacional: a utilização sistemática dos princípios do reforço para encorajar o comportamento desejável e desencorajar o comportamento indesejável no trabalho.[47]

Aumente seus conhecimentos sobre **As estratégias de modificação do comportamento organizacional** na seção *Saiba mais CO 9.3*

Acesse conteúdo sobre **Dez maneiras de recompensar as pessoas** na seção *Tendências em CO 9.1*

9.5 VISÃO INTEGRADA DAS TEORIAS DA MOTIVAÇÃO

Por que tantas teorias da motivação? Se existem tantas é porque nenhuma delas corresponde à realidade? Contudo, várias delas têm embasamento científico. E isso complica ainda mais a pergunta. Seria mais oportuno se, após a apresentação de todas as teorias, apenas uma fosse validada. Além do mais, nenhuma delas compete com as outras. Uma provável explicação é que cada teoria aborda um aspecto específico de um conceito extremamente complexo e contingencial. O desafio é juntá-las para tentar compreender o seu inter-relacionamento.[48] Para tanto, partimos do modelo de expectação, que envolve quatro passos: esforço individual, desempenho individual, recompensas organizacionais e metas pessoais. Com base nesse esqueleto, elaboramos a Figura 9.16. De um lado, vimos que o esforço individual depende da capacidade da pessoa e das oportunidades que lhe são oferecidas pela organização para que ela possa ter um desempenho individual. O desempenho individual é afetado pelos fatores higiênicos e motivacionais, de um lado, e pelo reforço, de outro, para alcançar recompensas organizacionais. A comparação de equidade nesse aspecto funciona para que a pessoa mantenha, reduza, aumente seu esforço. Por outro lado, o reforço incrementa a percepção das recompensas organizacionais. Isso conduz ao alcance de metas pessoais, dependendo das necessidades (hierarquia) dominantes, do nível de necessidade de realização (nAch) da pessoa e dos objetivos definidos que orientam seu comportamento. Isso tudo explica a Figura 9.16.[49]

A Figura 9.16 tenta integrar o que conhecemos a respeito das diversas teorias da motivação em termos de previsão e explicação das cinco variáveis dependentes que verificamos no Capítulo 1, sobre introdução ao CO, a saber: produtividade, absenteísmo, rotatividade, satisfação e cidadania organizacional.

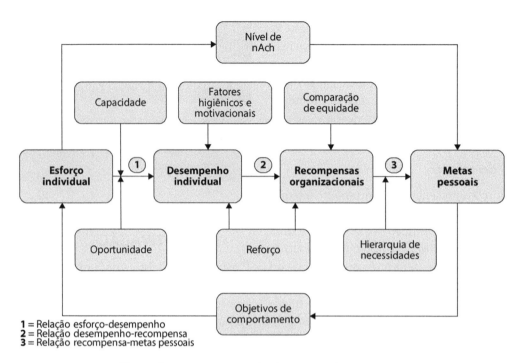

Figura 9.16 Visão integrada das teorias de motivação.

Reflita sobre **O que as pessoas desejam de seu trabalho?** na seção *Para reflexão* CO 9.1

9.6 MOTIVAÇÃO E CULTURA

As teorias sobre motivação fincam suas bases em certos aspectos culturais que não são comuns a todos os países. Quase todas elas se baseiam em padrões tipicamente americanos.[50] O trabalho de Hofstede, que vimos anteriormente, mostra que a cultura americana privilegia a individualidade e as conquistas materiais. Dentro desse quadro, teorias da motivação, como a expectação e a definição de objetivos, acentuam o pensamento racional e individualista e a conquista de objetivos. Também a teoria da hierarquia das necessidades de Maslow se ajusta à realidade americana, colocando no topo da hierarquia as necessidades de autorrealização. Para Hofstede, em países como Japão, Grécia e México, em que predomina a fuga às incertezas, as necessidades de segurança é que deveriam estar no topo da hierarquia. Em outros países, como Dinamarca, Suécia, Noruega, Holanda e Finlândia, que enfatizam a qualidade de vida, as necessidades sociais é que deveriam ser as mais elevadas.[51] Da mesma maneira, a necessidade de realização envolve duas características culturais – de um lado, a moderada assunção de riscos que exclui as culturas que evitam a incerteza e, de outro, o foco no desempenho que se baseia em conquistas materiais – que são típicas dos países anglo-americanos, como Estados Unidos, Canadá e Inglaterra, mas que são escassas em países como Portugal e Chile.[52] Outra teoria, a da equidade, funciona bem nos Estados Unidos, onde os sistemas de recompensas devem ser justos e equitativos: remuneração e equidade devem funcionar em paralelo. Porém, em culturas do tipo coletivista – em que o país é conduzido por uma economia planejada e centralizada –, as pessoas desejam recompensas pessoais, e não aquelas relacionadas com seu desempenho no trabalho. Generalizar a aplicação dessas teorias para todas as culturas exige muitos cuidados. Motivação e cultura são conceitos estreitamente vinculados entre si. Ambos devem ser dosados e ponderados para proporcionar satisfação no trabalho e recompensas pelo desempenho.

 VOLTANDO AO CASO INTRODUTÓRIO
Isabel Valera

Em resumo, Isabel Valera constitui o ponto de ligação entre a capacidade e a oportunidade, entre o potencial e a realização dos cientistas e pesquisadores da Qualivida. De seu trabalho de motivação do pessoal dependem o futuro da organização e seu sucesso em oferecer continuamente novos produtos e soluções inovadoras ao mercado, bem como sua sustentação financeira. Frente a esses desafios, como você poderia ajudar Isabel a dar conta do recado?

9.7 CLIMA ORGANIZACIONAL

O conceito de motivação – do nível individual até o nível organizacional – conduz ao conceito de clima organizacional. As pessoas estão continuamente engajadas no ajustamento a uma variedade de situações no sentido de satisfazer suas necessidades e manter um equilíbrio emocional. Isso pode ser definido como um estado de contínuo ajustamento. Tal ajustamento não se refere somente à satisfação de necessidades primárias, mas, sobretudo, das necessidades mais elevadas. É a frustração dessas necessidades mais elevadas que provoca muitos dos problemas de ajustamento. Como a satisfação dessas necessidades superiores depende particularmente daquelas pessoas que estão em posições de autoridade, torna-se importante para a administração compreender a natureza do ajustamento e desajustamento das pessoas.

O ajustamento varia de uma pessoa para outra e dentro do mesmo indivíduo de um momento para outro. Um bom ajustamento denota saúde mental. Uma das maneiras de se definir saúde mental é descrever as características de pessoas mentalmente sadias. Essas características básicas são:[53]

- Sentem-se bem com elas mesmas.
- Sentem-se bem em relação às outras pessoas.
- São capazes de enfrentar por si mesmas as demandas da vida.

Daí a denominação de *clima organizacional* dado ao ambiente interno existente entre os membros da organização. O clima organizacional está intimamente relacionado com o grau de motivação de seus participantes. Quando há elevada motivação entre os membros, o clima organizacional se eleva e traduz-se em relações de satisfação, animação, interesse, colaboração irrestrita etc. Todavia, quando há baixa motivação entre os membros – seja por frustração, seja por imposição de barreiras à satisfação das necessidades –, o clima organizacional tende a baixar, caracterizando-se por estados de depressão, desinteresse, apatia, insatisfação etc. Em casos extremos, pode-se chegar a estados de agressividade, tumulto, inconformismo etc., típicos de situações em que os membros se defrontam abertamente com a organização, como nos casos de greves, piquetes etc.

O clima organizacional, portanto, é a qualidade ou propriedade do ambiente organizacional que é percebida ou experimentada pelos membros da organização e que influencia poderosamente o seu comportamento.[54] O conceito de clima organizacional envolve um quadro amplo e flexível da influência externa e ambiental sobre a motivação. Refere-se especificamente às propriedades motivacionais do ambiente organizacional, ou seja, aqueles aspectos da organização que levam à provocação de diferentes espécies de motivação nos seus participantes. Assim, o clima organizacional é favorável quando proporciona satisfação das necessidades pessoais dos participantes e elevação do moral. É desfavorável quando proporciona a frustração daquelas necessidades. Na verdade, o clima organizacional influencia o estado motivacional das pessoas e é por ele influenciado. Algumas equações básicas da motivação das pessoas são apresentadas na Figura 9.17.

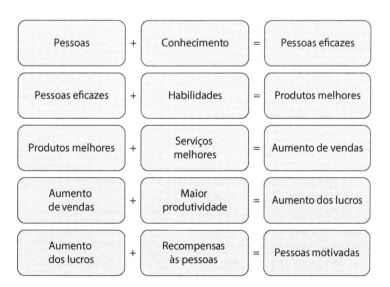

Figura 9.17 Equações básicas da motivação das pessoas.[55]

9.8 APLICAÇÃO DAS TEORIAS DA MOTIVAÇÃO

As teorias da motivação oferecem inesgotáveis oportunidades para as organizações elevarem o moral e melhorar o clima de trabalho. O importante é extrair meios para sua aplicabilidade ao mundo real das pessoas. Como exemplos, serão abordados quatro aplicações práticas na realidade organizacional: as recompensas monetárias, as recompensas não monetárias, o enriquecimento de tarefas e a modificação da semana de trabalho.

1. **Recompensas monetárias**: constituem uma aplicação da teoria de Maslow sobre as necessidades de nível mais baixo, dos fatores higiênicos de Herzberg, dos resultados de segundo nível de Vroom e da comparação de contribuições e resultados com uma pessoa de referência. Como já vimos, Lawler[56] verificou que o dinheiro é um excelente motivador das pessoas devido a três razões:

   - O dinheiro pode funcionar como reforço condicionador porque está associado às necessidades de alimento, habitação, vestuário e recreação. Ele pode comprar todas essas coisas. Como reforço condicionador, o salário é um resultado de primeiro nível que permite a satisfação de outros resultados de segundo nível.

   - O dinheiro pode funcionar como um incentivo ou uma meta capaz de reduzir carências ou necessidades. Ele funciona como um incentivo anterior à ação da pessoa ou posterior como recompensa após a ação.

   - O dinheiro pode funcionar como um redutor de ansiedade. Uma característica comum das pessoas é a preocupação com os problemas financeiros. O dinheiro pode reduzir a ansiedade, consolidando a autoconfiança e a autoavaliação das pessoas.

   Assim, o dinheiro motiva o desempenho à medida que ocorrem duas condições: a crença da pessoa de que o dinheiro satisfará suas necessidades e a crença de que a obtenção do dinheiro exige algum desempenho ou esforço de sua parte.

   Existem planos de incentivo salarial de vários tipos, sejam individuais, grupais e organizacionais, envolvendo salários (valores fixos e mensais) e bônus (valores variáveis e esporádicos). Lawler[57] encontrou resultados interessantes em sua pesquisa sobre planos de incentivo salarial. Quando o critério é relacionar o pagamento com o desempenho, os planos de bônus são mais eficazes do que os planos salariais. A pior maneira para conseguir isso é implantar um mesmo plano salarial para toda a organização. Os planos de bônus são geralmente mais eficazes do que os planos salariais, pois se relacionam com o desempenho atual dos funcionários. Os planos salariais, pelo contrário, geralmente se relacionam com fatos passados e não apontam para uma melhoria no desempenho das pessoas.

2. **Recompensas não monetárias**: referem-se às necessidades sociais e de estima de Maslow e envolvem reconhecimento, prestígio, *status*. Para melhor relacionar as recompensas não monetárias com o desempenho, os planos organizacionais e grupais parecem mais adequados do que os planos individuais, pois se as pessoas acreditam que há outras recompensas ligadas ao desempenho, procuram incentivar esse desempenho entre os colegas.

3. **Enriquecimento de tarefas**: constitui uma maneira de construir motivadores intrínsecos ao próprio trabalho. Trata-se de um conceito popularizado por Herzberg como uma abordagem motivacional que pretende aumentar o desempenho e a satisfação no trabalho.[58] Para se conseguir que uma tarefa tenha sempre efeito motivador, torna-se necessário ajustá-la continuamente ao progresso do funcionário. Em outras palavras, enriquecer uma tarefa de acordo com o desenvolvimento da pessoa que a executa. O enriquecimento pode ser vertical ou horizontal. O enriquecimento vertical significa a atribuição de atividades crescentemente mais complexas ou importantes e a retirada gradativa de atividades mais simples ou menos importantes. O enriquecimento horizontal significa a migração lateral para tarefas diferentes, embora com a mesma complexidade, dificuldade ou importância. O primeiro tipo faz a tarefa crescer e tornar-se mais complexa, enquanto o segundo faz a tarefa variar e tornar-se multifuncional. A Figura 9.18 esquematiza o enriquecimento vertical e lateral de tarefas.

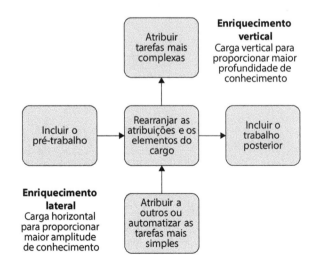

Figura 9.18 Enriquecimento vertical e lateral de tarefas.

Herzberg aponta alguns ingredientes para enriquecer tarefas e estimular os fatores motivacionais:

- **Novas aprendizagens**: toda pessoa deve ter oportunidade de aprender novas habilidades e tarefas e crescer psicologicamente.
- **Retroação direta**: a tarefa deve proporcionar à pessoa a informação direta de retorno sobre seu desempenho. A retroinformação é essencial.
- **Programação**: a pessoa deve poder programar o seu próprio trabalho.
- **Controle de recursos**: a pessoa deve ter o controle sobre o que faz e do que precisa para fazê-lo.
- **Responsabilidade pessoal**: a pessoa deve ter oportunidade de responder pelo que faz e pelos resultados que consegue alcançar.
- **Singularidade**: todo trabalho deve ter qualidades ou características únicas.

Apesar de todas as críticas a respeito,[59] pesquisas recentes indicam que o enriquecimento de tarefas proporciona melhor desempenho e maior satisfação no trabalho.[60]

4. **Flexibilização do horário de trabalho**: trata-se de uma maneira de melhorar o desempenho e a satisfação das pessoas. A flexibilização é geralmente feita por meio da redução do número de dias ou horas de trabalho durante a semana. Em vez de trabalhar oito horas por dia durante cinco dias da semana, o funcionário pode trabalhar dez horas por dia, durante quatro dias da semana. O total semanal de horas pode permanecer o mesmo, mas o novo arranjo permite que a pessoa fique longe do seu trabalho durante três dias em vez dos dois dias tradicionais.[61]

5. **Horário flexível de trabalho**: é mais uma alternativa em que a atividade é realizada em um programa ajustável de horas diárias. É comumente chamado *flextime* ou *flexitime* ou, ainda, horário móvel. Trata-se de uma programação de trabalho que permite à pessoa alguma escolha em seu padrão de horas diárias. Há um horário-núcleo que é um bloco central de tempo em que todos os funcionários devem estar presentes no trabalho. Fora desse horário-núcleo, os funcionários podem escolher livremente as horas de trabalho diárias. Suponhamos que o horário-núcleo seja das 9 às 16 horas. As pessoas podem ingressar entre 6 e 9 horas e sair entre 16 e 19 horas, livremente, desde que no banco de horas tenham um mínimo de 40 horas semanais, por exemplo.

Apesar dos problemas legais relacionados – o número de horas semanais de trabalho, as restrições sobre o número de horas diárias, o trabalho feminino e do menor, as horas extras etc. –, muitas organizações estão tentando novas abordagens para a flexibilização da semana de trabalho como forma de motivar mais seus funcionários.

9.9 EFEITO DA GESTÃO DA MOTIVAÇÃO

A motivação está intimamente relacionada com o moral do pessoal. Contudo, enquanto o moral é uma foto instantânea que captura os sentimentos das pessoas em dado momento, a motivação é uma indicação do que as faz desejar mudanças ou investir suas energias em algo. A maior parte da literatura sobre motivação oferece metodologias administrativas para encorajar as pessoas a trabalhar mais e cuidar da qualidade em seu trabalho. Porém, são poucos os textos que fazem uma conexão entre motivação e o efeito solapador das hierarquias de poder, das mazelas burocráticas, dos processos decisórios autocráticos e dos sistemas administrativos ultrapassados. Hoje, sabemos que, quando as pessoas se sentem fortalecidas, envolvidas em decisões em equipes e consultadas a respeito de assuntos e resultados, a motivação está por trás disso tudo. Sabemos que as pessoas não trabalham diligentemente sem poder, democracia e valores compartilhados. A administração pode motivar externamente as pessoas, seja puxando, seja empurrando-as em dada direção. Isso até pode provocar vários graus de resistência. Contudo, ao focalizar sobre comportamento e desempenho, a administração atua sobre aspectos holísticos e multidimensionais do trabalho que fazem a diferença. E aqui residem as fontes de arte, sabedoria, inovação, paixão e os mais altos níveis de motivação. Essas dimensões ou aspectos humanos do trabalho podem ser inspirados por líderes, mas jamais por esquemas tradicionais e burocráticos de comando e imposição.[62]

Atkinson desenvolveu uma metodologia para estudar o comportamento motivacional que leva em conta os determinantes ambientais da motivação. Seu modelo baseia-se nas seguintes premissas:[63]

- Todas as pessoas têm motivos ou necessidades básicas que representam comportamentos potenciais e somente influenciam o comportamento quando provocados.
- A provocação ou não desses motivos depende da situação ou do ambiente percebido pela pessoa.
- As propriedades particulares do ambiente servem para estimular ou provocar certos motivos. Em outras palavras, um motivo específico não influencia o comportamento até que seja provocado por uma influência ambiental apropriada.

- Mudanças no ambiente percebido resultarão em mudanças no padrão da motivação provocada.
- Cada espécie de motivação é dirigida para a satisfação de uma espécie de necessidade. O padrão da motivação provocada determina o comportamento e a mudança nesse padrão resultará em mudança de comportamento.

A motivação parece simplesmente responder à pergunta a respeito de qualquer ação específica: "Por que fazemos isso?". Quando as pessoas são perguntadas por que razão elas estão trabalhando, a maioria responde que é para comer ou comprar coisas de que necessitam ou desejam. Isso significa visualizar o trabalho como algo instrumental para a satisfação de suas necessidades, e não como uma necessidade em si mesma. Na verdade, as pessoas necessitam de um trabalho significativo e que proporcione diferentes respostas quando perguntadas sobre seus passatempos ou *hobbies*. O trabalho define as pessoas e suas relações com outras. O ideal seria trabalhar por amor, pelo prazer de dar algo e pela autoatualização, que são aspectos que dependem de relacionamentos igualitários, interação pessoal, participação, cooperação, *empowerment* e aprovação. O trabalho em hierarquias de poder significa trabalhar para aquelas pessoas que têm mais poder na hierarquia. Nesse sentido, não existe o prazer de trabalhar para si mesmo ou pelo amor pelos outros devido à inconsistência entre a generosidade externa para com os outros e a abnegação interna, o que reduz a motivação das pessoas. Ao permitir que as pessoas administrem democraticamente – elas mesmas em equipes organizadas e empoderadas para tomar decisões quanto a aspectos importantes –, as organizações estão impulsionando um poderoso motivador. Consulta, participação e *empowerment* aumentam a autoaprovação e a aprovação pelos outros. Esses processos tornam as prioridades de individualidade e de autodesenvolvimento dependentes da contribuição e colaboração social. Afinal, toda organização é um sistema aberto de cooperação social. E isso deve ser claramente entendido por todos dentro dela.

SAIBA MAIS — **Aspectos essenciais para a democracia organizacional e a autogestão**[64]

A administração influencia poderosamente a motivação das pessoas. O essencial para que isso possa acontecer é cuidar zelosamente dos seguintes aspectos:

- Cada pessoa é capaz de participar ativamente na tomada de decisões que afetam sua vida no trabalho e ela mesma.
- Cada pessoa deve ser igualmente ouvida e respeitada.
- Cada pessoa tem uma opinião que deve ser levada em conta.
- Cada pessoa é um líder no alcance de seus objetivos.
- Cada pessoa deve colaborar para alcançar os resultados organizacionais.

Em geral, é a administração como um sistema que determina esses aspectos em uma organização. Caso contrário, o exercício do poder hierárquico, a imposição de regras burocráticas e a adoção de ações autocráticas levam a administração a reduzir o moral e eliminar a motivação que floresce do amor, da colaboração, da participação ativa na tomada de decisões, da criatividade e do autogerenciamento da carreira.

Acesse um caso sobre **Linhas básicas para o desenvolvimento de equipes autogerenciadas** na seção *Caso de apoio* CO 9.1

RESUMO

Um dos grandes desafios das organizações é motivar as pessoas. Motivação significa o desejo de exercer altos níveis de esforço em direção a determinados objetivos organizacionais, condicionados pela capacidade de também satisfazer objetivos individuais. A motivação depende basicamente de direção (objetivos), força e intensidade do comportamento (esforço) e duração e persistência (necessidade). Uma necessidade significa uma carência interna da pessoa e que cria um estado de tensão no organismo. Daí o processo motivacional. As teorias de conteúdo da motivação procuram dar uma visão geral das necessidades humanas. Entre elas, a teoria da hierarquia das necessidades aponta para necessidades fisiológicas, de segurança, sociais, de estima e de autorrealização. A teoria ERG procura reduzi-las a três: existência, relacionamento e crescimento. A teoria das necessidades aprendidas aponta para três: realização, poder e afiliação. A teoria dos dois fatores mostra a existência de fatores higiênicos ou insatisfacientes e de fatores motivacionais e satisfacientes. Por outro lado, as teorias de processo da motivação procuram mostrar como o comportamento é ativado, dirigido, mantido e concluído. Entre elas, a teoria da definição de objetivos mostra que estabelecer previamente objetivos constitui uma grande fonte de motivação, principalmente quando ocorre a autoeficácia, ou seja, a crença do indivíduo de que ele é capaz de alcançar os objetivos propostos. A teoria do reforço se baseia na lei do efeito e no conceito de condicionamento operante e utiliza o reforço positivo, o reforço negativo, a punição e a extinção para encorajar o bom desempenho e desencorajar o mau desempenho. A teoria da equidade mostra que as pessoas comparam suas contribuições e recompensas com as de outras pessoas para avaliar se há equidade ou inequidade naquilo que dão e recebem da organização. A teoria da expectância argumenta que a força de agir de determinada maneira depende de três relações: a relação entre esforço e desempenho, entre desempenho e recompensa e entre recompensa e objetivos pessoais. Os três aspectos básicos da teoria são: expectância, instrumentalidade e valência. Com todas essas teorias, a organização precisa buscar um modelo integrado de motivação que vise à capacitação das pessoas, à motivação e à oferta de oportunidades e desafios para melhor desempenho.

QUESTÕES

1. O que é motivação?
2. Explique o que é necessidade, impulso e recompensa.
3. Comente como funciona o processo motivacional.
4. Quais são as principais teorias de conteúdo da motivação? O que elas têm em comum?
5. Explique a teoria da hierarquia das necessidades.
6. O que são necessidades de baixo nível e de alto nível? Como funcionam?
7. Explique a teoria ERG.
8. Explique a teoria dos dois fatores.
9. Explique a teoria das necessidades aprendidas.
10. Faça uma comparação entre as teorias de conteúdo da motivação.
11. Quais as principais teorias de processo da motivação? O que elas têm em comum?
12. Explique a teoria da definição de objetivos.
13. O que é autoeficácia e retroação autogerada?
14. Explique a teoria da equidade.
15. Explique a teoria da expectância.
16. Explique o que são e como aumentar a expectância, a instrumentalidade e a valência.
17. Explique a teoria do reforço e as quatro estratégias de modificação comportamental.
18. Explique o modelo integrado de motivação.

REFERÊNCIAS

1. CAMPBELL, J. P. et al. *Managerial behavior, performance and effectiveness*. New York: McGraw-Hill, 1970.
2. ATKINSON, J. W. *An introduction to motivation*. Princeton: Van Nostrand, 1964.
3. BRINDA, D. *Motivation*: a systematic reinterpretation. New York: Ronald Press, 1959.
4. GIBSON, J. L.; IVANCEVICH, J. M.; DONNELLY JR., J. H. *Organizations*: behavior, structure, and processes. Dallas: Business Publications, 1976. p. 129.
5. LUTHANS, F. *Organizational behavior*. New York: McGraw-Hill Irwin, 2002. p. 249.
6. CAMPBELL, J. P. et al. *Managerial behavior, performance and effectiveness*, op. cit., p. 340.
7. SOTO, E. *Comportamento organizacional*: o impacto das emoções. São Paulo: Thomson, 2002. p. 118.
8. MITCHELL, T. R. Matching motivational strategies with organizational contexts. *In*: CUMMINGS, L. L.; SHAW, B. M. (eds.). *Research in organizational behavior*. Greenwich: JAI Press, 1997. v. 19, p. 60-62.
9. LUTHANS, Fred. *Organizational behavior*, op. cit., p. 249-250.
10. CUMMINGS, L. L.; SCHWAB, D. P. *Performance in organizations*. Glenview: Scott, Foresman & Co., 1973. p. 8.
11. LUTHANS, F. *Organizational behavior*, op. cit.
12. MASLOW, A. H. *Motivation and personality*. New York: Harper & Co., 1954.
13. MASLOW, A. H. A theory of human motivation. *Psychological Review*, July 1943, p. 370-396.
14. Extraído de: CHIAVENATO, I. *Administração nos novos tempos*. 4. ed. São Paulo: Atlas, 2020. p. 281.
15. KORMAN, A. K.; GREENHAUS, J. H.; BADIN, I. J. Personnel attitudes and motivation. *In*: ROSENZWEIG, M. R.; PORTER, L. W. (eds.). *Annual Review of Psychology*. Palo Alto, CA: Annual Reviews, 1977. p. 178.
16. ALDERFER, C. P. An empirical test of a new theory of human needs. *Organizational Behavior and Human Performance*, p. 142-175, May 1969.
17. ALDERFER, C. P. *Human needs in organizational settings*. New York: The Free Press, 1972.
18. ROBBINS, S. P. *Comportamento organizacional*. São Paulo: Prentice Hall, 2002. p. 157.
19. CHIAVENATO, I. *Recursos humanos*: o capital humano das organizações. 11. ed. São Paulo: Atlas, 2020. p. 48.

20. HERZBERG, F.; MAUSNER, B.; SNYDERMAN, B. *The motivation to work*. New York: John Wiley, 1959.
21. DAVIS, K. *Human behavior at work*: human relations and organizational behavior. New York: McGraw-Hill, 1977. p. 59.
22. MCCLELLAND, D. *The achieving society*. New York: Van Nostrand Reinhold, 1961.
23. HERMANS, H. J. A questionaire measure of achievement motivation. *Journal of Applied Psychology*, p. 353-363, Aug. 1970.
24. SPANGLER, W. D. Validity of questionnaire and TAT measures of need for achievement: two meta-analyses. *Psychological Bulletin*, p. 140-154, July 1992.
25. MCCLELLAND, D. C.; WINTER, D. G. *Motivating economic achievement*. New York: Free Press, 1969.
26. MCCLELLAND, D. C.; BURNHAM, D. H. Power is the great motivator. *Harvard Business Review*, p. 100-110, Mar./Apr. 1976.
27. ADAMS, J. S. Inequity in social exchanges. In: BERKOWITZ, L. (ed.). *Advances in experimental social psychology*. New York: Academic Press, 1965. p. 267-300.
28. RONEN, S. Equity perception in multiple comparisons: a field study. *Human Relations*, p. 333-346, Apr. 1986.
29. KULIK, C. T.; AMBROSE, M. L. Personal and situational determinants of referent choice. *Academy of Management Review*, p. 212-237, Apr. 1992.
30. WALSTER, E.; SCOTT, W. G. *Equity*: theory and research. Boston: Allyn & Bacon, 1978.
31. LOCKE, E. A. Toward a theory of task motivation and incentives. *Organizational Behavior and Human Performance*, p. 157-189, May 1968.
32. EARLEY, P. C.; WOJNAROSKI, P.; PREST, W. Task planning and energy expended: exploration of how goals influence performance. *Journal of Applied Psychology*, p. 107-114, Feb. 1987.
33. LOCKE, E. A.; LATHAM, G. P. *A theory of goal setting and task performance*. Englewood Cliffs: Prentice Hall, 1990.
34. IVANCEVICH, J. M.; MCMAHON, J. T. The effects of goal setting, external feedback, and self generated feedback on outcome variables: a field experiment. *Academy of Management Journal*, p. 359-372, June 1982.
35. BANDURA, A. *Self-efficacy*: the exercise of control. New York: W. H. Freeman, 1997.
36. LOCKE, E. A. Toward a theory of task motivation and incentives, *op. cit.*, p. 157-189.
37. VROOM, V. H. *Work and motivation*. New York: John Wiley & Sons, 1964.
38. VROOM, V. H. *Work and motivation, op. cit.*
39. CHIAVENATO, I. *Administração nos novos tempos, op. cit.*, p. 289.
40. HELLRIEGEL, D.; SLOCUM JR., J. W. *Management*: a contingency approach. Reading: Addison-Wesley, 1974. p. 321.
41. BLUMBERG, M.; PRINGLE, C. D. The missing opportunity in organizational research: some implications for a theory of work performance. *Academy of Management Review*, p. 560-569, Oct. 1982.
42. LAWLER III, E. E. *Pay and organizational effectiveness*. New York: McGraw-Hill, 1971.
43. PORTER, L. W.; LAWLER III, E. E. *Managerial attitudes and performance*. Homewood: The Irwin Dorsey, 1968.
44. CHIAVENATO, I. *Gerenciando pessoas*: como transformar gerentes em gestores de pessoas. Barueri: Manole, 2015. p. 181.
45. THORNDYKE, E. L. *Animal intelligence*. New York: Macmillan, 1911. p. 244.
46. SKINNER, B. F. *Contingencies and human behavior modification*. New York: Appleton-Century Crofts, 1969.
47. LUTHANS, F.; KREITNER, R. *Organizational behavior modification*. Glenview: Scott, Foresman, 1975.
48. KLEIN, H. J. An integrated control theory model of work motivation. *Academy of Management Review*, p. 150-172, Apr. 1989.
49. A Figura 9.16 está fortemente assentada no trabalho de ROBBINS, S. P. *Comportamento organizacional, op. cit.*, p. 170.
50. ADLER, N. J. *International dimensions of organizational behavior*. Cincinnati: Southwestern, 1997. p. 158.
51. HOFSTEDE, G. Motivation, leadership, and organization: do American theories apply abroad? *Organizational Dynamics*, p. 55, Summer 1980.
52. HOFSTEDE, G. Motivation, leadership, and organization: do American theories apply abroad?, *op. cit.*, p. 55.
53. NATIONAL ASSOCIATION FOR MENTAL HEARTH. *Mental health is*. New York: Columbus Circle, 1970.
54. LITWIN, G. H. Climate and motivation: an experimental study. In: KOLB, D. A.; RUBIN, I.; MCINTYRE, J. M. *Organizational psychology*: a book of readings. Englewood Cliffs: Prentice Hall, 1971. p. 111.
55. CHIAVENATO, I.; MATOS, F. G. de. *Visão e ação estratégica*. São Paulo: Makron Books, 2010. p. 120.
56. LAWLER III, E. E. *Pay and organizational effectiveness*. New York: McGraw-Hill, 1971. p. 164-170.
57. LAWLER III, E. E. *Pay and organizational effectiveness, op. cit.*
58. HERZBERG, F. The wise old turk. *Harvard Business Review*, Sept./Oct. 1974.
59. FEIN, M. The myth of job enrichment. In: FAIRFIELD, R. P. (org.). *Humanizing the workplace*. Buffalo: Prometheus Books, 1974. p. 71-78.
60. FORD, R. Job enrichment lessons for AT&T. *Harvard Business Review*, p. 96-106, Jan./Feb. 1973.
61. CHIAVENATO, I. *Administração nos novos tempos, op. cit.*, p. 294.
62. CLOKE, K.; GOLSDMITH, J. *The end of management and the rise of organizational democracy*. San Francisco, CA: Jossey-Bass, 2002. p. 58.
63. ATKINSON, J. W. *An introduction to motivation*. Princeton: Van Nostrand, 1964. p. 230-314.
64. CLOKE, K.; GOLSDMITH, J. *The end of management and the rise of organizational democracy, op. cit.*, p. 59.

PARTE IV — OS GRUPOS NAS ORGANIZAÇÕES – PERSPECTIVA INTERMEDIÁRIA DO COMPORTAMENTO ORGANIZACIONAL

Capítulo 10 – Equipes e *empowerment*

Assista aos vídeos do autor na Sala de Aula Virtual

As pessoas não vivem isoladas, nem trabalham sozinhas. O espírito gregário faz com que as pessoas procurem viver juntas em agrupamentos sociais. O grupo social – seja ele primário, espontâneo ou de trabalho – ocupa a maior parte da vida das pessoas. E, nas organizações, a filiação a um grupo constitui a maior parte da vida de trabalho da maioria das pessoas. Daí a importância de se compreender a formação, o desenvolvimento e as características dos grupos.

Na verdade, a importância do estudo dos grupos para o Comportamento Organizacional (CO) reside nos seguintes aspectos:

- Tanto a organização formal – aquela definida oficialmente pela organização em seu desenho organizacional – quanto a organização informal – aquela que se desenvolve espontaneamente por meio de relacionamentos informais entre as pessoas – se baseiam fundamentalmente em grupos.
- Os administradores lideram grupos de subordinados.
- A participação no grupo influencia o comportamento de seus membros.
- A influência que o grupo exerce sobre a pessoa é diferente para cada indivíduo. Algumas pessoas podem ser totalmente influenciadas pelo grupo, enquanto outras sofrem influência mínima ou não sofrem sequer influência alguma. Outras, ainda, são influenciadoras de grupos.
- Os grupos podem ajudar a impulsionar ou restringir e limitar o alcance dos objetivos organizacionais.
- Os grupos podem perseguir objetivos discrepantes e entrar em conflito entre si ou com a organização.

Todas essas razões são importantes para estudar e compreender os grupos, já que estão relacionadas com a eficiência e a eficácia organizacional.

Figura IV.1 Estrutura do livro.

A atividade grupal constitui o segundo nível do CO, vindo além do nível individual de comportamento e aquém do nível organizacional, para efeito didático.

A Parte IV é dedicada inteiramente ao estudo dos grupos sociais e envolve um capítulo:

10. Equipes e *empowerment*.

O objetivo desta parte é abordar como construir equipes de alto desempenho e dotá-las de autonomia, liberdade, excelência e comportamento empreendedor.

EQUIPES E EMPOWERMENT

OBJETIVOS DE APRENDIZAGEM

Após estudar este capítulo, você deverá estar capacitado para:

- Apresentar a moderna conceituação de equipe nas organizações.
- Descrever o conceito de equipe e suas características.
- Explicar o *empowerment* e suas aplicações práticas.
- Apresentar os novos conceitos e práticas a respeito das equipes de elevado desempenho.

O QUE VEREMOS ADIANTE

- Diferenças entre grupos e equipes.
- *Empowerment*.

CASO INTRODUTÓRIO
Banco Americano

Maria Alicia Pontes trabalha no Banco Americano há vários anos. Desde o ano passado, passou a ocupar a função de gerente da maior agência do banco. Maria Alicia conhece bem os grupos formais de trabalho na sua agência bancária. De um lado, os caixas formam um grupo, os gerentes de empréstimos formam outro, o pessoal de apoio administrativo outro ainda, cada qual formando um silo separado e isolado. Maria Alicia resolveu criar um quarto grupo para funcionar como uma força-tarefa, a fim de buscar e sugerir maneiras de melhorar o serviço ao cliente. Teria sido uma boa ideia?

Durante décadas a fio, as organizações foram estruturadas por meio de órgãos fixos e definitivos, como divisões, departamentos, seções etc. De um lado, uma organização interna imutável e feita para durar a eternidade, como se o mundo dos negócios não mudasse ao seu redor. A ideia era especializar cada órgão para que ele pudesse ser o mais eficiente possível no alcance de seus objetivos próprios, juntar os especialistas em uma só área e usar isso como meio de angariar forças e obter maior produtividade das pessoas. Na verdade, esse sistema trouxe várias vantagens ao reunir especialistas de uma mesma área e, até certo ponto, melhorou o alcance de objetivos departamentais por meio de uma melhor coordenação intradepartamental. Porém, a coordenação interdepartamental foi esquecida na esperança de que o nível imediatamente superior, por meio das chefias, cuidasse da coordenação com os demais departamentos. O que nem sempre acontecia, pois as chefias estavam totalmente concentradas no funcionamento interno de seus departamentos e não tinham tempo e nem vontade de cuidar dos outros. Os departamentos se fecharam em si mesmos, com forte orientação internalizada, e tornaram-se verdadeiros feudos isolados e autônomos. E, quase sempre, as comunicações internas se tornaram frágeis e os objetivos globais da organização se tornaram secundários em relação aos objetivos departamentais.

Somente nas décadas finais do século passado, com as profundas mudanças no ambiente externo das organizações, o tradicional sistema organizacional precisou passar por uma verdadeira carpintaria interna. Para serem competitivas em um mundo mutável, as organizações precisavam mudar. E mudar muito rapidamente. Com o intenso movimento gerado pela reengenharia, as organizações acentuaram a necessidade de reduzir níveis organizacionais e flexibilizar suas estruturas, até então inchadas e pesadas demais. Os órgãos – então fixos e definitivos – precisaram ser móveis e mutáveis – para acompanhar as mudanças ambientais e adaptar-se.

10.1 DIFERENÇAS ENTRE GRUPOS E EQUIPES

A palavra *equipe* não é nova nas organizações, e o espírito de equipe tem recebido muita importância desde que o conhecido guru da qualidade, Joseph Juran, ressaltou a abordagem de equipe para a solução de problemas nas empresas japonesas – nos idos de 1950 e, posteriormente, nos Estados Unidos ao redor de 1980 – nos seguintes termos:[1]

- Muitas organizações utilizam equipes de projetos com diversos gerentes e funcionários profissionais trabalhando juntos em projetos por um período definido de tempo, que pode ser estendido.
- Uma grande parte delas utiliza equipes em paralelo com a estrutura organizacional convencional.
- Outra grande parte utiliza equipes permanentes de trabalho com unidades de trabalho autossuficientes e responsáveis por produtos ou serviços.

Na sua época, a utilização de equipes nas organizações – nos moldes da atualidade – era ainda muito restrita. E, durante muito tempo, os termos *equipe* e *grupo* foram inadequadamente utilizados de maneira intercambiável. Hoje, percebemos que existe uma grande diferença entre esses dois conceitos, principalmente quanto aos resultados relativos ao seu desempenho. O desempenho de um grupo de trabalho é uma função daquilo que os membros fazem como indivíduos. O desempenho de uma equipe inclui tanto resultados individuais quanto o que chamamos de produto do trabalho coletivo: aquilo que dois ou mais membros trabalhando juntos produz como uma contribuição real.[2]

As principais diferenças entre grupos de trabalho e equipes são:[3]

- O grupo de trabalho tem um forte e único líder, enquanto a equipe tem papéis compartilhados de liderança.
- O grupo de trabalho tem uma responsabilidade individualizada, enquanto a equipe tem uma responsabilidade individual e mútua.
- O propósito do grupo de trabalho é o mesmo da organização, enquanto a equipe tem um propósito específico.
- O grupo de trabalho tem produtos de trabalho individualizados, enquanto a equipe tem produtos de trabalho coletivos.
- O grupo de trabalho utiliza reuniões eficientes, enquanto a equipe encoraja reuniões abertas e constantes e direcionadas para a solução de problemas.
- O grupo de trabalho mede a eficácia de maneira indireta – como desempenho financeiro dos negócios globais –, enquanto a equipe mede desempenho de maneira direta pela avaliação dos produtos de trabalho coletivos.
- O grupo de trabalho discute, decide e delega, enquanto a equipe discute, decide e faz o trabalho real.

Na verdade, a diferença entre grupo de trabalho e equipe é a mesma diferença entre uma casa e um lar, entre uma cidade e uma comunidade, entre um quarteirão e uma vizinhança. As principais diferenças são:[4]

- As equipes envolvem relacionamentos, ou seja, conexões humanas nas quais o todo emerge como maior do que soma de suas partes. O principal segredo da equipe é que sua característica coletiva provoca um efeito sinergístico (o todo é maior do que a soma de suas partes) que não se encontra no grupo. O grupo soma, enquanto a equipe multiplica resultados.
- As equipes se baseiam em relações afetivas, emocionais e conexões pessoais entre os membros. Elas envolvem diversidade e unidade, abertura e aceitação, honestidade e empatia, criticismo e acordo, confiança e assunção de riscos para criar algo maior do que possível pela junção de peças individuais em algo único. Nos grupos, o poder é geralmente distribuído hierarquicamente, e as decisões são tomadas por um pequeno círculo de indivíduos, a quem se atribui poder e responsabilidade. Os grupos dependem estreitamente de seus líderes, que têm capacidade para pressionar, coagir e manipular os seus integrantes.
- As equipes não precisam coagir ou pressionar os membros e nem precisam requerer lealdade deles. A direção geral flui automaticamente por meio da identificação e integração da visão, dos objetivos e das estratégias. As equipes dispensam elementos como subordinação, medo ou obediência. Elas repousam sobre a interdependência, autoconfiança e retroação crítica. Elas não valorizam a uniformidade ou obediência ao líder, mas a diversidade, o diálogo e a negociação para alcançar consenso e uma direção comum. Isso não se encontra nos grupos.
- As equipes se caracterizam pela clareza em sua coesão, pelo espírito coletivo focado na tarefa, pela afeição que os membros manifestam em seus relacionamentos e pela qualidade de sua satisfação nos processos de trabalho. Essa qualidade de atuar em conjunto é que proporciona maior poder às equipes. Elas estão gradativamente constituindo unidades fundamentais de energia organizacional estrategicamente integrada em redes, fazendo com que seus membros abandonem comportamentos competitivos, individualistas, egocêntricos e auto-orientados para usufruir a ausência de restrições sociais. Isso também não se encontra nos grupos.
- As organizações democráticas constituem o melhor contexto para florescimento de equipes bem-sucedidas. Elas requerem um contexto de valores, ética e integridade, envolvendo redes de associação, processos colaborativos e abertos e sistemas complexos de autocorreção, além de liderança democrática e comprometida. Participar de uma equipe não significa abandonar a individualidade ou os próprios pontos de vista, mas contribuir para melhorar produtos, processos e relacionamentos. Isso também não se encontra nos grupos.

Em resumo, toda equipe foi um grupo, mas nenhum grupo é uma equipe. No fundo, a equipe é um grupo supermelhorado, um tipo especial de grupo. Além disso, é preciso lembrar que:[5]

- Os membros das equipes são altamente interdependentes e quase sempre interligados pela interdependência inclusiva.
- As equipes são formadas pelo agrupamento por fluxo de trabalho, fazendo com que seus membros sejam responsáveis pelo desempenho de diversas funções diferentes.

Características como conhecimento, habilidades e competências estão distribuídas desigualmente entre os membros da equipe por força de antecedentes, treinamento, talentos e acesso a recursos. Todas essas diferenças interfuncionais são importantes para o trabalho integrado da equipe. Em geral, a equipe de excelência reúne entre seus membros todo o arsenal de conhecimentos, habilidades e competências necessárias ao trabalho integral.

 SAIBA MAIS — **Organizações tradicionais × organizações ágeis**

As organizações tradicionais são construídas ao redor de estruturas hierarquizadas e estáticas que são separadas como silos fechados, enquanto as organizações ágeis são caracterizadas por redes de equipes integradas que operam em rápidos ciclos de aprendizagem e de tomada de decisões. Nas organizações tradicionais, as comunicações e os comandos descem fluindo nas hierarquias, enquanto as organizações ágeis instilam um propósito comum e utilizam dados para a tomada de decisão na base mais próxima da realidade, combinando velocidade e adaptabilidade com elevada produtividade das equipes, esquadrões ou tribos. Essas olham o mundo tal como os consumidores e demais *stakeholders* fazem.[6] Algumas organizações ágeis já nascem como *startups*, com base em plataformas virtuais, e põem as pessoas antes dos lucros.[7]

10.1.1 Etapas do desenvolvimento de equipes

As equipes não nascem prontas e acabadas. Elas precisam passar por vários estágios de desenvolvimento para chegarem ao nível de excelência. Isso significa um longo aprendizado dos seus membros no sentido de se integrarem reciprocamente.

Para efeito didático, as equipes passam por quatro estágios em seu desenvolvimento ao longo do tempo, a saber:

1. Estágio de experimentação inicial.
2. Estágio de experimentação e aprendizado.
3. Estágio de consolidação.
4. Estágio de maturidade e flexibilização.

A Figura 10.1 mostra as características de cada estágio de desenvolvimento das equipes.

As etapas do desenvolvimento de uma equipe podem ser gradativamente melhoradas, intensificadas e aceleradas por meio das seguintes ações:

1. Ações de desenvolvimento na primeira etapa:
   - Oferecer maior suporte e apoio por meio da liderança e do *coaching*.
   - Desenvolver abertura nos relacionamentos entre os membros.
   - Facilitar exercícios para que cada membro conheça os outros.
   - Estimular o autoconhecimento de cada membro.
   - Incentivar o compartilhamento de preocupações e problemas.
   - Encorajar a avaliação das forças e fraquezas individuais.
   - Tornar agradáveis as atividades da equipe.

2. Ações de desenvolvimento na segunda etapa:
   - Proporcionar maior suporte e apoio à equipe.
   - Encorajar maior abertura nos relacionamentos.
   - Construir pontes e conexões entre os indivíduos.
   - Buscar oportunidades para experimentação e tentativas de mudar.
   - Atrair os conflitos para a superfície e analisá-los objetivamente.
   - Questionar a tomada de decisão coletiva e os métodos de solução de problemas.
   - Buscar uma base comum de apoio.
   - Encorajar os membros a apresentar suas queixas.

3. Ações de desenvolvimento na terceira etapa:
   - Proporcionar menor suporte e apoio à equipe. Soltá-la levemente.
   - Desenvolver habilidades de solução coletiva de problemas.
   - Desenvolver habilidades de tomada de decisão coletiva.

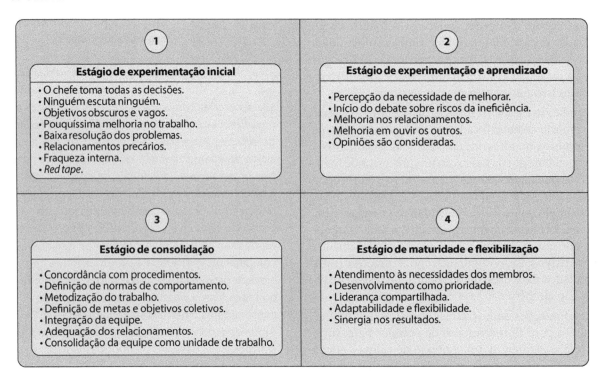

Figura 10.1 Estágios do desenvolvimento de uma equipe.

- Encorajar os membros a compartilhar forças.
- Desenvolver capacidade da equipe de compensar fraquezas individuais.
- Esclarecer metas e objetivos.
- Rever regularmente o desempenho coletivo e planejar melhorias.
- Marcar gols e celebrar sucessos.

4. Ações de desenvolvimento na quarta etapa:
- Proporcionar o mínimo suporte e apoio à equipe. Soltar a equipe.
- Experimentar liderança compartilhada.
- Construir pontes com outras equipes.
- Incentivar mudanças por meio das necessidades das atividades.
- Esclarecer valores.
- Considerar possibilidades de agregar valor à organização.
- Encorajar a comunicação informal.
- Contra-atacar a insularidade dos membros.
- Intensificar metas e objetivos com ênfase em resultados concretos.
- Expor o desempenho da equipe à avaliação externa.
- Marcar gols e celebrar sucessos.
- Reconhecer e festejar o bom desempenho individual e coletivo.

Esses estágios de desenvolvimento de uma equipe podem ser abreviados e até mesmo ultrapassados, dependendo do grau de entrosamento e engajamento de seus membros.

10.1.2 Tipos de equipe

Existem vários tipos de equipe. Os principais tipos de equipes, cujas características são apresentadas na Figura 10.2, são:

- **Equipes funcionais cruzadas**: ao optar por desenhos organizacionais horizontalizados e reconhecer as disfunções da autonomia funcional burocrática, as organizações estão se voltando para equipes funcionais cruzadas. Elas são constituídas de membros de vários departamentos ou de diferentes especialidades funcionais. Em geral, atendem a dois critérios: um interno à equipe e outro externo em relação à organização. Cinco passos são indispensáveis para melhorar a dinâmica de uma equipe:[8]
  - Escolher e selecionar cuidadosamente seus membros.
  - Definir claramente o propósito da equipe.
  - Assegurar que cada membro compreenda como a equipe deverá funcionar.
  - Conduzir uma construção intensiva da equipe para que cada membro aprenda como interagir eficazmente.
  - Alcançar resultados esplêndidos para que o moral permaneça elevado e os membros sintam o impacto de seus esforços.

  As equipes funcionais cruzadas servem para juntar conhecimentos e habilidades de indivíduos vindos de várias áreas de trabalho no sentido de trazer soluções para problemas operacionais.

- **Equipes virtuais**: com o advento da Tecnologia da Informação (TI), a interação face a face dos membros torna-se dispensável. Os membros podem se comunicar a distância por meios eletrônicos como *e-mail*, *chat rooms*, conferência telefônica, fax, transmissões via satélite e *websites*. As tarefas baseadas no conhecimento podem ser desempenhadas por membros em locais remotos. As equipes virtuais são hoje evidentes nas operações globais e parcerizadas. Uma das chaves para a utilização das equipes virtuais são das tecnologias síncronas, que permitem que os membros interajam ao mesmo tempo ou em tempo real. Vídeo e audioconferências são exemplos de tecnologias síncronas. Por outro lado, as tecnologias assíncronas – como *e-mail*, *chat rooms*, grupos de calendário, páginas da Web – podem ser utilizadas em interações retardadas.

- **Equipes autogerenciadas**: são equipes essencialmente independentes, que executam suas tarefas operacionais, assumem responsabilidades gerenciais tradicionais, como admitir, planejar, programar e avaliar o desempenho. Como parte do movimento de *empowerment* e valores culturais igualitários, há um crescente número de organizações que estão utilizando equipes autogerenciadas. Elas são definidas como um grupo de pessoas que é responsável pelo gerenciamento e pelo desempenho de tarefas técnicas que resultam em um produto ou serviço a ser oferecido para um cliente interno ou externo.[9]

- **Forças-tarefa**: são equipes temporárias criadas para cumprir ou executar uma tarefa específica e determinada. Quando a tarefa é completada, a equipe se dissolve, e cada membro retorna à sua posição anterior. A força-tarefa deve ser constituída de participantes que

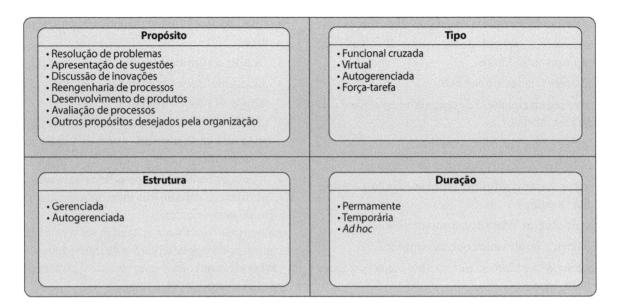

Figura 10.2 Características das equipes.

ofereçam todas as competências básicas necessárias ao cumprimento da tarefa. Para isso, a diversidade dos membros é sempre bem-vinda.

10.1.3 Níveis de análise do desempenho de equipes

As equipes são continuamente avaliadas por meio de seu desempenho e de resultados que oferecem, além do valor agregado que constroem. Quase sempre essa avaliação percorre quatro níveis de análise em uma hierarquia em que cada nível constitui uma condição necessária, mas não suficiente para o sucesso dos níveis superiores, a saber:[10]

1. **Nível da tarefa**: a partir da análise das atividades da equipe para avaliar recursos críticos necessários para o trabalho. A equipe precisa garantir que todos os seus participantes disponham dos recursos críticos necessários para executar suas tarefas especializadas. Esses recursos necessários incluem tempo, informações, matérias-primas e equipamentos. Sem eles, a equipe não será bem-sucedida nesse aspecto e, certamente, os demais níveis superiores não serão atendidos.

2. **Nível individual**: examinando as contribuições individuais dos membros da equipe para avaliar desempenho de papéis. Ao utilizar ou aplicar os recursos necessários, o próximo elemento-chave é a maneira como cada membro é realmente experiente em sua atividade específica. A equipe precisa dispor de participantes dotados de conhecimentos, habilidades e competências específicas em suas diferentes atividades. A falta de determinada competência entre os membros da equipe pode provocar dificuldades no alcance de seu sucesso neste nível.

3. **Nível diádico**: por meio da interação entre pares de membros da equipe, isto é, entre conjuntos de pares de indivíduos para avaliar coordenação e apoio. Desde que tenham os recursos necessários e disponham das competências, os membros precisam se entender entre si e saber trabalhar juntos para que a equipe tenha sucesso. A equipe pode ser visualizada em termos de número de membros – díades (duas pessoas), tríades ou mais pessoas envolvidas – e que devem ter um entendimento mútuo dos respectivos papéis que desempenham. Para tanto, precisam desenvolver um modelo mental compartilhado com relação às suas mútuas necessidades e responsabilidades para que tenham a dose de interdependência e coordenação necessária para o trabalho coletivo e integrado.

4. **Nível da equipe como um todo**: a equipe é analisada como uma entidade distinta para avaliar objetivos e identidade comuns. Desde que a equipe tenha os três níveis apresentados – recursos, competências individuais e coordenação –, ela tem as condições básicas para garantir o compromisso com as metas e os objetivos da equipe e a subordinação dos interesses individuais ou especializados. Cada membro passa a compartilhar do mesmo desejo de sucesso da equipe, além de ganhar um senso de confiança no sentido de ajudar os demais membros no alcance de objetivos comuns. Essa identidade comum e o elevado senso de confiança é que permitem que a equipe seja visualizada como uma totalidade.

Esses quatro níveis de análise estão esquematizados na Figura 10.3.

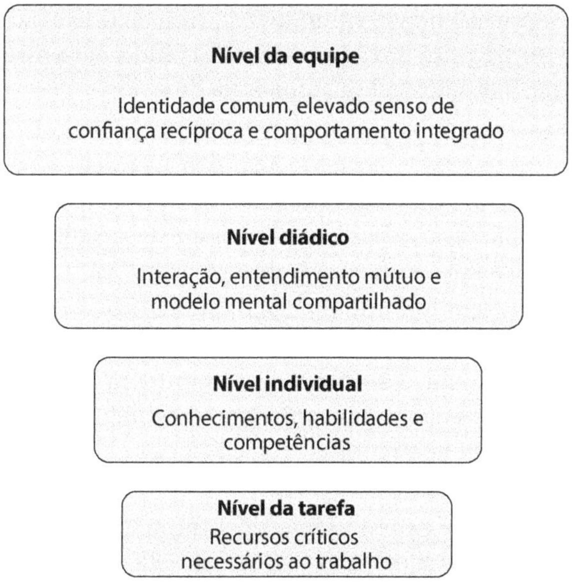

```
┌─────────────────────────────────────┐
│           Nível da equipe           │
│  Identidade comum, elevado senso de │
│ confiança recíproca e comportamento │
│              integrado              │
└─────────────────────────────────────┘
    ┌─────────────────────────────────────┐
    │           Nível diádico             │
    │   Interação, entendimento mútuo e   │
    │     modelo mental compartilhado     │
    └─────────────────────────────────────┘
        ┌─────────────────────────────────┐
        │        Nível individual         │
        │   Conhecimentos, habilidades e  │
        │           competências          │
        └─────────────────────────────────┘
            ┌─────────────────────────────┐
            │        Nível da tarefa      │
            │        Recursos críticos    │
            │     necessários ao trabalho │
            └─────────────────────────────┘
```

Figura 10.3 Os quatro níveis de eficácia da equipe.[11]

VOLTANDO AO CASO INTRODUTÓRIO
Banco Americano

Em sua jornada para chegar ao trabalho em equipe em sua agência bancária, Maria Alicia está propensa a substituir grupos por equipes e partir definitivamente para uma administração participativa e democrática. Que sugestões você poderia dar a Maria Alicia para ajudá-la nesse aspecto?

10.1.4 Como desenvolver e gerenciar equipes eficazes

As equipes não surgem ao acaso, nem melhoram automaticamente sua produtividade. A organização precisa aprender a desenvolver e gerenciar equipes e saber como utilizar iniciativas de melhoria contínua. Isso é uma questão de cultura e de estrutura. As características de equipes eficazes são:

- Objetivos claros e entendidos por todos os membros.
- Habilidades relevantes de cada membro para que a equipe possua todas as competências necessárias à tarefa a ser executada.
- Apoio e confiança mútua entre os membros.
- Compromisso unificado em relação aos objetivos e aos meios para alcançá-los.
- Relacionamento interpessoal e excelente comunicação interna.
- Habilidades de negociação para o alcance de consenso interno e de aceitação externa.
- Abertura e confrontação juntamente com cooperação e competição.
- Liderança renovadora capaz de impulsionar e alavancar as pessoas.
- Apoio interno dos membros e externo de todas as partes da organização.
- Aprendizagem e desenvolvimento individual e coletivo.

Já as habilidades interpessoais consideradas necessárias aos líderes de equipes são apresentadas no Quadro 10.1.

Quadro 10.1 Habilidades interpessoais necessárias aos líderes de equipes[12]

■ Faça perguntas apropriadas para trazer novas ideias e estimular a discussão.
■ Ouça atentamente as ideias e as preocupações dos membros.
■ Coordene as discussões da equipe para encorajar os membros tímidos a participar.
■ Estabeleça um clima informal e aberto para que os membros se sintam livres para expressar seus pensamentos.
■ Utilize métodos de consenso para buscar decisões sobre assuntos básicos da equipe.
■ Envolva todos os membros da equipe na definição de objetivos.
■ Implemente guias e diretivas para minimizar desperdício de tempo nas reuniões da equipe.
■ Encoraje o respeito mútuo entre os membros para que saibam como suas contribuições são valiosas.
■ Identifique e lide com comportamentos disfuncionais adequadamente.
■ Celebre o alcance de desafios e as vitórias da equipe.
■ Reconheça o bom desempenho, atribua novas responsabilidades e use todas as técnicas possíveis para motivar os membros da equipe.

Acesse conteúdo sobre **Questões a considerar na construção de equipes bem-sucedidas** na seção *Tendências em CO* 10.1

A medição da maturidade de uma equipe pode ser realizada por meio de dez critérios, explicitados na Figura 10.4.

10.2 EMPOWERMENT

O caminho para a organização de aprendizagem anda de mãos dadas com a forte tendência rumo à delegação de autoridade às pessoas de toda a organização. Juntamente com a utilização de equipes autodirigidas, adoção de sistemas orgânicos de administração e de culturas participativas e abertas, as organizações estão tentando difundir e compartilhar o poder com todos os seus membros.

O *empowerment* é uma forma de delegação de autoridade[13] e parte da ideia de dar às pessoas o poder, a liberdade e a informação para tomarem decisões e participarem ativamente da organização. Em um ambiente de negócios caracterizado pela intensa competição global e pelo rápido surgimento de novas tecnologias, abrir mão do controle centralizado parece ser a solução viável que promove velocidade, flexibilidade e capacidade de decisão da organização.[14]

O *empowerment* se assenta em quatro bases principais, também esquematizadas na Figura 10.5:

1. **Poder**: dar poder às pessoas, delegando autoridade e responsabilidade em todos os níveis da organização. Isso significa dar importância e confiar nas pessoas, dar-lhes liberdade e autonomia de ação.
2. **Motivação**: proporcionar motivação às pessoas para incentivá-las continuamente. Isso significa reconhecer o bom desempenho, recompensar os resultados, permitir que as pessoas participem dos resultados de seu trabalho e festejar o alcance de metas.
3. **Desenvolvimento**: dar recursos às pessoas em termos de capacitação e desenvolvimento pessoal e profissional. Isso significa treinar continuamente, proporcionar informação e conhecimento, ensinar continuamente novas técnicas, criar e desenvolver talentos na organização.
4. **Liderança**: proporcionar liderança na organização. Isso significa orientar as pessoas, definir objetivos e metas, abrir novos horizontes, avaliar o desempenho e proporcionar retroação.

1. Mecanismos adequados de retroação:

| Mecanismos de retroação pobres | 1 2 3 4 5 | Excelentes mecanismos de retroação |

2. Processos adequados de tomada de decisão:

| Processo decisório pobre | 1 2 3 4 5 | Processo decisório adequado |

3. Coesão ótima:

| Baixa coesão | 1 2 3 4 5 | Coesão ótima |

4. Procedimentos e organização flexível:

| Muito inflexível | 1 2 3 4 5 | Muito flexível |

5. Utilização máxima dos recursos:

| Uso precário | 1 2 3 4 5 | Excelente uso |

6. Comunicações claras:

| Comunicação pobre | 1 2 3 4 5 | Excelente comunicação |

7. Objetivos claros e aceitos pelos membros:

| Objetivos obscuros e não aceitos | 1 2 3 4 5 | Objetivos claros e bem aceitos |

8. Sentimentos de interdependência:

| Nenhuma Interdependência | 1 2 3 4 5 | Alta Interdependência |

9. Compartilhamento na participação das funções de liderança:

| Nenhuma participação compartilhada | 1 2 3 4 5 | Elevada participação compartilhada |

10. Aceitação dos pontos de vista dos outros e das minorias:

| Não aceitação | 1 2 3 4 5 | Elevada aceitação |

Figura 10.4 Dez critérios para medir a maturidade de uma equipe.[15]

Figura 10.5 Bases do *empowerment*.

 Aumente seus conhecimentos sobre **As razões para o *empowerment*** na seção *Saiba mais* CO 10.1

Para que o *empowerment* possa funcionar melhor, as organizações utilizam quatro elementos que capacitam as pessoas a agir mais livremente para realizar suas tarefas: informações, conhecimento, poder e recompensas:[16]

1. **As pessoas recebem informações sobre o desempenho da organização**: nas organizações em que a autoridade é inteiramente delegada às pessoas, nenhuma informação é secreta. É o que acontece na Semco – conhecida fabricante brasileira de equipamentos marítimos e de processamento de alimentos –, em que todos os funcionários têm acesso aos registros e às informações, incluindo os salários dos executivos. Para comprovar a sinceridade do compartilhamento das informações, a direção da Semco trabalha juntamente com o sindicato que representa seus empregados para treiná-los na leitura de balancetes e demonstrativos de fluxo de caixa, envolvendo até mesmo os mensageiros e o pessoal de limpeza.

2. **As pessoas têm conhecimento e habilidade para contribuir para as metas da organização**: as organizações utilizam vários métodos de treinamento para proporcionar às pessoas o conhecimento e as habilidades de que necessitam para contribuir pessoalmente para o desempenho da organização em um ambiente de delegação de autoridade. A Xerox proporciona aos seus funcionários o que ela chama de treinamento de "linha de mira", pelo qual as pessoas se familiarizam com a maneira como seus trabalhos se encaixam nas atividades a montante e a jusante da produção. O treinamento serve para auxiliar as pessoas com autoridade delegada a tomar melhores decisões que apoiem outras pessoas e contribuam para as metas da organização.

3. **As pessoas têm poder para tomar decisões importantes**: as organizações mais competitivas estão concedendo às pessoas poder para influenciar os procedimentos de trabalho e os rumos da organização por meio dos círculos de qualidade e equipes de trabalho autodirigidas. As equipes programam suas próprias programações de trabalho e dispõem de liberdade para alterar o processo de produção ou o desenho do produto e definir como melhor atender os clientes. Embora a direção estabeleça uma lista de princípios de trabalho, as equipes têm liberdade para tomar decisões no cotidiano do trabalho.

4. **As pessoas são recompensadas com base no desempenho da organização**: as organizações podem recompensar financeiramente o desempenho de seus funcionários com base no desempenho da organização por meio da participação nos lucros e nos pro-

gramas de participação acionária na organização. Em algumas organizações, a remuneração assume três formas: salário, participação nos lucros e programa de participação acionária.

Aumente seus conhecimentos sobre **Por que as equipes falham?** na seção *Saiba mais* CO 10.2

10.2.1 *Continuum* do *empowerment*

Cada organização implementa a seu modo o conceito de *empowerment*. Algumas delas vão disparadas pela frente, enquanto outras ainda estão relutantes nesse aspecto. A delegação de autoridade pode dar-se em graus variáveis. Em muitas organizações, o *empowerment* estimula a participação das pessoas, enquanto os gerentes mantêm a autoridade final pelas decisões. Em outras, o *empowerment* significa dar às pessoas da linha de frente – aquelas que estão em contato direto com o cliente da organização – um poder quase total para tomar decisões e exercer a iniciativa e a imaginação.[17] A Nordstrom – uma cadeia americana de lojas de consumo – dá aos seus funcionários as seguintes diretrizes: "Regra nº 1: Use seu bom senso em todas as situações. Regra nº 2: Não há regras adicionais."[18]

Assim, há um *continuum* do *empowerment* que vai desde uma situação em que as pessoas da linha de frente das operações não possuem nenhum arbítrio e nem sequer tomam decisões – como na linha de montagem tradicional – até a total delegação de autoridade, em que as pessoas participam ativa e proativamente da determinação da estratégia organizacional. Os métodos atuais de delegação da autoridade estão classificados ao longo desse *continuum*. Quando o *empowerment* é pleno e total, as pessoas recebem total autoridade para a tomada de decisões e o controle de como realizarão suas tarefas, bem como poder para influenciar e mudar áreas como metas organizacionais, estruturas e sistemas de premiação. Mais abaixo, as pessoas são responsáveis pelo processo decisório, quando as equipes autodirigidas recebem poder para contratar, disciplinar, demitir membros e definir taxas de indenização. Essa posição é típica em organizações que operam sem hierarquia ou estruturas convencionais, em que a cultura enfatiza o trabalho em equipe, o apoio mútuo, a liberdade, a motivação, o esforço independente e a dedicação à organização como um todo, em lugar da dedicação a cargos ou a departamentos isolados.[19] O *continuum* do *empowerment* é ilustrado na Figura 10.6.

SAIBA MAIS — **Elementos do *empowerment*[20]**

As empresas precisam primeiro fazer a lição de casa antes de empoderar as empresas. Para Daft, cinco elementos devem ser considerados antes de fazer o *empowerment*: informação, conhecimento, delegação, significado e recompensas. Vejamos:

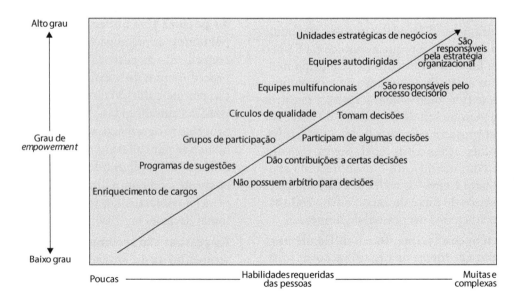

Figura 10.6 *Continuum* do *empowerment*.[21]

1. **As pessoas devem receber informação a respeito do desempenho da organização**: nenhuma informação deve ser secreta. As pessoas devem ter pleno acesso a todo e qualquer tipo de informação sobre a companhia.
2. **As pessoas devem receber conhecimentos e habilidades para contribuir para os objetivos da organização**: a organização deve treinar as pessoas para adquirirem conhecimentos e habilidades – que levam à competência – para que trabalhem com sucesso.
3. **As pessoas devem ter poder para tomar decisões importantes**: as organizações estão incrementando o poder das pessoas para que elas possam influenciar procedimentos de trabalho por meio de círculos de qualidade e times autodirigidos.
4. **As pessoas devem compreender o significado e o impacto de seus trabalhos**: as pessoas devem considerar que seus cargos são importantes e significativos para poderem tomar melhores decisões que contribuam para os objetivos organizacionais.
5. **As pessoas devem ser recompensadas com base no desempenho organizacional**: a organização deve focalizar as recompensas oferecidas como importante base da motivação do pessoal.

Há uma forte tendência rumo à expansão do *empowerment* a todos os funcionários nos níveis mais baixos das organizações.[22]

Reflita sobre **Linhas básicas para o desenvolvimento de equipes autogerenciadas** na seção *Para reflexão* CO 10.1

10.2.2 Equipes de alto desempenho

Em geral, as equipes bem-sucedidas e que alcançam excelência no desempenho têm pleno conhecimento dos seguintes aspectos:[23]

- **Quem somos nós?** A equipe é capaz de uma autoavaliação objetiva no sentido de alcançar uma autocompreensão, uma compreensão de seus pontos fortes e fracos.
- **Onde estamos agora?** A equipe sabe fazer uma análise e um balanço objetivo de qual é sua situação atual.
- **Para onde estamos indo?** A equipe define uma visão, bem como os objetivos que pretende alcançar em termos de saídas e resultados.
- **Como chegar lá?** A partir dos objetivos definidos, a equipe define planos de ação estratégicos.
- **O que esperam de nós?** A equipe demonstra assumir responsabilidades por meio de regras de base e, com isso, ganha confiabilidade.
- **De qual apoio necessitamos?** A equipe avalia suas necessidades de treinamento e desenvolvimento e amplia sua capacidade de aprendizagem.
- **Quão eficazes somos nós?** A equipe faz um questionamento constante de sua capacitação e de sua eficácia no alcance dos objetivos. Busca *benchmarks* – marcos de referência – para revisar continuamente seus processos grupais e melhorá-los continuamente.
- **Qual reconhecimento desejamos?** A equipe busca retroação na forma de reconhecimento, remuneração, benefícios e promoções.
- **Quem somos nós?** Retorna o ciclo da equipe de alto desempenho, dessa vez melhorado com a aprendizagem ao longo do processo.

VOLTANDO AO CASO INTRODUTÓRIO
Banco Americano

Para terminar a corrida por todos os caminhos necessários para transformar seus grupos em equipes de alto desempenho, Maria Alicia pretende estimular o *empowerment* em sua agência bancária. Contudo, tem pela frente dois desafios: um é convencer a alta direção do Banco Americano de que está no caminho certo e obter sua permissão para iniciar o processo; outro é convencer seus próprios subordinados. Como você poderia ajudar Maria Alicia nos argumentos que deveria utilizar junto à direção e juntos aos subordinados?

Faça o exercício **Check-list sobre eficácia da equipe** na seção *Exercício* CO 10.1

Acesse um caso sobre **A Ford Motor Company** na seção *Caso de apoio* CO 10.1

A Figura 10.7 mostra o modelo de equipe de alto desempenho.

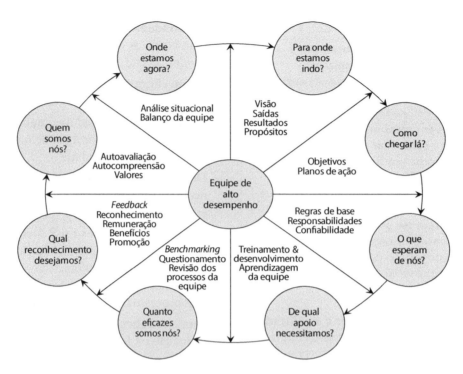

Figura 10.7 Modelo de equipe de alto desempenho.[24]

RESUMO

Este capítulo aborda a perspectiva de grupo no estudo do Comportamento Organizacional (CO). A importância dos grupos cresce cada vez mais no desempenho das organizações. Essas estão abandonando suas estruturas tradicionais para utilizar equipes de alto desempenho a fim de agilizar e flexibilizar seu comportamento. O grupo constitui importante unidade de análise no estudo do CO. Grupo é um conjunto de pessoas cuja existência como conjunto seja compensadora para elas. A dinâmica de grupo procura explicar como os grupos são formados e desenvolvidos. Existem vários tipos de grupos – formais e informais. Os grupos formais – como grupos de comando, de tarefa e temporários – são oficialmente designados pelas organizações, ao contrário dos grupos informais – como grupos primários, de interesses, de amizade e coalizões –, que surgem espontaneamente a partir dos relacionamentos informais entre os membros da organização. Em geral, o grupo passa por cinco estágios de desenvolvimento: formação, tormenta, normalização, desempenho e interrupção. O mapeamento da rede social é um assunto da sociometria que utiliza o sociograma para analisar a dinâmica do grupo. A estrutura de um grupo é formada pelas seguintes variáveis: liderança formal, desempenho de papel (que depende da percepção de papel, expectativa de papel e conflito de papéis), normas, *status*, tamanho, composição e grau de coesão. O comportamento do grupo depende das condições organizacionais que funcionam como contexto, a saber: estratégia organizacional, estrutura de autoridade, regulamentações formais, alocação de recursos, processos de seleção de pessoal, sistema de avaliação de desempenho e recompensas, cultura organizacional e condições físicas de trabalho. O grupo pode ser avaliado em termos de eficiência (processos grupais) e de eficácia (alcance de resultados e de objetivos). A tomada de decisão grupal oferece vários aspectos positivos e negativos. Para melhorá-la, podem-se utilizar ferramentas como: *brainstorming*, técnica de grupo nominal e reunião eletrônica. As equipes oferecem algo mais do que os grupos, pois suas características são mais holísticas e dinâmicas. Os principais tipos de equipes são: equipes funcionais cruzadas, virtuais, autogerenciadas e forças--tarefa. O conceito de equipe leva ao de *empowerment*: a delegação de autoridade para dar poder, liberdade e informação para a equipe tomar decisões e participar ativamente da organização. O *empowerment* se assenta em quatro bases: poder, motivação, desenvolvimento e liderança. Todavia, o *empowerment* não é algo fixo, mas funciona em um *continuum* que vai desde um baixo até um grau elevado de delegação de poder. Quando esse grau é elevado, estamos frente a equipes de alto desempenho, que chegam lá graças à excelência em sua dinâmica e resultados proporcionados.

QUESTÕES

1. O que é perspectiva intermediária do CO?
2. Conceitue grupo.
3. Explique a dinâmica de grupo.
4. Quais são os tipos de grupos?
5. Explique grupos de comando.
6. Explique grupos de tarefa.
7. Explique grupos temporários.
8. Explique grupos primários.
9. Explique grupos de interesses.
10. Explique grupos de amizade.
11. Explique coalizões.
12. Explique os estágios de desenvolvimento do grupo.
13. O que é um sociograma?
14. Quais os aspectos abordados pelo sociograma?
15. Quais as principais variáveis relacionadas com a estrutura do grupo? Explique-as.
16. O que é desempenho de papel, identidade de papel, percepção de papel e expectativa de papel?
17. Quais os papéis informais?
18. Explique normais grupais e por que elas são importantes.
19. Comente os tipos de normas.
20. Explique *status*.
21. Por que o tamanho influencia o comportamento do grupo?
22. Comente as condições organizacionais para o trabalho em grupo.
23. Como a estratégia organizacional afeta o comportamento do grupo?
24. Como os processos de seleção afetam o comportamento do grupo?
25. Como a cultura organizacional afeta o comportamento do grupo?
26. Explique a eficiência e eficácia grupal.
27. O que significa pensamento grupal?
28. Quais os pontos fortes da tomada de decisão grupal?
29. Quais os pontos fracos da tomada de decisão grupal?
30. Quais as ferramentas para reduzir os problemas inerentes aos grupos?
31. Conceitue equipe.
32. Explique as diferenças entre grupo e equipe.
33. Quais os tipos de equipes? Explique-os.
34. Explique a equipe funcional cruzada.
35. Explique a equipe autogerenciada.
36. Explique o conceito de força-tarefa.
37. Cite as características das equipes eficazes.
38. Quais as questões a considerar na construção de equipes bem-sucedidas?
39. Explique o *empowerment*, suas bases e o *continuum* do *empowerment*.
40. Explique o modelo de equipe de alto desempenho.

REFERÊNCIAS

1 JOHNSON, R. Effective team building. *HR Focus*, p. 18, Apr. 1996.

2 KATZENBACK, J. R.; SMITH, D. K. The discipline of teams. *Harvard Business Review*, Mar./Apr. 1993. p. 112.

3 KATZENBACK, J. R.; SMITH, D. K. The discipline of teams, *op. cit.*, p. 113.

4 CLOKE, K.; GOLSDMITH, J. *The end of management and the rise of organizational democracy*. San Francisco: Jossey-Bass, 2002. p. 189-201.

5 WAGNER III, J. A.; HOLLENBECK, J. R. *Comportamento organizacional*: criando vantagem competitiva. São Paulo: Saraiva, 2000. p. 226.

6 MAERCHLER, N.; NEHER, K.; PARK, R. *From touchpoints to journey's*: seeing the world as customers do. McKinsey & Company, Mar. 2016.

7 ANDREWS, E. W. S. People before profits: a new American Code? *Stanford Business*, Sept. 24, 2019.

8 CHAUDRON, D. How to improve cross-functional teams. *HR Focus*, p. 4-5, Aug. 1995.

9 YEATTS, D. E.; HYTEN, C. High performing self-managed work teams: a comparison of theory and practice. Thousand Oaks: Sage, 1998.

10 CAMPION, M. A.; MEDSKER, G. J.; HIGGS, A. C. Relations between work group characteristics and effectiveness: implications for designing effective work groups. *Personnel Psychology*, n. 46, p. 823-850, 1993.

11 Adaptado de: WAGNER III, J. A.; HOLLENBECK, J. R. *Comportamento organizacional*: criando vantagem competitiva, *op. cit.*, p. 230.

12 Baseado em: PARKER, G. M. *Cross functional teams*. San Francisco: Jossey-Bass, 1994. p. 57-58.

13 HOLLANDER, E. P.; OFFERMANN, L. R. Power and leadership in organizations. *American Psychologist*, v. 45, p. 179-189, Feb. 1990.

14. DAFT, R. L. *Organizações*: teoria e projetos. São Paulo: Thomson/Pioneira, 2002. p. 463.
15. SCHEIN, E. H. *Process consultation*. Englewood Cliffs: Addison-Wesley, 1988. p. 81.
16. PETZINGER JR., T. Forget empowerment, this job requires constant brainpower, *The Wall Street Journal*, 17 out. 1997, p. B12. Citado por: DAFT, R. L. *Organizações*: teoria e projetos, *op. cit.*, p. 464-465.
17. FORD, Robert C.; FOTTLER, Myron D. Empowerment: a matter of degree. *Academy of Management Executive*, v. 9, n. 3, p. 21-31, 1995.
18. PFEFFER, Jeffrey. Producing sustainable competitive advantage through the effective management of people. *Academy of Management Executive*, v. 9, n. 1, p. 55-69, 1995.
19. HACKMAN, J. Richard. *Leading teams*: setting the stage for great performances. Harvard Business School Press, 2002.
20. Extraído de: DAFT, Richard L. *Leadership*: theory and practice. Fort Worth: The Dryden Press, 1999. p. 254-255.
21. Baseado em: FORD, Robert C.; FOTTLER, Myron D. Empowerment: a matter of degree. *Academy of Management Executive*, v. 9, n. 3, p. 21-31, 1995; HOLPP, Lawrence. Applied empowerment. *Training*, p. 39-40, Feb. 1994.
22. CAMPBELL, John P.; DUNNETTE, Marvin D.; LAWLER III, Edward E.; WEICK, Karl E. *Managerial behavior, performance and effectiveness*. New York: McGraw-Hill, 1970.
23. MARGERISON, Charles; MCCANN, Dick. *Team management*: practical new approaches. New York: Management Books, 2000.
24. MARGERISON, Charles; MCCANN, Dick. *Team management*: practical new approaches, *op. cit.*

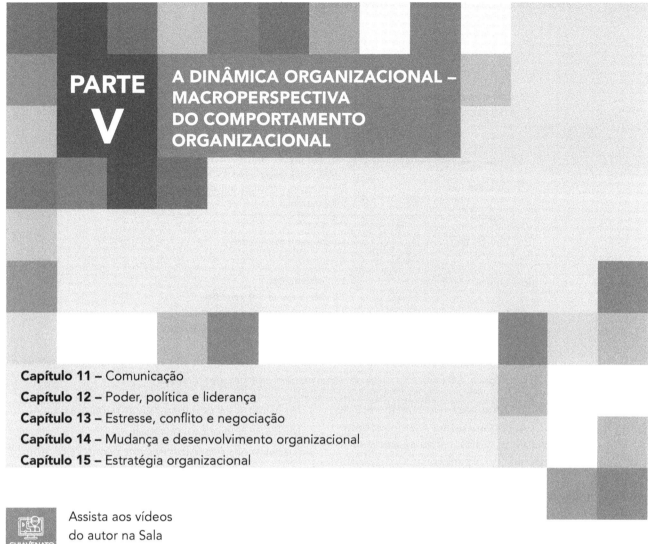

PARTE V — A DINÂMICA ORGANIZACIONAL – MACROPERSPECTIVA DO COMPORTAMENTO ORGANIZACIONAL

Capítulo 11 – Comunicação
Capítulo 12 – Poder, política e liderança
Capítulo 13 – Estresse, conflito e negociação
Capítulo 14 – Mudança e desenvolvimento organizacional
Capítulo 15 – Estratégia organizacional

 Assista aos vídeos do autor na Sala de Aula Virtual

As organizações constituem a alavanca propulsora do desenvolvimento econômico e social da sociedade, das nações e do mundo. São elas que produzem bens, serviços, informação, conhecimento, entretenimento e tudo o que precisamos para viver. São elas que impulsionam a inovação e o progresso por meio da criação e da distribuição de valor e riqueza. O grau de desenvolvimento de uma sociedade ou nação depende fundamentalmente da qualidade e da superioridade de suas organizações. Além da importância para a sociedade e para as nações, não devemos nos esquecer da importância das organizações para as pessoas. São nas organizações que passamos a maior parte de nossas vidas, e são delas que dependemos para viver e melhorar nossas vidas.

Esta Parte V é dedicada inteiramente ao estudo da dinâmica organizacional, ou seja, a maneira pela qual as organizações são organizadas e postas a funcionar. Nessa atividade dinâmica, as organizações movimentam pessoas, grupos e equipes rumo a objetivos operacionais, táticos e estratégicos no sentido de atender aos requisitos dos seus *stakeholders* e oferecer resultados a todos eles.

O Comportamento Organizacional (CO) está voltado para o estudo da dinâmica e do funcionamento das organizações. Seu foco central está em compreender como a organização funciona e como se comporta. Como as organizações são profundamente diferentes entre si, o CO se preocupa em definir as bases e características principais do seu funcionamento. As organizações se caracterizam por um desenho estrutural, ou seja, cada organização tem uma estrutura organizacional que serve de plataforma básica para o seu funcionamento. Além disso, cada organização tem a sua própria cultura organizacional, ou seja, um conjunto de crenças, valores e comportamentos que lhe dão a dinâmica necessária para o seu funcionamento. Conhecer o ambiente ex-

Figura V.1 Dinâmica organizacional que envolve pessoas e equipes.

terno é o passo fundamental para o entendimento do comportamento de uma organização. Além do conhecimento do contexto ambiental, torna-se necessário conhecer também o contexto organizacional: o desenho organizacional e a cultura organizacional. Assim, o contexto ambiental e o contexto organizacional são os passos preliminares para a compreensão do comportamento de uma organização.

A Parte V envolve os seguintes capítulos:

11. Comunicação.

12. Poder, política e liderança.

13. Estresse, conflito e negociação.

14. Mudança e desenvolvimento organizacional.

15. Estratégia organizacional.

É dentro das organizações que acontece o comportamento organizacional por meio de seu desenho, de sua cultura, do impulso para a competitividade e a sustentabilidade, da mudança e da maneira na qual o conhecimento corporativo gera e amplia resultados cada vez melhores e inovadores. Todos esses aspectos proporcionam uma incrível dinâmica que, ao mesmo tempo, compõe, modifica e enriquece a vida das pessoas, da sociedade e das nações.

COMUNICAÇÃO

OBJETIVOS DE APRENDIZAGEM

Após estudar este capítulo, você deverá estar capacitado para:

- Apresentar a comunicação como um dos principais meios de coesão e integração organizacional.
- Descrever o processo de comunicação e suas características sistêmicas.
- Explicar a diferença entre dados, informação e comunicação.
- Sumarizar as funções da comunicação.
- Explanar as barreiras à comunicação e como saná-las.
- Relatar a comunicação organizacional e seus canais.
- Proporcionar condições para melhoria da comunicação organizacional.

CASO INTRODUTÓRIO
Supermercados Meta

Renata Martinez é Diretora de Operações de uma enorme cadeia de supermercados com lojas em várias cidades. Recentemente, a direção da empresa – Supermercados Meta – a incumbiu de promover um esquema de comunicação com todas as lojas no sentido de obter não somente uniformidade de critérios e políticas para compensar a extrema descentralização das operações, mas, sobretudo, para melhorar o fluxo de informações dentro da empresa. Renata prontificou-se a elaborar um plano global e apresentá-lo na próxima reunião da diretoria. Como você poderia ajudar Renata?

O QUE VEREMOS ADIANTE

- Sociedade da informação.
- Era Digital.
- Conceituação de comunicação.
- Funções da comunicação.
- Processo de comunicação.
- Comunicação humana.
- Barreiras à comunicação.
- Comunicação organizacional.

Toda organização funciona a partir dos processos de comunicação. A dinâmica organizacional somente é possível quando a organização assegura que todos os seus membros estejam devidamente conectados e integrados. As redes de comunicação constituem as amarrações que interligam todos os integrantes de uma organização. A comunicação é fundamental para o funcionamento coeso, integrado e consistente de qualquer organização. É exatamente por essa razão que uma das finalidades mais importantes do desenho organizacional é assegurar e facilitar o processo de comunicação e de tomada de decisão. Além do mais, a organização funciona como um sistema de cooperação pelo qual as pessoas interagem entre si por meio da comunicação para alcançar objetivos comuns. A comunicação torna-se indispensável para que isso aconteça da melhor maneira possível. Sem comunicação, as pessoas ficam isoladas e sem contato entre si. Além disso, as pessoas não vivem isoladas nem são autossuficientes. Elas se relacionam continuamente com as outras pessoas ou com seus ambientes por meio da comunicação.

A comunicação constitui a primeira área a ser focalizada quando se estudam as interações humanas e os métodos para mudança ou influenciação do comportamento humano nas organizações. Trata-se de uma área em que cada pessoa pode fazer grandes progressos na melhoria de sua própria eficácia e em seu relacionamento interpessoal ou com o mundo externo. É também o ponto de maiores desentendimentos e conflitos entre duas ou mais pessoas, entre membros de um grupo, entre grupos e dentro da organização como um sistema. E, dentro das organizações, as comunicações ainda constituem um grande desafio.

11.1 SOCIEDADE DA INFORMAÇÃO

Vivemos em uma sociedade da informação. Os dados, quando organizados e significativos, conduzem à informação. Informação é o processo que organiza a ação. Ao provocar alguma ação por parte dos receptores, os dados se convertem em informação. Para os economistas, a informação é redução da incerteza na medida em que torna mais seguras as decisões públicas ou privadas. Para os administradores, a informação é o insumo básico do processo de tomada de decisão, além de conferir às ações que dele se originam uma avaliação mais segura. Em todos os casos, a informação constitui um recurso que agrega valor a processos e produtos.[1]

Na Era Industrial, os administradores passavam o tempo todo atrás de informação sobre as operações passadas a fim de entendê-las e controlá-las melhor. Quase sempre, a informação vinha atrasada muito tempo depois das operações, e o planejamento funcionava como uma extrapolação dos eventos passados com algumas correções em direção ao futuro. Na Era da Informação, graças à Tecnologia da Informação (TI), a informação sobre as operações é imediata e em tempo real. E, ao contrário do que antes acontecia, a informação é tão volumosa que o processo se inverteu: agora os administradores ficam sobrecarregados com o enorme volume de informação disponível. Hoje, ao invés de caçar informação, os administradores precisam selecionar a informação relevante para tomar suas decisões. Graças à TI, as organizações podem dispor imediatamente de informação a respeito de suas operações, de seus clientes e fornecedores, de seus membros e, principalmente, de seus concorrentes. Bill Gates diz que a informação é algo que alguém deseja saber e pelo qual está disposto a pagar. A informação não é tangível nem mensurável, mas é um produto valioso no mundo contemporâneo porque proporciona poder.[2] Poder de saber as coisas e de se antecipar aos acontecimentos. O controle da informação é alvo de governos, empresas e pessoas. Drucker[3] vai mais longe e argumenta que, na Era da Informação, o recurso realmente controlador, o fator de produção absolutamente decisivo, não é mais ou capital ou a terra ou a mão de obra. É o conhecimento. Estamos chegando à sociedade do conhecimento. O conhecimento é uma forma organizada de informações consolidadas pela mente humana ou por meio dos mecanismos cognitivos da inteligência, da memória e da atenção.[4]

Aumente seus conhecimentos sobre **Dado, informação e comunicação** na seção *Saiba mais* CO 11.1

VOLTANDO AO CASO INTRODUTÓRIO
Supermercados Meta

Inicialmente, Renata Martinez pensou em oferecer um projeto de comunicação organizacional e formal dentro da empresa. Contudo, conversando com outros diretores, chegou à conclusão de que deveria pensar grande, e não apenas formalmente. As razões dessa mudança de atitude estão na necessidade da empresa em reagir ágil e prontamente às demandas e às exigências dos clientes e enfrentar

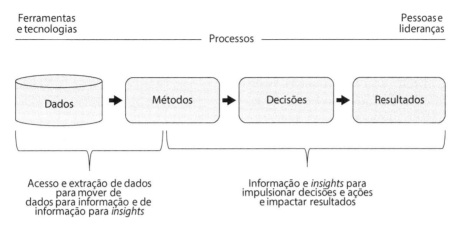

Figura 11.1 Cadeia de valor da analítica.[5]

Figura 11.2 Tarefas organizacionais que exigem atividades de comunicação.

os desafios dos concorrentes. Para tanto, a empresa precisa ser dinâmica e competitiva. Renata sabe que sua empresa está navegando em mares turbulentos e que precisa de uma liderança eficaz no seu comando de operações para conduzir a complicada nave de negócios. A equipe coesa e integrada distribuída nas diferentes cidades é vital para isso. Porém, para que fique bem entrosada e afiada, a equipe depende de comunicações. Como ampliar o foco das comunicações para envolver as pessoas?

 SAIBA MAIS — *Analytics*

Também chamada de analítica ou inteligência analítica, representa a capacidade de configurar *insights* a respeito de grandes volumes de dados para fundamentar decisões e gerar resultados. Como os dados proliferam fantasticamente em vídeo, áudio e *Web*, e a TI é ubíqua em relação a eles, as organizações necessitam tratá-los de maneira a entender o que se passa interna e externamente. O termo *inteligência analítica* refere-se ao uso da TI para ganhar compreensão, *insight* e valor a partir dos dados estruturados e não estruturados a respeito de seus negócios. A Accenture acredita que o universo digital está dobrando de tamanho a cada 18 meses. A analítica financeira, por exemplo, permite revelar tendências e proporcionar cenários que afetam o planejamento orçamentário e processos de previsão. A analítica de marketing utiliza *data mining* e metodologias preditivas para indicar propensões do consumidor que criam valor para a organização. A analítica da *Web* permite compreender comportamentos dos clientes e otimizar ofertas de produtos e serviços para campanhas de marketing e vendas.

11.2 ERA DIGITAL

Se a Era da Informação trouxe mudanças e transformações, a Era Digital trouxe disrupturas exponenciais. Em um mercado altamente dinâmico, mutável, veloz e disruptivo, as organizações passaram a esforçar-se cada vez mais para conseguirem manter-se competitivas. Ou pelo menos para sobreviver à tamanha e implacável onda de mudanças e transformações exponenciais.

Nesse cenário caótico e ambíguo, está surgindo um novo e diferente modelo de organização: as organizações exponenciais (ExO), mais rápidas, ágeis e mais baratas do que as organizações tradicionais e adequadas e melhores frente às novas e diferentes exigências de um mercado veloz e disruptivo. Elas se caracterizam por seis Ds: são digitalizadas, disfarçadas, disruptivas, desmaterializadas, desmonetizadas e democratizadas. Na era exponencial em que estamos vivendo, as emergentes tecnologias avançadas estão forçando uma incrível redução de tempo e de custos, não apenas de produção, vendas e marketing, mas em todas as funções de negócios. E com uma incrível velocidade e agilidade nas operações, além de elevada eficiência, eficácia e produtividade, graças à aplicação massiva de novas tecnologias habilitadas para a informação,[6] e de uma enorme facilidade de crescimento disfarçado que alavanca suas operações. Assim, as inicialmente pequenas *startups* apresentam muitas vantagens e poucas desvantagens. A conquista e a dominação do mercado na forma tradicional alcançaram o fim com a chegada de organizações inteligentes, ágeis e tecnologicamente avançadas.

E as ExOs contam com uma cola altamente eficaz: o Propósito Transformador Massivo (PTM), seu propósito massivo transformador, algo que toda organização sonha alcançar, mas nem sempre consegue. O PTM é acompanhado de um painel de controle que monitora a evolução em seus resultados financeiros, metas e gestão orçamentária. As ExOs utilizam intensivamente algoritmos que servem para tudo: desde buscas do Google, análises de crédito, operações bancárias, produção, vendas etc.

TENDÊNCIAS EM CO

As ExOs.

Enquanto as organizações tradicionais são centralizadas, verticalizadas e hierarquizadas do tipo *top-down*, as ExOs se organizam de modo totalmente autônomo e com base em tecnologias sociais avançadas. A autonomia acontece com equipes auto-organizadas, multidisciplinares, descentralizadas, que trabalham com autoridade, colaboradores com total autonomia e autoridade e de orientação *bottom-up*. Por isso, são simples, ligeiras, resolutas e chegam rapidamente aonde querem chegar. Outra diferença radical ocorre com o uso de ativos. As organizações tradicionais se baseiam na posse de ativos, como recursos e instalações, devido à sua baixa tolerância ao risco. As ExOs compartilham ativos e os alavanca por meio de tecnologias de ponta, utilizando aplicativos, internet móvel, algoritmos de alta precisão, inteligência artificial em suas operações e fazem parte integrante do mundo da informação.[7]

11.3 CONCEITUAÇÃO DE COMUNICAÇÃO

Em todos os níveis da atividade organizacional, as pessoas estão continuamente adquirindo e disseminando informações. A comunicação é um aspecto crítico, pois os administradores não trabalham com coisas, mas com informações sobre coisas. Além do mais, todas as funções administrativas – como planejar, organizar, dirigir e controlar – somente se operacionalizam na prática por meio da comunicação. A comunicação é inevitável para o funcionamento da organização. Apesar de todos os progressos da TI e da comunicação, a comunicação entre as pessoas ainda deixa muito a desejar. É que a comunicação entre as pessoas não depende da tecnologia, mas da força das pessoas e de tudo aquilo que as rodeia. Ela é um processo que ocorre dentro das pessoas.

A palavra *comunicação* provém do latim (*communis*), que significa tornar comum. O comunicador procura estabelecer uma espécie de comunidade com o receptor. Assim, pode-se definir a comunicação como a transmissão de informação e a compreensão mediante uso de símbolos comuns. Os símbolos comuns podem ser verbais ou não verbais. Assim, a comunicação é a transferência de informação e significado de uma pessoa para outra pessoa. É o processo de passar informação e compreensão entre duas ou mais pessoas ou de se relacionar com outras pessoas por meio de ideias, fatos, pensamentos, valores e mensagens. A comunicação é o ponto que liga as pessoas para que compartilhem sentimentos, ideias, práticas e conhecimentos. Assim, toda comunicação envolve pelo menos duas pessoas:

aquela que envia uma mensagem e aquela que a recebe. Uma pessoa sozinha não pode comunicar, pois somente com outra pessoa é que ela pode completar o ato de comunicação. A comunicação envolve necessariamente transações entre pessoas.

> **Diversas conceituações de comunicação**
>
> - Significa a transferência e a compreensão de mensagens.[8]
> - Transferência de informação e significado de uma pessoa para outra.[9]
> - Geralmente descrita como um fluxo de mensagens de um emissor para um destinatário utilizando um canal. O destinatário pode ou não responder com uma mensagem (retroação). Em algum ponto do processo, o ruído – algo que afeta o processo – pode ocorrer e limitar a eficácia da comunicação.
> - Processo de compartilhar informação com outras pessoas. A informação aqui é definida como um pensamento ou ideia que uma pessoa quer compartilhar com outra.[10]
> - Processo pelo qual as entidades intercambiam informação e estabelecem um entendimento comum.[11]

11.4 FUNÇÕES DA COMUNICAÇÃO

A comunicação é vital e imprescindível para o comportamento das organizações, dos grupos e das pessoas. Em geral, a comunicação apresenta quatro funções básicas em uma organização, grupo ou pessoa: controle, motivação, expressão emocional e informação:[12]

1. **Controle**: a comunicação apresenta um forte componente de controle no comportamento da organização, dos grupos e das pessoas. Quando as pessoas seguem normas e procedimentos de trabalho ou quando comunicam qualquer problema de trabalho ao seu superior imediato, elas estão fazendo com que a comunicação tenha uma função de controle. A hierarquia e as orientações formais precisam ser seguidas, e a comunicação serve para verificar se realmente isso está ocorrendo. Também a comunicação informal controla o comportamento quando um grupo hostiliza outro ou alguém reclama que uma pessoa está produzindo acima ou abaixo da média do grupo.

2. **Motivação**: a comunicação promove a motivação quando se estabelece o que uma pessoa deve fazer, avaliar seu desempenho e orientar sobre metas ou resultados a alcançar. A definição de objetivos, a retroação quanto ao progresso alcançado e o reforço do comportamento desejável estimulam a motivação e requerem comunicação.

3. **Expressão emocional**: a comunicação dentro de um grupo constitui uma maneira pela qual as pessoas expressam seus sentimentos de satisfação ou insatisfação. A comunicação é quase sempre um meio de expressão emocional de sentimentos e de satisfação de certas necessidades sociais.

4. **Informação**: a comunicação funciona como facilitadora da tomada de decisões ao proporcionar informações que pessoas e grupos requerem para tomar decisões, transmitindo dados que identificam e avaliam alternativas de cursos de ação.

Essas quatro funções da comunicação são todas elas importantes. Pessoas e grupos precisam de algum tipo de controle, estímulo ao esforço, meios de expressão emocional e de tomada de decisões para que tenham um bom desempenho. Toda comunicação dentro de um grupo ou organização envolve uma ou mais dessas quatro funções.[13]

Para que a comunicação possa ser bem-sucedida, toda organização precisa gerenciar vários de seus aspectos relacionados com o constante intercâmbio de significados, tais como:

- **Gerenciar a atenção**: significa incentivar a percepção das pessoas para estarem atentas a tudo o que se desenvolve no cenário do trabalho. Manter as pessoas ligadas e antenadas em tudo o que acontece ao seu redor. Esse é o primeiro passo para que as pessoas possam melhor enviar ou receber comunicações e consolidar a situação atual da organização ou facilitar as mudanças comportamentais.

- **Gerenciar o significado**: significa cuidar da linguagem e dos símbolos utilizados, estilos de comunicação e facilidade de compreensão por parte das pessoas, de forma que a todo instante as mensagens trocadas dentro da organização façam sentido, não somente para quem as emite, mas principalmente para quem as recebe. Isso tem a ver com a criação de consonância e consistência dentro da organização.

- **Gerenciar a confiança**: significa criar um ambiente de abertura e de confiabilidade entre as pessoas, de maneira que haja confiança recíproca dentro da organização e comprometimento das pessoas com seus relacionamentos com os outros e com a organização.

A linguagem ou simbologia praticada pela organização para construir seu universo interno de convivência e comunicação deve levar em conta os seguintes aspectos:

- Deve ser construída com base na consonância e na consistência, para que as mensagens tenham um significado claro e unívoco para todas as pessoas.
- Deve ser facilmente recebida e entendida pelas pessoas. Deve ser uma linguagem de estimulação que incentive o envolvimento e o comprometimento por meio de reconhecimento, oportunidades e participação.
- Deve ser desenvolvida por um processo de comunicação envolvente, e não fechado e ameaçador. Toda comunicação deve ser amigável, aberta e espontânea.

Assim, os mecanismos de comunicação interna devem ser desenvolvidos por meio de um processo de comunicação que assegure:[14]

- Abordagens espontâneas, e não ameaçadoras.
- Mensagens com sentido e que possam ser entendidas e internalizadas pelas pessoas.
- Perfis de linguagem questionadores, e não julgadores ou avaliadores.
- Posturas assertivas, e não agressivas; francas, e não rudes; abertas, e não rígidas.

Aumente seus conhecimentos sobre **A disfuncionalidade das comunicações hierárquicas** na seção *Saiba mais* CO 11.2

11.5 PROCESSO DE COMUNICAÇÃO

O modelo de processo de comunicação mais utilizado provém dos trabalhos de Shannon e Weaver[15] e de Schramm,[16] pesquisadores preocupados em descrever um processo geral de comunicação que fosse útil em todas as situações. Para eles, a comunicação é um processo e segue um fluxo bem definido. Os problemas de comunicação ocorrem quando acontecem desvios ou bloqueios nesse fluxo.

O ponto de partida do processo de comunicação é um propósito na forma de mensagem a ser transmitida. A mensagem tem um fluxo que vai de uma fonte (o emissor) para um receptor. Para tanto, a mensagem é codificada (convertida em um formato simbólico) e transmitida por meio de uma mídia (canal) até o receptor que traduz (codifica) a mensagem para o receptor. O resultado é a transferência de significado de uma pessoa para outra.[17] Se esse significado não foi compartilhado entre o emissor e o recebedor, não houve comunicação, ou então a comunicação não foi eficaz. Assim, o processo de comunicação é composto de sete elementos, de acordo com a Figura 11.3.

TENDÊNCIAS EM CO

***Podcast*[18]**

A avalanche de conteúdo variado em forma de áudio – os *podcasts* – permite o acesso à informação e ao conhecimento em qualquer tempo e em qualquer lugar, mesmo em meio à realização de outras atividades. O *podcast* surge como um verdadeiro aliado, que facilita o conhecimento mesmo em meio à realização de outras atividades, principalmente em horas "perdidas" no trânsito ou no transporte público rumo a compromissos variados, otimizando a gestão do tempo de cada pessoa e oferecendo oportunidades de atualização constante em momentos inesperados. *Players* como Google e iTunes aceleram o desenvolvimento exponencial do segmento em todo o mundo. E a tendência é de movimento crescente, com a entrada de grandes marcas, veículos de comunicação e organizações interessadas.

Além de aumentarem a produtividade, os *podcasts* facilitam o acesso a conteúdo diverso e de qualidade, sem a preocupação imediata com internet móvel ou *Wi-Fi*, pois muitos dos áudios podem ser baixados, sem custo, no celular ou em *players* de música, oferecendo a oportunidade e a liberdade de consumi-los como e onde quiser. O que proporciona uma verdadeira mudança no comportamento do usuário, que pode decidir em qual momento do seu dia que vai ouvir e aprender, seja no seu ócio criativo, seja em atividades domésticas.

- **Fonte:** é o emissor ou comunicador que inicia a comunicação por meio da codificação de um pensamento. A fonte envia uma mensagem. A mensagem é o produto físico codificado pelo emissor. A mensagem é a fala, quando falamos; ou o texto escrito, quando escrevemos. Pode ser um quadro, quando pintamos, ou uma música, quando tocamos algum instrumento.

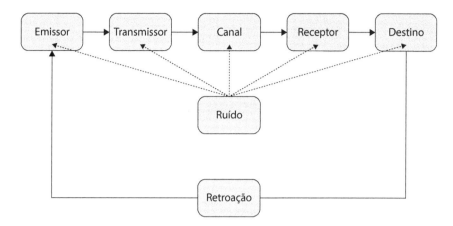

Figura 11.3 Processo de comunicação.

Quando gesticulamos, são os movimentos de nossos braços ou expressões faciais – de riso ou choro – que usamos. A mensagem é afetada pelo código ou grupo de símbolos que usamos para transmitir o significado. Cada mensagem precisa ter um conteúdo e um código para ser transmitida.

- **Codificação**: para que a mensagem seja transmitida, ela precisa ser codificada, ou seja, seus símbolos devem ser traduzidos em uma forma (escrita ou verbal) que possa ser transmitida adequadamente por meio do canal escolhido.
- **Canal**: é o veículo ou a mídia por meio da qual a mensagem é encaminhada. O canal é o portador da mensagem e é selecionado pelo emissor. O canal é o meio que existe fora do comunicador e que pode ser percebido por todos. O menu de opções para escolha do melhor veículo para cada mensagem nunca foi tão grande e variado. O veículo pode ser o discurso oral, que utiliza a audição, a documentação escrita, que utiliza a visão ou o tato, e a comunicação não verbal, que utiliza os sentidos básicos. A TI – como aparelhos de fax, correio eletrônico (*e-mail*), internet e telefone celular – está produzindo enorme impacto nas comunicações. O canal pode ser formal – quando estabelecido pela organização para transmitir mensagens que se referem às atividades relacionadas com o trabalho de seus membros e que seguem a rede de autoridade dentro da organização – ou informal – como as redes sociais ou pessoais, que são espontâneas e nada têm a ver com a organização.
- **Decodificação**: para que a mensagem (escrita ou verbal) seja recebida, seus símbolos devem ser traduzidos para que possam ser compreendidos pelo receptor. A decodificação é um processo no qual a mensagem é traduzida na mente do receptor. Quando a comunicação é correta, a ideia ou a imagem mental resultante corresponde à ideia ou imagem mental do emissor. Da mesma forma que o emissor, o receptor também tem limitações quanto a suas habilidades, atitudes, conhecimentos e sistema sociocultural. Como o emissor precisa ter habilidades de fala ou escrita, o receptor também precisa ter habilidades de escuta ou leitura. O conhecimento, as atitudes e o histórico cultural de uma pessoa influenciam tanto a sua capacidade de emitir quanto de receber mensagens.
- **Receptor**: é o sujeito ou destinatário a quem a mensagem se dirige. É o destino final da comunicação.
- **Retroação**: o elo final do processo de comunicação é a retroação. Quando o receptor decodifica a mensagem e a retorna ou devolve, temos a retroação. A retroação – ou *feedback* – confirma o sucesso na transmissão da mensagem, tal como originalmente pretendida. A retroação determina se a compreensão foi ou não alcançada. Por essa razão, a comunicação eficaz é aquela que funciona em duas mãos: do emissor para o receptor e do receptor de volta ao emissor, para confirmar seu recebimento e significado. No fundo, a retroação é a reação do destinatário à mensagem enviada. O emissor pode utilizar a retroação para assegurar uma comunicação bem-sucedida. Se a reação do destinatário é inapropriada, o emissor pode concluir que a comunicação não foi bem-sucedida e que a mensagem não foi transmitida. A retroação pode ser verbal ou não verbal.
- **Ruído**: refere-se aos fatores internos ou externos que podem distorcer uma mensagem ou provocar alguma forma de interferência ou intromissão no processo. O ruído pode ocorrer em qualquer etapa do processo de comunicação.

Aumente seus conhecimentos sobre **O processo de comunicação** na seção *Saiba mais* CO 11.3

No Quadro 11.1, são apresentados exemplos de sistemas de comunicação.

O processo de comunicação é sistêmico, pois cada etapa constitui um subsistema ou parte integrante do conjunto. A influência em qualquer subsistema afeta o funcionamento do sistema todo. Na prática, a comunicação deve ser considerada como um processo bidirecional para que seja eficaz. Isso significa que a comunicação é um processo que caminha em duas mãos: da fonte ou emissor para o destino, e vice-versa. No processo de comunicação, o destinatário deve desempenhar a operação inversa da fonte para reconstruir o estímulo recebido e assim derivar o significado original. Uma comunicação eficaz ocorre quando o destinatário decodifica a mensagem e agrega-lhe um significado que se aproxima da informação ou ideia que a fonte tentou transmitir.

O processo de comunicação pode ser eficiente e eficaz. A eficiência está relacionada com os meios utilizados pela comunicação, enquanto a eficácia está relacionada com o objetivo de transmitir uma mensagem com significado. As características da comunicação eficiente e da comunicação eficaz são elencadas no Quadro 11.2.

Quadro 11.1 Exemplos de sistemas de comunicação[19]

Sistema	Sistema telefônico	Porta automática	Televisão
Fonte	Voz humana.	Influência de pessoas rompendo um raio de luz frente à porta.	Programa de TV a ser transmitido.
Transmissor	Aparelho telefônico.	Célula fotoelétrica e circuitos elétricos auxiliares.	Câmera, transmissor e antena transmissora.
Canal	Rede de fios condutores que ligam um aparelho ao outro.	Fio conduzido ao solenoide que move a porta automática.	Espaço livre.
Receptor	Outro aparelho telefônico.	Mecanismo solenoidal da porta.	Antena receptora e aparelho de TV.
Destino	Ouvido humano.	Porta automática.	Telespectador.
Ruído	Estática, linhas cruzadas, ruídos, interferências.	Mau funcionamento dos dispositivos elétricos.	Estática, interferência, chuviscos, disfuncionamento dos componentes.

Quadro 11.2 Eficiência e eficácia na comunicação[20]

Comunicação eficiente	Comunicação eficaz
■ O emissor fala bem.	■ A mensagem é clara, objetiva e unívoca.
■ O transmissor funciona bem.	■ O significado é consoante e consistente.
■ O canal não tem ruído.	■ O destinatário compreende a mensagem.
■ O canal é o meio mais apropriado.	■ A comunicação é totalmente completada.
■ A mensagem é clara, objetiva e unívoca.	■ A mensagem torna-se comum a ambas as partes.
■ O receptor funciona bem.	■ O destinatário fornece retroação ao emissor, indicando que compreendeu perfeitamente a mensagem enviada.
■ O destinatário ouve bem.	■ O significado da mensagem é o mesmo para o emissor e para o destinatário.
■ Não há ruídos ou interferências internas ou externas.	■ A mensagem transmitida produz alguma consequência.
■ O relacionamento entre emissor e destinatário é bom.	

VOLTANDO AO CASO INTRODUTÓRIO
Supermercados Meta

Com o objetivo de dinamizar a empresa e torná-la mais eficaz em suas operações, Renata Martinez começou a elaborar seu projeto de comunicação organizacional para o Supermercados Meta. Contudo, ela queria começar arrumando a própria casa: a diretoria da empresa. Em outras palavras, Renata queria que as comunicações dentro da diretoria fossem dinamizadas para, a partir de então, envolver a gerência e, finalmente, a base da organização. No final de tudo, envolver o cliente para conhecê-lo cada vez melhor e passar a satisfazer suas necessidades e aspirações. Se possível, encantá-lo. Como você poderia ajudar Renata?

11.6 COMUNICAÇÃO HUMANA

A comunicação humana – malgrado todos os progressos da tecnologia no mundo moderno – ainda é limitada e sujeita a chuvas e trovoadas. Os mecanismos humanos para enviar e receber mensagens são os mesmos usados pelos nossos ancestrais. Diferenças individuais, traços de personalidade, percepção e atribuição, motivação e limitações humanas influenciam poderosamente a capacidade humana em termos de comunicação. A subjetividade é enorme.

Na comunicação interpessoal, o processo de comunicação torna-se evidentemente mais complexo. É que cada pessoa tem seu próprio sistema cognitivo, suas percepções e valores pessoais e suas motivações, constituindo um padrão pessoal de referência que se torna bastante pessoal e singular em sua interpretação das coisas. Esse padrão pessoal de referência constitui o campo psicológico e funciona como um filtro codificador, de modo a condicionar a aceitação e o processamento de qualquer informação. Esse filtro seleciona e rejeita toda informação não ajustada (dissonante) a esse sistema ou que possa ameaçá-lo. Há uma codificação perceptiva (percepção seletiva) que atua como mecanismo de defesa, bloqueando informações não desejadas ou não relevantes. Essa defesa pode prejudicar tanto o envio quanto a recepção de informações, ou mesmo obliterar a retroação da informação. São as lentes por meio das quais as pessoas veem seu mundo exterior e o interpretam à sua maneira. Assim, existe uma forte relação entre cognição, percepção e motivação. Aquilo que duas pessoas comunicam entre si é determinado pela percepção de si mesmas e da outra pessoa na situação. A ideia comunicada é intimamente relacionada com as percepções e motivações tanto da fonte (emissor) como do destinatário, dentro de determinado contexto situacional.

Aumente seus conhecimentos sobre **A importância da boa comunicação** na seção *Saiba mais* CO 11.4

O processo de comunicação está intimamente relacionado com o sistema cognitivo e com cada pessoa. A cognição – ou conhecimento – significa aquilo que as pessoas sabem a respeito de si mesmas e do ambiente

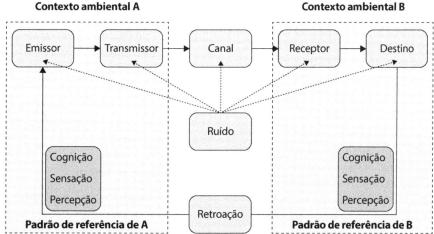

Figura 11.4 Padrões pessoais de referência na comunicação humana.[21]

que as rodeia. O sistema cognitivo de cada pessoa compreende os seus valores pessoais e as experiências psicológicas passadas e presentes e é profundamente influenciado pelas características de personalidade, pela estrutura física e biológica e pelo ambiente físico e social que a envolve externamente.[22] Todas as ações de cada pessoa são guiadas pela sua cognição, isto é, pelo que ela pensa, acredita e sente. O sistema cognitivo funciona como um padrão de referência – o campo psicológico – que filtra ou amplifica as comunicações da pessoa com seu ambiente.

A comunicação interpessoal é um processo altamente subjetivo, razão pela qual existem dissonâncias. O aparato de comunicação das pessoas é basicamente composto de:[23]

- **Órgãos sensoriais**: são os receptores dos estímulos que provêm do ambiente, como visão, audição, tato, paladar e olfato. Recebem as sensações que são codificadas como percepções dos fenômenos ambientais.
- **Órgãos efetores**: são os transmissores de mensagens para o ambiente – a linguagem humana falada e escrita, os gestos, a mímica, a expressão fácil ou corporal etc.
- **Centro de comunicação**: constitui o local de origem e de destinação de todas as mensagens. O cérebro e o sistema nervoso não funcionam como um sistema lógico, mas como um campo psicológico. A comunicação humana é contingencial, pois é submetida ao padrão de referência de cada pessoa, que é seu campo de experiência próprio. O campo de experiência funciona como um poderoso filtro constituído do sistema cognitivo e do sistema emocional, que submete todas as mensagens ao padrão de compreensão e de interpretação da pessoa.

11.6.1 Fatores de persuasão da fonte

As pessoas são constantemente bombardeadas por tentativas e esforços para alterar suas atitudes ou mudar seus pontos de vista. Alguns fatores de persuasão se encontram na fonte. A persuasão tende a ser bem-sucedida quando a fonte tem elevada credibilidade.[24] A credibilidade é alcançada graças à competência ou à confiabilidade. As pessoas tendem a transmitir sua competência, seja mostrando seus diplomas, seu treinamento e experiência, seja exibindo uma impressionante compreensão a respeito de determinado assunto. A competência é uma forte vantagem, mas a confiabilidade é ainda mais importante. A simpatia também aumenta a eficiência de uma fonte persuasiva. Por outro lado, cada pessoa responde melhor a fontes com as quais compartilha certas similaridades. A importância da fonte pode ser vista na propaganda, na qual muitas organizações gastam fortunas para obter um porta-voz ideal – como um artista, ator ou executivo – para transmitir sua mensagem.

11.6.2 Fatores de persuasão da mensagem

Para ser persuasiva, a mensagem precisa se fundamentar em argumentos bilaterais – os dois lados em questão –, ao invés de apresentações unilaterais. Ao apresentar uma opinião, devem-se utilizar todos os argumentos possíveis. Além disso, a repetição de uma mensagem pode constituir uma estratégia eficiente. O efeito de validação refere-se à descoberta de que simplesmente repetir uma afirmação faz com que ela seja percebida como mais válida ou verdadeira. Não importa se a afirmação é ou não verdadeira; se ela é repetida com frequência, as pessoas passarão a acreditar nela.[25]

11.6.3 Fatores de persuasão no destino

As características de personalidade do destinatário são importantes no que tange à aceitação da mensagem. A prevenção com que um destinatário recebe uma mensagem parece ser mais influente do que os traços de sua personalidade. Quando vai comprar um eletrodoméstico, a pessoa já espera que o vendedor a convença, e essa prevenção reduz o impacto do argumento dele. A resistência de um destinatário à persuasão depende da natureza da sua atitude ou convicção que a fonte está tentando modificar. Essa resistência é tanto maior quando a fonte tem de defender uma posição incompatível com as atitudes ou convicções do destinatário. Geralmente, as pessoas exibem uma propensão à não confirmação ao avaliar tais argumentos. O efeito persuasivo também depende da discrepância entre a posição inicial do destinatário a respeito de uma questão e a posição defendida pela fonte. A persuasão tende a funcionar melhor quando há uma discrepância moderada entre as duas posições. Há uma amplitude de aceitação que é uma faixa de posições potencialmente aceitáveis sobre uma questão centralizada na posição da atitude inicial da pessoa.[26]

11.6.4 Consonância

O termo *consonância* é utilizado quando o significado da mensagem enviada pela fonte é semelhante ao significado da mensagem percebida pelo destinatário. Consonância significa que a mensagem enviada e a mensagem percebida são iguais. Boa parte das comunicações dentro das organizações procura construir consonância – e reduzir dissonâncias – entre as pessoas a respeito de assuntos como missão, visão, objetivos organizacionais, valores etc. Programas de treinamento e desenvolvimento de pessoal são exemplos de esquemas para alcançar consonância dentro de uma organização. A comunicação proporciona consonância e reduz a dissonância. Essa ocorre quando o significado percebido pelo destinatário é diferente do significado transmitido pela fonte.[27]

11.6.5 Tipos de comunicação interpessoal

Há dois tipos de comunicação interpessoal: verbal e não verbal. A comunicação verbal utiliza palavras faladas ou escritas para compartilhar informação com outros. A língua é fundamental na comunicação verbal.

A comunicação não verbal significa o compartilhamento da informação sem a utilização de palavras para codificar os pensamentos. Os fatores comumente utilizados para codificar pensamentos na comunicação não verbal são gestos, tons vocais e expressões faciais ou corporais. A compreensão da mensagem pelo destinatário é baseada não somente nas palavras, mas também em imagens, gestos e expressões faciais e corporais.

Na comunicação interpessoal em que ambos os fatores – verbais e não verbais – são utilizados, os fatores não verbais parecem ter maior influência no efeito total de uma mensagem do que os fatores verbais. Mensagens não verbais podem ser usadas para adicionar novos conteúdos nas mensagens verbais, por meio do tom da voz ou de outros ingredientes como roupa ou enfeites pessoais. Muitas vezes, o destinatário pode – de maneira aparentemente contraditória – mostrar desaprovação por uma mensagem verbal e aprovação por uma mensagem não verbal. Esse tipo de situação cria uma mensagem com ambiguidade, que torna o destinatário frustrado.

11.6.6 Canais informais de comunicação

Os canais informais de comunicação surgem espontaneamente entre as pessoas, independentemente dos canais formalmente autorizados, e nem sempre seguem a hierarquia de autoridade. As comunicações informais coexistem com as comunicações formais, mas podem ultrapassar níveis hierárquicos ou cortar cadeias de comando verticais para conectar virtualmente qualquer pessoa da organização. Muitos dirigentes fazem questão de semanalmente tomar uma cerveja ou o café da manhã junto com os funcionários para trocar ideias e falar abertamente. A criação de canais informais de comunicação pode proporcionar condições para intercambiar mensagens com mais proximidade entre o emissor e destinatários. Muitas organizações estimulam seus dirigentes a utilizar canais informais de comunicação, como:

- **Passeando pela organização**: é uma técnica de comunicação usada por muitos dirigentes que falam diretamente com os funcionários enquanto andam ou passeiam pela organização. Com isso, desenvolvem contatos informais com os funcionários e tomam conhecimento sobre como andam as suas unidades organizacionais. Essa técnica melhora as comunicações descendentes e ascendentes, pois o emissor pode falar sobre ideias e valores aos funcionários e, em contrapartida, ouvir e aprender como eles pensam a respeito de problemas e assuntos de seu contexto de trabalho.

- **Cachos de uva**: trata-se de uma rede de comunicação informal, de pessoa a pessoa, e que não é oficialmente sancionada pela organização. A rede em cachos de uva interliga as pessoas em todas as direções e em todos os níveis. Ela tende a ser mais ativa em situações de mudança, ansiedade, excitação e em épocas de crises ou condições econômicas difíceis. Exemplos de cadeia de comunicação em cachos de uva são apresentados na Figura 11.5.

Aumente seus conhecimentos sobre **Estilos de conversação** na seção *Saiba mais* CO 11.5

11.7 BARREIRAS À COMUNICAÇÃO

O processo de comunicação nem sempre funciona adequadamente. Ele depende dos sete componentes que o constituem. Nem sempre a mensagem que é decodificada pelo destinatário é idêntica à mensagem que o emissor pretendia transmitir. Em todo processo de comunicação, existem barreiras que servem como obstáculos ou resistências à comunicação entre as pessoas. São variáveis indesejadas que intervêm no processo e que o afetam negativamente, fazendo com que a mensagem tal como é enviada se torne diferente da mensagem tal como é recebida.

As barreiras ao processo de comunicação humana são mostradas na Figura 11.6.

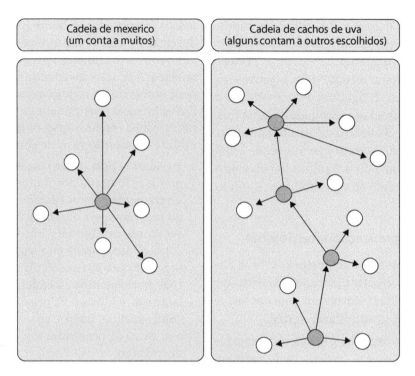

Figura 11.5 Exemplos de cadeia de comunicação em cachos de uva.[28]

Figura 11.6 Barreiras ao processo de comunicação humana.[29]

Na realidade, podemos distinguir três tipos de barreiras à comunicação humana, também esquematizadas no Quadro 11.3:

1. **Barreiras pessoais**: decorrem das limitações, das emoções e dos valores humanos de cada pessoa. As barreiras mais comuns em situações de trabalho são os hábitos deficientes de ouvir, as percepções, as emoções, as motivações, os sentimentos pessoais. As barreiras pessoais podem limitar ou distorcer as comunicações com outras pessoas.

2. **Barreiras físicas**: são as interferências que ocorrem no ambiente em que acontece o processo de comunicação. Um evento que possa distrair, uma porta que se abre no decorrer da aula, a distância física entre as pessoas, canal saturado e congestionado, paredes que se antepõem entre a fonte e o destino, ruídos estáticos na comunicação por telefone etc.

3. **Barreiras semânticas**: são as limitações ou distorções decorrentes dos símbolos por meio dos quais a comunicação é feita. As palavras ou outras formas de comunicação – como gestos, sinais, símbolos etc. – podem ter diferentes sentidos para as pessoas envolvidas no processo e podem distorcer significados. As diferenças de idiomas constituem barreiras semânticas entre as pessoas.

Esses três tipos de barreiras podem ocorrer simultaneamente, fazendo com que a mensagem seja filtrada, bloqueada ou distorcida, como na Figura 11.7.

Quadro 11.3 Três tipos de barreiras à comunicação[30]

Barreiras humanas	Barreiras físicas	Barreiras semânticas
Limitações pessoais.	Espaço físico.	Interpretação de palavras.
Hábitos de ouvir.	Interferências físicas.	Interpretação do idioma.
Emoções.	Falhas mecânicas.	Translação do idioma.
Percepções.	Ruídos ambientais.	Significado de sinais.
Preocupações.	Distância física.	Significado de símbolos.
Sentimentos pessoais.	Ocorrências locais.	Significado de palavras.
Motivações pessoais.	Canal congestionado.	Decodificação de gestos.
Pouca atenção.	Variáveis da situação.	Sentido das lembranças.
Hábitos pessoais.	Ambiente de trabalho.	Gíria e expressões populares.

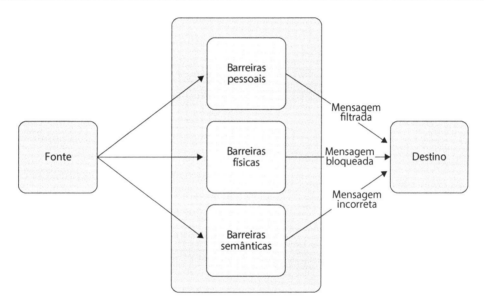

Figura 11.7 Como funcionam as barreiras à comunicação humana.

Além da influência negativa das barreiras enunciadas, o processo de comunicação ainda está sujeito a uma série de fatores organizacionais, interpessoais e individuais que podem dificultar ou prejudicar a comunicação no interior de equipes ou organizações. São barreiras organizacionais, coletivas, interpessoais e individuais, tais como:

- **Filtragem**: refere-se à manipulação da informação pelo emissor, para que ela seja vista de maneira mais favorável pelo receptor. A filtragem ocorre com mais frequência nas organizações que enfatizam as diferenças de *status* e entre funcionários com aspirações de crescer na carreira ou nas grandes organizações que possuem um número maior de níveis verticais. Quando um funcionário diz ao seu superior aquilo que ele acredita que o chefe quer ouvir, ele está filtrando a informação. Para que as informações sejam transmitidas à cúpula da organização, elas precisam ser condensadas e sintetizadas para que os dirigentes não fiquem sobrecarregados com dados. Os interesses e as percepções daqueles que fazem a síntese sobre o que é importante para a organização resultam na filtragem.

- **Percepção seletiva**: no processo de comunicação, tanto o emissor quanto o receptor veem e escutam seletivamente com base em suas próprias necessidades, motivações, experiências e características pessoais. Os receptores também projetam seus interesses e suas expectativas quando decodificam as mensagens.

- **Sobrecarga de informação**: as pessoas são processadores de informação. No entanto, elas têm uma capacidade finita e limitada para isso. A sobrecarga ocorre quando o volume ou quantidade de comunicação é muito grande e ultrapassa a capacidade pessoal do destinatário de processar as informações, perdendo grande parte delas ou distorcendo seu conteúdo. Muitas vezes, a sobrecarga produz um colapso que paralisa o sistema.

- **Distorção**: ocorre quando a mensagem sofre alteração, deturpação, modificação, afetando e mudando seu conteúdo e significado original.
- **Omissão**: ocorre quando certos aspectos ou partes importantes da comunicação são omitidos, cancelados ou cortados por alguma razão, seja pela fonte, seja pelo destinatário, fazendo com que a comunicação não seja completada ou com que seu significado perca alguma substância.

Reflita sobre **Comunicar começa com o ouvir** na seção *Para reflexão* CO 11.1

VOLTANDO AO CASO INTRODUTÓRIO
Supermercados Meta

O primeiro passo de Renata Martinez foi intensificar as reuniões da diretoria e fazê-las mais vezes. Obter consonância passou a ser fundamental na própria diretoria. O segundo passo foi envolver os gerentes das diversas lojas espalhadas pelas diferentes cidades. O que você poderia sugerir a Renata?

Em síntese, conhecer as bases fundamentais do sistema de comunicação nos permite corrigir e melhorar cada um de seus elementos e proporcionar eficiência e eficácia necessárias para que a comunicação – individual, gerencial ou organizacional – seja corretamente distribuída e compreendida por todos. E, se possível, reduzir a enorme e incrível deficiência tanto nas comunicações humanas quanto nas organizacionais que encontramos ainda em nossos dias.

11.8 COMUNICAÇÃO ORGANIZACIONAL

A comunicação é essencial para o gradativo alcance da consonância e consistência do comportamento das pessoas nas organizações. A comunicação organizacional constitui o processo por meio do qual a informação se movimenta e é intercambiada entre as pessoas dentro de uma organização. Algumas comunicações fluem por meio das estruturas formal e informal, outras descem ou sobem ao longo da hierarquia, enquanto outras ainda se movimentam na direção lateral ou horizontal. Atualmente, graças à TI, os fluxos de comunicação estão se intensificando em todos os sentidos.

As comunicações organizacionais – da mesma forma como as comunicações interpessoais – também não são perfeitas. Elas são alteradas ou transformadas ao longo do processo, o que faz com que o último elo – o destinatário da mensagem – quase sempre receba algo diferente do que foi originalmente enviado, transformando a intenção do processo de comunicação. Quase sempre a comunicação organizacional funciona como um estrangulamento das mensagens e dos significados entre a administração e as pessoas. Nesse verdadeiro gargalo devem passar todas as comunicações dentro da organização.

Os canais de comunicação formal são aqueles que fluem dentro da cadeia de comando ou responsabilidade da tarefa definida pela organização. Existem três tipos de canais formais: as comunicações descendentes, as ascendentes e as horizontais, também apresentadas na Figura 11.8:[31]

1. **Comunicações descendentes**: referem-se às mensagens e às informações enviadas do topo para os subordinados, isto é, de cima para baixo, em direção descendente. É o tipo de comunicação vertical feita para criar empatia e gerar um clima de trabalho conjunto para a busca de soluções de problemas na organização. O gestor pode comunicar para baixo da hierarquia por meio de conversas, reuniões, mensagens em publicações da organização, correio eletrônico, telefonemas, memorandos, vídeos, seminários, cartas e manuais de políticas e procedimentos. As comunicações descendentes em geral englobam os seguintes assuntos:

    - **Implementação de objetivos e estratégias**: a comunicação descendente proporciona direção para os níveis mais baixos da organização.
    - **Instruções no trabalho e racionalidade**: são diretivas sobre como fazer o trabalho e como relacioná-lo com outras atividades organizacionais.
    - **Práticas e procedimentos**: são mensagens que definem as políticas, as regras e os regulamentos.

- **Retroação de desempenho**: são mensagens de *feedback* em tempo real que indicam a avaliação sobre como as pessoas estão desempenhando suas tarefas.
- **Doutrinação**: destinadas a motivar as pessoas a adotar valores culturais, assumir a missão e visão do negócio e participar de cerimônias especiais.

2. **Comunicações ascendentes**: referem-se às mensagens que fluem dos níveis mais baixos para os níveis mais elevados da hierarquia organizacional. Existem cinco tipos de informações ascendentes:
    - **Problemas e exceções**: são mensagens que descrevem problemas com desvios ou anormalidades em relação ao desempenho rotineiro e normal, a fim de chamar a atenção do topo para as dificuldades.
    - **Sugestões para melhoria**: são mensagens com ideias para melhorar processos relacionados com a tarefa e aumentar a qualidade ou eficiência.
    - **Relatórios de desempenho**: são mensagens por meio de relatórios periódicos que informam a administração sobre o desempenho de pessoas ou unidades organizacionais.
    - **Informação contábil e financeira**: são mensagens relacionadas com custos, recebimento de contas, volume de vendas, lucros projetados, retorno sobre o investimento e outros assuntos de interesse da administração.

3. **Comunicações horizontais**: referem-se ao intercâmbio lateral ou diagonal de mensagens entre pares ou colegas. Podem ocorrer dentro ou ao longo das unidades organizacionais. Seu propósito não é apenas informar, mas solicitar atividades de suporte e coordenação. Aparecem em três categorias:
    - **Solução de problemas intradepartamentais**: são mensagens trocadas entre membros do mesmo departamento a respeito do cumprimento de tarefas.
    - **Coordenação interdepartamental**: são mensagens entre diferentes departamentos que facilitam o cumprimento de projetos ou tarefas comuns.
    - **Assessoria de *staff* para os departamentos de linha**: são mensagens que vão dos especialistas de *staff* para os administradores de linha para ajudá-los em suas atividades.

Aumente seus conhecimentos sobre **As macrobarreiras à comunicação bem--sucedida** na seção *Saiba mais* CO 11.6

Figura 11.8 Comunicações organizacionais.[32]

11.8.1 Como melhorar a comunicação organizacional

Os administradores devem procurar melhorar sua comunicação por meio de dois modos distintos. Em primeiro lugar, devem melhorar suas mensagens – a informação que desejam transmitir. Em segundo, devem procurar compreender o que as outras pessoas estão tentando lhes comunicar (Figura 11.9). Em suma: devem tornar-se melhores codificadores e decodificadores. Precisam esforçar-se não somente para serem compreendidos, mas também para compreender os outros. Para tanto, as técnicas a seguir podem melhorar a eficácia desses dois aspectos:[33]

- **Acompanhamento**: trata de verificar se o significado da mensagem foi realmente captado. Envolve a suposição de que a mensagem pode ter sido mal interpretada pelo destinatário. Como o significado está na mente do destinatário, o emissor deve procurar saber se é o mesmo significado que tentou transmitir.
- **Retroação**: trata-se de um importante elemento para a boa comunicação de mão dupla. Envolve a abertura de um canal para a resposta do destinatário que permite ao emissor determinar se a mensagem foi recebida e se produziu a resposta desejada. Na comunicação face a face, é possível a retroação direta. Contudo, na comunicação de cima para baixo sempre ocorrem inexatidões devido à ausência de oportunidade para

retroação suficiente. O envio de um *memorandum* a todas as pessoas não significa que tenha havido comunicação, a menos que haja retroação na forma de comunicação de baixo para cima. Toda organização saudável requer um bom sistema de comunicação de baixo para cima se quiser que a comunicação no sentido inverso tenha êxito. Na verdade, os mecanismos de retroação envolvem muito mais do que o acompanhamento das comunicações.

- **Empatia**: a forma de comunicação depende muito do que se conhece sobre o destinatário. A empatia requer maior orientação para o destinatário do que para o emissor. A empatia exige que os comunicadores se coloquem figurativamente no lugar dos destinatários para perceberem como a mensagem será provavelmente decodificada. A empatia é a capacidade que temos de nos colocar no lugar de outra pessoa e de assumir os pontos de vista e emoções dessa pessoa. Muitas das barreiras à comunicação podem ser reduzidas pela empatia. Para tanto, é mister que se compreenda o processo de decodificação. Esse envolve percepção e como a mensagem será filtrada pela pessoa.
- **Repetição**: a repetição ou redundância na comunicação assegura que, se uma mensagem não for compreendida, haverá outras partes que transmitirão a mesma mensagem. A repetição é um princípio de aprendizagem amplamente aceito. Quando as pessoas ingressam na organização ou quando os estudantes ingressam na universidade, recebem as mesmas informações básicas de diversas maneiras. A informação redundante – como bater duas ou mais vezes na porta de alguém – procura garantir que a comunicação seja assegurada.
- **Simplificação da linguagem**: a linguagem complexa tem sido identificada como uma das principais barreiras à boa comunicação. A comunicação eficaz exige a transmissão de entendimento e de informação. Se o destinatário não compreende, não há comunicação. Os administradores precisam codificar as mensagens em palavras, apelos e símbolos que tenham significado para o destinatário.
- **Escutar bem**: para melhorar a comunicação, o administrador deve procurar ser bem entendido e também entender bem. Isso exige que ele ouça as pessoas. Uma das maneiras para encorajar as pessoas a manifestar seus sentimentos, desejos e emoções é ouvir. Porém, apenas ouvir não é suficiente. É preciso que se ouça compreendendo. Davis sugere "dez mandamentos do bom ouvinte", a saber:[34]

- Parar de falar.
- Colocar-se à vontade.
- Mostrar que quer ouvir.
- Afastar as possíveis distrações.
- Buscar a empatia.
- Ser paciente.
- Dominar o temperamento.
- Ir direto ao assunto e à crítica.
- Perguntar.
- Parar de falar.

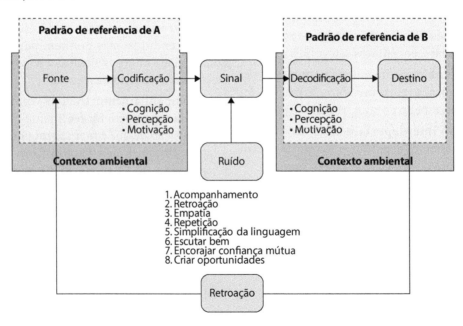

Figura 11.9 Como melhorar a comunicação organizacional.

Parar de falar é o primeiro e último mandamento. Outro autor apresenta "cinco guias para se ouvir":[35]
- Evitar juízos de valor.
- Ouvir toda a história.
- Reconhecer os sentimentos e as emoções.
- Reavaliar a posição do outro.
- Perguntar com cuidado.

Em resumo, a boa comunicação requer ser entendido e entender.

- **Encorajar a confiança mútua**: a comunicação funciona melhor quando baseada na confiança recíproca entre administradores e subordinados. Uma atmosfera amigável e um clima de confiança permitem melhor acompanhamento e maior compreensão entre os subordinados.

- **Criar oportunidades**: como as pessoas são bombardeadas intensivamente por milhares de mensagens a cada dia, muitas dessas mensagens são sequer decodificadas ou recebidas, devido à impossibilidade de serem levadas em conta. Enquanto os administradores estão tentando comunicar-se com seus receptores, outras mensagens estão chegando simultaneamente a eles. Quando ocorrem importantes mudanças, muitas organizações ordenam retiros que funcionam como uma oportunidade criada para trocar ideias a respeito.

Aumente seus conhecimentos sobre **Comunicação aberta** na seção *Saiba mais* CO 11.7

11.8.2 Comunicação em equipes

Em um ambiente globalizado e competitivo, as organizações estão utilizando equipes para lidar com problemas complexos. Por essa razão, quando as atividades das equipes são complexas e difíceis, todos os membros precisam compartilhar as informações em uma estrutura descentralizada para resolver eficazmente os problemas. Nessas condições, as equipes requerem um fluxo livre de comunicações em todas as direções.[36] Os membros devem dedicar grande parte de seu tempo para processar informações e discutir os problemas. Todavia, quando a equipe executa tarefas rotineiras e passa menos tempo processando informações, a rede de comunicações pode ser centralizada. Os dados podem ser canalizados para um líder ou supervisor, liberando os membros para maior dedicação de tempo às atividades das tarefas.

Quase sempre o trabalho em equipe exige intensa comunicação. A estrutura de comunicação utilizada pela equipe influencia seu desempenho e a satisfação das pessoas envolvidas. Em uma rede centralizada no líder ou supervisor, os membros da equipe se comunicam por meio dele para resolver os problemas ou tomar as decisões. Em uma rede descentralizada, os membros se comunicam livremente entre si. Todos os membros processam informações até chegar a um consenso sobre uma decisão.[37] A rede centralizada de comunicação proporciona soluções mais rápidas para problemas mais simples. Os membros passam as informações relevantes para o líder ou supervisor para que ele tome as decisões. A rede descentralizada é mais lenta para problemas simples, porque a informação passa por diferentes pessoas até que elas coloquem as peças juntas e resolvam o problema. Contudo, os problemas complexos são mais rapidamente resolvidos pela rede descentralizada, porque todas as informações necessárias não ficam restritas a uma única pessoa. As decisões são mais rápidas e melhores. Além da centralização/descentralização das comunicações, existe outro aspecto importante: a complexidade dos problemas que a equipe enfrenta. A rede centralizada produz poucos erros em relação aos problemas simples e muitos erros em relação aos problemas complexos. A rede descentralizada é menos acurada nos problemas simples e muito acurada nos problemas complexos.[38] A Figura 11.10 mostra os diversos tipos de comunicação em equipe em função da natureza das tarefas e da solução de problemas.

Reflita sobre **O que o gestor precisa considerar a respeito da comunicação** na seção *Para reflexão* CO 11.2

VOLTANDO AO CASO INTRODUTÓRIO
Supermercados Meta

Com o gradativo envolvimento da diretoria e da gerência, Renata Martinez passou a estender sua preocupação com o pessoal operacional das lojas. Renata queria transformar o trabalho individual e solitário em trabalho em equipes e solidário para incrementar relacionamentos e obter efeito sinérgico na base da organização. Isso significaria uma profunda mudança cultural dentro da empresa. Como você poderia ajudar Renata?

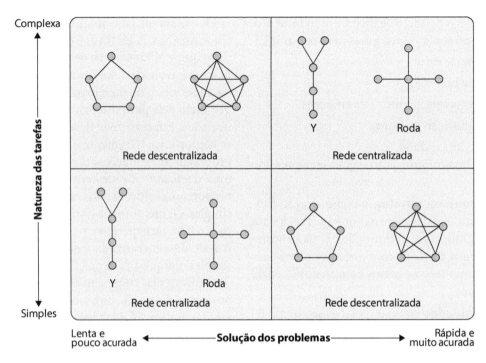

Figura 11.10 Redes de comunicação em equipe.[39]

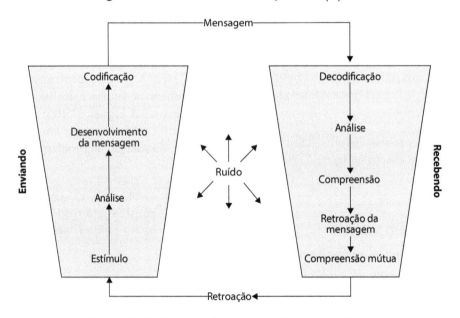

Figura 11.11 Processo de comunicação organizacional.

11.8.3 Acesso e uso da informação na organização

Informação é uma entidade tangível ou intangível que reduz a incerteza a respeito de um evento ou estado.[40] Quanto mais certeza existe sobre determinada situação, menor será a necessidade de informação. Pelo contrário, quanto mais incerteza, maior a necessidade de informação. Quem adivinha não precisa de informação. A informação é fundamental para tomar decisões. Diferentes tipos de decisão demandam diferentes tipos de necessidade de informação. A natureza do problema tende a influenciar o meio de interpretar a informação. O acesso e o uso da informação constituem uma vantagem competitiva estratégica em um mundo extremamente competitivo. Contudo, não basta apenas um sistema de informação. É preciso que na outra ponta existam pessoas capazes de transformar rapidamente a informação em ações.

A informação é a base para a tomada de decisões. Se o assunto é de natureza estratégica, as decisões terão fatalmente um impacto sobre toda a organização. Se o assunto é de natureza tática ou operacional, seu impacto é mais restrito. O consumo da informação depende da capacidade da organização de utilizar a informação como componente crítico para sua vantagem competitiva, reduzindo em todos os níveis a incerteza nos seus processos de tomada de decisão. Uma informação pode ser caracterizada de várias formas de acordo com sua aplicabilidade. A dimensão tempo determina sua utilidade. Quanto mais demorada a passagem da informação, menor a probabilidade de sua utilidade. A informação degrada com o passar do tempo.

Na Figura 11.12, são apresentadas as características da informação.

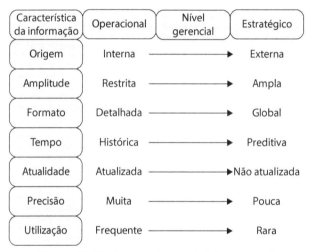

Figura 11.12 Características da informação.[41]

A existência de informações é a base para a tomada de decisões.

O Quadro 11.4 apresenta diferentes formas de propagação da informação.

 Acesse conteúdo sobre **A era do acesso** na seção Tendências em CO 11.1

11.8.4 Reuniões

As reuniões constituem ferramentas indispensáveis na comunicação organizacional. A reunião é um encontro de pessoas para discutir algum assunto ou resolver algum problema ou ainda para tomar uma decisão que envolva várias pessoas. As reuniões fazem parte do cotidiano das organizações, pois representam uma forma de intercâmbio de ideias e assuntos entre as pessoas.

As reuniões podem ser utilizadas para alcançar vários objetivos, a saber:[43]

- **Informações**: o propósito de uma reunião pode ser transmitir ou compartilhar informações a respeito de assuntos ou decisões a serem tomadas, como as reuniões de diretoria, de treinamento ou de transmissão de dados e informações.

- **Consulta**: o propósito de uma reunião pode ser conhecer a opinião de várias pessoas a respeito de determinados assuntos ou problemas, colher informações e sugestões, pontos de vista e pareceres pessoais.

- **Decisão**: o propósito de uma reunião pode ser envolver várias pessoas no processo de tomar decisões a respeito de algum assunto, reunir diferentes cabeças para chegar a um consenso sobre determinadas decisões.

- **Solução de problemas**: o propósito de uma reunião pode ser apresentar um problema e solicitar que todos participem de sua resolução. Cada um dos

Quadro 11.4 Formas de propagação da informação[42]

Tipo de comunicação	Tamanho da audiência	Duração da mensagem	Consumo	Exemplos
Interpessoal	Pequeno	Curta	Variável	Conversas, reuniões informais, fofocas, assuntos de família, conselhos, instruções, administrativas etc.
Acadêmica/Educacional	Grande	Longa	Longo	Classes, aulas teóricas, *workshops*, treinamento, cursos etc.
Cultural	Variado	Longa	Curto	Concertos, recitais, teatro, literatura, poesia etc.
Entretenimento	Variado	Curta	Curto	Esportes, cinema, *shows*, televisão etc.
Informacional	Grande	Curta	Longo	Jornais, notícias econômicas, informações gerenciais, revistas etc.

participantes da reunião traz seu conhecimento e especialidade técnica para em conjunto solucionar problemas complexos e que envolvam diferentes áreas da organização.

- **Inovação**: o propósito de uma reunião pode ser estimular a criatividade das pessoas, liberando-as para que possam apresentar ideias e sugestões criativas e inovadoras. Uma reunião de *brainstorming*, por exemplo, é realizada para gerar ideias criativas e inovadoras a respeito de um determinado produto ou serviço.

VOLTANDO AO CASO INTRODUTÓRIO
Supermercados Meta

Por fim, Renata pretende envolver os clientes no processo de comunicação organizacional, eliminando todas as barreiras possíveis nas relações entre cliente e organização. Se possível, criar condições para que os clientes possam oferecer sugestões de melhorias para o Supermercados Meta atendê-los melhor e com mais eficácia. Renata precisa de ajuda para desenvolver essas ideias. Como você poderia ajudá-la?

Aumente seus conhecimentos sobre **Como desenvolver meridianos transorganizacionais** na seção *Saiba mais* CO 11.8

Acesse um caso sobre **A Walmart** na seção *Caso de apoio* CO 11.1

RESUMO

Vivemos em uma sociedade de informação. Dados, informação e comunicação são o cerne da vida diária. As pessoas se relacionam entre si por meio da comunicação. O mesmo ocorre com as organizações. Nessas, a comunicação pode ser uma vantagem competitiva ou um enorme problema. O problema ocorre quase sempre devido à dificuldade de reconhecer que o fluxo de informação é algo mais do que um processo linear. As funções básicas da comunicação são: controle, motivação, expressão emocional e informação. O processo de comunicação pode ser abordado como um sistema aberto constituído de fonte, codificação, canal, decodificação e receptor ou destino. O processo é dinâmico graças à retroação e sofre a interferência de ruídos. Daí a diferença entre comunicação eficiente e comunicação eficaz para a obtenção de consonância. Existem fatores de persuasão na fonte e no destino, principalmente na comunicação interpessoal. Nela, a comunicação pode ser verbal ou não verbal. Os canais informais mais utilizados são passear pela organização e cachos de uva. Todavia, a comunicação está sujeita a barreiras pessoais, físicas e semânticas. O processo ainda está sujeito a filtragem, percepção seletiva, sobrecarga, distorção e omissão. A comunicação organizacional apresenta três vertentes: ela pode ser descendente, ascendente e horizontal. As dicas para melhorá-la passam pelo acompanhamento, retroação, empatia, repetição (redundância), simplificação da linguagem, escutar bem, encorajar confiança mútua e criar oportunidades. Também a comunicação em equipes tem sido intensamente utilizada para enfatizar os aspectos dinâmicos e interpessoais.

QUESTÕES

1. Explique a sociedade de informação.
2. Mostre a diferença entre dados, informação e comunicação.
3. Conceitue comunicação.
4. Quais são as funções básicas da comunicação?
5. Explique o processo de comunicação.
6. O que significa fonte ou emissor?
7. Explique a codificação e a decodificação.
8. O que é canal? E ruído?
9. Dê exemplos do processo de comunicação.
10. Explique eficiência e eficácia na comunicação.
11. Mostre a subjetividade no processo de comunicação interpessoal.
12. Explique os fatores de persuasão na fonte, na mensagem e no destino.
13. Explique o que é consonância e dissonância.
14. Quais os canais informais de comunicação interpessoal? Explique-os.
15. Explique as barreiras pessoais, físicas e semânticas à comunicação.
16. Demonstre como a filtragem, a percepção seletiva, a sobrecarga, a distorção e a omissão afetam a comunicação.

17. Apresente as comunicações verticais descendentes na organização.
18. Apresente as comunicações verticais ascendentes na organização.
19. Apresente as comunicações laterais ou horizontais na organização.
20. Mostre como é possível melhorar as comunicações organizacionais.
21. Explique a comunicação em equipes.
22. Discuta a reunião como ferramenta de comunicação.

REFERÊNCIAS

1. SROUR, R. H. *Poder, cultura e ética nas organizações*. Rio de Janeiro: Campus, 1998. p. xxiii.
2. GATES, B. *The road ahead*. New York: Viking Press, 1995.
3. DRUCKER, Peter F. *Post capitalist society*. New York: Harper Business, 1994.
4. PEREIRA, M. J. L. de B.; FONSECA, J. G. M. *Faces da decisão*: as mudanças de paradigmas e o poder da decisão. São Paulo: Makron Books, 1997. p. 225.
5. Extraído de: Data, data, everywhere – but, to what purpose? *In*: *Accenture, high performance delivered*. Disponível em: https://insuranceblog.accenture.com/data-data-everywhere--but-how-to-use-it. Acesso em: 21 dez. 2020.
6. ISMAIL, S. et al. *Organizações exponenciais*: por que elas são 10 vezes melhores, mais rápidas e mais baratas que a sua (e o que fazer a respeito). São Paulo: HSM Editora, 2015.
7. ISMAIL, S. et al. *Organizações exponenciais, op. cit.*
8. ROBBINS, S. P. *Comportamento organizacional*. São Paulo: Prentice Hall, 2002. p. 276.
9. CHIAVENATO, I. *Recursos humanos*: edição compacta. São Paulo: Atlas, 2002. p. 96.
10. CERTO, S. C. *Modern management*: diversity, quality, ethics, and the global environment. Boston: Allyn & Bacon, 1994. p. 325.
11. SCHERMERHORN JR., J. R.; HUNT, J. G.; OSBORN, R. N. *Basic organizational behavior*. New York: John Wiley & Sons, 1995. p. 177.
12. SCOTT, W. G.; MITCHELL, T. R. *Organization theory*: a structural and behavioral analysis. Homewood: Richard D. Irwin, 1976.
13. ROBBINS, S. P. *Comportamento organizacional, op. cit.*, p. 276-277.
14. KOTTER, J. *Liderando a mudança*. Rio de Janeiro: Campus, 1996.
15. SHANNON, C.; WEAVER, W. *The mathematical theory of communication*. Urbana: University of Illinois Press, 1948.
16. SCHRAMM, W. How communication works. *In*: SCHRAMM, W. (org.). *The process and effects of mass communication*. Urbana: University of Illinois Press, 1953. p. 3-26.
17. BERLO, D. K. *The process of communication*. New York: Holt, Rinehart & Winston, 1960. p. 30-32.
18. BRITO, M. Podcast: a mais nova ferramenta de desenvolvimento profissional. *Revista ADM PRO, Administrador Profissional*, São Paulo, Conselho Regional de Administração de São Paulo, CRASP, ano 42, n. 391, p. 9-11, nov./dez. 2019.
19. CHIAVENATO, I. *Administração*: teoria, processo e prática. Rio de Janeiro: Elsevier/Campus, 2005. p. 406.
20. CHIAVENATO, I. *Administração nos novos tempos*: os novos horizontes em administração. 4. ed. São Paulo: Atlas, 2020. p. 259.
21. CHIAVENATO, I. *Recursos humanos:* o capital humano das organizações. 11. ed. São Paulo: Atlas, 2020. p. 58-60.
22. CHIAVENATO, I. *Administração nos novos tempos, op. cit.*, p. 260.
23. CHIAVENATO, I. *Administração nos novos tempos, op. cit.*, p. 260.
24. RANDOLPH, W. A. *Understanding and managing organizational behavior*. Homewood: Richard D. Irwin, 1985. p. 349-350.
25. CALLAHAN, R. E.; FLEENOR, C. P.; KNUDSON, H. R. *Understanding organizational behavior*: a managerial viewpoint. Columbus: Charles E. Merril, 1986.
26. WEITEN, W. *Psicologia*: temas e variações. São Paulo: Pioneira/Thomson, 2002. p. 485.
27. CHIAVENATO, I. *Administração nos novos tempos, op. cit.*, p. 260.
28. Adaptado de DAVIS, K.; NEWSTROM, J. W. *Human behavior at work*: organizational behavior. New York: McGraw-Hill, 1985.
29. CHIAVENATO, I. *Recursos humanos, op. cit.*, p. 58-59.
30. CHIAVENATO, I. *Recursos humanos, op. cit.*, p. 59.
31. CHIAVENATO, I. *Administração nos novos tempos, op. cit.*, p. 266-267.
32. DAFT, R. L. *Management*. Orlando: The Dryden Press, 1996. p. 561.
33. SAYLES, L. R.; STRAUSS, G. *Human behavior in organizations*. Englewood Cliffs: Prentice Hall, 1966. p. 246.
34. DAVIS, K. *Human behavior at work*. New York: McGraw-Hill, 1972. p. 394.
35. SISK, H. L. *Organization and management*. Cincinnati: South-Western, 1973. p. 535-536.
36. SHAW, M. E. *Group dynamics*: the psychology of small group behavior. New York: McGraw-Hill, 1976.
37. DAFT, R. L.; STEERS, R. M. *Organizations*: a micro/macro approach. Glenview: Scott, Foresman, 1986.
38. SHAW, M. E. *Group dynamics, op. cit.*

39 Adaptado de: BAVELAS, A.; BARRETT, D. An experimental approach to organization communication. *Personnel*, n. 27, p. 266-371, 1951.

40 LUCAS JR., H. C. *Information systems concepts for management*. New York: McGraw-Hill, 1990.

41 LUCAS JR., H. C. *Information systems concepts for management*. New York: McGraw-Hill, 1990.

42 *Telecommunications Policy Magazine*, 1988.

43 CHIAVENATO, I. *Administração nos novos* tempos, *op. cit.*, p. 269.

12 PODER, POLÍTICA E LIDERANÇA

OBJETIVOS DE APRENDIZAGEM

Após estudar este capítulo, você deverá estar capacitado para:

- Apresentar o conceito de poder e dependência nas organizações.
- Discutir a política e o comportamento político dentro das organizações.
- Descrever os conceitos de liderança baseados em traços de personalidade.
- Explicar os conceitos de liderança baseados em teorias comportamentais.
- Identificar os modernos processos teóricos de liderança.

O QUE VEREMOS ADIANTE

- Conceito de poder e dependência.
- Táticas de poder.
- Gestão ou liderança?
- Política.
- Conceito de liderança.
- Teoria dos traços de personalidade.
- Teorias comportamentais sobre liderança.
- Teorias situacionais e contingenciais de liderança.
- Como ampliar o contexto da liderança.

 CASO INTRODUTÓRIO
A Seculum

Felicia Barroso foi chamada às pressas para participar de uma reunião da diretoria da Seculum, uma empresa de grande porte que estava perdendo mercado e sofrendo uma forte deterioração em sua imagem. A Seculum é uma empresa tradicional e conservadora, e seu desenho organizacional é baseado na clássica divisão do trabalho: a departamentalização é funcional e a rígida hierarquia serve de base para a coordenação interdepartamental. A diretoria apresentou a Felicia uma situação deplorável: os números estão caindo há três anos e a sua trajetória indica que o fundo do poço está chegando. Providências urgentes devem ser tomadas. Contudo, há feudos na empresa, acomodação e conformismo das pessoas e um total descaso pelos objetivos organizacionais, pois todos preferem apenas obedecer às regras e aos procedimentos estabelecidos pela empresa. Torna-se necessária uma nova liderança para livrar a empresa do sufoco. Felicia está sendo indicada para ocupar a presidência da Seculum e iniciar um amplo processo de revitalização do negócio. O que ela faria?

A liderança é um tema que vem encantando o mundo dos negócios há muito tempo, e está se tornando cada vez mais importante na vida e na dinâmica das organizações. A razão é muito simples: o mundo organizacional requer líderes para a condução bem-sucedida das organizações e a liderança representa a maneira mais eficaz de renovar e revitalizar as organizações e impulsioná-las rumo à competitividade e ao sucesso. Sem liderança, as organizações correm o risco de vagar ao léu e sem uma direção bem definida. A liderança introduz força, vigor e rumo nas organizações. Ela envolve emoção e paixão, influenciando poderosamente o comportamento das pessoas onde quer que elas estejam.

As organizações requerem um grande número de pessoas trabalhando juntas, atuando em diferentes atividades e em diferentes níveis organizacionais. Muitas delas ocupam posições na hierarquia – como presidentes, diretores, gerentes – para cuidar do trabalho de outras pessoas, tornando-se responsáveis pela atividade conjunta de vários indivíduos. Isso implica, necessariamente, liderança. Por essa razão, a liderança ocupa um papel-chave em toda organização. Nunca, como hoje – em uma época de mudança, incerteza, globalização e competitividade –, a liderança foi tão importante para o sucesso organizacional.

A Figura 12.1 apresenta o aparato administrativo da organização.

O problema é que nem todo dirigente – presidente, diretor ou gerente – é um líder na verdadeira acepção da palavra, e a recíproca também vale: nem todo líder é um dirigente. O ideal é que cada executivo seja um líder na sua organização.

12.1 CONCEITO DE PODER E DEPENDÊNCIA

De modo geral, a liderança é, de certa forma, um tipo de poder pessoal. Por meio da liderança, uma pessoa influencia outras em função das interações e de relacionamentos existentes. Influência significa uma transação interpessoal pela qual uma pessoa age no sentido de modificar ou provocar o comportamento de outra intencionalmente. Existe sempre um líder – aquele que influencia – e os liderados – aqueles que são influenciados. A influência é um conceito estreitamente ligado ao conceito de poder e autoridade. Poder significa o potencial de influência de uma pessoa sobre outra ou outras, que pode ou não ser exercido. O poder em uma organização é a capacidade de afetar e controlar as decisões e ações das outras pessoas, mesmo quando elas possam resistir. Por outro lado, a autoridade é o poder legítimo, ou seja, o poder que tem uma pessoa em virtude do papel ou posição que ocupa em uma estrutura organizacional. Autoridade é o poder legal e socialmente aceito. Um indivíduo que ocupa uma elevada

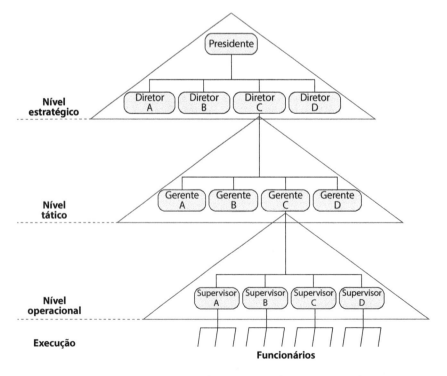

Figura 12.1 Aparato administrativo da organização.[1]

posição em uma organização tem poder pelo fato de sua posição ter o que chamamos de poder de posição. Em uma organização, o poder do presidente é maior do que o do gerente, devido à autoridade formalmente atribuída pela sua posição hierárquica, e não devido às suas características pessoais que certamente o capacitaram a ocupar o cargo. A capacidade de influenciar, persuadir e motivar os liderados está fortemente ligada ao poder que se percebe na pessoa.

French e Raven distinguem cinco diferentes tipos de poder:[2]

1. **Poder coercitivo**: é o poder baseado no temor e na coerção. O liderado percebe que o fracasso em atender às exigências do líder poderá levá-lo a sofrer algum tipo de punição ou penalidade que ele quer evitar.
2. **Poder de recompensa**: é o poder que se apoia na esperança de recompensas, incentivos, elogios ou reconhecimento que o liderado espera obter do líder.
3. **Poder legitimado**: é o poder que decorre do cargo ou posição ocupada pelo indivíduo no grupo ou na hierarquia organizacional. Em uma organização formal, o supervisor de primeira linha é percebido como alguém que tem mais poder do que os operários, o gerente tem mais poder do que o supervisor e o diretor tem mais poder do que o gerente. É a nivelação hierárquica que define e estabelece os escalões de autoridade dentro da organização.
4. **Poder de competência**: é o poder baseado na especialidade, no talento, na competência, na experiência ou no conhecimento técnico da pessoa. É também chamado de poder de perícia. Os liderados percebem o líder como pessoa que possui competências que excedem os seus próprios conceitos e habilidades e de quem dependem para obter conhecimento.
5. **Poder de referência**: é o poder baseado na atuação e no apelo. O líder que é admirado por certos traços de personalidade desejáveis possui poder referencial. É um poder popularmente conhecido como carisma. O poder de referência emana da admiração e do desejo de se parecer com o líder.

As fontes de posição e de poder pessoal são elencadas no Quadro 12.1.

Assim, o poder de coerção, de recompensa e o legitimado decorrem da posição ocupada na organização, enquanto o poder de competência e o de referência decorrem da própria pessoa, independentemente de sua posição na organização.

As bases do poder são apresentadas na Figura 12.2.

Quadro 12.1 Fontes de posição e de poder pessoal

Poder decorrente da posição (baseado no que o líder pode oferecer aos outros)	Poder decorrente da pessoa (baseado na maneira pela qual o líder é visto pelos outros)
Poder de recompensa: Se você fizer o que eu mando, eu lhe darei uma recompensa.	Poder de competência: Como fonte de conhecimento, da orientação e da inspiração.
Poder de coerção: Se você não fizer o que eu mando, eu punirei você.	Poder de referência: Como um líder com o qual as pessoas gostam de se identificar.
Poder legitimado: Como eu sou o chefe, você tem de fazer o que eu mando.	

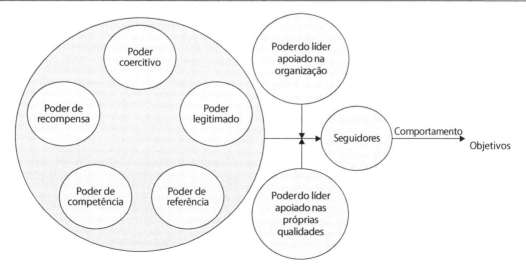

Figura 12.2 Bases do poder: organizacional e individual.

Quando a liderança funciona na base do poder coercitivo, do poder de recompensa ou do poder legitimado, ela se baseia exclusivamente no poder de posição que a organização confere ao líder, e não na pessoa do líder em si. A verdadeira liderança decorre do poder de competência ou do poder de referência do líder, ou seja, baseia-se na pessoa do líder. O que caracteriza a verdadeira liderança é a capacidade efetiva de gerar resultados por meio das pessoas.

12.1.1 Dependência

O aspecto mais importante do poder de uma pessoa é o fato de que ele é uma função da dependência de outra. Quanto maior a dependência de um subordinado em relação ao seu chefe, maior é o poder do chefe sobre o subordinado. Se o chefe possui algo que somente ele tem e controla o que os subordinados precisam, ele os transforma em dependentes e passa a ter poder sobre eles.[3] A dependência é inversamente proporcional às fontes de suprimento. A posse de algo abundante não aumenta o poder. Se todo mundo é rico, o dinheiro não representa uma fonte de poder. Porém, se um chefe monopoliza informações, prestígio ou algo que as pessoas desejam, elas se tornam dependentes dele. E pelo contrário, quanto mais uma pessoa ou organização expandir suas opções, menos poder ela vai colocar na mão dos outros. É isso que leva muitas empresas a diversificar seus fornecedores em vez de concentrar todos os seus negócios em apenas alguns deles. Isso também se aplica à independência financeira para reduzir o poder dos outros sobre nosso comportamento.

Quanto mais importante, escasso e não substituível é o recurso, maior é a dependência:[4]

1. **Importância**: para que haja dependência, o recurso a ser controlado precisa ser importante e valioso. É por essa razão que o departamento de marketing se torna vital quando a venda dos produtos se torna crítica. Os sindicalistas se tornam mais poderosos quando a greve ou crise trabalhista aumenta. Nas empresas de alta tecnologia, os engenheiros de pesquisa e desenvolvimento se tornam um grupo poderoso, enquanto nas empresas orientadas para o mercado, a área de marketing tem mais poder.

2. **Escassez**: um recurso precisa ser percebido como escasso para gerar dependência, pois se o recurso é abundante, a sua posse não aumenta o poder. Possuir um recurso escasso pode aumentar o salário, mas também o poder e o valor das pessoas. É o caso do conhecimento.

3. **Não substituição**: o poder aumenta na medida em que não existem substitutos viáveis. O recurso precisa ser percebido como de difícil substituição por outro. O reconhecimento da competência de uma pessoa aumenta seu valor, sua visibilidade e sua mobilidade na organização.

Poder e dependência são aspectos facilmente notáveis nas organizações. Essas relações são esquematizadas na Figura 12.3.

12.2 TÁTICAS DE PODER

As táticas de poder referem-se à maneira como os gerentes influenciam as pessoas nas organizações, isto é, como os gerentes transformam suas bases de poder em ações específicas.

Uma pesquisa identificou sete dimensões das táticas de poder:[5]

1. **Razão**: utilização de fatos e dados para elaborar uma apresentação lógica ou racional de ideias.

2. **Amabilidade**: utilização de elogios, criação de um clima de boa vontade, postura humilde e tentativa de parecer amigável ao fazer um pedido.

3. **Coalizão**: obtenção de apoio de outras pessoas na organização para determinada ideia.

4. **Barganha**: uso de negociação em relação à troca de benefícios, favores ou vantagens.

5. **Afirmação**: utilização de uma abordagem direta e vigorosa, lembretes repetidos, ordens para cumprimento ou citação de regras que exigem obediência.

6. **Autoridades superiores**: obtenção de apoio dos níveis mais altos da organização para a ideia.

7. **Sanções**: utilização de recompensas e punições, como promessas ou ameaças em relação a salários, avaliação do desempenho ou promoções.

Robbins afirma que os gerentes utilizam várias táticas de poder em seu cotidiano em função dos objetivos a serem alcançados. Há uma adequação da tática ao objetivo visado, a saber:[6]

1. Quando querem benefícios de seus superiores, os gerentes usam relações cordiais e amabilidade.

2. Quando o objetivo é a aceitação de uma ideia, usam a razão.

3. Quando querem favores dos subordinados, os gerentes usam a amabilidade, e quando querem vender uma ideia a eles, usam a razão.

Capítulo 12 – Poder, Política e Liderança   255

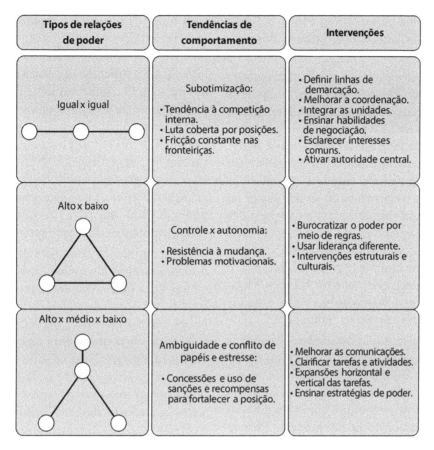

Figura 12.3 Relações de poder nas organizações.[7]

4. Quando a experiência anterior indica alta probabilidade de sucesso, fazem um simples pedido para obter aquiescência. Quando o sucesso é menos provável, usam a afirmação e as sanções. A expectativa em relação ao sucesso orienta a escolha das táticas.

5. A cultura organizacional influencia as táticas gerenciais para obter poder. Algumas culturas estimulam o uso da amabilidade, outras encorajam a razão e outras utilizam sanções e a afirmação. No fundo, a organização em si influencia quais as táticas de poder que são mais ou menos aceitáveis pelos gerentes.

 Aumente seus conhecimentos sobre **Como os gestores trabalham** na seção *Saiba mais* CO 12.1

 VOLTANDO AO CASO INTRODUTÓRIO
A Seculum
O primeiro cuidado de Felicia Barroso foi refletir profundamente sobre como iria se comportar como a nova presidente da Seculum, quais suas bases de poder e sobre como influenciar positivamente a companhia e contar com o apoio de todos para as mudanças a serem feitas para o processo de revitalização organizacional. Como você poderia ajudar Felicia?

12.3 GESTÃO OU LIDERANÇA?

Liderança e gestão são conceitos que costumam ser confundidos indevidamente. A gestão é feita pela gerência, relaciona-se com o enfrentamento da complexidade[8] e busca a ordem e a consistência com a elaboração de planos formais, do desenho organizacional e da monitoração dos resultados alcançados em comparação com os planos estabelecidos. A liderança, por outro lado, relaciona-se com o enfrentamento da mudança. O líder define direções por meio do desenvolvimento de uma visão do futuro e, depois, engaja as pessoas, comunicando-lhes essa visão e inspirando-as para superar os obstáculos.

Assim, o gestor utiliza a autoridade de sua posição na organização para obter o comprometimento dos membros.[9] A gestão consiste na implementação da visão e da estratégia oferecida pelos líderes, coordenando e suprindo pessoas na organização e tratando dos problemas cotidianos.

Na prática, todo gestor precisa ser um líder, embora nem todo líder seja um gestor. O gestor se fundamenta na sua posição na hierarquia organizacional, enquanto o líder se fundamenta em suas próprias qualidades pessoais. Em suma, gerenciar e liderar não são atividades idênticas. A posse de características administrativas não é suficiente, no mundo de hoje, para um executivo ser bem-sucedido. Não se trata apenas de ser um gestor ou um líder, mas ambas as coisas. Ele precisa compreender a diferença entre gestão e liderança e como essas duas atividades podem ser combinadas para alcançar sucesso organizacional. Para combinar gestão e liderança, o executivo moderno precisa demonstrar balanço e foco sobre os processos organizacionais (gestão) e uma genuína preocupação com as pessoas (liderança).[10]

O gestor tradicional tem suas limitações. Ele pode ir bem até certo ponto. A gestão tradicional e hierárquica com base na relação de comando e obediência parece fadada ao museu do velho mundo dos negócios. Há coisas que ainda podem ser geridas, como a rotina, os horários, os processos, os equipamentos etc. Porém, como administrar atitude, dedicação, confiabilidade, coragem, criatividade, perseverança, valores, colaboração, inovação e paixão? As pessoas precisam ser lideradas, e não simplesmente administradas.[11]

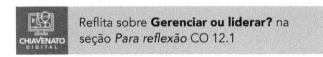

Reflita sobre **Gerenciar ou liderar?** na seção *Para reflexão* CO 12.1

12.4 POLÍTICA

A política se refere ao uso da autoridade e do poder para influir sobre as decisões quanto a objetivos, direções e outros aspectos importantes de uma organização.[12] Significa o poder em ação, ou seja, a aplicação do poder e da autoridade para alcançar resultados desejados. Na verdade, quando as pessoas convertem seu poder em ação dentro das organizações, elas estão fazendo política. As pessoas que têm habilidades políticas sabem utilizar com eficácia as suas bases de poder.[13] Geralmente, agregam-se em grupos, seja para exercer influência, receber recompensas ou progredir em sua vida profissional.[14]

A política organizacional envolve atividades para adquirir, desenvolver e utilizar poder e outros recursos para obter os resultados pretendidos quando existe incerteza ou desacordo quanto às suas escolhas.[15] A política está relacionada com o uso do poder para influenciar o processo decisório ou o comportamento das pessoas. O comportamento político nas organizações envolve certas atividades que não são solicitadas como parte do papel formal na organização, mas que influenciam ou tentam influenciar a distribuição de vantagens e desvantagens dentro dela.[16] Dessa maneira, o comportamento político está além dos requisitos de trabalho de cada pessoa e requer o uso das bases de poder de cada uma para participar da distribuição de vantagens dentro da organização.

Além do mais, o comportamento político varia na dimensão legitimidade-ilegitimidade. Ele pode se referir à política normal do cotidiano, como reclamar com o chefe, ultrapassar a cadeia de comando, formar coalizões, obstruir políticas ou decisões organizacionais e desenvolver contatos fora da organização por meio de atividades profissionais. Isso até pode constituir um fator positivo. Por outro lado, o comportamento político ilegítimo viola as regras do jogo estabelecidas, visto que inclui o chamado "jogo sujo", a sabotagem ou a corrupção. Constitui um fator negativo. Na verdade, a maioria das ações políticas nas organizações é de natureza legítima e suas razões são práticas. A ação política ilegítima traz riscos à organização e deve ser banida.

 SAIBA MAIS — **Capital emocional**

Os estudos de Daniel Goleman[17] sobre a inteligência emocional apontam a energia emocional – entendida como vontade, lealdade, compromisso e responsabilidade – como o conteúdo humano afetivo essencial para a eficácia e a produtividade humana. Tanto que o conceito de capital intelectual – entendido como uma das dimensões do saber e atuar do ser humano – pode ser enriquecido com o conceito de capital emocional à sua dimensão afetiva, emotiva e intuitiva. O conceito de capital emocional leva em conta as atitudes de compromisso, lealdade, afeto, estima, identificação, prazer e a capacidade de amar do ser humano como energia para transformar o mundo.

VOLTANDO AO CASO INTRODUTÓRIO
A Seculum

Felicia Barroso sabe que precisa aglutinar motivações e expectativas nas várias áreas da companhia para conseguir apoio e comprometimento para o seu programa de mudanças organizacionais. A urgência do tempo e as dificuldades financeiras da empresa exigem decisões rápidas e profundas. Felicia precisa rapidamente convergir atenções e interesses para se sair bem nessa empreitada. Quais sugestões você daria a Felicia?

12.5 CONCEITO DE LIDERANÇA

Apesar de sua importância – ou graças a ela –, a liderança tem provocado o surgimento de muitas pesquisas e várias teorias a seu respeito. Teremos oportunidade de verificar boa parte do que foi pesquisado e revelado.[18] Há uma enorme diversidade de abordagens a respeito da liderança, o que mostra que o assunto é complexo e ainda tem muito por revelar.

Diversas conceituações de liderança

- Processo de dirigir o comportamento das pessoas em direção ao alcance de alguns objetivos. Dirigir, nesse caso, significa levar as pessoas a agir de certa maneira ou seguir um curso particular de ação.[19]
- Uma tentativa, no âmbito da esfera interpessoal, dirigida por um processo de comunicação, para a consecução de alguma(s) meta(s).[20]
- Uma influência interpessoal exercida numa dada situação e dirigida por meio do processo de comunicação humana para a consecução de um ou mais objetivos específicos. Os elementos que caracterizam a liderança são, portanto, quatro: a influência, a situação, o processo de comunicação e os objetivos a alcançar.[21]
- A habilidade de influenciar pessoas para o alcance de objetivos. Essa definição enfatiza que o líder está envolvido com outras pessoas para alcançar objetivos. A liderança é recíproca, ocorre entre pessoas e com foco em pessoas, não em atividades como folhear papéis ou resolver problemas. Liderança envolve o uso do poder.[22]
- Uma função das necessidades existentes numa determinada situação consiste numa relação entre um indivíduo e um grupo. Nesses termos, o conceito de liderança repousa em uma relação funcional que existe quando um líder é percebido por um grupo como o possuidor ou controlador dos meios para a satisfação de suas necessidades.[23]

12.6 TEORIA DOS TRAÇOS DE PERSONALIDADE

A liderança não é um conceito novo. Desde o início do século passado, alguns autores têm se dedicado a definir a liderança e suas implicações. Os primeiros estudos sobre liderança começaram com a identificação e a localização de traços de personalidade típicos do líder.[24] Nessas teorias iniciais, a liderança é um conceito central, enquanto as outras variáveis são relativamente menos importantes.

A mais antiga concepção de liderança – a teoria dos traços – procurava identificar os traços de personalidade que diferenciavam a grande pessoa das massas. A história da humanidade oferece vários exemplos – Gengis Khan, Átila, o Huno, Pedro, o Grande, Napoleão, Lincoln, Getúlio Vargas etc. –, que foram líderes devido a qualidades pessoais que os tornaram destacados e diferentes das demais pessoas.[25] Certos traços se relacionam com o sucesso pessoal, os quais, quando identificados, poderiam ser utilizados para selecionar líderes. Graças às diferenças individuais, esses traços – inteligência, assertividade, coragem, astúcia ou algo assim – seriam responsáveis pelo comportamento de liderança.

Aumente seus conhecimentos sobre **A teoria dos traços de personalidade** na seção *Saiba mais* CO 12.2

Várias razões – como a inadequada teorização, a dificuldade na mensuração desses traços e o não reconhecimento de comportamento adequado a diferentes situações – fizeram com que a teoria dos traços caísse em descrédito.[26] Todavia, hoje, considera-se que certos traços de personalidade, em combinação com outros aspectos da liderança – como comportamento, atitudes, assertividade, visão de futuro –, constituem a maneira pela qual muitas organizações visualizam e aprovam o comportamento de seus líderes. Os traços de liderança tradicionais e contemporâneos são mostrados na Figura 12.4.

Muitas organizações ainda definem certos traços de personalidade importantes para os seus líderes. Da mesma forma como vimos em relação aos traços de personalidade – principalmente a emergência dos "cinco grandes traços", discutidos anteriormente –, a abordagem de traços de liderança ainda sobrevive com a migração dos traços de personalidade para habilidades relacionadas com o trabalho. Katz identificou habilidades técnicas, conceituais e humanas como necessárias ao gestor eficaz.[27] Yukl inclui habilidades como criatividade, organização, persuasão, diplomacia e tato, conhecimento da tarefa e habilidade de falar bem.[28]

Todavia, está ressurgindo uma interação da ideia de traços com as competências do líder em oposição aos traços ou habilidades. Pesquisas estão identificando certas competências relacionadas com a eficácia da liderança, tais como:[29]

1. **Impulso**: motivação íntima para perseguir objetivos.
2. **Motivação para liderar**: uso de poder socializado para influenciar pessoas.
3. **Integridade**: inclui confiança e vontade de transladar palavras em ações.
4. **Autoconfiança**: necessária para fazer as pessoas se sentirem seguras e impressionar os demais de várias maneiras possíveis.
5. **Inteligência**: geralmente focada na habilidade de processar informação, analisar alternativas e descobrir novas oportunidades.
6. **Conhecimento do negócio**: essencial para que as ideias geradas ajudem a organização a sobreviver e ser bem-sucedida.
7. **Inteligência emocional**: baseada em uma personalidade automonitorada, com forte sensibilidade às situações e habilidade para adaptar-se às circunstâncias, quando necessário.

E, mais recentemente, relacionam-se à liderança outras competências como a visão sistêmica, o pensamento estratégico, a inteligência emocional, a colaboração, a resolução de problemas, o relacionamento humano, a visão de futuro etc. E uma listagem de habilidades de liderança críticas para o sucesso na economia global inclui, necessariamente, as seguintes competências:[30]

1. **Flexibilidade cultural**: nos negócios internacionais, essa habilidade se refere à atenção e à sensibilidade cultural. Nas organizações domésticas, as mesmas habilidades parecem ser críticas para o sucesso à luz da crescente diversidade. Os líderes devem possuir habilidades não somente para gerenciar, mas também para reconhecer e celebrar o valor da diversidade em suas organizações.
2. **Habilidades de comunicação**: os líderes eficazes são hábeis em comunicar, seja na forma escrita, seja na forma oral, seja na forma não verbal.
3. **Habilidades relacionadas com pessoas**: como as pessoas são parte da eficácia da liderança, são necessárias habilidades para desenvolver um clima de aprendizado, desenhar e conduzir programas de treinamento, transmitir informações e experiências, acessar resultados, proporcionar aconselhamento de carreira, criar mudança organizacional e adaptar material de aprendizagem.
4. **Criatividade**: solução de problemas, inovação e criatividade proporcionam a vantagem competitiva no mercado global de hoje. O líder deve possuir as

Figura 12.4 Traços de liderança tradicionais e contemporâneos.[31]

habilidades não somente de criatividade pessoal, mas também a de proporcionar o clima que encoraja a criatividade das pessoas e que as ajude a ser criativas.
5. **Autogestão do aprendizado**: essa habilidade se refere à necessidade de aprendizado contínuo de novos conhecimentos e habilidades. Em tempos de mudanças dramáticas e competitividade global, os líderes devem continuamente mudar a si mesmos. Eles devem ser autoaprendizes.

Tomando por base entrevistas com 400 gerentes altamente eficazes, as dez habilidades mais identificadas foram as seguintes:[32]
1. Comunicar verbalmente e ouvir as pessoas.
2. Gerenciar o tempo e o estresse.
3. Gerenciar as decisões individuais.
4. Reconhecer, definir e resolver problemas.
5. Motivar e influenciar os outros.
6. Delegar.
7. Definir objetivos e uma visão articulada do futuro.
8. Autoprevenido.
9. Construir e fortalecer equipes.
10. Gerenciar conflitos.

Muitos estudos e pesquisas mostram que as dez habilidades listadas podem ser combinadas em quatro categorias de habilidades de liderança:[33]
1. **Relações humanas e participativas**: como comunicação de apoio e construção de equipes.
2. **Competitividade e controle**: como assertividade, poder e influência.
3. **Inovação e empreendedorismo**: como solução criativa de problemas.
4. **Manutenção da ordem e racionalidade**: como tomada de decisão racional e gestão do tempo.

Em função dessas habilidades de liderança identificadas na pesquisa, pode-se notar três características:[34]
1. **As habilidades são comportamentais**: elas não são traços nem estilos, mas se identificam por um conjunto de ações que os líderes desempenham e que resultam em certos resultados.
2. **As habilidades podem ser contraditórias ou paradoxais**: em outras palavras, as habilidades não são orientadas exclusivamente para a equipe ou para as relações interpessoais, nem apenas para o individualismo ou para o empreendedorismo. Elas sabem casar essas contradições.
3. **As habilidades são interrelacionadas e sobrepostas**: os líderes eficazes não desempenham uma só habilidade ou apenas um conjunto de habilidades independente das outras, mas utilizam simultaneamente várias habilidades.

Dentro de uma abordagem mais recente, o líder deve possuir certas habilidades básicas para poder conduzir e incentivar pessoas na organização, tais como:[35]
1. **Habilidades de caráter**: com as quais demonstra integridade por meio de autoconhecimento, sensitividade, ação baseada em valores, balanço pessoal, apoio e suporte pessoal, abertura espiritual e responsabilidade como fonte confiável.
2. **Habilidades relacionais**: com as quais o líder mantém interconexões com as pessoas por meio de diálogo, inclusão social, consenso, busca de acordos, retroação construtiva e solução colaborativa de problemas como fonte relacionadora. Relações humanas e participativas, como comunicação de apoio e espírito de equipe, são absolutamente essenciais. O líder deve saber se comunicar de maneira oral, escrita ou não verbal. Além disso, deve saber desenvolver uma atmosfera de aprendizagem, intensa transmissão de informação e experiência, avaliação de resultados e retroação, aconselhamento de carreira e agente de mudança organizacional.
3. **Habilidades de mediação**: com elas, o líder transforma conflitos em oportunidades por meio de honestidade e empatia, confrontação apoiadora, dissensão corajosa, valorização da diversidade, inteligência emocional, negociação baseada em interesses e resolução de conflitos como fonte mediadora.
4. **Habilidades de sabedoria**: por meio delas, o líder aumenta a compreensão das pessoas, como a imaginação, a intuição, o julgamento, a inovação, o raciocínio crítico, a resolução paradoxal de problemas, o planejamento estratégico revolucionário como fonte orientadora e inovação e espírito empreendedor, para proporcionar soluções criativas de problemas e alcance de vantagem competitiva. O líder deve não somente ser criativo, mas também proporcionar um clima que encoraje a criatividade e ajude as pessoas a serem criativas e inovadoras.
5. **Habilidades conclusivas**: com elas, o líder motiva as pessoas a agir a partir do envolvimento com outras pessoas, construindo coalizões, talentos, inspirando paixão e empoderando os outros como fonte facilitadora. Além disso, o líder deve ter a necessidade de estar continuamente aprendendo novos conhecimentos e habilidades. Em resumo, deve desenvolver o autoaprendizado.

6. **Habilidades de ação**: é com elas que o líder compromete as pessoas para alcançar resultados dramáticos, como dedicação, responsabilidade, autocorreção, preocupação com qualidade, compromisso, perseverança e resultados avaliados como fonte impulsionadora. Abrange, também, a manutenção da ordem e a racionalidade para gerir o tempo e proporcionar decisões.

Essas seis habilidades básicas são eminentemente comportamentais.[36] Elas não são traços de personalidade ou estilos de gerenciamento, mas significam um conjunto de ações e comportamentos identificáveis que o líder deve desempenhar e que proporcionam certos resultados. Além disso, essas habilidades são intimamente inter-relacionadas e se superpõem umas sobre as outras. As habilidades do líder não podem ser fragmentadas ou separadas umas das outras, mas precisam ser reunidas e estreitadas entre si para proporcionar mais integração e força conjunta. Líderes eficazes não desempenham apenas uma ou outra habilidade independente das demais, mas priorizam o conjunto delas.

Na prática, os líderes eficazes são multi-habilidosos, pois utilizam simultaneamente um arsenal de habilidades pessoais e interpessoais que se ajudam mutuamente.[37] Do ponto de vista das habilidades pessoais, o líder eficaz deve saber compatibilizar três aspectos importantes:

1. **Administrar a tensão do cotidiano**: o líder deve saber trabalhar em um ambiente de tensão criativa e lidar com estressores para balanceá-los adequadamente (moderando alguns que influenciam negativamente o aprendiz e alimentando outros que o ajudam e estimulam a atingir objetivos). Deve estabelecer um senso de urgência com relação à mudança e à inovação e, ao mesmo tempo, dosar o impacto dessa urgência para não sobrecarregar o aprendiz. Além disso, deve administrar o seu próprio tempo e o grau adequado de delegação de responsabilidades aos seguidores.

2. **Desenvolver sua autoatenção**: tem a função de definir e redefinir valores e prioridades, identificar seu estilo de comportamento e avaliar a atitude das pessoas quanto à mudança que pretende incentivar.

3. **Resolução criativa de problemas**: o líder utiliza uma abordagem racional ou criativa na solução de problemas, dependendo de sua natureza. Em geral, enfatiza mais a abordagem criativa para fomentar e incentivar a inovação nas pessoas.

O modelo de liderança baseado em habilidades pessoais é mostrado na Figura 12.5.

Do ponto de vista de habilidades interpessoais, o líder precisa saber construir seu espaço para:

1. **Ganhar poder e influência**: o líder precisa ganhar poder e exercer influência, para então empoderar as pessoas sob sua orientação no sentido de repartir esse poder e proporcionar-lhes maior responsabilidade e autonomia. Essa é uma habilidade fundamental para a liderança.

2. **Comunicar para proporcionar apoio**: o líder precisa saber comunicar em duas vias. Isso envolve saber ouvir as pessoas, facilitar a comunicação e entender

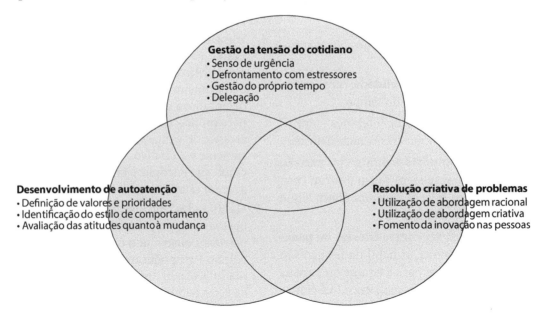

Figura 12.5 Modelo de liderança baseado em habilidades pessoais.[38]

os problemas e pontos de vista delas para poder aconselhar e orientar. Comunicar envolve, também, a manifestação de ideias, pontos de vista, transmissão de informações e conhecimentos, experiências e expectativas. A comunicação é outra habilidade fundamental para a liderança.

3. **Motivar as pessoas**: o líder precisa diagnosticar o desempenho das pessoas, criar um ambiente agradável e motivador e recompensar o bom desempenho no sentido de reforçá-lo e incentivá-lo. A motivação das pessoas é mais uma habilidade fundamental para a liderança.

4. **Administrar conflitos**: o líder deve identificar as causas e as origens de possíveis conflitos em sua equipe, escolher as estratégias adequadas para resolvê-los e administrar possíveis confrontações no sentido de minimizar consequências negativas de situações conflitivas (tensão emocional, estresse) e maximizar suas consequências positivas (identificação com o grupo, afiliação grupal), para ganhar esforço cooperativo. Em outros termos, deve utilizar os conflitos – situações inerentes à vida organizacional – para construir colaboração e cooperação entre as pessoas.

Na Figura 12.6, é apresentado o modelo de liderança baseado em habilidades interpessoais.

A liderança deve ser visualizada dentro de um cenário: o líder não deve ser separado de seus seguidores. As partes envolvidas devem ser integradas em um relacionamento aberto e intenso para que haja interação capaz de proporcionar aprendizado e desenvolvimento.[39] Cada organização deveria interligar seus diversos líderes e juntar e integrar suas habilidades de maneira estratégica e holística para construir e manter possibilidades colaborativas, democráticas e autogerenciáveis. Isso depende basicamente do executivo principal e da sua força e capacidade de integrar lideranças de lideranças em um esforço integrado.

Reflita sobre **Como o executivo principal pode ajudar a formar líderes na organização?** na seção *Para reflexão* CO 12.2

VOLTANDO AO CASO INTRODUTÓRIO
A Seculum
O trabalho de Felicia Barroso precisa envolver aspectos fundamentais da Seculum: estrutura organizacional, cultura organizacional e valores para

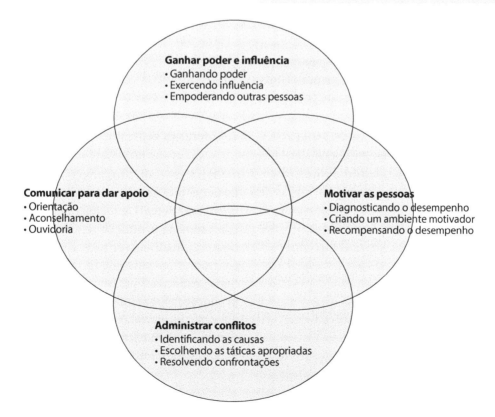

Figura 12.6 Modelo de liderança baseado em habilidades interpessoais.[40]

> mudar todo o comportamento da organização. Em uma empresa tradicional e onde nunca se falou em mudança, o desafio se torna maior. Felicia precisa dar uma virada geral no comportamento organizacional da empresa. Como você poderia ajudá-la?

Ufa! Parece complicado demais chegar a ser um líder! E com certeza é. Porém, é plenamente possível. É que no complexo cenário da liderança, há uma variedade de fatores envolvidos que precisam ser levados em conta e que veremos a seguir.

12.7 TEORIAS COMPORTAMENTAIS SOBRE LIDERANÇA

Da mesma maneira que a teoria dos traços, as teorias comportamentais assumem que a liderança é fundamental no desempenho, graças às diferenças individuais. As principais teorias comportamentais abordam estilos de liderança, e são explicadas nas seções a seguir.

12.7.1 Pesquisa da Universidade de Iowa

Na década de 1930, Kurt Lewin e um grupo de colaboradores realizaram os primeiros estudos sobre o tema e identificaram três estilos de liderança, a saber:[41]

1. **Liderança autocrática**: o líder fixa diretrizes e centraliza o poder e a tomada de decisão. Em outras palavras, toma as decisões, informa ao grupo o que ele deve fazer e o supervisiona cerradamente. O líder é dominador e pessoal nos elogios e nas críticas ao grupo.
2. **Liderança liberal** (*laissez-faire*): o líder tem participação mínima, uma supervisão totalmente afastada, dá completa liberdade para decisões grupais ou individuais e não faz nenhuma tentativa de avaliar ou regular as ações do grupo.
3. **Liderança democrática**: o líder define as diretrizes que são debatidas pelo grupo, incentiva a participação do grupo nas decisões, descentraliza e delega autoridade e conduz e orienta o grupo em seus elogios ou críticas a ele, limitando-se aos fatos concretos.

Esses três estilos de liderança são esquematizados na Figura 12.7.

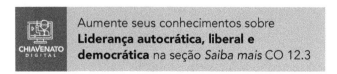

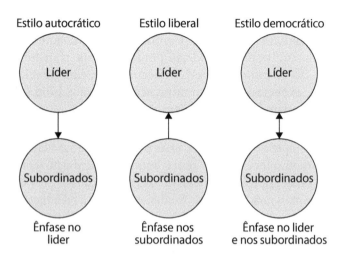

Figura 12.7 Os três estilos de liderança.[42]

A pesquisa de Iowa contribuiu fortemente para o movimento comportamentalista e proporcionou um período de investigação focada basicamente no comportamento, e não nos traços de personalidade.

12.7.2 Pesquisa da Universidade de Michigan

Na década de 1940, os pesquisadores da Universidade de Michigan fizeram uma pesquisa sobre o comportamento de liderança para identificar padrões de liderança que proporcionam desempenho eficaz. Entrevistaram grupos de elevado e de baixo desempenho em diferentes organizações e encontraram duas formas básicas de comportamento:[43]

1. **Liderança centrada nas pessoas**: trata-se da liderança focada nas relações humanas no trabalho.
2. **Liderança centrada na produção**: trata-se da liderança focada nos resultados do trabalho.

Os líderes centrados nos colaboradores enfatizavam fortemente o relacionamento com os subordinados e o bem-estar deles. De forma contrária, os supervisores centrados na produção tendiam a colocar maior ênfase no trabalho a ser feito. Em geral, os supervisores centrados nas pessoas tinham os grupos de trabalho mais produtivos que os dos supervisores centrados na produção.[44] Essas duas ênfases podem ser visualizadas em um *continuum*, com líderes preocupados com sua equipe, em um extremo, e líderes preocupados com a produção, em outro.

12.7.3 Pesquisa da Universidade de Ohio State

A Universidade de Ohio State desenvolveu uma pesquisa simultaneamente à da Universidade de Michigan. Um questionário foi entregue a organizações industriais e militares para medir as percepções dos subordinados quanto ao comportamento de liderança de seus superiores. Os pesquisadores identificaram duas dimensões similares aos resultados encontrados nos estudos de Michigan:[45]

1. Consideração com as pessoas.
2. Foco na estrutura do trabalho.

Um líder focado nas pessoas é mais sensível aos sentimentos delas e, tal como o líder centrado no empregado, tenta possibilitar o que é mais agradável aos seus seguidores. Em contraste, um líder focado na estrutura do trabalho está mais preocupado com o alcance dos requisitos da tarefa e com a agenda de trabalho, no que é similar ao supervisor centrado na produção. Essas dimensões estão relacionadas com a manutenção do grupo ou com atividades da tarefa. A conclusão dos pesquisadores mostra que um líder com elevada consideração e calor socioemocional tem subordinados altamente satisfeitos ou de melhor desempenho. Estudos posteriores indicaram que líderes com elevado volume de consideração e foco na estrutura apresentam os mesmos resultados. Essa dupla ênfase está refletida na abordagem de liderança por meio da grade, que será abordada adiante.

12.7.4 Grade Gerencial

A Grade Gerencial foi desenvolvida por Blake e Mouton[46] para medir a preocupação com as pessoas e com a produção e plotar os resultados em uma grade com nove posições. Trata-se de um modelo tridimensional baseado em cinco estilos de liderança colocados em uma grade cujos eixos vertical (preocupação com as pessoas) e horizontal (preocupação com a produção) têm, cada um, uma escala de 9 pontos, sendo 1 uma baixa preocupação e 9 uma elevada preocupação.

O estilo 9.9 de gestão de equipes é considerado o mais eficaz e mais recomendável pelo fato de que os membros do trabalho se juntam para cumprir as tarefas. O estilo 1.9 ocorre quando a ênfase é colocada mais nas pessoas do que nos resultados do trabalho. O estilo 9.1 ocorre quando a eficiência nas operações é a orientação dominante. O estilo 5.5 reflete um volume moderado de preocupação com as pessoas e com a produção. Finalmente, o estilo 1.1 significa a ausência de uma filosofia administrativa que faz com que as pessoas exerçam um mínimo de esforço, seja nas relações interpessoais, seja no cumprimento do trabalho. No fundo, a grade de liderança representa uma tentativa de integração das pesquisas de Michigan e Ohio.

As abordagens comportamentais apresentadas mostram a ênfase comum colocada na importância da orientação do líder para as pessoas ou para a produção ou tarefa na determinação dos resultados.

Quadro 12.2 Diferenças entre a orientação para as tarefas e a orientação para as pessoas[47]

Liderança orientada para as tarefas	Liderança orientada para as pessoas
■ Comportamento orientado para a finalização do trabalho.	■ Comportamento orientado para apoiar e ajudar as pessoas no trabalho.
■ Planeja e estabelece como o trabalho será feito.	■ Atua como apoio e retaguarda aos subordinados.
■ Atribui a cada indivíduo responsabilidade pelas tarefas.	■ Desenvolve relações sociais com os subordinados.
■ Define claramente os padrões de trabalho.	■ Respeita os sentimentos das pessoas.
■ Procura completar o trabalho.	■ É sensível quanto às necessidades individuais.
■ Monitora os resultados do desempenho.	■ Mostra confiança nos seguidores.
■ Preocupa-se com o trabalho, com os métodos e processos, com as regras e regulamento.	■ Preocupa-se com as pessoas, seus sentimentos, aspirações, necessidades e emoções.

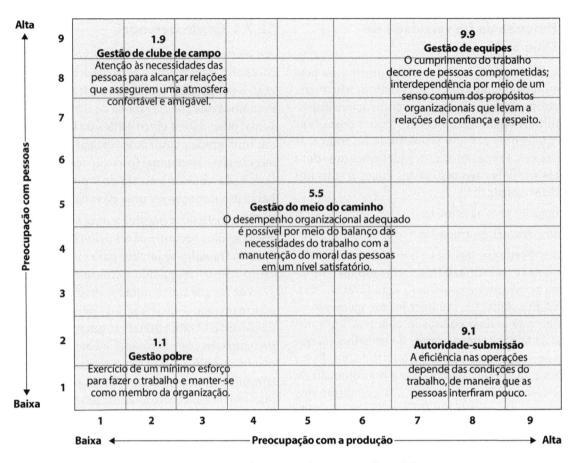

Figura 12.8 Grade Gerencial (*Managerial Grid*).[48]

Quadro 12.3 Estilos principais da Grade Gerencial

Estilo	Significado	Participação	Fronteiras intergrupais
1.1	Mínima preocupação com a produção e com as pessoas.	Pouco envolvimento e pouco comprometimento.	Isolamento. Falta de coordenação intergrupal.
1.9	Enfatiza as pessoas, com preocupação mínima com a produção.	Comportamento superficial e efêmero. Soluções dentro do mínimo denominador comum.	Coexistência pacífica entre grupos. Grupos evitam problemas para manter uma harmonia aparente.
9.1	Ênfase na produção, com preocupação mínima com as pessoas.	Não há participação das pessoas.	Hostilidade intergrupal. Suspeita e desconfiança mútuas. Atitude de ganhar/perder.
5.5	Estilo do meio-termo. Atitude de conseguir alguns resultados sem muito esforço.	Meio caminho e acomodação que deixa todos descontentes.	Trégua inquieta. Transigência, rateios e acomodação para manter a paz.
9.9	Estilo de excelência. Ênfase na produção e ênfase nas pessoas.	Elevada participação e envolvimento das pessoas. Comprometimento.	Comunicações avertas e francas. Flexibilidade e atitude para o tratamento construtivo dos problemas.

12.8 TEORIAS SITUACIONAIS E CONTINGENCIAIS DE LIDERANÇA

Nas teorias situacionais de liderança, os traços e o comportamento do líder atuam em conjunto com as contingências situacionais para determinar os resultados. As contingências situacionais representam aspectos da situação onde ocorre a liderança. As teorias situacionais procuram incluir a liderança no contexto ambiental em que ela ocorre, levando em conta o líder, os liderados, a tarefa, a situação, os objetivos etc., e constituem um avanço em relação às teorias baseadas exclusivamente no estilo de liderança.

12.8.1 A escolha de padrões de liderança

Tannenbaum e Schmidt[49] foram os precursores da teoria situacional da liderança. Consideram que o líder deve escolher os padrões de liderança mais adequados para cada situação em que se encontra. Para eles, a liderança é um fenômeno situacional que se baseia em três aspectos: forças no líder, forças nos subordinados e forças na situação, mostrados na Figura 12.9.

- **Forças no líder**: existentes nas características pessoais do líder, em seus valores e convicções pessoais, sua confiança nos subordinados, suas inclinações sobre como liderar, sua vontade de delegar, sua tolerância para a ambiguidade, sua facilidade de comunicação etc.

- **Forças nos subordinados**: presentes em suas características, sua necessidade de autonomia, seu desejo de assumir responsabilidades, sua tolerância para a incerteza, sua compreensão do problema, suas competências e conhecimentos, seu desejo de participar das decisões etc.

- **Forças na situação**: existentes nas condições dentro das quais a liderança é exercida, como as características da organização, sua estrutura e cultura, seu ambiente de trabalho, seu clima organizacional etc.

Diante dessas três forças, o líder pode escolher o padrão de liderança adequado para cada situação, de modo a ajustar suas forças pessoais com as forças dos subordinados e as forças da situação. O desafio está em encontrar a sintonia fina entre essas três forças interativas. Em função dessas três forças, existe um *continuum* de padrões de liderança à escolha do líder, como na Figura 12.10.

O líder que atua à esquerda do *continuum* da Figura 12.10 é influenciado por forças pessoais, grupais e situacionais que resultam em um estilo autocrático, duro e impositivo. Essa poderia ser a abordagem adequada para enfrentar as forças do momento. O líder que atua à direita do *continuum* é influenciado por forças que resultam em um estilo democrático, aberto e participativo.

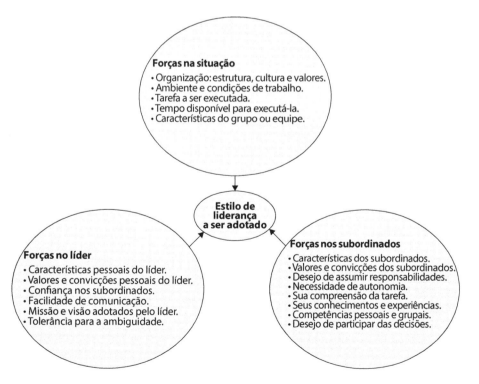

Figura 12.9 Forças que condicionam os padrões de liderança.

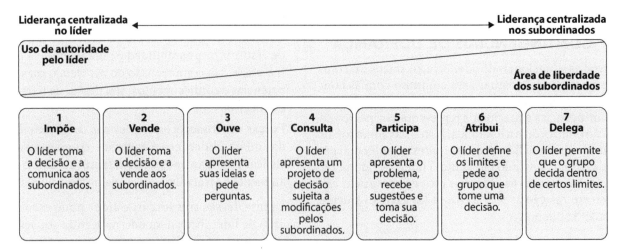

Figura 12.10 O *continuum* de padrões de liderança.[50]

Dessa abordagem situacional da liderança, surgem algumas proposições:

- Quando as tarefas são simples, rotineiras e repetitivas, a liderança é geralmente cerrada e feita na base de controles pelo líder, que utiliza um padrão próximo ao extremo esquerdo do gráfico anterior.
- O líder pode assumir diferentes padrões de liderança, cada qual apropriado e específico para cada subordinado ou tarefa, de acordo com as forças envolvidas.
- Também para um mesmo subordinado, o líder pode assumir diferentes padrões de liderança ao longo do tempo e conforme a situação envolvida. Em situações em que o subordinado oferece alto nível de eficiência, o líder pode conceder-lhe maior liberdade e autonomia nas decisões; se o subordinado apresenta erros graves e seguidos, o líder pode impor-lhe maior controle e menor liberdade de trabalho.

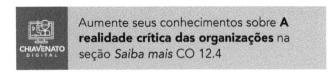

12.8.2 Teoria da Contingência em Liderança de Fiedler

Fred Fiedler[51] propõe combinar o estilo de liderança com a situação organizacional. A ideia é simples: adequar o estilo de liderança com a situação mais favorável para o seu sucesso. O diagnóstico do estilo de liderança e da situação organizacional permite a adequação correta. Para ele, a eficácia do grupo depende de uma adequação entre o estilo do líder e as demandas da situação. Existem dois tipos de liderança: a liderança orientada para as relações e a liderança orientada para a tarefa.

Fiedler utiliza um questionário denominado escala de preferência do colaborador (EPC) para medir o estilo de liderança de uma pessoa. Os respondentes são solicitados a descrever a pessoa com quem gostariam de trabalhar. Fiedler argumenta que líderes que são descritos positivamente no EPC têm um estilo de liderança focado no relacionamento, enquanto os de baixo EPC têm um estilo de liderança focado na tarefa. O líder focado na tarefa consegue mais eficácia da equipe em situações de elevado ou de pouco controle da situação. Fiedler baseia-se em três variáveis:

- **Relações entre líder e membros** (boas ou precárias), ou seja, a maneira como os membros apoiam o líder.
- **Estrutura da tarefa** (alta ou baixa), ou seja, a compreensão dos membros quanto aos objetivos das tarefas, dos procedimentos e das orientações.
- **Poder da posição do líder** (forte ou fraca), ou seja, o grau de autoridade do líder para recompensar ou punir e sua *expertise* em relação à tarefa.

Combinando essas três características em oito situações de liderança, Fiedler encontrou os resultados expressos na Figura 12.11.

Analisando a Figura 12.11, podemos perceber que a liderança orientada para a tarefa é mais adequada quando há grande favorabilidade situacional (tarefas claras, o líder tem poder e as relações com os membros são ótimas) ou grande desfavorabilidade situacional (tarefas ambíguas, o líder não tem poder e as relações com os membros são precárias).

A liderança orientada para relações é mais eficaz em situações de moderada favorabilidade, quando o líder tem razoável poder, as tarefas têm alguma ambiguidade e os relacionamentos são bons. Nessas condições, o

Capítulo 12 – Poder, Política e Liderança

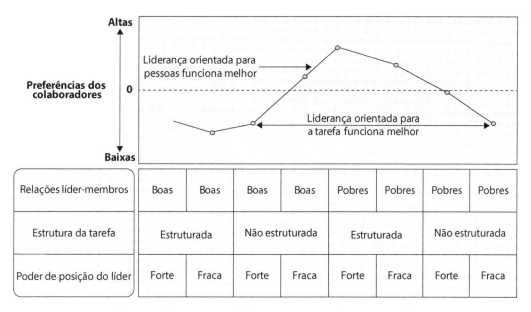

Figura 12.11 Como o líder ajusta seu estilo à situação.[52]

Quadro 12.4 Modelo de liderança de Fiedler

Fatores situacionais	Favorabilidade situacional	Desfavorabilidade situacional
Poder de posição do líder.	Maior poder de posição do líder. Muita autoridade formal. Alto nível hierárquico.	Menor poder de posição do líder. Pouca autoridade formal. Baixo nível hierárquico.
Estrutura da tarefa.	Tarefa estruturada, rotineira e programada. Fácil de desempenhar, de executar e de aprender.	Tarefa não estruturada, variada e não programada. Difícil de desempenhar, de executar e de aprender.
Relações entre líder e subordinados.	Bom relacionamento entre o líder e os membros do grupo.	Mau relacionamento entre o líder e os membros do grupo.

líder pode criar uma atmosfera positiva com o grupo e melhorar os relacionamentos, esclarecer a estrutura da tarefa e conseguir estabelecer poder em sua posição.[53]

Dois aspectos são necessários para utilizar a Teoria da Contingência de Fiedler: primeiro, o líder deve conhecer qual o seu estilo – orientado para a tarefa ou para os relacionamentos. Segundo, o líder deve saber diagnosticar a situação e determinar se as relações com seus membros, a estrutura da tarefa e o poder de posição são favoráveis ou desfavoráveis.[54] Adequando o estilo de liderança à situação, o líder pode aumentar a eficiência e a eficácia do grupo.

 Aumente seus conhecimentos sobre **Os paradoxos da liderança** na seção *Saiba mais* CO 12.5

12.8.3 Teoria da Liderança em Passos Gradativos de House

Outra abordagem situacional e contingencial da liderança foi desenvolvida por Robert House, que se baseou em trabalhos anteriores de outros autores.[55] Essa teoria tem suas raízes no modelo de expectância – que estudamos no capítulo sobre motivação –, é também denominada teoria do caminho-meta ou teoria voltada para os objetivos, e procura demonstrar como o líder influencia a percepção das metas de trabalho dos subordinados, suas metas de autodesenvolvimento e os caminhos para atingi-las.[56] A teoria do caminho-meta – ou dos meios--objetivos – afirma que a responsabilidade do líder é aumentar a motivação dos subordinados para alcançar objetivos individuais e organizacionais. Para essa teoria, as atitudes, a satisfação, o comportamento e o esforço de uma pessoa no trabalho podem ser previstos a partir dos seguintes aspectos:

- O grau em que o trabalho ou o comportamento é percebido pela pessoa como o caminho que conduz aos resultados esperados (expectativas).
- As preferências da pessoa por esses resultados (valências).

A teoria assume que a função básica do líder é ajustar o seu comportamento para complementar as contingências situacionais encontradas no ambiente de trabalho. As pessoas ficam satisfeitas com seu trabalho se acreditam que ele dará frutos compensadores. A consequência desses pressupostos para a liderança é que os liderados serão motivados pelo comportamento ou pelo estilo do líder na medida em que esse estilo ou comportamento influencia as expectativas (caminhos intermediários para chegar à meta) e as valências (atratividade da meta). As pesquisas revelam que os líderes são eficazes quando fazem com que as recompensas estejam ao alcance dos liderados e dependam da realização de metas específicas por parte dos subordinados.[57]

Grande parte do trabalho do líder consiste em mostrar ao liderado o tipo de comportamento que tem mais probabilidade de levar à consecução da meta e ao sucesso. Essa atividade é conhecida como esclarecimento do caminho, e será apresentada na Figura 12.12.

Dentro dessa abordagem, House e Dessler propõem quatro tipos específicos de liderança:[58]

- **Liderança diretiva**: ocorre quando o líder explica o que e como os subordinados devem fazer para executar suas tarefas. Assemelha-se à estruturação de tarefas, mencionada anteriormente. O comportamento do líder inclui planejamento, programação de atividades, estabelecimento de objetivos de desempenho e padrões de comportamento, além de regras e procedimentos. A liderança diretiva tem forte impacto sobre os subordinados quando a tarefa é ambígua, e é indicada para proporcionar o efeito oposto das tarefas claras. Quando a tarefa é ambígua, a liderança diretiva se torna necessária para compensar a falta de estrutura com a forte autoridade.

- **Liderança apoiadora**: acontece quando o líder focaliza as necessidades dos subordinados e seu bem-estar e promove um clima de trabalho amigável. Assemelha-se à consideração. O comportamento do líder é aberto, ele cria uma atmosfera colaborativa e trata os subordinados como iguais. É indicada para aumentar a satisfação dos subordinados que trabalham em tarefas muito repetitivas ou consideradas desagradáveis, estressantes ou frustrantes. O comportamento apoiador do líder ajuda a compensar essas condições adversas. Nas antigas linhas de montagem tradicionais, o trabalho monótono e repetitivo, desagradável e frustrante, poderia ter se tornado menos desconfortável com uma liderança apoiadora.

- **Liderança orientada para resultados**: realiza-se quando o líder enfatiza a definição de objetivos claros e desafiadores. O comportamento do líder acentua

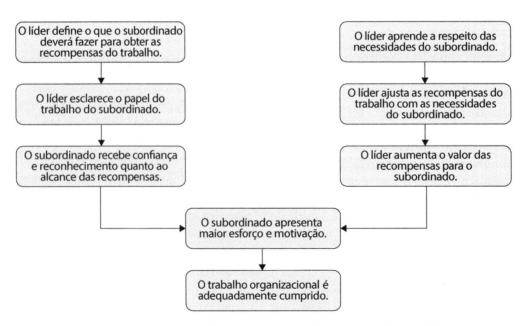

Figura 12.12 Papéis do líder no modelo de caminhos-objetivos.[59]

a excelência no desempenho e mostra confiança na habilidade dos membros do grupo de alcançar elevados padrões de desempenho. É indicada para encorajar os subordinados a buscar padrões elevados de desempenho e ter maior confiança em suas habilidades para alcançar objetivos desafiadores. Para subordinados em trabalhos ambíguos e não repetitivos, a liderança orientada para resultados pode aumentar suas expectativas e conduzir a um esforço de desempenho desejado.

- **Liderança participativa**: ocorre quando o líder focaliza a consulta aos subordinados, pede sugestões e as leva em consideração antes de tomar decisões, valorizando as opiniões e sugestões, a participação na tomada das decisões e as reuniões com os subordinados em seus locais de trabalho. É indicada para promover satisfação em tarefas não repetitivas que levam ao envolvimento do ego dos subordinados. Em tarefas repetitivas, os subordinados de mente aberta sentem-se melhor em uma situação não autoritária com um líder participativo que os envolve em várias maneiras para reduzir a monotonia.

Esses quatro tipos de comportamento de liderança podem ser praticados pelo mesmo líder em várias situações. Essas colocações confrontam as ideias de Fiedler referentes à dificuldade de mudança de estilo. A abordagem voltada para a meta sugere mais flexibilidade do que o modelo contingencial. Além dos quatro tipos de comportamento de liderança, existem duas categorias de variáveis de contingência situacional – atributos dos subordinados e atributos do ambiente de trabalho que influenciam a satisfação do subordinado, a aceitação do líder e a motivação para o desempenho da tarefa.

Acesse conteúdo sobre **Gestores como líderes** na seção *Tendências em CO* 12.1

12.8.4 Teoria Situacional da Liderança de Hersey e Blanchard

A Teoria Situacional da Liderança de Hersey e Blanchard (Figura 12.13) é uma extensão das teorias bidimensionais e sumarizadas na Grade Gerencial que vimos há pouco. O ponto de destaque é que os subordinados variam quanto ao nível de maturidade: podem apresentar baixa maturidade nas tarefas devido à pouca habilidade, à falta de treinamento ou à insegurança e necessitam de um estilo de liderança diferente daquele dos subordinados que apresentam elevada maturidade, com habilidades, capacitação, confiança e vontade de trabalhar.[60] Prontidão é a extensão em que as pessoas têm habilidade e vontade de cumprir uma tarefa específica. Os autores argumentam que a liderança situacional requer o ajustamento do líder em relação aos comportamentos de tarefa (como dar orientação e direção) e aos comportamentos de relacionamento (como dar apoio socioemocional) de acordo com a prontidão dos seguidores em desempenhar as tarefas. Para eles, existem quatro estilos de liderança:

- **Estilo de contar**: o estilo de contar (S1), explicar ou orientar é melhor para seguidores de baixa prontidão. A direção proporcionada por esse estilo define os papéis das pessoas que são inábeis ou inertes para assumir responsabilidades por si próprias. Ele busca eliminar qualquer insegurança a respeito da tarefa.
- **Estilo de vender**: o estilo de vender (S2) é melhor para seguidores de baixa a moderada prontidão. Esse

Quadro 12.5 Relação entre meios-objetivos e comportamentos de liderança[61]

Tipos de liderança	Situação	Impacto sobre o subordinado
Liderança diretiva.	Trabalho ambíguo.	Esclarecer os caminhos em direção às metas para obter as recompensas.
Liderança apoiadora.	Subordinado não tem autoconfiança.	Aumentar a confiança dos subordinados para alcançar as recompensas do trabalho.
Liderança orientada para resultados.	Recompensas inadequadas.	Estabelecer objetivos elevados e desafiadores.
Liderança participativa.	Falta de desafio no trabalho.	Diagnosticar as necessidades dos subordinados e ajustar as recompensas.

estilo oferece tanto a direção da tarefa quanto o apoio para as pessoas que são inábeis, mas têm vontade de assumir a responsabilidade por ela, e envolve a combinação de uma abordagem diretiva com explanação e reforço no sentido de manter o entusiasmo.

- **Estilo participativo**: o estilo participativo (S3) é mais indicado para seguidores com moderada a elevada prontidão. Pessoas capazes, mas sem vontade, requerem um comportamento de apoio no sentido de aumentar sua motivação. Ao levar os seguidores a compartilhar o processo decisório, esse estilo ajuda a melhorar o desejo de desempenhar uma tarefa.
- **Estilo delegativo**: o estilo delegativo (S4) é o mais indicado para prontidão elevada, proporciona pequena direção e apoio para a tarefa, de um lado, mas leva, por outro, seguidores capazes e com vontade de assumir a responsabilidade das atividades a serem realizadas.

Cada tipo de liderança enfatiza uma diferente combinação de comportamentos focados na tarefa e nos relacionamentos pelo líder. Essa abordagem de liderança situacional requer que o líder saiba desenvolver a capacidade de diagnosticar as demandas da situação e escolher e implementar a adequada resposta de liderança. Essa teoria dá muita atenção aos seguidores e aos seus sentimentos a respeito da tarefa a ser realizada, sugerindo, também, que um líder eficaz dá atenção para as mudanças que emergem no nível de prontidão das pessoas envolvidas no trabalho, para ajustar o estilo de liderança aos níveis atuais de prontidão dos seguidores.

VOLTANDO AO CASO INTRODUTÓRIO
A Seculum

Os desafios de Felicia Barroso são dois: como definir seu comportamento de liderança e, a partir dele, como iniciar os processos de mudança dentro da organização. Certamente, Felicia vai precisar de ajuda substancial para dar conta do recado. Como você poderia ajudá-la?

Apesar do relativo grau de aceitação das teorias contingenciais de liderança em passos gradativos e da quantidade de pesquisas a respeito, a conclusão a que se chega é a de que a liderança é um conceito complicado. Ela está sendo atacada por todos os flancos, seja em termos de teorias, de métodos de pesquisa ou de inúmeras aplicações. E não é estranho que a quantidade de abordagens e teorias está aumentando gradativamente. Vejamos algumas novidades a respeito.

12.8.5 Visão ampliada da liderança

Na verdade, o líder precisa saber fazer uma porção de coisas ao mesmo tempo: ouvir, comunicar, melhorar os relacionamentos com os subordinados, aconselhar, resolver problemas e tomar decisões participativas, como mostra a Figura 12.14.

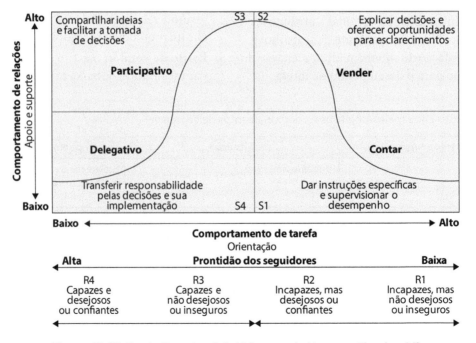

Figura 12.13 Teoria Situacional da Liderança de Hersey e Blanchard.[62]

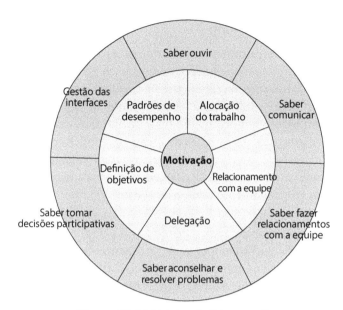

Figura 12.14 Vaivém da liderança.[63]

Isso significa que o líder precisa ficar atento a várias frentes ao mesmo tempo. Ele precisa ser, simultaneamente, explorador, organizador, controlador e orientador. Quase sempre, alguma dessas vertentes pode predominar sobre as demais, marcando mais fortemente o comportamento do líder.

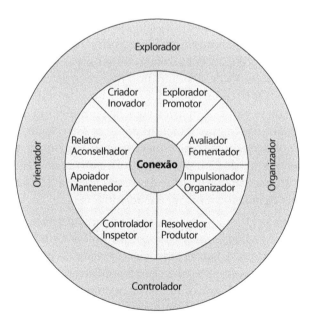

Figura 12.15 Roda da liderança.[64]

Há vários níveis e abrangências da liderança. Ela pode ser tanto rasa e superficial quanto profunda e intensa, pode ter um foco estreito e de sintonia fina ou um foco amplo e abrangente. Trata-se de uma questão de adequação que deve levar em consideração vários e diferentes aspectos, como a organização, sua estrutura organizacional e sua cultura corporativa, as condições do ambiente de negócios, tecnologia e processos de trabalho, produtos e serviços oferecidos e, principalmente, as pessoas envolvidas na tarefa organizacional. Assim, a liderança requer uma prévia avaliação da situação e do entorno. O grau de profundidade e de abrangência depende de cada situação. Quanto mais dinâmicos e mutáveis são os aspectos citados anteriormente, maior a necessidade de fortalecer o ambiente de liderança dentro da organização (e fora também, envolvendo fornecedores, distribuidores e clientes). A liderança foi talhada para a mudança.

Assim, independentemente do duplo ponto de vista de profundidade e de abrangência, a liderança deve focalizar alguns aspectos básicos e fundamentais, a saber: pessoas, aprendizagem, competências, desempenho, resultados, futuro e liderança. Disso dependerá o êxito da liderança.

Além do mais, a liderança depende profundamente do toque humano. Deve haver emoção e afeto, pois ela é uma relação humana dinâmica e sólida que exige confiança recíproca entre o líder e o liderado. Na verdade, a liderança deve ser baseada em uma interação humana que deve durar enquanto o liderado não esteja preparado definitivamente. É necessário que haja intensa retroação entre ambos – líder e liderado – para facilitar a compreensão mútua dos valores e do intercâmbio de experiências.

Assim, o líder precisa conhecer e entender o liderado, suas aspirações e necessidades, suas limitações e desafios, para ajudá-lo a identificar seus problemas e as possíveis soluções alternativas. É preciso conhecer as atitudes do liderado, seus valores e padrões pessoais de comportamento. E mais do que isso: a liderança se baseia em um compromisso de apoiar e ajudar as pessoas a realizar metas nunca antes alcançadas. Para que haja sucesso, o conhecimento mútuo é indispensável. Se o líder deve conhecer bem o liderado, esse também deve conhecer bem o seu impulsionador.

 Aumente seus conhecimentos sobre **Onde o líder deve navegar?** na seção *Saiba mais* CO 12.6

12.9 COMO AMPLIAR O CONTEXTO DA LIDERANÇA

É preciso que o conceito de liderança possa ser ampliado e estendido para toda a organização. O executivo maior da organização – o presidente, diretor geral ou qualquer denominação que tenha – deve ser o líder principal, e sua atuação precisa ser orientada para duas vertentes importantes:

1. **Ubiquidade**: significa estar presente em todas as circunstâncias ou ser representado nelas adequadamente por todos os executivos espalhados pela organização e que ocupam papéis de líderes.
2. **Conectibilidade**: ser a ligação e a interação entre todos os líderes dentro da organização para garantir uma atuação sistêmica e abrangente.

Dentro dessa postura – ubiquidade e conectibilidade –, o líder principal torna-se o líder dos líderes e, com isso, pode espalhar por toda a organização o conceito de liderança de lideranças que adotamos em nossas exposições.

Aumente seus conhecimentos sobre **Liderança de lideranças** na seção *Saiba mais* CO 12.7

12.9.1 *Coaching*

Por todas essas razões, muitas organizações estão desenvolvendo novos conceitos sobre como liderar as pessoas e transformá-las em protagonistas ativos, e não em espectadores passivos. O *coaching* é um deles. O conceito não é nada novo e tem suas raízes no filósofo grego Sócrates (470 a.C. – 399 a.C.), que reunia seus discípulos para discutir assuntos filosóficos e existenciais e fazê-los pensar e mudar atitudes e comportamentos. O *coaching* é um relacionamento no qual o *coach* se compromete a apoiar e ajudar o aprendiz para que esse possa atingir determinado resultado ou seguir determinado caminho. O *coach* é mais do que um líder. E ele é, simultaneamente:[65]

- Um preparador de pessoas, treinador e professor.
- Um orientador de pessoas, para dar-lhes objetivos e direção.
- Um líder renovador no sentido de buscar mudança e inovação por meio do trabalho criativo do aprendiz.
- Um criador e impulsionador de talentos humanos.

12.9.2 *Mentoring*

O *mentoring* é outro conceito que as organizações estão utilizando muito, e pode ser definido como a participação de uma pessoa experiente – o mentor – para ensinar e preparar outra pessoa – o orientando ou protegido – com menos conhecimento ou familiaridade em determinada área. As relações de *mentoring* podem ocorrer em qualquer nível ou área da organização e sua duração pode variar entre a de alguns contatos esporádicos e a de um relacionamento mais estável e duradouro.

O *coaching* e o *mentoring* surgem como padrões de relacionamento capazes de reduzir ou eliminar a perda de confiança no comportamento organizacional, devido às intensas mudanças, turbulências e pressões que as pessoas sofrem. Ambos representam um mutirão de esforços no sentido de ajudar as pessoas a se tornarem mais eficientes e eficazes no alcance de seus objetivos individuais e organizacionais. No fundo, é uma questão de solidariedade humana.

Acesse um caso sobre **O dia do ganha-ganha** na seção *Caso de apoio* CO 12.1

RESUMO

Este capítulo aborda o poder, a política e a liderança. Uma das preocupações das modernas organizações é a transformação de seus administradores e gerentes em líderes. Os tipos de poder definem a base de influenciação das pessoas. A política significa o poder em ação, enquanto os comportamentos políticos são comuns nas organizações. Contudo, a liderança constitui um dos temas centrais do Comportamento Organizacional (CO). Há uma variedade enorme de teorias sobre a liderança, o que demonstra a complexidade do tema.

As teorias de traços – pioneiras sobre liderança – focalizam os líderes em si e procuram situá-los em função de suas características pessoais. Contudo, as pesquisas não comprovam as teorias de traços. Mais recentemente, a abordagem de traços foi redimensionada e atualizada com as habilidades e competências do líder, e os modelos de liderança estão se baseando em habilidades pessoais e interpessoais dele. Além disso, as organizações estão investindo na formação e na criação de lideranças de lideranças em seus quadros.

A primeira pesquisa sobre liderança distinguiu três tipos: a liderança autocrática, a liberal e a democrática.

Várias abordagens comportamentais passaram a tentar explicar a liderança. As universidades de Michigan e Ohio se preocuparam em definir a preocupação com a produção e com as pessoas como a base da liderança. A Grade Gerencial (*Managerial Grid*) coloca essas duas preocupações em uma tabela de dupla entrada para situar os diversos estilos de liderança.

A abordagem situacional ou contingencial discute a liderança em função de três forças – as forças no líder, nos subordinados e na situação – e mostra como o líder pode escolher os padrões de liderança mais adequados para cada situação. A abordagem situacional ou contingencial de Fiedler mostra que aspectos como relações entre membros e líder, estrutura da tarefa e poder de posição do líder precisam ser adequadamente combinados e ajustados para uma liderança eficaz. O modelo de Fiedler incorpora conceitos de expectação. House também desenvolveu uma teoria sobre passos gradativos para combinar objetivos intermediários com objetivos finais e, por fim, Hersey e Blanchard elaboraram sua teoria situacional sobre liderança na tentativa de integrar várias teorias e conceitos sobre o assunto.

Todas as teorias de liderança continuam a proporcionar compreensão e embasamento para a prática da liderança no cotidiano organizacional. Todavia, algumas teorias alternativas surgiram para explicar melhor os vários processos de liderança eficaz. Particularmente, a liderança carismática está ganhando espaço e a liderança transacional está migrando cada vez mais em direção à liderança transformacional. Além disso, a teoria cognitiva social mostra suas aplicações e os substitutos da liderança estão sendo cada vez mais cogitados, não propriamente para sanar a ausência da liderança, mas, principalmente, para servir de plataforma para lideranças eficazes na organização.

QUESTÕES

1. Explique os conceitos de poder e dependência nas organizações.
2. Defina os tipos de poder e suas características.
3. Explique as táticas de poder.
4. Quais as diferenças entre gerente e líder?
5. Conceitue política nas organizações.
6. Explique os comportamentos políticos.
7. Conceitue liderança.
8. Explique a teoria dos traços.
9. Explique as habilidades do líder.
10. Defina o modelo de liderança baseado em habilidades pessoais.
11. Defina o modelo de liderança baseado em habilidades interpessoais.
12. Como o líder principal da organização pode ajudar a formar líderes?
13. Explique a teoria comportamental de liderança da Universidade de Michigan.
14. Explique a teoria comportamental de liderança da Universidade de Ohio.
15. O que significa a Grade Gerencial (*Managerial Grid*)?
16. Mostre as diferenças entre liderança autocrática, liberal e democrática.
17. Explique a escolha de padrões de liderança.
18. Quais as forças no líder, nos subordinados e na situação?
19. Explique o *continuum* de padrões de liderança.
20. Defina a Teoria da Contigência em Liderança de Fiedler.
21. Explique a teoria de passos gradativos de House.
22. Quais os quatro tipos de liderança para House e Dessler? Explique-os.
23. Explique a Teoria Situacional da Liderança de Hersey e Blanchard.
24. Quais os quatro estilos de liderança para Hersey e Blanchard? Explique-os.
25. O que significa liderança carismática?
26. Quais as diferenças entre liderança transacional e liderança transformacional?
27. Explique a abordagem social cognitiva.
28. Explique a visão ampliada de liderança.
29. Quais são os substitutos da liderança?
30. Como ampliar o contexto de liderança em uma organização?
31. Explique o conceito de liderança de lideranças.

REFERÊNCIAS

1 CHIAVENATO, I. *Gestão de pessoas*: o novo papel da gestão do talento humano. 5. ed. São Paulo: Atlas, 2020.

2 FRENCH, J. R. P.; RAVEN, B. The bases of social power. *In*: CARTWRIGHT, D.; ZANDER, A. F. Z. (orgs.). *Group dynamics*. Evanston: Row, Peterson & Co., 1960. p. 607-623.

3 EMERSON, E. R. Power-dependence relations. *American sociological review*, v. 27, 1962, p. 31-41.

4. MINTZBERG, Henry. *Power in and around organizations*. Upper Saddle River: Prentice Hall, 1983. p. 24.
5. KIPNIS, D.; SCHMIDT, S. M.; SWAFFIN-SMITH, C.; WILKINSON, I. Patterns of managerial influence: shotgun managers, tacticians, and bystanders. *Organizational Dynamics*, Winter 1984, p. 58-67.
6. ROBBINS, S. P. *Comportamento organizacional*. São Paulo: Prentice Hall, 2002. p. 350.
7. MASTENBROECK, W. F. G. *Conflict management and organizational development*. New York: John Wiley & Sons, 1987.
8. KOTTER, J. P. *A force for change*: how leadership differs from management. New York: Free Press, 1990.
9. HOUSE, R. J.; ADITYA, R. N. The social scientific study of leadership: quo vadis? *Journal of Management*, v. 23, n. 3, 1997, p. 445.
10. Adaptado de BENNIS, W. G. Managing the dream: leadership in the 21st century. *Journal of Organizational Change Management*, v. 2, n. 1, 1989. p. 7.
11. CHIAVENATO, I. *Coaching & mentoring*: construção de talentos. Rio de Janeiro: Elsevier/Campus, 2015. p. 17-19.
12. MITZBERG, H. *Power in and around organizations, op. cit.*, p. 26.
13. CULBERT, S. A.; McDONOUGH, J. J. *The invisible war*: pursuing self-interest at work. New York: John Wiley & Sons, 1980. p. 6.
14. PFEFFER, J. *Power in organizations*. Marshfield: Pitman, 1981. p. 70.
15. WAMSLEY, G.; ZALD, M. *The political economy of public organizations*. Lexington: D. C. Health, 1973.
16. DRORY, A.; ROMM, T. The definition of organizational politics: a review. *Human Relations*, November 1990, p. 1133-1154.
17. GOLEMAN, D. *La inteligência emocional en la empresa*. Buenos Aires: Baires, 1999.
18. STOGDILL, R. M. *Handbook of leadership*. New York: The Free Press, 1974.
19. CERTO, S. C. *Modern management*: diversity: quality, ethics, and the global environment. Boston: Allyn & Bacon, 1994. p. 348.
20. FLEISHMAN, E. A. Twenty years of communication and structure. *In*: FLEISHMAN, E. A.; HUNT, J. G. (orgs.). *Current developments in the study of leadership*. Carbondale: Southern Illinois University, 1973. p. 3.
21. CHIAVENATO, I. *Administração nos novos tempos*: os novos horizontes em administração. 4. ed. São Paulo: Atlas, 2020. p. 235.
22. DAFT, R.L. *Management*. Forth Worth: The Dryden Press, 1994. p. 478.
23. KNICKERBOCKER, I. Liderança: um conceito e algumas implicações. *In*: BALCÃO, Y. F.; CORDEIRO, L. L. (coords.). *O comportamento humano na empresa*: uma antologia. Rio de Janeiro: Fundação Getúlio Vargas, Serviço de Publicações, 1967. p. 102-103.
24. STOGDILL, R. M. Historical trends in leadership theory and research. *Journal of Contemporary Business*, October 1974, p. 4.
25. BASS, B. M. *Bass and Stogdill's handbook of leadership*. New York: Free Press, 1990.
26. BASS, B.M. *Bass and Stogdill's handbook of leadership, op. cit.*
27. KATZ, R. Skills of an effective administrator. *Harvard Business Review*, Sept.-Oct. 1974, p. 90-101.
28. YUKL, G. A. *Leadership in organizations*. Upper Saddle River: Prentice Hall, 1981. p. 70.
29. HOUSE, R. J.; ADITYA, R. N. The social scientific study of leadership: quo vadis? *Journal of Management*, v. 23, 1997, p. 409-473.
30. MARQUART, M. J.; ENGEL, D. W. HRD competencies for a shrinking world. *Training and Development*, May 1993, p. 62-64.
31. MISCHE, M. A. *Strategic renewal*: becoming a high performance organization. Upper Saddle River: Prentice Hall, 2001. p. 12.
32. WHETTEN, D. A.; CAMERON, K. S. *Developing management skills*. New York: Harper Collins, 1991. p. 8.
33. WHETTEN, D. A.; CAMERON, K. S. *Developing management skills, op. cit.*, p. 11.
34. WHETTEN, D. A.; CAMERON, K. S. *Developing management skills, op. cit.*, p. 8-11.
35. CLOKE, K.; GOLDSMITH, J. *The end of management and the rise of organizational democracy*. San Francisco: Jossey-Bass, 2002. p. 171-172.
36. WHETTEN, D. A.; CAMERON, K. S. *Developing management skills, op. cit.*, p. 8-11.
37. WHETTEN, D. A.; CAMERON, K. S. *Developing management skills, op. cit.*, p. 11.
38. WHETTEN, D. A.; CAMERON, K. S. *Developing management skills, op. cit.*, p. 17.
39. LUTHANS, F. *Organizational behavior*. New York: McGraw-Hill Irwin, 2002. p. 629.
40. Adaptado de WHETTEN, D. A.; CAMERON, K. S. *Developing management skills, op. cit.*, p. 16.
41. LEWIN, K.; LIPPITT, R.; WHITE. R. K. Patterns of aggressive behavior in experimentally created social climates. *Journal of Social Psychology*, v. 10, May 1939.
42. DAVIS, K. *Human relations at work*: the dynamics of organizational behavior. New York: McGraw-Hill, 1967. p. 106.
43. LIKERT, R. From production and employee centeredness to systems 1-4. *Journal of Management*, v. 5, 1979, p. 147-156.
44. LIKERT, R. *Novos padrões em administração*. São Paulo: Atlas, 1971.
45. BASS, B. M. *Bass and Stogdill's handbook of leadership, op. cit.*, chapter 24.

46 BLAKE, R. R.; MOUTON, J. S. *The new managerial grid*. Houston: Gulf Publishing, 1978.

47 CHIAVENATO, I. *Administração nos novos tempos*: os novos horizontes em administração, *op. cit.*, p. 239.

48 BLAKE, R. R.; McCANSE, A. A. *Leadership dilemmas*: grid solutions. Houston: Gulf Publishing, 1991. p. 29.

49 TANNENBAUM, R.; SCHMIDT, W. H. How to choose a leadership pattern. *Harvard Business Review*, v. 36, March/Apr. 1958, p. 96.

50 Adaptado de TANNENBAUM, R.; SCHMIDT, W. H. *How to choose a leadership pattern, op. cit.*, p. 96.

51 FIEDLER, F. E.; CHEMERS, M. M. *The leader match concept*. New York: John Wiley, 1984.

52 FIEDLER, F. E. The effects of leadership training and experience: a contingency model interpretation. *Administrative Science Quarterly*, v. 17, 1972, p. 455.

53 FIEDLER, F. E. Engineer the job to fit the manager. *Harvard Business Review*, v. 43, 1965, p. 115-122.

54 FIEDLER, F. E.; GARCIA, J. E. *New approaches to effective leadership*. New York: John Wiley, 1987.

55 HOUSE, Robert J.; MITCHELL, T. R. Path-goal theory of leadership. *Journal of Contemporary Business*, Autumn 1977, p. 81-97.

56 HOUSE, R. J.; MITCHELL, T. R. A path-goal theory of leadership effectiveness. *Administrative Science Quarterly*, September 1971, p. 321-329.

57 EVANS, M. G. The effects of supervisory behavior on the path-goal relationship. *Organizational Behavior and Human Performance*, May 1970, p. 277-298.

58 HOUSE, R. J.; DESSLER, G. The path-goal theory of leadership: some post hoc and a priori tests. *In*: HUNT, J. G. (org.). *Contingency approaches to leadership*. Carbondale: Southern Illinois University, 1974.

59 BASS, B. M. Leadership: good, better, best. *Organizational Dynamics*, v. 13, Winter 1985, p. 26-40.

60 HERSEY, P.; BLANCHARD, K. H. *Management of organizational behavior*. Englewood Cliffs: Prentice-Hall, 1988.

61 YUKL, G. A. *Leadership in organizations*. Englewood Cliffs: Prentice Hall, 1981. p. 146-152.

62 HERSEY, P.; BLANCHARD, K. H. *Management of organizational behavior, op. cit.*

63 MARGERISON, C.; McCANN, D. *Team management*: practical new approaches. New York: Management Books, 2000.

64 MARGERISON, C.; McCANN, D. *Team management: practical new approaches, op. cit.*

65 CHIAVENATO, I. *Coaching & mentoring*: construção de talentos, *op. cit.*, p. 85-88.

ESTRESSE, CONFLITO E NEGOCIAÇÃO

OBJETIVOS DE APRENDIZAGEM

Após estudar este capítulo, você deverá estar capacitado para:

- Definir o significado do estresse.
- Identificar os estressores extraorganizacionais, organizacionais e grupais.
- Examinar as disposições individuais para o estresse.
- Definir o significado do conflito.
- Descrever o conflito intraindividual e interativo.
- Explicar os efeitos do conflito.
- Apresentar as estratégias para resolução de conflitos.
- Definir o significado da negociação e as técnicas de negociação.

CASO INTRODUTÓRIO
Brinquedos Polichinelo

A Brinquedos Polichinelo tem fama de ser uma empresa estressante e problemática. Quase sempre, seus executivos vivem às turras, as discussões são frequentes, os conflitos não são resolvidos de maneira satisfatória e o ambiente de trabalho é deprimente. As relações entre as pessoas são agressivas e há um comportamento competitivo entre elas. Embora os salários e os benefícios sejam convidativos, os índices de rotatividade e de absenteísmo são elevados, e as pessoas se queixam de que o ambiente de trabalho é pesado e desagradável. Para eliminar o problema, ou pelo menos reduzi-lo, a diretoria da empresa contratou Marcela Soares – uma consultora organizacional famosa – para elaborar um projeto de melhoria do clima organizacional. Se você fosse Marcela, como começaria o seu trabalho como consultora?

O QUE VEREMOS ADIANTE

- Estresse.
- Conflito.
- Negociação.

Qual é a organização que não deseja ser o melhor lugar para se trabalhar? A excelência de uma organização também pode ser medida pelo ambiente psicológico e social que ela oferece aos seus *stakeholders* internos: uma atmosfera agradável, na qual as pessoas se sentem bem graças à camaradagem e ao relacionamento amigável e afetivo entre os colegas. As organizações dependem das pessoas e das interações que elas mantêm entre si, mas nem sempre a vida dentro delas é um "mar de rosas". Algumas vezes, viver e trabalhar em certas organizações pode trazer algumas consequências desagradáveis para as pessoas. Da mesma maneira como algumas pessoas podem ser bem-sucedidas no seu desempenho em organizações e serem felizes e satisfeitas, outras podem encontrar sérias dificuldades e alguns problemas. Discutir assuntos como estresse, insatisfação e conflito não é nada agradável, pois são temas que, em geral, mostram aspectos disfuncionais e não desejáveis em uma organização, mas são questões que precisam ser abordadas e solucionadas frontalmente, para que a eficácia organizacional não seja comprometida e o bem-estar e a satisfação das pessoas sejam garantidos.

O estresse está se tornando um problema cada vez maior nas organizações, provavelmente em decorrência da gradativa complexidade do trabalho organizacional, da velocidade das transformações, das incertezas provocadas pelas mudanças que se sucedem progressivamente, da carga de trabalho cada vez mais intensa, de maiores responsabilidades colocadas nos ombros das pessoas, de incertezas quanto ao futuro etc. As pessoas se sentem sob contínua pressão, queixam-se, desentendem-se, as tensões no trabalho aumentam e os problemas são continuamente agravados. É uma verdadeira bola de neve. O Quadro 13.1 elenca as pressões do trabalho e fora dele.

13.1 ESTRESSE

O estresse (do inglês *stress* = pressão, tensão, exercer peso) é um conceito intimamente relacionado à carga de transtornos e aflições que certos eventos da organização e do entorno provocam nas pessoas. É um termo geralmente usado para descrever os sintomas produzidos pelo organismo em resposta à tensão provocada pelas pressões, situações e ações externas que as pessoas enfrentam. Como resultado dessas pressões ou situações, as pessoas desenvolvem vários sintomas – como preocupação, irritabilidade, agressividade, fadiga, ansiedade e angústia – que podem prejudicar seu desempenho e, sobretudo, sua saúde. Certo nível de estresse é normal para permitir que a pessoa se concentre e enfrente os desafios da vida. Contudo, à medida que as pressões vão se acumulando, o organismo vai recebendo a sobrecarga e, em vez de voltar ao estado de equilíbrio, tende a se adaptar à pressão permanente, enquanto o estresse aumenta e o organismo passa a reagir de maneira desagradável. Para Schuler, o estresse é uma condição dinâmica em que uma pessoa é confrontada com uma oportunidade, limitação ou demanda em relação a alguma coisa que ela

Quadro 13.1 As pressões do trabalho e fora dele

Demandas do trabalho	
Demandas das tarefas Mudanças organizacionais. Maior complexidade do trabalho. Maior carga de trabalho. Novas tecnologias. Pressões sobre produtividade.	**Demandas do papel** Responsabilidades maiores. Dificuldade no alcance de objetivos. Incerteza sobre o futuro. Dificuldades com a inovação tecnológica. Ambiguidade do papel assumido.
Demandas interpessoais Relacionamento precário com outros. Dificuldades com o superior. Liderança precária. Competição entre colegas. Relacionamento com a equipe.	**Demandas físicas** Atividades extenuantes. Ambiente físico desagradável. Problemas com viagens de trabalho. Problemas pessoais de saúde. Dificuldade com horário de trabalho.
Demandas fora do trabalho	
Demandas do lar Obrigações domésticas. Expectativas familiares. Saúde de familiares. Problemas financeiros.	**Demandas pessoais** Preocupações financeiras. Compromissos pessoais. Eventos traumáticos. Fumo ou alcoolismo.

deseja e cujo resultado é simultaneamente importante e incerto.[1] Essa definição requer alguns esclarecimentos. O estresse nem sempre é ruim. Apesar de quase sempre ser discutido dentro de um contexto negativo e mórbido, o estresse apresenta aspectos positivos. De um lado, o estresse pode ser decorrente de uma oportunidade quando ela oferece um potencial de ganho, como no caso de um ator ou atleta quando colocados em situações acima de suas possibilidades. Nesse caso, as pessoas usam o estresse para dar o máximo que podem, mas depois o organismo relaxa e tudo desacelera. Quando essa pressão se torna muito intensa e demorada, a pessoa fica incapaz de relaxar e sente-se angustiada. De outro lado, o estresse quase sempre está mais focado em restrições e demandas.[2] As restrições impedem que a pessoa consiga fazer o que pretende, enquanto as demandas envolvem a perda de algo desejado. Quando uma pessoa faz uma entrevista de seleção ou se submete à avaliação do desempenho na organização, enfrenta oportunidades, restrições e demandas. Uma boa entrevista abre as portas para um cargo e salário altamente desejado em uma organização. Uma entrevista insatisfatória pode bloquear a oportunidade do novo cargo, o que gera estresse. O estresse é decorrente de quaisquer circunstâncias que ameaçam ou são percebidas como ameaçadoras do bem-estar da pessoa e que minam a capacidade de enfrentamento do indivíduo.[3] A ameaça real ou potencial pode afetar negativamente a segurança física – imediata ou mediata –, a reputação pessoal, a autoestima, a tranquilidade ou aspectos que a pessoa valoriza ou deseja manter ou defender.

13.1.1 Conceituação de estresse

O estresse é uma condição intrínseca à vida moderna. Exigências, necessidades, urgências, prazos a cumprir, atrasos, metas e objetivos a alcançar, falta de meios e de recursos, expectativas dos outros, indefinições e uma infinidade de limitações e demandas sobre as pessoas fazem com que elas se exponham ao estresse. Não é fácil conviver com tantas demandas, pressões e incertezas a respeito de sua consecução. O estresse persegue as pessoas no contexto organizacional ou fora dele. Algumas pessoas conseguem administrá-lo adequadamente e evitam ou se defendem de suas consequências, outras sucumbem aos seus efeitos e mostram claramente seus sinais em seus comportamentos e atitudes.

Diversas conceituações de estresse

- Estado emocional desagradável que ocorre quando as pessoas estão inseguras quanto à sua capacidade para enfrentar um desafio percebido em relação a um valor importante.[4]
- Decorrência da interação entre o indivíduo e o ambiente, uma resposta adaptativa mediada pelas diferenças individuais e/ou processos psicológicos e que é consequência de alguma ação externa (ambiente) ou evento que traz excessivas demandas psicológicas ou físicas sobre uma pessoa.[5]
- Condição que surge da interação da pessoa com seu trabalho e caracterizada por mudanças dentro da pessoa e que a forçam a desviar do seu funcionamento normal. O estresse é uma resposta adaptativa a uma situação externa que resulta em desvios físicos, psicológicos e/ou comportamentais.[6]

13.1.2 Fontes de estresse

Existem duas fontes básicas de estresse no trabalho: causas ambientais e causas pessoais (Figura 13.1).[7]

1. **Causas ambientais**: envolvem uma variedade de fatores externos e contextuais que podem conduzir ao estresse no trabalho. Incluem a programação de trabalho intensivo, a falta de tranquilidade no trabalho, a insegurança no trabalho, o fluxo intenso do trabalho e o número e natureza dos clientes internos ou externos a serem atendidos. Pesquisas revelam que o ruído ambiental decorrente de máquinas funcionando, pessoas conversando e telefones tocando contribui para o estresse em 54% das atividades de trabalho.

2. **Causas pessoais**: envolvem uma variedade de características individuais que predispõem ao estresse. Na mesma situação, cada pessoa reage de diferentes maneiras aos fatores ambientais que provocam o estresse. Personalidades do tipo A – aquelas pessoas que são viciadas no trabalho (*workaholics*) e que são condicionadas de maneira impulsiva para alcançar metas – geralmente estão mais sujeitas ao estresse do que as outras. Sua pouca tolerância para a ambiguidade, a impaciência, a baixa autoestima, a saúde precária, a falta de exercícios físicos e os maus hábitos

de trabalho e de sono fazem com que elas reajam negativamente ao estresse originado pelo trabalho ou por problemas pessoais, familiares, conjugais, financeiros e legais.

O estresse no trabalho provoca sérias consequências tanto para o colaborador quanto para a organização. As consequências pessoais do estresse incluem ansiedade, depressão, angústia e problemas físicos, como distúrbios gástricos e cardiovasculares, dores de cabeça, nervosismo e acidentes. Em certos casos, levam a abuso de drogas, alienação e redução de relações interpessoais. Por outro lado, o estresse afeta a organização, ao interferir negativamente na quantidade e qualidade do trabalho, no aumento do absenteísmo e da rotatividade e na predisposição a queixas, reclamações, insatisfação e greves.

O estresse não é necessariamente mal ou disfuncional, depende da dose. Algumas pessoas trabalham bem sob alguma pressão e são mais produtivas em um esquema de cobrança de metas, outras buscam incessantemente mais produtividade ou melhor trabalho. Um nível modesto de estresse conduz a mais criatividade quando uma situação competitiva requer novas ideias e soluções.[8] Como regra geral, muitas pessoas não se preocupam com uma pequena pressão, desde que ela possa conduzir a consequências desejadas ou a resultados positivos.

13.1.3 Componentes do estresse

O estresse envolve três componentes principais: o desafio percebido, o valor importante e a incerteza da resolução.[9] Vejamos cada um deles.

1. **Desafio percebido**: o primeiro componente do estresse é o desafio percebido. O estresse surge da interação entre as pessoas e sua percepção do ambiente (não necessariamente da realidade). O estresse em um trabalhador pode ser causado por boatos ou rumores sobre o fechamento de sua empresa, mesmo que não exista nenhuma ameaça real.

2. **Valor importante**: o segundo componente do estresse é o valor importante. O desafio somente causará estresse quando ameaçar algum valor que seja importante para a pessoa. Os rumos do fechamento de uma empresa podem não causar estresse a uma pessoa jovem que tem outras oportunidades melhores pela frente.

3. **Incerteza de resolução**: o terceiro componente é a incerteza de resolução. Cada pessoa interpreta a situação em termos da percepção da probabilidade com que pode lidar eficazmente com o desafio apresentado. Se uma pessoa percebe que pode lidar facilmente com ele, não há estresse. Também existe o efeito antagônico: o estresse é baixo quando a pessoa percebe que não há nenhuma possibilidade de que ele seja

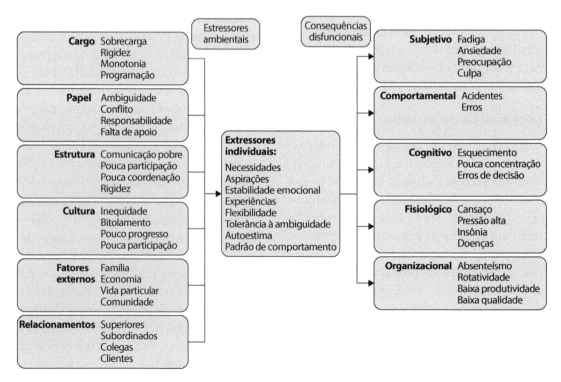

Figura 13.1 Os estressores na vida de cada pessoa.[10]

resolvido. O estresse máximo ocorre quando a dificuldade percebida no desafio está aproximadamente no mesmo nível da capacidade que a pessoa sabe que tem para atender ao que é solicitado. À medida que os níveis de dificuldade e de capacidade se aproximam, o resultado se torna cada vez mais incerto, e é essa incerteza em relação ao desafio que gera o estresse, não o medo de um resultado negativo.

Para que o estresse passe de seu estado potencial para o real, são necessárias duas condições fundamentais:[11]

1. **É preciso haver incerteza em relação ao resultado**: o estresse só acontece quando existe incerteza ou dúvida a respeito de que a oportunidade possa ser aproveitada, as limitações serem superadas ou a perda ser evitada. Assim, o estresse é maior para as pessoas que não conseguem saber se vão perder ou ganhar, e menor para aquelas que têm certeza da perda ou do ganho.

2. **O resultado deve ser importante para a pessoa**: a importância do resultado também é crítica: se perder ou ganhar não for um aspecto relevante, então não haverá estresse. Assim, se manter o emprego ou receber uma promoção não for um aspecto relevante para a pessoa, não haverá estresse.

Para melhor circunscrever o conceito, torna-se importante salientar o que o estresse não é. Luthans salienta que:[12]

1. **Estresse não é simplesmente ansiedade**: a ansiedade opera na esfera emocional e psicológica, enquanto o estresse opera na esfera fisiológica. O estresse pode ser acompanhado de ansiedade e angústia, mas não se confunde com elas.

2. **Estresse não é simplesmente uma tensão nervosa**: como a ansiedade, a tensão nervosa pode resultar do estresse, mas também não se confunde com ele.

3. **Estresse não é necessariamente algo ruim ou perigoso que deve ser evitado**: o problema central não é o estresse em si, mas como a pessoa lida com ele. O estresse é inevitável nas organizações modernas. Prazos a cumprir, resultados a alcançar, pressões dos clientes e fornecedores, exigência de reduzir custos, competitividade, necessidade de se aprimorar constantemente e ser melhor a cada dia que passa são aspectos que não se pode evitar na vida organizacional. O estresse precisa ser enfrentado com denodo e elegância.

13.1.4 Dinâmica do estresse

O estresse apresenta uma dinâmica bem conhecida. Quando a pessoa percebe uma ameaça externa, seu corpo produz substâncias químicas que elevam a pressão sanguínea e desviam o sangue da pele e do aparelho digestivo para os músculos. As gorduras do sangue são liberadas para fornecer um ímpeto de energia e aumentar a coagulação do sangue em caso de algum dano ao organismo. Quando essa ameaça frente ao indivíduo é prolongada, outras mudanças ocorrem para preparar o organismo para uma longa batalha. O corpo começa a conservar recursos por meio da retenção de água e sais. O ácido gástrico é produzido a mais para aumentar a eficiência da digestão na ausência de sangue – que foi desviado para longe dos órgãos internos.[13] No passado distante, essas mudanças visavam à adaptação, pois preparavam o indivíduo fosse para o combate físico, fosse para fugir de alguma ameaça externa.[14] Nos tempos atuais, essas mudanças fisiológicas ainda ocorrem em resposta às ameaças, independentemente do seu caráter de adaptação. Pessoas que trabalham em cargos elevados e cujas demandas escapam ao seu controle são três vezes mais propensas a sofrer de pressão alta do que as demais. Contudo, a maior capacidade física obtida graças à pressão elevada não ajuda as pessoas modernas a lidar com os desafios que enfrentam no seu cotidiano.[15] O mundo mudou, mas o mecanismo de adaptação fisiológica do ser humano continuou o mesmo ao longo dos tempos.

Para explicar a relação entre o estresse e os sintomas físico-químicos que acabamos de verificar, o endocrinologista Hans Selye (1907-1982) desenvolveu a teoria da síndrome da adaptação geral. Para ele, a reação do organismo ao estresse ocorre em três fases: alarme, resistência e esgotamento.[16]

1. **Alarme**: ocorre quando a pessoa identifica e percebe a ameaça, seja física (ameaça de dano corporal) ou psicológica (ameaça de perder algo, como o cargo). A partir daí começam as mudanças fisiológicas já descritas.

2. **Resistência**: nessa fase, a pessoa se torna elástica às pressões criadas pela ameaça inicial. Os sintomas fisiológicos decorrentes da fase de alarme desaparecem, apesar de a causa do estresse estar ainda em ação. A resistência parece ser obtida graças ao aumento dos níveis de hormônio secretado pela glândula pituitária e pelo córtex adrenal.

3. Esgotamento: quando a exposição à causa do estresse permanece durante muito tempo, a pessoa entra na fase de esgotamento. A atividade da glândula pituitária e do córtex adrenal é reduzida e a pessoa não consegue se adaptar ao estresse continuado. Reaparecem muitos dos sintomas fisiológicos da fase do alarme. Se o estresse permanece, a pessoa passa a sofrer de estafa, um estado de exaustão que pode conduzir a algum dano físico grave, com risco de morte por infarto ou doença cardíaca.[17]

13.1.5 Causas do estresse

Afinal, o que provoca o estresse? Quais são as suas consequências para as pessoas e para as organizações? Por que determinadas condições provocam estresse em algumas pessoas e parecem não ter efeito algum sobre outras?

Existem três conjuntos de fatores – ambientais, organizacionais e individuais – que agem como fontes potenciais de estresse. Se o estresse vai se concretizar ou não, isso dependerá de diferenças individuais, como experiência no trabalho ou traços de personalidade. Quando uma pessoa passa por uma situação de estresse, seus sintomas podem ser físicos, psicológicos ou comportamentais. Veja a Figura 13.2.

> **SAIBA MAIS — Entenda a síndrome de burnout[18]**
>
> A síndrome de burnout – também chamada de síndrome do esgotamento profissional – tem incidência maior em áreas como enfermagem, médica, policial e profissões que envolvam demasiada tensão, urgência ou perigo. Trata-se de um esgotamento extremo, caracterizado por uma sensação de exaustão emocional e inadequação, fadiga, frustração, perda de interesse pelas atividades cotidianas, afastamento da vida pessoal, perda de produtividade e apatia. Esses sintomas podem vir acompanhados de cefaleia crônica e problemas digestivos. Em um momento inicial, a principal característica é a dedicação extrema à atividade profissional, identificada, muitas vezes, por horas extras em excesso. A pessoa negligencia a vida pessoal, reduz o convívio familiar e a prática de atividades prazerosas, até que passa a se dedicar quase que exclusivamente ao trabalho. A correria do dia a dia, as relações entre chefes e subordinados, a sobrecarga de tarefas e a pressão institucional que levam ao isolamento social fazem também com que a exaustão se intensifique e o quadro piore. O profissional fica mais intolerante, sente-se exaurido e acaba por experimentar o desligamento emocional da profissão. E essa sensação de vazio se estende também à vida pessoal.

Comentando as demandas organizacionais na sociedade moderna, Luthans afirma que a globalização, as alianças estratégicas e o avanço da Tecnologia da Informação (TI) estão conduzindo ao chamado tecnoestresse, que está gerando os seguintes problemas para todos os níveis da organização:[19]

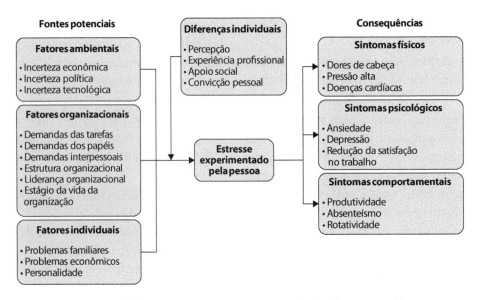

Figura 13.2 Fontes potenciais e consequências do estresse.[20]

- Perda de privacidade.
- Inundação de informações.
- Erosão do contato face a face.
- Necessidade de aprender continuamente novas habilidades.
- Perda de oportunidades de promoção devido à falta de conhecimento.

Principais causas de estresse no trabalho:
- Sobrecarga de trabalho.
- Pressão de tempo e urgência.
- Supervisão de baixa qualidade.
- Clima político de insegurança.
- Autoridade inadequada na delegação de responsabilidades.
- Ambiguidade de papel.
- Diferenças entre os valores individuais e organizacionais.
- Mudanças dentro da organização.
- Frustração.

Assim, Luthans aponta os seguintes tipos de estressores:[21]

1. **Estressores extraorganizacionais**: são as forças externas e ambientais que provocam um profundo impacto nas organizações e pessoas, a saber:
    - O fenomenal grau de mudança que altera os estilos de vida das pessoas e o curso que elas desenvolvem em seus trabalhos.
    - O impacto da família sobre o comportamento das pessoas.
    - O impacto das comunicações, da TV, das novelas e do rádio sobre as pessoas.
    - Variáveis sociológicas, como raça, sexo e classe social, podem se tornar estressores, à medida que se diversificam, provocando diferenças em crenças e valores, diferenças em oportunidades e percepções.

2. **Estressores organizacionais**: são as forças associadas com a organização em si. Embora as organizações sejam constituídas de grupos de indivíduos, existem dimensões em nível macroscópico que funcionam como estressores potenciais, tais como:
    - Políticas e estratégias organizacionais, como pressões competitivas, regras burocráticas, tecnologia avançada, *downsizing*, remuneração variável pelo mérito, rotação de cargos etc.
    - Desenho organizacional e estrutura, como centralização e formalização, conflitos entre linha e *staff*, especialização, ambiguidade de papéis, cultura organizacional restritiva etc.
    - Processos organizacionais, como controles, comunicação descendente, pouca retroação sobre o desempenho, processo decisório centralizado, pouca participação nas decisões, sistemas de avaliação punitivos etc.
    - Condições de trabalho, como local de trabalho desagradável, ar poluído, condições perigosas de trabalho, iluminação precária etc.

3. **Estressores grupais**: a influência grupal sobre o comportamento das pessoas pode também ser uma fonte potencial de estresse. Os estressores grupais podem ser classificados em:
    - **Falta de coesão grupal**: o desejo de pertencer e o senso gregário têm importante função no comportamento das pessoas. Quando o grupo rejeita uma pessoa devido ao desenho de suas tarefas ou porque o supervisor proíbe ou limita seus relacionamentos, a falta de coesão pode ser uma fonte produtora de estresse.
    - **Falta de apoio social**: as pessoas são profundamente afetadas pelo apoio de um ou mais membros de um grupo coesivo, seja compartilhando seus problemas e alegrias com os outros, seja recebendo colaboração ou suporte. A falta de apoio social é uma condição estressante.

4. **Estressores individuais**: as diferenças individuais em termos de traços de personalidade também pesam como estressores potenciais. Traços de personalidade como autoritarismo, rigidez, emocionalidade, extroversão, espontaneidade, tolerância quanto à ambiguidade, ansiedade e necessidade de realização constituem aspectos relevantes para o estresse individual. Friedman e Rosenman popularizaram o conceito do Tipo A de personalidade em oposição ao Tipo B no estudo do estresse.[22] O Tipo A constitui um complexo de ação-emoção que é observável em pessoas agressivamente envolvidas em uma incessante e crônica luta para alcançar mais e mais em menos e menos tempo. São pessoas que fazem excessivas demandas a si próprias e se frustram quando não conseguem realizar suas pretensões. Por essa razão, o Tipo A apresenta elevada correlação com o estresse e perigosas consequências físicas, como problemas cardíacos. O Tipo B é mais tranquilo e relaxado, aceita situações e trabalha sem muita preocupação com tempo e exigências externas (Quadro 13.2).

Quadro 13.2 Perfis do tipo A e B de personalidade[23]

Perfil do tipo A	Perfil do tipo B
■ Está sempre em movimento.	■ Não se preocupa com o tempo.
■ Anda com rapidez.	■ É paciente.
■ Come rapidamente.	■ Não fica nervoso.
■ Fala rapidamente.	■ Joga por prazer, não para ganhar.
■ É impaciente.	■ Relaxa-se sem culpa.
■ Faz várias coisas ao mesmo tempo.	■ Não tem pressões ou preocupações.
■ Não suporta tempo para leitura.	■ Fica sempre no meio termo.
■ É obcecado por números.	■ Nunca se aborrece profundamente.
■ Mede seu sucesso pela quantidade.	
■ É agressivo.	
■ É competitivo.	
■ Sente-se constantemente pressionado pelo tempo.	

Aumente seus conhecimentos sobre **Personalidade e estresse** na seção *Saiba mais* CO 13.1

VOLTANDO AO CASO INTRODUTÓRIO
Brinquedos Polichinelo

Marcela Soares começou com um programa de entrevistas para colher dados a respeito do ambiente de trabalho na Polichinelo. Começou pela diretoria e pelos gerentes. Queria começar pela visão de cima, separando os dados conforme a área da organização, e sabia que não poderia misturar os dados, pois pretendia saber em que áreas e em que níveis da organização o problema era mais profundo e intenso. Logo no início, ficou impressionada com o forte individualismo dos executivos. Quais os aspectos que, na sua opinião, Marcela deveria pesquisar nas entrevistas com o pessoal de topo?

13.1.6 Consequências do estresse

Há pouco, falamos dos efeitos do estresse em relação à fisiologia humana. Agora, examinaremos os efeitos do estresse na eficácia organizacional. Mesmo que ignorássemos os custos humanos do estresse, não se pode deixar de lado as consequências financeiras para que se monitorize o nível de estresse das pessoas nas organizações. Wagner e Hollenbeck apresentam os seguintes custos organizacionais provocados pela insatisfação e pelo estresse:[24]

1. **Custos de assistência médica**: o estresse provoca impacto sobre a saúde e o bem-estar das pessoas, e as organizações arcam com grande parte dos custos de assistência médico-hospitalar de seus empregados. Apesar do aumento gradativo dos salários nas últimas décadas, o fato é que os honorários médicos e as internações hospitalares levaram as despesas de assistência médica a aumentar três vezes mais do que os salários.[25] Além de pagarem assistência médica e hospitalar, as organizações estão sujeitas à responsabilidade por provocarem enfermidades associadas ao estresse. Na mesma direção, pesquisas revelam forte relação entre o estresse e perturbações mentais. O pior é que as perturbações mentais induzidas por estresse estão aumentando rapidamente.

2. **Absenteísmo e rotatividade**: a insatisfação e o estresse geram mais do que custos diretos para as organizações em termos de assistência médico-hospitalar e constituem uma fonte de custos indiretos na forma de absenteísmo e rotatividade. A insatisfação é uma das principais causas do absenteísmo – que provoca um custo organizacional muito alto. Pesquisas estimam que uma única falta não programada ao trabalho de um funcionário custa mais de US$ 650 por dia. Além disso, os índices de absenteísmo cresceram cerca de 15% entre 1992 e 1995.[26] A insatisfação também acelera a rotatividade organizacional. A substituição de pessoas que deixam voluntariamente a organização representa outro custo dispendioso.[27] A Hewlett-Packard, uma empresa *high tech*, calcula que a substituição de um gerente de nível médio alcance 40 mil dólares.[28] Além disso, a rotatividade reduz a produtividade do pessoal remanescente, porque também impacta as pessoas que permanecem na organização.[29] A rotatividade representa um fluxo negativo de empregados e se torna mais crítica nos trabalhos complexos que demandam muito tempo para serem aprendidos. Quando as pessoas saem, a organização perde o investimento feito no desenvolvimento do parceiro ao longo do tempo. E quando funcionários experientes e descontentes assumem cargos na concorrência, o efeito é ainda pior, pois ela é gratificada com o acesso a um conhecimento estratégico sobre as operações da organização.

3. **Baixo compromisso organizacional**: a insatisfação também faz declinar o compromisso organizacional, ou seja, o grau com que as pessoas se identificam com a organização que as emprega. Compromisso significa vontade de investir grande dose de esforço em favor da organização e intenção de nela permanecer muito tempo. O comprometimento organizacional foi severamente atacado com as políticas de redução do quadro de pessoal em muitas organizações. O *downsizing*, a reengenharia e o enxugamento de pessoal, quando utilizados de maneira intensiva e pouco hábil, provocam danos à lealdade das pessoas para com a organização, afinal, ninguém gosta de ver amigos e parentes serem demitidos sumariamente. Dentro dessa situação, enquanto as organizações querem incentivar um sentido de participação e envolvimento das pessoas, parece que as pessoas estão tentando reduzir seus níveis de compromisso e dependência.

4. **Violência no local de trabalho**: grande parte da violência que envolve os membros de uma organização é desencadeada por níveis extremos de insatisfação e estresse.[30] Para reduzir a violência no local de trabalho, algumas organizações estão desenvolvendo programas de treinamento de gerentes e supervisores para melhorar o ambiente de trabalho com sessões sobre delegação de poder, resolução de conflitos e reforço positivo, além de trabalhar mais proximamente aos sindicatos e de fazer regularmente pesquisas sobre atitudes dos funcionários para medir e monitorar os níveis de satisfação das pessoas.

5. **Baixo desempenho**: o desempenho pobre ou abaixo do normal significa geralmente uma discrepância ou um desvio em relação às expectativas. Quando essas expectativas são violadas, o gerente está frente a um problema de desempenho de seu subordinado. Boa parte dos problemas de desempenho está relacionada com o estresse e suas implicações no trabalho.

Estas são as más notícias: as consequências do estresse são realmente graves, tanto para as organizações quanto para as pessoas. Porém, a boa notícia é que existem meios de reduzir o estresse a proporções facilmente administráveis.

Aumente seus conhecimentos sobre **Equilíbrio entre vida profissional e pessoal** na seção *Saiba mais* CO 13.2

VOLTANDO AO CASO INTRODUTÓRIO
Brinquedos Polichinelo

A seguir, Marcela iniciou as entrevistas com o pessoal da base. Para tanto, modificou o programa para abordar assuntos típicos que cada funcionário – na fábrica e no escritório – experimenta no seu cotidiano de trabalho. A sua dúvida estava no conteúdo da entrevista. Como você poderia ajudar Marcela a preparar as perguntas dessas entrevistas?

13.1.7 Como reduzir a insatisfação e o estresse

As organizações dispõem de vários meios para reduzir a insatisfação e o estresse.[31] Os principais são:

- **Enriquecimento do trabalho**: a natureza da tarefa exerce enorme influência sobre a insatisfação e o estresse das pessoas. Algumas das medidas para reduzir a insatisfação e o estresse se concentram nas tarefas atribuídas a elas. O enriquecimento do trabalho é uma técnica utilizada para adicionar complexidade e significado ao trabalho da pessoa a fim de reduzir a monotonia de realizar trabalhos simples e repetitivos e aumentar gradativamente sua variedade e seus desafios.

- **Rodízio de cargos**: muitas organizações estão incentivando o rodízio das pessoas em vários cargos a fim de reduzir a insatisfação e o estresse. Ocupar diferentes cargos de complexidade equivalente é uma maneira de fugir da rotina e da estagnação e proporciona variação nas atividades e nas habilidades pessoais, além de possibilitar a abertura para novos conhecimentos.

- **Análise do papel**: serve para esclarecer as expectativas do papel para o ocupante de cargo por meio da melhoria de sua comunicação com supervisores, colegas de trabalho, subordinados e até com clientes. O ocupante do cargo e os que trabalham com ele são solicitados a expressar por escrito as suas expectativas. A seguir, as pessoas são reunidas para analisar suas listas. Onde houver conflitos, o grupo tentará decidir como eles poderão ser solucionados. Com isso, pode-se identificar o que está super ou subdimensionado e quais os requisitos de papel que podem ser negociados para desenvolver papéis mais equilibrados.

- **Treinamento de habilidades**: é uma maneira de ajudar a pessoa a mudar o que gera insatisfação ou estresse no seu trabalho, a aprender a definir metas, a identificar obstáculos para o desempenho bem-sucedido e a buscar colaboração com os colegas no alcance das metas, ou ainda de ajudá-la a definir os valores mais importantes do trabalho ou a administrar o tempo. O objetivo é aumentar as habilidades das pessoas para prever, entender e controlar eventos que ocorrem no trabalho. Quase sempre, a chave para obter a lealdade do funcionário não está em oferecer salários mais elevados ou benefícios melhores, mas proporcionar às pessoas mais controle sobre seu próprio trabalho.[32]
- **Falar sobre seu trabalho**: a capacidade de lidar positivamente com experiências laborais estressantes ou insatisfatórias aumenta quando a pessoa tem oportunidade para falar sobre seus problemas e reclamações.[33] A oportunidade formal de fazer queixas e de verbalizar opiniões são meios de comunicação que garantem um escape ativo e construtivo para as frustrações no trabalho.[34] Pesquisas revelam que procedimentos de queixa, pesquisa de atitudes e sessões de perguntas e respostas entre os funcionários e a administração melhoram as atitudes das pessoas e reduzem a rotatividade.[35]
- **Participação na tomada de decisões**: a oportunidade de entrar em ação ou tomar decisões com base nas próprias opiniões proporciona às pessoas mais segurança para lidar com o estresse e a insatisfação. A participação nas decisões que afetam o trabalho – seja na forma de encontros ocasionais ou periódicos, seja em reuniões formais com os superiores – permite reduzir conflitos, estresse emocional e o absenteísmo.

Muitas organizações oferecem meios para reduzir o estresse, tais como:

- **Aconselhamento ao colaborador**: por meio de *coaching* feito por especialistas no sentido de explorar e localizar meios para reduzir o estresse.
- **Aconselhamento ao gestor**: também feito por especialistas, no sentido de apontar esquemas de participação, liderança, treinamento, desenho de tarefas, e de melhorar a comunicação.
- **Meditação**: envolve uma reflexão tranquila, concentrada e relaxada no sentido de restaurar o corpo sob os pontos de vista físico e emocional. Ajuda a remover temporariamente o estresse e reduzir seus sintomas. Requer um ambiente silencioso, uma posição confortável, um estímulo mental repetitivo e uma atitude passiva. Muitas organizações oferecem uma sala para essa finalidade.
- *Biofeedback*: é uma abordagem diferente para trabalhar com o estresse. A pessoa aprende, sob a orientação médica, a receber retroação por meio de instrumentos para influenciar os seus sintomas de estresse. As evidências têm demonstrado que as pessoas podem exercitar algum controle sobre seus processos internos – como batimentos cardíacos, consumo de oxigênio, fluxo de ácido no estômago e ondas cerebrais – pelo *biofeedback*, além de reduzir os efeitos indesejáveis do estresse.

O segredo está em gerir as crises antes que elas aconteçam.[36] Prevenir é melhor do que remediar. Todavia, certo volume de estresse tem sido conscientemente injetado nas organizações, seja no sentido de estimular a criatividade e a inovação, seja para incentivar a noção de urgência nas mudanças organizacionais. Para manter acesa a dinâmica comportamental, as organizações criam um estado de alerta, prontidão e entusiasmo por meio de um componente de estresse no cotidiano do trabalho.

VOLTANDO AO CASO INTRODUTÓRIO
Brinquedos Polichinelo

Os dados tabulados obtidos pelas entrevistas confirmaram a apreensão da diretoria. O ambiente de trabalho da Polichinelo é incrivelmente insatisfatório e traz consequências negativas para a organização e para seus funcionários. Agora, é necessário definir um projeto de ação para reduzir o terrível fardo que pesa sobre os funcionários. Como Marcela Soares poderia reverter essa situação?

Aumente seus conhecimentos sobre **O dilema do inovador** na seção *Saiba mais* CO 13.3

13.1.8 Aconselhamento e *coaching*

O aconselhamento por meio do *coaching* é uma discussão com uma pessoa a respeito de um problema que apresenta um conteúdo emocional, cujo fundamento é ajudá-la a enfrentá-lo melhor. O aconselhamento procura melhorar a saúde mental. A pessoa com boa saúde mental se sente confortável consigo mesma, e a definição de aconselhamento envolve algumas características. Ele é um intercâmbio de ideias entre duas pessoas – um *coach* (conselheiro) e um aconselhado – e, nesse sentido, é um ato de comunicação. Como as pessoas enfrentam problemas, o aconselhamento pode melhorar o desempenho organizacional, porque as pessoas se tornam mais cooperativas e se preocupam menos com seus problemas pessoais. O aconselhamento ajuda a organização a tornar-se mais humana e a considerar mais os problemas humanos.

O aconselhamento pode ser desenvolvido por profissionais ou por não profissionais, conforme o caso. Em geral, é confidencial para que as pessoas se sintam livres para falar abertamente a respeito de seus problemas, sejam pessoais, emocionais, financeiros ou relacionados com o trabalho.

O principal objetivo do aconselhamento é o de ajudar as pessoas a desenvolver uma saúde mental melhor por meio do aumento da autoconfiança, da compreensão, do autocontrole e da habilidade de trabalhar de forma eficaz. Esse objetivo é consistente com os modelos apoiadores e humanos de Comportamento Organizacional (CO) que encorajam as pessoas a crescer e se autodirecionar. Quase sempre, as principais funções do aconselhamento são:

- **Consulta**: dizendo à pessoa o que se pensa que ela deva fazer.
- **Confiança**: dando à pessoa a coragem e a confiança para enfrentar um problema.
- **Comunicação**: proporcionando informação e compreensão.
- **Redução da tensão emocional**: ajudando a pessoa a sentir-se livre de tensões.
- **Pensamento claro**: encorajando o pensamento coerente e racional.
- **Reorientação**: encorajando uma mudança interna nos objetivos e nos valores da pessoa.

Há vários tipos de aconselhamento, a saber:

- **Aconselhamento diretivo**: é o processo de ouvir o problema de uma pessoa, decidir com ela o que deve ser feito e, assim, motivá-la a fazê-lo. É centrado no conselheiro, ou seja, é totalmente dirigido pelo conselheiro ou consultor e faz, muitas vezes, a função de consultoria, mas pode também proporcionar confiança, comunicação, dar apoio emocional. O seu forte é a reorientação. Apesar de seu valor questionável, o aconselhamento diretivo é bastante utilizado.
- **Aconselhamento não diretivo**: é o processo de ouvir e encorajar a pessoa a explicar seus problemas, compreendê-los e definir as soluções apropriadas. Focaliza a pessoa mais do que o consultor como um juiz ou conselheiro. É, por isso, denominado aconselhamento centrado no cliente. Foi desenvolvido por dois grupos: Mayo e Roethlisberger, na famosa Experiência de Hawthorne da Western Electric Company, e por Carl R. Rogers.
- **Aconselhamento cooperativo**: é uma relação mútua entre conselheiro e aconselhado que estabelece um intercâmbio cooperativo de ideias para solucionar um problema do aconselhado. Fica entre os dois tipos anteriores de aconselhamento. As partes começam por ouvir, por meio de técnicas não diretivas, para então cada uma delas aplicar seus conhecimentos, perspectivas e valores ao problema. Utiliza um compromisso balanceado que combina vantagens do aconselhamento diretivo e do não diretivo, enquanto evita suas desvantagens.

Aumente seus conhecimentos sobre **O estresse do centralizador** na seção *Saiba mais* CO 13.4

Acesse conteúdo sobre **Características de pessoas com boa saúde mental** na seção *Tendências em CO* 13.1

O aconselhamento representa um modelo de apoio e suporte às pessoas que requerem uma ajuda no sentido de resolverem seus próprios problemas pessoais. O papel do gerente ou líder é fundamental nesse aspecto.

13.2 CONFLITO

Tradicionalmente, o CO tem tratado o estresse e o conflito em separado. Apesar de serem conceitualmente bastante próximos, preferimos manter essa tradição e tratar separadamente do estresse e do conflito.

Na verdade, a vida é uma eterna sucessão de conflitos. Em suas interações, quase sempre as pessoas, os grupos e as organizações estão envolvidos em alguma forma de conflito. As pessoas precisam de coerência e de um senso lógico no sentido de atingir uma situação de bem-estar e harmonia umas com as outras. Como a organização depende da colaboração e da cooperação de pessoas que trabalham em conjunto, essa coerência é fundamental para o sucesso organizacional. As pessoas nunca têm objetivos e interesses idênticos, e essas diferenças de objetivos e interesses sempre produzem alguma espécie de conflito. O conflito é inerente à vida de cada indivíduo e faz parte inevitável da natureza humana. Constitui o lado oposto da cooperação.

13.2.1 Conceituação de conflito

A palavra *conflito* está ligada a discórdia, divergência, dissonância, controvérsia ou antagonismo. Para que haja conflito, além da diferença de objetivos e interesses, deve haver necessariamente uma interferência deliberada de uma das partes envolvidas. O conflito existe quando uma das partes – seja o indivíduo, seja o grupo – tenta alcançar seus próprios objetivos, que são interligados a outra parte, e essa segunda interfere na primeira, a que procura atingir os objetivos. A interferência pode ser ativa – mediante ação para provocar obstáculos, bloqueios ou impedimentos – ou passiva – mediante omissão. Assim, o conflito é muito mais do que um simples desacordo ou desavença: constitui uma interferência ativa ou passiva, mas deliberada, no sentido de impor um bloqueio sobre a tentativa de outra parte de alcançar os seus objetivos. O conflito pode ocorrer no contexto do relacionamento entre duas ou mais partes, entre pessoas ou grupos de pessoas.

Em geral, o conflito envolve o uso de poder no confronto, ou seja, nas disputas em torno de interesses contraditórios em choque. Além disso, o conflito é um processo que leva tempo para se desenrolar e não é apenas um evento que ocorre em determinado instante e depois desaparece. Contudo, à medida que o conflito passa a obstruir o progresso e ameaçar a eficácia e o desempenho organizacional, ele precisa ser administrado adequadamente. Caso contrário, ele passará a afetar de forma negativa o comportamento da organização.

Várias conceituações de conflito

- Processo de oposição e confronto que pode ocorrer entre indivíduos ou grupos nas organizações, quando as partes exercem poder na busca de metas ou objetivos valorizados e obstruem o progresso de uma ou mais das outras metas.[37]

- Ocorre quando uma das partes – seja indivíduo, seja grupo – tenta alcançar seus próprios objetivos interligados com alguma outra parte, e essa interfere naquela que procura atingir seus objetivos. Assim, o conflito é muito mais que um simples desacordo ou desavença: constitui uma interferência ativa ou passiva, mas deliberada para impor um bloqueio sobre a tentativa da outra parte de alcançar seus objetivos.[38]

- Processo que tem início quando uma das partes percebe que a outra parte afeta, ou pode afetar, negativamente, alguma coisa que a primeira considera importante.[39]

- Mostra um comportamento aparente que surge de um processo no qual uma unidade procura alcançar seus próprios interesses nos seus relacionamentos com outras por meio da interferência deliberada por algum motivo, pelo menos por uma das partes. Quando a interferência não é deliberada, as unidades não estão em conflito.[40]

 Aumente seus conhecimentos sobre **A natureza política do conflito** na seção *Saiba mais* CO 13.5

13.2.2 Níveis de gravidade do conflito

Cada conflito é um conflito. Além das diferentes características, também existem diferentes níveis de gravidade, que podem ser três:[41]

1. **Conflito percebido**: ocorre quando as partes percebem e compreendem que o conflito existe porque uma parte sente que seus objetivos são diferentes dos da outra parte, e que existe oportunidade para interferência. É o chamado conflito latente, que as partes apenas percebem existir potencialmente.

2. **Conflito experienciado**: quando o conflito provoca sentimentos de hostilidade, raiva, medo e descrédito entre uma parte e outra. É o chamado conflito velado, quando é dissimulado, oculto e não manifestado externamente com clareza.

3. **Conflito manifestado**: quando o conflito é expresso e manifestado pelo comportamento, que é a interferência ativa ou passiva por pelo menos uma das partes. É o chamado conflito aberto, que se manifesta sem dissimulação entre as partes envolvidas.

13.2.3 Condições antecedentes dos conflitos

Existem certas condições nas organizações que tendem a gerar conflitos. São as chamadas condições antecedentes, inerentes à natureza das organizações e que tendem a criar percepções entre grupos e indivíduos que conduzem fatalmente ao conflito. São verdadeiras armadilhas que guardam todas as condições para que o conflito surja. A maior parte das técnicas de gestão de conflitos se baseia no desarmamento dessas condições antecedentes para evitar que o conflito apareça. O conflito provoca consequências – que podem ser positivas ou negativas –, e essas, por sua vez, influenciam as percepções que desencadearam o conflito, realimentando-as ou inibindo-as, dependendo de cada caso. Essa retroação também pode acelerar ou reduzir o conflito, dependendo das circunstâncias.

Existem três condições antecedentes dos conflitos, esquematizadas na Figura 13.3:[42]

1. **Diferenciação**: como decorrência do crescimento da organização, cada grupo se especializa cada vez mais na busca da eficiência. Em decorrência da especialização, cada grupo passa a realizar tarefas diferentes, relaciona-se com diferentes partes do ambiente e começa a desenvolver maneiras diferentes de pensar e agir: tem sua própria linguagem, modo de trabalhar em equipe e objetivos a atingir. Surge a diferenciação: objetivos e interesses diferentes dos demais grupos da organização. Daí a percepção de objetivos e interesses diferentes, e talvez incompatíveis.

2. **Recursos limitados e compartilhados**: os recursos organizacionais são, geralmente, limitados e escassos. Essa quantidade fixa de recursos – como capital, valores orçamentários, salários, créditos, espaço, máquinas e equipamentos – precisa ser distribuída e alocada entre os grupos da organização. Se um grupo pretende aumentar a sua quantidade de recursos, outro grupo terá de perder ou abrir mão de uma parcela dos seus. Isso contribui para a percepção de que alguns grupos têm objetivos e interesses diferentes e talvez incompatíveis.

3. **Interdependência de atividades**: as pessoas e os grupos de uma organização dependem uns dos outros para desempenhar suas atividades. A interdependência ocorre quando um grupo não pode realizar a sua tarefa a menos que o outro grupo realize a dele. Todos os grupos de uma organização são interdependentes de alguma maneira, mesmo que levemente. Quando os grupos são altamente interdependentes, surgem as oportunidades para que um grupo auxilie ou prejudique o trabalho dos demais.

13.2.4 Processo de conflito

O conflito se desenrola em um processo dinâmico no qual as partes envolvidas se influenciam reciprocamente. As condições antecedentes – diferenciação, recursos compartilhados e interdependência – criam as condições que tornam provável a ocorrência de conflitos. Uma das partes percebe que existe uma situação potencial de conflito – incompatibilidade de objetivos e oportunidade de interferência – e passa a desenvolver sentimentos conflituosos com relação à outra parte, engajando-se em um comportamento de conflito. A ação de uma das partes conduz a alguma forma de reação da outra. Dependendo dessa reação – positiva ou negativa –, pode haver uma intensificação do conflito ou alguma forma de resolução. A Figura 13.4 dá uma ideia do episódio de conflito, que é a fase desse processo em que as partes interagem conflitivamente entre si.

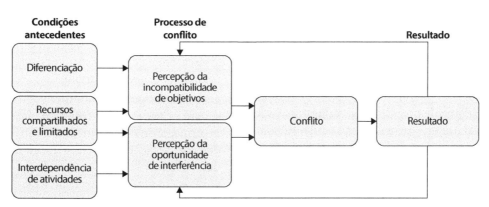

Figura 13.3 Condições antecedentes do conflito e as percepções.[43]

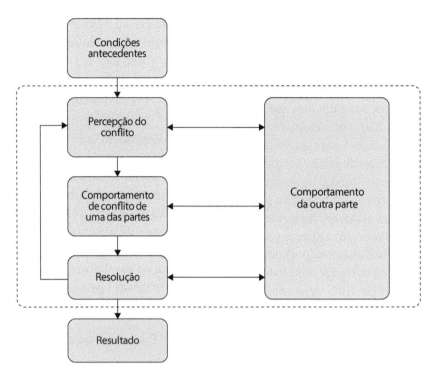

Figura 13.4 Episódio de conflito.[44]

O comportamento de conflito pode produzir uma reação normal e sadia composta de três fases, a saber:

1. **Espera**: decorre do próprio bloqueio, que é a essência do conflito. A espera pode ser momentânea – enquanto se localiza a via para algum tipo de ação – ou pode ser demorada – enquanto a solução não for encontrada.
2. **Tensão**: a demora provoca a tensão e a ansiedade que a possibilidade de frustração pode provocar.
3. **Resolução**: é o alcance da solução do conflito e o consequente alívio da tensão.

Por sua vez, a resolução do conflito pode ocorrer por meio de processos como os de:

- **Fuga ou evitação**: é uma maneira de fugir dos problemas gerados pela divergência de interesses entre pessoas e grupos. Alguns conflitos íntimos podem ser reprimidos, enquanto os conflitos externos podem ser evitados por recuo, fuga, afastamento, pelo não encontro, por regulamentos que proíbem determinadas ações ou relacionamentos etc. A evitação pode variar dentro de um *continuum* que vai desde a evitação total e aberta até a evitação sutil e velada.
- **Impasse**: é uma situação em que o conflito gera um bloqueio ou uma paralisia. É basicamente uma situação de xeque, típica do jogo de xadrez. O impasse é um estado negativo em que ninguém chega a realizar ação nenhuma. É difícil considerá-lo como um resultado.
- **Ganhar/perder**: é uma situação de vitória/derrota em que as partes se defrontam diretamente. É um resultado em que uma parte ganha e a outra parte perde. É a resolução do tipo ganhar/perder: enquanto o vencedor recebe um ganho, o perdedor sofre uma perda. Essa situação é uma resolução radical e total e significa ganhar tudo/perder tudo, isto é, tudo ou nada, típica da colisão frontal de interesses, como a guerra.

Na resolução do tipo ganhar/ganhar, as partes são bem-sucedidas na conciliação, identificando soluções para os problemas que permitem que ambas atinjam os objetivos desejados. As partes saem ganhando alguma coisa, embora isso não constitua uma vitória total, mas uma vitória parcial para ambas.

Na resolução do tipo perder/perder, as partes desistem de uma parcela de seus objetivos por alguma forma de compromisso. Nenhuma parte alcança tudo o que desejava e ambas perdem um pouco para não arriscarem a perder muito. As partes perdem, mas é uma derrota apenas parcial.

- **Conciliação**: ocorre quando as partes negociam entre si para evitar a colisão frontal de interesses por meio de um acordo ou compromisso no qual a vitória e a derrota são apenas parciais. Tanto a vitória quanto a derrota não são extremas e cada parte tem vitórias e ganhos, mas também derrotas e perdas. É o resultado mais comum na resolução de um conflito. A conciliação é feita na base de negociações, barganhas e ajustes, conduzindo quase sempre a novos e diferentes conflitos dela decorrentes. A conciliação procura atenuar as perdas e reduzir os riscos de uma colisão agressiva, e também pode resultar em dois outros tipos de resolução: a resolução ganhar/ganhar e a resolução perder/perder.

- **Integração**: é a resolução por meio da qual os interesses de todos os lados envolvidos buscam um ponto em que nenhum dos dois lados precise sacrificar alguma coisa. A integração exige que se vá muito além da situação conflitiva, analisando e reanalisando os interesses subjacentes. Geralmente, envolve um alargamento da visão da situação conflitiva, exigindo que as partes conflitantes se envolvam em aspectos que ultrapassam o convencional ou o aparente. Baseia-se na análise de novos cursos de ação e requer criatividade, visão global e ampla perspectiva da situação enfrentada. No fundo, o processo de integrar interesses divergentes ou conflitantes é parte e função do processo de exercer poder dentro da organização. É a integração que agrupa os interesses de diferentes pessoas e grupos e permite à organização obter a eficácia que pessoas ou grupos isoladamente jamais atingiriam.

13.2.5 Níveis de abrangência dos conflitos

O conflito pode ser estritamente localizado e limitado, como também pode ser generalizado e se estender a toda a organização. Assim, existem vários níveis de abrangência do conflito, como mostra a Figura 13.5.

13.2.6 Conflito intergrupal

É definido como o comportamento que ocorre entre grupos organizacionais quando os participantes se identificam com um grupo e percebem que outros grupos podem bloquear a realização da meta ou expectativas do seu.[45] Conflito significa que os grupos entram em choque direto, que estão em oposição fundamental, e se parece com a competição, porém é mais grave. Competição significa rivalidade entre grupos na busca de um prêmio comum, ao passo que conflito pressupõe interferência direta na realização de metas.

O conflito intergrupal nas organizações pode ser horizontal – entre departamentos – ou vertical – entre níveis diferentes da organização.[46] No primeiro caso, um departamento de produção pode ter uma disputa com o departamento de controle de qualidade, porque os novos procedimentos de qualidade reduzem a eficiência da produção. No segundo caso, os operários podem chocar-se com seus chefes quanto a novos métodos de trabalho, sistemas de recompensa ou atividades do trabalho. As áreas de conflito potencial de metas entre departamentos estão listadas no Quadro 13.3.

13.2.7 Conflito interpessoal

É o conflito que ocorre entre uma pessoa e outra devido a interesses ou objetivos antagônicos. Trata-se de um conflito interativo que envolve duas ou mais pessoas com diferentes objetivos e interesses em jogo. Em geral,

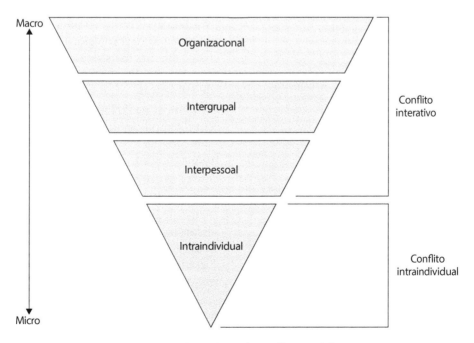

Figura 13.5 Níveis de conflito no CO.

Quadro 13.3 Áreas de conflito potencial de metas entre departamentos[47]

Conflito de metas	Marketing (a meta operacional é a satisfação do cliente)		Produção (a meta operacional é a eficiência da produção)
Áreas de conflito:	Posição típica:		Posição típica:
1. Amplitude da linha de produtos	Nossos clientes exigem variedade.		A linha de produtos é muito ampla e provoca ciclos curtos e antieconômicos.
2. Introdução de novos produtos	Nossa alma são os produtos novos.	×	Mudanças desnecessárias de projeto são proibitivamente claras.
3. Desenvolvimento de produtos	Precisamos de respostas rápidas. Nosso desenvolvimento é lento.		Precisamos de compromissos com os clientes que não mudem sempre.
4. Distribuição física	Por que nunca temos o produto correto em estoque?		Não podemos nos dar ao luxo de manter estoques gigantescos.
5. Qualidade	Precisamos de melhor qualidade a um custo mais baixo.		Por que oferecer opções caras e de pouca utilidade para o cliente?

o conflito interpessoal afeta as emoções das pessoas envolvidas. Quando seus autoconceitos são ameaçados, as pessoas reagem, aumentando gradativamente o nível de conflito.

13.2.8 Conflito intraindividual

É o conflito que ocorre intimamente dentro de uma pessoa em relação a sentimentos, opiniões, desejos e motivações divergentes e antagônicas, como quando a pessoa quer trabalhar em uma organização porque ela lhe dá prestígio e dinheiro, mas, ao mesmo tempo, não quer trabalhar nela porque não gosta dos dirigentes. É o chamado conflito psicológico ou intraindividual, um conflito interno que provoca um colapso nos mecanismos decisórios normais, causando dificuldades na escolha entre várias alternativas de ação.

VOLTANDO AO CASO INTRODUTÓRIO
Brinquedos Polichinelo

Marcela verificou que os diversos departamentos da Polichinelo trabalham isolados, como verdadeiros feudos. E o pior: como órgãos conflitivos entre si. Para a diretoria, isso sempre pareceu normal, mas Marcela acredita que pode transformar a competição interna em colaboração integradora para melhorar o desempenho global da empresa. Quais as sugestões que Marcela poderia dar à diretoria da empresa?

13.2.9 Efeitos do conflito

Todo conflito pode produzir consequências positivas e negativas, construtivas e destrutivas na organização (Quadro 13.4).

Entre as consequências positivas e construtivas do conflito, estão as seguintes:

- **Aumento da coesão grupal**: o conflito estimula sentimentos de identidade dentro do grupo, aumentando a coesão grupal.
- **Inovação**: o conflito desperta sentimentos e energia dos membros do grupo. Essa energia estimula interesse em descobrir meios eficazes de realizar as tarefas, bem como soluções criativas e inovadoras. Quase sempre o conflito traz a mudança e a inovação para sua resolução.
- **Mudança**: o conflito é uma ocorrência que chama a atenção para os problemas existentes e serve para evitar problemas mais sérios, atuando como mecanismo de correção. Quase sempre o conflito é um gerador de mudanças.
- **Mudanças nas relações entre grupos conflitantes**: o conflito pode levar os grupos conflitantes a encontrar soluções para suas divergências e buscar cooperação e colaboração.

Entre as consequências negativas e destrutivas do conflito, estão as seguintes:

- **Frustração**: indivíduos e grupos, quando veem seus esforços bloqueados, desenvolvem sentimentos de frustração, hostilidade e tensão, o que prejudica tanto o desempenho de tarefas quanto o bem-estar das pessoas.
- **Perda de energia**: grande parte da energia criada pelo conflito é dirigida e gasta nele mesmo, prejudicando a energia que poderia ser utilizada no trabalho produtivo, pois ganhar o conflito passa a ser mais importante que o próprio trabalho.

- **Decréscimo na comunicação**: a comunicação entre as partes envolvidas no conflito sofre barreiras, o que contribui seriamente para a ineficiência das atividades organizacionais como um todo.
- **Confronto**: a cooperação passa a ser substituída por comportamentos que prejudicam a organização e que influenciam negativamente a natureza dos relacionamentos existentes entre pessoas e grupos.

Quadro 13.4 Possíveis resultados do conflito intergrupal nas organizações

Resultados potencialmente positivos	Resultados potencialmente negativos
Estimula o interesse e a curiosidade.	Traz frustração, estresse e hostilidades.
Aumenta a coesão do grupo.	Pressões para a conformidade nos grupos.
Aumenta a motivação do grupo para a tarefa.	Difusão de energia.
Chama a atenção para os problemas.	Atividades de bloqueio.
Evita conflitos mais sérios.	Recusa para cooperar.
Testa e ajusta diferenças de poder.	Distorção perceptiva.
	Magnificação do conflito.

A questão fundamental é como a organização pode administrar o conflito de maneira a aumentar seus efeitos positivos – e construtivos – e a minimizar os efeitos negativos – e destrutivos. Essa tarefa, geralmente, cabe ao gerente. Apesar de, muitas vezes, ser um ator envolvido até a medula em certos conflitos, o gerente deve sempre buscar uma solução construtiva. Para tanto, deve escolher adequadamente as estratégias de resolução para cada caso.[48]

13.2.10 Estilos de gestão de conflitos

As equipes, assim como as pessoas, desenvolvem estilos específicos para lidar com conflitos dentro de um *continuum*, que vai desde o desejo de satisfazer seus próprios interesses até o desejo de satisfazer os interesses da parte contrária. A gestão de conflitos é a administração das divergências. A Figura 13.6 descreve cinco tipos de estilos de gestão de conflitos por meio de duas dimensões: a dimensão relacionada com a assertividade – tentativa de satisfazer seus próprios interesses – e a dimensão relacionada com a cooperação – tentativa de satisfazer os interesses da outra parte.

Os cinco estilos de gestão de conflitos são:[49]

1. **Estilo de competição**: reflete a assertividade para impor o seu próprio interesse e é utilizado quando uma ação pronta e decisiva deve ser rapidamente imposta em ações importantes ou impopulares, durante as quais a urgência ou a emergência se torna necessária ou indispensável. O negócio é ganhar e impor.

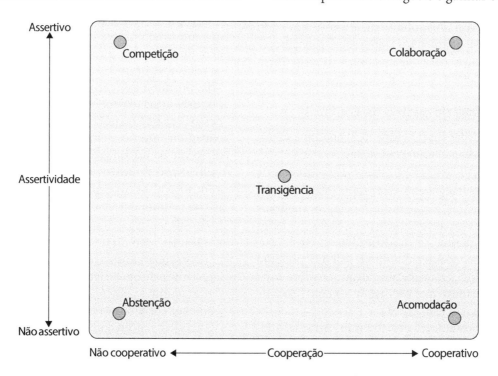

Figura 13.6 Os cinco estilos de gestão de conflitos.[50]

2. **Estilo de abstenção**: reflete uma postura não assertiva nem cooperativa. É apropriado quando um assunto é trivial, quando não existe nenhuma possibilidade de ganhar, quando a demora para obter maior informação se torna necessária ou quando um desentendimento pode ser muito oneroso. O negócio é se manter em copas.
3. **Estilo de transigência**: reflete uma moderada porção de ambas as características: de assertividade e de cooperação. É um estilo apropriado quando os objetivos de ambos os lados são igualmente importantes, quando os componentes têm igual poder e ambos os lados querem reduzir as diferenças, ou quando as pessoas precisam chegar a alguma solução temporária sem pressão de tempo. O negócio é ter "jogo de cintura".
4. **Estilo de acomodação**: reflete alto grau de cooperação e funciona melhor quando as pessoas sabem o que é errado, quando um assunto é mais importante do que outros para cada lado, quando se pretende construir créditos sociais para utilizar em outras situações ou quando manter a harmonia é o mais importante. O negócio é ir levando.
5. **Estilo de colaboração**: reflete tanto o alto grau de assertividade quanto o de cooperação. O estilo colaborativo habilita ambas as partes a ganhar, enquanto utiliza uma substancial parcela de negociação e de intercâmbio. O estilo de colaboração é importante quando os interesses de ambos os lados são importantes, quando os pontos de vista das partes podem ser combinados para uma solução mais ampla e quando o compromisso de ambos os lados requer consenso. O negócio é resolver para que ambas as partes ganhem e se comprometam com a solução.

13.2.11 Técnicas de gestão de conflitos

Existem três abordagens (Quadro 13.5) quanto à administração de conflitos nas organizações:[51]

1. **Abordagem estrutural**: baseia-se no fato de que o conflito surge das percepções criadas pelas condições antecedentes, a saber: diferenciação, recursos limitados e escassos e interdependência. Se esses elementos puderem ser modificados ou reestruturados, as percepções e o conflito resultante poderão ser controlados. Trata-se, pois, de atuar sobre uma condição existente que predispõe ao conflito e de reestruturá-la adequadamente.

    A abordagem estrutural procura minimizar as diferenças entre os grupos, identificando objetivos que possam ser compartilhados por eles. Se o gerente conseguir conscientizar os grupos de que eles têm interesses em comum, eles deixarão de perceber seus próprios objetivos como incompatíveis. A ameaça externa e o inimigo comum são soluções frequentemente utilizadas para localizar um objetivo compartilhado. Outro mecanismo estrutural é a utilização de sistemas de recompensas formais da organização. Utilizando um sistema de recompensas para incentivar o desempenho conjunto e combinado de dois ou mais grupos, a organização cria um objetivo comum. Se o bolo de recursos a ser distribuído não é fixo, isso possibilita que um grupo ganhe recursos sem fazer com que o outro perca, tornando mais vantajoso para todos os grupos desempenharem bem e cooperarem entre si.

    A abordagem estrutural também procura reduzir a diferenciação dos grupos por meio do reagrupamento de indivíduos, de maneira que os grupos conflitantes se tornem parte de uma unidade maior. O pessoal de produção e o de marketing podem ser colocados juntos a uma equipe de produto, com a responsabilidade de produzir e vender determinado produto e ser recompensado com base no desempenho global, em vez de no desempenho individual. Além disso, rodando entre si, as pessoas adquirem melhor compreensão de outras perspectivas, visualizando objetivos comuns existentes.

2. Para reduzir a interdependência e suas oportunidades de interferência, os grupos podem ser separados física e estruturalmente. Embora percebam a incompatibilidade de seus objetivos, o baixo nível de interdependência das atividades torna a interferência distante e reduz a possibilidade de conflito. A **abordagem de processo** é a abordagem que procura reduzir os conflitos por meio da modificação do processo, ou seja, por uma intervenção no episódio do conflito. Pode ser utilizada por uma das partes do conflito, por pessoas de fora ou por uma terceira parte – como um consultor interno ou externo, um gerente ou algum dirigente da organização. A abordagem de processo utiliza procedimentos de negociação e barganha para administrar as divergências entre os interesses das partes conflitantes. A abordagem processual pode ser realizada de três maneiras diferentes:[52]

    - **Desativação ou desescalonização do conflito**: ocorre quando uma parte reage cooperativamente – ao invés de agressivamente – ao comportamento de conflito da outra, encorajando comportamentos menos conflitantes ou desarmando o conflito. Enquanto a reação conflitante de uma parte provoca idêntico comportamento da outra parte, uma reação cooperativa tende a provocar idêntica reação cooperativa da outra. É "pagar para ver".

- **Reunião de confrontação entre as partes**: ocorre quando o ponto de desativação já foi ultrapassado e as partes se preparam para um conflito aberto por meio da confrontação direta e hostil. A intervenção no processo pode ser feita pela reunião de confrontação, que procura reunir face a face as partes conflitantes, exteriorizar as emoções, discutir e identificar as áreas de conflito e localizar soluções do tipo ganhar/ganhar antes de qualquer solução beligerante.
- **Colaboração**: é usada após ultrapassadas as oportunidades de desativação e de reunião de confrontação. Na colaboração, as partes trabalham juntas para solucionar problemas, identificar soluções do tipo ganhar/ganhar ou soluções integrativas capazes de conjugar os objetivos de ambas as partes.

3. **Abordagem mista**: é a abordagem que procura administrar o conflito tanto sobre aspectos estruturais quanto de processo. A solução inclui intervenções sobre a situação estrutural e sobre o episódio conflitivo. Existem duas maneiras para se utilizar a abordagem mista:
   - **Influenciar o processo de conflito por meios estruturais**, *como a adoção de regras para resolver o conflito*. Determinando-se previamente os procedimentos e os limites para trabalhar o conflito, ele pode ser contido e controlado, conduzindo as partes para a solução do problema.
   - **Criar terceiras partes dentro da organização**: de modo que elas estejam disponíveis a qualquer momento para ajudar na solução do tipo ganhar/ganhar dos conflitos que surgirem. Uma parte em conflito pode se comunicar com a outra parte por meio de pessoas – terceiras partes – formalmente responsáveis pela tarefa de comunicação entre as partes conflitantes. São os chamados papéis de ligação que podem ser exercidos pelo pessoal de ligação ou pelas equipes de trabalho intergrupais. São papéis integradores, cuja tarefa é coordenar o esforço dos grupos potencialmente conflitantes em direção aos objetivos globais da organização. Ao contrário do consultor de processos ou da terceira parte – que são passageiros –, os papéis integradores são parte permanente da organização. O gerente pode assumir um papel integrador sempre que surgir a necessidade de intervir nas condições estruturais, como na dinâmica do conflito.

A maneira pela qual as partes reagem ao conflito e a maneira pela qual o conflito é solucionado produzem uma influência sobre as percepções, os sentimentos e os comportamentos que se seguem, bem como sobre a qualidade da comunicação entre os grupos. Um conflito mal resolvido pode provocar futuros conflitos de intensidade maior e sem uma causa aparente. Por essa razão, o conflito precisa ser cuidadosamente administrado para que suas consequências positivas sejam realçadas e para que produza a convergência e a consonância necessárias ao desempenho organizacional.

Acesse conteúdo sobre **Como fazem os líderes bem-sucedidos** na seção *Tendências em CO 13.2*

13.3 NEGOCIAÇÃO

A negociação é um processo pelo qual duas ou mais partes trocam valores entre si e tentam concordar sobre a taxa de troca entre eles. Isso significa que a negociação está focada no acordo ou na barganha nas trocas entre as partes envolvidas. As partes podem ser comprador e vendedor, organizações entre si, organização e pessoas, gerentes e subordinados, pessoas e pessoas. Vendedores negociam com clientes, organizações negociam com fornecedores, gerentes negociam com subordinados e assim por diante. No fundo, a negociação permeia as interações das pessoas em grupos e organizações. Quase sempre,

Quadro 13.5 Abordagens de gestão de conflitos

Abordagens estruturais	Abordagens mistas	Abordagens de processo
Buscar objetivos comuns.	Estabelecimento de regras e regulamentos.	Desativação.
Sistemas de recompensas grupais.	Grupos e equipes de trabalho.	Confrontação direta.
Reagrupamento de pessoas.	Papéis de ligação.	Colaboração.
Rotação em vários cargos.	Papéis integradores.	
Separação.		

as pessoas estão interagindo entre si e intercambiando recursos. Esses recursos podem ser conhecimento, experiência, talento, competência, valores etc. Uma parte dá uma coisa em troca de outra. Isso é tão velho como a própria história do comércio. Todas as pessoas vivem em um contexto de interações e negociações. O mesmo vale para as organizações. Todo mundo negocia. A partir de várias formas, a negociação é um mecanismo comum para resolver diferenças quanto a interesses e objetivos, bem como para alocar recursos escassos e limitados. Recentemente, o conceito de negociação passou a migrar do campo das relações industriais para o pessoal da frente de batalha em termos de habilidades gerenciais. A negociação constitui um dos principais instrumentos de ação organizacional. O trabalho em equipe faz com que os membros tenham de interagir constantemente com os colegas sobre os quais não têm autoridade direta para o alcance de objetivos comuns. A busca de acordo e de consenso requer obrigatoriamente alguma forma de negociação. Trata-se de administrar interesses divergentes, a interdependência estrutural da organização, de integrar papéis diversificados e discordantes por meios que reduzam essas diferenças e aumentem a convergência e a consonância. A negociação é a maneira de aglutinar diferentes cabeças na busca de objetivos comuns.

13.3.1 Conceituação de negociação

Negociação ou barganha é o processo de tomar decisões conjuntas quando as partes envolvidas têm preferências diferentes. Grande parte das comunicações dentro das organizações envolve razoável habilidade de negociação por parte das pessoas. As partes envolvidas precisam chegar a alguma forma de acordo ou consenso sobre assuntos ou pendências que as afetam direta ou indiretamente. A negociação apresenta as seguintes características principais:[53]

- Existem pelo menos duas partes envolvidas.
- As partes envolvidas apresentam conflito de interesses a respeito de um ou mais tópicos.
- As partes estão, pelo menos temporariamente, unidas em torno de um tipo especial de relacionamento voluntário.
- A atividade no relacionamento discute a divisão ou a troca de um ou mais recursos específicos e/ou a resolução de um ou mais assuntos intangíveis entre as partes ou entre aqueles que elas representam.
- Geralmente, a atividade envolve a apresentação de demandas ou propostas por uma parte e a avaliação delas pela outra parte, seguida por concessões e contrapropostas. Assim, a atividade é sequencial e não simultânea.

Várias conceituações de negociação

- Processo de barganha que geralmente ocorre durante o confronto entre duas partes e que permite que elas cheguem sistematicamente a uma solução.[54]
- Processo de tomada de decisão entre partes interdependentes que não compartilham preferências idênticas. É por meio da negociação que as partes decidem o que cada uma deve dar e tomar em seus relacionamentos.[55]
- Processo pelo qual duas ou mais partes trocam valores entre si e tentam concordar sobre a taxa de troca entre eles. Em outras palavras, a negociação está focada no acordo ou na barganha nas trocas entre as partes envolvidas.[56]

Quase sempre, as pessoas se comportam em situações de negociação. A negociação visa ao alcance de uma zona ou área de acordo. Essa zona ou área de acordo representa uma simultaneidade de resultados aceitáveis justapostos para ambas as partes envolvidas. Ela reflete uma amplitude de negociação entre as partes, como mostra a Figura 13.7.

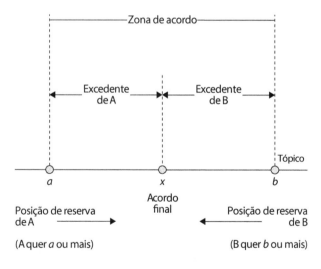

Figura 13.7 A zona de acordo na negociação.[57]

Sejam A e B duas partes que negociam a respeito de um determinado tópico, cada uma delas tem uma posição de reserva, que é o mínimo aceitável por elas. Qualquer valor de x que seja inferior a a impossibilitará o acordo. Para qualquer valor de x maior do que a, a parte A receberá um excedente. Certamente, A deseja obter o maior excedente possível, contanto que tenha um bom relacionamento com B. Por sua vez, B tem a sua posição de reserva b, que é o máximo que ela pretende conceder. Qualquer valor de x maior do que b impossibilitará o acordo. Para qualquer valor de x menor do que b, a parte B receberá um excedente. Se a posição de reserva de B for menor do que a posição de reserva de A – isto é, a menor do que b –, existirá uma zona de acordo e o acordo final será determinado por meio da barganha. Existe uma forte vantagem quando se conhece a posição de reserva da outra parte envolvida. Quase sempre, as partes envolvidas fazem com que ela se pareça mais alta (parte A) ou mais baixa (parte B), como se fossem comprador e vendedor discutindo o preço de uma mercadoria. A clareza com que as partes revelam suas posições de reserva depende de vários fatores, como personalidades, circunstâncias da negociação e expectativas sobre relacionamentos futuros.[58]

Muitos autores notam certas similaridades entre as estratégias de negociação e de gestão de conflitos.[59] Não há dúvida de que a negociação pode resolver certos conflitos e se tornar uma habilidade gerencial e um indiscutível fator de sucesso organizacional.

13.3.2 Abordagens de negociação

As pessoas em geral e os gerentes em particular tendem a ter certos vieses e cometer certos erros que, se prevenidos ou evitados, podem tornar a negociação mais racional e alcançar melhores resultados. Uma pesquisa sobre os erros comuns em negociação pode ser assim sumarizada:[60]

- A negociação tende a ser afetada pela visão geral do assunto ou pela forma de apresentação da informação em uma negociação.
- Os negociadores tendem a seguir de maneira não racional o compromisso com um determinado curso de ação que nem sempre constitui a alternativa mais racional.
- Os negociadores tendem a assumir que devem ganhar às expensas da outra parte e, com isso, perdem oportunidades para transacionar benefícios mútuos entre ambas as partes.
- Os julgamentos dos negociadores tendem a ser ancorados sobre informações irrelevantes ou sobre uma oferta inicial.
- Os negociadores tendem a se basear apenas em informação prontamente disponível.

- Os negociadores tendem a deixar de lado toda informação disponível que focalize a perspectiva do oponente.
- Os negociadores tendem a ser superconfiantes quanto à obtenção de resultados que os favoreçam pessoalmente.

Dentro dessa escalada comum de erros, os negociadores tradicionalmente adotam uma abordagem distributiva ou uma abordagem de barganha posicional. Vejamos cada uma delas.

13.3.3 Negociação distributiva

Trata-se de uma abordagem tradicional de negociação. Os negociadores tradicionalmente adotam uma abordagem de barganha distributiva ou uma abordagem de barganha posicional. Vejamos cada uma delas.

1. **Barganha distributiva**: caracteriza-se pela soma-zero: qualquer ganho de uma parte se faz à custa da outra parte. Uma parte ganha à medida que a outra perde. É a solução do tipo ganhar/perder que acabamos de ver na parte relacionada com solução de conflitos. A negociação assume a discussão de um bolo fixo e focaliza como obter a máxima participação ou a maior fatia desse bolo.
   As estratégias de gestão de conflitos – de comprometer, forçar, acomodar e evitar – estão associadas com a estratégia de negociação distributiva. Assim, o compromisso ocorre quando ambas as partes se sacrificam no sentido de encontrar uma base comum. As partes que buscam um compromisso estão geralmente mais interessadas em encontrar uma solução. Forçar e acomodar exige que cada parte dê algo de si no sentido de resolver o conflito. Quando as partes do conflito evitam a resolução, elas o fazem porque acreditam que os custos da resolução são elevados demais e é melhor continuar sem ela.[61]
2. **Barganha posicional**: está estreitamente relacionada com a barganha distributiva, mas envolve uma sucessiva sequência de posições. Em sua forma mais simples, ela acontece quando se aborda um mercado aberto e não um bolo fixo: uma parte conta à outra o que deseja, ancorando-se em uma situação incerta e sob pressão, podendo produzir os termos de um acordo aceitável.[62]

Ambas as estratégias tradicionais – barganha distributiva e barganha posicional – podem envolver uma abordagem suave (*soft*) ou dura (*hard*). Na abordagem suave, trata de eliminar as arestas e reduzir as diferenças, o objetivo é o acordo, confiar nos outros, mudar sua posição facilmente, fazer ofertas, tentar evitar um antagonismo de ideias e reduzir a pressão. Na abordagem dura, o objetivo é a vitória, desconfiar dos outros, manter a posição firme, fazer ameaças, tentar vencer e pressionar.[63] O negociador durão procura dominar e tem forte apelo intuitivo. Como as estratégias tradicionais são do tipo ganhar/perder, isto é, como o bolo é fixo e não permite ampliação, a parte que ganha deve abocanhar algo da parte que perde.

13.3.4 Negociação integradora

Na prática, existem dois tipos extremos de negociação: a negociação distributiva – que ocorre por meio da barganha distributiva e da barganha posicional – e a negociação integradora – que já foi descrita anteriormente, na parte referente à solução de conflitos. Essa se caracteriza como uma solução integradora dos desejos e das aspirações de ambas as partes, em que essas partes criam várias opções de acordo que podem gerar uma solução do tipo ganhar/ganhar para ambas (Quadro 13.6). A negociação integradora é diferente das abordagens tradicionais, porque ressalta a visão conjunta das partes no sentido de trazer benefícios e vantagens a ambas sem que haja necessariamente um ganhador e um perdedor. A negociação integradora focaliza a busca de sinergia e de interesses comuns e requer habilidades de negociação de ambas as partes.

Pesquisas recentes indicam que a negociação integradora é mais eficaz do que as abordagens tradicionais, e que ela está focalizada nas habilidades dos negociadores. Observe o Quadro 13.7.

13.3.5 Habilidades de negociação

As estratégias contemporâneas utilizam uma abordagem que expande a perspectiva do bolo fixo e usa técnicas de solução de problemas que buscam resultados do tipo ganhar/ganhar.[64] Essa abordagem integrativa é baseada na colaboração e substitui as estratégias tradicionais – como comprometer, forçar, acomodar ou evitar. Daí a necessidade de que o negociador eficaz utilize certas habilidades, como:[65]

- Estabelecer objetivos bem ordenados.
- Separar as pessoas dos problemas.
- Focalizar os interesses, e não as posições.
- Inventar opções para ganhos mútuos.
- Utilizar critérios objetivos para a negociação.

Quadro 13.6 Estratégias de negociação[66]

Estratégia ganha-ganha	Estratégia ganha-perde
Definir o conflito como um problema mútuo.	Definir o problema como uma situação ganha-perde.
Buscar resultados conjuntos.	Buscar resultados do próprio grupo.
Encontrar acordos criativos e que satisfaçam ambos os lados.	Forçar o outro grupo à submissão.
Utilizar comunicação franca, honesta e acurada das necessidades, das metas e das propostas do grupo.	Utilizar comunicação dissimulada, vaga e enganosa das necessidades, das metas e das propostas do grupo.
Evitar ameaças e pressões para reduzir as defesas da outra parte.	Usar ameaças e pressões para forçar a submissão.
Comunicar flexibilidade de posição.	Comunicar alto comprometimento (rigidez) com relação à própria posição.

Quadro 13.7 Negociação distributiva *versus* negociação integradora[67]

Características da negociação	Negociação distributiva	Negociação integradora
Recursos disponíveis.	Quantidade fixa de recursos para ser dividida entre as partes.	Quantidade variável de recursos para ser dividida entre as partes.
Motivações básicas.	Eu ganho, você perde.	Eu ganho, você ganha.
Interesses básicos.	Antagonismo.	Convergência e coerência.
Foco dos relacionamentos.	Curto prazo.	Longo prazo.

Uma alternativa para substituir a negociação posicional e as estratégias tipo *hard* foi desenvolvida pela Harvard Negotiation Project: chama-se *negociação sobre méritos* e se baseia nos seguintes aspectos:[68]

- **Pessoas**: separar pessoas dos problemas.
- **Interesses**: focalizar os interesses e, não as posições.
- **Opções**: gerar uma variedade de possibilidades antes de decidir o que fazer.
- **Critérios**: o resultado deve ser baseado em algum padrão objetivo.

O importante não é vencer a negociação – o que pode resultar em uma parte vencedora e orgulhosa e em uma parte vencida e humilhada –, mas criar valor a ambas as partes envolvidas em todas as disputas ou barganhas.[69]

Aumente seus conhecimentos sobre **Como tirar o máximo proveito da negociação** na seção *Saiba mais* CO 13.6

13.3.6 Processo de negociação

Para que haja integração de interesses em disputa, o processo de negociação deve envolver cinco passos, a saber:[70]

1. **Preparação e planejamento**: é a etapa preliminar à negociação. Refere-se a perguntas como: qual é a natureza da negociação? Quem está envolvido? Quais são suas percepções da negociação? Quais as metas e os resultados que deverão ser alcançados? Qual a melhor maneira de desenhar a estratégia para alcançá-los?
2. **Definição de regras básicas**: é a etapa que serve para definir as regras do jogo com a outra parte sobre a negociação. Quem fará a negociação? Onde ela vai acontecer? Quais as restrições que existem – como tempo, recursos etc.? Qual o procedimento se houver algum impasse? Essa é a etapa em que as partes trocam suas propostas ou fazem suas exigências iniciais.
3. **Esclarecimentos e justificativas**: após a troca das propostas iniciais, cada parte explica, amplia, esclarece, reforça e justifica suas exigências originais. Em vez de um confronto, é melhor informar e educar a outra parte sobre as questões mais importantes e sobre as exigências mútuas. Se houver necessidade, deve-se oferecer documentação ou registros a respeito.
4. **Barganha e solução de problemas**: essa é a parte essencial do processo de negociação. Concessões terão de ser feitas por ambas as partes até se chegar a um consenso ou a uma aceitação recíproca.
5. **Fechamento e implementação**: é a etapa final do processo. Trata-se de formalizar o acordo que foi negociado. Em muitos casos, essa formalização é um simples aperto de mão.

Reflita sobre **Guerra ou paz** na seção *Para reflexão* CO 13.1

13.3.7 Negociação coletiva

Trata-se de um tipo de negociação utilizado para resolver conflitos entre trabalhadores e administração. A negociação constitui um processo de barganha que geralmente ocorre durante um confronto e que permite que as partes busquem sistematicamente uma solução.[71] O processo de negociação coletiva é realizado por intermédio de um sindicato e conduz a um acordo que especifica a responsabilidade de cada uma das partes para um período definido de dois ou três anos. A negociação coletiva envolve uma série de reuniões de confrontação entre a administração da organização e o sindicato de classe da categoria para discussão de itens de interesse mútuo e que exigem uma composição entre as partes. Nessas reuniões, os representantes da organização e os representantes do sindicato trocam ideias, solicitações, exigências, expectativas entre si e tentam chegar a um acordo ou barganha, que depois é transformado em um acordo sindical com um determinado período de vigência.

VOLTANDO AO CASO INTRODUTÓRIO
Brinquedos Polichinelo

A conclusão de Marcela é a de que toda a Polichinelo precisa aprender a lidar com estresse, conflito e negociação. Faltam entendimentos entre as pessoas e os departamentos, faltam transações e interações que produzam consenso e compromisso. Marcela quer derrubar as fronteiras internas dentro da organização para aumentar a interação entre as pessoas e reduzir os níveis de estresse e de conflito. Como Marcela poderia desenhar um projeto sobre o assunto?

Em resumo, estresse, conflito e negociação são resultados naturais da atividade organizacional. As diferenças de objetivos, metas e tarefas são indispensáveis para a excelência organizacional, mas essas diferenças têm o condão de provocar estresse, lançar pessoas e grupos em conflito e impor a necessidade de negociação.

Acesse um caso sobre **Desempenho organizacional** na seção *Caso de apoio* CO 13.1

RESUMO

O estresse traz problemas para as pessoas e para as organizações. Os componentes do estresse são três: desafio percebido, valor importante e incerteza de resolução. Duas condições são básicas: é preciso haver incerteza e o resultado deve ser importante. Todavia, estresse não é apenas ansiedade, tensão nervosa ou algo ruim e perigoso que deva ser evitado. A dinâmica do estresse, pela teoria da síndrome da adaptação geral, apresenta três fases: alarme, resistência e esgotamento. As causas do estresse podem ser extraorganizacionais, organizacionais, grupais e individuais. As consequências do estresse são: custos de assistência médica, absenteísmo, rotatividade, baixo desempenho e compromisso organizacional e violência no local de trabalho. Para reduzir o estresse, as organizações utilizam o enriquecimento do trabalho, o rodízio entre cargos, a análise do papel, o treinamento, a conversa sobre o trabalho, a participação nas decisões e, além disso, o aconselhamento aos funcionários e aos gerentes, a meditação e o *biofeedback*. O aconselhamento pode ser diretivo, não diretivo e misto, para melhorar a saúde mental das pessoas.

O conflito é outro foco de tensão nas organizações. Apresenta três níveis de gravidade: conflito percebido, experimentado e manifestado. As condições antecedentes são três: diferenciação, recursos compartilhados e limitados e interdependência de atividades. O processo de conflito apresenta três fases: espera, tensão e resolução. A resolução pode ser feita por meio de: fuga ou evitação, impasse, ganhar/perder, conciliação (como ganhar/ganhar ou perder/perder) e integração. Os níveis de abrangência do conflito são: organizacional, intergrupal, interpessoal e intrapessoal. O conflito provoca efeitos positivos e construtivos, bem como efeitos negativos e destrutivos. Os estilos de gestão de conflito são: competição, evitação, compromisso, acomodação e colaboração. As técnicas de gestão de conflito podem ser estruturais, procedurais ou mistas.

Negociação é o processo pelo qual duas ou mais partes intercambiam valores. As abordagens de negociação podem ser tradicionais – negociação distributiva por meio da barganha distributiva e da barganha posicional – ou modernas – negociação integradora, baseada nas habilidades de negociação. O processo de negociação envolve preparação e planejamento, definição de regras básicas, esclarecimentos e justificativas, barganha e solução de problemas, e fechamento e implementação.

QUESTÕES

1. O que significa estresse?
2. Quais as consequências individuais e organizacionais do estresse?
3. Quais são os componentes principais do estresse?
4. Quais são as condições necessárias para que o estresse potencial se transforme em estresse real?
5. Explique a dinâmica do estresse.
6. Explique a teoria da síndrome de adaptação geral.
7. Explique os estressores extraorganizacionais e organizacionais.
8. Explique os estressores grupais e individuais.
9. Explique as consequências do estresse.
10. Comente os principais meios para reduzir o estresse em uma organização.
11. O que significa conflito?
12. Quais as condições antecedentes de um conflito? Explique-as.
13. Quais os efeitos positivos e construtivos do conflito?
14. Quais os efeitos negativos e destrutivos do conflito?
15. Explique os níveis de abrangência do conflito.
16. Defina o conflito organizacional.
17. Defina o conflito intergrupal.
18. Defina o conflito interpessoal.
19. Defina o conflito intraindividual.
20. Explique o processo de conflito.
21. Explique a abordagem estrutural na solução de conflitos.
22. Explique a abordagem de processo na solução de conflitos.
23. Explique a abordagem mista na solução de conflitos.
24. Defina negociação.
25. Explique a abordagem tradicional de negociação.
26. Defina a negociação distributiva.
27. Defina a barganha posicional.
28. Defina a negociação integradora.
29. Quais são as habilidades de negociação requeridas para o gerente eficaz?
30. Explique o processo de negociação.
31. Defina a negociação coletiva.

REFERÊNCIAS

1. SCHULER, R. S. Definition and conceptualization of stress in organizations. *Organizational Behavior and Human Performance*, April 1980. p. 189.
2. WEITEN, W. *Introdução à psicologia*: temas e variações. São Paulo: Pioneira Thomson, 2002. p. 379.
3. WEITEN, W. *Introdução à psicologia*: temas e variações, *op. cit.*, p. 379.
4. McGRATH, J. E. Stress in organizations. *In*: DUNETTE, M. D. (ed.). *Handbook of industrial and organizational psychology*. Chicago: Rand McNally, 1977. p. 1310-1367.
5. DeFRANK, R. S.; IVANCEVICH, J. M. Stress on the job: an executive update. *Academy of Management Executive*, August 1998, p. 55-66.
6. BEHER, T. A.; NEWMAN, J. E. Job stress, employee health, and organizational effectiveness: a facet analysis, model, and literature review. *Personnel Psychology*, v. 31, n. 4, p. 665-699, Winter 1978.
7. BEHER, T. A.; NEWMAN, J. Job stress, employee health, and organizational effectiveness: a facet analysis, model, and literature review, *op. cit.*
8. DuBRIN, A. *Human relations*: a job-oriented approach. Reston: Reston, 1978. p. 66-67.
9. WAGNER III, J. A.; HOLLENBECK, J. R. *Comportamento organizacional*: criando vantagem competitiva. São Paulo: Saraiva, 2000. p. 122-123.
10. Adaptado de IVANCEVICH, J. M. *Human resource management*. New York: Richard D. Irwin, 1995. p. 640.
11. EDWARDS, J. R. An examination of competing versions of the person-environment fit approach to stress. *Academy of Management Journal*, v. 39, p. 292-339, 1996.
12. LUTHANS, Fred. *Organizational behavior*. New York: McGraw-Hill Irwin, 2002. p. 396.
13. FOLEY, D. How to avoid the perfect day for a heart attack. *Prevention*, September 6, p. 54-58, 1986.
14. FUNKENSTEIN, D. H. The physiology of fear and anger. *Scientific American*, n. 192, p. 74-80, 1955.
15. WINSLOW, R. Study uncovers new evidence linking strain on the job and high blood pressure. *The Wall Street Journal*, April 11, 1990, p. B18.
16. FREUDENBERGER, H. J. Staff burnout. *Journal of Social Issues*, v. 30, p. 159-164, 1974. *Vide* também: SELYE, H. *The stress of life*. 1956. Disponível em: https://brainconnection.brainhq.com/2013/04/05/hans-selye-the-discovery-of-stress/. Acesso em: 21 dez. 2020.
17. Adaptado de ROBBINS, S. P. *Comportamento organizacional*, *op. cit.*, p. 551.
18. Extraído de EINSTEIN SAÚDE. Entenda a síndrome de *burnout*. Hospital Israelita Albert Einstein, *Veja*, Abril, 8 maio 2013. p. 43.
19. LUTHANS, F. *Organizational behavior*, *op. cit.*, p. 395.
20. Adaptado de ROBBINS, S. P. *Comportamento organizacional*, *op. cit.*, p. 551.
21. LUTHANS, F. *Organizational behavior*, *op. cit.*, p. 397-404.
22. FRIEDMAN, M.; ROSENMAN, R. H. *Type a behavior and your heart*. New York: Knopf, 1974.
23. FRIEDMAN, M.; ROSENMAN, R. H. *Type a behavior and your heart*, *op. cit.*
24. WAGNER III, J. A.; HOLLENBECK, J. R. *Comportamento organizacional*: criando vantagem competitiva, *op. cit.*, p. 124-127.
25. BELCHER, D. W.; ATCHINSON, T. J. Compensation administration. Englewood Cliffs: Prentice Hall, 1987. p. 57.
26. JONES, B. Absenteeism on the rise for the fourth straight year. *Personnel Journal*, December 1995. p. 21.
27. LEE, T. W.; MITCHELL, T. R.; WISE, L.; FIREMAN, S. An unfolding model of voluntary employee turnover. *Academy of Management Journal*, v. 39, p. 5-36, 1996.
28. WILHELM, W. R. Helping workers to self-manage their careers. *Personnel Administrator*, v. 28, p. 83-89, 1983.
29. HARRISON, D. A.; VIRICK, M.; WILLIAMS, S. Working without a net: time, performance, and turnover under maximally contingent rewards. *Journal of Applied Psychology*, v. 81, p. 331-345, 1996.
30. O'LEARY, A. M.; GRIFFEN, R. W.; GLEW, D. J. Organization-motivated aggression: a research framework. *Academy of Management Review*, v. 21, p. 225-253, 1996.
31. IVANCEVICH, John M.; MATTESON, Michael T. *Stress and work*. Glenview: Scott Foresman, 1980. p. 92.
32. TETRICK, L. E.; LAROCCO, J. M. Understanding prediction and control as moderators of the relationship between perceived stress, satisfaction, and psychological well-being. *Journal of Applied Psychology*, v. 72, p. 538-548, 1987.
33. PARKER, L. E. When to fix it and when to leave: relationships among perceived control, self-efficacy, dissent, and exit. *Journal of Applied Psychology*, v. 78, 1993, p. 949-959.
34. FARRELL, D. Exit, voice, loyalty and neglect as responses to job dissatisfaction: a multidimensional scaling study. *Academy of Management Journal*, v. 26, p. 596-607, 1983.
35. SPENCER, D. G. Employee voice and employee retention. *Academy of Management Journal*, v. 29, p. 488-502, 1986.
36. MITROFF, I. I.; ANAGNOS, G. *Managing crises before they happen*: what every executive and manager needs to know about crises management. New York: AMACON Book Div., 2000.
37. MILES, R. H. *Macro organizational behavior*. Santa Mônica: Goodyear, 1980. p. 171-172.
38. CHIAVENATO, I. *Gerenciando com as pessoas*: transformando o executivo em um excelente gestor de pessoas. Rio de Janeiro: Elsevier/Campus, 2005.

39. ROBBINS, S. P. *Comportamento organizacional, op. cit.*, p. 624.
40. SCHMIDT, S.; KOCHAN, T. Conflict: toward conceptual clarity. *Administrative Science Quarterly*, v. 17, 1972, p. 363.
41. CHIAVENATO, I. *Gerenciando com as pessoas*: transformando o executivo em um excelente gestor de pessoas, *op. cit.*, p. 186-187.
42. NADLER, D. A.; RICHARD, J. R.; LALWE III, E. E. *Comportamento organizacional*. Rio de Janeiro: Campus, 1983.
43. CHIAVENATO, I. *Gerenciando com as pessoas, op. cit.*, p. 188.
44. CHIAVENATO, I. *Gerenciando com as pessoas, op. cit.*, p. 189.
45. THOMAS, K. Conflict and conflict management. *In*: DUNNETTE, M. D. (ed.). *Handbook of industrial and organizational psychology*. Chicago: Rand McNally, 1976.
46. BROWN, L. D. Managing conflict among groups. *In*: KOLB, D. A.; RUBIN, I. M.; McINTYRE, J. (orgs.). *Organizational psychology*: a book of readings. Englewood Cliffs: Prentice Hall, 1979. p. 377-389.
47. Baseado em SHAPIRO, B. S. Can marketing and manufacturing coexist? *Harvard Business Review*, v. 55, p. 104-114, Sept-Oct. 1977.
48. CLOKE, K.; GOLDSMITH, J. *Resolving conflict at work*. San Francisco: Jossey-Bass, 2000.
49. THOMAS, K. *Conflict and conflict management, op. cit.*, p. 900.
50. THOMAS, K. *Conflict and conflict management, op. cit.*, p. 900.
51. NADLER, D. A.; HACKMAN, J. R.; LALWE III, E. E. *Comportamento organizacional, op. cit.*
52. NADLER, D. A.; HACKMAN, J. R.; LALWE III, E. E. *Comportamento organizacional, op. cit.*
53. RUBIN, Jeffrey; BROWN, Bert R. *The social psychology of bargaining and negotiation*. New York: Academic Press, 1975. p. 18.
54. DAFT, R. *Organizações*: teoria e projetos. São Paulo: Thomson Pioneira, 2002. p. 429.
55. NEALE, M. A.; BAZERMAN, M. H. Negotiating racionally: the power and impact of the negotiator's Frame. *Academy of Management Executive*, August 1992. p. 42.
56. CHIAVENATO, I. *Gerenciando pessoas, op. cit.*, p. 195.
57. Adaptado de RAIFFA, Ho. *The art and science of negotiation*. Cambridge: The Belknap Press of Harvard University Press, 1982.
58. KOTLER, P. *Administração de marketing*: análise, planejamento, implementação e controle. São Paulo: Atlas, 1966. p. 607.
59. WHETTEN, D. A.; CAMERON, K. S. *Developing management skills*. New York: Harper Collins, 1991. p. 402.
60. BASLER, D. B.; STERN, R. N. Resistance and cooperation: a response to conflict over job performance. *Human Relations*, v. 52, n. 8, 1999. p. 1029.
61. WHETTEN, D. A.; CAMERON, K. S. *Developing management skills, op. cit.*, p. 404.
62. FISHER, R.; URY, W. *Getting to yes*. New York: Penguin Books, 1983. p. 4.
63. FISHER, R.; URY, W. *Getting to yes, op. cit.*, p. 9.
64. WHETTEN, D. A.; CAMERON, K. S. *Developing management skills, op. cit.*, p. 404.
65. NORTHCRAFT, G. B.; NEALE, M. A. *Organizational behavior*. Chicago: Dryden Press, 1990. p. 247-248.
66. Adaptado de JOHNSON, D. W.; JOHNSON, F. P. *Joining together*: group theory and group skills. Englewood Cliffs: Prentice Hall, 1975. p. 182-183.
67. LEWICKI, R. J.; LITTERER, J. A. *Negotiation*. Homewood: Irwin, 1985. p. 280.
68. FISHER, R.; URY, W. *Getting to yes, op. cit.*, p. 11.
69. MNOOKIN, R. H.; PEPPET, S. R.; TULUMELLO, A. S. *Beyond winning*: negotiating to create value in deals and disputes. New York: Belknap Press, 2000.
70. LEWICKI, R. J. Bargaining and negotiation. *Exchange*: The Organizational Behavior Teaching Journal, v. 6, n. 2, p. 39-40, 1981.
71. DAFT, R. L. *Organizações*: teoria e projetos. São Paulo: Thomson Pioneira, 2002. p. 429.

MUDANÇA E DESENVOLVIMENTO ORGANIZACIONAL

OBJETIVOS DE APRENDIZAGEM

Após estudar este capítulo, você deverá estar capacitado para:
- Apresentar uma visão geral dos desafios de mudanças que as organizações estão enfrentando no início do novo século.
- Discutir as mudanças de primeira e de segunda ordem.
- Descrever as fontes individuais e organizacionais de resistência à mudança e como ultrapassá-las.
- Identificar as características das organizações inovadoras.
- Delinear o conceito de Desenvolvimento Organizacional (DO) e suas aplicações.

O QUE VEREMOS ADIANTE

- As profundas mudanças no cenário organizacional.
- Ciclo de vida das organizações.
- O processo de mudança.
- Mudança requer habilidades humanas.
- Renovar organizações significa impulsionar as pessoas.
- Agentes de mudança.
- Resistência à mudança.
- Como superar a resistência à mudança.
- Mudança organizacional.
- Pesquisa-ação.
- O que mudar?
- Desenvolvimento Organizacional (DO).
- Técnicas de DO.
- A necessidade de inovação.
- Encorajando uma cultura de aprendizado e de mudança.
- Incentivando e impulsionando esforços de mudança.

CASO INTRODUTÓRIO
Savidro

Mudar, mudar e mudar continuamente para ser sempre a mesma organização: aquela que ocupa o primeiro lugar na cabeça do consumidor. Essa foi a frase que Camila Amoreira ouviu do novo presidente da Companhia Sul-Americana de Vidro (Savidro), quando ele assumiu o comando da organização. Ventos novos estavam chegando. A empresa sempre foi extremamente conservadora e tradicionalista em sua estrutura, cultura e valores organizacionais. O novo presidente veio tumultuar essa tranquilidade. Para Camila – na posição de gerente comercial da empresa – isso poderia soar como uma ameaça ou uma oportunidade, conforme o ponto de vista adotado. Como você entenderia o ponto de vista de Camila?

Mudança é a passagem de um estado para outro. É a transição de uma situação para outra situação diferente. Representa transformação, perturbação, interrupção, fratura, disruptura. A mudança está em toda parte: nas organizações, nas economias, nas cidades, nos hábitos das pessoas, nos produtos e nos serviços, no tempo e no clima, no dia a dia. Sempre. Até mesmo em nosso cotidiano. Toda mudança implica em novos caminhos, novos rumos, novas abordagens, novas soluções, novos hábitos, novas atitudes, novos comportamentos. Ela significa uma transformação que pode ser gradativa e constante ou abrupta, rápida e impactante, uma questão de velocidade e de profundidade.

Toda mudança implica em algo diferente. Ela rompe o estado de equilíbrio alcançado na situação anterior e o substitui por um estado de provisoriedade, de tensão, de incômodo e de coisas que nunca vimos antes. Nas organizações, as mudanças estão ocorrendo a todo instante. Do lado de fora, clientes mudam seus hábitos de compra e de preferências, concorrentes mudam suas estratégias e seus produtos, fornecedores mudam características e preços das matérias-primas, prestadores de serviços impõem diferentes condições e esquemas de trabalho, sindicatos iniciam novas reivindicações, o governo impõe alterações nas políticas e nas leis, e isso tudo nunca acaba. Do lado de dentro de cada organização, as tecnologias mudam, novos produtos são melhorados ou desenvolvidos, os processos de trabalho precisam ser modificados, máquinas e equipamentos são substituídos por novos, matérias-primas são alteradas, padrões de qualidade sofrem melhorias, as pessoas precisam aprender novos conhecimentos e habilidades, as estratégias são mudadas, e isso tudo também nunca acaba. Assim, toda organização está sujeita a numerosos fatores externos e internos que sofrem mudanças de maneira contínua, incessante e progressiva.

A mudança ocupa um importante lugar no estudo da viabilidade organizacional. Quando feita adequadamente, a mudança capacita a organização a manter sua viabilidade e competitividade em um ambiente mutável e incerto. Trata-se da mudança construtiva, que assegura condições renovadas e estimuladoras à organização. Porém, quando feita de maneira errada, a mudança pode destruir uma organização e levá-la à inviabilidade. Na verdade, morte, destruição e deterioração também são espécies de mudança. Para mudar uma organização, o velho e obsoleto precisa ser destruído e substituído pelo jovem e novo. Assim, a mudança pode ser tanto funcional como disfuncional, mas não fazer mudanças pode ser até mais perigoso. A obsolescência e deterioração organizacional acontecem exatamente pelo fato de muitas organizações evitarem a mudança por temerem as suas consequências. A inércia e a obsolescência são tão perigosas quanto a adoção de mudanças disfuncionais.

Existem mudanças e mudanças. Modernizar prédios ou edifícios, atualizar máquinas e equipamentos, reprojetar processos e métodos de trabalho, mudar o organograma da empresa, criar ou eliminar departamentos, mudar o nome de cargos e tarefas, introduzir novos produtos ou serviços etc. são fatos que acontecem cotidianamente nas organizações. São mudanças superficiais, embora marcantes e sensíveis. E por quê? Porque, apesar de todas essas mudanças, as pessoas continuam a fazer as mesmas coisas da mesma maneira que faziam antes, e a se comportar como se nada tivesse mudado. De nada adianta pretender fazer mudanças organizacionais ou mudanças culturais sem antes preparar as pessoas para fazer com que essas mudanças aconteçam realmente em seus comportamentos e práticas. As mudanças reais dentro das organizações somente ocorrem a partir das pessoas. Para fazer alguma mudança dentro da organização, o primeiro passo é mudar a cabeça das pessoas e prepará-las antecipadamente para a mudança. Mais do que isso, torna-se necessário preparar o ambiente psicológico adequado para a mudança e fazer com que as pessoas aprendam a aprender e a inovar continuamente. Sem isso, a mudança será apenas ilusória e passageira, e tudo voltará a ser como antes.[1]

14.1 AS PROFUNDAS MUDANÇAS NO CENÁRIO ORGANIZACIONAL

Nos tempos atuais, a mudança está produzindo efeitos que nunca ocorreram antes. Em primeiro lugar, estamos vivendo em uma era de descontinuidade[2] e que se transformou em exponencialidade. Antigamente, o passado representava uma base aceitável para se prescrever como seria o futuro. O amanhã era uma projeção e extrapolação das tendências do ontem. Bastava conhecer os dados históricos passados para se prever o comportamento futuro. Essa continuidade nas relações de causa e efeito – que caracterizou a Era Industrial – já não acontece mais na Era da Informação. Desde o início da década de 1970, quando o mercado financeiro viu quadruplicar o preço internacional do petróleo, os choques econômicos passaram a impor contínuos impactos e mudanças às organizações. Mais recentemente, os problemas econômicos da Rússia, da Ásia e de vários países da América Latina provocaram enormes prejuízos inesperados nos mercados financeiros globais. Desde então, tornou-se impossível prever o futuro com segurança. A era da estabilidade e da previsibilidade pertence ao passado e não volta mais. Estamos na era da ruptura.

Em segundo lugar, as avançadas tecnologias estão modificando profundamente o mundo, as economias, as nossas vidas e o trabalho nas organizações. A supervisão direta está sendo substituída por sistemas informatizados, o que permite aumentar a amplitude de controle dos gestores e achatar a hierarquia das organizações. A Tecnologia da Informação (TI) está tornando as organizações mais ágeis e maleáveis, permitindo que elas desenvolvam, produzam e distribuam seus produtos em uma pequena fração do tempo que antigamente levavam. O trabalho está sendo replanejado e reorganizado continuamente e as pessoas que antes executavam tarefas especializadas e rotineiras estão sendo substituídas por equipes de trabalho multifuncionais e que participam ativamente das decisões em grupo. A TI está sendo a plataforma que torna possíveis todas essas mudanças e alterações em um ritmo cada vez mais acelerado e exponencial.

Em terceiro lugar, a competição também está mudando. Vivemos em uma era de economia globalizada, na qual a concorrência pode estar do outro lado da rua ou do outro lado do mundo. Tanto faz. E isso complica as coisas, pois a proximidade geográfica – em um mundo de negócios globalizado – pouco significa. Está havendo um aumento fenomenal da competitividade. As organizações precisam se defender dos concorrentes tradicionais que criam e desenvolvem novos produtos e serviços, bem como das empresas pequenas e empreendedoras que surgem com ofertas criativas e inovadoras. A conclusão é que as organizações bem-sucedidas serão aquelas capazes de mudar para responder rapidamente à concorrência. O seu tamanho não importa. Elas terão de ser ágeis e flexíveis, desenvolver novos produtos e serviços e oferecê-los prontamente no mercado, antes que os concorrentes o façam. Para tanto, deverão ter processos de produção mais curtos e eficientes, dispor de ciclos menores de atividade e oferecer novidades a todo momento. Elas precisarão contar com estruturas simples e eficazes e com pessoas igualmente ágeis e flexíveis que consigam adaptar-se prontamente às condições em rápida mudança. Observe o Quadro 4.1.

Quadro 14.1 Possíveis mudanças para o sucesso das organizações

Forças para a mudança	Exemplos
Tecnologia	▪ Computadores mais rápidos e mais baratos. ▪ Redes abrangentes de informação. ▪ *Softwares* de relacionamento com clientes e fornecedores.
Força de trabalho	▪ Maior diversidade. ▪ Necessidade de maiores competências pessoais. ▪ Maiores exigências sobre as pessoas.
Competição	▪ Concorrência globalizada. ▪ Crescimento do comércio eletrônico. ▪ Fusões e consolidações de empresas.
Choques econômicos	▪ Desvalorização da moeda. ▪ Mudanças nos preços do petróleo. ▪ Recessão nos Estados Unidos, na Europa e no Japão.
Política internacional	▪ Colapso da União Soviética. ▪ Abertura dos mercados na China. ▪ Negros no poder na África do Sul.

Além das palavras de ordem de produtividade, qualidade e competitividade, as pessoas que trabalham nas organizações estão sendo solicitadas a melhorar constantemente o seu desempenho, ao mesmo tempo em que enfrentam pressões para mudanças contínuas e incrementais.[3] O novo local de trabalho está exigindo que as pessoas façam inovação como se ela passasse a ser um estilo de vida próprio, e não uma tarefa única e passageira.[4]

 Acesse conteúdo sobre **A 4ª Revolução Industrial** na seção *Tendências em CO* 14.1

Construção, reconstrução e renovação contínua: esse é o desafio para as organizações modernas. Trata-se de uma longa jornada e que não tem fim. As organizações são construídas para durar, mas precisam continuamente passar por reformas, carpintarias, adaptações, correções cirúrgicas, dietas, regimes, melhorias. Muitas delas envelhecem precocemente por falta de intervenções capazes de renová-las e reinventá-las. Algumas ficam petrificadas e rígidas, outras se tornam mais obesas do que o necessário e precisam perder peso e gordura para enquadrar-se rapidamente a um modelito mais sóbrio. Qual a razão? É que o mundo ao redor das organizações está mudando constantemente, e elas precisam adaptar-se às novas e diferentes circunstâncias para poder sobreviver e competir. Em um mundo essencialmente mutável, a mudança torna-se, portanto, uma questão de sobrevivência, uma espécie de "darwinismo organizacional". Hoje, "tamanho não é documento". Tudo mudou. Não são mais as grandes organizações que engolem as pequenas. O que ocorre no mundo atual é que as organizações mais ágeis e flexíveis – não necessariamente as maiores – é que "quebram as pernas" das organizações menos ágeis e flexíveis. Uma questão de agilidade, adaptabilidade e ajustamentos contínuos. As organizações capazes de mudar e adaptar-se rapidamente ao meio ambiente são aquelas que conseguem sobreviver e crescer.

Mudança significa fazer as coisas de maneira diferente. Muitas mudanças apenas acontecem no cotidiano, o que faz com que muitas organizações as tratem como se todas elas fossem apenas ocorrências acidentais que vão se sucedendo. Todavia, estamos interessados nas mudanças de atividades que sejam proativas e significativas e, sobretudo, que agreguem valor à organização. Em outras palavras, na mudança como uma atividade intencional e orientada para resultados. É o que chamamos de mudança planejada.

SAIBA MAIS — **Sobre mudança organizacional**

A mudança organizacional se torna necessária quando há:

- Mudança no tamanho da organização, devido a crescimento, consolidação ou redução.
- Mudança nas operações, nos produtos ou serviços, na clientela ou nos fornecedores.
- Mudança de pessoas-chave que podem alterar objetivos organizacionais, interesses e habilidades.
- Dificuldade em atingir objetivos, capitalizar as oportunidades ou ser inovadora.
- Inabilidade em executar as tarefas e as operações em seu devido tempo.
- Centralização que congestiona o trabalho dos executivos de topo.
- Custos operacionais elevados ou orçamentos não cumpridos.
- Problemas éticos e morais.
- Hierarquia que inibe a agilidade, a liberdade no trabalho e o controle estratégico.
- Planejamento que se torna pesado e divorciado dos gerentes e de suas equipes.
- Falta de inovação devido ao detalhamento nos controles e na monitorização.
- Soluções uniformes que são aplicadas a situações não uniformes.
- Dificuldade no relacionamento e conflitos entre as unidades, divisões ou subsidiárias.
- Duplicação de atividades ou de cargos.
- Subutilização de recursos materiais e financeiros.
- Aumento das reclamações de clientes e parceiros da organização.

14.2 CICLO DE VIDA DAS ORGANIZAÇÕES

Uma maneira interessante de se avaliar o crescimento e a mudança organizacional é a utilização do conceito de ciclo de vida organizacional. Na verdade, as organizações estão sempre mudando em um ciclo de vida. Elas nascem, crescem, envelhecem e, eventualmente, morrem. Ao longo de sua história, elas atravessam um ciclo de vida que é aproximadamente comum a todas as formas de vida. Nas organizações, o desenho organizacional, o estilo de liderança e os sistemas administrativos seguem um padrão altamente previsível ao longo dos vários estágios do ciclo de vida, conforme mostra a Figura 14.1.[5]

Aumente seus conhecimentos sobre **Estágios do ciclo de vida organizacional** na seção *Saiba mais* CO 14.1

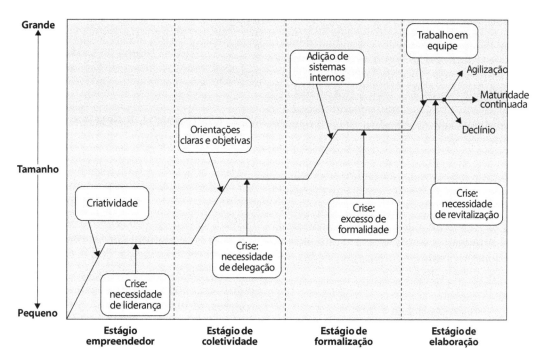

Figura 14.1 Estágios de desenvolvimento de uma organização.[6]

Figura 14.2 As três fases do processo de mudança.[7]

 VOLTANDO AO CASO INTRODUTÓRIO
Savidro

Aparentemente, a Savidro estava atravessando uma fase de declínio em sua vida. O que o novo presidente queria enfatizar era a necessidade de uma completa revitalização da companhia para direcioná-la a um futuro melhor e consolidar sua posição no mercado. Como Camila Amoreira poderia ajudar o novo presidente?

14.3 O PROCESSO DE MUDANÇA

Kurt Lewin salienta que toda mudança ocorre dentro de um modelo composto de três etapas (Figura 14.2):[8]

1. **Descongelamento**: ocorre quando a necessidade de mudança faz com que a pessoa, grupo ou organização passe a entendê-la e aceitá-la. Descongelamento significa que as velhas ideias e práticas são derretidas e desaprendidas para serem substituídas por novas, que devem ser aprendidas.

2. **Mudança**: ocorre quando há a descoberta e a adoção de novas atitudes, valores e comportamentos. A mudança é a fase em que as novas ideias e práticas são aprendidas de modo que as pessoas passam a pensar e executar de uma nova maneira.

3. **Recongelamento**: é a incorporação de um novo padrão de comportamento por meio de mecanismos de suporte e de reforço, de modo que ele se torne a nova norma. *Recongelamento* significa que o que foi aprendido foi integrado à prática atual. Passa a ser a nova maneira pela qual a pessoa conhece e faz o seu trabalho.

O problema é que, ao final do ciclo, o recongelamento exige seu posterior descongelamento para que a mudança tenha continuidade e permanência em um novo ciclo sequencial.

O processo de mudança se desenvolve dentro de um campo dinâmico de forças que atuam individualmente em vários sentidos (Figura 14.3). Algumas dessas forças agem positivamente em relação à mudança, enquanto outras agem negativamente. Assim, a mudança é o resultado da competição entre forças impulsionadoras que a ajudam e forças restritivas que a impedem. Quando uma mudança é introduzida, algumas forças a impulsionam e favorecem, enquanto outras forças a dificultam ou provocam resistências. Para implementar a mudança, torna-se necessário analisar ambas as forças opostas que atuam nela a fim de se remover ou neutralizar as forças restritivas que a impedem e de incentivar as forças impulsionadoras que a favorecem. A mudança somente ocorre quando as forças impulsionadoras e favoráveis forem maiores do que as forças restritivas ou impeditivas.

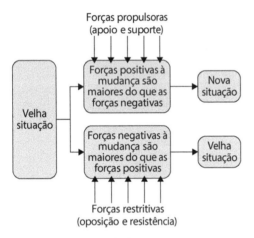

Figura 14.3 O campo de forças positivas e negativas à mudança.[9]

Em toda organização, existe uma balança dinâmica constituída de forças que apoiam e suportam a mudança e de forças que restringem e impedem a mudança. O sistema funciona dentro de um estado de relativo equilíbrio denominado equilíbrio quase-estacionário. Esse equilíbrio é rompido toda vez que se introduz uma tentativa de mudança, e essa tentativa sofre pressões positivas (de apoio e suporte) e negativas (de oposição e resistência), criando um momento de forças. A mudança somente ocorre quando se reforça e aumenta as forças de apoio e suporte ou quando se reduz ou bloqueia as forças de resistência e oposição. A intervenção sobre esse campo de forças é fundamental para que a mudança possa ocorrer. Para que haja mudança, é necessário que as forças positivas a ela sejam maiores do que as forças negativas. As forças propulsoras de apoio e suporte à mudança precisam ser maiores do que as forças restritivas de oposição e resistência.

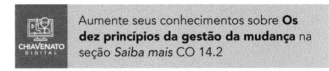

Aumente seus conhecimentos sobre **Os dez princípios da gestão da mudança** na seção *Saiba mais* CO 14.2

14.4 MUDANÇA REQUER HABILIDADES HUMANAS

O maior obstáculo e a dificuldade maior na gestão das mudanças residem no fato de que administradores e gerentes estão mais acostumados a trabalhar com a atenção focada exclusivamente em aspectos físicos e concretos, com dados previsíveis, determinísticos e de fácil compreensão lógica. Isto é, sabem lidar com facilidade e perícia com coisas reais e palpáveis, sejam elas máquinas, equipamentos, materiais, computadores, produtos, serviços etc., mas ostentam uma enorme dificuldade e imperícia em lidar com pessoas. Enquanto seu boletim traz notas altas nas questões ligadas a aspectos concretos do tipo *hard*, os números são vermelhos ou extremamente baixos quando se trata de aspectos humanos do tipo *soft*. E aí residem os maiores problemas para fazer acontecer a mudança dentro das organizações. As diretrizes tomadas pela alta administração no sentido de mudar e de inovar dentro da organização esbarram quase sempre em uma portentosa inabilidade do meio do campo – os gerentes – de fazer a mudança e a inovação acontecerem por meio das pessoas. E apesar da forte vontade de mudar, a mudança simplesmente não acontece. Culpa das pessoas? Afinal, de quais pessoas?[10]

A Figura 14.4 mostra o limiar de sensibilidade das pessoas às mudanças.

Dessa maneira, é a mudança percebida pelas pessoas – e não a mudança real e objetiva – que determina o tipo de reação que elas irão desenvolver. Assim, o primeiro passo é conhecer os motivos do medo e da resistência das pessoas às mudanças que ocorrem ou precisam ocorrer na organização.

A mudança parece ser o paradigma definitivo do mundo de negócios da atualidade. A palavra *turbulência* é frequentemente utilizada para caracterizar o ambiente que circunda e envolve as organizações. Cada vez mais, as organizações estão enfrentando um ambiente dinâmico e mutável. A mudança está se tornando mais rápida e mais profunda a cada dia que passa. Velocidade e ruptura. Criatividade e inovação. "Mudar ou morrer" está sendo o brado de guerra de muitos administradores nas organizações do mundo todo.

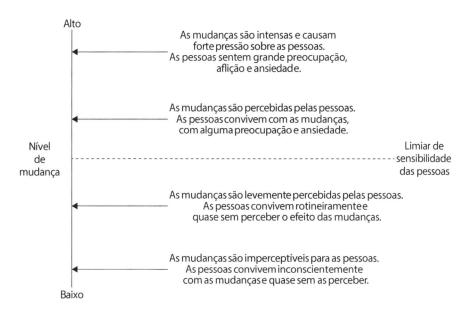

Figura 14.4 Limiar de sensibilidade das pessoas às mudanças.

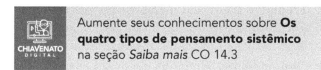

Aumente seus conhecimentos sobre **Os quatro tipos de pensamento sistêmico** na seção *Saiba mais* CO 14.3

14.5 RENOVAR ORGANIZAÇÕES SIGNIFICA IMPULSIONAR AS PESSOAS

O novo ambiente de negócios está impondo forte pressão e novas demandas e desafios para as organizações e, principalmente, para a sua administração e as pessoas que nelas trabalham. O processo de reexaminar e reinventar a empresa requer uma nova visão da organização. A noção de sucesso que se tem hoje é completamente diferente daquela que existia no passado. Os fatores de sucesso de hoje são outros. As fronteiras organizacionais de hoje são também diferentes: além de um novo e diferente relacionamento com os clientes, um novo relacionamento com uma rede de alianças e parceiros, e um novo relacionamento com o tempo e o espaço, há que se pensar em um novo relacionamento com os próprios parceiros internos. Os executivos precisam repensar as maneiras tradicionais com que realizavam seu trabalho por meio das pessoas. Tudo mudou.

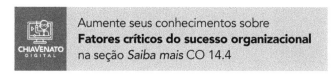

Aumente seus conhecimentos sobre **Fatores críticos do sucesso organizacional** na seção *Saiba mais* CO 14.4

Quadro 14.2 Fatores críticos do sucesso organizacional[11]

Os velhos fatores críticos	Os novos fatores críticos
Tamanho organizacional	Velocidade
Clareza do papel	Flexibilidade
Especialização	Integração
Controle	Inovação

Para assegurar os novos fatores críticos de sucesso, as organizações precisam saber reconfigurar quatro tipos de fronteiras organizacionais, a saber:[12]

- **Fronteiras verticais**: são os andares e os tetos que separam as pessoas em níveis hierárquicos, títulos, *status* e classificação. A hierarquia de autoridade criou barreiras internas dentro da organização e que precisam ser removidas. A forte diferenciação de poder cria mais problemas do que soluções.

- **Fronteiras horizontais**: são as paredes internas que separam as pessoas em organização por funções, unidades de negócios, grupos de produtos ou divisões/departamentos. A departamentalização e a divisionalização criaram barreiras internas dentro da organização e que precisam ser derrubadas ou flexibilizadas. Os antigos feudos já não funcionam mais. A organização precisa funcionar como um sistema aberto e integrado, e não mais como um conjunto de órgãos independentes e sem relacionamento entre si.

- **Fronteiras externas**: são as paredes externas que separam as empresas de seus fornecedores, clientes, comunidades e outros grupos externos. O conceito atual de empresa é envolvente e integrador. As empresas mais bem-sucedidas estão eliminando suas barreiras externas e incentivando o relacionamento com clientes em uma ponta e com fornecedores na outra para alcançar maior e melhor integração externa.

- **Fronteiras geográficas**: são as paredes culturais decorrentes de diferentes países e regiões e que também funcionam no tempo e no espaço. A globalização impõe a derrubada dessas fronteiras geográficas sob pena de redução de mercados e de oportunidades. Por essa razão, muitas empresas estão deixando de ser nacionais ou multinacionais para se tornarem globais.

Cada uma dessas fronteiras requer adequada permeabilidade e flexibilidade para que ideias, informação e recursos possam fluir livremente para cima e para baixo, para dentro e para fora e ao longo de toda a organização. Quanto maior essa permeabilidade e flexibilidade, melhor o estado sólido e estável da organização e a sua atuação global. Em geral, pode-se pensar que fronteiras permeáveis ou ausência de fronteiras signifique "des-organização". Nada mais enganoso. Ao contrário do que existia antes, nos tempos atuais de mudança e transformação, a permeabilidade e a flexibilidade são as condições básicas que permitem à organização responder e ajustar-se pronta e criativamente às mudanças do ambiente de negócios. Foi isso que Jack Welch fez no comando da General Electric: derrubou as fronteiras organizacionais e a burocracia interna a pontapés para poder fluir livremente as ideias em toda a organização e convertê-las rapidamente em resultados tangíveis e intangíveis.[13]

Porém, não basta mudar apenas os aspectos organizacionais: os líderes também precisam adotar novas maneiras de trabalhar para liderar essa nova organização. Eles precisam abandonar rapidamente os antigos métodos de comando e controle sobre as pessoas e passar a privilegiar o compartilhamento de ideias e objetivos comuns, dotar os subordinados de *empowerment* e, obviamente, focar resultados, assegurar responsabilidade pelo desempenho e ajudar a tomar decisões corretas. Isso é uma nova maneira de lidar com as pessoas. Não basta apenas ser líder dentro do conceito convencional, é preciso ampliar o conceito de liderança.

Para tanto, a liderança organizacional deve utilizar intensivamente quatro alavancadores indispensáveis:

1. **Autoridade**: delegar poder às pessoas para que elas possam tomar decisões independentes sobre ações e recursos. Nesse sentido, o líder reparte, delega e distribui autoridade às pessoas para que elas possam trabalhar de acordo com o que aprendem e dominam. Isso significa dar autonomia às pessoas, e essa é a base do *empowerment*.

2. **Informação**: fomentar e incentivar o acesso à informação ao longo de todas as fronteiras. Criar condições para disseminar a informação e torná-la útil e produtiva para as pessoas, no sentido de facilitar a tomada de decisões e a busca de novos e diferentes caminhos. Essa é a base da gestão da informação e do conhecimento.

3. **Recompensas**: proporcionar incentivos compartilhados que promovam os objetivos organizacionais. Um dos mais fortes motivadores é a recompensa pelo trabalho bem feito. A recompensa funciona como reforço positivo e como um sinalizador do comportamento que a organização espera de seus participantes. As organizações bem-sucedidas são pródigas em recompensas aos seus membros em função do seu desempenho e resultados alcançados. Essa é a base da gestão das recompensas organizacionais.

4. **Competências**: ajudar as pessoas a aprender e a desenvolver habilidades e capacidades para utilizar amplamente a informação e a autoridade. É assim que se criam talentos dentro da organização: definindo as competências básicas de que a organização precisa para alcançar seus objetivos e criando condições internas para que as pessoas aprendam e desenvolvam tais competências da melhor maneira possível. Essa é a base da chamada gestão de competências.

Trata-se de distribuir adequadamente autoridade, informação, recompensas e competências por toda a organização. Esse é o novo papel das lideranças organizacionais. Esses quatro alavancadores do desempenho organizacional precisam ser utilizados em conjunto para que possam produzir resultados ampliados e sinérgicos. Para tanto, o desafio está em saber construir situações de conversações mútuas, envolvendo diálogo amplo e aberto a respeito deles, e não apenas discussões. Schein[14] mostra, na Figura 14.5, algumas diferenças entre as duas maneiras de se trabalhar com as pessoas. *Coaching* e *mentoring* estão fazendo falta nas organizações.

Aumente seus conhecimentos sobre **O mapa da mina** na seção *Saiba mais* CO 14.5

Figura 14.5 Diferenças entre diálogo e discussão.

14.6 AGENTES DE MUDANÇA

Pode até parecer que a mudança planejada não tem dono. Ela sempre precisa ter um dono. Os responsáveis pela gestão das atividades de mudança dentro da organização são chamados agentes de mudança. Podem ser administradores ou não, funcionários da organização ou consultores internos ou externos. Agentes de mudança são pessoas que atuam como catalisadores e assumem a responsabilidade pela gestão das atividades de mudança.[15]

O agente de mudança é a pessoa que conduz ou guia o processo de mudança em uma organização. Em geral, os altos executivos são naturalmente vistos como os principais agentes de mudança. Isso ocorreu com Bill Gates, na Microsoft, com Jack Welch, na General Electric, e com Steve Jobs, na Apple. Os dirigentes de organizações recorrem geralmente aos serviços temporários de consultores externos especializados em metodologias de mudança. As vantagens são claras. De um lado, os consultores externos oferecem habilidades especializadas e não ficam absorvidos por responsabilidades operacionais cotidianas, podem ter mais influência e prestígio do que um elemento interno, mas levam desvantagem quanto à pouca compreensão da história e do conhecimento mais profundo sobre a cultura, os procedimentos operacionais e as pessoas da organização, quase sempre preferindo mudanças de segunda ordem dentro dela. Em contrapartida, os administradores ou consultores internos são mais cautelosos, pois preferem não ferir velhos amigos e colegas e costumam adotar mudanças de primeira ordem.[16]

> **VOLTANDO AO CASO INTRODUTÓRIO**
> **Savidro**
>
> Para Camila Amoreira, o presidente da companhia deveria ser o agente principal da mudança organizacional a ser planejada e implementada, mas ela sabe que ele necessita do apoio gerencial como plataforma capaz de assegurar o impulso para a mudança. Os gerentes também deveriam ser os agentes coadjuvantes da mudança na empresa, mas ela sabe também que os agentes internos quase sempre ficam restritos a mudanças de primeira ordem. Como você poderia ajudar Camila nesse momento?

14.7 RESISTÊNCIA À MUDANÇA

Quem sempre viveu em organizações imutáveis e estáticas, fechadas e herméticas – nas quais as coisas nunca mudam – nunca aprenderá a mudar e a inovar, como fazem as organizações excelentes. É que aquelas organizações tolhem tanto a liberdade das pessoas que essas se ambientam e se acostumam inconscientemente a trabalhar dentro de viseiras, voltadas exclusivamente para a continuidade das coisas, e a considerar o conservantismo como tradição e filosofia de trabalho. E como não estão acostumadas ou sequer preparadas para a mudança, as pessoas passam a encará-la como algo esquisito e estranho, sujeito a riscos, fracassos e que envolve fatalmente situações que não podem ser previstas com antecedência. A novidade passa a constituir um mistério, um desafio, um perigo do qual é melhor fugir, por que ela coloca em risco o *status quo* e a segurança psicológica das pessoas.

As pessoas podem encarar as mudanças de maneiras diferentes. Elas podem aceitar positivamente as mudanças e adotar uma postura de simples aceitação, quando são movidas pelos argumentos da organização ou quando adotam uma postura proativa em que não apenas a aceitam, mas também tomam a iniciativa pessoal de fazê-la acontecer. Por outro lado, as pessoas podem comportar-se negativamente em relação às mudanças que ocorrem na organização. Elas podem mudar porque são simplesmente forçadas ou coagidas nesse sentido, podem acomodar-se à mudança, habituando-se a um padrão de comportamento rotineiro e cotidiano, e também podem reagir negativamente à mudança, adotando um comportamento de autodefesa para manter o *status quo*, ou ainda tentar obstruir de maneira velada ou aberta qualquer tentativa de mudança dentro da organização. A Figura 14.6 dá uma ideia dessas diferentes reações.

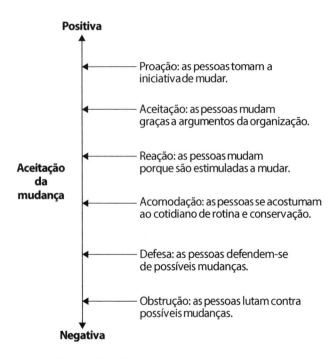

Figura 14.6 Tipos de aceitação da mudança.

A resistência à mudança pode ser consequência de aspectos lógicos, psicológicos ou sociológicos (Quadro 14.3):[17]

1. **Aspectos lógicos**: a resistência lógica decorre do tempo e do esforço requerido para uma pessoa se ajustar à mudança, incluindo diferentes deveres e tarefas que precisam ser aprendidos. Esses são os reais custos impostos às pessoas. Quando se acredita que a mudança será favorável no longo prazo para as pessoas, elas certamente se mostrarão predispostas a pagar o investimento de curto prazo.
2. **Aspectos psicológicos**: a resistência psicológica é a "lógica" individual em termos de atitudes e sentimentos das pessoas a respeito da mudança. As pessoas podem sentir medo do desconhecido, desconfiar da liderança do gerente ou perceber que sua segurança no emprego está ameaçada. Mesmo que a organização não creia que haja justificativas para esses sentimentos, eles podem estar na cabeça das pessoas e devem ser reconhecidos como reais.
3. **Aspectos sociológicos**: a resistência sociológica é a "lógica" de grupos em termos de seus interesses grupais e valores sociais envolvidos. Os valores sociais são forças poderosas e devem ser cuidadosamente consideradas. Existem coalizões políticas, valores sindicais opostos e valores de diferentes comunidades que podem afetar o comportamento das pessoas frente às mudanças. No nível de pequenos grupos, por exemplo, existem colegas de trabalho que podem ser demitidos por causa de mudanças e as pessoas podem indagar se a mudança é consistente com seus valores sociais ou se mantêm o espírito de equipe.

Quadro 14.3 Três tipos de resistência às mudanças[18]

Aspectos lógicos (objeções racionais e lógicas)	■ Interesses pessoais: desejo de não perder condições conquistadas. ■ Tempo requerido para ajustar-se às mudanças. ■ Esforço extrarrequerido para reaprender as coisas. ■ Custos econômicos da mudança. ■ Questionamento da viabilidade técnica da mudança.
Aspectos psicológicos (atitudes emocionais e psicológicas)	■ Medo do desconhecido. ■ Dificuldade em compreender a mudança. ■ Baixa tolerância pessoal à mudança. ■ Antipatia quanto ao agente de mudança. ■ Falta de confiança nas outras pessoas. ■ Necessidade de segurança íntima. ■ Desejo de manter o *status quo*.
Aspectos sociológicos (interesses de grupos e fatores sociológicos)	■ Coalizões políticas. ■ Valores sociais opostos. ■ Visão estreita e paroquial. ■ Interesses afetados. ■ Desejo de reter os colegas atuais.

Certas mudanças conseguem abranger conjuntamente os aspectos lógicos, psicológicos e sociológicos, provocando enorme potencial negativo de resistência da parte das pessoas envolvidas. Quase sempre, o segredo é evitar que os três tipos de resistência cresçam juntos, para que se possa atuar sobre apenas um deles. Existem várias estratégias para contornar essa resistência à mudança e aproveitar a força contrária a ela a favor da inovação que se pretende instalar.

Nem sempre é fácil aderir à mudança, aceitá-la e ajudar a tocá-la para frente. A descoberta de que pessoas e organizações resistem às mudanças não é nova, fato que é, de certa forma, alentador e positivo, pois se não houvesse resistência alguma à mudança, o Comportamento Organizacional (CO) seria aleatório e caótico. A resistência à mudança introduz certo grau de estabilidade e previsibilidade ao comportamento, mas há uma forte desvantagem na resistência. Ela impede a adaptação e o progresso.

Existem várias formas de resistência à mudança. A resistência pode ser aberta ou velada, explícita ou implícita, imediata ou protelada. Quando aberta, explícita e imediata, a resistência pode facilmente ser identificada pelas suas manifestações. O desafio ocorre quando a mudança é velada, implícita ou protelada. Seus traços são sutis e difíceis de ser identificados. Uma mudança pode causar apenas uma reação mínima no momento de sua implementação, mas a resistência acaba vindo à tona tempos depois, quando uma pequena mudança que causaria pequeno impacto pode tornar-se a gota d'água que transborda o copo.

Reflita sobre **Mudança!** na seção *Para reflexão* CO 14.1

14.8 COMO SUPERAR A RESISTÊNCIA À MUDANÇA

A resistência à mudança pode ser superada, mas não se deve subestimar as reações das pessoas nem se desprezar o fato de elas poderem influenciar positiva ou negativamente outros indivíduos e grupos durante a implantação da mudança. Em um trabalho clássico sobre o assunto, Kotter e Schlesinger aconselham seis estratégias para contornar a resistência à mudança (Quadro 14.4), a saber:[19]

1. **Comunicação e educação**: a resistência à mudança pode ser superada ou reduzida por meio da prévia comunicação às pessoas, para ajudá-las a compreender a lógica e a necessidade da mudança. A comunicação de ideias e do projeto de mudança ajuda as pessoas a perceber a necessidade da mudança e a lógica inerente a ela. O processo de comunicação pode envolver reuniões, discussões, apresentação a grupos, relatórios e memorandos. Se a fonte da resistência é a falta de comunicação ou informação precária, a comunicação deverá esclarecer todas as dúvidas e a resistência tenderá a cessar. Cada gerente deve preparar uma apresentação audiovisual, explicando as mudanças e suas razões para grupos de pessoas envolvidas em exposições, e reservar tempo para os debates e as dúvidas, além de repetir perseverantemente essa apresentação durante meses a fio para vários grupos. A confiança mútua e a credibilidade ajudam a eliminar a resistência à mudança.

   Quando a resistência à mudança está baseada em informação inadequada ou análise inexata, o programa de comunicação é o mais indicado. Exige, porém, um bom relacionamento interpessoal entre os iniciadores da mudança e os resistentes.

Aumente seus conhecimentos sobre **Como superar a resistência à mudança** na seção *Saiba mais* CO 14.6

2. **Participação e envolvimento**: antes que a mudança aconteça, as pessoas precisam estar inseridas no processo. É difícil uma pessoa resistir a uma mudança de cuja decisão tenha participado ativamente. Os iniciadores da mudança devem envolver os resistentes em algum aspecto do projeto e da implementação da mudança, bem como ouvir atentamente suas sugestões. A resistência é neutralizada com um esforço participativo de mudança, pois as pessoas envolvidas passam a participar intensamente como sujeitos ativos e não meramente como sujeitos passivos. Isso representa uma profunda mudança na filosofia e na cultura organizacionais, pois a participação e o envolvimento emocional das pessoas é uma posição eminentemente democrática.

3. **Facilitação e apoio**: a resistência potencial pode ser contornada concedendo-se facilitação e apoio no sentido de ajudar as pessoas a se ajustarem à mudança. Essa estratégia pode incluir aconselhamento, treinamento interno nas novas funções, planos de desenvolvimento e aquisição de novos conhecimentos e novas habilidades para preparar as pessoas para a inovação. A organização municia seu pessoal com as ferramentas e as técnicas sobre como fazer a mudança e a inovação. Simplesmente, a organização divulga entre seus funcionários a tecnologia – o saber fazer, isto é, o *know-how* – da mudança. Cada gerente é instruído e educado sobre o comportamento de mudança e inovação e passa a instruir e educar seus subordinados. Com isso, o gerente transforma-se, de controlador, de supervisor e, consequentemente, de autocrata, em educador, orientador, líder, motivador, *coach*, comunicador e multiplicador dos esforços de mudança. Assim, se o motivo da resistência à mudança é o temor, o medo ou a ansiedade, o aconselhamento, a terapia e o treinamento em novas habilidades

Quadro 14.4 Estratégias para contornar a resistência à mudança[20]

Abordagem	Conteúdo	Quando utilizar
Comunicação e educação	Explicação da necessidade e da lógica da mudança às pessoas, aos grupos e à organização inteira.	A mudança é eminentemente técnica.
		As pessoas necessitam de informação para compreender a mudança.
		As informações sobre a mudança são ambíguas e inexatas.
Participação e envolvimento	Solicitação às pessoas que ajudem a desenhar e implementar a mudança.	As pessoas precisam sentir-se envolvidas na mudança.
		A mudança requer informação a partir das pessoas.
Facilitação e apoio	Oferta de retreinamento, apoio emocional e de compreensão às pessoas afetadas pela mudança.	A mudança envolve vários departamentos.
		A mudança requer realocação de recursos.
		As pessoas resistem devido a problemas psicológicos, emocionais e de ajustamento pessoal.
Negociação e acordo	Negociação e barganha com os resistentes, aceitando sugestões.	O grupo tem poder e força sobre a implementação.
		O grupo pode perder algo com a mudança.
Manipulação e cooptação	Dar às pessoas-chave um papel importante no desenho e na implementação da mudança.	As pessoas têm poder e força para resistir à mudança.
		As outras estratégias de mudança não funcionam bem.
		As outras estratégias de mudança têm custo elevado.
Coerção	Ameaça com perda do cargo ou do emprego, transferência, ou, ainda, perda de promoções.	Quando a rapidez é essencial para enfrentar a crise.
		Os iniciadores da mudança têm poder sobre as pessoas.
		Outras táticas de mudança não deram resultado.

podem ajudar. Os agentes de mudança oferecem esforços apoiadores para reduzir a resistência.

O programa de facilitação e apoio é útil quando o medo e a ansiedade estão na base da resistência. A inconveniência dessa estratégia é que ela pode consumir muito tempo, dinheiro e paciência, e a sua utilização deixa de ter praticidade.

4. **Negociação e acordo**: outra maneira de lidar com a resistência é oferecer algo de valor em troca da mudança. A organização oferece aos resistentes ativos ou potenciais certos incentivos para compensar a mudança. A negociação e o acordo constituem uma forma de barganha que é indicada quando fica claro que alguém vai sair perdendo com o resultado da mudança e quando seu poder de resistência é bastante representativo. Um gerente pode negociar com colegas ou subordinados um acordo escrito, discriminando o que eles receberiam em troca, e quando e qual tipo de cooperação deveria receber deles. Os acordos negociados evitam resistências, embora possam, também, envolver custos elevados. A negociação é necessária quando a resistência vem de uma fonte poderosa. Sua desvantagem é o custo.

5. **Manipulação e cooptação**: em muitas situações, pode-se lançar mão de tentativas secretas para influenciar as pessoas. A manipulação é a utilização seletiva de informações e a estruturação consciente

de eventos, e se refere a tentativas de influenciar disfarçadamente as pessoas. A distorção de fatos para torná-los mais atraentes, a sonegação de informações indesejáveis e a criação de falsos rumores para induzir as pessoas a aceitar as mudanças são exemplos de manipulação. Por outro lado, a cooptação é uma forma de manipulação com participação. Trata-se de uma tentativa de conquistar os líderes dos grupos de resistência oferecendo a eles papéis-chave nas decisões sobre mudanças para obter sua aquiescência. Cooptar um indivíduo é dar-lhe um papel desejável no projeto ou na implementação da mudança. Cooptar um grupo é dar a um de seus líderes, ou a alguém que o grupo respeita, um papel importante no projeto ou na implementação da mudança. Não se trata de uma forma de participação, porque os iniciadores da mudança não desejam receber sugestões do cooptado, mas simplesmente seu endosso ou anuência.

6. **Coerção**: finalmente, a resistência pode ser tratada de forma coercitiva por meio da ameaça explícita ou implícita (como perda do cargo ou da promoção), demissão ou transferência de pessoas. É o uso de ameaças diretas ou do uso de força contra os resistentes. Quando a rapidez é essencial e as mudanças não são populares, a coerção pode ser a única alternativa pela frente. O emprego da coerção é arriscado, pelo fato de que as pessoas ficam profundamente magoadas e ressentidas quando são forçadas a mudar. Suas vantagens e desvantagens são semelhantes às da manipulação e da cooptação.

O erro mais comum das organizações é o de utilizar apenas uma dessas estratégias ou um conjunto muito limitado delas, independentemente da situação. Outro erro comum é o de abordar a mudança de uma maneira desarticulada e completamente desligada da estratégia que se pretende seguir. Os esforços bem-sucedidos de mudança organizacional aplicam inteligentemente algumas dessas estratégias integradamente e em combinações diferentes. Mais ainda, os iniciadores da mudança empregam as estratégias com grande sensibilidade e fazem uma avaliação realista da situação. O tipo e a velocidade de mudança sempre devem ser levados em consideração. A Figura 14.7 dá uma ideia do *continuum* da mudança.

No lado direito do *continuum*, as pessoas são forçadas a mudar rapidamente, e isso provoca alguns efeitos colaterais, tanto no curto quanto no longo prazo, como ansiedade ou preocupação. Os esforços de mudança que utilizam as estratégias do lado esquerdo do *continuum* ajudam a desenvolver uma organização e as pessoas que dela participam de maneira cooperativa e proveitosa. Dentro dessa perspectiva, as escolhas das estratégias de mudança devem ser consistentes com quatro variáveis situacionais, a saber:[21]

1. **Volume e tipo de resistência previsto**: quanto maior for a resistência prevista, maior será a dificuldade para superá-la e, consequentemente, maior a necessidade de os iniciadores se deslocarem para a esquerda do *continuum*, a fim de buscar a maneira mais adequada de reduzir parte dessa resistência.

2. **Posição do iniciador diante dos resistentes**: especialmente no que se refere a poder, liderança e confiança. Quanto menos poder o iniciador tiver em relação às outras pessoas, mais ele deverá deslocar-se para a direita do *continuum*. Inversamente, quanto mais forte e mais confiável sua posição diante dos resistentes, mais ele deverá deslocar-se para a esquerda.

3. **Posse dos dados para projetar a mudança e da energia para implementá-la**: quanto mais o iniciador depender de informação e de comprometimento de outras pessoas para ajudar a projetar e a executar a mudança, mais deverá deslocar-se para a esquerda. À medida que o iniciador possua dados e conhecimentos sobre a mudança a ser feita e energia suficiente para implementá-la, mais tenderá a deslocar-se para a direita do *continuum*.

4. **Riscos envolvidos**: quanto maior for o potencial dos riscos de curto prazo para o desempenho e a sobrevivência da organização, caso a situação presente não seja mudada, mais o iniciador deve deslocar-se para a direita. Quando os riscos são pequenos e pressionam pouco, mais o iniciador deve deslocar-se para a esquerda.

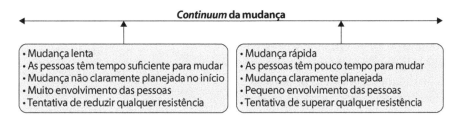

Figura 14.7 *Continuum* da mudança.

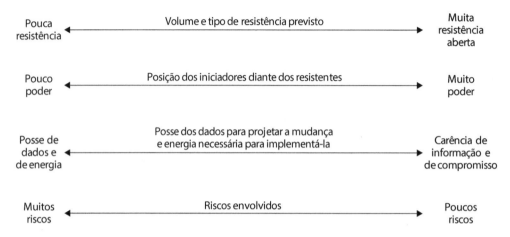

Figura 14.8 *Continuum* estratégico de mudança.

Essas quatro variáveis estão resumidas na Figura 14.8.

 VOLTANDO AO CASO INTRODUTÓRIO
Savidro

Contudo, Camila Amoreira tem sérias dúvidas a respeito das reações dos funcionários da Savidro ao programa de mudanças pretendido pelo presidente. Ela sabe que haverá resistências de todo tipo dentro da companhia. Como Camila poderia preparar-se para ultrapassar as prováveis resistências e conseguir a ampla aceitação do programa de mudanças?

14.9 MUDANÇA ORGANIZACIONAL

A mudança organizacional envolve toda a organização e exige certos passos gradativos, como o reconhecimento do problema, a identificação das suas causas, a busca de estratégias e a avaliação da mudança.[22] Vejamos cada um deles.

14.9.1 Reconhecimento do problema

Um dos sinais mais comuns dos problemas organizacionais aparece no processo de colheita de dados na rotina da organização. As estatísticas sobre rotatividade, absenteísmo, greves, disputas sindicais e produtividade são aspectos que refletem o estado geral da saúde da organização e medidas que fazem parte de qualquer sistema de controle organizacional. Quando as pessoas deixam a organização, faltam ao trabalho, produzem pouco ou com baixa qualidade, desrespeitam normas e regulamentos ou provocam acidentes, pode-se assegurar de que algo está errado ou alguma necessidade não está sendo devidamente satisfeita.

14.9.2 Identificação das causas: esquemas de diagnóstico

Quando um problema é localizado e reconhecido, o passo seguinte é descobrir suas causas. A técnica mais comum é perguntar às pessoas por que elas estão insatisfeitas, estressadas ou infelizes. Trata-se aqui de colher informações por meios informais – como *chats* – ou por meios formais – como entrevistas, questionários ou observação pessoal. Os questionários têm a preferência dos pesquisadores, mas o foco e o propósito das questões variam enormemente, dependendo do problema ou das inclinações do pesquisador. A identificação das causas pode ter vários níveis de abrangência: pessoas, relações interpessoais, grupos de trabalho, equipes ou a organização inteira como um sistema (Figura 14.9).

Nesse sentido, os principais esquemas de diagnóstico são:

1. **Cargos**: quando os cargos ocupados pelas pessoas são suspeitos do problema, pode-se utilizar algum tipo de esquema descritivo. É o caso do questionário de análise da posição, que mede os seguintes aspectos:[23]
   - Volume de informação como insumo (como informação visual ou perceptiva).
   - Processos de mediação envolvidos (como processamento da informação ou tomada de decisão).
   - Fatores envolvidos no resultado do trabalho (controle manual ou automático, atividade corporal, destreza e habilidades manuais).
   - Atividades interpessoais envolvidas (comunicações e contatos com outros).
   - Contexto do trabalho (como local perigoso, desagradável, barulho).

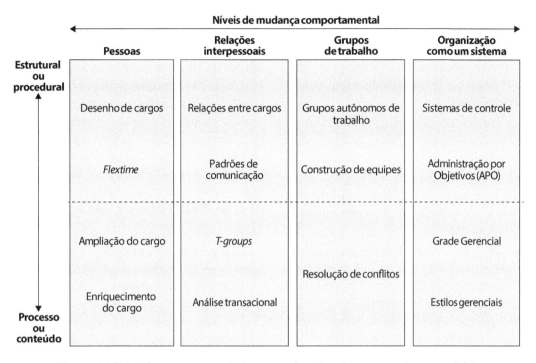

Figura 14.9 Mudanças estruturais (ou procedurais) e de processo (ou conteúdo).

O grau em que cada cargo inclui esses fatores pode ajudar a localizar os problemas. Provavelmente, a maneira com que o cargo foi desenhado pode ser mais importante do que o volume de informação processada.
Outro questionário denominado Pesquisa de Diagnóstico de Cargo permite identificar as cinco dimensões básicas de um cargo, dentro do conceito de enriquecimento de cargos, a saber:[24]

- Variedade de atividades desempenhadas e habilidades necessárias.
- Identidade com a tarefa.
- Significância ou importância da tarefa.
- Autonomia e liberdade para tomar decisões.
- Retroação em relação ao desempenho.

O questionário pode ser o primeiro esquema de diagnóstico e um instrumento de avaliação, e pode, também, monitorar o impacto das mudanças organizacionais que são implementadas.

2. **Relações interpessoais**: há muitos esquemas que focalizam os aspectos interpessoais do cargo ou das relações entre e dentro de unidades ou grupos. Alguns questionários são descritivos – de natureza estrutural – e focalizam as comunicações ou padrões de amizade, como o sociograma, que já vimos antes. Existem questionários relacionados com a satisfação no cargo, bem como a pesquisa de retroação – que é tanto uma técnica de diagnóstico (*survey*) quanto uma abordagem de solução de problemas (*feedback*) – que veremos adiante na seção destinada ao DO. Constituem meios para gerar dados a fim de explorar, esclarecer e identificar áreas problemáticas na organização com o uso de questionários ou discussões em grupos para depois engajar as pessoas no processo de solução de problemas. Os dados são coletados, tabulados e organizados por consultores internos ou externos e apresentados aos grupos de discussão.

3. **A organização como um todo**: alguns questionários abordam assuntos interpessoais ou organizacionais. Os questionários de clima organizacional são bastante populares. Likert[25] desenvolveu um questionário para avaliar o perfil de estilo de administração adotado em uma organização entre as seguintes alternativas:

- **Sistema 1 – autoritário-coercitivo**: quando há baixa confiança nas pessoas e nenhuma participação.
- **Sistema 2 – autoritário-benevolente**: quando há alguma condescendência e pouca participação.
- **Sistema 3 – consultivo**: quando há alguma confiança e participação, mas o controle e o poder de tomar decisões permanecem com a cúpula.
- **Sistema 4 – participativo e democrático**: quando há completa confiança nas pessoas e um processo democrático de tomada de decisões.

14.9.3 Implementação da mudança

Após a identificação do problema, a etapa seguinte é determinar os remédios para sua solução. Quase sempre, a solução envolve mudança. A maneira de se implementar uma mudança pode ser:

- **Estrutural**: quando envolve mudanças no desenho dos cargos ou algum aspecto físico da atividade ou do local de trabalho.
- **Processual**: quando focada no processo, seja adicionando mais atividades ou enriquecendo um cargo para torná-lo mais variado, interessante ou significativo para o ocupante.
- **Interpessoal**: utiliza as técnicas estruturais para envolver outras mudanças no comportamento das pessoas ou mudanças procedurais. Uma mudança estrutural envolve alguma mistura no grupo ou rearranjo de quem se reporta a quem. Uma mudança procedural tenta melhorar as interações por meio de técnicas como o treinamento da sensibilidade, que veremos adiante. Quando o grupo é, em si mesmo, a fonte de dificuldade, outras técnicas – como o desenvolvimento de equipes e resolução de conflitos ou estratégias mediadoras – podem ser aplicadas.
- **Organizacional**: quando os problemas são de natureza mais ampla, outras técnicas mais abrangentes podem ser utilizadas, como a Grade Gerencial, a Administração por Objetivos (APO), entre outras.

14.9.4 Avaliação da mudança

A etapa final consiste em verificar se o processo de mudança foi eficaz. A questão básica é identificar o que foi mudado e se a mudança alcançada trará resultados na melhoria da satisfação, na harmonia interpessoal e em parceiros mais eficazes em seu trabalho. O importante é planejar antecipadamente o programa de mudança organizacional para que ele possa ser avaliado objetiva e sistematicamente. Observe a Figura 14.10.

14.10 PESQUISA-AÇÃO

A pesquisa-ação constitui um modelo de processo de mudança baseado na coleta sistemática de dados, seguida da seleção de uma ação de mudança com base no que indicam os dados analisados.[26] A pesquisa é seguida e complementada pela ação decorrente dos dados levantados, e sua importância está em oferecer uma metodologia científica para a gestão da mudança planejada. O processo da pesquisa-ação consiste em cinco etapas semelhantes às do método científico: diagnóstico, análise, retroação, ação e avaliação.

1. **Diagnóstico**: o agente de mudança levanta informações sobre o problema e a necessidade de mudança, fazendo perguntas e entrevistas com os membros da organização, examinando registros e ouvindo as preocupações de todos para descobrir o que aflige a organização.

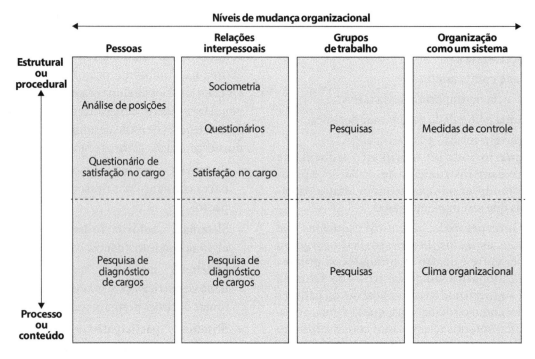

Figura 14.10 Medidas de diagnóstico de mudanças.

2. **Análise**: a seguir, o agente de mudança sintetiza e analisa as informações para saber quais são os problemas e as ações possíveis.

3. **Retroação**: o agente de mudança envolve ativamente as pessoas na identificação do problema e na criação da solução. Essa terceira etapa determina o compartilhamento com as pessoas das descobertas das duas etapas anteriores.

4. **Ação**: o agente de mudança e os funcionários envolvidos realizam as ações específicas para corrigir os problemas identificados.

5. **Avaliação**: utilizando os dados levantados no diagnóstico como ponto de referência, as mudanças devem ser comparadas e avaliadas.

A vantagem da metodologia da pesquisa-ação é que ela focaliza o problema e não a solução. O agente de mudança busca objetivamente problemas e o tipo de problema é que vai determinar o curso da ação de mudança. Por outro lado, a pesquisa-ação envolve as pessoas profundamente no processo, fazendo com que a resistência seja reduzida. Depois que elas participam ativamente da etapa da retroação, o processo de mudança segue sozinho, pois as pessoas e grupos envolvidos no processo tornam-se uma fonte interna de pressão, sustentada para a ocorrência da mudança.

14.11 O QUE MUDAR?

Frente a tantas mudanças ao seu redor, as organizações precisam também mudar para poderem se manter viáveis e competitivas. As opções de mudança são muitas, e o repertório de mudanças na organização pode envolver:

1. **Mudança no propósito da organização**: mudar o propósito da organização significa mudar a sua missão e sua visão. Isso requer também alterar objetivos organizacionais e as metas individuais a serem alcançadas.

2. **Mudança nos produtos/serviços**: mudar, desenvolver ou criar produtos e serviços oferecidos pela organização ao mercado.

3. **Mudança nas tecnologias utilizadas**: mudar a tecnologia envolve modificações nos equipamentos utilizados e na maneira pela qual as pessoas trabalham. No início do século 20, a Administração Científica de Taylor implementou mudanças baseadas nos estudos sobre tempo e movimentos que aumentaram significativamente a eficiência da produção. Atualmente, as principais mudanças tecnológicas envolvem a introdução de novos equipamentos, ferramentas ou métodos, além da automação e da informatização.

4. **Mudança na estratégia organizacional**: a estratégia organizacional define os rumos da organização em relação ao ambiente externo e ao futuro. Mudanças estratégicas envolvem necessariamente mudanças na estrutura, na cultura e nos objetivos organizacionais.

5. **Mudança na estrutura organizacional**: mudar a estrutura significa fazer alterações nas relações de autoridade, nos mecanismos de coordenação, no replanejamento do trabalho ou modificar qualquer outra variável estrutural. Mudar o desenho organizacional significa mudar posições, relacionamentos e conteúdo do trabalho.

6. **Mudança na cultura organizacional**: mudanças culturais envolvem mudanças comportamentais das pessoas, seja em relação à organização, aos parceiros internos e, sobretudo, aos parceiros externos.

7. **Mudança nas tarefas ou processos internos**: envolvem primariamente o conteúdo do trabalho e as maneiras de executá-lo.

8. **Mudança nas pessoas**: mudar as pessoas se refere à modificação de atitudes, habilidades, expectativas, percepções e comportamentos dos parceiros da organização.

A Figura 14.11 mostra o repertório possível de mudanças organizacionais.

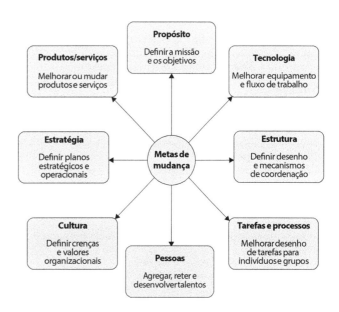

Figura 14.11 Principais metas para a mudança organizacional.

> **PARA REFLEXÃO**
>
> ***Out* para o velho e *in* para o novo**[27]
>
> No passado, os fatores críticos de sucesso organizacional eram: tamanho da organização, clareza do papel, especialização e controle. Para serem bem-sucedidas, as organizações privilegiavam esses fatores. Hoje, os fatores críticos do sucesso organizacional são outros: velocidade, flexibilidade, integração e inovação. Faça uma comparação.

> **VOLTANDO AO CASO INTRODUTÓRIO**
> **Savidro**
>
> Uma vez garantidas as bases de apoio e o comprometimento dos funcionários em relação às mudanças, Camila passou a preocupar-se em ajudar o presidente a definir as metas de mudança organizacional. Mudar, mudar e mudar continuamente para ser sempre a mesma organização: aquela que ocupa o primeiro lugar na cabeça do consumidor. Porém, mudar o quê? Como revitalizar a companhia e torná-la uma empresa dinâmica e inovadora? Quais as sugestões que você daria a Camila?

14.12 DESENVOLVIMENTO ORGANIZACIONAL (DO)

Toda menção à gestão da mudança organizacional somente se completa quando se aborda o DO. O DO é um termo utilizado para englobar um conjunto de intervenções de mudança planejada, com base em valores humanísticos e democráticos, que visam melhorar a eficácia organizacional e o bem-estar das pessoas.[28]

As organizações estão sempre preocupadas em planejar e implementar mudanças que melhorem o seu desempenho e as tornem mais competitivas em um quadro mundial de forte mudança e inovação. Contudo, a introdução de qualquer mudança significativa no contexto interno de cada organização quase sempre traz como consequência enormes problemas administrativos e humanos. Para minimizar os problemas relacionados com a introdução de mudanças nas organizações, existe uma variedade de tecnologias baseadas na aplicação das ciências comportamentais à administração. Essas tecnologias de mudança são conhecidas pelo nome de DO.

O DO é uma abordagem de mudança planejada cujo foco principal está em mudar as pessoas, a natureza e a qualidade de suas relações de trabalho. O DO enfatiza a mudança cultural como base para a mudança organizacional – transformar a mentalidade das pessoas para que elas possam mudar e revitalizar a organização.[29] O DO pode ser definido como "um esforço de longo prazo, apoiado pela alta direção, no sentido de melhorar os processos de resolução de problemas e de renovação or-

Quadro 14.5 Velhos e novos fatores críticos de sucesso

Velhos fatores críticos de sucesso	Novos fatores críticos de sucesso
Tamanho Quanto maior o tamanho, maior a escala e as eficiências. Tamanho não traz velocidade.	**Velocidade** Quanto maior a velocidade de responder ao cliente, oferecer novos produtos e serviços e mudar estratégias, maior o sucesso.
Clareza de papel A responsabilidade de cada cargo ou órgão é delimitada e clara. Clareza não traz flexibilidade.	**Flexibilidade** A organização deve se mover rapidamente, aprender novas competências, mudar e inovar continuamente.
Especialização A tarefa organizacional é dividida e subdividida em áreas e em níveis. A especialização não produz integração.	**Integração** A organização deve funcionar como um todo sistêmico e integrado. Juntar, e não separar.
Controle O trabalho deve ser controlado para verificar se o plano foi executado. O controle não produz inovação.	**Inovação** O mundo muda rapidamente e a organização deve ter processos de inovação criativa para acompanhar ou se antecipar às mudanças.

ganizacional, particularmente por meio de um eficaz e colaborativo diagnóstico e administração da cultura organizacional – com ênfase especial nas equipes formais de trabalho, nas equipes temporárias e na cultura intergrupal – com a assistência de um consultor-facilitador e a utilização da teoria e tecnologia das ciências aplicadas ao comportamento, incluindo pesquisa e ação".[30] Essa definição inclui vários aspectos importantes, como:[31]

- **Processos de solução de problemas**: referem-se aos métodos pelos quais a organização tenta resolver as ameaças e oportunidades em seu ambiente.
- **Processos de renovação**: referem-se aos modos pelos quais os administradores adaptam seus processos de solução de problemas ao ambiente. O DO pretende melhorar os processos organizacionais de autorrenovação, tornando os administradores mais capazes de adaptar prontamente seu estilo gerencial aos novos problemas e oportunidades que surgem.
- **Gestão participativa**: outro objetivo do DO é o compartilhamento da gestão com os funcionários. A gestão participativa implica que os gestores coloquem abaixo a estrutura hierárquica e façam os colaboradores assumir um papel maior no processo de tomada de decisões. Para alcançar essa mudança, os gestores devem conscientemente mudar a cultura organizacional por meio do compartilhamento de atitudes, crenças e atividades.
- **Construção e fortalecimento de equipes**: é o chamado *empowerment*. Trata-se de criar equipes e atribuir responsabilidade e autoridade aos seus membros como elementos vitais para a administração participativa. Dar força e autoridade às pessoas faz com que elas se sintam responsáveis pela mudança.
- **Pesquisa-ação**: refere-se à maneira pela qual os agentes de mudança de DO aprendem sobre as necessidades organizacionais de melhoria e o modo como a organização pode ser ajudada a fazer essas melhorias. Isso significa que a ação de intervenção do DO é uma decorrência do diagnóstico efetuado pela pesquisa, e é específica para cada necessidade diagnosticada. A pesquisa-ação compreende:
  - Diagnóstico preliminar do problema, que é feito pela equipe.
  - Obtenção de dados para apoio (ou rejeição) do diagnóstico.
  - Retroação de dados aos participantes da equipe.
  - Exploração dos dados pelos participantes para a busca de soluções.
  - Planejamento da solução-ação apropriada ao diagnóstico.
  - Execução da solução-ação.

Diversas conceituações de desenvolvimento organizacional

- A aplicação do conhecimento das ciências comportamentais em um esforço de longo prazo para melhorar a capacidade de uma organização de enfrentar a mudança em seu ambiente externo e aumentar suas competências de solução de problemas.[32]
- Uma abordagem planejada para a mudança interpessoal, grupal e intergrupal na organização como um todo, mudança que é abrangente, a longo prazo e sob a direção de um agente de mudança.[33]
- Uma tentativa de longo prazo no sentido de alcançar níveis maiores de eficácia pessoal e interpessoal (com especial ênfase no trabalho em equipe) em uma organização.[34]

14.13 TÉCNICAS DE DO

Os agentes de mudança utilizam vários métodos de DO para fazer colheita de dados, diagnóstico organizacional e ação de intervenção. Em geral, essas técnicas e abordagens são utilizadas em conjunto. As principais são:[35]

1. **Treinamento da sensibilidade**: é um método de mudança comportamental por meio da interação de grupo de maneira não estruturada. É também chamado treinamento de laboratório, grupos de encontro ou grupos T (grupos de treinamento). Trata-se de uma técnica que reúne pessoas em um ambiente livre e aberto para discutir seus processos de interação e a si mesmas para que tenham consciência do próprio comportamento e de como ele é percebido pelos outros, para reforçar a sensibilidade a respeito. Com a ajuda de um facilitador ou consultor, o grupo focaliza os processos pelos quais as pessoas aprendem por meio da observação e da participação. As ordens, os comandos e as instruções são proibidos. O facilitador incentiva a livre expressão de ideias, atitudes e convicções com o objetivo de melhorar a capacidade de ouvir e compreender as pessoas, a tolerância quanto às diferenças individuais e a habilidade de resolver conflitos e antagonismos.

2. **Consultoria de processos**: é um método de mudança comportamental no qual o consultor externo ajuda um cliente – quase sempre uma organização ou gerente – a perceber e compreender os processos de interação entre a organização ou gerente e as demais pessoas.[36] O consultor não soluciona problemas, mas aconselha o cliente a como diagnosticar os processos que requerem melhorias e a resolver seus próprios problemas de relacionamento.[37]
3. **Construção de equipes**: é um método de mudança comportamental destinado a criar e incentivar equipes e melhorar seu desempenho com o aumento da confiança recíproca e a abertura entre os participantes.[38] Envolve a definição de objetivos da equipe, o aumento das relações interpessoais entre os participantes, a análise dos papéis, a responsabilidade pessoal de cada um e a análise dos processos internos da equipe.
4. **Reuniões de confrontação**: é um método de alteração comportamental no qual um consultor interno ou externo (mediador ou terceira parte) trabalha com dois grupos antagônicos ou em conflito para reduzir as barreiras entre eles e melhorar as relações intergrupais. Cada grupo faz uma reunião para elaborar uma lista das percepções que tem de si mesmo, do outro grupo e de como acredita ser visto pelo outro grupo. Os grupos, então, comparam as listas, discutindo as semelhanças e as diferenças no sentido de buscar as causas das disparidades. A reunião de confrontação é uma técnica de enfoque socioterapêutico e sua finalidade é permitir melhorar a saúde da organização, incrementando as comunicações e a relação entre diferentes grupos ou áreas da organização.

Críticas ao DO não faltam,[39] devido à sua profunda visão humanística, à forte ênfase nos processos interpessoais e à pouca importância dada aos métodos estruturais e procedurais relacionados com o cargo e as tarefas. Contudo, não se pode negar as infinitas possibilidades que a mudança planejada pode trazer às organizações.

14.14 A NECESSIDADE DE INOVAÇÃO

A inovação depende da mudança. E inovação significa algo inteiramente novo. O economista vienense Joseph Schumpeter define inovação como combinações de novas coisas e mercados. A inovação é o processo de criar algo que tenha um valor significativo para uma pessoa, um grupo, uma organização, uma indústria ou uma sociedade. Ela representa a implementação da criatividade. A criatividade é, simplesmente, a produção de algo novo, ideias apropriadas que melhoram a atividade humana e o primeiro passo da inovação. Embora diferentes, criatividade e inovação são geralmente consideradas no mesmo contexto quando se discute a renovação organizacional.

As organizações de alto desempenho definem a inovação em relação à criatividade e à geração de novas oportunidades e coisas, algo como a criação de novos e diferentes produtos, serviços, processos, mercados e desenhos geradores de valor. A inovação inclui desenho organizacional, desenho de processos, tecnologia, recompensas, gestão do conhecimento, desempenho humano, desenvolvimento de produtos, desenvolvimento de mercados e avanço cultural. As organizações de alto desempenho fazem tudo isso de maneira conjunta e integrada, tratando a inovação como um processo e como um portfólio de atividades cuidadosamente desenvolvidos e deliberadamente coreografadas para alcançar um desempenho maior e resultados melhores.

Além dos benefícios financeiros e competitivos, a inovação melhora a posição estratégica da organização e permite as seguintes vantagens:[40]

- A inovação é o caminho para o melhor desempenho organizacional, uma das muitas técnicas para reinventar a organização e seus ambientes.
- A inovação é excitante e facilita o engajamento e a retenção dos melhores talentos na organização.
- A inovação estimula o aprendizado e a transferência de conhecimento, que são elementos essenciais para a mudança estratégica. Organizações inovadoras estão sempre conversando, sempre envolvidas na descoberta e no compartilhamento de novas ideias e informação. Têm elevada propensão para provar e aprender.
- As organizações inovadoras proporcionam pessoas com vontade de crescer, desenvolver e diversificar profissionalmente. Elas encorajam a experimentação, incentivam e recompensam a colaboração e toleram as falhas inevitáveis associadas com a descoberta, o aprendizado, o crescimento pessoal e a mudança.
- As organizações inovadoras apresentam altos níveis de integração multicultural, funcional cruzada e operacional. Elas têm alto grau de colaboração dentro e fora de suas fronteiras e estrutura organizacional, o que atrai pessoas e parceiros externos com paixão pelo seu trabalho e pela criatividade.

Acesse conteúdo sobre **Fontes da Inovação** na seção *Tendências em CO* 14.2

Quais são as fontes de inovação organizacional? Basicamente, são três: estrutura, cultura e recursos humanos.[41] As variáveis estruturais são as fontes potenciais de inovação mais estudadas.[42] Há uma relação íntima entre estrutura e inovação, a saber:[43]

- **As estruturas orgânicas influenciam positivamente a inovação**: elas possuem menor diferenciação vertical, menor formalização e menor centralização e, por isso, propiciam a flexibilidade e a adaptação que facilitam a adoção da inovação.
- **A inovação cresce onde existe abundância de recursos**: a disponibilidade de recursos permite que a organização compre inovações, assuma custos de gerar inovações e absorva possíveis fracassos.
- **A comunicação interna entre unidades e pessoas é intensa nas organizações inovadoras**:[44] essas organizações utilizam simultaneamente comitês, forças-tarefas, equipes multifuncionais e outros mecanismos que facilitam e intensificam a interação entre as áreas e as pessoas da organização.

É necessário acrescentar que a cultura de inovação constitui o aspecto mais importante na busca por inovação. Incentivar a criatividade, a engenhosidade e a imaginação depende fortemente do tipo de cultura organizacional adotado pela organização. Os habilitadores da inovação estão elencados no Quadro 14.6.

Contudo, sem pessoas incessantemente preparadas, qualificadas, motivadas, todas essas iniciativas corporativas, por melhores que sejam, ficarão à mercê de uma utilização precária e insuficiente. Investir apenas em tecnologias, em processos, em produtos ou serviços ou em clientes é básico, é elementar. Porém, se isso tudo não for acompanhado de um correspondente investimento em pessoas, nada feito. Limitar-se a programas internos de treinamento é fundamental, mas insuficiente. Muito pouco. Torna-se necessário envolver todas as lideranças no processo de desenvolver pessoas e aprimorar talentos. Todas essas providências se multiplicam, e quando um dos principais termos da complexa equação que explicitamos – pessoas – é anulado por falta de uma orientação cuidadosa e de um apoio maior, o resultado matemático se aproximará do zero. Afinal, são as pessoas que conduzem os planos, e não o contrário. Mais do que isso, são as pessoas que conduzem as organizações, e não o contrário. São elas que trazem resultados, riqueza e valor para as organizações.

Aumente seus conhecimentos sobre **As dimensões da inovação** na seção *Saiba mais* CO 14.7

Quadro 14.6 Habilitadores da inovação[45]

	Impedimentos à inovação	Habilidades da inovação
Cultura	- Forte compromisso com as práticas ultrapassadas. - Inabilidade em desaprender. - Falta de prioridade institucional ou desdobramentos pessoais. - Falta de incentivos apropriados. - Pessoas inapropriadas. - Ambiente físico desfavorável.	- Força de trabalho energizada e diversificada. - Paixão institucional pela inovação. - Ambiente físico criativo e inovador. - Ambiente de descoberta e de aprendizado. - Forte compartilhamento do conhecimento.
Tecnologia	- Falta de tecnologia apropriada. - Tecnologia difícil de utilizar. - Tecnologia ameaçadora ao negócio.	- Tecnologia de alta utilidade. - Tecnologia ergonômica e fácil. - Acessibilidade à tecnologia.
Mensurações	- Medições inapropriadas ou inexistentes. - Ênfase em medições errôneas. - Ênfase em medições financeiras.	- Encorajamento da experimentação. - Ênfase sobre o aprendizado e adaptação. - Utilização de medidas multifatoriais. - Ênfase nos resultados de longo prazo.

14.15 ENCORAJANDO UMA CULTURA DE APRENDIZADO E DE MUDANÇA

Aprendizado e mudança constituem, hoje, os aspectos essenciais para a renovação, a revitalização e o sucesso organizacional autossustentado. O compromisso com o aprendizado e a compreensão do estilo de aprendizado organizacional somente podem florescer em uma cultura participativa e apoiadora. Esse é o ponto de partida. Para se criar uma cultura de aprendizagem na organização, são indispensáveis seis domínios bem definidos, a saber:[46]

1. **Desenvolver um conjunto de ideias compartilhadas**: quando a organização constrói uma cultura focada na capacidade de aprendizado, ela confirma o valor do aprendizado e encoraja as pessoas a compartilhar ideias além das suas fronteiras pessoais. As medidas que ajudam a fortalecer o compromisso com o aprendizado em um conjunto de ideias compartilhadas dentro da organização são as seguintes:
   - Abertura à análise e reflexão de todas as decisões.
   - Eliminar punições por erros que sufocam, cerceiam e bitolam a iniciativa e a criatividade das pessoas.
   - Encorajar normas de reciprocidade e de *feedback* de duas vias.
   - Construir diálogo em todos os processos de tomada de decisão.
   - Evitar a mentalidade estreita de uma-única-melhor-maneira (*the best way*), que desencoraja as pessoas a inovar e a aprender umas com as outras. O conjunto de ideias compartilhadas é uma dimensão crítica para a aprendizagem, pois determina se ela será superficial ou substancial.

2. **Desenvolver a competência organizacional**: a competência organizacional se refere aos meios pelos quais os gerentes e líderes encorajam o desenvolvimento do conhecimento, de habilidades e capacidades em seus subordinados. No contexto de uma cultura que apoia a aprendizagem, os líderes devem considerar as seguintes ações:
   - Fazer sistematicamente a rotação de pessoas entre cargos e divisões para que conheçam diferentes atividades e ampliem seus conhecimentos.
   - Posicionar pessoas com conhecimento estratégico em posições-chave.
   - Admitir e promover pessoas com capacidade demonstrada de aprendizagem.
   - Demitir pessoas que não aprendem e explicar-lhes as razões dessa decisão.
   - Montar programas de treinamento e requerer experiências educacionais prévias dos candidatos para compartilhar as melhores práticas do mercado.
   - Utilizar conclusivos do aprendizado pela experiência, tais como: Quais as lições aprendidas? O que você pode fazer de maneira diferente? O que você pode melhorar e inovar em seu trabalho?

   Essas ações afetam as pessoas e a maneira como são treinadas dentro da organização para desenvolver suas competências, proporcionando a capacidade de aprendizado para substituir hábitos ultrapassados.

3. **Esclarecer as consequências**: um dos mais poderosos elementos de uma cultura de aprendizado é a percepção clara das consequências do aprendizado e do não aprendizado. As pessoas tendem a fazer aquilo em que são recompensadas e a evitar aquilo em que são punidas. As consequências desejáveis do aprendizado melhoram a cultura de aprendizado, a saber:
   - Avaliar ações de aprendizado e resultados durante as avaliações de desempenho.
   - Solicitar a vários parceiros que participem da avaliação do desempenho das pessoas (como na avaliação 360º).
   - Recompensar pessoas que aprendam com as conclusões a respeito de erros.
   - Dar especial reconhecimento e prêmios aos gerentes que antecipam as necessidades de competência e as estratégias de aprendizado.
   - Encorajar e recompensar a experimentação e a tentativa de melhorar e inovar.
   - Proporcionar sistemas de bônus e incentivos ao aprendizado.
   - Ajudar as pessoas a ser responsáveis por resultados sem punir iniciativas experimentais que podem eventualmente levar a erros.

4. **Configurar processos de governança**: os processos de governança se referem às estruturas organizacionais, aos processos de tomada de decisão e às estratégias de comunicação utilizados na organização. Tais processos podem encorajar o aprendizado por meio das seguintes ações:
   - Montar uma estrutura organizacional fluida, flexível e adaptativa.
   - Desenvolver e utilizar intensamente equipes funcionais cruzadas.
   - Estabelecer centros de excelência na organização (locais onde as novas ideias estão sendo aplicadas e melhorias de desempenho estão sendo alcançadas) e fazer rotação de cargos dentro e fora deles para transferir *know-how* e compartilhar conhecimento.

- Apoiar a interação cotidiana, fluida e informal entre fornecedores e outros parceiros externos.
- Criar campanhas para mostrar como o aprendizado é diferente, embora relacionado com treinamento e educação.
- Demonstrar comportamentos e hábitos que a organização define como disfunções de aprendizado para evitá-los, sem punir as pessoas.
- Encorajar o *benchmarking* externo e a comunicação.
- Compartilhar informação e sucesso entre todos.

Todas essas atividades levam os gerentes a compartilhar ideias além das fronteiras da organização, ao invés de bloqueá-las ou cerceá-las.

5. **Desenvolver a capacidade para a mudança**: os desenvolvimentos tecnológicos recentes estão provocando fortes impactos sobre a criação de uma cultura de aprendizado. O primeiro deles é a geração de ideias com impacto, como a localização de centros de excelência. O segundo impacto é a generalização daquelas ideias ao longo das fronteiras organizacionais, que ocorre de maneira mais rápida e fluida por meio da tecnologia. Quando o conhecimento é registrado em bases de dados, os funcionários em qualquer parte do mundo podem acessar e utilizar a tecnologia, o que faz com que o conhecimento de uma organização esteja disponível para qualquer parceiro em qualquer lugar e em qualquer momento. A visão das pessoas a respeito do processo de mudança organizacional é outra influência-chave na cultura de aprendizagem. Para encorajar uma orientação para a mudança, é necessário:

- Estimular negócios que incentivem a organização, ou uma unidade dela, a alcançar padrões gradativos de crescimento e de aprendizagem.
- Montar sistemas de informação que sejam flexíveis e dinâmicos e que sirvam de plataforma para o trabalho das pessoas.
- Estabelecer um ambiente físico de trabalho que encoraje a flexibilidade.
- Criar ligações com fontes externas de ideias e inovação, como universidades, associações e institutos de pesquisa.

6. **Desenvolver liderança para o aprendizado**: o último domínio da capacidade de aprendizagem organizacional é a maneira como os líderes podem continuamente ensinar as pessoas a aprender. Existem várias maneiras por meio das quais os líderes podem criar capacidade de aprendizado, como:

- Ensinar os líderes a preparar, orientar e impulsionar as pessoas.
- Ensinar os líderes a serem renovadores.
- Transformar os líderes em *coaches* e mentores das pessoas.

Os líderes conseguem trabalhar dentro dessas atividades se possuírem um modelo de cultura de aprendizado e desde que fomentem o movimento de ideias entre as pessoas e de uma unidade para outra. O Quadro 14.7 oferece um modelo de criação de uma cultura de aprendizado.

Afinal de contas, aprendizagem é uma mudança de comportamento. Parece até que a mudança está em todos os lugares.

Quadro 14.7 Modelo de criação de uma cultura de aprendizado[47]

1 **Ideias compartilhadas** **(cultura organizacional)** Até que ponto nossa cultura promove o aprendizado?			
2 **Competências** Até que ponto temos competências individuais, de equipes e organizacionais que facilitam o aprendizado?	3 **Consequências** Até que ponto nosso sistema de desempenho gerencial encoraja o aprendizado?	4 **Governança** Até que ponto nossa estrutura organizacional e nossos processos de comunicação facilitam o aprendizado?	5 **Capacidade de mudança** Até que ponto nossos sistemas e processos de trabalho encorajam o aprendizado?
6 **Liderança** Até que ponto os líderes de nossa organização demonstram compromisso com o aprendizado?			

Acesse conteúdo sobre **Reconectando o cérebro corporativo: usando a nova ciência para repensar como estruturar e liderar as organizações** na seção *Tendências em CO 14.3*

Aumente seus conhecimentos sobre **Os dez mandamentos da gestão da mudança** na seção *Saiba mais* CO 14.8

14.16 INCENTIVANDO E IMPULSIONANDO ESFORÇOS DE MUDANÇA

Livros e pesquisas sobre mudanças organizacionais não faltam.[48] Contudo, apenas uma pequena parte das iniciativas de mudança – como reorganizações, projetos de melhoria de qualidade, qualidade total ou atendimento ao cliente – é considerada bem-sucedida em função do sucesso medido em resultados e do tempo necessário para alcançá-los.[49] O Centro de Desenvolvimento Gerencial da General Electric em Crotonville examinou a pesquisa e a teoria sobre mudança e identificou sete fatores críticos para o sucesso dela, a saber:[50]

1. **Condução da mudança**: quem é o patrocinador, ou a agenda principal da mudança, que lidere e assegure essa iniciativa.
2. **Criação de uma necessidade comum**: como garantir que as pessoas saibam por que precisam mudar e que a necessidade de mudança é maior do que a resistência à mudança.
3. **Modelagem de uma visão do futuro**: como formular o resultado desejado – a visão organizacional – a partir da mudança.
4. **Mobilização do envolvimento**: como identificar, envolver e comprometer os apostadores-chave que devem estar envolvidos na realização da mudança e fazê-los atuar em conjunto para obter resultados sinérgicos.
5. **Mudança de sistemas e estruturas**: como utilizar ferramentas típicas da Administração e dos Recursos Humanos (RH) – como seleção e contratação, treinamento e desenvolvimento, avaliação do desempenho, remuneração e recompensas, desenho organizacional, comunicação, processos e sistemas – para garantir que a mudança seja imbricada na infraestrutura da organização.
6. **Monitoração do progresso**: como definir o *benchmarking*, as metas e as mensurações com os quais se possa medir, comparar e evidenciar o progresso.
7. **Manutenção da mudança**: como garantir que a mudança aconteça na organização mediante planos de implementação, acompanhamento e compromissos das pessoas em marcha.

Foram esses fatores críticos que a General Electric (GE) levou em consideração no seu processo de mudança organizacional. Com base neles, o Quadro 14.8 fornece um *checklist* para gerir a mudança e controlar cada um desses fatores críticos no esforço conjugado de mudança organizacional. Ao revisar continuamente cada fator crítico, a probabilidade de alcançar sucesso na mudança aumenta consideravelmente.[51]

E por que razão se fala tanto em mudança organizacional? É que, pelo andar da carruagem, as organizações do futuro deverão apresentar algumas feições básicas, inteiramente diferentes das atuais, tais como:[52]

- As organizações serão altamente democráticas e participativas, em decorrência da cooperação e da colaboração de pessoas bem preparadas e qualificadas atuando em equipes e utilizando eficazmente uma plataforma alavancadora de TI.
- As organizações serão predominantemente auto-organizativas e com características autopoiéticas de contínua construção e reconstrução. As empresas estão se transformando em verdadeiras redes de relacionamentos que interligam funcionários, fornecedores e clientes. A auto-organização permite que a organização tenha, simultaneamente, ordem (estabilidade e manutenção) e desordem (instabilidade e mudança) por meio de um processo circular e recorrente. Isso significa alta diferenciação e alta integração, estabilidade e autorrenovação, adaptabilidade ao ambiente, aprendizagem pela experiência e incorporação estrutural da aprendizagem, descentralização, colaboração e, consequentemente, evolução contínua.
- As organizações serão focadas na gestão do conhecimento e, principalmente, na aplicação rentável do conhecimento, graças aos mecanismos internos e externos de aprendizagem organizacional. Essa é uma decorrência natural da aprendizagem nos níveis individual e grupal, e é isso que assegura e permite que a taxa de coisa nova seja sempre maior do que a taxa de coisa velha da organização. Em outras palavras, o volume de inovação deverá ser maior do que o volume de manutenção do *status quo*.

Quadro 14.8 Os sete fatores críticos para o sucesso da mudança[53]

Fatores críticos para o sucesso da mudança	Questões para avaliar e realizar os fatores críticos para o sucesso da mudança
Condução da mudança (quem é o responsável?)	Temos um líder de cúpula que: ■ possui autoridade e defende a mudança? ■ se compromete publicamente a fazê-la acontecer? ■ captará os recursos necessários para sustentá-la? ■ investirá tempo e atenção pessoais ao acompanhamento?
Criação de uma necessidade comum (por que realizá-la?)	Os funcionários: ■ percebem e entendem a razão da mudança? ■ compreendem por que a mudança é importante? ■ percebem como ela os ajudará ou ajudará a empresa?
Modelagem de uma visão do futuro (como será quando a tivermos realizado?)	Os funcionários: ■ percebem os resultados da mudança em seus comportamentos? ■ ficam animados com os resultados da realização da mudança? ■ compreendem como a mudança beneficia clientes e parceiros?
Mobilização do envolvimento (quem mais precisa estar envolvido?)	Os patrocinadores da mudança: ■ identificam quem precisa estar envolvido com a mudança para fazer com que ela aconteça? ■ sabem como formar uma coalizão de apoio à mudança? ■ sabem arregimentar apoio de pessoas-chave da organização? ■ repartem responsabilidades para fazer a mudança acontecer?
Modificação de sistemas e estruturas (como ela será institucionalizada?)	Os patrocinadores da mudança: ■ compreendem como vincular a mudança a outros sistemas – como treinamento, avaliação, recompensas, estrutura, comunicações etc.? ■ identificam as implicações sistêmicas da mudança?
Monitoração do progresso (como ele será medido?)	Os patrocinadores da mudança: ■ dispõem dos meios para medir o sucesso da mudança? ■ planejam com *benchmarkings* o progresso nos resultados?
Manutenção da mudança (como fazer para que ela seja iniciada e dure?)	Os patrocinadores da mudança: ■ identificam os primeiros passos para dar início à mudança? ■ possuem um plano de curto e longo prazo para manter a atenção concentrada na mudança? ■ possuem um plano para adaptar a mudança ao longo do tempo?

■ Todas essas três características anteriores somente serão possíveis graças ao capital humano nelas envolvido e aplicado. Capital humano significa necessariamente pessoas qualificadas atuando dentro de uma adequada estrutura organizacional e trabalhando dentro de uma cultura organizacional democrática e incentivadora.

A vantagem competitiva de uma organização está dependendo cada vez mais dos seguintes aspectos:[54]

■ As organizações que conseguirem criar um clima favorável à realização pessoal poderão contar com pessoas mais engajadas e mais qualificadas para as competências necessárias ao negócio.

■ O novo papel do dirigente – em qualquer nível, desde o presidente até o líder de equipe – será o de cultivar e manter um ambiente propício ao desenvolvimento continuado das pessoas, inclusive de si próprio.

- Os sistemas de remuneração e recompensas que atuam como estímulos diferenciados ao recompensarem o desempenho excelente e a inovação.
- O emprego permanente e de tempo integral perdem espaço para outras formas de relação de trabalho mais flexíveis. Ao invés de garantir emprego, as organizações estão oferecendo empregabilidade, com o constante investimento nas pessoas em treinamento, desenvolvimento, capacitação, atualização e aprendizagem.
- O estilo de gestão autoritário sob o estalar de chicotes e gritaria está sendo substituído pela administração em redes, alianças estratégicas, liderança democrática e participativa.
- As organizações passam a ser verdadeiras federações de empreendedores internos, funcionando sob uma mesma razão social em sintonia com uma comunidade de processos. Poucas regras, muita autonomia, muito incentivo, muito entusiasmo e objetivos e metas comuns.
- A qualidade passa a ser regra elementar para entrar no jogo. A melhoria contínua da qualidade passa a ser uma obrigação elementar.
- A importância dos valores organizacionais é constantemente revista e atualizada, principalmente os valores inerentes às pequenas organizações.
- A intuição fundamentada no histórico das relações passadas assume um papel cada vez mais relevante. Emoção e intuição estão competindo em um páreo formidável com a razão e a ordem.
- A organização passa a fazer parte de um núcleo social mais abrangente que inclui cada vez mais a qualidade de vida das pessoas. O importante será tornar a organização um lugar agradável e desafiador para se trabalhar e realizar todas as potencialidades pessoais.

Vale a pena esperar para conferir. O futuro está chegando cada vez mais depressa. Porém, como diz a famosa música popular, "Vem, vamos embora / Que esperar não é saber / Quem sabe faz a hora / Não espera acontecer". Cada executivo, desde o presidente até o líder de equipe, precisa ser um ator – e não mero espectador – do aprendizado, da mudança e da inovação dentro das organizações e um agente multiplicador de esforços de melhoria contínua – não apenas de processos, produtos ou serviços, mas, principalmente, de construção de talentos.

Acesse conteúdo sobre **Fronteiras abertas** na seção *Tendências em CO* 14.4

Acesse um caso sobre **O estilo de inovação da 3M** na seção *Caso de apoio* CO 14.1

RESUMO

Agora se pode ter uma pequena noção da complexidade e da heterogeneidade da literatura sobre mudança organizacional. A mudança organizacional envolve tentativas para modificar a estrutura e os processos da organização ou os processos interpessoais. Quase sempre são mudanças focadas em cargos, pessoas, grupos de trabalho e na organização como um todo e, quase sempre, são mudanças feitas no sentido de aumentar a eficácia interpessoal e na tarefa. O processo de mudança envolve certo número de etapas. O problema precisa ser reconhecido, a causa deve ser devidamente diagnosticada, uma determinada estratégia deve ser implementada e a mudança, avaliada. Muita pesquisa sobre diagnóstico e implementação foi feita, mas os procedimentos de avaliação ainda precisam ser melhorados. O DO é um amplo corpo de conceitos, ferramentas e técnicas desenhadas para implementar a mudança de longo prazo nas organizações. O foco original do DO foram as relações interpessoais e intergrupais, mas, recentemente, essa orientação humanística foi ampliada para incluir mudanças estruturais dentro de uma posição mais clássica.

QUESTÕES

1. Comente as mudanças de cenário que estão ocorrendo na Era da Informação e como elas estão impactando as organizações.
2. Comente as palavras de ordem nas organizações: produtividade, qualidade e competitividade.
3. Explique quando a mudança organizacional se torna necessária.
4. Explique o processo de mudança dentro de um campo de forças segundo Lewin.
5. Comente o limiar de sensibilidade das pessoas às mudanças.
6. Comente os quatro tipos de pensamento sistêmico.
7. Explique os antigos fatores de sucesso organizacional em confronto com os novos.
8. Explique os quatro tipos de fronteiras organizacionais que precisam ser reconfiguradas para alcançar o sucesso organizacional e por que razão.

9. O que significa agente de mudança?
10. Explique a resistência à mudança e seus aspectos lógicos, psicológicos e sociológicos.
11. Quais as possíveis estratégias para superar as resistências à mudança? Explique-as.
12. Quais as variáveis situacionais que definem a escolha dessas estratégias? Explique-as.
13. Comente os passos gradativos da mudança organizacional.
14. Explique o modelo de pesquisa-ação.
15. Comente o conceito de DO.
16. Explique cada uma das principais técnicas de DO.
17. Explique a necessidade de inovação nas organizações.
18. Como incentivar mudança e inovação nas organizações?

REFERÊNCIAS

1. DRUCKER, P. F. *Uma era de descontinuidade*. Rio de Janeiro: Zahar, 1970.
2. Adaptado de ROBBINS, S. P. *Comportamento organizacional*. São Paulo: Prentice Hall, 2002. p. 526.
3. DRUCKER, P. F. *Managing for the future*: the 1990s and beyond. New York: Truman Talley Books/Dutton, 1992.
4. PETERS, T. *Thriving on chaos*. New York: Knopf, 1988.
5. KIMBERLY, J. R.; MILES, R. H. et al. *The organizational life cycle*. San Francisco: Jossey-Bass, 1980.
6. Adaptado de QUINN, R. E.; CAMERON, K. Organizational life cycles and shifting criteria of effectiveness: some preliminary evidence. *Management Science*, v. 29, p. 33-51, 1983.
7. CHIAVENATO, I. *Introdução à Teoria Geral da Administração*. 10. ed. São Paulo: Atlas, 2020.
8. LEWIN, K. Frontiers in group dynamics concept, method, and reality in social science. *Human Relations*, v. 1, n. 1, 1947, p. 5-41.
9. CHIAVENATO, I. *Introdução à Teoria Geral da Administração*, op. cit.
10. CHIAVENATO, I. *Os novos paradigmas*: como as mudanças estão mexendo com as empresas. Barueri: Manole, 2008. p. 245-246.
11. CHIAVENATO, I. *Os novos paradigmas*: como as mudanças estão mexendo com as empresas, *op. cit.*
12. ASHKENAS, R.; ULRICH, D.; JICK, T.; KERR, S. *The boundaryless organization*: breaking the chains of organizational structure. San Francisco: Jossey-Bass, 2002. p. xviii-xix.
13. BYRNE, J. A. *Jack*: o definitivo. Rio de Janeiro: Campus, 2001. p. 207.
14. SCHEIN, E. On dialogue, culture, and organizational learning. *Organizational Dynamics*, Autumn 1993, p. 46.
15. ROBBINS, S. P. *Comportamento organizacional*, op. cit., p. 529.
16. KOTTER, J. P. *Leading change*. Boston: Harvard Business School Press, 1996.
17. DAVIS, K. *Human behavior at work*: organizational behavior. New York: McGraw-Hill, 1981. p. 207.
18. DAVIS, K. *Human behavior at work*: organizational behavior, op. cit., p. 207.
19. KOTTER, J. P.; SCHLESINGER, L. A. Choosing strategies for change. *Harvard Business Review*, March-Apr. 1979, p. 106-114.
20. Adaptado de KOTTER, J. P.; SCHLESINGER, L. A. *Choosing strategies for change*, op. cit., 106-114.
21. KOTTER, J. P.; SCHLESINGER, L. A. *Choosing strategies for change*, op. cit., p. 106-114.
22. MITCHELL, T. R. *People in organizations*: an introduction to organizational behavior. New York: McGraw-Hill, 1982. p. 483.
23. McCORMICK, E. J.; JEANNERET, P. R.; MECHAM, R. C. A study of job characteristics and job dimensions as based on the position analysis questionnaires (PAQ). *Journal of Applied Psychology*, v. 56, p. 347-360, 1972.
24. HACKMAN, J. R.; OLDHAM, G. R. The job diagnostic survey: an instrument for the diagnosis of jobs and the evaluation of job redesign projects. *Journal of Applied Psychology*, v. 60, p. 159-170, 1975.
25. LIKERT, R. *A organização humana*. São Paulo: Atlas, 1974.
26. SHANI, A. B.; PASMORE, W. A. Organization inquiry: towards a new model of the action research process. In: WARRICK, D. D. (ed.). *Contemporary organization development*: current thinking and applications. Glenview: Scott, Foresman, 1985. p. 438-448.
27. CHIAVENATO, I. *Coaching & mentoring*: construção de talentos. Rio de Janeiro: Elsevier/Campus, 2015. p. 64-65.
28. PORRAS, J. I.; ROBERTSON, P. J. Organizational development: theory, practice, and research. In: DUNNETTE, M. D.; HOUGH, L. M. (eds.). *Handbook of industrial and organizational psychology*. Palo Alto: Consulting Psychologists Press, 1992, p. 721-723.
29. CHIAVENATO, I. *Administração nos novos tempos*: os novos horizontes em administração. 4. ed. São Paulo: Atlas, 2020. p. 87.
30. FRENCH, W. L.; BELL, C. H. *Organizational development*: behavioral science interventions for organizational improvement. Englewood Cliffs: Prentice Hall, 1981. p. 17.
31. STONER, J. A. F.; FREEMAN, R. E.; GILBERT, D. R. *Management*. Englewood Cliffs: Prentice Hall, 1995. p. 421-422.
32. SCHERMERHORN JR., J. R.; HUNT, J. G.; OSBORN, R. N. *Basic organizational behavior*. New York: John Wiley & Sons, 1995. p. 312.
33. WAGNER III, J. A.; HOLLENBECK, J. R. *Comportamento organizacional*: criando vantagem competitiva. São Paulo: Saraiva, 2000. p. 464.

34 WAGNER III, J. A.; HOLLENBECK, J. R. *Comportamento organizacional*: criando vantagem competitiva. São Paulo: Saraiva, 2000. p. 464.

35 CHIAVENATO, I. *Introdução à teoria geral da administração, op. cit.*

36 SCHEIN, Edgard H. *Process consultation*: its role in organizational development. Reading: Addison-Wesley, 1988. p. 9.

37 SCHEIN, E. H. *Process consultation, op. cit.*, p. 9.

38 SCHEIN, E. H. *Process consultation, op. cit.*, p. 9.

39 *Vide*: ALDERFER, C. P. Organizational development. *Annual Review of Psychology*, v. 28, p. 197-233, 1977; PORRAS, J. I.; BERG, P. O. The impact of organizational development. *Academy of Management Review*, v. 3, p. 249-266, 1978; CUMMINGS, T. G.; SALIPANTE, P. F. Research based strategies for improving work life. In: WARR, P. (ed.). *Personal goals and work design*. New York: Wiley & Sons, 1976. p. 31-42.

40 MISCHE, M. A. *Strategic renewal*: becoming a high-performance organization. Upper Saddle River: Prentice Hall, 2001. p. 129.

41 VAN DE VEM, A. Central problems in the management of innovation. *Management Science*, v. 32, p. 590-607, 1986.

42 DAMANPOUR, F. Organizational innovation: a meta-analysis of effects of determinants and moderators. *Academy of Management Journal*, September 1991. p. 557.

43 DAMANPOUR, F. *Organizational innovation, op. cit.*, p. 555-590.

44 MONGE, P. R.; COZZENDS, M. D.; CONTRACTOR, N. S. Communication and motivational predictors of the dynamics of organizational innovation. *Organization Science*, p. 250-274, May 1992.

45 MISCHE, M. A. *Strategic renewal*: becoming a high-performance organization, *op. cit.*, p. 139.

46 CHIAVENATO, I. *Coaching & mentoring*: construção de talentos, *op. cit.*

47 Baseado em ASHKENAS, R.; ULRICH, D.; JICK, T.; KERR, S. *The boundaryless organization*: breaking the chains of organizational structure. San Francisco: Jossey-Bass, 2002. p. 173.

48 Sobre mudanças organizacionais, *vide*: WIND, J. Y.; MAIN, J. *Driving change*: how the best companies are preparing for de 21st century. New York: The Free Press,1998; DRUCKER, P. F. *Managing in a time of change*. New York: Penguin Books, 1995; ASHKENAS, R. Beyond the fads: how leaders drive change with results. *Human Resource Planning*, v. 17, n. 2, p. 25-44, 1994; TICHY, N. *Managing strategic change*. New York: Wiley, 1983; KANTER, R. M.; STEIN, B. A.; JICK, T. D. *The challenge of organizational change*. New York: The Free Press, 1992; NUTT, P. C. *Managing planned change*. New York: Macmillan, 1992; CLOKE, K.; GOLDSMITH, J. *The end of management and the rise of organizational democracy*. San Francisco: Jossey-Bass, 2002; ASHKENAS, R.; ULRICH, D.; JICK, T.; KERR, S. *The boundaryless organization*: breaking the chains of organizational structure. San Francisco: Jossey-Bass, 2002.

49 CHIAVENATO, I. *Coaching & mentoring*: construção de talentos, *op. cit.*, p. 176-179.

50 ULRICH, D. *Human resource champions*. Boston: Harvard Business School Press, 1997.

51 ULRICH, D. *Human resource champions, op. cit.*, p. 198.

52 CHIAVENATO, I. *Coaching & mentoring*: construção de talentos, *op. cit.*, p. 184-185.

53 Adaptado de ULRICH, D. *Human resource champions, op. cit.*, p. 200.

54 NAISBIT, J. *Global paradox*. London: Nicholas Brealey, 1995.

15 ESTRATÉGIA ORGANIZACIONAL

OBJETIVOS DE APRENDIZAGEM

Após estudar este capítulo, você deverá estar capacitado para:

- Apresentar uma visão ampla e abrangente da estratégia organizacional.
- Discutir as várias conceituações de estratégia organizacional.
- Delinear os níveis administrativos da organização e suas funções.
- Descrever a formulação estratégica.
- Mostrar a implementação da estratégia.
- Identificar a avaliação da estratégia.
- Delinear o conceito de *Balanced Scorecard* e sua aplicação à estratégia organizacional.

O QUE VEREMOS ADIANTE

- Conceito de estratégia organizacional.
- Níveis administrativos da organização.
- Gestão estratégica.
- Formulação da estratégia organizacional.
- Implementação da estratégia organizacional.
- Avaliação da estratégia organizacional.
- Desempenho organizacional.
- *Balanced Scorecard*.
- Organizações competitivas e organizações sustentáveis.

CASO INTRODUTÓRIO
Empreendimentos Paramount

Ao analisar o desempenho da empresa no último período, o Conselho de Administração – o órgão supremo da Empreendimentos Paramount – verificou que a excessiva centralização das decisões na cúpula da organização estava emperrando e travando seus negócios. A conclusão foi de que a centralização estava transformando o nível institucional em um verdadeiro esquema operacional envolvido totalmente com o dia a dia dos trabalhos e voltado para a rotina. Ao invés de o nível estratégico ser extrovertido e orientado para o futuro e o destino da organização, a diretoria estava agindo como elemento burocrático sem qualquer atividade estratégica ou tática dentro da organização. A Paramount tem três escritórios regionais – em São Paulo, em Brasília e no Rio de Janeiro – e se dedica ao ramo de construção civil e industrial.

Para erradicar o problema, o conselho solicitou a Vera Soares, a presidente da companhia, que tomasse todas as providências para tornar os níveis tático e operacional mais participativos no processo decisório, liberando a diretoria para atuar exclusivamente em assuntos estratégicos. Com essa orientação, Vera convocou uma reunião da diretoria para tratar do assunto. Como você prepararia essa reunião?

A estratégia é, por definição, o ponto de partida do Comportamento Organizacional (CO) e expressa as ambições de uma organização, estabelecendo as diretrizes escolhidas e definindo os projetos e as iniciativas para cumprir a sua missão.[1] A estratégia é a maneira de conduzir toda a organização para o alcance de seus objetivos. A visão completa e integrada de toda a complexidade do comportamento de uma organização somente pode ser obtida por meio da noção de estratégia.[2] A noção de estratégia sempre existiu. Desde quando o homem das cavernas se pôs a caçar ou pescar para poder sobreviver, a estratégia sempre esteve presente como um plano antecipado do que fazer para sermos bem-sucedidos. O termo *estratégia* vem do antigo conceito grego (*strategos*) para designar a arte militar. Desde Alexandre, o Grande, ao longo de dois milênios, o conceito foi passando por constantes refinamentos e novas interpretações com aplicações nas guerras e batalhas na área militar. Na Antiguidade, Sun Tzu – ainda reverenciado nos dias de hoje – propunha certas regras para o comando na guerra.[3] No início do século 18, Carl von Clausewitz revolucionou a estratégia militar salientando que a tática envolve o uso de forças armadas no engajamento, enquanto a estratégia envolve o uso de todos os engajamentos com o objetivo de conquista por meio da vitória na guerra.[4] Mais adiante, Napoleão mudaria consideravelmente esses conceitos. A experiência militar em situações de guerra foi a base para o desenvolvimento de novas ideias sobre a arte militar. A adaptação da terminologia estratégica para os negócios das organizações foi iniciada após a Segunda Revolução Industrial em meados do século 19, intensificada no decorrer da Segunda Guerra Mundial, e teve sua época de ouro no decorrer do século 20, quando as organizações começaram a utilizar intensivamente os conceitos militares de estratégia em suas operações comerciais.[5]

15.1 CONCEITO DE ESTRATÉGIA ORGANIZACIONAL

O conceito atual de estratégia organizacional é amplo e abrangente e apresenta quatro aspectos fundamentais:

1. **Comportamento global da organização**: a estratégia se relaciona com o comportamento global de toda a organização. Ela envolve a organização como um todo integrado. Assim, a estratégia é holística, sistêmica, molar. Nesse aspecto, ela planeja, dimensiona e aloca os recursos organizacionais nas atividades que são básicas para o sucesso da organização, daí a necessidade de um mapeamento interno para avaliar os pontos fortes (fortalezas e potencialidades) e fracos (fraquezas e vulnerabilidades) da empresa. Recentemente, a ênfase vem sendo dada às competências essenciais da organização (*core competences*), que veremos adiante.

2. **Comportamento organizacional frente ao ambiente externo**: a estratégia se relaciona com o CO no ambiente em que a organização opera. Ela diz respeito a como a organização deve se relacionar com um ambiente externo que se caracteriza por mudança, incerteza, concorrência e competitividade. Nesse aspecto, a estratégia leva em conta tanto o ambiente geral – fatores econômicos, políticos, sociais, tecnológicos, demográficos etc. – como o seu específico ambiente de tarefa – quanto clientes, fornecedores, concorrentes e agências reguladoras. Daí a necessidade de um mapeamento ambiental para avaliar as oportunidades e ameaças ambientais.

3. **Foco no futuro e no destino da organização**: a estratégia se relaciona com o futuro da organização. Em geral, está orientada para o longo prazo e define objetivos globais situados no futuro mais distante. Daí a necessidade de estabelecer uma hierarquia de objetivos que defina prioridades em termos de curto, médio e longo prazos.

4. **Comportamento ativo e proativo da organização**: a estratégia requer a atuação ativa e proativa da cúpula da organização para integrar todas as manobras e movimentos organizacionais de maneira eficiente e eficaz. Em geral, a estratégia é definida pelos dirigentes da organização com o apoio e o suporte de todos os parceiros. Quanto mais participativa a cultura organizacional, maior a colaboração e a cooperação dos parceiros para que a estratégia seja implementada e alcance resultados. Por outro lado, em geral, o plano estratégico é decomposto em planos táticos, e cada um deles, em planos operacionais.

Várias conceituações de estratégia organizacional

- Pode ser definida como a determinação de objetivos de longo prazo de uma empresa, a adoção de cursos de ação e a alocação dos recursos necessários para alcançar aqueles objetivos.[6]

- Em seu aspecto mais simples, é a postura que as organizações adotam para administrar o relacionamento entre elas e seus ambientes.[7]
- Processo pelo qual a organização tenta ajustar, de maneira eficaz, o uso que faz de seus recursos e demandas, restrições e oportunidades impostas pelo ambiente.[8]
- Conjunto de propósitos e políticas que definem uma organização e seu negócio.[9]
- Está relacionada com o foco sobre a interdependência das decisões dos adversários e sobre suas expectativas a respeito do comportamento dos outros.[10]

Devido à sua complexidade, a estratégia organizacional tem uma infinidade de abordagens e conceituações.[11] Várias abordagens tentam conceituá-la sob diferentes ângulos, o que requer certo ecletismo na sua definição. Ela tem sido conceituada como consistência organizacional, como definição da organização, como direção ou destino da organização, como esforço focalizado, como estratagema etc. Mintzberg e Quinn mostram que a estratégia tem sido definida por intermédio de quatro Ps – *plan, pattern, position, perspective* –, a saber:[12]

1. **Estratégia como um plano**: a estratégia pode ser concebida como um plano – uma espécie de curso intencional de ação, um conjunto de linhas mestras para lidar com uma situação. É aplicada no conceito militar, quando há um plano de guerra, na teoria dos jogos, quando há um plano que especifica as escolhas do jogador para tirar o máximo possível de cada situação, ou no conceito organizacional, quando há um plano unificado, compreensivo e integrado para assegurar que os objetivos básicos da organização sejam alcançados. Os planos estratégicos podem ser gerais – quando tratam de objetivos globais – ou específicos – quando abordam manobras específicas para lidar com determinados concorrentes no mercado.
2. **Estratégia como um padrão de comportamento**: especificamente uma corrente de ações que caracterizam um determinado CO. Em outras palavras, o conceito de estratégia busca consistência no comportamento, de modo intencional ou não, por meio de uma série de decisões que definem um caráter geral. Há uma interdependência de propósitos, políticas e ações organizacionais, como o comportamento da Ford Motor Company no início do século 20, quando ofereceu o seu modelo T somente na cor preta, ou a tentativa da Toyota em invadir o mercado norte-americano por meio da oferta de qualidade e preço. A estratégia como um padrão mostra a deliberação da organização para realizar seus objetivos em função de padrões de comportamento.
3. **Estratégia como um posicionamento no mercado**: especificamente, significa a localização da organização no seu ambiente. Trata-se de localizar um nicho ou o local único – geralmente denominado domínio – no qual a organização pode concentrar seus recursos em termos de mercados e produtos. Na teoria dos jogos e no jargão militar, é o contexto denominado jogo de duas pessoas, no qual se dará a competição ou o local da guerra. Nas organizações, é a participação no mercado ou a imagem dos seus produtos na cabeça do consumidor. Trata-se de alcançar uma posição concreta escolhida.
4. **Estratégia como uma perspectiva**: representa uma maneira de perceber o mundo, e não apenas de alcançar uma determinada posição. Trata-se de definir uma ideologia ou crença que conduz a organização. Foi o que a Hewlett-Packard fez com seu HP Way, uma cultura organizacional aberta e participativa como modo de vida, ou o que fez o McDonald's, famoso no mundo inteiro com sua ênfase na qualidade, no serviço rápido e na limpeza. Essa conceituação diz respeito ao caráter da organização, aquilo que a impulsiona e caracteriza. Assim, a estratégia passa a ser um conceito, uma abstração que existe apenas nas mentes das partes interessadas, daí a enorme importância do compartilhamento da perspectiva estratégica entre todos os parceiros da organização. Cultura e ideologia juntas para formar a mentalidade coletiva da organização, na qual as pessoas são unidas e integradas pelo pensamento ou comportamento comum.

Em suma, a estratégia é a maneira pela qual uma organização pretende alcançar seus objetivos globais em um ambiente mutável e competitivo. Mais do que isso, a estratégia é um processo contínuo e interminável de construção do próprio destino da organização.[13] Nela, ingressam temas fundamentais como ambiente externo, competição, competências organizacionais, decisões e ações estratégicas e o futuro da organização.

 Aumente seus conhecimentos sobre **As origens da estratégia** na seção *Saiba mais* CO 15.1

15.2 NÍVEIS ADMINISTRATIVOS DA ORGANIZAÇÃO

A administração das organizações está sempre focada no alcance de objetivos estratégicos: é a chamada gestão estratégica. A definição de objetivos globais é fundamental para que todos os parceiros saibam para onde ir. Os objetivos globais constituem a bússola, o rumo e a direção a seguir. A organização precisa funcionar como um conjunto de subsistemas integrados e alinhados com a missão, a visão e a estratégia. Em um mundo cada vez mais complexo e imprevisível, a maneira como se define e se revê continuamente a estratégia organizacional é fundamental para a sobrevivência e o sucesso da organização.

A organização é administrada por meio de três níveis de atuação, a saber: nível institucional, intermediário e operacional. Vejamos cada um deles nas próximas seções e na Figura 15.1.[14]

15.2.1 Nível institucional

Também chamado nível estratégico. É o mais elevado da organização e é constituído dos dirigentes, diretores proprietários ou acionistas da organização. É o nível no qual os objetivos organizacionais são definidos e as principais decisões estratégicas são analisadas e tomadas. É predominantemente extrovertido, pois mantém a interface com o ambiente externo, lida com a incerteza pelo fato de não ter poder ou controle algum sobre os eventos ambientais presentes e futuros e muito menos capacidade de prever com razoável precisão os eventos ambientais futuros. Vimos que a percepção ambiental é eminentemente subjetiva, razão pela qual o nível institucional toma decisões em função de suas percepções a respeito do ambiente.

15.2.2 Nível intermediário

Também chamado nível tático ou gerencial, é o nível colocado entre o nível institucional e o nível operacional e cuida da articulação interna entre esses dois níveis. Trata-se da linha do meio de campo, cuidando também da escolha e da captação dos recursos necessários, bem como da distribuição e da colocação do que foi produzido pela organização nos diversos segmentos do mercado. É o nível que lida com os problemas das decisões tomadas no nível institucional, com as operações realizadas no nível operacional, e é composto da média administrativa da organização, isto é, dos gerentes ou órgãos que transformam as estratégias elaboradas para atingir os objetivos organizacionais em programas de ação.

Trata-se de um nível mediador, pois se defronta com dois componentes completamente diferentes entre si: um componente sujeito à incerteza e ao risco, faceando um ambiente externo mutável e complexo (que é o nível institucional), e outro componente voltado à certeza e à lógica, ocupado com a programação e a execução de tarefas

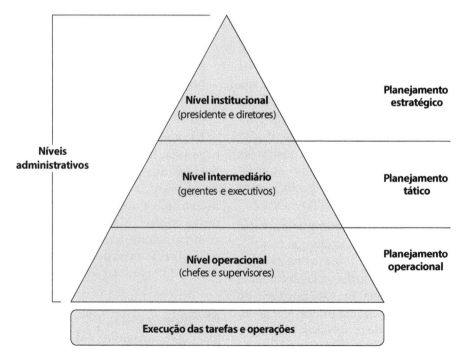

Figura 15.1 Os três níveis administrativos.

bem definidas e delimitadas (que é o nível operacional). Por essa razão, o nível intermediário amortece e limita os impactos e solavancos da incerteza trazida do ambiente pelo nível institucional, absorvendo-os e digerindo-os para trazer ao nível operacional os programas e procedimentos de trabalho estabelecidos que ele deve seguir para executar eficientemente as tarefas básicas da organização.

15.2.3 Nível operacional

Também denominado nível técnico ou núcleo técnico, é o nível localizado nas áreas inferiores da organização. Está relacionado com os problemas ligados à execução cotidiana e eficiente das tarefas e das operações da organização, e orientado quase exclusivamente para as exigências impostas pela natureza da tarefa a ser executada, com os materiais a serem processados e com a cooperação de pessoas necessárias ao andamento dos trabalhos. É o nível em que as tarefas são executadas, as operações realizadas e envolve o trabalho básico relacionado diretamente à produção ou aos serviços da organização.

É no nível operacional que estão as máquinas e os equipamentos, as tecnologias, as instalações físicas, os escritórios, as fábricas e os balcões de atendimento. Seu funcionamento deve atender a rotinas e procedimentos programados dentro de uma regularidade e continuidade que assegurem a utilização plena dos recursos disponíveis e a máxima eficiência das operações. Nesse sentido, o nível operacional funciona quase sempre como um sistema fechado e determinístico, um verdadeiro relógio.

VOLTANDO AO CASO INTRODUTÓRIO

Empreendimentos Paramount

Os desafios de Vera Soares como presidente da Empreendimentos Paramount eram vários. O primeiro era definir o mapa da rota do futuro da empresa e a bússola para chegar lá, ou seja, definir a missão e a visão organizacional, e fixar objetivos para os próximos anos, a fim de proporcionar os rumos capazes de nortear e orientar todos os futuros tomadores de decisão. O segundo desafio era transformar a diretoria em um componente estratégico e transformar cada diretor em um multiplicador do processo. O terceiro era transformar os níveis intermediário e operacional em futuros tomadores de decisão e em verdadeiros empreendedores. Para completar o cerco, Vera passou a negociar com os gerentes regionais as metas e os resultados para o próximo semestre. Era preciso dirigir com os faróis baixos e ter os faróis altos também ligados. Se você estivesse no lugar de Vera, como enfrentaria tais desafios?

15.3 GESTÃO ESTRATÉGICA

A gestão estratégica é o oposto da gestão operacionalmente orientada. Na gestão operacional, as organizações focalizam suas operações cotidianas e se preocupam com a rotina e a manutenção do *status quo*. A administração orientada para a manutenção busca a eficiência, reforça o *status quo* existente e garante a continuidade e a permanência das atividades, mas não considera a eficácia e a mudança ambiental, nem se prepara para enfrentá-la. Como as organizações existem e operam em um meio ambiente dinâmico, mutável, multidisciplinado e caótico, em que proliferam muitas outras organizações e em que todas elas fazem transações e interações para obter os meios necessários às suas atividades, torna-se necessário mais do que a simples gestão operacional. As organizações requerem entradas e insumos indispensáveis ao seu funcionamento e necessitam de saídas para seus produtos e serviços no sentido de obter o retorno adequado de seus investimentos, esforços e operações. Nesse contexto turbulento e mutável de organizações, a competição torna-se fundamental. Para poderem sobreviver em seu ambiente, elas precisam criar e desenvolver estratégias capazes de manter sua continuidade e assegurar sua competitividade.

A gestão estratégica traz em seu bojo os elementos básicos da estratégia organizacional: comportamento sistêmico e holístico envolvendo toda a organização, interdependência com o ambiente externo, foco no futuro com objetivos de longo prazo e comportamento ativo e proativo em relação aos demais elementos do ambiente. A gestão estratégica leva em consideração os seguintes aspectos:

- **Ambiente**: o ambiente deve ser considerado mais um ator, e não um simples fator. Mais uma força dinâmica do que algo estático ou inerte. Toda organização funciona em um contexto ambiental que define as condições do jogo. A formação da estratégia funciona como um processo reativo ou proativo às forças ambientais, ou seja, a organização precisa responder às forças ambientais se pretende sobreviver ou antecipar-se a elas. A liderança na organização precisa saber ler e interpretar o ambiente e garantir uma adaptação adequada: a chamada resposta estratégica.

- **Compatibilidade**: deve haver uma abordagem de adequação, ou seja, a compatibilização entre os aspectos internos da organização e os aspectos externos do ambiente, daí a necessidade de um mapeamento ambiental – as oportunidades (que devem ser exploradas) e as ameaças externas (que devem ser neutralizadas) –, de um lado, e, de outro, uma avaliação interna da

organização – as forças e as potencialidades (que devem ser ampliadas) e as fraquezas e os pontos fracos (que devem ser corrigidos ou melhorados).
- **Liderança**: deve haver uma liderança do principal executivo da organização no processo de formação da estratégia. Ele deve atuar como um verdadeiro empreendedor interno. Aspectos subjetivos, como intuição, julgamento, experiência e critérios pessoais, são importantes nessa abordagem. A estratégia é um processo visionário. O conceito principal é a visão: uma representação mental da estratégia que existe na cabeça do líder e que serve como inspiração ou ideia-guia daquilo que precisa ser feito por toda a organização.
- **Aprendizagem**: a formação da estratégia é um processo emergente e incremental de aprendizado, tanto individual quanto coletivo: agir primeiro – fazer algo –, depois descobrir e selecionar aquilo que funciona – compreender as ações – e, finalmente, reter apenas os comportamentos que parecem desejáveis ou bem-sucedidos. Assim, a estratégia depende de aprendizado, e este depende das chamadas competências distintivas.[15] A corrida para a inovação está na base disso.
- **Integração e dinamismo**: a estratégia depende de uma liderança integrada e baseada em valor, orientada para relações colaborativas, integração estratégica, melhoria de processos e autogestão baseada na responsabilidade e no consenso entre as pessoas que a formam. Na base disso, está o poder da informação e do conhecimento das pessoas. Esse é o ponto no qual a gerência tradicional se transforma paulatinamente em liderança democrática e incentivadora.[16] Um mundo em inexorável e aceleradora mudança requer organizações capazes de se revitalizar continuamente com base em processos dinâmicos e interativos para que possam sobreviver e prosperar. Dentro dessa abordagem, as organizações precisam se transformar em sistemas de aprendizagem organizacional, em que o trabalho de equipe seja incentivado e as pessoas possam conquistar autonomia e autorrealização. Sem isso, elas ficam amarradas e tolhidas. Torna-se necessário liberá-las, conduzi-las e incentivá-las.

15.3.1 Objetivos organizacionais

A administração orientada para objetivos focaliza o futuro e o alcance de resultados previamente estabelecidos. Em geral, há uma hierarquia de objetivos, mas ao lidar com um objetivo, ela tende a menosprezar os demais, tornando-se unilateralista e específica. A gestão estratégica focaliza o CO em relação ao ambiente em um horizonte temporal estendido no longo prazo. Para tanto, torna-se necessário definir e estabelecer objetivos a serem alcançados.

Um objetivo é um estado futuro desejado e que se tenta tornar realidade.[17] Na realidade, os objetivos são resultados específicos que se pretende alcançar em um determinado período. Enquanto a missão organizacional define qual é o negócio da organização e a visão proporciona uma imagem do que a organização pretende ser, os objetivos estabelecem resultados concretos que se deseja alcançar dentro de um prazo específico. A organização constitui um arranjo de componentes projetados para cumprir um determinado objetivo de acordo com um plano. Toda organização precisa de uma finalidade, de alguma noção sobre os porquês de sua existência e do que ela deseja realizar (Figura 15.2). Sem uma noção de sua missão, visão e direção, a organização flutuará ao sabor dos ventos, pois ela fará aquilo que for compelida a fazer pelas pressões transitórias da situação. Sua vida e comportamento serão determinados não pelo que ela decidiu, mas pelo o que os outros decidiram.

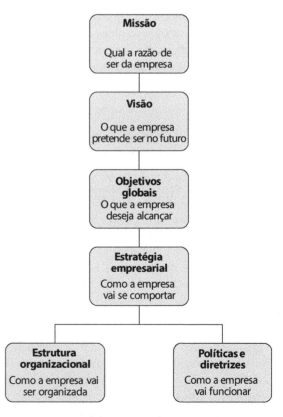

Figura 15.2 Desdobramento da missão, da visão, dos objetivos globais e da estratégia organizacional.

As organizações são unidades sociais que procuram atingir objetivos específicos e a sua razão de ser é servir a esses objetivos. Os objetivos organizacionais têm várias funções, a saber:[18]

- Ao apresentarem uma situação futura, os objetivos indicam uma orientação que a organização procura seguir e estabelecem linhas-mestras para a atividade dos seus participantes.
- Os objetivos constituem uma fonte de legitimidade que justifica as atividades da organização e até da sua existência.
- Os objetivos servem como padrões por meio dos quais os participantes e os estranhos a ela podem comparar e avaliar o êxito da organização, ou seja, a sua eficiência e a sua eficácia.
- Os objetivos servem como unidade de medida para verificar e comparar a produtividade da organização ou de seus órgãos, ou ainda de seus participantes.

Há uma variedade de termos que expressam objetivos, como *metas*, *fins*, *missões*, *propósitos*, *padrões*, *linhas-mestras*, *alvos*, *cotas* etc. Geralmente, todos esses termos significam um estado de coisas que a organização julga desejáveis e procura alcançar, reunindo e integrando, para isso, todas as possibilidades de estratégias, táticas e operações.

Os objetivos oficialmente definidos pelas organizações são expressos ou comunicados por documentos oficiais, como estatutos, atas de assembleias, relatórios anuais, semestrais ou mensais, ou por meio de pronunciamentos públicos que ajudam a compreender o comportamento e as decisões tomadas pelos participantes da organização.

Os objetivos naturais de uma organização, geralmente, são:[19]

- Proporcionar satisfação das necessidades de bens e serviços da sociedade.
- Proporcionar emprego produtivo para todos os recursos organizacionais e fatores de produção.
- Aumentar o bem-estar da sociedade por meio do uso econômico dos seus recursos.
- Proporcionar um retorno justo aos fatores de entrada e aos investimentos feitos na organização.
- Proporcionar um ambiente interno em que as pessoas possam satisfazer uma variedade de necessidades humanas.

 Aumente seus conhecimentos sobre **Quais são realmente os objetivos organizacionais?** na seção *Saiba mais* CO 15.2

 VOLTANDO AO CASO INTRODUTÓRIO
Empreendimentos Paramount

Para dotar a Paramount de uma gestão estratégica, Vera Soares, a presidente da companhia, passou a definir o novo papel da diretoria: assuntos relacionados à missão da empresa e à visão de seu futuro. O novo papel dos gerentes seria transformar o conceito de missão e de visão em planos e programas de operação cotidiana. Os gerentes passariam a atuar como agentes de mudança e como impulsionadores do processo. E, por fim, o novo papel dos funcionários deveria ser algo mais do que simplesmente executar as tarefas e realizar os trabalhos. Vera queria que cada funcionário pensasse estrategicamente, e não mais operacionalmente. Como fazê-lo?

15.3.2 Hierarquia de objetivos

As organizações não focalizam apenas um objetivo, mas procuram alcançar simultaneamente vários e diferentes objetivos, e precisam estabelecer graus de importância e prioridade para evitar possíveis conflitos e criar condições de sinergia entre eles. Quase sempre, as organizações utilizam hierarquias de objetivos, em que os objetivos organizacionais – mais amplos e genéricos e que pairam acima de todos os demais – são desdobrados em objetivos táticos – como objetivos divisionais ou departamentais –, e esses em objetivos operacionais. O desafio é conciliar e harmonizar as diferentes áreas e os diferentes níveis de objetivos em um todo que produza efeitos de sinergia (Figura 15.3).

15.3.3 Compatibilidade entre objetivos organizacionais e objetivos individuais

As organizações são entidades orientadas para alcançar ou ultrapassar objetivos previamente definidos. Quase tudo dentro das organizações está focalizado em alguma meta, finalidade, propósito, estado futuro ou resultado a alcançar. Todo objetivo organizacional funciona como uma imagem. Quando um objetivo é alcançado, deixa de ser a imagem orientadora da organização para se incorporar a ela como algo real e atual. Um objetivo atingido deixa de ser um objetivo e passa a ser parte da realidade.

Contudo, as organizações são compostas de pessoas, que têm seus próprios objetivos individuais e, para atingi-los, ingressam nas organizações. Não se deve perder de vista que a cooperação é o elemento essencial da or-

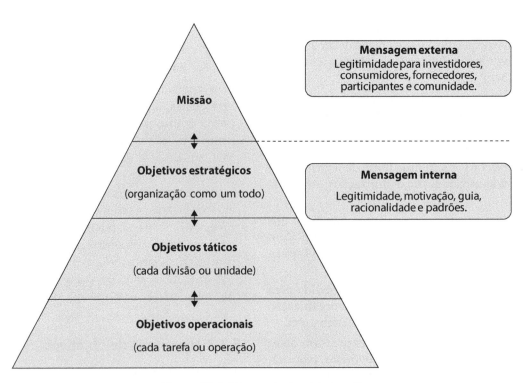

Figura 15.3 Hierarquia de objetivos.[20]

ganização e varia de pessoa para pessoa. A contribuição de cada um para o alcance do objetivo comum é variável e depende do resultado das satisfações e insatisfações obtidas realmente ou imaginariamente percebidas pelas pessoas como resultado de sua cooperação. Daí decorre a racionalidade de cada pessoa: ela coopera desde que o seu esforço proporcione vantagens e satisfações pessoais que justifiquem tal esforço. Em outras palavras, cada pessoa está disposta a alcançar objetivos organizacionais, desde que seus objetivos individuais também sejam alcançados. A compatibilidade entre objetivos organizacionais e objetivos individuais – como já tratamos ao longo dos capítulos anteriores – é condição *sine qua non* para o sucesso organizacional.

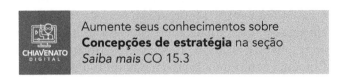

15.4 FORMULAÇÃO DA ESTRATÉGIA ORGANIZACIONAL

Como as organizações desenvolvem suas estratégias? Em geral, elas analisam o ambiente, avaliam os seus recursos e procuram prever um padrão de alocação que garanta o ajuste entre esses dois elementos. As decisões estratégicas são tomadas de maneira racional e sequencial. A Figura 15.4 mostra os passos seguidos para a formulação da estratégia organizacional.

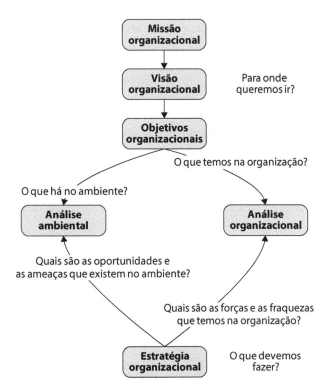

Figura 15.4 Componentes da estratégia organizacional.[21]

A formulação estratégica emerge como um conjunto de decisões sobre o relacionamento entre a organização e o seu ambiente e a maneira pela qual a primeira se move de uma dada postura – ou conjunto de relações ambientais – em direção a outra postura desejada, usando recursos de acordo com um plano.[22]

Assim, a gestão estratégica de uma organização precisa levar em conta os seguintes aspectos:[23]

- Missão organizacional.
- Missão de futuro da organização.
- Parceiros da organização (*stakeholders*).
- Análise externa: identificação das oportunidades e das ameaças do ambiente.
- Análise interna: recursos, capacidades, competências e vantagem competitiva, além da avaliação dos pontos fortes e fracos da organização.
- Adequação e convergência para a construção da vantagem competitiva por meio da estratégia.
- Definição da estratégia organizacional.
- Implementação da estratégia organizacional.
- Avaliação do desempenho organizacional.

Figura 15.5 Abordagem de estratégia segundo Andrews.[24]

15.4.1 Análise e mapeamento ambiental

Refere-se à avaliação do contexto externo no qual a organização vai se situar, sobre quais são as oportunidades e as ameaças ambientais existentes no momento e quais são suas possíveis projeções para o futuro. Isso significa que, além de conhecer o ambiente tal como ele se apresenta, torna-se necessário antever cenários capazes de mostrar como ele se desenvolverá no futuro. Como a estratégia está focada no futuro e no destino da organização, a previsão de cenários assume grande importância. Todavia, como a mudança ambiental é descontínua, acelerada e profunda, os cenários devem ser constante e continuamente desenhados e redesenhados para não se tornarem obsoletos ou desnecessários.

15.4.2 Análise organizacional

Refere-se à avaliação dos recursos organizacionais – em termos de talentos, finanças, marketing, produção, tecnologia, pesquisa e desenvolvimento, sistemas de informação, inovação –, da estrutura e da cultura organizacional, enfim, de tudo o que uma organização pode contar e integrar para produzir vantagem competitiva.

Com base na análise ambiental e organizacional, pode-se utilizar a chamada matriz SWOT (Quadro 15.1) – *strengths, weaknesses, opportunities* e *threats* –, ou seja, forças, fraquezas, oportunidades e ameaças.

Quadro 15.1 Exemplo de uma matriz SWOT

Forças organizacionais (*strengths*)	Oportunidades ambientais (*opportunities*)
■ Estrutura organizacional.	■ Desenvolvimento de novas competências.
■ Cultura organizacional.	■ Desenvolvimento de novos produtos/serviços.
■ Talentos e competências.	■ Desenvolvimento de novas tecnologias.
■ Produtos e serviços.	■ Desenvolvimento de novos mercados.
■ Tecnologia.	■ Fraqueza das organizações concorrentes e rivais.
■ Qualidade e produtividade.	■ Crescimento ou expansão do mercado de clientes.
■ Competitividade.	■ Variáveis econômicas e sociais favoráveis.

(continua)

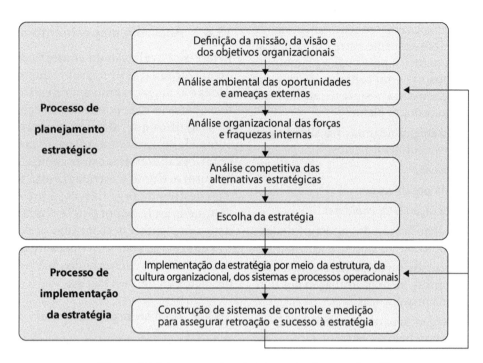

Figura 15.6 Processo de administração da estratégia.[25]

(continuação)

Fraquezas organizacionais (*weaknesses*)	Ameaças ambientais (*threats*)
■ Direcionamento estratégico não bem definido.	■ Entrada de novos concorrentes no mercado.
■ Posição competitiva frágil e em deterioração.	■ Entrada de novos produtos/serviços no mercado.
■ Tecnologia obsoleta e ultrapassada.	■ Aumento das pressões ambientais.
■ Falta de competências e habilidades.	■ Políticas governamentais adversas.
■ Pessoas pouco motivadas e mal lideradas.	■ Aumento do poder de barganha dos clientes.
■ Falta de qualidade nos produtos/serviços.	■ Mudanças de hábitos dos clientes.
■ Desvantagens competitivas.	■ Variáveis econômicas e sociais desfavoráveis.

Em função das oportunidades e ameaças externas e das condições de forças e fragilidades internas, as organizações formulam suas estratégias. Trata-se de utilizar ao máximo as forças e as potencialidades internas, melhorar ou corrigir as fragilidades internas, aproveitar as oportunidades ambientais da melhor maneira possível e esquivar-se, fugir ou proteger-se das ameaças externas. Essa é a essência do jogo estratégico.

Modernamente, o velho planejamento estratégico centralizado e formal está sendo substituído pela formulação estratégica orientada para um elevado desempenho organizacional, como mostra a Figura 15.7.

15.4.3 Tipos de estratégia organizacional

Thompson[26] salienta que, para administrar a sua interdependência com os demais elementos do ambiente de tarefa, cada organização utiliza vários tipos de estratégia. Como o ambiente de tarefa é definido pela dependência da organização, e como a dependência traz coações e contingências a ela, o problema fundamental é o de evitar tornar-se subserviente aos elementos do ambiente de tarefa. A estratégia serve para aumentar o poder da organização e reduzir a dependência em relação ao ambiente de tarefa. Para tanto, a organização pode desenvolver estratégias cooperativas – como ajuste, cooptação e coalizão – ou estratégias competitivas – competição.

1. **Ajuste ou negociação**: é a estratégia pela qual a organização busca um acordo ou um compromisso com outras organizações quanto à troca de bens ou de serviços. O ajuste supõe uma interação direta com outras organizações do ambiente de tarefa. Como a organização não pode presumir a constância e a continuidade dessas relações de compromisso com outras organizações, ela precisa efetuar revisões periódicas nas suas relações com fornecedores – por meio de contratos, pedidos de compras, orçamentos –,

Figura 15.7 Mudanças definem novas regras de gestão estratégica.[27]

com distribuidores – por convênios e acordos, estabelecimento periódico de cotas de vendas, contratos de qualidade assegurada – e com agências reguladoras – por intermédio de convenções coletivas ou acordos sindicais renovados anualmente, cartas-patentes com órgãos fiscalizadores, planilhas de preços de seus produtos etc.

O ajuste é quase sempre uma negociação quanto a decisões que afetam o comportamento futuro que regerá as relações entre duas ou mais organizações em relação a um determinado objetivo. O ajuste é uma permuta de compromissos e, portanto, de redução da incerteza entre as partes envolvidas. Pode ser uma contratação ou um entendimento, mas sempre repousa na fé e na confiança de que a outra parte cumprirá o prometido. Com o ajuste, o processo decisório de uma organização é invadido ou, pelo menos, afetado pelo processo decisório de outras organizações do seu ambiente de tarefa, o que também lhe tira um bom pedaço da sua liberdade de ação e de escolha.

2. **Coopção**: é um processo para absorver novos indivíduos provindos de fora para a liderança ou estrutura de decisão política de uma organização, como um meio para impedir ameaças ou pressões à sua estabilidade ou existência. Por meio da coopção, a organização conquista e absorve grupos inimigos ou ameaçadores, fazendo com que líderes desses grupos venham a fazer parte de seu próprio processo decisório, para inibir a ação contrária aos interesses da organização. O termo *cooptação* indica uma fusão, junção, união, isto é, a aceitação, no grupo dirigente da organização, de representantes de outras organizações com as quais mantém interdependência – como bancos, instituições financeiras, fornecedores, credores, investidores – para dali participar, a fim de reduzir ameaças ou pressões daquelas organizações, ou para assegurar o suporte ou o consenso de domínio. A coopção é uma invasão no processo decisório da organização e limita a sua liberdade para escolher seus objetivos de maneira arbitrária e unilateral.

3. **Coalizão**: refere-se a uma combinação de duas ou mais organizações que se juntam para alcançar um objetivo comum. Duas ou mais organizações agem como uma só, com relação a determinados objetivos, principalmente quando há necessidade de mais apoio ou recursos que uma só organização não teria condições de assegurar isoladamente. A coalizão exige o compromisso de decisão conjunta quanto a atividades futuras e constitui uma forma extrema de condicionamento ambiental dos objetivos de uma organização. É o caso de associações de organizações visando políticas conjuntas de preços, ou consórcios de empresas que se associam para um empreendimento comum (*joint ventures* para construção de hidroelétricas ou de grandes empreendimentos).

4. **Competição**: é uma forma de rivalidade entre duas ou mais organizações mediadas por um terceiro grupo. Quando se trata de duas empresas concorrentes, o terceiro grupo pode ser o comprador, o fornecedor, a força de trabalho ou outros. A competição envolve um complexo sistema de relações: inclui a concorrência tanto na busca de recursos – como no mercado de capitais, no mercado de máquinas e equipamentos, no mercado de matérias-primas, no mercado de recursos humanos – quanto na busca de clientes ou compradores – mercado consumidor –, ou, ainda, na de participantes potenciais. A competição é uma estratégia pela qual o objetivo escolhido pela organização é parcialmente controlado pelo ambiente de tarefa, que lhe tira boa parte de sua liberdade de ação ou escolha.

Miles e Snow classificam as estratégias organizacionais em quatro categorias amplas, a saber:[28]

1. **Estratégia defensiva**: adotada por organizações que possuem domínios definidos de produtos/mercados que pretendem manter ou defender da ação dos concorrentes. Preocupa-se com defesa e estabilidade, ou seja, com a forma de isolar uma parcela do mercado para criar um domínio estável. Um conjunto limitado de produtos é dirigido para um segmento estreito do mercado total. Para afastar os concorrentes, a organização pratica preços competitivos ou se concentra na qualidade. A eficiência tecnológica é importante, assim como o rigoroso controle da organização. Em vista dessa perspectiva estreita e conservadora, essas organizações raramente procedem a grandes modificações em estrutura organizacional, tecnologia ou métodos de operação. Pelo contrário, procuram concentrar todas as atenções na manutenção ou no aumento da eficiência das operações atuais (estratégia de não diversificação). Como as operações não sofrem grandes alterações, a experiência que a organização adquire a respeito delas chega a ser bastante profunda.

2. **Estratégia exploradora**: adotada por organizações que, de maneira quase constante, buscam novas oportunidades de mercado e experimentam regularmente reagir com respostas potenciais às tendências emergentes do meio ambiente. É uma estratégia agressiva e ofensiva que busca ativamente novas e inovadoras oportunidades de produtos e mercados, mesmo que isso possa afetar a lucratividade. Consequentemente, essas organizações são, frequentemente, os elementos criadores de mudanças e de incertezas no ambiente. A incerteza é a variável que afetará especialmente os concorrentes que, dessa maneira, veem perturbado o seu universo de operações. A preocupação com mudanças e inovações faz com que essas organizações não se esmerem o suficiente para extrair de suas operações atuais o máximo de rendimento possível, o que as torna pouco eficientes. Do ponto de vista dessa estratégia ofensiva, qualquer domínio de produto/mercado é sempre transitório e fatalmente substituível pela inovação que virá a caminho. É importante manter a flexibilidade, tanto em tecnologia quanto em desenhos organizacionais, para mudar e enfrentar novas situações e atividades.

3. **Estratégia analítica**: é uma estratégia dual e híbrida que fica entre a estratégia defensiva e a exploradora, procurando minimizar o risco e, ao mesmo tempo, maximizar a oportunidade de lucro, de maneira equilibrada. Na verdade, é uma estratégia compartimentada adotada por organizações que operam em dois tipos de domínio produto/mercado: um relativamente estável e outro mutável. Enquanto a organização mantém e defende um domínio já garantido de produto/mercado, procura aproveitar oportunidades ambientais em novos domínios. A estratégia analítica faz com que parte da organização funcione dentro do esquema da estratégia defensiva, enquanto outra parte funciona dentro do esquema da estratégia exploradora. Assim, nas áreas mais turbulentas, os executivos de cúpula observam atentamente os concorrentes em busca de novas ideias e adotam rapidamente aquelas que lhes parecem mais promissoras.

4. **Estratégia reativa**: ao contrário das três alternativas anteriores – que são proativas –, a organização não tem uma estratégia devidamente formulada, mas reage intempestivamente às ações que ocorrem no ambiente. É um comportamento inconsistente, instável e residual, que surge quando uma das três estratégias mencionadas é desenvolvida de maneira inadequada. A estratégia reativa é aquela em que a organização reage com atraso às ocorrências do ambiente e é geralmente despreparada e improvisada. Constitui quase sempre um sinal de fracasso.

O Quadro 15.2 mostra as estratégias organizacionais e suas repercussões nos três níveis administrativos.

VOLTANDO AO CASO INTRODUTÓRIO
Empreendimentos Paramount

A Paramount passou a investir pesadamente em um amplo programa de treinamento de pessoal. Começou com os gerentes, conscientizando-os da missão, dos valores e da visão que a empresa pretendia realizar e dos objetivos organizacionais a serem alcançados. A partir daí, os gerentes passaram a ser os multiplicadores do processo de treinamento, isto é, começaram a orientar e ensinar seus funcionários para realizar metas, com a finalidade de atingir objetivos organizacionais. Toda a atividade organizacional ganhou um novo sentido. Todos passaram a saber o que a empresa esperava deles. Vera considerava bem-sucedidos os primeiros passos do processo de mudar sua organização.

Quadro 15.2 Estratégias organizacionais e suas repercussões nos três níveis administrativos[29]

Estratégia	Nível institucional (escolha do domínio produto/mercado)	Nível intermediário (articulação interna)	Nível operacional (execução das operações cotidianas)
Defensiva	Garantir e conservar o domínio atual de produtos/mercados. Busca da estabilidade do domínio.	Planejamento e controle das operações para assegurar ou aumentar a eficiência. Ênfase na conservação.	Produção de bens ou serviços de maneira eficiente. Ênfase na tecnologia utilizada.
Ofensiva	Explorar e localizar novas oportunidades de produtos/mercados. Busca de novos domínios, ainda que transitórios.	Facilitar e coordenar as frequentes mudanças nas atividades e nas operações da organização. Ênfase na mudança organizacional.	Manter a flexibilidade na tecnologia para acompanhar as mudanças nos domínios e modificar continuamente as operações. Ênfase na flexibilidade tecnológica.
Analítica	Garantir um domínio atual e, ao mesmo tempo, buscar, localizar e explorar novas oportunidades. Busca de estabilidade de um domínio e, simultaneamente, busca de novos domínios.	Diferenciar a estrutura e os processos organizacionais para acomodar e equilibrar áreas de operação estável com áreas dinâmicas e instáveis. Ênfase tanto na conservação quanto na mudança organizacional.	Adotar tecnologia dual para servir a um domínio híbrido: estável e mutável. Complexidade tecnológica.
Reativa	Resposta organizacional despreparada, improvisada e pouco eficaz, utilizando estratégias inadequadas e envelhecidas.	Falta de relacionamento coerente entre estratégia e estrutura e processos organizacionais, provocando dificuldades de interação e de coordenação organizacional.	Pouca eficiência nas operações.

15.5 IMPLEMENTAÇÃO DA ESTRATÉGIA ORGANIZACIONAL

A implementação estratégica é a soma total de atividades e de escolhas requeridas para preparar a execução do planejamento estratégico. É o processo pelo qual as estratégias e a política são colocadas em ação pelo desenvolvimento de programas, orçamentos e procedimentos. Apesar da implementação ser geralmente considerada após a formulação da estratégia, ela constitui parte fundamental da gestão estratégica. A formulação estratégica e a implementação estratégica devem ser consideradas faces de uma mesma moeda.[30]

O processo de implementação estratégica considera as seguintes questões:

- Quem são as pessoas que deverão tocar o plano estratégico?
- O que deve ser feito para alinhar as operações da organização com a nova direção estratégica?
- Como cada pessoa deverá trabalhar com as demais para fazer o que é necessário?

A implementação estratégica é feita com base nas seguintes técnicas:

1. **Programas**: seu propósito é tornar a estratégia orientada para a ação. Cada programa cria uma série de atividades organizacionais conjuntas.
2. **Orçamentos**: servem para alocar fundos.
3. **Procedimentos**: cuidam dos detalhes operacionais cotidianos dos programas.

Aumente seus conhecimentos sobre **O que a Monsanto fez** na seção *Saiba mais* CO 15.4

15.6 AVALIAÇÃO DA ESTRATÉGIA ORGANIZACIONAL

Refere-se à fase do processo de gestão estratégica na qual os executivos de topo avaliam se a sua escolha estratégica, tal como foi implementada, está alcançando os objetivos da organização.[31] É o processo pelo qual se comparam os objetivos pretendidos – os meios – com os resultados alcançados pela estratégia – os fins. Quase sempre, quando se formula a estratégia, também se cuida dos critérios e das medições – indicadores e métricas – para avaliar o andamento e os resultados da estratégia.

Existem três tipos de critérios para avaliação da estratégia organizacional:[32]

1. **Consistência interna**: a estratégia organizacional deve ser consistente com os objetivos que a organização pretende alcançar. A estratégia deve estar identificada com os padrões internos da organização, seus valores e sua cultura, revelados por seus objetivos globais.
2. **Consistência com o ambiente**: a estratégia organizacional deve ser consistente com as condições ambientais existentes. A inadequação estratégica com o ambiente externo pode custar caro à organização ou pode conduzi-la ao fracasso em suas operações.
3. **Adequação aos recursos disponíveis**: a estratégia organizacional deve ser consistente com os recursos e as competências de que a organização dispõe ou que pode obter. Os recursos são o que uma organização tem e que a ajudam a alcançar os objetivos propostos.

Ademais, a aquisição de agilidade organizacional constitui um aspecto importante na avaliação da estratégia organizacional. A agilidade organizacional envolve vários aspectos do comportamento, seja para desenhar processos e estruturas capazes de redefinir e realocar recursos, seja para buscar a integração seletiva de processos e organizações. Uma organização não consegue ser ágil a menos que seu capital humano tenha uma elevada propensão para:[33]

- Ler e interpretar o ambiente.
- Antecipar mudanças no ambiente.
- Trabalhar sob condições de incerteza.
- Reagir favoravelmente às mudanças.
- Dispor de flexibilidade e ajustamento pessoal.
- Ser capaz de aprendizagem e adaptação.

VOLTANDO AO CASO INTRODUTÓRIO
Empreendimentos Paramount

Ao mesmo tempo em que transformava os níveis intermediário e operacional da Paramount com uma administração participativa, Vera Soares começou a mudar a atividade da diretoria da empresa. Todas as decisões operacionais foram descentralizadas no nível dos gerentes e de suas equipes. O cotidiano foi afastado da mesa dos diretores. Agora, o nível institucional poderia começar a se debruçar sobre a gestão estratégica da empresa. O primeiro cuidado de Vera foi escolher, com os demais diretores, o modelo estratégico mais adequado para o futuro da empresa.

15.7 DESEMPENHO ORGANIZACIONAL

A estratégia organizacional influencia o CO de várias maneiras:[34]

1. **As decisões estratégicas determinam as tarefas organizacionais**, bem como os objetivos, a alocação de recursos, as tarefas críticas que a organização deve realizar, produtos, serviços, mercados etc. A estratégia serve para esclarecer o que é crítico e relevante para a organização.
2. **As decisões estratégicas influenciam o desenho organizacional**: na verdade, o desenho organizacional serve à estratégia, o que significa que o desenho depende e é função da estratégia. Mudanças estratégicas implicam necessariamente em mudanças na estrutura organizacional.
3. **Decisões estratégicas influenciam e são influenciadas por questões de poder na organização**: a estratégia organizacional está relacionada com as relações de poder, política e conflitos entre pessoas e grupos na organização. A relação entre estratégia e poder é circular, pois à medida que um grupo se torna mais poderoso, ele também pode se tornar mais capaz de influenciar a determinação da estratégia.
4. **A eficácia organizacional é determinada conjuntamente pelas decisões sobre estratégias e desenho organizacional**: ao nível individual, grupal ou sistêmico, tais decisões são interdependentes e combinam-se para determinar o quão eficaz será a organização. Uma estratégia com elevado potencial de sucesso poderá falhar se o desenho organizacional for mal projetado, se os grupos não funcionarem

bem ou se as pessoas não estiverem motivadas. Da mesma forma, uma organização poderá não ser eficaz, mesmo que tenha pessoas motivadas e grupos empoderados, se ela estiver implementando uma estratégia inapropriada.

O desempenho organizacional reflete a estratégia, tanto em termos de formulação quanto de implementação. O desempenho é um reflexo de como a estratégia funciona, como mostra a Figura 15.8.

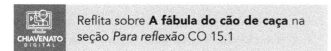

Reflita sobre **A fábula do cão de caça** na seção *Para reflexão* CO 15.1

15.8 BALANCED SCORECARD (BSC)

Quais são realmente os objetivos organizacionais? Cada organização tem os seus próprios objetivos. O problema é que os objetivos organizacionais são vários, e muitas vezes, conflitantes entre si. É comum a redução de custos conflitar com a melhor qualidade dos produtos ou o aumento de preços conflitar com a competitividade. Em geral, um objetivo atrapalha o outro. Algumas organizações definem hierarquias de objetivos para privilegiar alguns mais importantes em detrimento de outros. As prioridades podem definir quais objetivos devem anteceder os demais. Porém, como priorizar, ao mesmo tempo, o cliente, o acionista, as pessoas, o futuro, a estratégia, o serviço, os processos internos, a liderança tecnológica, o aprendizado e a inovação? Cada objetivo aponta para uma direção diferente. O desafio está em fazer com que os múltiplos objetivos organizacionais funcionem de modo colaborativo e cooperativo entre si, evitando possíveis conflitos entre eles. Busca-se a sinergia, ou seja, a ação positiva de um objetivo sobre os demais para proporcionar efeitos multiplicados, e não apenas somados.

O *Balanced Scorecard* (BSC) – ou placar balanceado, ilustrado na Figura 15.9 – é uma metodologia baseada no equilíbrio organizacional e se fundamenta no balanceamento entre quatro diferentes perspectivas de objetivos, a saber:[35]

1. **Perspectiva financeira**: como a empresa é vista por seus acionistas ou proprietários. Os indicadores devem mostrar se a implementação e a execução da estratégia organizacional estão contribuindo para a melhoria dos resultados. Exemplos: lucratividade, retorno sobre o investimento, fluxo de caixa, retorno sobre o capital.

2. **Perspectiva do cliente**: como a empresa é vista pelo cliente e como ela pode atendê-lo da melhor maneira possível. Os indicadores devem mostrar se os serviços prestados estão de acordo com a missão da organização. Exemplos: satisfação do cliente, pontualidade na entrega, participação no mercado, tendências, retenção de clientes e aquisição de clientes potenciais.

3. **Perspectiva dos processos internos**: quais os processos de negócios em que a organização precisa ter excelência. Os indicadores devem mostrar se os pro-

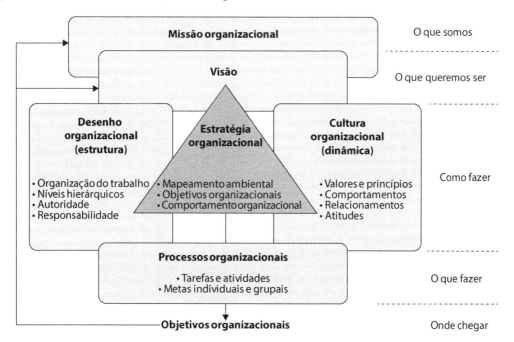

Figura 15.8 Modelo de avaliação do desempenho organizacional.

cessos e a operação estão alinhados e se estão gerando valor. Exemplos: qualidade, produtividade, logística, comunicação interna e interfaces.

4. **Perspectiva da inovação e aprendizagem**: qual a capacidade da organização para melhorar continuamente e se preparar para o futuro. Os indicadores devem mostrar como a organização pode aprender e se desenvolver para garantir o crescimento. Exemplos: índices de renovação dos produtos, desenvolvimento de processos internos, inovação, competências e motivação das pessoas.

O BSC busca estratégias e ações equilibradas e balanceadas em todas as perspectivas que afetam o negócio da organização, permitindo que os esforços sejam dirigidos para as áreas de maior competência e detectando e indicando as áreas para eliminação de incompetências. É um sistema voltado para o comportamento, não para o controle, e seus indicadores estão direcionados para o futuro e para a estratégia organizacional, em um sistema de contínua monitoração.

As perspectivas utilizadas podem ser tantas quantas a organização necessite escolher em função da natureza de seu negócio, dos propósitos, do estilo de atuação etc.

O importante é translar o mapa da estratégia (Figura 15.10) em termos de objetivos estratégicos, indicadores para mensurar os resultados, bem como definir as metas e respectivas ações individualizadas.

Alinhamento e *foco* são as palavras de ordem. Alinhamento significa coerência da organização. Foco significa concentração e convergência. O BSC habilita a organização a alinhar e focar suas equipes de executivos, unidades de negócios, recursos humanos, Tecnologia da Informação (TI) e recursos financeiros para sua estratégia organizacional (Figura 15.12).

A montagem do BSC passa pelas seguintes etapas:

1. **Definição da estratégia**: não adianta a missão da organização estar pendurada há décadas na parede do saguão de entrada. Se a estratégia não é clara, todo o esforço do BSC pode ser perdido em ações que nada têm a ver com os objetivos reais da organização. Para alcançar sucesso, a estratégia organizacional deve ser descrita e comunicada de maneira significativa por um mapa estratégico que mostre uma arquitetura lógica sobre como os ativos intangíveis podem ser transformados em ativos tangíveis (ou financeiros).

2. **Montagem do mapa da estratégia**: equivale a desdobrar a estratégia nas suas perspectivas básicas. Para cada uma das perspectivas básicas (financeira, cliente, processos internos, inovação), são selecionadas as metas de negócio e os indicadores correspondentes

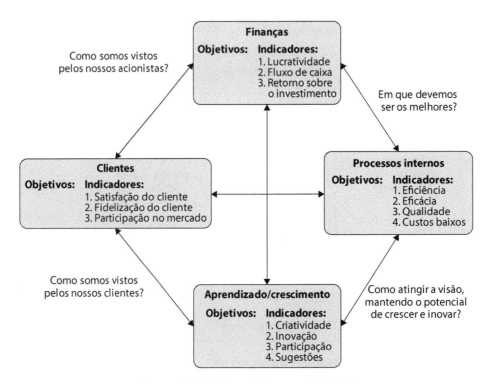

Figura 15.9 *Balanced Scorecard* (BSC).[36]

Capítulo 15 – Estratégia Organizacional

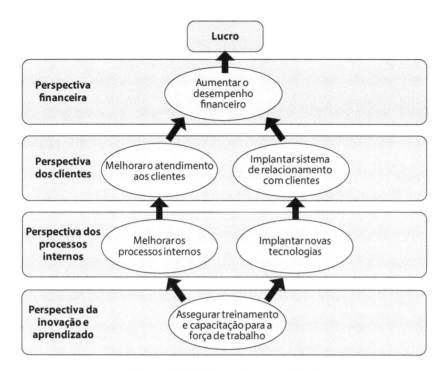

Figura 15.10 Mapa da estratégia.[37]

Perspectivas	Mapa da estratégia	Objetivos estratégicos	Indicadores	Metas	Ações
Financeira	Lucro / Receitas	• Crescimento do negócio • Participação no mercado	• Lucro operacional • Crescimento do negócio	• Aumento de 20% no lucro • Aumento de 12% no faturamento	• Aumento dos pontos de venda • Expansão do crédito
Clientes	Qualidade do produto	• Satisfação do cliente • Fidelização do cliente	• % de retenção de clientes • % de satisfação de clientes • Crescimento vendas/ano	• Aumento de 50% na retenção • Aumento de 15% na satisfação • Aumento de 12% no crescimento de vendas	• Intensificação da propaganda • Ampliação de vendedores • Implantação do atendimento ao cliente
Processos internos	Excelência na produção	• Melhoria da qualidade da fabricação • Maior eficiência	• % de produtos fabricados sem defeitos	• Melhoria de 30% na qualidade • Aumento de 10% na eficiência	• Programa de qualidade total • Programa de produtividade
Inovação e aprendizado	Competências pessoais / Capacitação das pessoas	• Treinar e equipar o pessoal • Maior motivação do pessoal	• Produtividade do pessoal • Melhoria do clima organizacional	• Aumento de 10% na produtividade • Melhoria do clima organizacional	• Implantação da universidade corporativa • Aumento do treinamento

Figura 15.11 Exemplo de um BSC básico.[38]

que devem mostrar se as metas estão sendo atingidas ou não. Para que o desempenho organizacional seja mais do que a soma de suas partes, as estratégias individuais devem ser interligadas e integradas. A sinergia é o objetivo do desenho organizacional. As organizações focadas na estratégia devem vencer as barreiras departamentais. Para tanto, novos organogramas são necessários para substituir a organização tradicional.

3. **Montagem do BSC**: transmite e comunica às pessoas, de maneira consistente e significativa, os objetivos es-

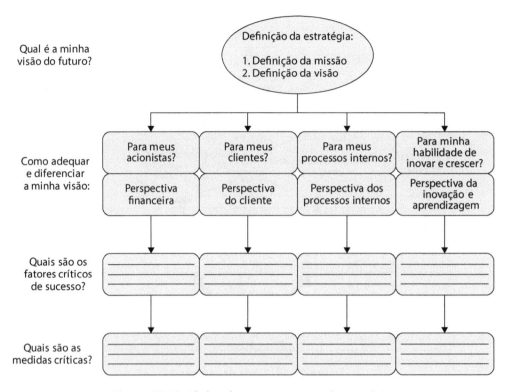

Figura 15.12 Alinhando as mensurações à estratégia.

tratégicos e seus desdobramentos, indicadores, metas e ações. Trata-se de traduzir a estratégia em termos operacionais para que ela seja implementada adequadamente. Algumas organizações fazem alguns desdobramentos adicionais para cada perspectiva utilizada, definindo os fatores críticos, as dimensões críticas, as metas e as ações necessárias, como mostra a Figura 15.13.

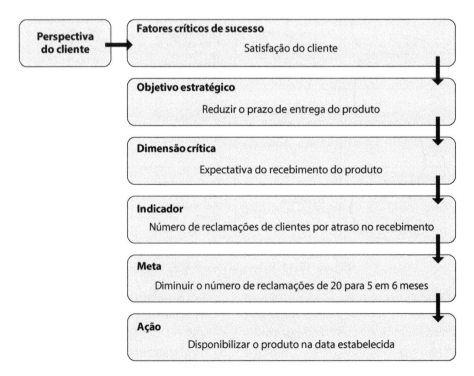

Figura 15.13 Construção do sistema de medição do BSC.[39]

Três aspectos são essenciais no BSC:

1. **Fazer da estratégia a tarefa diária de cada pessoa**: as organizações focadas na estratégia requerem que todas as pessoas a compreendam e conduzam suas atividades de maneira que contribuam para o seu sucesso.

2. **Fazer da estratégia um processo contínuo**: a estratégia deve estar ligada a um processo contínuo de aprendizagem e adaptação. Para muitas organizações, o processo administrativo é construído ao redor do plano operacional e orçamentário com reuniões mensais para rever o desempenho em relação ao que foi planejado e analisar as variações para aplicar as ações corretivas. Isso não está errado, mas está incompleto. É necessário introduzir um processo contínuo e ininterrupto para administrar a estratégia e que permita a aprendizagem e a adaptação da estratégia por meio de um sistema de retroação.

3. **Mobilizar a mudança por intermédio da liderança de executivos**: trata-se de envolver a equipe de executivos no sucesso da estratégia. A estratégia requer espírito de equipe para coordenar as mudanças, e sua implementação precisa de atenção contínua e foco nas iniciativas de mudanças. A mobilização de todas as pessoas por meio de equipes é fator indispensável.

O BSC cria um contexto em que as decisões relacionadas com as operações cotidianas possam ser alinhadas com a estratégia e a visão organizacional, permitindo divulgar a estratégia, promover o consenso e o espírito de equipe, integrando as partes da organização e criando uma sistemática para envolver todos os programas do negócio, catalisar esforços e motivar as pessoas e,[40] além disso, medir e avaliar o desempenho por meio dos indicadores.

VOLTANDO AO CASO INTRODUTÓRIO
Empreendimentos Paramount

O problema da diretoria passou a ser o de fazer o diagnóstico interno e o mapeamento externo: onde estão as oportunidades a ser rapidamente aproveitadas e onde estão as ameaças a ser contornadas, onde investir, onde estabilizar, onde entrincheirar e onde desinvestir, ligar o radar para apurar a percepção dos fatos ambientais e organizacionais, melhorar a intuição e mirar o horizonte ambiental.

15.9 ORGANIZAÇÕES COMPETITIVAS E ORGANIZAÇÕES SUSTENTÁVEIS

As organizações estão adotando novas e emergentes características ao longo dos tempos para se manter competitivas e sustentáveis, como no Quadro 15.3.

Quadro 15.3 As velhas e as novas características das organizações[41]

Velhas características	Novas características
Orientadas para objetivos.	Orientadas para a visão.
Focadas no preço.	Focadas no valor.
Preocupadas com a qualidade do produto.	Preocupadas com a qualidade total.
Centradas no produto.	Centradas no consumidor.
Focadas nos *shareholders*.	Focadas nos *stakeholders*.
Orientadas para finanças.	Orientadas para a rapidez.
Eficientes e estáveis.	Inovadoras e empreendedoras.
Hierarquizadas.	Horizontalizadas e empoderadas.
Baseadas em máquinas.	Baseadas em informação.
Funcionais.	Funcionais-cruzadas.
Rígidas e compromissadas.	Flexíveis e aprendizes.
Locais, regionais e nacionais.	Globais.
Integradas verticalmente.	Em redes interdependentes.

Na verdade, todas as novas características das organizações modernas podem ser reduzidas a quatro princípios que governam o sucesso organizacional:[42]

1. **Dinamismo**: como os negócios mudam, os velhos modelos organizacionais deixam de funcionar. Novos produtos, novos concorrentes, novos mercados e novas tecnologias, principalmente a TI, fazem com que a organização se movimente para novas características adequadas para os novos tempos. A organização precisa ser flexível e adaptável para poder surfar na crista das ondas que se revezam. Flexibilidade, agilidade e prontidão são indispensáveis.

2. **Integração**: as organizações precisam criar e recriar constantemente novas estratégias integradoras e, a partir delas, uma arquitetura igualmente integradora capaz de produzir a sinergia necessária. Todas as atividades devem estar linkadas a um sistema total e integrado.[43]

3. **Eficácia:** não basta uma boa execução ou um bom desempenho, é preciso mirar, primeiramente, objetivos, metas e resultados.
4. **Responsabilidade:** é a combinação de aspectos como inovação, fornecedores com excelentes produtos e serviços, respostas inteligentes ao cliente, balanceando as expectativas e as necessidades dos diferentes *stakeholders*, meios imaginativos de fazer o melhor para seus funcionários e o melhor trabalho possível, além do aspecto de contribuir generosamente para a comunidade e com a natureza, fazendo com que a organização responda adequadamente às suas múltiplas responsabilidades.

A competitividade – maneira pela qual uma organização está à frente de seus concorrentes – e a sustentabilidade – maneira pela qual uma organização sobrevive no longo prazo e se torna longeva, ultrapassando gerações – constituem aspectos fundamentais no sucesso organizacional. Contudo, competitividade e sustentabilidade podem ser aspectos fugazes e passageiros. A organização pode ser competitiva hoje e derrotada amanhã pelos adversários. Pode ser sustentável no presente e desaparecer no final do ano. Pode ser competitiva, mas sem sustentabilidade, como pode ser sustentável sem ser tão competitiva. Daí a necessidade de mudanças estratégicas para garantir tanto o sucesso imediato, em termos de competitividade, quanto o sucesso futuro, em termos de sustentabilidade. Assim, a estratégia organizacional é a ferramenta ideal e capaz de garantir esse sucesso imediato e mediato. Pensar estrategicamente é vital para conseguir eficácia e garantir a competitividade e a sustentabilidade das organizações, ao mesmo tempo em que pensar operacionalmente é fundamental para conseguir eficiência nas operações cotidianas da organização. Esse é o mantra das organizações modernas: pensar grande ao mesmo tempo em que se pensa pequeno, foco no global e foco nos detalhes, foco na eficácia e foco na eficiência, foco no presente e foco no futuro. Além de tudo isso, pensar dentro e pensar fora para entender e servir. Complicado? Tudo é extremamente complexo na vida organizacional, e o CO segue ao sabor dessa maravilhosa e mutável complexidade.

 Acesse um caso sobre **A EMBRAPA** na seção *Caso de apoio* CO 15.1

RESUMO

A estratégia constitui o comportamento da organização frente ao ambiente que a circunda e em direção ao seu futuro. Trata-se de um comportamento molar e sistêmico, que procura integrar todos os níveis e áreas da organização para melhor se engajar nas oportunidades ambientais, escapar das ameaças externas, aproveitar ao máximo todas as potencialidades internas e melhorar as fragilidades da organização. A estratégia é, simultaneamente, um plano, um padrão de comportamento, um posicionamento e uma perspectiva. Os três níveis administrativos são integrados pela gestão estratégica: o nível institucional ou estratégico, o nível intermediário ou tático e o nível operacional ou técnico. A definição dos objetivos organizacionais em uma hierarquia em geral atende à racionalidade das organizações e serve a várias funções orientadoras. A formulação estratégica é uma decorrência da missão e da visão organizacional que definem os rumos da organização. No fundo, a estratégia é o meio de alcançá-los. A formulação estratégica se baseia em análise e mapeamento ambiental e na análise organizacional. A partir daí, a implementação estratégica a coloca em movimento. Existem vários tipos de estratégia – defensiva, ofensiva, analítica e mista – à disposição das organizações. A última etapa da gestão estratégica é a avaliação da estratégia organizacional. Uma ferramenta útil na condução estratégica é o BSC, que integra e converge vários objetivos diferentes. A sociedade avalia o CO de várias maneiras, uma delas é o Prêmio Nacional de Qualidade.

QUESTÕES

1. Conceitue estratégia.
2. De onde vem o conceito de estratégia? Explique.
3. Quais as características da estratégia? Comente.
4. Explique os quatro Ps da estratégia.
5. Conceitue cada um dos níveis administrativos da organização e explique seu funcionamento.
6. Conceitue a gestão estratégica.
7. Explique os objetivos organizacionais e suas funções.
8. Explique a hierarquia de objetivos e como ela funciona.
9. Conceitue a racionalidade organizacional.
10. Quais as utilidades dos objetivos organizacionais?

11. Como compatibilizar objetivos organizacionais e objetivos individuais? Explique.
12. Explique as diferentes concepções a respeito da estratégia.
13. Explique a formulação estratégica.
14. Explique a análise e o mapeamento ambiental.
15. Explique a análise organizacional.
16. Explique a implementação estratégica.
17. Quais os tipos de estratégia para Thompson? Explique-as.
18. Apresente os tipos de estratégias para Miles e Snow.
19. Explique a estratégia ofensiva.
20. Explique a estratégia defensiva.
21. Explique a estratégia analítica.
22. Explique a estratégia reativa.
23. Explique a avaliação da estratégia organizacional.
24. Conceitue o desempenho organizacional.
25. Explique o *Balanced Scorecard* como meio de conciliar diferentes objetivos.
26. Como a sociedade avalia as organizações?
27. Explique como funciona o Prêmio Nacional de Qualidade e quais os indicadores mais importantes.

REFERÊNCIAS

1. SIMON, G. *Desafios de la alineación estratégica*. FSN, Oracle, Strategic Alligment. [19--?].
2. MATOS, F. G. de. *Estratégia de empresa*: profissionalizada, descentralizada, moderna, humana. São Paulo: Makron Books, 1993.
3. TSU, S. *A arte da guerra*. Lisboa: Europa-América, 1994.
4. CLAUSEWITZ, C. von. *On war*. Princeton: Princeton University Press, 1984.
5. McCRAW, T. K. (ed.). *Creating modern capitalism*: how entrepreneurs companies and countries triumphed in three industrial revolutions. Cambridge: Harvard University Press, 1998.
6. CHANDLER JR., A. D. *Strategy and structure*. Cambridge: M.I.T. Press, 1962.
7. ANSOFF, H. I. Toward a strategic theory of the firm. *In*: ANSOFF, H. I. (ed.). *Business strategy*. Baltimore: Penguin, 1969.
8. HOFER, C. W.; SCHENDEL, D. *Strategy formulation*: analytical concepts. St. Paul: West Publ., 1978.
9. ANDREWS, K. R. *The concept of corporate strategy*. Homewood: Dow-Jones Irwing, 1971.
10. GHEMAWAT, P. *Strategy and the business landscape*: text and cases. Reading: Addison-Wesley, 1999. p. 1.
11. *Vide*: MINTZBERG, H.; AHLSTRAND, B.; LAMPEL, J. *Safári de estratégia*: um roteiro pela selva do planejamento estratégico. Porto Alegre: Bookman, 2000.
12. MINTZBERG, H.; QUINN, J. B. *The strategy process*: concepts, contexts, cases. Upper Saddle River: Prentice Hall, 1996. p. 10-17.
13. BURGELMAN, R. A. *Strategy is destiny*: how strategy-making shapes a company's future. New York: The Free Press, 2001.
14. CHIAVENATO, I. *Introdução à Teoria Geral da Administração*. 10. ed. São Paulo: Atlas, 2020. p. 134.
15. HAMEL, G.; PRAHALAD, C. K. *Competing for the future*. Boston: Harvard Business School Press, 1994.
16. CHIAVENATO, I. *Coaching & mentoring*: construção de talentos. Rio de Janeiro: Campus, 2015.
17. ACKOFF, R. L. On the use of models in corporate planning. *Strategic Management Journal*, v. 2, p. 353-359, 1981.
18. ETZIONI, A. *Organizações modernas*. São Paulo: Pioneira, 1967. p. 13-35.
19. KOHN, M. *Dynamic managing*: principles, process, practice. Menlo Park: Cummings, 1977. p. 13-15.
20. CHIAVENATO, I. *Administração nos novos tempos*: os novos horizontes em administração. 4. ed. São Paulo: Atlas, 2020. p. 131.
21. KATZ, D.; KAHN, R. L. The social psychology of organizations. New York: Wiley, 1978. *Vide* também: KATZ, R. L. *Cases and concepts in corporate strategy*. Englewood Cliffs: Prentice Hall, 1970.
22. CHIAVENATO, Idalberto; SAPIRO, Arão. *Planejamento estratégico*: da intenção aos resultados. 4. ed. rev. e atual. São Paulo: Atlas, 2020.
23. HILL, C. W.; JONES, G. R. *Strategic management*: an integrated approach. New York: Houghton Mifflin, 1999.
24. ANDREWS, K. R. *The concept of corporate strategy*. Homewood: Dow Jones-Irwin, 1971. p. 29.
25. Baseado em DERESKY, H. *International management*: managing across orders and cultures. Upper Saddle River: Prentice Hall, 2000. p. 224.
26. THOMPSON, J. D. *Dinâmica organizacional*: fundamentos sociológicos da teoria administrativa. São Paulo: McGraw-Hill, 1976. p. 48-53.
27. MISCHE, M. A. *Strategic renewal*: becoming a high performance organization. Upper Saddle River: Prentice Hall, 2001. p. 12.
28. MILES, R. E.; SNOW, C. C. *Organizational strategy, structure and process*. New York: McGraw-Hill, 1978. p. 550-557.
29. CHIAVENATO, I. *Administração*: teoria, processo e prática. Rio de Janeiro: Elsevier/Campus, 2015. p. 159.
30. WHEELEN, T. L.; HUNGER, J. D. *Strategic management and business policy*. Upper Saddle River: Prentice Hall, 2002. p. 192-193.

31   GLUECK, W. F. *Business policy and strategic management*. New York: McGraw-Hill, 1980. p. 348.

32   CHIAVENATO, I. *Administração*: teoria, processo e prática, *op. cit.*, capítulo sobre estratégia empresarial.

33   MISCHE, Michael A. *Strategic renewal*: becoming a high performance organization. Upper Saddle River: Prentice Hall, 2001. p. 237-238.

34   NADLER, D. A.; HACKMAN, J. R.; LAWLER III, E. E. *Managing organizational behavior*. Boston: Little Brown & Co., 1979. p. 232-234.

35   KAPLAN, R. S.; NORTON, D. P. *Organização orientada para a estratégia*: como as empresas que adotam o Balanced Scorecard prosperam no novo ambiente de negócios. Rio de Janeiro: Campus, 2001. *Vide* também: KAPLAN, R. S.; NORTON, D. P. *A estratégia em ação*: Balanced Scorecard. Rio de Janeiro: Campus, 1997.

36   KAPLAN, R. S.; NORTON, D. P. *The Balanced Scorecard*: translating strategy into action. Boston: Harvard Business School Press, 1996.

37   KAPLAN, R. S.; NORTON, D. P. *The Balanced Scorecard*: translating strategy into action, *op. cit.*

38   KAPLAN, R. S.; NORTON, D. P. *The Balanced Scorecard*: translating strategy into action, *op. cit.*

39   KAPLAN, R. S.; NORTON, D. P. *The Balanced Scorecard*: translating strategy into action, *op. cit.*

40   CHIAVENATO, I.; CERQUEIRA NETO, E. P. *Administração estratégica*. São Paulo: Saraiva, 2003.

41   WIND, J. Y.; MAIN, J. *Driving change*: how the best companies are preparing for the 21st century. New York: The Free Press, 1998. p. 4.

42   WIND, J. Y.; MAIN, J. *Driving change*: how the best companies are preparing for the 21st century, *op. cit.*, p. 320-322.

43   NADLER, D. A.; GERSTEIN, M. S.; SHAW, R. B. *et al*. *Organizational architecture*. San Francisco: Jossey-Bass, 1992. p. 32.

ÍNDICE ALFABÉTICO

A
Abertura
　à experiência, 157
　e interesse, 155
Abordagem
　das relações humanas, 63
　de processo, 294
　estrutural, 294
　mista, 295
Abrandamento dos controles sobre as pessoas, 93
Absenteísmo, 284
Ação, 319
Aceleração das mudanças, 22
Acesso e uso da informação na organização, 246
Acompanhamento, 243
Aconselhamento, 286
　ao colaborador, 286
　ao gestor, 286
　cooperativo, 287
　diretivo, 287
　não diretivo, 287
Acordo, 314
Adaptabilidade, 7, 19
Adequação
　a cada projeto, 92
　aos recursos disponíveis, 344
Aderência aos valores organizacionais, 111
Administração
　científica, 54
　das organizações, 52
　de conflitos, 261
　por objetivos, 62
Administrar a tensão do cotidiano, 260
Afabilidade (simpatia), 155
Afetividade, 99
Afetos, 174
Afirmação, 254
Agências governamentais, 41
Agentes de mudança, 311
Agilidade, 19, 23, 84
Ajustamento emocional, 155
Ajuste, 340
Alarme, 281
Alcance dos objetivos, 201
　organizacionais, 19

Alegria, 35
Alicientes, 32
Alinhamento, 346
Alta produtividade, 201
Amabilidade, 254
Ambiente, 4, 335
　de negócios mudando exponencialmente, 22
　de organização de aprendizagem, 137
　de tarefa, 4, 5
　específico, 4
　geral, 4
　tradicional de treinamento, 137
Ampliação do contexto da liderança, 272
Amplitude de controle mais ampla, 93
Análise, 319
　do papel, 285
　e mapeamento ambiental, 339
　organizacional, 339
Analítica, 231
Analytics, 231
Ansiedade, 281
Antropologia, 14
Apego exagerado aos regulamentos, 58
Apoio, 34, 313, 314
Aprazibilidade, 157
Aprender a aprender, 161
Aprendizado, 36
　afetivo, 125
　cognitivo, 125
　em equipe, 133
　importância para a produção, 136
　pela adaptação, 133
　psicomotor, 125
Aprendizagem, 109, 124, 336, 346
　conceituações de, 124
　em equipes, 129
　emocional, 128
　no trabalho, 137
　objetivos de, 125
　organizacional, 129
　organizações de, 132
　por imitação, 128
　por moldagem, 128
　por observação, 128
　social, 128
Apropriabilidade, 136
Aptidão
　cognitiva, 153
　física, 153

Aspectos motivacionais, 171
Assessoria de *staff* para os departamentos de linha, 243
Atenção, 171
Atitudes, 151, 167, 178
　culturais, 178
　familiares, 178
　pessoais, 178
Ativo organizacional, 39
Atribuição, 99, 167, 174
Aumento da coesão grupal, 292
Ausência de estrutura física, 38
Autoconfiança, 258
Autogerenciamento da carreira, 162
Autogestão do aprendizado, 259
Autoimagem, 198
Autonomia, 34
Autoridade(s), 57, 60, 310
　superiores, 254
Autorrealização, 112
Avaliação, 109, 319
　da estratégia organizacional, 344
　da mudança, 318
Aversão à incerteza, 98

B
Baixo
　compromisso organizacional, 285
　desempenho, 285
Balanced Scorecard (BSC), 345
Barganha, 254, 299
　distributiva, 297
　posicional, 297
Barreiras
　à comunicação, 239, 241
　físicas, 240
　pessoais, 240
　semânticas, 240
Behaviorismo, 64
Benchmarking, 71
Biofeedback, 286

C
Cachos de uva, 239
Cadeia(s)
　de comando mais curtas, 93
　escalar, 57

Camaradagem, 35
Canal(is), 235
 informais de comunicação, 239
Capacidade
 de agregação, 136
 de expansão, 159
 de raciocínio, 153
 para a mudança, 325
Capital
 externo, 139
 humano, 139, 152
 intelectual, 138
 interno, 139
Características individuais, 149
Carências, 188
Cargos, 316
 delimitados, 89
Categorização do relacionamento, 60
Cenário organizacional, profundas mudanças no, 304
Centralização, 57
Centro de comunicação, 238
Cerimônias, 101
Choques econômicos, 305
Ciclo
 de vida, 79
  das organizações, 79, 306
 motivacional, 188
Cidadania organizacional, 18
Ciências políticas, 14
Cinco dimensões da personalidade, 155
 para McCrae e Costa, 157
Classificação das decisões, 180
Clientes, 5, 35
Clima organizacional, 102, 205
Clusters, 138
Coaching, 272, 286
Coalizão, 254, 341
Codificação, 235
Código de ética, 41
Coerção, 314, 315
Coerência, 174
Cognição, 172
 organizacional, 99
Colaboração, 161, 295
 funcional, 107
Colaboradores, 5
Coleguismo, 35
Coletivismo, 98, 99
Combinação, 120
Compatibilidade, 335
Competência(s), 36, 310
 essenciais, 158
 organizacional, 324
 técnica, 58
Competição, 39, 305, 341
Competitividade, 20, 259
 em escala global, 92
Complexidade, 71
Componente
 comportamental, 178
 emocional ou afetivo, 178
 informacional ou ideacional, 178
Comportamento(s), 151
 ativo e proativo da organização, 332
 do tipo A, 112
 global da organização, 332
 individual das pessoas, 148
 organizacional, 2, 11
  abordagem contingencial, 14
  características, 14
  conceito, 12
  dinâmica organizacional macroperspectiva do, 227
  disciplina científica aplicada, 14
  e ciências comportamentais, 14
  frente ao ambiente externo, 332
  heteroperspectiva do, 15
  introdução, 13
  macroperspectiva do, 15
  métodos científicos, 14
  microperspectiva do, 15
  modelo de, 16
  novos desafios, 21
  perspectiva intermediária do, 15
  pessoas nas organizações, 14
  quatro níveis, 15
  utilidades, 24
  variáveis básicas do, 16
  vários campos de estudo, 14
Compreensão
 do desempenho, 160
 do negócio, 160
 verbal, 153
Compromisso com uma estratégia básica e essencial, 106
Comunicação(ões), 109, 161, 229, 287, 313, 314
 ascendentes, 243
 barreiras à, 239
 conceituação de, 232
 descendentes, 242
 eficaz, 236
 eficiente, 236
 em equipes, 245
 funções da, 233
 horizontais, 243
 humana, 237
 interna, 323
 interpessoal, 239
 massiva em duas mãos, 107
 organizacional, 242, 243
 para proporcionar apoio, 260
 processo de, 234
Conceito de poder e dependência, 252
Conceituações de percepção, 168
Conciliação, 290
Concorrentes, 5
Condicionamento
 clássico, 126
 operante, 127
Conectibilidade, 272
Confiabilidade, 89
Confiança, 287
 mútua, 245
Conflito(s), 109, 277, 287
 conceituação de, 288
 condições antecedentes dos, 289
 efeitos do, 292
 experienciado, 288
 intergrupal, 291
 interpessoal, 291
 intraindividual, 292
 manifestado, 288
 níveis de
  abrangência dos, 291
  gravidade do, 288
 percebido, 288
Confronto, 292
Conhecimento, 121
 comunicativo, 122
 conceito de, 118
 conversão do, 119
 corporativo, 117, 123
 de negócios globais, 162
 do negócio, 258
 em constante mutação, 121
 emancipatório, 122
 explícito, 119, 121
 humano, 23
 instrumental, 122
 just-in-case, 121
 just-in-time, 121
 natureza do, 118
 organizacional, 123
 orientado para a ação, 120
 sustentado por regras, 121
 tácito, 119, 120
 tecnológico, 162
Consciência, 157
Consenso, 174
Consequências, 324
Consistência
 com o ambiente, 344
 interna, 344
Consolidação da economia do conhecimento, 93
Consonância, 6, 238
Constância, 89
Construção e fortalecimento de equipes, 321, 322
Consulta, 247, 287
Consultoria
 de processos, 322
 organizacional, 15, 21
Consumidores, 5
Contexto, 78
Continuidade da organização, 89
Continuum do *empowerment*, 222
Contraste, 169, 171
Contrato psicológico, 36
Contribuições, 32, 33, 198
Controle, 61, 233, 259
 de recursos, 207
Conversão do conhecimento, 119
Coopção, 341

Cooptação, 314
Coordenação interdepartamental, 243
Credibilidade, 42
Crenças, 174
Crescimento, 20
　profissional, 36
Criação
　de conhecimento organizacional, 129
　de uma necessidade comum, 326
　de valor e produção de riqueza, 23
Criatividade, 258
Critérios, 299
Cultura(s)
　adaptativas, 104
　bem-sucedidas, 106
　conceito de, 98
　conservadoras, 104
　corporativa, 99
　de aprendizado e de mudança, 324
　motivação e, 204
　organizacional, 66, 97, 100, 105
　　características da, 102
　　facilitadora, 135
　participativas, 105, 106
　tipos de, 102
　tradicionais, 105, 106
Custos
　administrativos baixos, 92
　de assistência médica, 284

D

Darwinismo organizacional, 9
Decisão(ões), 167, 179, 247
　centralizadas na cúpula, 89
　classificação das, 180
　elementos da, 180
　estratégicas e
　　desenho organizacional, 344
　　questões de poder na organização, 344
　　tarefas organizacionais, 344
　éticas, 41
　não programadas, 180
　organizacional, 180
　pessoais, 37
　programadas, 180
　sobre estratégias e desenho organizacional, 344
Decodificação, 235
Decréscimo na comunicação, 293
Definição de regras básicas, 299
Demandas do trabalho, 278
Departamentalização, 86
　funcional, 86
　geográfica, 87
　por clientes, 87
　por processos, 87
　por produtos ou por serviços, 86
Dependência, 254
Desafio percebido, 280
Desativação ou desescalonização do conflito, 294

Descongelamento, 307
Desempenho, 17
　da organização, 221
　de equipes
　　níveis de análise do, 218
　　nível da equipe como um todo, 218
　　nível da tarefa, 218
　　nível diádico, 218
　　nível individual, 218
　do trabalho, 55
　organizacional, 344
Desenho organizacional, 77, 83
　conceito de, 78
　dimensões básicas do, 83
　ingredientes básicos do, 78
Desenvolver sua autoatenção, 260
Desenvolvimento, 220
　contínuo, 36
　da liderança, 162
　de equipes, 216
　eficazes, 219
　moral, 41
　organizacional, 303, 320
　　técnicas de, 321
Despersonalização do relacionamento humano, 60
Diagnóstico, 318
Diferenças individuais, 147, 151
　em competências, 153
　em personalidade, 154
Diferenciação, 79, 80, 174, 289
　administrativa, 68
　entre concorrentes, 159
　espacial, 80
　horizontal, 80
　vertical, 80
Dificuldades com clientes, 60
Dimensões
　anatômicas da organização, 78
　culturais segundo
　　Hofstede, 98
　　Trompenaars, 99
　da burocracia, 58
Dinâmica
　ambiental, 3
　do estresse, 281
　organizacional, 3
　　macroperspectiva do comportamento organizacional, 227
Dinamismo, 226, 349
Direção, 61
Dirigentes, 23
Disciplina, 57
Dissonância, 6
　cognitiva, 171
Distância do poder, 98
Distorção(ões), 242
　da percepção, 171
Diversidade, 40, 162

Divertimento, 35
Divisão do trabalho, 57, 58
Domínio pessoal, 133
Doutrinação, 243

E

Editora Abril, 81
Educação, 313, 314
Efeito
　da gestão da motivação, 207
　de contraste, 171
　halo, 171, 175
Eficácia, 61, 62, 72, 350
　na comunicação, 236
　organizacional, 344
Eficiência, 61, 62, 72
　na comunicação, 236
Elementos da decisão, 180
Emoções, 128
Empatia, 244
Empowerment, 93, 213, 220, 321
Empreendedor, 112
Empreendedorismo, 259
Empregabilidade, 34
Ênfase
　na estrutura organizacional, 56
　nas equipes de trabalho, 93
　nas pessoas, 63
　nas tarefas, 54
　no ambiente, 66
Engajamento, 185
　das pessoas, 17
Enriquecimento
　de tarefas, 206
　do trabalho, 285
Entropia negativa, 8
Envolvimento, 313, 314
Equidade, 57
　no intercâmbio social, 197
Equilíbrio organizacional, 33
Equipes, 213, 214
　autogerenciadas, 217
　de alto desempenho, 71, 223
　eficazes, 219
　etapas do desenvolvimento de, 216
　funcionais cruzadas, 217
　tipos de, 217
　virtuais, 217
Era digital, 232
Escassez, 254
Esclarecimentos, 299
Escola das relações humanas, 63
Escolha de padrões de liderança, 265
Escutar bem, 244
Esforços de mudança, 326
Esgotamento, 282
Espaço, 23
Especialização na aquisição do conhecimento, 136
Espera, 290
Espírito
　de equipe, 57
　empreendedor e inovador, 111

Estabilidade, 57
Estágio
   da infância, 79
   da juventude, 79
   da maturidade, 79
   do nascimento, 79
Estereótipo, 171, 175
Estilo(s)
   de abstenção, 294
   de acomodação, 294
   de colaboração, 294
   de competição, 293
   de contar, 269
   de gestão de conflitos, 293
   de transigência, 294
   de vender, 269
   delegativo, 270
   participativo, 270
Estratégia(s), 180
   analítica, 342
   como padrão de comportamento, 333
   como perspectiva, 333
   como plano, 333
   como posicionamento no mercado, 333
   de negociação, 298
   defensiva, 342
   definição da, 346
   exploradora, 342
   ganha-ganha, 298
   ganha-perde, 298
   ligação com seu sistema cultural, 106
   montagem do mapa da, 346
   organizacional, 331, 340
      avaliação da, 344
      conceito de, 332
      formulação da, 338
      implementação da, 343
   processo contínuo, 349
   reativa, 342
   tarefa diária, 349
Estresse, 277, 278, 281, 285
   causas, 282
      ambientais, 279
      pessoais, 279
   componentes do, 280
   conceituação de, 279
   consequências do, 284
   fontes de, 279
Estressores
   extraorganizacionais, 283
   grupais, 283
   individuais, 283
   organizacionais, 283
Estrutura(s)
   baseada em equipes, 90
   da tarefa, 266
   de equipes, 91
   em redes, 91
   matricial, 89, 90
   orgânicas, 323
   organizacional, 78
Etapas do desenvolvimento de equipes, 216
Ética, 36, 40

Evitação, 290
Excelente lugar para trabalhar, 34
Excesso
   de formalismo, 59
   de papelório, 59
Execução, 125
Expectância, 199
Expectativas, 37
   dos clientes e consumidores, 22
Experiência, 121
   de Hawthorne, 63
Exportação, 7
Expressão emocional, 233
Externalização, 120
Extroversão, 155, 157

F

Facilitação, 313, 314
Falta
   de apoio social, 283
   de coesão grupal, 283
   de controle global, 92
Fator(es)
   de persuasão
      da fonte, 238
      da mensagem, 238
      no destino, 238
   higiênicos, 193
   internos, 171
   motivacionais, 194
   psicológicos, 112
   sociológicos, 113
Fechamento, 299
Feedback do desempenho, 110
Feminilidade, 98
Fidelidade, 17
Filogênese, 125
Filosofia, 102
Filtragem, 241
Fixação de valor balanceado, 106
Flexibilidade, 19
   cultural, 258
   da força de trabalho, 92
Flexibilização do horário de trabalho, 207
Foco, 346
   em melhoria e desenvolvimento contínuos, 36
   em metas e resultados, 36
   na missão organizacional, 35
   na visão de futuro, 35
   no cliente e nos *stakeholders*, 35
   no futuro e no destino da organização, 332
   no negócio e no essencial, 93
   no trabalho coletivo, participativo e em equipe, 36
Folclore organizacional, 111
Fonte, 234
Força(s)
   de trabalho, 22, 305
   muscular, 153

   na situação, 265
   no líder, 265
   nos subordinados, 265
Forças-tarefa, 217
Formalização das comunicações, 58
Formatação organizacional, 83
Fornecedores de entradas, 4
Fronteiras, 39
   externas, 309
   geográficas, 310
   horizontais, 309
   verticais, 309
Frustração, 292
Fuga, 290
Fundação Roberto Marinho, 82

G

Ganhar/perder, 290
Ganho de poder e influência, 260
General Motors, 81
Gerenciamento
   da atenção, 233
   da confiança, 233
   de equipes eficazes, 219
   do significado, 233
Gestão, 255
   da informação, 129
   de pessoas, 130
   do conhecimento corporativo, 129
   do conhecimento para a capacitação para o conhecimento, 130
   estratégica, 335
   participativa, 321
Gestores, 23
Grade Gerencial, 263, 264
Grupos, 3, 214

H

Habilidade(s), 36, 121
   comportamentais, 259
   conclusivas, 259
   contraditórias ou paradoxais, 259
   de ação, 260
   de caráter, 259
   de comunicação, 258
   de consultoria, 160
   de defrontamento, 160
   de liderança, 160
   de mediação, 259
   de negociação, 160, 298
   de relacionamento, 160
   de sabedoria, 259
   de solução de problemas, 160
   interrelacionadas e sobrepostas, 259
   quantitativa, 153
   relacionadas com pessoas, 258
   relacionais, 259
   tecnológicas, 160
Herzberg, 64
Heteroperspectiva do comportamento organizacional, 15

Hierarquia, 58
   de necessidades de Maslow, 191
   de objetivos, 337
Homem
   administrativo, 148
   complexo, 148
   organizacional, 148
Homeostasia, 7
Homo
   economicus, 148
   social, 148
Horário flexível de trabalho, 207

I

Ideias compartilhadas, 324
Identidade, 109
Imagem dos outros, 198
Impasse, 290
Implementação, 299
   da mudança, 318
   de objetivos e estratégias, 242
Importação, 7
Importância, 254
Impulsos, 188, 258
Incentivos, 32, 188
Incerteza, 92
   de resolução, 280
Inclusão, 40, 162
Individualismo, 98, 99
Influência ambiental, 9
Infoestrutura, 93
Informação, 233, 247, 310
   contábil e financeira, 243
Iniciativa, 57
Inovação, 19, 107, 248, 259, 292, 323, 346
   necessidade de, 322
Insatisfação, 285
Instituto Juran, 82
Instruções no trabalho, 242
Instrumentalidade, 199
Integração, 79, 80, 291, 336, 349
   administrativa, 68
   horizontal, 80
   no trabalho, 110
   vertical, 80
Integridade, 258
Inteligência, 258
   analítica, 231
   emocional, 129, 258
Intensidade, 168, 170
   ética, 41
Interdependência de atividades, 289
Interesse(s), 171
   geral, 57
Internalização, 120
Internet, 39

J

Julgamentos de valor, 121
Justificativas, 299

L

Lealdade dos parceiros, 92
Lewin, Kurt, 307
Liberdade, 34
Liderança, 220, 251, 255, 336
   ampliação do contexto da, 272
   apoiadora, 268
   autocrática, 262
   centrada
      na produção, 262
      nas pessoas, 262
   conceito de, 257
   democrática, 262
   diretiva, 268
   escolha de padrões de, 265
   liberal (*laissez-faire*), 262
   orientada para
      as pessoas, 263
      as tarefas, 263
      resultados, 268
   para o aprendizado, 325
   participativa, 269
   teorias situacionais e contingenciais de, 265
Locus de controle, 112

M

Macroambiente, 4
Macroperspectiva do comportamento organizacional, 15
Mais participação, 93
Manipulação, 314
Manutenção
   da mudança, 326
   da ordem, 259
Mapa da estratégia, 346
Masculinidade, 98
Maslow, 64
McDonald's, 82
McGregor, Douglas, 64
Mecanicismo, 66
Mecanismo(s)
   de coordenação, 83
   de decisão, 79
   de operação, 79
   de operação, 83
   de tomada de decisão, 83
   individuais de reação, 189
Meditação, 286
Melhoria contínua, 36, 71
Menos unidades de comando, 93
Mentoring, 272
Metas, 36
   da organização, 221
Microambiente, 4
Microperspectiva do comportamento organizacional, 15
Missão organizacional, 35, 81
Mobilidade no trabalho, 39
Mobilização do envolvimento, 326
Modelagem de uma visão do futuro, 326

Modelo(s), 66
   burocrático, 58, 88
   de comportamento organizacional, 16
   ético de tomada de decisões, 42
   mecânico de organização, 84
   mentais, 133
   orgânico de organização, 84
   organizacionais, 88
Monitoração do progresso, 326
Montagem do mapa da estratégia, 346
Morfogênese, 8
Motivação, 185, 220, 233
   componentes da, 187
   conceito de, 186
   cultura e, 204
   de pessoas, 261
   efeito da gestão da, 207
   para liderar, 258
   teorias da, 203, 206
      de conteúdo sobre, 190
Motivos, 171
Movimento, 169
Mudança(s), 170, 292, 303, 307
   agentes de, 311
   de sistemas e estruturas, 326
   estrutural, 318
   implementação da, 318
   interpessoal, 318
   na cultura organizacional, 319
   na estratégia organizacional, 319
   na estrutura organizacional, 319
   nas pessoas, 319
   nas relações entre grupos conflitantes, 292
   nas tarefas ou processos internos, 319
   nas tecnologias utilizadas, 319
   no propósito da organização, 319
   nos produtos/serviços, 319
   organizacional, 316, 318
   por intermédio da liderança de executivos, 349
   processual, 318
   requer habilidades humanas, 308
   resistência à, 311, 313, 314

N

Não substituição, 254
Necessidade(s), 187, 188
   de afiliação, 195
   de autorrealização, 112, 191
   de crescimento, 192
   de estima, 191
   de existência, 192
   de inovação, 322
   de poder, 195
   de realização, 195
   de relacionamento, 192
   de segurança, 191
   fisiológicas, 191
   sociais, 191
Negentropia, 8

Negociação, 109, 277, 295, 314, 340
abordagens de, 297
coletiva, 299
conceituação de, 296
distributiva, 297, 298
estratégias de, 298
habilidades de, 298
integradora, 298
Negócio da organização, 80
Neuroticismo, 157
Neutralidade, 99
Níveis de análise do desempenho de equipes, 218
Normas, 102
Nova(s)
aprendizagens, 207
lógica das organizações, 93
Novidade e familiaridade, 169
Novos modelos organizacionais, 90

O

Objetivos, 180
globais, 82
individuais, 200, 337
organizacionais, 336, 337
Ocupabilidade, 34
Omissão, 242
Ontogênese, 125
Opções, 299
Oportunidades, 245
de crescimento e desenvolvimento, 34
Orçamentos, 343
Ordem, 57
Organização(ões), 61
administração das, 52
ágeis, 39, 72, 73, 215
autogerenciadas, 177
caráter abstrato e intangível da, 38
como sistemas
abertos, 7
de unidades de negócio interdependentes, 93
sociais, 37
como um todo, 317
competitivas, 349
conceito de, 28
de aprendizagem, 117, 132
desempenho da, 221
esperam das pessoas, 35
estudo das, 29
formação, 30
formal, 211
graus de envolvimento na responsabilidade social, 43
longevas, 52, 53
matricial, 90
mecanísticas, 68, 85
metas da, 221
modular, 91
mudando rapidamente, 22
níveis administrativos da, 334
institucional, 334
intermediário, 334
operacional, 335
o que pessoas esperam da, 34
orgânicas, 68, 85
passeando pela, 239
pessoas e, 148
racional do trabalho, 55
renovar, 309
responsabilidade social das, 42
sustentáveis, 349
tradicionais, 177, 215
virtuais, 38, 91
flexíveis, 39
formas híbridas, 39
Órgãos
efetores, 238
regulamentadores, 5
sensoriais, 238
Orientação para longo prazo ou curto prazo, 98

P

Paradigmas, 176
organizacionais, 177
Parceiros, 5
da organização, 30
Parceria com *stakeholders*, 107
Participação, 313, 314
na tomada de decisões, 286
nas decisões, 34
Particularismo, 99
Pensamento
claro, 287
sistêmico, 160
Percebedor, 175
Percebido, 175
Percepção, 167
ambiental, 6
distorções da, 171
fatores
na situação, 170
que influenciam a, 170
situados no alvo, 170
seletiva, 171, 241
social, 175
Perda de energia, 292
Perfil organizacional, 102
Personalidade, 147, 154
Perspectiva
do cliente, 345
dos processos internos, 345
Perspectiva
financeira, 345
intermediária do comportamento organizacional, 15
da Universidade
de Iowa, 262
de Michigan, 262
de Ohio State, 263
Pesquisa-ação, 318, 321
Pessoas, 3, 150, 151, 299
e organizações, 148
impulsionar as, 309

Planejamento, 61, 299
Podcast, 234
Poder, 109, 220, 221, 251
coercitivo, 253
da posição do líder, 266
de competência, 253
de perícia, 253
de recompensa, 253
de referência, 253
legitimado, 253
social, 42
Política, 251, 256
internacional, 305
Ponto de referência, 198
Posição do iniciador diante dos resistentes, 315
Posse dos dados para projetar a mudança, 315
Potencial de falhas, 92
Práticas administrativas, 41
Precisão, 154
Preferências, 180
Preparação, 299
Pressões do trabalho e fora dele, 278
Princípio(s)
da coordenação, 56
de Fayol, 57
escalar, 56
éticos, 41
funcional, 56
Problemas
e exceções, 243
sociais, 42
Procedimentos, 343
técnicos, 58
Processo(s)
de aprendizagem, 126
de comunicação, 234
de conflito, 289
por meios estruturais, 295
de governança, 324
de mudança, 307
de negociação, 299
de renovação, 321
de solução de problemas, 321
decisório, 103, 181
inconscientes, 99
motivacional, 188
perceptivo, 169
Produtividade, 19, 41, 201
Programação, 207
Programas, 343
Projeção, 171
Promoção, 111
Psicologia, 14
social, 14

Q

Qualidade, 19
de vida no trabalho, 20, 35
do movimento, 153
total, 71

R

Raciocínio
  criativo, 162
  sistêmico, 133
Racionalidade, 89, 242, 259
Razão, 254
Realização pessoal, 99
Receptor, 235
Recompensas, 34, 110, 221, 310
  monetárias, 206
  não monetárias, 206
  recebidas, 198
Recongelamento, 307
Reconhecimento, 34, 111
  do problema, 316
Recursos limitados e compartilhados, 289
Rede Globo de Televisão, 82
Redes sociais, 121
Redução da tensão emocional, 287
Reducionismo, 66
Reengenharia, 71
Reforço de histórias, 111
Regras, 58, 102
  claras e consistentes, 45
  economicamente viáveis, 45
  orientadas para alcance de objetivos, 45
  prospectivas e não retroativas, 45
  tecnicamente viáveis, 45
Regulamentos, 58
Regularidades nos comportamentos observados, 102
Relação(ões)
  consonante, 172
  de reciprocidade, 32
  dissonante, 172
  entre líder e membros, 266
  humanas e participativas, 259
  interpessoais, 103, 317
  irrelevante, 172
Relacionamento, 109
  específico × difuso, 99
Relatórios de desempenho, 243
Remuneração, 57
Renovação organizacional, 20
Reorientação, 287
Repetição, 169, 171, 244
Resistência, 281
  à mudança, 59, 311, 313, 314
    aspectos lógicos, 312
    aspectos psicológicos, 312
    aspectos sociológicos, 312
  cardiovascular, 153
Resolução, 290
  criativa de problemas, 260
  de problemas, 162
Responsabilidade(s), 36, 350
  da sociedade, 44
  pessoal, 207
  social, 42, 44
    abordagem da obrigação social e legal, 43
  abordagens quanto à, 43
  graus de envolvimento organizacional na, 43
Resultados, 36, 181
Retroação (*feedback*), 8, 235, 243, 319
  de desempenho, 243
  direta, 207
Reunião(ões), 247
  de confrontação, 295, 322
Risco(s), 107
  envolvidos, 315
Ritos
  comuns em organizações, 102
  de degradação, 102
  de fortalecimento, 102
  de integração, 102
  de passagem, 102
  de redução de conflitos, 102
  de renovação, 102
Rituais, 101
Rodízio de cargos, 285
Rotatividade, 284
Ruído, 235

S

Sanções, 254
Satisfação, 19, 35, 189
  no trabalho, 18
Seleção
  ambiental, 6
  dos novos entrantes, 110
  perceptiva, 168
Sensibilidade social, 44
Senso de responsabilidade, 155
Simbolismo organizacional, 99
Simplificação da linguagem, 244
Síndrome
  de *burnout*, 282
  do esgotamento profissional, 282
Sinergia, 8
Singularidade, 207
Sistema(s), 66
  1 autoritário coercitivo, 103, 317
  2 autoritário benevolente, 103, 317
  3 consultivo, 103, 317
  4 participativo, 103, 317
  abertos, 7
  de apoio à decisão, 182
  de comunicações, 103, 236
  de pensamento da organização, 134
  de recompensas e punições, 103
  de unidades de negócio interdependentes, 93
  mecânicos, 68
  orgânicos, 68
  Senai, 82
  sociais, 37
Situação, 180, 198
Sobrecarga de informação, 241
Socialização, 119
  organizacional, 110
Sociedade
  da informação, 230
  de organizações, 8, 28
Sociologia, 14
  organizacional, 14
Solução de problemas, 247, 299
  intradepartamentais, 243
Stakeholders, 30, 32, 35
Subsistema, 66
  social, 67
  técnico, 67
Sucesso da mudança, 327
Sugestões para melhoria, 243
Superconformidade às rotinas e aos procedimentos, 60
Suporte, 34
Sustentabilidade, 20

T

Talento, 36
Tamanho, 168, 170
  organizacional, 79
Táticas de poder, 254
Técnicas
  de desenvolvimento organizacional, 321
  de gestão de conflitos, 294
Tecnologia, 38, 305
  de comunicações, 39
Teleologia, 66
Tempo, 23
Tendência à ação, 174
Tensão, 290
  criativa, 134
  nervosa, 281
Teoria(s)
  administrativas, 54, 70
  clássica da administração, 56
  comportamental(is)
    da administração, 64
    sobre liderança, 262
  da contingência, 68, 69
    em liderança de Fiedler, 266
  da definição de objetivos, 198
  da equidade, 197
  da expectância, 199
  da expectativa de dinheiro, 201
  da liderança em passos gradativos de House, 267
  da motivação, 203, 206
  das decisões, 179
  das necessidades adquiridas de McClelland, 195
  de conteúdo sobre motivação, 190
  de processo de motivação, 196
  de sistemas, 66
  do caos, 71
  do reforço, 203
  dos dois fatores de Herzberg, 193
  dos traços de personalidade, 257
  ERC, 192
  estruturalista da administração, 61

motivacional de Maslow, 191
neoclássica da administração, 61, 62
situacional(is)
   da liderança de Hersey e Blanchard, 269
   e contingenciais de liderança, 265
X, 65
Y, 65
Terceiras partes dentro da organização, 295
Testes de personalidade, 157
Tolerância
   para a ambiguidade, 112
   para riscos, 112
Tomada de decisões modelo ético de, 42
Tomador de decisão, 180
Trabalho coletivo, participativo e em equipe, 36
Traços de personalidade, 154
Transferibilidade, 136
Transformação digital, 72
Treinamento
   da sensibilidade, 321
   de habilidades, 286
   de pessoas, 55
   no cargo, 110
   tradicional, 137
Turbulência, 308

U

Ubiquidade, 272
Unidade
   de comando, 57
   de direção, 57
Uniformidade de rotinas e procedimentos, 89
Universalismo, 99
Univocidade de interpretação, 89
Usinas siderúrgicas de Minas Gerais (Usiminas), 82
Usuários, 5

V

Valência, 199
Validade, 154
Valor(es), 171
   culturais, 107
   dominantes, 102
   econômico agregado, 20
   importante, 280
   instrumentais, 108
   organizacionais, 109
      aderência aos, 111
   percebido pelos clientes, 159
   terminais, 108
Vantagem competitiva, 39
Variáveis
   básicas do comportamento organizacional, 16
   comportamentais, 17
   culturais, 4
   de resultado final, 20
   demográficas, 4
   ecológicas, 4
   econômicas, 4
   intermediárias, 19
   legais, 4
   no nível
      do ambiente, 16
      do grupo ou da equipe, 17
      do indivíduo, 17
      do sistema organizacional, 17
   organizacionais, 189
   políticas, 4
   resultantes, 19
   sociais, 4
   tecnológicas, 4
Violência no local de trabalho, 285
Virtualidade, 23
Visão, 109
   ampliada da liderança, 270
   compartilhada, 133
   de futuro, 35
   estratégica, 160
   organizacional, 82
Visualização espacial, 154
Volume e tipo de resistência previsto, 315